文化伟人代表作图释书系

An Illustrated Series of Masterpieces of the Great Minds

非凡的阅读

从影响每一代学人的知识名著开始

　　知识分子阅读，不仅是指其特有的阅读姿态和思考方式，更重要的还包括读物的选择。在众多当代出版物中，哪些读物的知识价值最具引领性，许多人都很难确切判定。

　　"文化伟人代表作图释书系"所选择的，正是对人类知识体系的构建有着重大影响的伟大人物的代表著作，这些著述不仅从各自不同的角度深刻影响着人类文明的发展进程，而且自面世之日起，便不断改变着我们对世界和自然的认知，不仅给了我们思考的勇气和力量，更让我们实现了对自身的一次次突破。

　　这些著述大都篇幅宏大，难以适应当代阅读的特有习惯。为此，对其中的一部分著述，我们在凝练编译的基础上，以插图的方式对书中的知识精要进行了必要补述，既突出了原著的伟大之处，又消除了更多人可能存在的阅读障碍。

　　我们相信，一切尖端的知识都能轻松理解，一切深奥的思想都可以真切领悟。

■ 文化伟人代表作图释书系

The Economics
of Welfare

朱月娥 / 译

福利经济学（全新插图本）

〔英〕阿瑟·塞西尔·庇古 / 著

重庆出版集团 重庆出版社

图书在版编目（CIP）数据

福利经济学 / （英）阿瑟·塞西尔·庇古著；朱月娥译. -- 重庆：重庆出版社，2025.1. -- ISBN 978-7-229-19014-9

Ⅰ.F061.4

中国国家版本馆CIP数据核字第2024KB2398号

福利经济学
FULI JINGJIXUE

〔英〕阿瑟·塞西尔·庇古 著　朱月娥 译

策 划 人：刘太亨
责任编辑：陈　冲
特约编辑：何　滟
责任校对：何建云
封面设计：日日新
版式设计：冯晨宇

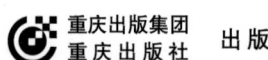重庆出版集团　出版
重庆出版社

重庆市南岸区南滨路162号1幢　邮编：400061　http://www.cqph.com
重庆博优印务有限公司印刷
重庆出版集团图书发行有限公司发行
全国新华书店经销

开本：720mm×1000mm　1/16　印张：46.75　字数：1000千
2025年1月第1版　2025年1月第1次印刷
ISBN 978-7-229-19014-9
定价：88.00元

如有印装质量问题，请向本集团图书发行有限公司调换 023-61520678

版权所有，侵权必究

译者序

与《福利经济学》结缘始于2018年夏天，三年一晃而过，我依然清晰记得与这部作品相伴的点滴——送走酷热的夏天，迎来开满樱花和蔷薇的春天，在季节的变换中体会翻译的艰辛与快乐，生活变得异常简单而充实。我常会因一个艰深的长句而绞尽脑汁，也会因灵感一现，为某个词、句突然找到了贴切的表达而欢呼雀跃。翻译的魅力应该就是如此吧！

译《福利经济学》于我个人是极大的挑战，是快速的成长，也是自我的丰盈。在完成80多万字的翻译工作的同时，还有日常的教学工作与为人之母所应给予孩子的陪伴和关爱，这种种都在晨起暮落中静静地完成，让我对翻译的体悟更深刻了，对世界的认知更广阔了，对自我的认识也更深入了。这一切都来自家人的爱与支持！

译者的幸事是能与智者对话。我非常有幸能翻译福利经济学之父阿瑟·塞西尔·庇古的经典之作，跨越时空，与他展开精神上的对话。这虽是一项异常艰辛的工作，但也是无比荣幸的体验。《福利经济学》是作者对其之前的作品——《财富与福利》的完善及优化，因而翻译时怕误了作者，同时又恐误了读者。按照出版要求，译作既要传递作者的经济学思想，再现原著的风貌，也要令译文晓白流畅。而原著的写作有作者鲜明的特色，长难句颇多，句子结构复杂，作品篇幅长，且术语的规范化和文本的通俗化一直是译事中的难题。译者既要保持译文的专业性，也要关爱读者，这都需要在不影响原文内容和形式的前提下完成。故而，这一切都离不开专业知识的积累和专业人士的帮助。所幸有高启杰教授等编著的《福利经济学——以幸福为导向的经济学》一书为伴，它给了我诸多启示与帮助。有了它，再去对话庇古，了解他的思想精髓就便捷多了；此外，所幸身边有一批专业且热心的学者，借助他们之力，我才能化解疑惑，更准确地理解原文，保证译文的忠实性。因此，我谨在此感谢中南林业科技大学的侯茂章、武止戈和外教Peter等老师曾给予我的帮助。

现在，让我们一同简要了解一下作者及其作品《福利经济学》吧。

阿瑟·塞西尔·庇古，英国著名经济学家，福利经济学的创立人，剑桥学派领袖马歇尔的继承人。第一次世界大战爆发和俄国十月社会主义革命的胜利，使资本主义陷入经济和政治的全面危机。19世纪末20世纪初，美、德两国异军突起，英国的世界霸主地位岌岌可危。为了与二者抗衡，英国不得不革故鼎新，展开一场技术革命。革命虽给英国带来了繁荣，但也使广大工人阶级饱尝失业的痛苦，贫富分化愈加严重。于是，工人运动风起云涌，社会矛盾一触即发。极富社会责任感的经济学教授庇古希望能让内外交困的英国"冲出黑暗，赢得光明"，于是有了惊世之作《福利经济学》的诞生。

《福利经济学》一书的出版，标志着福利经济学的正式诞生。与之前的资产阶级经济学家（包括马歇尔）不同，阿瑟·塞西尔·庇古建立了资产阶级福利经济学的理论体系，对福利概念及其政策应用展开了系统的论述。庇古并非凭空建立起自己的福利经济学理论体系，而是在马歇尔等人的一般经济理论的基础上讨论福利概念以及与福利相关的理论，所以我们不能视福利经济学为庇古在一般经济理论领域内创建的新学派，而应该视其为资产阶级经济学中一个新的分支，是对剑桥学派经济理论的发展。

剑桥学派经济理论的发展方向主要有两个：国民所得和国民所得分配。其目标是实现社会经济福利最大化。本书主要涵盖社会经济福利的影响因素、国民所得的变化与劳工及政府财政之间的关系、国民所得的分配制约因素及变化规律等。根据边际效用基数论，庇古提出，经济福利受国民收入总量和收入分配情况的影响，国民收入总量越大，经济福利越大；收入分配越平均，经济福利越大。

本书建构的是福利经济学的整个理论体系，故而篇幅不可能短小，这无疑会给读者带来压力和挑战；但作者庇古对读者非常友好，他将全书的主要内容归纳到目录中，形成了一个分析、解释型目录。这样的目录别具一格，令人耳目一新。沿着这个目录，我们就能轻松地走进作者创造的福利世界，并心生感激与友好，陪伴作者一起走完全程。这便是作为读者的我最初的感受。所以，一部译作得以完成，必须感谢作者创造了优秀的作品！当然，还应该感谢出版方，是他们的信任成全了我与作品的缘分。同时，还要感谢我的学生姜琳依、周金书、杨柳、朱文琳、朱智慧等给予我的帮助。最后，对于译文中出现的错误与疏漏之处，恳请学术界同行和读者朋友谅解并指正。

朱月娥

2022年5月于麓山

第三版（1928年）序言

在本次第三版的修订过程中，我已经校正了前版中的一些小错误，并希望在分析与阐述方面能有所改进。我也尽可能地使我所引证的事实和法律都是最新的。较之第二版，本书的结构主要发生了以下变动：删减了前版中第四编第八章的部分内容，以及附录"对意外收入的征税"，因为相关问题现已在我的《公共财政学研究》（*A Study of Public Finance*）一书中予以讨论。新增了以下内容：第一编第四章、第二编第八章、第三编第十六章和第四编第七章。此外，第二编第十一章以一个全新的标题替换了前版中第十章的全部内容；附录Ⅲ的前五节内容主题不变，但全部重写，其中我收录了刊载于1928年6月《经济杂志》（*Economic Journal*）上题为"供给的分析"的文章；此外，在新增的第四编第七章中，我还收录了刊载于1927年9月该杂志上的"工资政策与失业"一文的部分内容。

本书的结构（我在目录中作了详细的介绍）大致如下：第一编主要讨论的是，在大量的限定性条件下，社会的经济福利如何（很可能经济福利的规模越大，国民所得的数量越大，穷人获得的国民所得的绝对份额越大）；第二编主要研究对国民所得数量产生影响的某些主要因素；第三编研究与劳力相关的一些特定因素；第四编讨论在什么情况下，可以同时减少整个国民所得的数量和（可能）增加穷人获得的国民所得的绝对份额。第一版中关于国民所得变化与公共财政的两部分内容，都已经在第二版和本版中予以删除。为了避免本书读起来深奥且晦涩，在本书阐述的过程中，我将尽量控制对专业术语的使用，并把特别抽象的讨论放到附录部分，同时将主要论点总结到目录中。但读者朋友不能因此而掉以轻心，认为本书理解起来并不难。毫无疑问，其固有的难度一方面在于阐述的缺陷，另一方面在于所研究问题的性质。有时人们认为，经济问题无须特别准备就能得到清晰的判断。就连那些十分欠缺物理学和化学知识的"普通人"也同样知道，自己必须具备基本的经济学知识。事实上，经济学是一门十分困难的学科，而且它不能在不被证伪的情况下妄加改动。

出版如此宏大的一部著作，我不得不面对一个特殊的困难。国内外的法律和其他变化可以说是日新月异，以至于我在本书中提到的法律法规和一般条件在到达读者手中时已经过时。但我并不认为，在一个持续变化的世界中不能完全更新资料是一件多么严重的事情。因为我所列举的事例不是为了事例本身而提出的，而是想借助它们阐明一些基本原理，所以，即使它们在时效性上有一两年的延误，也不影响我使用它们的目的性。

对于刚开始研究经济学的学者，我想补充一点：此项研究需要付出巨大的艰辛与努力——你们将在本书中发现这一点，并有可能因此而气馁。经济学家努力展开的复杂分析不仅仅是一种技巧，它们同时也是改善人类生活的工具。围绕在我们身边的苦难与肮脏，数百万欧洲家庭即将熄灭的希望之火，许多富裕家庭穷奢极欲、危害健康的生活，笼罩在众多贫困家庭头上的可怕的未知与迷惘——这所有不幸都清晰可见，让人无法忽视。借助经济学所探寻的知识，这些不幸才有可能得到遏制，人们才能冲出黑暗，赢得光明！探寻经济学知识是我们的使命，找到它可能是"沉闷乏味的政治经济学"对勇于挑战这门学科的人们的奖赏。

A.C.庇古

国王学院，剑桥，1928年11月

第四版（1932年）说明

本版的主要改动如下：第一编第四章和第六章的第12～13节；第二编第十一章的第二节和第十五章；第三编第九章的第2～3节和第十四章的第一节。

目 录 CONTENTS

译者序 / 1

第三版（1928年）序言 / 5

第四版（1932年）说明 / 7

第一编　福利与国民所得

第一章　福利与经济福利 ………………………………… 3

第1节 经济研究的主要动机是推动社会进步。第2~3节 经济学并非"纯理论性的"，它具有"现实性"，但不仅仅是"描述性的"。第4节 定量分析经济学非常困难。第5节 经济福利可以大致定义为能与货币量度标准相联系的那部分福利。第6~9节 经济因素以一种方式影响经济福利，又以另一种方式影响整体福利，这种事例比比皆是。第10节 然而，有一种假设认为，影响经济福利的定性结论对整体福利也有积极的影响。第11节 尽管经济学具有片面性和局限性，但该科学往往能针对经济福利的影响因素得出充分合理的结论。

第二章　欲望与满意感 …………………………………… 21

第1节 满意感与货币量度之间没有直接联系，而是通过欲望来调节，欲望的强度不一定总是与满意感成正比。第2节 在大多数情形下，这一现象并不重要。第3节 但是，在为当前使用资源和在遥远的未来使用资源之间做出选择时，这种现象就非常重要。第4～5节 人终有一死的事实，可能使人们的储蓄比较少，而且使他们更快地耗尽自然资源的全部储备，这都是不符合公众利益的。第6节 因此，有一种假设，反对对储蓄进行差别化征税。第7节 支持国家为保护自然资源而采取的行动。

第三章　国民所得·················· 29

第1节 在大多数情况下，经济因素并不直接作用于经济福利，而是通过国民所得起作用。第2～3节 抛开其中的悖论不谈，理解为仅包含以货币收入购买的物品，以及人们居住在个人所有的房屋中所获得的服务是很方便的。第4～7节 对国民所得和国民可支配收入进行区分，并研究与国民所得的定义和评估有关的各种问题。

第四章　保持资本不变的意义·················· 39

第1～7节 研究了与此相关的一些难点。

第五章　国民所得大小的变化·················· 45

第1～4节 如果可能，我们希望抛开个人偏好，明确说明国民所得大小的变化。第5～8节 然而，这是不可能的，因为我们不得不采用的定义存在着严重的缺陷。

第六章　对国民所得变化的衡量·················· 50

第1～3节 鉴于价格和数量是我们唯一可获得的数据，我们需要构建一个国民所得变化的衡量指标，它将尽可能地符合我们对国民所得变化所下的定义。第4节 它包含了三件事：（1）制定一项适用于所有商品的价格和数量的数据的衡量指标；（2）根据实际可得的有限信息，设计一个切实可行的近似值；（3）确定该近似值在多大程度上是可靠的。第5～14节 讨论问题（1）。第15～21节 讨论问题（2）。第22节 讨论问题（3）。

第七章　经济福利与国民所得大小的变化·················· 73

第1~4节　只要穷人获得的收入没有减少，社会国民所得的增加——除非是强迫人们做超额工作的结果——将使经济福利增加。

第八章　经济福利与国民所得分配的变化·················· 77

第1~2节　穷人的国民所得分配的变化可以通过几种方式实现，其中最重要的是通过从富人那里获得购买力的转移。第3~4节　除了非常特殊的情况外，这种转移必定增加经济福利。第5~6节　尤其是在一个收入分配不均的国家，如英国。第7节　然而，这并不是说，减少分配不均必然增加经济福利。

第九章　对人口数量产生的影响························· 86

第1节　正如第七章和第八章所讨论的，也许有人会提出反对意见，即任何群体，尤其是贫困群体获得收入增加的结果，可能因受到人口数量的影响而失效。第2节　即使抛开更大的财富带来了需求和偏好上的变化不谈，这一命题也无法成立。第3节　而且，一旦涉及这些问题，理由就会被进一步削弱。第4节　各国之间相互移民的事实使这个问题变得更加复杂。第5节　与此同时，收入的转移带来了更多的困难。

第十章　国民所得与人口素质························· 92

第1节　从第七章和第八章中得出的结论，现在必须根据现代生物学知识进行核验。第2节　这种知识支持这样一个观点：可以通过限制不良素质者的繁殖来增加非经济福利和经济福利。该观点对我的研究结果起补充作用而非干扰作用。第3节　人们有时认为，现代生物学通过遗传相对于环境所起的决定性作用证明，与环境有关的经济研究并不重要。对此，我提出了一些反对意见。第4~6节，对于第七章和第八章所主张的，（1）国民所得的增加和（2）国民所得分配的改进所带来的经济福利的好处，被间接的生物效应所抵消，我提出了一些反对意见。

第十一章　应遵循的讨论方法……………………………………105

第二编　国民所得的大小及资源在不同用途中的分配

第一章　导论……………………………………………………109
第1~2节　本编的一般性问题在于，确定在现有的法律制度下，利己主义的自由发挥在多大程度上倾向于以最有利于生产较大的国民所得的方式分配国家资源，以及国家在多大程度上可以完善"自然"趋势的行为。

第二章　边际社会与边际私人净产量的定义…………………112
第1~4节　阐释边际社会净产量这一术语的含义。第5节　边际社会净产量与边际私人净产量的区别。第6节　二者各自的价值。

第三章　边际社会净产量的价值与国民所得的大小　……117
第1节　在没有转移成本的情况下，可以证明，如果只有一种资源分配可以使边际社会净产量的价值在各种用途中相等，那么该资源分配将使国民所得最大化。第2节　当存在不同程度的不均等时，这种分析很难得到推广。第3节　在有转移成本的情况下，资源的最佳分配——当然，不如没有转移成本情况下的最佳分配好——将有所不同，并且在一定范围内是不确定的。第4节　在现实生活中，可能会有各种不同的资源分配，每一种分配都会使边际社会净产量的价值在所有用途中相等，因此，边际社会净产量的价值均等并不意味着国民所得最大化。第5节　因此，在使用补贴方面可能存在机遇。

第四章　收益率与边际私人净产量的价值 ··················123

第1节　一般来说，边际私人净产量的价值等于收益率。第2节　在没有转移成本的地方，利己主义使各地的收益率相等；在有转移成本的地方，则使收益率在成本允许的范围之内尽可能相等。第3节　这意味着，除了边际社会净产量与边际私人净产量的差异之外，任何妨碍利己主义自由发挥的事物，都有可能损害国民所得。

第五章　消除资源移动障碍所产生的影响······················125

第1~5节　广泛来说，消除妨碍利己主义自由发挥的障碍（一般表现为转移成本或知识缺乏的形式），有可能促进收益均等。但它必须在既定条件下才能成立。第6节　对以下二者的区别是至关重要的，即实际成本的减少对经济福利的影响，以及单纯地把成本从控制资源移动的个人处转移到国家对经济福利的影响。

第六章　信息了解不全面造成的收益均等化障碍············129

第1~5节　信息了解不全面阻碍不同行业中收益均等的趋势，其中一部分是由企业账目的特征造成，另一部分是由企业财务的一般性组织造成。第6节　如果其他条件允许的话，银行参与创立公司的工作可能有助于情况的改善。银行的参与必然是为了永久利益，而不仅仅是眼前利益。第7节　瑞弗森银行等对小型投资领域实施控制，是为了防止借贷资源在使用过程中产生浪费。

第七章　交易单位的不完全可分性对收益均等的阻碍·······137

第1节　当进行交易的单位过大，或该单位是以特定比例的两种因素结合而成时，利己主义阻碍了所有用途的收益率均等的趋势。第2节　在现代，进行资本交易的单位的大小通过两种方式缩小，其部分原因是由于证券交易机构的助推。第3节　这一单位以前所具备的复合性特征，也在很大程度上由于用作抵押的证券的大幅增长而消失了。第4~5节　把股票分成若干不同的类别，并由金融家在其风险最大的早期持有这些股票，

5

后期再将其转手，其作用不变。第6节 通常来讲，在目前的条件下，交易单位不完全可分性影响不大。

第八章 不同行业和地方需求的相对变化给收益均等造成的阻碍……………………145

第1节 定义需求的相对变化。第2节 需求的相对变化越大，不同地方的边际净产量价值的差异就可能越大。第3节 它们的大小取决于对不同产品需求的独立差异的程度。第4节 取决于不同的企业在多大程度上为彼此的佣金工作。第5节 取决于时尚和收入分配的不同程度。第6节 取决于一般周期性波动的范围。第7节 根据劳动者所追求的工资政策，相对变动的影响有所不同。第8节 根据它们发生的速度。

第九章 边际社会净产量与边际私人净产量之间的差异 149

第1节 对私人净产量和社会净产量进行区分。就利己主义往往导致不同领域的边际私人净产量的价值均等而言，只要边际私人和边际社会净产量存在差异，均对实现边际社会净产量价值均等造成阻碍。一些差异出现在单纯竞争中；另一些差异出现在垄断竞争中；还有一些差异出现在双边垄断中。第2节 在使用多种形式的生产性资源的场合中，定义生产性资源增量的意义。第3节 在第1节中进行区分的第一种差异发生的原因在于，在某些行业中，使用一个单位资源的部分效果未能反映在负责投资的个人的收益之中。第4节 这可能发生在租赁权与所有权分离的情况下。第5~9节 在讨论佃户的改善以及对其他类似问题进行补偿的法律时，对此加以说明。第10节 在向公众提供无补偿服务或造成损害的投资形式方面，单纯竞争下的差异也可能独立于租地协议而产生。举例加以说明。第11节 但是，认为资源投入到改进的设备或（生产）方法上会降低已有设备的价值，因而出现差异的想法是错误的。第12节 差异也可能通过某些心理反应的形式出现。第13节 明智而审慎地采用税收和奖励措施能减少上述类型的差异，有时候直接的强制措施也能减少这种差异。第14节 在垄断竞争下，投入到广告中的资源会产生更多差异。第15~17节 双边垄断下的差异出现在用于"议价"和欺诈行为的资源中。各类刑法可以在某种程度上减少这种差异。

第十章 关于产业形态的边际私人与社会净产量……………177

第1节 边际私人净产量与边际社会净产量之间的关系，除了在不同用途的投资上有差异外，在不同行业组织形式下的投资也有所不同。第2节 有些形式确实有，而有些形式则没有在参与其中的工人之间以训练能力的形式产生收益，或产生商品产品的收益。第3节 在目前条件下，投资工人合资协会和各种小型企业可能产生比边际私人净产量更大的边际社会净产量。第4节 但是，与之相反的是，投资可能导致产业的托拉斯。第5节 经过一段时间后，投资可能促进标准化。第6节 与"科学管理"某些方面有关的投资可能也是这样。

第十一章 递增与递减的供给价格……………………185

第1~2节 在单纯的竞争条件下，向任何特定行业的投资都会持续到资源的边际私人净产量等于边际社会净产量的程度；当特定行业的边际社会净产量与之不同时，该行业中的边际私人净产量与之有同样的差异。第3~4节 供给价格递增、不变和递减的规律，是人们对分析作出的说明，不是对历史作出的说明。第5节 我们必须将供给价格的递增、不变与递减价格进行区分，并从社会的观点来对这三者进行区分。第6节 从社会的观点来看，供给价格递减规律在很大范围内是可能的。第7~8节 但是，从社会的观点来看，只在一种特殊的情况下递增的供给价格才是可能的。第9节 投资于任何行业的边际私人净产量的价值是大于还是小于边际社会净产量的价值，主要取决于从社会的观点来看，该行业是否符合递增（或递减）的供给价格的条件。第10节 这意味着边际社会净产量的价值在所有符合供给价格递减条件的行业中都是较大的，但并不是说，在符合供给价格递增条件的行业中，边际社会净产量的价值都是较小的。第11~12节 在单纯竞争条件下，边际社会净产量和边际私人净产量的价值存在差异时，有可能通过补贴和税收来纠正由此产生的投资错误。第13节 类似的推理表明，对因其独特性而被需求的物品予以征税，以及对因其普遍性而被需求的物品给予补贴，可以增加经济福利。

第14节 这种分析很难应用于实际问题，但它并非就是无用的。

第十二章　国家对竞争性价格的管制⋯⋯⋯⋯⋯⋯⋯⋯⋯198

第1节 除了前面章节考虑的符合条件的情况外，我们的讨论表明，国家对竞争性价格的干预，必定损害国民所得。如今，不得不用战争时期广泛的价格管制政策来应对这种假设。第2～5节 对英国在此期间的价格管制问题和做法进行说明。第6～7节 由于一系列原因，在第一次世界大战的特殊背景下，价格管制不可能对生产造成严重损害。第8节 但是，我们有充分理由担心，为防止生产者群体在有利条件下牟取暴利而实施的长期性的通用价格管制政策，不会如此毫无害处。

第十三章　国家对供给的管制⋯⋯⋯⋯⋯⋯⋯⋯⋯⋯⋯210

第1节 战争期间，国家对价格的管制也包括对分配的管制。第2～4节 原材料的供给，根据战争对其需要的急迫性而分配给不同的用途；在非战争时期，很难找到一条令人满意的替代准则。第5节 在原材料的每一种用途中，根据战前企业的购买情况分配给不同的企业；在非战争时期，是不可能这么安排的。第6节 制成品则根据对终端消费者必需配给量的预估进行分配。第7节 这种安排并不直接影响国民所得的大小，尽管如前一章所述，起补充作用的价格管制确实具有这种效果。

第十四章　垄断的条件⋯⋯⋯⋯⋯⋯⋯⋯⋯⋯⋯⋯⋯⋯216

第1节 当前，有必要探究在垄断条件下，不同用途的边际私人净产量价值在多大程度上倾向于相等。在开始准备这一探究之前，必须研究垄断力量出现的先决条件。第2节 当一个行业的总规模既定时，如果某些因素使典型的单个企业规模更大，结构更经济，则它们有利于垄断力量的出现。第3节 对于典型的单个企业管理单位（可能包括许多企业）的规模越大，企业的结构越经济的情况，也是如此。第4节 对于联合可以减少竞争性的广告支出，进而大幅度减少总开支的情况，亦是如此。第5节 当存在着对一种商品的高度无弹性需求，情况仍然如此，因为这意味着如果出现垄断，就有可能产生巨大的收益。这里讨论了决定不同商品需求弹性程度的条件。第6节 另一方面，任何使旨在联合的谈判难以展开的因素，都不利于垄断力量的出现。第7节 因"参股"冲突而产生协议障碍的情况，同样如此。

第十五章　垄断竞争·······································229

第1节 在垄断性竞争下，利己主义往往不会使行业相关资源的边际私人净产量价值等于一般资源的边际私人净产量价值。第2~3节 相反，利己主义使边际私人净产量价值在一定范围内出现不确定性，其不确定性程度取决于简要讨论的某些影响。

第十六章　单纯垄断·······································232

第1~5节 在单纯垄断加上相关行业的准入受到限制的情况下，该行业相关资源的边际私人净产量价值，将比单纯竞争条件下的一般资源的边际私人净产量价值更大程度地偏离平均值。第6节 如果垄断行业准入不受限制，则国民所得会以另一种方式蒙受损失。

第十七章　歧视性垄断·····································237

第1节 在某些条件下，垄断者可以实行歧视性价格。第2~4节 这些条件的性质主要取决于相关商品的不可转移性。第5~7节 在三种可区分的歧视性垄断中，唯一具有现实意义的是第三级歧视性垄断，在这种垄断形式下，市场之间收取不同的价格，市场的组成不由垄断者自己的选择决定。第8~11节 简要分析另外两种垄断形式。第12~16节 第三级歧视性垄断加上限制进入相关行业的情况下，产量不可能比在单纯垄断条件下更接近于使该行业资源的边际社会净产量的价值与一般资源的边际社会净产量的价值相等，但它不一定比在单纯竞争条件下更接近于这一理想产量。第17节 在歧视性垄断下，即使相关行业的准入不受限制，情况仍然不那么有利。

第十八章　铁路运费的特殊问题·····················250

第1节 前一章的讨论揭示了"劳务成本原则"和"劳务价值原则"倡导者在铁路运费方面的争议。第2节 解释"劳务成本原则"具体形式的含义，这种原则意味着向每吨英里运输服务的采购商收取统一费用，只要出售给不同采购商的每吨英里服务不是"联合供应"的。第3~4节 铁路服务在很大程度上是联合供应的——在给定的一条线路上运输铜器和煤炭，或运输运往A地的煤炭和运往B地的煤炭，都是联合产品——这种普遍观点是不正确的。第5节 然而，某种程度上的联合，比如外出和归家旅行，实际上确实很普遍。第6节 解释"劳务价值原则"具体形式的含义。第7~8节 "劳务成本原则"对应单纯竞争，"劳务价值原则"对应第三种歧视性垄断。一般来说，前者更有利于国民所得；但如前一章所言，可能出现后者更有利于国民所得的情况。第9~10节 然而，这些情况并没有铁路经济学学者通常认为的那样普遍。第11节 此外，"劳务价值原则"等能带来的利益往往可以通过补贴来实现，而且这样更令人满意。第12节 讨论允许歧视性收费的政策，但条件是利润不得高于正常水平。第13节 最后是有关铁路区域收费制度的探讨。

第十九章　购买者协会·····························274

第1节 前面的章节已经表明，在许多行业中，无论是单纯竞争、垄断竞争，还是单纯垄断、歧视性垄断，都不会使投入这些行业的资源边际社会净产量价值与一般资源的边际社会净产量价值相等。我们接下来要探讨的是，是否可以通过购买者协会来保证这一结果。第2节 答案显然是肯定的；但在确定购买者协会和普通商业企业在生产效率方面的相对优势之前，没有对国民所得的影响进行推论。第3节 历史案例对这件事情没有太多的启示。第4~5节 购买者协会在生产方面有优势，只要它们能节约广告成本，就特别适合在其成员之间传播最优生产方式的知识，而且几乎不需要讨价还价，也不需要防范欺诈。这些优势使它们得以在相当多的领域成功建立起来。第6节 但由于种种原因，这一领域受到限制，因此，仍需要探寻普通商业形式不完善之处的其他补救方法。

第二十章　政府干预························283

第1节　本章涉及政府干预产业的一般优势，包括控制和管理，以此来补救私营企业的失败。第2节　由于种种原因，战争中的经验对这件事情的指导作用远远没有一开始预期的那么多。第3节　无论行业运营是否需要诉诸征用权，问题基本上都是一样的。第4节　在不受国家干预的情况下，私营企业不能使国民所得最大化，这本身并不需要干预，因为这可能使情况更糟。第5节　然而，当代的某些发展使政府机构比以往更适合干预。

第二十一章　垄断的公共管制························289

第1节　本章涉及国家为控制私人垄断所做的努力，即供给应该根据需求进行调整，因此，国民所得应该与单纯竞争下的一样多。第2节　讨论通过不使竞争对手联合来维持实际竞争的政策。第3节　第二种间接控制的方法体现在维持潜在竞争的政策上。这一点通过惩罚激烈竞争中的"联合"手段和抵制中的毁灭性倾销来实现。第4~5节　阐释这些"联合"手段的本质和影响。第6节　尽管困难重重，但如果认真制定专门的法令，无论如何都有可能减少使用这些手段的范围。第7节　但是，即使这样的立法在直接目标上取得成功，也不能完全维持潜在的竞争。第8节　仅仅是间接控制方法还不够，有必要用直接方法进行补充。第9节　讨论鼓励同样具有垄断力量的购买者——为对抗垄断型购买者——形成联合体的政策。第10节　宣传政策。第11节　对垄断性行业销售条款的控制在收益递减而非收益递增的情况下，会造成一种特殊的困难。第12节　战争经验的指导作用微乎其微。第13节　管制在禁止"不合理的"价格方面可能是一种消极方法，在确定最高价格方面可能是一种积极方法。第14~15节　讨论"制裁"问题。第16~20节　确定价格合理性的依据是一个非常棘手的问题。第21~25节　探讨几种旨在防止或限制价格管制机构出现错误的方法，包括浮动制。第26节　在旧的垄断企业中，价格限制也很难扰乱"合理预期"。第27节　此外，管制必然难以操作、代价高昂。

第二十二章　行业的公营························326

第1~3节　实现令人满意的国家控制所面临的困难表明，如果在生产活动中没有出现严重的经济损失，那么特定行业的公共经营（与公有制不同）可能会增加国民所得。第4节 战争的经验不能给予我们全面的指导。第5节 不能通过数字统计对行业公共经营的经济效率与行业股份经营的经济效率进行比较。第6~9节 行业的公共经营有着不同的形式，从技术效率的角度看，它不必低于私人经营，尤其是不必低于受管制的私营。第10节 但是，首先，在公共经营下存在着一种危险，即经营机构可能倾向于通过使用不公平的商业以外的方法来维持其企业，代价是竞争企业能够以更低的成本满足同样的需求。第11节 其次，在公共运营条件下，经济效率很可能会因为不愿意冒险和进行试验而受到影响。第12~13节 再次，通过建立规模不经济的管理单位，可能会导致效率的大幅下降；但是，在正常状态为垄断竞争的行业中，公共运营在这方面优于股份运营。第14节 总的来说，除了一些特殊的例外情况，仅在垄断行业中，公共经营的建议备受关注；在这里，它的情况与公共控制的情况相反，在不同的行业情况会有所不同。第15节 当一个私人经营的企业决定改为公共经营以后，在确定适当的收购价格方面面临困难。第16节 但是，即使必须向既得利益者支付巨额赔偿，政府当局为了遏制人为限制产量而买断一家私人垄断企业，仍可能有益于公众利益。

第三编 国民所得与劳动力

第一章 劳资和谐·····················353

劳资和谐显然与国民所得的大小有关，必须研究旨在维护劳资和谐而建立的机制。

第二章 劳资纠纷的分类·················356

第1~5节 比较和讨论各种可能的分类方法。

第三章　调解与仲裁的自愿协议 ……………………………361

第1节　英国是以自愿方式处理关于广泛的一般性问题纠纷的典型国家。第2节　常设仲裁机构比专门召开处理纠纷的会议更有效。第3~4节　讨论仲裁机构的章程和办事程序。第5节　仅就调解协议与最后也诉诸仲裁的协议相比较。第6节　讨论仲裁机构人员所需的素质、数量以及任命他们的最佳方式。第7~8节　对公共投票和货币担保问题的讨论。

第四章　调解 ……………………………………………373

第1~5节　如果某一行业的雇主和工人未能达成协议，可以由知名的外部人士、非政府委员会或政府机构进行调解。但需要注意的是，不应该使这一机制的存在制约了双方之间直接自愿协议的发展。

第五章　强制性干预 ……………………………………378

第1节　在争执双方愿意的情况下，强制干预可以规定争议进入强制仲裁法院。第2节　"延长"雇主协会与雇员协会之间的协议，可使之对外界的雇主和工人具有约束力。第3节　也可以遵循《加拿大劳资纠纷调查法》的模式。第4节　还可以采取澳大拉西亚人所理解的强制仲裁形式。

第六章　分析地看劳资和谐 ……………………………388

第1节　雇主协会与雇员协会之间的纠纷在某些方面与国家之间的纠纷相似。第2节　在一定范围内，两个组织之间协商出来的工资率是不确定的。第3~11节　研究决定不确定性范围和切实可行协商范围的影响因素。第12节　阐释这项研究在各种情况下对劳资和谐前景的影响。第13节　对仲裁员职能的普遍看法的意义。

第七章　劳动时间 ………………………………………398

第1节　每个行业的各类工作人员都有一定的工作时长，不同职业情况有所不同，超过一定的工作时长不利于国民所得。第2节 有证据表明，实际上这个限定的工作时长经常被延长。第3节 解释这种情况可能和确实发生的方式。第4节 对国民福利而言，最有利于国民所得的工作日长度也许过长。第5节 显然，对于不适当的过长的工作时间而言，国家干预有着正当的理由。第6节 讨论在这方面的加班问题。

第八章 行业支付薪酬的方法 ························ 408

第1节 从广义上讲，工人的产量越大，其工资的调整就越接近所提供的服务，这更有利于国民所得。第2节 调整是复杂的，因为一个人对公司的付出不仅仅只有及时的物质产量。第3节 因为产量在质量和数量上都有可能发生变化。第4节 还因为在某些职业中，即使是产量的数量也不能衡量。第5节 讨论计时工资情况下的调整问题。第6~7节 在计件工资情况下，如果不是因为"削减"工资所造成的困难，调整可能更密切。第8~9节 比较保费计划和计件工资计划。第10节 "削减"工资的困难可以通过集体谈判来解决。第11~12节 讨论任务工资制度。第13节 得出的结论是，在集体谈判控制的计件工资制度下，国民所得的利益会有最大的提升。

第九章 不同职业和地区的劳动分配 ················· 422

第1节 总的来说，国民所得受到阻碍劳动分配的原因的损害，以至于在不同的地区和职业中，对于任何素质的劳动的需求价格和工资都是不相等的。第2~3节 这里有一个重要的限定条件。第4节 上述的主要原因是无知、转移成本和对移动的限制。第5~6节 无知起作用的最根本方式是，损害新一代工人进入行业时的初始分配。第7节 无知也妨碍了通过后续的移动来纠正劳动初始分配中的偏离。第8节 无知的妨碍程度取决于工资合同的订立形式。第9~10节 研究"作为劳动分配障碍的转移成本"的影响。第11节 家庭在地域上的团聚所涉及的特殊成本因素。第12节 外部限制的最重要的例子是，传统和习俗将女性工人排除在某些职业之外。第13节 上述所谓的阻碍劳动理想分配的原因可以（1）从内部予以排除，（2）以公共成本予以消除，或（3）逾越它。第14节 当从内部排除障碍时，国民所得实际上必然会增加。第15节 当以公共成本消除障碍时，有一种假设认为它会损害国民所得，但这种假设可能被推翻。第16节 当障碍被逾越时，如果障碍是无知的，那么对国民所得的影响必然是有益的，但如果障碍是转移成本，则对国民所得的影响是有害的。

第十章　职业介绍所·················442

第1节 工人不但会从不同职业中分配到不好的工作，有时甚至会失去工作。 第2节 对于这种情况以及与此相关的国民所得的损失，可以通过开办职业介绍所来减轻。 第3节 也可以利用职业介绍所作为雇佣中心来减轻。 第4~5节 对这些介绍所的效率所依赖的一些主要影响进行讨论。

第十一章　失业与缩短工时·················448

第1节 这一章的分析是比较雇主应对经济不景气时期的三种主要方式，即：（1）全天工作并部分裁员；（2）全天工作和全体员工采取轮班制；（3）缩短工时并使员工全体上岗。第2节 讨论决定选择缩短工时法还是其他两种方法的原因。第3~4节 讨论决定选择裁员法还是其他两种方法的原因。第5节 讨论决定选择轮班制还是其他两种方法的原因。第6节 缩短工时法与裁员法最常见。第7节 从表面上看，裁员法无疑会对国民所得造成更严重的损害，因为它所导致的失业会对工人的身心产生有害影响。第8节 但与其他两种方法不同的是，在国民所得的利益要求工人转移到其他职业或地方时，裁员法可以防止他们这样做。第9节 讨论了将体力劳动者与永久性受薪雇员放在相同位置的建议。

第十二章　对提高工资进行干预的可行性·················459

第1节 "工资的自然过程"是指在不受相关工人与雇主以外的个人或团体的干预下普遍使用的工资率制度。第2节 干预可能是购买者协会或政府机构试图施加的。第3节 在某些情况下，干预可能被未被察觉的逃避行为所干扰；但这种干预在工人群众组织起来时是不可行的。第4节 当管制机构只能确定"普通"工人的最低日工资时，就有特殊的规避机会。第5节 如果未被察觉的逃避行为不切实际，则有各种制裁措施可以使干预生效。

第十三章 雇用劳工的方法·············467

第1节 区分随机法、偏好优先法和等级特权法这三种方法。第2节 举例说明。第3节 说明支持采用这些方法中的一种或多种的有利影响。第4节 说明随机法和短期雇佣之间的关系。第5节 讨论国家应该为鼓励长期雇佣而进行干预的建议。

第十四章 在工资不公平的地区与职业中
为提高工资进行的干预·············475

第1节 定义公平工资。第2节 具体来讲，几种不公平因素可能包含于一种不公平的工资中，但这种复杂性在我们的分析中会被忽略不计。第3节 不公平工资可以分为两类：一类虽然不公平，但与其所在地区或行业中的劳动边际净产量价值相等；另一类包含剥削因素，且低于所在地区或行业中的劳动边际净产量价值。第4节 就前者而言，干预将对国民所得的大小产生影响，这种影响与在工资低至不公平程度的任何地方使劳工需求的一般条件保持不变的原因无关，而完全取决于阻止劳工分配自我调整以适应这些条件的原因的性质。第5节 当工资率低至不公平水平时，由于转移成本阻碍了可以使工资率变得公平的劳工再分配，干预将损害国民所得。第6节 当工资率低至不公平水平时，由于无知阻碍了预期的劳工再分配，干预的效果在不同情况下将有所不同，这在一定程度上取决于普遍存在的雇用劳工的方法。第7节 解释在第3节中区分的后一类不公平工资（即工资低于劳动的边际净产量价值）的产生方式。第8节 有证据表明，对这类不公平工资的干预，一般来说，很可能有利于国民所得。第9节 在任何职业中，如果女工的工资率相对于其他职业的女工来说是公平的，但相对于同一职业的男工来说却低至不公平水平，则旨在使其相对于男工工资达到公平水平的干预一般会损害国民所得。第10节 实际上，前面讨论的干预的详细而有区别的形式，可能需要代之以较为粗略的方法。

第十五章 特定行业内的公平工资·············494

第1节 在任何行业内部，不同的人从事同一类工作时，工资的公平程度与效率成比例。第2节 从这个意义上讲，计时工资有时能够比人们想象中完成更多工作。第3节 计件工资制度下的困难较少，但必须考虑到几个问题。第4节 第一，不同工人在工作中从机器和自然条件上得到的补偿之间的差异，可以精确地计算出来。第5~6节 第二，对不同工人所做的工作的确切性质的差异所作的补偿，也可以借助"基本计件工资率"进行精确计算。第7节 第三，对于工人们从管理部门的合作中得到的支持的差异所进行的补偿，计算起来困难得多；但是，在建立计件工资率的同时，制订最低日工资率表将对计算有所帮助。

第十六章 作为可变关系的公平·············507

第1节 具有特定特征的不同个体之间的公平，不仅取决于这些特征是什么，还取决于周围的环境。第2~3节 这是根据个人具有的不同大小的同一种能力来确定的。第4节 以及根据个人掌握的不同类型的能力来确定。第5节 说明这一分析具有重大的现实意义。

第十七章 在工资已经公平的地区和职业
为提高工资所进行的干预·············513

第1~2节 对于已经公平的工资进行干预，如果能激励雇主改进其组织和技术，则可能有利于国民所得。第3~4节 可能出现一种总体趋势，它将使所有工资率的变化都有利于国民所得；因此，工资率是否公平不能被视为反对变化的决定性理由。第5节 当总价格因为通货变化而突然发生大幅度变化时，这种考虑显得尤为重要。第6节 人们有时主张，即使一个行业的工资是公平的，如果它低于"最低生活工资"，就应该提高它。第7~10节 具体解释这种主张；得出的一般结论是，对此采取有效行动会损害国民所得。第11节 讨论"家庭工资"制度。

第十八章　工资率与生产能力·················525

第1节　如果工人因为效率低而得到很低的工资，那么国民所得很有可能通过迫使工资提高到先前考虑的水平而间接受益；因为较高的工资可能提高生产能力。第2节　通过统计进行的比较，对这一问题没有太多启示。第3节　如果工资低是由剥削造成的，那么提高工资不会使相关工人失业，因此对生产能力有极大的影响。第4节　除剥削以外，这些影响在劳工需求没有弹性的职业中可能更加有利。第5节　如果对工资（不是剥削工资）的干预从其对生产能力的影响上表明是正确的，那么这基本上是一种临时干预。

第十九章　全国最低计时工资·················530

第1节　在本章，我们必须考虑法律规定的全国最低计时工资的影响。第2节　这在全国范围内普遍适用，不能通过不同职业中不同素质的工人的任何再分配来规避。第3节　顺便提一句，它将防止一定程度的剥削，而且到目前为止是有利的。第4节　但是，其主要后果是将许多低等级工人逐出私营企业。第5节　如果国家不针对这些人采取进一步的行动，那么国民所得必定受到影响；即使国家承诺为他们组织培训，但是将无法受训的老人和无行为能力的人驱逐出去仍然是一件坏事。

第二十章　特定行业的固定工资率和浮动工资率···········536

第1节　仍需评估由硬性规定确定的工资率与根据情况暂时变化而制定的在标准上下浮动的工资率对国民所得的相对影响。第2节　可以证明，因需求的暂时变化而浮动的（或易受影响的）工资率比固定工资率更直接有利于国民所得。第3节　当间接影响也考虑在内时，直接影响的比较结果很少受到干扰。第4节　但出于实际原因，工资的变动不能在少于两三个月的间隔内进行。第5~9节　当任何职业中劳动供求弹性给定时，与需求表的任何特定波动相适应的工资波动越大，该需求表的波动也越大。同时讨论了这个论点的实际含义。第10~11节　当任何职业的劳工需求表发生了一定的浮动时，与这种浮动相对应的工资浮动就会变小，职业中劳工的供给就越有弹性。另外讨论了这个论点的实际含义，并指出对此进行估价的后果。第12节 通过浮动标尺提供调节劳工需求浮动的自动方法。第13~18节 对这些可能出现的各种形式以及与之相关的问题进行详细研究。第19节 当双方之间的关系足够良好时,通过安排联合委员会每隔两三个月调整工资而不是仅仅根据机械的指数,同时考虑其他可能没有考虑到的因素,可以取得更好的结果。

第四编　国民所得的分配情况

第一章　不协调的一般问题 ······ 559

本编旨在探讨是否可以区分出任何重要的原因,能够在不同意义上影响整个国民所得的大小以及整个国民所得给予穷人的那部分的大小;并研究这些问题的存在所暗示的实际问题。

第二章　帕累托法则 ······ 560

第1节 乍一看,帕累托教授的某些统计调查似乎表明,国民所得的大小和分配情况紧密结合在一起,因此,整个国民所得和穷人的实际收入不可能不朝着同一个方向移动。第2节 但是,所列举的统计数据不足以支撑这个结论。第3~5节 其逻辑基础也不健全。第6节 因此,必须仔细研究可能出现的不和谐因素。

第三章　资本和劳动的供给 ······ 568

第1节 在人与人之间分配收入与经济学教科书中所讨论的在生产要素之间分配收入,在逻辑上有很大的区别。但是,如果我们将劳动要素的工资收入与贫穷阶级的收入区分开来,则不会犯很大的错误。第2~6节 详细讨论表明,在目前情况下,通过增加资本供给来增加国民所得的原因不能同时减少劳动的实际收入。第7节 从短期来看,促进国外资本投资的原因可能会出现不协调的情况，但从长期来看却几乎不大可能如此。第8节 有证据表明，一般来讲，任何国家对劳动的需求都可能有很高的弹性。基于此，可以看出，通过增加对劳动的供给来增加国民所得的原因，不能同时减少劳动的实际收入。第9节 研究一个复杂的次要问题。第10节 讨论所得出结论的一些实际意义。

第四章　发明与改进 ·· 580

第1节 本章的问题是确定在何种条件下（如果有的话），增加国民所得的发明或改进措施会减少劳动的绝对份额。第2节 确定发明是增加还是减少其所在行业的就业情况，并不能解决这个问题。第3节 其解决办法取决于在本发明适用范围以外的职业中，劳动和资本数量分别受到影响的相对比例。第4~6节 在此基础上进行详细的分析。第7节 得出的结论是，有利于国民所得的发明可能同时减少穷人的实际收入；但这种偶然情况几乎不可能发生。

第五章　工资的管制 ·· 588

第1节 接下来需要确定在何种条件下（如果有的话），提高一个工人群体的工资率会同时损害国民所得，并增加整体劳工的实际收入。第2节 如果直接有关的特定工人不是他们自己所生产商品的购买者，如果对其劳动的需求弹性小于1，则他们将会受益。第3节 研究不同情况下决定这种弹性的因素。第4节 如果整个工人群体不是他们自己所生产商品的购买者，如果对其劳动的需求弹性小于1，他们将会受益。第5节 因为事实上，工人是自己所生产的大多数商品的购买者，所以初步来看，净收益的前景并不是一片光明。第6节 此外，如果考虑资本方面产生的累积效应，这种前景以及由此对国民所得的影响与穷人绝对份额的影响之间产生不协调的可能性都会减少。第7节 然而，只要国家承诺用公共资金援助因失业而陷入困境的人，这个结论就必须满足一定的条件。

第六章　配给供应 …………………………………………… 599

第1节　从表面来看，第二编第十三章讨论的配给供应政策可能产生不协调的情况。因此必须审查它实际上是否确实如此。第2节　在第一次世界大战中，配给供应在不损害生产的情况下有利于分配。第3~5节　在正常情况下，为控制富人消费而安排的配给供应，如果用于收益递增的商品，则会减少国民所得总额和穷人获得的份额。第6节　如果在适当的限制范围内用于收益递减的商品，则会增加这两者的份额；但是，如果超过这些限制范围，就会损害国民所得，使穷人受益，从而出现不协调的情况。第7节　考虑到所涉及的摩擦和管理困难，本章提出的从配给供应中产生净社会效益的可能性，不应该用来证明它是完全可取的。

第七章　对工资的补贴 ………………………………………… 604

第1节　在一个工资率处处根据需求和供给条件进行调整的社会，不管是对特定行业还是对一般性行业，工资补贴政策几乎没有什么适当的理由。第2节　然而，如果任何地方的工资都建立在"不符合经济规律的水平"上，则整体国民所得和工人的实际收入都可能通过适当安排的补贴而得到改善。第3~5节　提出了这种影响的论点。第6~7节　对这种政策的实际反对是严重的。

第八章　从相对富人到相对穷人的直接转移 ……………… 609

第1节　人们有时候认为，收益从富人转移到穷人是不可能的，因为（1）所有从富人那里拿走的钱实际上都是来自穷人，（2）受益者将通过同意接受较低的工资来返还他们所得到的东西。第2~3节　这两个论点都不成立。第4节　接下来的章节将依次考虑：（1）从富人那里转移的预期，（2）向穷人那里转移的预期，（3）转移的事实。

第九章　从相对富人那里转移的预期对国民所得的影响　614

第1节　对富人自愿转移的预期往往会增加他们对提高国民所得的贡献。第2~3节　富有的雇主可以将这些转移的特殊机会提供给他们的工人，而富人可以将其提供给他们的同乡人。第4节 明智地使用荣誉和奖章可能会进一步激励富人作这样的转移。第5节 然而，自愿转移是不够的，还需要通过税收进行转移。第6~9节 研究通过无差别对待节约的所得税对富人转移的预期对国民所得的影响。第10节 考虑对储蓄差别对待的所得税。第11节 讨论通过遗产税的转移。第12节 总体而言，对富人大量强制性转移的预期，可能会在某种程度上损害国民所得。

第十章 向穷人转移的预期对国民所得的影响·············624

第1节 不同类型的转移可以根据以下方式加以区分：（1）不利于懒惰和浪费的差异性转移，（2）中立的转移，（3）有利于懒惰和浪费的差异性转移。第2节 阐释反对懒惰和浪费的差异性转移；对它们的预期往往会增加国民所得。第3节 解释中立的转移。第4~6节 如果转移的是货币或是容易兑换成货币的东西，那么对它们的预期往往会略微减少国民所得；但如果转移的是穷人根本不会购买的东西，它们就不需要这样做，而且可能产生相反的效果。第7节 对有利于懒惰和浪费的差异性转移的预期会损害国民所得。第8节 这种转移在一定程度上（只能在一定程度上）可以通过像普遍发放老年年金这样的手段来避免。第9节 当它们的差别对待支持不通过保险协会为自己提供生活必需品时，它们的损害性后果会很小。第10节 但是，当它们的差别对待有利于懒惰时，它们的损害性后果很大，尽管这是自愿的。第11节 因此在某些情况下，制止条件——其形式已经讨论过——必须与救济相结合。

第十一章 对穷人购买物品的补贴·····················639

第1~2节 补贴有三种形式。第3节 它们都是中立性转移。第4节 一般来讲，与上一章第3~6节中讨论的直接的中立性转移相比，它们对国民所得的损害可能更大。

第十二章 从富人向穷人转移的事实对国民所得的影响 643

第1~2节 如果对穷人的投资所产生的收益高于正常收益，则资源从富人转移到穷人必然有利于国民所得。第3节 这种转移在堕落者和老年人中颇为少见。第4~6节 以培训或疾病护理的形式对正常成年工人作转移，可能会产生巨大的收益。第7节 以教育和养育的形式对儿童作良好的转移，也可能产生巨大的收益。第8节 一般购买力的转移不太可能得到有效的利用。第9节 对转移的使用进行一些友好的监督似乎是可取的。

第十三章　国家实际收入的最低标准 ························· 657

第1节 制定国家实际收入的最低标准可能对国民总所得产生不利影响，但同时会使穷人受益。第2节 描述所考虑的国民所得最低标准的性质。第3节 分析应将最低标准置于何种水平的相关理论考虑。第4节 实际上，我们可能得出这样的结论，即社会的人均收入越高，最低标准就越有理由设得较高。第5~6节 这一结论尤其与英国有关。第7~8节 讨论它与国际劳工立法的关系。第9节 讨论它与移民问题的关系。

附　录

附录Ⅰ　承担不确定性是一种生产要素 / 669

附录Ⅱ　需求弹性的测量 / 680

附录Ⅲ　对某些竞争和垄断问题的图解与数学分析 / 686

第一编　福利与国民所得

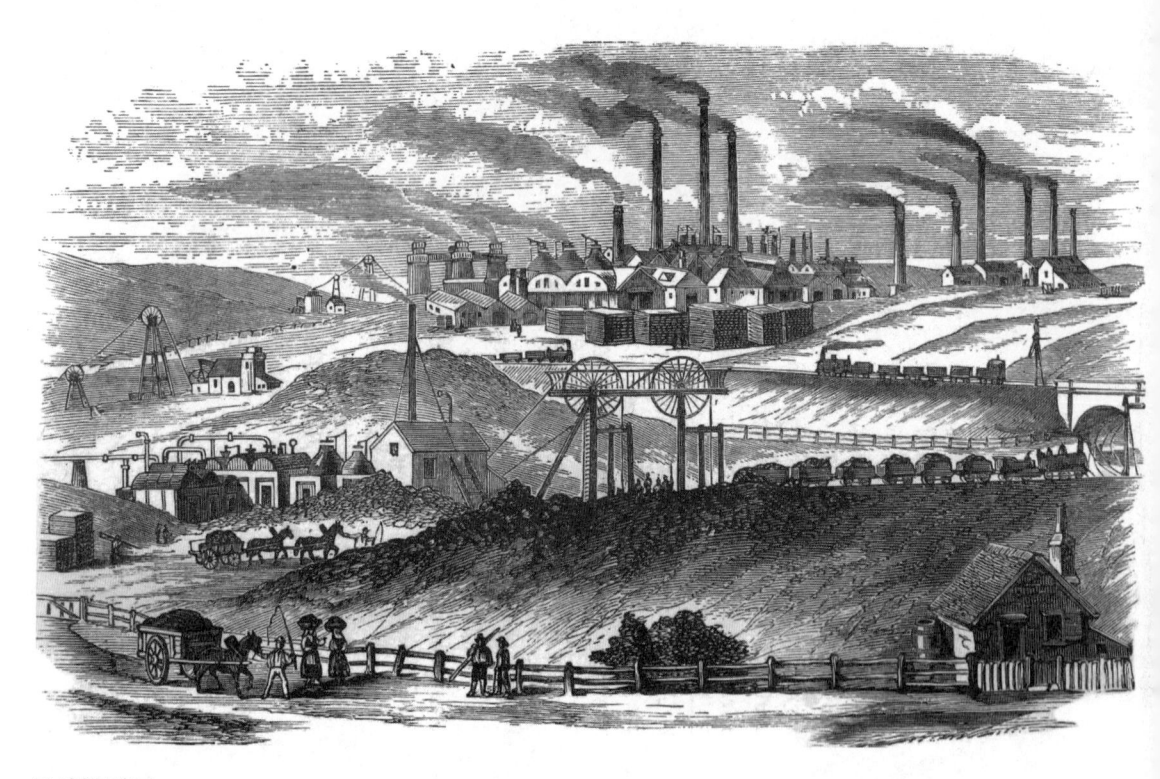

□ 达德利煤矿

第一章　福利与经济福利

第1节　经济研究的主要动机是推动社会进步。第2~3节　经济学并非"纯理论性的"，它具有"现实性"，但不仅仅是"描述性的"。第4节　定量分析经济学非常困难。第5节　经济福利可以大致定义为能与货币量度标准相联系的那部分福利。第6~9节　经济因素以一种方式影响经济福利，又以另一种方式影响整体福利，这种事例比比皆是。第10节　然而，有一种假设认为，影响经济福利的定性结论对整体福利也有积极的影响。第11节　尽管经济学具有片面性和局限性，但该科学往往能针对经济福利的影响因素得出充分合理的结论。

第1节

当一个人开始从事任何一项研究，其研究目标要么是知识，要么是成果——并非只是单纯为了知识本身，也有可能是为了知识所带来的好处。在不同的研究领域，这两个目标的重要性各不相同。绝大多数现代伟大科学在引起我们的兴趣时，同时强调了知识和成果的重要性，但在不同的科学中，两者所占的比重不尽相同。天平的一端是所有科学中最普遍的科学，即形而上学，是关于实在的科学。对于这个科学的学者来说，"他的确可能会为等待者带来某些有价值的东西"，但他带来的必定只是知识，而非成果。最接近形而上学者的是研究物理学终极问题的学者。迄今为止，物质的微粒学说仅仅为人们带来了知识。然而另一方面，它也是充满希望的：对原子结构的研究，有朝一日终会带领人类发现解离物质的实用手段，并向人类提供巨大的核能源。而生物科学领域的成果尤为突出。近年的遗传研究无疑具有最高的理论效益，但人们在思及这一问题时，无一不同时想到遗传研究在小麦育种工作中取得的惊人的实际成果，以及它们在实现更先进的人类文化中产生的尚未明朗但意义深远的影响。在以人为个体的科学中，对知识和成果需求的比例，与在自然科学中的比例相同。在心理学中，理论兴趣占主导地位——尤其是在为形而上学提供资料方面；但心理学在某种程度上也被视为实用主义教育学科的基础。另一方面，在人体生理学中，理论兴趣虽然存在，但它处于从属地位，这门科学长期以来主要被视为医药学科的基础。最后，我们探讨一下关于群体而非个人的科学，即被某些学者称为社会科学的新兴科学。在很多人看来，研究历史发展背后的规律，甚至是研究某些特定的事实，本身就具有很高的价值。但我认为，在人类社会科学中，有一种共识是：作为知识的载体，社会科学的吸引力并不大，它真正吸引我们去关注的是成果，而不是知识本身。麦考利（Macaulay）的《英国历史论文集》（*Essay on History*）中有一段著名的、或许有些偏激的论述："过往之事没有任何本质意义。其价值只在于引领我们合理规划未来。若历史的目的不在于此，那么尽管它可能充满了战争、条约和骚乱，也与马修·迈特爵士收集的那些收费公路的票据一样，毫无用处。"这种悖论并非完全没有道理。如果不是希望研究人类社会行为能为社会进步带来立竿见影的，而不只是在某个时刻以某种形式出现的实际效果，那么钻研这些行为的研究者便会认为这种研究是在浪费时间。所有社会科学皆是如此，尤其是经济学。因为经济学"研究的是日常经济活动中的人"，而不是说日常经济活动中的人最能引发人的兴趣或灵感。一个渴望在知识的成果之外了解人类的人，往往会从宗教狂热、殉难或爱情的历史中，而不会从市场中去了解。当我们决定观察人类日常动机的表现时——这些动机有时是自私的、阴郁的和卑鄙的——我们的冲动不是哲学家为了寻求知识本身的冲动，而是生理学家为了寻求有助于治疗疾病的知识的冲动。卡莱尔（Carlyle）说，哲学始于好奇。但经济学的开端并非好奇，而是社会热情，即对穷街陋巷的肮脏

□ 《福利经济学》扉页

阿瑟·塞西尔·庇古（1877—1959年），英国著名经济学家。他的作品涵盖了经济学的众多领域，特别是在福利经济学方面着力最深。庇古最有影响力的著作是《福利经济学》（1920）。在这本书中，庇古发展了马歇尔的外部性概念，即产生这些成本或收益的人没有考虑到的强加成本或赋予他人的收益。

和枯萎生命的苦痛的强烈反抗。只有在此处，而非其他领域，孔德（Comte）的名言才是贴切的："提出问题的是我们的内心；而解决问题的是我们的智慧……智慧最合适的唯一职业，便是做社会同情心的仆人。"

第2节

如果接受经济学研究内在动机的概念，那么经济学家竭力发展的这一科学类型必须是适用于形成一门学科的基础的科学。事实上，它本身并不是一门学科，也不会直接阐明政府的规则。它是一门关于"是什么"以及"可能是什么"的实证科学，而不是关于"应该是什么"的规范科学。它也不会局限于那些与直接的实际问题有明显相关性的实证科学探究的领域，因为这样做会阻碍彻底研究的进行，而且有可能排除最终取得成果的研究。正如我们说过的那样，"在我们陷入纯理论的思考状态时，可能最接近于最实际的应用。[1]"然而，虽然其在战术和战略上完全独立，但它将以实际利益为引导。这决定了它对基本形式的选择。因为实证科学有两大类型：一类是形式逻辑和纯粹数学的科学，其功能是发现"蕴涵"；一类是现实科学，如物理学、化学和生物学，它们关注的是现实问题。罗素先生（Bertrand Russell）在《数学原理》（*The Principles of Mathematics*）中指出了这种区别。"自非欧几里得几何学得到发展以来，纯粹数学似乎已不再关注欧几里得公理和欧几里得命题是否与实际应用空间相一致的问题：这是实际数学予以确定的问

□ 《数学原理》扉页

《数学原理》是由伯特兰·罗素与他的老师阿尔弗雷德·诺思·怀特海合著的一部数学巨著。该书一共分为三卷，第一卷于1903年出版，其余两卷于1910—1913年出版。这部伟大的巨著是20世纪分析哲学的基础著作之一，对逻辑学、形而上学、数学和哲学都做出了重要贡献。

---

[1] 怀特海《算学导论》，第100页。

题，到目前为止，只要通过了实验和观察，任何说法都有可能。纯粹数学所证明的仅仅是，欧几里得命题是从欧几里得公理中推导出来的，也就是证明其'蕴涵'——任何空间如果具有这种性质，那么它必定具有某种其他性质。因此，正如纯粹数学所讨论的那样，欧几里得几何与非欧几里得几何同样正确，二者除了'蕴涵'关系之外，其他都未经证实。所有关于实际存在的命题，"如我们所居住的空间，都属于实验或经验科学而不属于数学。[1]"这种区别适用于经济研究领域。我们可以建立一门经济学科，令其或属于以纯粹数学为代表的纯理论类型，或属于以实验物理学为代表的现实类型。这种具有非同寻常意义的纯理论经济学，将研究由任意一组动机 x 驱动的群体之间的平衡与平衡失调。在这门学科的无数其他分支之中，将包括亚当·斯密的政治经济学，其中 x 是赋值给经济人或普通人的动机值；以及与罗巴切夫斯基的几何学相对应的非亚当·斯密政治经济学，其中 x 由对工作的热爱与对收益的憎恶所组成。对于纯理论经济学而言，这两种政治经济学同等正确，而且不关乎探寻生活在当今世界上现实中的人的 x 值。与这种纯理论科学相对的是现实经济学，其兴趣集中于从经验中了解的世界，且不会扩展到天使社会的商业行为上。如果我们的目的是实践，那么，拓展如此之广的政治经济学对我们来说显然只是一个有趣的玩具。因此，我们探寻的科学必然是现实的科学，而不是纯理论的科学。我们将努力阐明的，不是任何可能世界而是男人和女人经其经验所确认的现实世界的一般性体系。

第3节

但是，如果纯理论科学明显不能服务于我们的目的，那么显而易见的是，仅对观察到的事实进行详细描述的现实科学同样无法胜任。无穷无尽的叙述本身就永远无法实现预测的目的，当然，进行预测的能力是实践所需要的。在获得这种能力之前，必须用理性传递事实。除了残酷的事实以外，还必须具备如布朗宁

---

[1]《数学原理》，第5页。在本文中，笔者用"现实"替换了罗素先生的"应用"一词。

所说的，"我的一些东西与其他大量事实相混合，使之经得起推敲并被坚定无疑地记载下来"。正是这"一些东西"，对现实科学来说是真正必不可少的，它能使其区别于单纯的记载。在现实科学中，事实并不是被简单地汇集在一起，而是通过人的思考将其表达出来。正如M. 庞加莱所写："科学是由事实构成，正如房子是由石头垒造而成；但是事实的堆积并不是一门科学，正如一堆石头不一定能成为一座房子。"[1]天体物理学不仅仅是在不同情形下观察到的某些恒星所在位置的编目，生物学也不仅仅是一系列育种实验结果的记录。相反，每一门学科都试图对其能够确定的特定事实进行检查和交叉检验，从实例中发现这些特定事实的普遍规律。牛顿定律阐明了天体的运动，孟德尔法则展示了蓝色安达卢西亚鸡的培育。此外，这些原理并不是对观察到的事实以速记形式所作的简单重述，它们是概括与归纳，能将我们的知识扩展到尚未观察到的乃至尚未发生的事实之上。至于这种概括与归纳依据的是什么哲学原理，我们在此不作探讨。我们只要知道，该方法适用于任何一门现实科学即可。正如惠瑟姆先生在谈到物理学时所说的那样，"所有此类科学都试图建立一般性规律，以描述各种情形下的各种现象"[2]。只有参照这些一般性规律，才能进行实践所需要的预测。现实科学对事物处理方面的影响，在于其作为规律的研究法则的基本层面，而不是对事实描述的肤浅层面。建立这样一种实用的研究法则，并将其应用于特定的问题，正是现实科学的理想目标。

第4节

然而，若不对上述内容作进一步说明，就容易产生误导。在经济学发展的现阶段，我们还不能自诩可以提供一种哪怕是远远接近其理想目标的研究法则。借用马歇尔（Marshall）的话来说，全面指导实践，不仅需要进行定性分析的能力，还需要进行定量分析的能力。"定性分析告诉铁匠，其矿石中含有一定量的硫，

---

[1]《科学与假设》，第141页。
[2]《物理学的发展近况》，第30页。

□ 马歇尔

阿尔弗雷德·马歇尔（1842—1924年），英国新古典学派经济学家。他曾担任剑桥大学政治经济学教授，是剑桥大学经济学院的创始人，庇古和凯恩斯都是他的学生。他的主要著作《经济学原理》自1890年出版，至1920年共修订8版，多年来一直被奉为西方经济学划时代的著作，也是继《国富论》之后的又一部伟大的经济著作。

但无法使他决定冶炼矿石是否值得，如果值得，又应该通过何种工艺进行冶炼。为此，他需要通过定量分析知道矿石中的含硫量。"[1]目前有能力提供此类信息的经济学几乎不存在。在将普遍规律应用于特定问题并产生定量结果之前，这些规律本身必须能够进行定量陈述。规律是主要前提，而任何问题中的特定事实则是次要前提。如果规律的陈述缺乏准确性，得出的结论通常也有同样的缺陷。但不幸的是，制定精确的经济规律这一工作几乎还没有开始。之所以如此，有三个原因。首先，需要确定的关系非常多。物理学中最基本的事物，即用来表达距离和引力之间关系的万有引力常数，对于各种物质而言都是相同的。但是，经济世界中的基本事物——表达人们对不同种类商品和服务的欲望或厌恶的函数——并不会如此简单划一。我们现在所处的境况与物理学家的以下境况相似：锡对铁的引力与其距离的立方成反比，锡对铅的引力与其距离的平方成反比，锡对铜的引力又成其他比例。然而，我们不能像物理学家解释引力那样，说每一种商品的供给量或需求量是价格的一个具有同等特性的函数。一般而言，我们只能说，它是特定的一大族价格函数中的一个。因此，在经济学中，并不像动力学那样有一个普遍适用的基本规律，而是存在大量的规律，它们都可以用形式类似但常量不同的方程式来表达。由于这种多样性的存在，使得对这些常

---

[1] 马歇尔《老一代的经济学家和新一代的经济学家》，第11页。

量的确定，或者宽泛地说，对经济学感兴趣的各种商品需求和供给弹性的测定，无疑成为一项浩大的工程。其次，在其他科学领域的研究所使用的主要工具不能得到充分利用，此乃对这项任务的又一打击。列奥纳多·达·芬奇曾说过："科学是将军，实践是战士。"经济学已经有了训练有素的将军，但由于其研究材料的性质，一兵难求。"外科医生在对活体进行手术之前先解剖尸体，在给人进行手术之前先对动物进行手术；机械师在制造全尺寸机器之前，先制作一个工作模型并对其进行测试。只要有可能，人们都会在风险发生之前通过实验对问题的每一步进行检验。这样，人们对未知的恐惧将会大大减少。"[1]在经济学中，由于其主要研究对象是活生生的自由人，所以在完全可控的条件下直接进行实验几乎行不通。除此，还有更加棘手的第三个困难存在：即使经济学家想要确定的常量数量较少，且实验方法也切实可行，我们仍然需要面临一个事实，即常量本身在不同的时间会有所不同。引力常量始终相同，但经济学常量——供给和需求弹性——正如它们表现的那样，容易随着人的意识而改变。在环境的影响下，不仅分子的位置会发生变化，其结构似乎也会发生变化。因此，早期英国政府对爱尔兰造成的真正损害，并不是对其特定行业的摧毁，也不是对其海上贸易的破坏，而是"真正的损害在于，产业中的某种特质已经丧失，仅仅撤销管制是无法修复的。树不仅被剥光了皮，而且被连根拔起"[2]。经济研究所涉及的实际内容的这种延展性，意味着我们所追求的目标本身就是不断变化的。因此，即使今天通过实验准确地确定了经济常量值，我们也不能笃定这一数值同样适用于明天。因此，这是我们的经济学不可避免的缺陷。事实上，仔细研究所有相关事实之后，我们可以对大量事物的需求与供给弹性有一定的了解，但我们无法以任何精确度来确定其大小。换言之，我们的基本规律以及在特定条件下从这些规律推导出的结论，目前还无法以任何定量形式确切地表现出来。结果是，当实际问题需要从多个方面进行考虑时（这种情况经常发生），即便这些考虑完全基于经济学，经济

---

[1] 休·塞西尔勋爵《保守主义》，第18页。
[2] 普伦基特《新世纪的爱尔兰》，第19页。

学也几乎总是不能给出确定的答复。

第5节

讲到这里，我们似乎已经有些离题。现在必须补充的一点是，我们研究的动机和目的不仅决定了研究的形式，也决定了研究的范围。我们追求的目标是要找到更简便、更能增加福利的实用方法——政治家可能采用的建立在经济学家成果之上的实用方法，如同发明家马可尼的发明建立在赫兹的发现之上。然而，福利所包括的范围很广。在此没有必要就其内容开展一般性讨论，只需设定两个命题足矣，只不过这一做法多少有点儿教条。一是意识状态，或许是意识状态之间的关系，这是福利的基本组成部分；二是福利可在或大或小的范畴内产生。对可能影响福利的所有因素进行总体研究无疑是一项庞杂的任务，也是非常不切实际的。因此，我们有必要限定研究的主题。在这一过程中，我们自然会被吸引到科学手段最有可能充分发挥作用的领域中去，比如，当某种事物是可量度的，并且可以完全利用分析机制的时候，就属于这种情形。在社会生活中，一种明显可用的量度工具就是货币。因此，我们的研究范围限定在能与货币这一量度标准有直接或间接关系的那一部分社会福利。这部分福利可称为经济福利。事实上，我们不可能强硬地将它与其他福利分开，因为"能"与货币量度标准建立关系的那部分社会福利，也会因为我们对"能"一词的定义不同而有所不同，比如，是"轻轻松松地能"，还是"略有困难地能"，或是"非常困难地能"。因此，我们研究范围的界限必然是模糊的。坎南教授（Professor Cannan）已经充分认识到这一点："我们必须勇于面对一个事实，即经济和非经济上的满意之间没有明确的界限，因此，经济学的领域不能像政治疆域或地产那样，用一排桩或一道篱笆标记出来。我们能从明显属于经济学的一端去到明显属于非经济学的另一端，而未发现有任何地方需要攀爬篱笆或跨越沟渠。"[1]然而，尽管经济和非经济福利之间

---

[1]《财富》，第17～18页。

没有明确的界限，但对货币量度单位可行性的检测足以确定一个大体的区别。正如这种检测大致定义的那样，经济福利是经济学研究的主题。本卷的目的便是尝试对真实的现代社会中影响经济福利的某些因素进行研究。

第6节

乍一看，这个计划虽然有些狂妄，但无论如何似乎都不失为一个合情合理的计划。而稍加思考就会发现，如果提议只对影响一部分福利的因素进行探讨，有可能遭到强烈的质疑。当然，我们最终的兴趣在于所调查的各种原因可能对整体福利产生的影响。但是，我们无法保证，与货币量度标准相关的福利部分产生的影响，不会被福利其他部分或其他方面产生的不同影响所抵消；如果发生这种情况，我们结论的实际效用将被完全破坏。这个必须引起我们重视的困难的产生，并不是因为经济福利仅仅是整体福利的一部分。福利经常发生改变而经济福利往往保持不变，因此，经济福利的既定变化很少会与整体福利同步发生等量变化。所有这一切都意味着，经济福利并非总福利的晴雨表或指数。然而，这对于我们的目的并不重要。我们希望了解的不是过去或现在的福利有多大，而是引入政治家或私人权利的因素后，它的重要性将会受到多大影响。经济福利不能作为总福利的指数这一点并不能证明它的研究无法提供以下信息：尽管整体可能由许多不同的部分组成，而某一部分的变化也从来不能用来量度整体的变化，但部分变化有可能总是通过数量来影响整体变化。如果满足这一条件，经济研究的实际意义就会全面确立。诚然，它并不会告诉我们，在引入经济因素之后，总福利与以前会有何不同；但它会告诉我们，若没有引入这一因素，总福利与过去相比会有何不同；正是此而非彼，才是我们真正探求的信息。那么，真正的异议不是说经济福利是总福利的一个不良指数，而是说经济因素可能以抵消其对经济福利影响的方式来影响非经济福利。这一异议需要慎重考虑。

第 7 节

其中一个非常重要的方面如下。人既是"自身的目的",又是生产的工具。一方面,一个与自然美和艺术美相得益彰的人,其性格简朴而真诚,其激情可控,其同情心得以养成,这样的人本身就是世界伦理价值的重要元素;他感受事物和思考问题的方式实际上就构成了福利的一部分。另一方面,一个人如果能够进行复杂的工业操作、甄别困难的证据,或推进某一学科的实践活动,他就是一种生产工具,适合于生产可带来福利的物品。前者直接贡献的福利是非经济福利;后者间接贡献的福利是经济福利。我们必须面对的事实是,在某种程度上,社会可以在这两类人之间进行选择,并且由于社会往往将精力集中在第二类人身上所体现的经济福利上,可能会无意识地牺牲第一类人身上所体现的非经济福利。要说明这一点很容易。一个世纪前,歌德、席勒、康德和费希特的家乡德国正值衰弱且四分五裂之际。"我们知道古老的德国给世界带来了什么贡献,"道森先生在第一次世界大战前几年出版的一本书中说,"为此,世界将永远感激德国。但是,我们不知道现代德国,这个谷仓满溢、商船满载的德国,除了唯物主义科学和商品之外,还能给世界带来什么……德国的教育体制迄今为止仍是不可超越的,但这只是相对于其目的是培养学者与教师、行政官员与公职人员,为复杂的国家机器的运行转动曲柄、拧紧螺钉、滚动滑轮、润滑轮胎的意义上来说的,而在塑造品格或个性方面,它远未取得同等的成就。"[1]简而言之,德国人的注意力过于集中在学习做事上,因此他们不像从前那样关心学习做人。遭受此类控诉的并非只有德国;一位英国人站在东方旁观者的角度对现代英国所作的描述便证明了这一点。"通过你们的作品便可以对你们有所了解。你们在机械艺术方面的成功,正好反映了你们在精神洞见方面的失败。在各种机器的制造与使用上,你们都能达到完美;但是你们不能建造房屋,不能写诗作画;你们更不知道

---

[1]《近现代德国的演变》,第15~16页。

崇拜或追求为何物……你们的躯壳和灵魂都已死去；你们既聋又哑。推理取代了感知，你们的整个生命就在无尽的推理中度过，从未经验证的假设出发，得到始料未及的结论。无处不在，意味着无处可去。社会是一台巨大的发动机，但这台发动机本身已无法运转。这就是你们的文明在我的脑海中呈现出的画面。"[1]这一控诉的确有些夸大其词，但也不无道理。无论如何，它形象地指出了在此要讨论的问题：致力于培养优秀生产工具的努力，可能导致培养品格高尚者的失败。

□ 纺纱厂的童工

18世纪晚期，随着工厂制度的出现，新工厂如雨后春笋般涌现。大量工厂对工人的需求量剧增，一些工厂甚至出现雇用童工的现象，比如纺纱厂，因为儿童灵巧的双手可以做轻松的纺纱工作。

第8节

这些考虑所强调的经济因素对经济福利与对整体福利的影响之间发生冲突的可能性，是不难解释的。一般来说，人类所感知到的生活中唯一能与货币量度相关联并因此而属于经济福利范畴的方面，是某种有限的满意和不满意。但人类感知到的生活是许多因素的综合体，不仅包括这些满意和不满意，还有其他的满意与不满意，与此同时还伴随着人类的认知、情感和欲望。因此，改变经济满意感的环境因素，可能会以同样的行为方式或以这一方式产生的后果来改变某些其他因素。我们可以通过区分两个主要群体的行为方式来对其进行说明。

---

[1] 迪金森《"中国佬"信札》，第25~26页。

首先，非经济福利有可能因收入的赚取方式而改变。因为工作环境会影响生活质量。道德品质会受到职业及其性质的影响——仆人服务、农业劳动、艺术创造、独立的以及从属的经济地位[1]和重复同一操作的、单调乏味的工作[2]等促使消费者通过努力工作来满足自己的欲望。另外，道德品质也会受到这些人与他人建立的人际关系的影响。在德兰士瓦的中国劳工的社会地位，以及澳大利亚的牧民试图维持流放制度[3]以保证劳动力来源的努力，均与福利相关。因此，兴趣与职业的统一也将农村家庭和城镇居民家庭区别开来[4]。在印度农村，"家庭成员之间的协作劳动不仅节省了开支，还使人们更加快乐。工匠们与亲朋好友一起劳作，更容易进行文化交流并改进技术"[5]。因此，当工业革命将村民从其家中引入工厂时，不仅对生产，而且对其他方面也产生了影响。同样，圈地运动和加大耕作规模的农业革命带来的结果，也不只是提高了生产效率。传统自耕农阶级消亡时，社会也发生了变化。从劳资关系中产生的人际关系也与此相关。例如，在伟大的合作运动中，至少存在一个与经济因素同等重要的非经济因素。在普通竞争性产业组织中，无论是在相互竞争的卖家之间，还是在卖家与买家之间，利益冲突都是主要问题，有时它会导致欺骗和猜忌的产生；而在合作组织中，利益一致是至关重要的。这种情况将对生活基调产生影响。"作为一个与他人拥有共同利益的社会成员，此人会有意无意地培养社会美德。诚实变得必不可少，团体迫使个人诚实做人，而忠于团体对个人能力的提升也至关重要。欺骗社

---

[1] 因此，需要注意的是，随着机器变得越来越精致和昂贵，小人物们更难在工业和农业中开创自己独立的事业。（参见奎因斯《农业机械》，第58页）

[2] 闵斯特伯格（Munsterberg）写道："单调的感觉很少取决于一类工作，而是取决于特定性情的个人。"（《心理学与产业效率》，第19页）但是，单调的感觉带来的道德上的影响必须与它带来的不愉快感区分开来。这一影响并不完全是由工资来衡量。马歇尔坚持认为，生活的单调是重要的事物，并就机器取代劳累的工作形式一事进行探讨，认为现今生活的多样性和职业的单调二者是相容的，这也意味着"工人们的精疲力尽并不是工厂的日常工作所造成"（《经济学原理》，第263页）。另一方面，正如斯马特（Smart）所观察到的，"大部分工作不仅辛苦、单调、落后，而且还占据了工人一天的大部分时间，使之没有多少时间留给其他爱好"（《一位经济学家的再思考》，第107页）。

[3] 参见克拉克（V. S. Clark）《澳大利亚劳工运动》，第32页。

[4] 参见《美国经济学会论文集》第10卷，第234～235页。

[5] 参见慕克吉《印度经济学基础》，第386页。

会便伤害了睦邻。"[1]在一般行业中，雇主与工人关系的非经济因素意义同样显著。团队精神以及对企业命运的关注，使得企业内雇主和雇员的个人交往更加密切，从而使企业工人充满活力与生机，在带来更多的财富之余，其本身便是福利的增加。18世纪和19世纪，随着大规模的产业扩张，雇主和雇员之间的地位悬殊越来越大，彼此碰面的机会也随之减少。这种不可避免的物理距离产生之后，精神上的距离——"雇主与大量受雇于他并为他工作的雇员之间产生的个人疏离"[2]也随之而来。这种由于经济因素而造成的敌对情绪，是非经济福利中明显的消极因素；而调解与合作委员会对其中部分人员的压制作用则是一个明显的积极因素。这并不是全部。越来越多的人认识到，若对工资率的不满始终是"劳工动荡"的根源之一，那么第二个同样重要的根源始终是对工资劳动者的基本地位的不满——就像今天一样，认为产业体系剥夺了工人作为自由人特有的自由和责任，并且使他们沦为方便他人使用或抛弃的工具：简而言之，正如马志尼（Mazdiii）很久以前说过的，资本就是劳动者的暴君[3]。产业组织的变化往往使工人能够更好地掌控自己的生活，无论是通过劳工委员会来监督纪律问题，还是通过车间组织与雇主的对话，或是通过民主选举创建一个直接对国有化产业负责的议会；又或者，如果可行的话，可以通过某个由国家认可和控制的全国性同业公会[4]来实施。这些都能增加整体福利，即便经济福利有可能保持不变，或者实际上受到了损害。

---

[1] 沃尔夫根据瑞弗森计划对农村合作的一般社会效益进行的热情洋溢的场景描述："它如何创造欲望并乐于接受与吸纳技术性和常规性的教育，它如何提高因它而团结起来的民众的素质，使民众普遍变得清醒节制，严格忠诚，家庭幸福，条件良好。"（史密斯·戈登与斯特普尔斯《爱尔兰农村的重建》，第240页）他说，大家都已看到，"其影响已经产生于相对而言受过较多教育的德国农民、目不识丁的意大利农民，以及塞尔维亚原始耕作者之中；并且在印度的农民中也开始产生同样的影响"（《农业的未来》，第481页）。

[2] 吉尔曼《给与劳工的红利》，第15页。

[3] 参见马志尼《人类的责任》，第99页。

[4] 参见贝克霍夫和雷基特《全国性同业公会的意义》多处："劳动者对责任的需求的本质是，他被认定对社会负责，而不是对资本家负责。"（第100页）全国性同业公会的目的是"由工人自治的同业公会控制生产，与国家共同控制工人的劳动产品"（第285页）。事实上，以这些方式进行企业重组的计划面临着严重的实际困难，而计划的设计者似乎还没有完全意识到这种困难，但这丝毫不能削减这种理想的光芒。

其次，非经济福利容易因收入的支出方式而改变。能够产生同等满意感的不同的消费行为，一种可能产生消极堕落的影响，一种则可能产生积极奋发的影响[1]。公共博物馆或者市政浴场对人的品性的反射效应[2]，与产生同等满意感的公共酒吧的反射效应大不相同。恶劣的居住条件带来的野蛮和粗暴等不良影响尚且是小事，而它直接引起的不满意却兹事体大。类似实例不胜枚举。显然，这些实例说明的观点具有重大的实际意义。想象一下，一位政治家正在思考财富分配不均会在多大程度上影响整体福利，而不只是影响经济福利。一方面，他会考虑富人某些欲望的满足，比如赌博带来的刺激或奢靡的肉体享受，又或许是某些国家的鸦片吸食，对道德品质的影响小于基本物质需求的满足对他所产生的影响。富人的需求所控制的资本和劳动力，如果可以转移给穷人的话，就会被投入基本的物质需求。另一方面，他还会考虑富人通过购买行为而产生的其他满意感——例如，购买与文学和艺术[3]有关的东西所产生的满意感——在道德上所产生的影响高于那些与基本需求相关的满意感所产生的影响，也高于过度放纵所产生的影响。事实上，福利中的这些现实因素与货币量度有关，比如当一群人用自己的收入为他人购买物品时，就会被计入经济福利之中。当他们这么做的时候，很可能考虑的是总体影响，而不仅仅是对这群人的满意感的影响——尤其当这些人是他们的子女时。因为，正如西奇威克（Sidgwick）敏锐观察到的那样，"当不受'习俗暴政'[4]的束缚时，对我们的邻居真正的尊重会促使我们给予他我们认为最有益的东西，而与生俱来的自我尊重则会促使我们给予自己我们喜欢的东

---

[1]基于此，霍特里先生批评了我的分析，理由是它无疑使同等的满意感隐含着相同的福利，而事实上，满意感具有不同程度的善与恶。（《经济问题》，第184~185页）然而，霍特里先生和我在主旨上没有什么不同。我们都考虑到了质的差异性。至于就两种同等的满意感而论——无论是其中一种比另一种包含更多的善，还是说二者具有同等的善，但是对于其不同的客体来说，善的本身可能有所差异——这两种说法哪种更科学，则主要在于语言的问题。对此，我在本书中用"人的素质"替换了原来的"人的性格"。

[2]参见达尔文《地方贸易》，第75页。

[3]例如，西奇威克在认真讨论后认识到："因此，如果现代文明社会各成员之间的财富完全均等化，那将成为一个严重的危险，因为它将阻碍社会文化的发展"（《政治经济学原理》，第523页）。

[4]编者注：在英国社会的政治思想中，习俗曾被解释为抑制习性的潜在积极动力，比如约翰·斯图亚特·密尔（John Stuart Mill）就提出了"习俗暴政（tyranny of custom）"的说法。

西"[1]。因此，在这些特殊情况下，对经济福利的影响与对总福利的影响之间的差距部分地得到弥合。但是一般来说，它并不是这样弥合的。

第9节

还有一点需要作进一步的考虑，其重要性无疑通过最近的事件得到证明。这与很久之前亚当·斯密强调的富裕与防卫之间可能存在的冲突有关。缺乏成功抵抗敌人进攻的自我保护能力，可能会带来极端的"不满意感"。这些问题存在于经济领域之外，但它们的风险极易受到经济政策的影响。毫无疑问，经济实力与战争能力之间确实存在着一定程度的一致性。正如亚当·斯密所写的那样："一个国家，如果可以从其国内工业的年产出中，从其土地、劳动力和消耗品存货产生的年收入中拿出资金购买远方国家的消费品，便可以维持其国家的对外战争。"[2]但这种经济与军事实力之间的一致性是根本的和普遍的，而不是直接的和具体的。因此，我们必须清楚地认识到，国家在农业、航运和生产战争物资的产业方面的政策，对于经济福利的影响，往往只是它对于整体福利影响的非常次要的部分。出于国防战略的考虑，我们可能需要接受它为经济福利带来的损害。从经济角度来看，一国用其制成品从国外交换自己所需的大部分食品，并保持三分之二以上的耕地为草地状态——由此，该国投入的资本和劳动力相对较少，其所生产的人类食物也相应减少，这种做法对该国也许是有利的[3]。在一个永久和平的世界里，这一政策总体上来说也许是有利的。因为从事农业的人口比例小，并不一定意味着生活在农村的人口比例小。但是，如果考虑到进口物资可能因战争封锁而被切断，上述推断则不成立。毫无疑问，德国多年来以经济损失为代价保护和发展农业的政策，更能让它在第一次世界大战中对英国的封锁进行更长时间的抵抗；当然，虽然还有别的防御手段可以选择，如建立大型国家粮仓等，但从政治

---

[1]《实践伦理学》，第20页。
[2]《国富论》，第333页。
[3] 参见《德国农业最新发展》，引自[白皮书，第8305号]，1916年，第42页及多处。

角度来看，农业既然能为战争中的粮食风险提供部分保障，那么该国是否应该给予其某种形式的人为鼓励措施，仍然是一个有待商榷的问题。这个问题，以及战争中不可避免的物资和工业方面的类似问题，不能仅凭经济因素就作出决策。

第10节

上述讨论明确表明，从经济因素对经济福利的影响到它对整体福利的影响的推论，在任何严格意义上都是不能成立的。在某些领域，这两种影响之间的差异微不足道，但在另外一些领域，它们又是大相径庭的。不过，我认为，在缺乏专业知识的情况下，仍存在判断概率的空间。当我们确定任一因素对经济福利的影响时，除非有相反的具体证据，否则我们可能会认为这种影响也许在相同方向上作用于整体福利，但程度不等；而且，如果我们确定一个因素比另一个因素对经济福利产生更有利的影响，那么同理可得，这一因素也可能对整体福利产生更有利的影响。简而言之，我们可以假设：关于经济因素对经济福利影响的定性结论，将同样适用于整体福利，也就是埃奇沃思教授所说的"未经证实的概率"。当经验表明，经济因素所产生的非经济影响可能很小时，这一假设的可信度会更高。但是在任何情况下，举证的责任应该由那些反对这一假设的人来承担。

第11节

上述结果初步表明，经济学一旦得到充分发展，就可能为实践提供有力指导。然而，对此仍存在一个相当大的阻碍。若上一节中的结论被证明有效，则关于其实际效用的问题将随之而来。可以说，就算认定经济因素对经济福利产生的影响在某种程度上可能代表了它对整体福利所产生的影响，我们实际上也一无所获。有证据表明，经济因素对于经济福利本身所产生的影响，并不能仅仅通过那些局限于经济学范畴的片面和有限的调查来预先确定。其原因在于，任何经济因素对经济福利产生的影响，很可能被以这一种方式或以那一种方式存在的非经济条件所改变，而这种非经济条件却不是经济学的研究对象。约翰·斯图亚特·密尔在其《逻辑学》（Logic）一书中很清楚地阐明了这一困难。他指出，对事物的某一部分所进行的研究，在任何情况下都只能得出近似的结果，这也是最好的结果，"对社会状态的任何因素产生的任何影响，都将在一定程度上对社会状态的所有其他因素产生影响……我们也无法做到不考虑社会状态的其他方面的条件，就从理论上理解或从实践上控制社会状态的任何方面。没有一种社会现象不或多或少受到同一社会状态的其他条件的影响，因此，社会现象将受到正在影响任何其他同时发生的社会现象的因素的影响"[1]。换言之，经济原因的影响肯定在某种程度上取决于非经济环境，基于此，我们便可以知道，同一因素由于当下盛行的诸如政治或宗教情况的基本特征的不同，其所产生的经济影响也会在一定程度上有所不同。很显然，由于这种环境依赖性的存在，只有在经济领域之外的事物保持不变或至少不超出某种限定范围的情况下，经济学中的因果命题才会成立。这一条件是否破坏了经济学的实际效用？我认为，在拥有稳定文化的国家中，如西欧各国，这一条件基本上能够得到满足，从而使经济研究所得出的结果合理地接近于真理。这是密尔的观点。他在充分认识到"在任何一个既定的社会中，文明和社会进步的基本状态总是对所有局部的和附属的现象产生最重要的影响"之后，便总结出，部分社会现象的直接决定性因素，主

□ 约翰·斯图亚特·密尔

约翰·斯图亚特·密尔（1806—1873年），英国哲学家、经济学家。他是古典自由主义历史上最有影响力的思想家之一，对社会理论、政治理论和政治经济学都有广泛的贡献。他认为自由就是为个人的自由辩护，以反对无限的国家和社会控制。他深刻地影响了19世纪英国思想和政治话语的形态。他的大量著作包括逻辑学、认识论、经济学、社会和政治哲学、伦理学、形而上学、宗教和时事。其中最著名和最有意义的是《逻辑体系》《政治经济学原理》《论自由》《功利主义》《妇女的从属地位》《宗教三论》和《自传》。

---

[1]《逻辑学》第2卷，第488页。

要是通过对财富的欲望表现出来的,"至少在一开始,主要取决于某一类环境因素"。他补充道,"在其他环境因素的干扰下,哪怕仅对某一类环境因素产生的影响加以确定,使其能一劳永逸地适于执行,然后再考虑变化的环境因素所造成的影响,这也是一项复杂且艰难的工作;尤其是前者的某些固定组合往往与后者的不断变化反复出现。"[1]我对此论述没有任何补充。如果这一观点被接受,那么本节中讨论的困难将不再阻碍我们。通过经济学来确定经济因素对经济福利的近似影响不一定行不通。因此,之前在经济福利和整体福利之间搭建的桥梁无须废弃。

---

[1]《逻辑学》第2卷,第490~491页。

第二章　欲望与满意感

第1节　满意感与货币量度之间没有直接联系，而是通过欲望来调节，欲望的强度不一定总是与满意感成正比。第2节　在大多数情形下，这一现象并不重要。第3节　但是，在为当前使用资源和在遥远的未来使用资源之间做出选择时，这种现象就非常重要。第4～5节　人终有一死的事实，可能使人们的储蓄比较少，而且使他们更快地耗尽自然资源的全部储备，这都是不符合公众利益的。第6节　因此，有一种假设，反对对储蓄进行差别化征税。第7节　支持国家为保护自然资源而采取的行动。

第1节

前一章中，我们将经济福利广泛地纳入了一组能与货币量度相关联的满意感与不满意感中进行考量。我们现在必须注意到，这种关联不是直接的，而是以欲望和厌恶为媒介。也就是说，一个人准备为获得某物品所付出的金钱，不能直接量度他将从该物品得到的满意感，而只能量度他对这一物品的欲望强度。这种看似明了的区分，对于讲英语的学者来说却是模糊的，因为他们使用术语"效用"来表示欲望的强度，而这个词语本身就与满意感相关。因此，如果一个人对某物的欲望比对另一物更强烈，也就说明前者对他具有更大的效用。一些学者一直在竭力消除因用词而产生的混乱，他们采取的方式是用一些其他术语来代替"效用"，例如"合意"。但是，"欲望"一词似乎更加适合，因为它不被认为具有任何道德意义，因此也不那么容易引发歧义。所以，我将在下文中使用该词。然而，用词问题只是次要问题。重点在于，我们有权根据某个人准备为两种不同的物品所付出的相对货币量，来量度这两种物品将给他带来的不同满意感；其前提条件是，他对二者的欲望强度之间的比率，与他拥有这两件物品所获得的满意感之间的比率相等。然而，这一条件并不总是能够得到满足。当然，这也不是说，人们对于不同商品将带来的满意感的预期往往是错误的。问题的关键在于，即便不考虑这一点，上述条件有时仍得不到满足。因此，西奇威克认识到："我并不认为，快乐（以及除快乐之外的其他满意感）与它们激起人的欲望去采取行动来维持或产生快乐时所带来的影响成比例。"[1]他又说，"我也不认为应该假定，当前满意感的强度总是与预期欲望的强度成正比。"[2]这一看法显然具有重要的理论意义。如果我们在对不同的赋税和不同的垄断进行比较，以分析其对消费者剩余造成的影响时，也都默认需求价格（欲望的货币量度）便是满意感的货币量度，则它显然也具有重大的实际意义。然而，该问题在现实生活中是否具有实际的重要性，还有待验证。

第 2 节

从广义上讲，我认为我们可以从反面来回答这一问题。比较合理的假定是，大多数商品尤其是那些必需且消费量大的商品，比如供人们直接使用的食品和衣服等，因为充当人们获得满意感的手段而被需要，于是人们对其产生的欲望强度将与其产生的满意感成正比。[3]由此，对经济分析的最一般的目的而言，当前不加区分地将货币需求价格看作欲望的量度，以及欲望实现后所获得的满意感的量度标准的做法，似乎不会造成太大的损害。然而，对于这个一般性的结论，有一种极为重要的例外情形。

第 3 节

这一例外情形与人们对未来的态度有关。一般来说，每个人都更偏爱当下的快乐或满意感，而不是未来等量的快乐或满意感——即使它必然会发生。但是，这种对当下快乐的喜好——这种喜好自相矛盾——并不意味着当下的快乐就大于

---

[1]《伦理学方法》，第126页。
[2]《伦理学》，第340页。
[3] 参见本人作品《对效用的一些评论》，载于《经济学杂志》，1903年，第58页及多处。

等量的未来快乐。这仅仅意味着我们预见未来的能力存在缺陷，因此在某种程度上我们是以递减的标准来看待未来的快乐。这一解释合情合理，而且已得到以下事实的证明：除去我们倾向于忘记不满的事情以外，我们在沉思过往时经历了同样的递减。因此，对当下快乐的偏爱超过等量的、确定的未来快乐，这一现象的存在并不意味着：如果当下快乐完全取代未来快乐，会造成任何经济上的不满意感。一个人当年而非来年的消费喜好带来的当年的不满意感，将会用来年的消费喜好带来的来年的满意感加以平衡。因此，一个无可反驳的事实是，如果我们设置一系列完全相等的满意感——是满意感，而非产生满意感的物品——在从今日起的数年内确定会发生，那么，每个人对这些满意感怀有的欲望并不相同，它会随着获得满意感的年份越久远而呈现出欲望越小的态势。这揭示出了经济深层次上的不协调；因为它意味着，人们将资源分配于现在、不久的将来和遥远的未来，是基于一种非理性的偏好。当人们有两种满意感可供选择时，他们不一定会选择两者中较大的那一种，而往往会投身于当下就能创造或获得的较小的满意感，而不是几年后才能获得的较大的满意感。不可避免的结果是，人们对遥远的未来付出的努力小于为不久的将来付出的努力，为现在付出的努力则多于为不久的将来付出的努力。例如：一个人预见未来的能力为，他对于未来确定会产生的满意感，每年要打5%的折扣。然后，只要他给定的努力增量在现在能产生与投入工作中的努力增量等量的满意感，他就不会为明年或者十年后工作；如果等量的努力增量在明年产生的满意感是现在可产

□ **18世纪的英国商店**

在18世纪的英国，购物变成人们的一种休闲活动。在此之前，这是一个混乱的事件，购物者无助地在市场上搜寻他们需要的东西。市场是一个任何店主都可以在任何地方设立商店的地方，没有人知道在哪里可以找到他们需要的东西。但是，随着英国积累了更多的财富，城市扩张，商店变得更有竞争力。为了赢得顾客的青睐，店主们不惜一切代价，用他们所能负担得起的最奢侈的方式装饰店铺的门面。这就是橱窗购物的起源。

生的满意感的1.05倍，或是十年后的1.05^{10}倍，他才会为明年或十年后工作。由此可见，人们实际享有的经济方面的满意感总量，比其预见能力不被扭曲情况下的少得多，但是，无论满意感会在何时出现，人们对同等（必然）的满意感的欲望强度都是同等的。

第4节

然而，这并非问题的全部。由于人的生命是有限的，对于在相当长一段时间之后所形成的工作成果或积蓄，也许为之付出努力的人却无法享受。这意味着，他对之抱有欲望的满意感不是他自己的满意感，而是他人的满意感，这个人可能是他认为与自己利益几乎相等的直接继承者，也可能是他毫不关心的无论在血缘上还是在时间上都与他相隔遥远的人。由此可见，尽管我们自身在不同时期产生的同等满意感的欲望是相等的，但我们对未来满意感的欲望往往不如对目前满意感的欲望那么强烈；因为未来的满意感很可能不属于我们自己。产生未来满意感的时间距离现在越遥远，这一差异就会越明显，因为每增加一个时间间隔，死亡的概率就会相应地增加，这不仅仅是对自己，对于我们可能关注其利益的我们的孩子、近亲和朋友也是如此。[1]无疑，对远期收益投资的这种干扰在一定程度上能通过股票交易手段来克服。如果现在投资100英镑，预计会以5%的复利在50年后还本付息，那么最初的投资者可能会在一年之后以最终105英镑的价格出售他的权益；而从他那里购入的人可能同样会在一年后回收其本金及5%的利息；依此类推。在这种情况下，使一个人将他的100英镑存一年定期的诱因，与给他更高的利

---

[1] 如果k表示我对将1英镑留给我的继承人和留给我自己的重视程度之比，$\phi(t)$表示从现在起我能活t年的概率，那么于我而言，现在的1英镑在继承人手中和在我手中都等于彼时确定的1英镑乘以$\{\phi(t)+k[1-(t)]\}$。显然，$\phi(t)$或k值的增大都会造成该值的增加。

如果由于预期的命运或性格的变化，t年之后1英镑的预期价值是现在的$(1-a)$倍，那么，那时通行的$\{\phi(t)+k[1-\phi(t)]\}$英镑就等于现在通行的$(1-a)\{\phi(t)+k[1-\phi(t)]\}$英镑。因此，如果确定我永远活下去，且始终一样富有、性格不变，那么，鉴于上述1英镑的说服力，我将对我的继承人进行一定数额的投资。

息而使他将这笔钱存50年定期的诱因在实质上没有什么区别。但是在现实生活中，这种手段的适用范围必然是有限的。至于投资，例如某人在自有土地上植树造林或进行排水系统的开发，只能由个人完成，这一手段则完全不适用；而且，即使投资由公司进行，投资者也不能指望无股息证券可以有一个持续平稳的市场。

第5节

欲望和满意感之间的差异能够对经济福利造成损害的实际方式，是阻碍人们去创造新资本，并鼓励人们用尽现有资本，为了较小的当前利益牺牲较大的未来收益。当行动与结果之间的间隔时间较长时，人们总能感觉到它的重大影响。因此，对于阻碍投资方面，吉芬（Giffen）写道："从长远来看，也许没有一项工程比爱尔兰和英国之间的隧道对社会更有益。这一隧道开创了全新的交流方式，既具有战略意义，又具有商业价值，但它不太可能在短期内使私人企业家获利。"许多其他大型工程，如造林或供水等，都不是可以很快产生收益的工程，它们同样也会因为人们对遥不可及的满意感缺少欲望而难以推动。[1]这种对

□ 吉芬

罗伯特·吉芬爵士（1837—1910年），英国统计学家和经济学家。他先后担任英国贸易部统计部门的负责人、贸易大臣（1882年）和贸易总监长（1892年），并于1897年退休。他还经常受命起草报告、为调查委员会提供证据或者担任政府审计员，此外他还撰写了许多财经方面的文章，其主要出版物有：《美国铁路投资》（1873年）、《财经文集》（1879年和1884年）、《工人阶级的进步》（1884年）、《资本的增长》（1890年）、《反对金银二本位制的案例》（1892年）、《经济学的调查与研究》（1904年）等。

---

〔1〕在这方面，努普（Knoop）在《城市贸易的原则与方法》（*Principles and Methods of Municipal Trade*）中有一段话颇有意思："为增加城镇供水，很可能需要十年或更长时间的不断努力。这意味着将有大量资本在若干年内没有收益，因此严重影响企业利润，并使董事会对于任何大型计划异常谨慎……我们几乎无法想象，一个自来水公司承担了多项大型工程：从坎伯兰的瑟尔米尔湖向96英里（1英里约合1.629公里）外的曼彻斯特供水；从北威尔士的韦尔努伊湖向78英里外的利物浦供水；从威尔士中部的依兰河谷向80英里外的伯明翰供水。"

遥不可及的满意感缺少欲望的情况，也表现在人们对大自然馈赠的资源的过度开发上。有时候，人们通过破坏未来资源的方法来获得他们现在所需的资源，但是他们破坏的远比他们需要的多。例如，急于开采最好的煤层，使开采条件相对较差但仍有开采价值的煤层被覆盖而无法开采[1]；乱砍滥伐毁害森林的行为；无视鱼类的繁殖期而随意捕捞，致使某些鱼类濒临灭绝[2]；最终耗尽土壤肥力的农业活动也是一样，所有例子都说明了这一点。即使一代人所破坏的资源没有他们自身所获得的多，但如果他们为了一个无足轻重的目的而耗尽一种天然物品——虽然目前很丰富，但对子孙后代，或对至关重要的目的来说，将在未来变得稀缺和难以获得——那么，从对整个经济满意感的损害意义来说，无疑是一种浪费。这种浪费无处不在，例如将大量煤用于高速轮船，以便在一定程度上缩短原本就不长的航行时间。我们为了让去往纽约的航行时间缩短一小时，代价也许就是以后我们的子孙后代无法这样做。

第6节

鉴于人们将过多的资源投入到现在的服务上，而将过少的资源投入到未来的服务上的这种"自然"趋势，除非政府在分配方面具有补偿性的优势，否则任何有利于这种趋势的政府人为干预都必然减少经济福利。因此，在这种情况下，与支出的税收相比，所有对储蓄进行差别对待的税收，都必然减少经济福利。即使没有这种差别对待，储蓄也会偏少，而有了这种差别对待，储蓄就变得更少。财产税（在其存在的地方）和遗产税明显对于储蓄有差别对待。虽然英国的所得税看起来是中性的，但是事实上，正如它在其他地方所显示的那样，也属于此种情况。[3] 上述分析表明，有初步证据支持减弱这些税收中的差别因素。因此，对于免征储蓄收入所得税、对重要支出项目征收"间接"重税以平衡财产税、对于过

---

[1] 参见齐奥扎-玛尼《国有化的胜利》，第199页。
[2] 参见西奇威克《政治经济学原理》，第410页。
[3] 参见本人拙著《财政学研究》，第2篇，第10章。

去二十年间地方税率改进的贡献免除征税等建议，应当予以仔细权衡。然而，在构建实际税收制度的过程中，考虑到不同财富阶层之间的"公平"以及在行政上可行的因素，我们可能不得不接受对储蓄实行差别对待的方式，尽管我们知道这种差别对待本身是不可取的。[1]

第7节

我们的分析还表明，通过正确选择有利于储蓄的差别对待来增加经济福利是可行的。当然，没有人会认为，国家应该强迫其公民认定，这些在现在和将来客观存在的财富具有同等重要性。考虑到生产发展的不确定性，以及国家和人类本身的生命周期的有限性，即使在最极端的理论中，这项政策也是不合理的。但是，人们普遍认为，国家应该在某种程度上保护未来的利益，使其免受我们的非理性贴现和我们自己优先于我们的后代的影响。这正是美国所有的"保护"运动的基本信念。政府作为未出生公民以及现在公民的受托人，其明确职责是监督并在必要时候通过制定法律来保护国家有限的自然资源免受鲁莽的、粗暴的破坏。它应该在多大程度上通过税收、国家贷款或保障利息的政策，把资源投入到

□ 钓鱼

捕捞者说："海里的鱼无穷无尽，永远也捕不完。"事实真是如此吗？根据国际自然保护联盟（IUCN）的濒危物种红色名录，有1616种鱼类面临灭绝的危险，另有989种处于濒危状态，627种处于极度濒危状态。虽然栖息地的丧失和污染是导致这些物种减少的重要因素，但迄今为止最大的威胁是过度捕捞。图为19世纪晚期，一位渔夫钓到一条68斤重的鲈鱼。

---

[1] 例如，有两个人各自的年均支出为450镑，但其中一个的年收入为1 000镑，另一个的年收入为500镑，那么从公平的角度来看，对此二人征收相同的税是不合理的。

企业中去——如果听之任之，将使资源陷入消耗殆尽的境地——将是一个更加困难的问题。显然，如果政府具有足够的能力，就有充分的理由对投资进行一些人为的鼓励，尤其是鼓励那些在多年后才开始出现回报的投资。然而，我们必须记住的是，只要人们可以自由地决定他们将做多少工作，则所有通过财政或其他任何方式干预他们使用（从工作中产生的）资源的方式，都会减少他们的工作总量，进而减少这些资源的总量。简而言之，一个原本将收入的十分之一用于投资的人，现在选择将收入的一半用于投资，则可以使经济福利增加；但是这并不意味着，如果他受法律的强制，或受税收和补贴的诱惑而做出这种投资的改变，也会使经济福利增加。

第三章 国民所得

第1节 在大多数情况下,经济因素并不直接作用于经济福利,而是通过国民所得起作用。第2~3节 抛开其中的悖论不谈,理解为仅包含以货币收入购买的物品,以及人们居住在个人所有的房屋中所获得的服务是很方便的。第4~7节 对国民所得和国民可支配收入进行区分,并研究与国民所得的定义和评估有关的各种问题。

第1节

一般而言,经济因素不是直接影响一个国家的经济福利,而是通过经济福利的客观对应体——经济学家称之为国民所得或国民收入——起作用。经济福利是整体福利中能直接或间接地与货币量度相关联的那一部分,也是社会客观收入中可以用货币衡量的那一部分,包括了来自国外收入的国民所得。因此,经济福利与国民所得这两个概念是相互依存、协调一致的,对其中一个内容的描述便意味着对另一个内容的相应描述。在前一章中,我们了解到经济福利的概念在本质上具有弹性。同样的弹性量度也属于国民所得这一概念。只有在自然呈现的连续性中引入一条专有的分界线,才能精确定义这一概念。显然,国民所

□ 接种天花疫苗(18世纪)

庇古指出,国民所得中直接体现为劳动的那一部分称为劳务,比如医生给病人治病。图为18世纪的医生为婴儿接种天花疫苗。当时,包括托马斯·杰斐逊、本杰明·富兰克林和玛莎·华盛顿在内的美国领导人都接种了该疫苗。

得最终是由许多客观性的劳务所组成,其中一部分劳务体现为商品,另一部分则直接体现为劳动。我们可以直接将这些物品称为货物(无论它是容易腐烂变质的还是经久耐用的)和劳务。当然,我们必须明白的是,如果一项劳务已经被计算进其帮助制成的货物中,比如钢琴或面包中,那么它就不能再单独计算为一项劳务。然而,每年的劳务流量或商品与劳务中,哪一部分能有效地归于国民所得,并不是十分清楚。这也正是我们即刻要讨论的问题。

第2节

首先给出的答案是,商品与劳务,且仅是那些通过销售换回了货币的商品与劳务应归于国民所得(当然,应避免重复计算)。由此看来,这一定义最有可能使我们运用货币量度单位。然而不幸的是,由于这种做法的对称性,某些因此而排除在外的劳务与某些包括在内的劳务紧密相关,甚至相互交织在一起。已被购买的和未被购买的劳务在性质上没有任何差别,且未被购买的劳务经常可以转变为已被购买的劳务,反之亦然。这就导致了许多极端的悖论。因此,如果一个人租用属于他人的房屋和家具,那么正如我们在此暂时定义的那样,他从别人那里获得的劳务,将被纳入国民所得;但是,如果他作为礼物收到房子和家具,并继续占用,则不计入国民所得。同样地,如果一个农民在市场上出售他的农产品,然后买回其家庭所需的食物,那么相当数量的农产品将计入国民所得;但是,如果他不从市场上买入食物,而是将自己的一部分肉类和蔬菜用于农场消费,那么该部分将不计入国民所得。另外,教会工作者和主日学校教师等无偿组织者所做的慈善工作、无私的实验者从事的科学研究,以及有闲阶级的许多人所做的政治工作,目前都不计入国民所得。当存在名义报酬时,被计入国民所得的部分远小于其实际价值。如果这些人相互支付薪水,那么这部分将计入国民所得。因此,如果向议会成员支付薪水的法案通过,则会增加约250 000英镑国民所得。同样,当妇女为了工资而提供劳务时,无论她们是在工厂还是在家里工作,这部分劳务都将计入国民所得;但是,当妇女以母亲和妻子的身份无偿地为自己的家庭劳作时,这部分将不计入国民所得。因此,如果一位男性与其管家或厨师结婚,国民所得就会减少。这些都是悖论。还有一个悖论是，如果《济贫法》或《工厂管理条例》将女工从工厂的工作或带薪家政劳务转移到无偿的家务劳动中，比如去照顾孩子、准备一日三餐、缝补衣物、合理计划家庭开支等，我们所定义的国民所得将遭受损失，而且没有任何其他收益补偿。[1]最后还存在一个悖论，即人们为了寻找煤矿或黄金，或某些夺人眼球的商业广告，屡屡对自然美景造成严重损坏或亵渎，但是根据我们的定义，国民所得不会受到任何损害。不过，如果像在某些特殊情况下那样，对景区实行收费制度，国民所得就不可能保持不变。[2]

第3节

以上这些悖论清楚地表明，它们在某些程度上可以被用来否定任何国民所得的定义，除非能够给出一个国民所得与商品及劳务的年流通量完全一致的定义。但是，如果采用一个如此宽泛的定义，就等于放弃对货币量度单位的依赖。因此，我们要么完全放弃任何正式的定义，要么寻求折中的办法。虽然前者有时候能超出其允许的范围作出更多的说明，但是即便它不会产生混淆，也必然会引起怀疑。因此，总体而言，后者似乎更为可取。我建议采用如下方法。首先，参照马歇尔的先例，我将采用英国所得税委员会实际提出的"国民所得"的标准定义。因此，我将个人用收入所得购买的一切物品，以及个人从其私人拥有并居住的房子中获得的各种劳务，都归入国民所得。但是，个人向自己提供的劳务及其向家人或朋友无偿提供的劳务，以及他从使用自己的个人物品（如家具和衣服）中获得的好处，或他从使用公共财产（如免费的桥梁）中获得的好处，均不归入国民

---

[1] 如果从上述讨论中，我们得出"在战争期间，大量女性之所以进入工业领域，是因为工业领域之外的工作机会有着相同程度的减少"这样一个结论，无疑是错误的。首先，大量的战争工作由以前几乎没有做过任何工作的女性承担；其次，进入工业领域的女性的职位主要由以前很少工作的其他女性所取代，例如，在许多雇用了仆人的家庭中，女主人取代了仆人的工作；第三，由于丈夫和儿子离家上了战场，妇女们原本的家务劳动比正常时期少得多。

[2] 1907年颁布的《广告管理法》允许地方政府制定规章制度，以防止露天广告破坏景观的自然之美或是对公园及公共休闲场所中的社会福利设施造成不良影响。为此，我们可能会注意到，费用昂贵并不是支持铺设地上电缆系统而反对地下电缆系统的主要因素。出于审美考虑，伦敦市政委员会就审慎地选择了费用更昂贵的地下电缆系统。

32 | 福利经济学 The Economics of Welfare

□ 费雪教授（右）和他的儿子

欧文·费雪（Irving Fisher，1867—1947年），美国经济学家、统计学家、发明家、优生学家、进步社会活动家，被经济学家约瑟夫·熊彼特、詹姆斯·托宾和米尔顿·弗里德曼称为"美国有史以来最伟大的经济学家"。尽管他在大萧条期间坚持认为"经济即将复苏"而损害了他的声誉，但当代的利益和资本经济模型均是建立在费雪原则的基础上。以他的名字命名的概念包括费雪方程、费雪假设、国际费雪效应、费雪分离定理等。

所得，而是另行计算。[1] 其次，当以这种方式构建国民所得的标准定义时，我们要保持充分的自由与适度的警觉，无论讨论任何问题，若因机械地坚持使用这一标准定义而受到阻碍或遭受损害时，应该在更广泛的意义上使用这一名词。毫无疑问，折中法存在很多不尽如人意之处，但情况似乎只能如此，目前没有更好的方法可行。

第4节

上述结论并不能完全解决我们的问题。考虑到与国民所得相关的一般情况，我们还必须面对另一个问题。国民所得可以用两种完全不同的方式来理解：一是当年生产的商品和劳务的流量；二是当年最终流入消费者手中的流量。马歇尔采取的是前一种方式。他写道："一个国家的劳动力和资本作用于其自然资源，每年生产出一定的物质和非物质商品（包括各类劳务）的净产值。这是该国真正的年净收入或年净收益，或者叫做国民所得。"[2] 当然，由于工厂和设备每年都会磨损和老化，因此生产总量必然是对这一过程中的磨损进行补贴之后的总量。为了阐明这一点，马歇尔在其他地方补充道："如果我们重点考察一个国家的收入，我们就必须考虑到其收入来源的折旧问题。"[3] 具体来说，他的国民所得概念包括所有新产品的清单、所有未体现在新产品中的服务的清单以及

---

[1] 马歇尔《经济学原理》，第524页。
[2] 马歇尔《经济学原理》，第523页。
[3] 马歇尔《经济学原理》，第80页。

资本存量所遭受的所有损耗（作为负面元素）的清单。另一方面，所有认同费雪教授[1]观念，并认定储蓄在任何情况下都不是收入的人，便只会将最终流入消费者手中的商品和服务视为国民所得。[2]根据费雪教授的观点，马歇尔的"国民所得"代表的不是现已实现的收入，而是如果国家资本保持不变则将会实现的收入。在静止状态下，即任何行业的新设备和工厂的建造，恰好抵消旧设备和工厂因磨损而造成的损失，此二者在实质上是相等的。国民所得的任何一种定义，都只包括进入最终消费者手中的商品和劳务的流通量；因为，在生产过程的早期阶段，进入工厂和商店的所有新材料，恰好等于进入产品加工环节的材料；所有新增的机器和设备，都将用来取代且仅限于取代本年内磨损的相应的机器和设备。但实际上，一个国家的产业几乎永远不会处于这样一种静止状态。因此，两种定义下的国民所得要在实质上相等是极为罕见的，而且从分析的意义来讲，它们也不可能相等。所以，如何在这两种定义之间进行取舍就成了一个重要问题。

第5节

我认为，这个问题的答案取决于我们打算使用这一概念来达到的目的。如果我们的目的在于一个社会在很长一段时间内所获得的经济福利的相对数量，并且正在寻求一个能与这一系列数量适当相关的客观指数，那么，费雪教授的概念无疑更加合适。如果我们考虑的是一个国家在有限的几年时间内能够为战争提供多少产品时，费雪教授的概念同样比另一个概念更加合适；因为，为了这一目的，我们想知道一个国家可以挤出和"消耗"的最大数量是多少，而且我们并不以资

---

[1] 费雪教授本人的立场是，国民所得或国民收入完全取决于消费者最终从其物质环境或人类环境中获得的劳务。因此，今年我添置的一架钢琴或一件大衣并不是我今年的收入，而是一种资本的增加。只有这些物品在今年内为我提供的服务才是收入。（《资本和收入的性质》，第104页及以下多页）从数学的角度来看，这种看待问题的方式显然是新奇的。但是，它与语言的日常使用之间的巨大差异所造成的混乱，已经超过了它的逻辑清晰性所带来的好处。如果我们拒绝遵循费雪教授的方法，便很容易陷入矛盾之中；但我们没有必要这样做。如果我们不这样做，定义的选择就不是一个原则问题，而只是方便与否的问题。

[2] 如果所有者自建自住的新房屋的年租金的货币估值都已经被计入收入项中，那么为了保持一致性，则应将其移至资本项中。

本必须保持不变为前提。然而，本书重点关注的不是战争，而是和平，不是量度，而是因果作用。我们问题的一般形式是："对1920年经济环境产生影响的某一因素，将对整体经济福利产生什么影响？"现在，人们一致认为，这一因素通过国民所得产生作用，而且在直接说明其影响时也必然提到国民所得。因此，我们有必要了解一下分别采用这两种概念所产生的后果。按照费雪教授追随者们的方案，我们必须记录该因素不仅在1920年，而且在1920年之后的每一年对国民所得所造成的差异；因为，如果该因素导致了新的储蓄，那么，只有通过对1920年之后各年份的国民所得进行统计，才能正确估算该因素对国民所得的影响，正如费雪教授追随者们所设想的那样。因此，根据他们的观点，如果1920年新建了一个大型工厂，那么应计入1920年国民所得的不是该工厂的资本投入，而是该工厂在1920年提供的劳务流量；而且，如果不考虑1920年之后较长时期的国民所得，就无法估算创建该工厂的总影响。根据马歇尔的方案，这种不便之处就可以省略了。他认为，当我们阐述某因素对1920年国民所得产生的影响时，就已经将它对1920年及随后各年份在消费方面产生的（可以预见的）影响包括在内，因为这些影响全都反映在创建工厂时的资本投入中。如费雪教授的追随者们所构想的那样，消费的直接影响可以通过1920年国民所得的变化来衡量。但是，把经济福利与经济因素联系在一起的是总消费，而不是直接消费。因此，总的来说，马歇尔对国民所得的定义可能比费雪教授的更实用，所以我建议在后文中采用马歇尔的定义。至于费雪教授所定义的对象——当然也是极其重要的，我将它称为消费品的国民收入，或者更简单地称为可消费收入。

第6节

由此，我们对国民所得的具体内容给出了一个定义，虽然不尽如人意，但十分明确。该定义对国民所得的评估方式有明确的指示意义。其中最重要且最明显的一点是，在计算制成品的价值时，用于制造该产品的原材料的价值不应计入其中。比如，在《1907年英国生产普查》（*British Census of Production of* 1907）中，人们就谨慎地避免了这种形式的重复计算。该项目的负责人对其方法做出解释：从任何一个产业或产业集团的总产值中，扣除所用材料的总成本以及向其他厂商支付的劳务费用之后的金额，为方便起见，可称为产业或产业集团的"净产值"。该金额"完整且没有重复地表示了整个产业或产业集团的产品价值（起作用的）超过从外部购买原材料的价值（起作用的）的总量，即表示在生产过程中增加于材料之上的价值。对于任何产业或产业集团而言，从这笔款项中扣除工资、薪酬、租金、特许权使用费、运费、税金、折旧费和所有其他类似费用以后的数额，就形成了利润"。[1] 然而，如果要对国民所得整体进行评估的话，仅扣除这些费用还不够。这种情况下，制作面包所用掉的面粉与已将面粉加工成为面包的面包机的磨损之间，并没有什么真正的区别。在统计国民所得的时候，如果将面粉和面包的价值进行加总，那么其中便包含了重复计算；如果将面包机和面包的价值加总在一起，也是如此。"从逻辑上讲，"正如马歇尔所说，"我们应该减去纺织厂购买的织布机以及纱线的价值。同样地，如果将工厂视为建筑业的产品，那么它的价值则应从纺织业的产出（在数年内）中扣除。农场的建筑也是如此。农场的房屋，以及任何因其他目的而被用于某一产业中的房屋都不应该计入国民所得中。"[2]

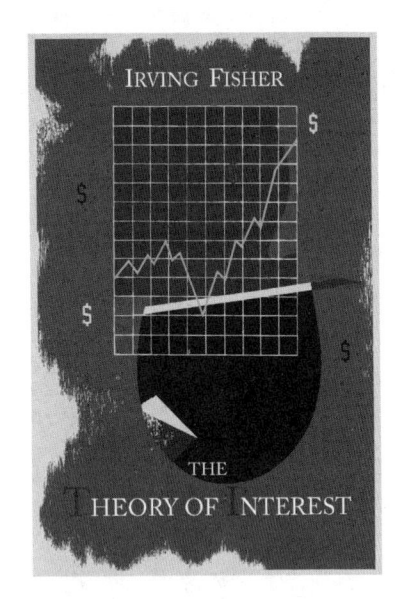

□ 《利息理论》

第二次世界大战期间和结束后，为军事行动以及战后赔款、重建提供资金的信贷大幅扩张，人们因此重新思考资本主义问题以及利益的性质和起源。为此，费雪教授写了这本《利息理论》给金融家和工业领袖，以及经济学教授及学生。该书写得非常清晰，以至于经济学研究生可以一口气读完并理解它的一半，这在技术经济学领域是十分少见的。

---

[1]［白皮书，第6320号］，第8页。
[2] 马歇尔《经济学原理》，第614页脚注。

从广义上讲，正如《英国生产普查》中所定义的，这些考虑因素可以通过简单地减去各产业净产品总值——包括年度折旧费以及各种机器和设备的年度更新费——来实现。[1]因此，如果某一特定类型的机器在10年内报废——这是陶西格（Taussig）教授对于棉纺厂机器平均寿命的估计[2]，那么很显然，10年内的国民所得价值将低于净产品总值，二者的差值就是该机器的价值。[3]同样地，由于任何一种农作物都会消耗土壤的生产力，因此国民所得的价值低于净产品总值，二者的差值等于为了恢复土壤所流失掉的化学成分而投入的费用。[4]此外，当从地下开采出矿物时，应该予以扣除的款项等于该年使用的矿物在其原始状态下的价值（理论上，由其开采时所支付的特许权使用费表示）与矿物被使用之后为国家产生的价值之差。如果"使用"是指以出口来换取不作为资本使用的进口，则后者的值为零。另一方面，如果它意味着这将致使大自然将矿物奇迹般地转化为比它在矿井中的价值更高的某种物品，那么，为了从净产品总值中获得国民所得的价值，我们就应该做加法运算而非减法运算。就我们当前的目的而言，这已经足够了。关于"保持资本不变"这一概念的确切意义，我们将在下一章中进行详细讨论。

---

〔1〕参见弗拉克斯《统计学杂志》，1913年，第559页。

〔2〕《经济学季刊》，1908年，第342页。《1907年英国生产普查》支持这一观点，即可以合理地认定一般建筑物和设备的平均寿命为10年。

〔3〕在部分行业中，大型的单个资产物品需要相当长的时间间隔才进行更换，他们通常的做法是，在该资产消耗期间，按年度分期累积折旧资金来满足这一需求。对于每年磨损量大致相同的机器，杨教授（Professor Young）认为，如果机器每年都能及时得到所需的更新和维护，那么资本将保持不变，并且不需要折旧资金（《经济学季刊》，1914，第630页及其余多处）。诚然，通过这种方法，在设备运作一段时间之后，资本在一年内还能维持前一年的水平。但是杨教授表示，在静态条件下，一套设备在投入使用一段时间之后，通常会磨损近一半（《经济学季刊》，1914，第632页）。如果磨损一半的设备——该设备已消耗其正常寿命的一半——在技术上与新设备的效率相同，那么这一事实并不会与其结论相悖。但是，当设备的效率随着年份的增长而降低时，情况就不一样了。如果要将资本维持在首次投资时的水平，则不仅要为设备提供所需的更新和维护，还要维持永久性折旧资金，以平衡一个全新设备与一个有效寿命过半的设备的价值之间的差异。（参见1915年2月《经济学季刊》的《折旧与比率控制》一文，杨教授与J. S. 戴维斯先生展开的讨论）

〔4〕卡弗（Carver）教授在谈到美国时写道："若论这个国家，在其他条件不变的情况下，如果农民被迫购买肥料来保持土壤肥力不被耗尽，则整个工业很有可能破产……普通农民从未（大约至1887年）将土壤肥力的部分流失视为其农作物成本的一部分。"（《美国农业概述》，第70页）然而，这一资本的损失必须计入由于土地垦殖而产生的资本收益中。

第7节

现在我们还需要考虑一个问题，即如此估算的国民所得——当然包括从国外获得的收入的价值——与从社会获得的货币收入之间的关系。从表面上看，我们可以预期这两笔金额基本相等，正如我们可以预期一个人的收入与其支出（包括投资）相等一样。如果记账无误的话，显然应该如此。但是，要使其相等的话，社会的货币收入必须有所规定：应该去除个人作为礼品所获得的所有收入——因为它不含有任何可以计入国民所得估算的劳务——例如，孩子从父母处获得的所有零花钱。同样，如果A以1 000镑的价格将现有的财产或产权出售给B，那么，如果这1 000镑被计入B的收入的一部分，就不能再计入A的收入中。这些观点固然容易理解，但是某些进一步的含义却鲜有人了解。比如，由养老金和特别战争抚恤金构成的收入也必须去除，但是普通公务员的退休金却应包含在内，"因为退休金等同于工资，它相当于变相地向提供当前劳务的人支付更高的工资，以使他们获得自己的退休金"[1]。此外，还必须去除本国债权人因"非生产性"贷款而获得的利息收入，因为这些贷款不会像用于修建铁路的贷款那样产生以货币形式出售的劳务，从而不能计入以货币估算的国民所得中。这意味着，作为战争贷款的利息收入也必须去除。但是，我们不能就此否认，为战争所支付的货币是真正"生产性的"，因为它间接地阻止了对物质资本的破坏，而这些资本现在正用于生产那些可换取货币的商品；因为在这种情况下，与战争支出挂钩的任何产品——类似的还有学校建设的支出——已经计入物质资本所获得的收入中。此外，通过暴力或欺诈所获得的收入，由于没有提供真正的劳务，似乎不应该计入其中。值得注意的是，向政府支付各种款项的情况尚有些复杂。一方面，中央或地方的管理当局从其提供的劳务中获得的净利润，例如邮局或市政电车服务的利润，都应该明确地计算在内；另一方面，财政部在所得税或遗产税方面所获得的收入则显然

---

[1] 斯坦普《财富和纳税能力》，第55~56页。

不应计入其中，因为它们已经被计入私人收入中，是作为纳税人而不是因其提供了任何劳务而以支付的形式被转移给财政部。然而，英国财政部在（现已废除的）超额利润税和公司所得税中获得的收入又不同，应该被计入其中。因为这两种收入被认为是在缴纳税款后的剩余收入，如果这部分税收在财政部手中没有被计入，便不会再被计入了。[1] 最后，财政部在关税和消费税中所获得收入的主要部分，也应该计入其中——尽管它已经被计入纳税人的收入中，而且不是由于任何劳务而被支付的——虽然这看起来似乎有些矛盾。其理由是：被征税后的货物价格几乎上涨至关税数额（我们可以假定如此），因此，除非国家的货币收入总额按照相应的抬高方式计算，否则，该货币收入总额除以价格，也就是该国的实际收入，必定会因为征收这些关税而看似减少，尽管实际上是一样多的。[2] 当该国的名义货币收入以多种方式予以"修正"时，剩下的部分将与通过上述方法估算的国民所得（包括国外收入）的价值相当接近。[3]

---

[1] 斯坦普《财富和纳税能力》，第55~56页。

[2] 之所以说财政部在关税和消费税项目下获得的主要收入而不是全部收入应算作总收入，是因为：（1）商品税并不一定总是以其全额推高物价；（2）它们可能会间接导致生产收缩。

[3] 然而，应该注意的是，这里虽然提到多种"修正法"，但仍有一个矛盾没有得到修正。那就是，对于一项一直向商人收取费用的劳务来说，其劳务费在计算收入之前可以作为商业费用合法扣除，而且是作为所得税的附加税来提供和支付的，国家的货币收入增加了，但实际收入不变。（参见斯坦普《财富和纳税能力》，第52~53页）修正这一矛盾的唯一方法是，允许商人扣除所有劳务的成本，无论它们实际上是否作为劳务费支付，如果是作为劳务费支付的，则将其视为商业费用。

第四章　保持资本不变的意义

第1～7节 研究了与此相关的一些难点。

第1节

本章中，我们将讨论上一章遗留下来的问题——"保持资本不变"的确切意义。因受到传统限制，对于消费者拥有的某些物品（除住宅外），我们并不看作可供长期使用的资产，尽管它们所赋予劳动者的就业机会——如一辆属于除了拥有者之外的任何人的汽车与一辆属于出租公司的汽车——是没有什么区别的。然而，这只是次要的问题。就目前而言，资本的确切意义是无关紧要的。无论我们如何定义它，它就像一个"湖泊"，各种各样作为储蓄果实的物品不断被注入其中。这些物品一旦进入"湖"中，便会因其不同的性质和命运，在"湖"中存在不同的时间。其中一些物品寿命较长，比如精心建造的工厂；另一些物品只有中等寿命，比如机器；还有一些物品则寿命较短，比如用来制成消费品的原材料或用于燃烧的煤炭。当然，这里所说的寿命，是指物品作为资本在工业机器中的生命长度，而不是指它们在无人干涉情况下的生命长度。例如煤炭，如果不经过人工处理，其形态便会一直保持不变；但是到了"资本湖"中，煤炭的整个生命周期则会很短。所有被注入"湖"中的物品，最终都会次第离开。它们中的一些，最后会以原材料的形式体现在某些制成品中，比如棉纱往往是以服装或布料的形式出现。但是，它们离开时并不总是，或者并非经常性地，保持最初进入"湖泊"时的形态。煤炭在炼铁过程中燃烧，冶炼出来的铁最终被用于制造刀剑等，是刀剑体现了煤炭的"效能"，而不是煤炭本身。这时候，煤炭以刀剑的形式离开了"资本湖"。当然，随之离开的是在制造成品时磨损的机器的"效能"，而不是机器本身。

☐ **卢瓦尔河采煤盆地**

煤是一种可燃的黑色或棕黑色沉积岩，主要由碳和氢、硫、氧、氮等各种元素组成。死去的植物等物质腐烂成泥炭并通过数百万年深埋的热量和压力转化，最终形成煤。图为法国的卢瓦尔河采煤盆地，它经历了从13世纪至20世纪近7个世纪的开采，自然也成了欧洲工业化历程的一个重要见证者。

然而，物品无论是以什么形式进入"湖"中，最后都会离开。只要湖泊中还有内容物，就必定会有一条溪流从湖中流出，也总会有一条溪流流入其中。"湖泊"中任一时刻的物品总量，总是等于流入其间的总量减去流出的总量，而且从理论上讲，可以每天对其进行清点并予以评估。我们在谈论国民所得的定义时，提到了"保持资本不变"的必要性，这就暗含了我们所描述的对"湖泊内容物"的连续清点与连续评估之间的关系所具有的某种含义。本章的任务就是明确这些含义究竟是什么。

第 2 节

显然，就我们目前的目的而言，保持资本不变并不要求"湖泊内容物"的货币估值保持不变。人们都会认同，在计算国民所得的时候，对于货币估值的某些变化，我们不必去关注。因此，如果由于某一年货币供应的萎缩，导致所有货币价值大幅降低，那么资本存量的货币价值就会随之降低；但是，没有人会同意将这种降低计入国民所得中。其次，马歇尔曾经指出："已经参与到改善土地或建造房屋，以及修建铁路或制造机器中的资本价值，是未来净收入估计值的总贴现值。"[1]这意味着，如果一般利率上升，资本存量的货币价值将在其他条件保持不变的情况下降低。这种降低与国民所得的大小无关。当人们对自己协同生产的某些物品不再感兴趣，或者来自国外的竞争对手以更低的价格提供这些物品，导致资本存量中特定项目的价值降低时，我认为这种降低与国民所得的大小无关；当新的资本设备项目的创建降低了现有项目的价值时，结论也是如此，例如，电力照明厂的兴建使邻近的煤气厂贬值，或一种新型战列舰或制靴机的引进，使现有战列舰或制靴机过时，等等。事实上，通常来说，资本存量（没有发生物质状态的变化）中任何部分的货币价值的降低，都与国民所得的大小无关；它们的出现与保持资本不变是完全相容的。

第3节

从表面上看，这里所说的保持资本不变，必然意味着"资本湖"内物品库存的物质状态保持不变。显然，如果库存没有发生任何变化，资本在绝对意义上就会保持不变；如果某些物品从库存中去除，资本在绝对意义上就不再保持不变。但是，出于本书分析的特殊目的，资本保持不变并不意味着绝对意义上的保持不变。正因如此，这里应该理解为，资本实物存量的减少必须与资本不变保持一致。因为，我们必须永远记住，我们所关心的是在不脱离马歇尔观点的情况下定义国民所得。因此，假设由于地震或某敌对国家的袭击，一国存量财富在一年内被摧毁了一半，便认为该国的国民所得自动变成了负值，那将是矛盾和不妥的。我们不如说，这种损失是资本账户的损失，而不是收入账户的损失。换言之，虽然从字面上看，这种损失与保持资本不变并不相容，但它并非与国民所得的评估无关。因此，对于我们的目的来说，保持资本不变并非指资本的绝对不变，而是只有当这类特殊类型的损失没有发生的情况下它才会保持不变。

---

[1] 马歇尔《经济学原理》，第593页。

第4节

于是有人可能会说，这将引起一连串无休止的含混不清。例如，把火灾造成的房屋损失或风暴造成的船舶损失归于上述的损失类型。然而事实上，除了上一节所描述的灾难性损失以外，所有资本存量的解体都是在它的使用过程中在所难免的，并且都已经包含在国民所得的产生之中。例如，机器和设备在执行其功能时所受到的普通磨损就是如此；资本在闲置期间由于时间的流逝而造成的损失也是如此，因为资本使用的一个必要条件是顺应时间的推移。火灾和风暴的意外事故仍是如此，因为使用房屋就意味着要承受火灾的风险，使用船只就意味着要承受风暴的风险。在为所有这些类型的资本损失提供补偿之前，国民所得无法得到准确的计算。因此，在我们意义上的保持资本不变就等同于绝对意义上的保持不变，除了对"上帝的行为或国王的敌人的行为"所造成的损失不必提供补偿。

第5节

我们现在得出的结论是，出于我们的目的，保持资本不变要求资本存量的所有普通损耗都应该得到补偿。但是，我们所说的补偿究竟是什么呢？当资本存量损耗时——例如因为磨损，它的物质成分并没有从世界上消失，而只是以一种对人类不那么有用的方式重新排列——真正消失的是体现一定价值的物质配置，为方便起见，我们可以用货币来量度。为了实现这一补偿，我们必须在资本存量中增加新的物质配置，并包括与这一货币量相等的价值量。因此，如果一台机器磨损报废没有任何价值，我们就需要在资本存量中新增一些东西，这些东西的价值等于机器未磨损时的价值。而机器的原始成本，无论是其实际成本还是货币成本，都与此无关。因此，如果它的制造成本是1 000英镑，而磨损使它的价值有所减少，不是减少1 000英镑，而是减少500英镑或1 500英镑，那么，新增机器的价值就是后两者之一，而不是原来的1 000英镑。因此，除其他情况之外，任何一种资本存量，例如钢铁厂的设备，如果由于国外竞争的激烈而价值下降，例如由于磨损而每年贬值10%，那么，为了保持资本不变，我们需要补偿该设备现值的10%，而不是其原始成本的10%，也不是当前重置成本的10%。如果国外竞争异常激烈，或者大众对该设备生产的产品的需求量降为零，使其不再具有价值，那么，由于磨损或时间的流逝而造成的该设备的实际损耗，并不包含任何价值损失，所以不需要补偿。因此，对于我们的目的来说，保持资本不变意味着无须补偿所有的价值损失，也无须补偿所有的物质损失（不是由于上帝的行为和国王的敌人的行为），而只须补偿除上述损失以外的物质损失造成的价值损失。

□ 磨损的机器

磨损是一种折旧形式，即使在适当使用物品时也会发生这种情况。例如，反复撞击可能会对锤头造成压力，但是，即使在正常使用锤头来工作的时候，这种压力也是无法避免的，反倒是任何避免使它受到压力的尝试都会阻碍其功能。因此，无论是日常工具还是工厂的机器和设备都需要定期维护。

第6节

不难看出，各种资本存量以不同的速度从"资本湖"中流出，并遭受不同程度的损失。流动资本如原材料、煤炭等，在"湖"中仅有几个月的寿命；固定资本的寿命依其性质而定，一般是几年。因此，如果要保持1英镑流动资本的价值不变，每年需要补偿的数量将远远大于维持1英镑固定资本的价值所需要的数量。米切尔教授引用的一些数字表明，在美国的工农业中，以"可移动的设备"（如机器等）为代表的固定资本存量，与流动资本的存量大致相等，每一种资本的估值为90亿英镑。[1]假定将移动设备的正常寿命定为10年，将流动资本的正常

---

[1] 米切尔《经济周期》（1927年），第93页。

寿命定为1年，那么为了保持资本不变，固定资本每年需要补偿的数量必须达到9亿英镑，流动资本则必须达到90亿英镑，后者为前者的10倍。因此，在任何一个年份，如果固定资本的损耗价值为1亿英镑，要通过将新的1亿英镑的流动资本而非固定资本的价值增至资本存量中进行补偿的话，则为了保持未来总资本存量不变，每年需要补偿的价值将会增加。在相反的条件下，则会减少。

第7节

关于未能提供足够的补偿来保持资本不变所造成的影响，我们将在结论部分进行简单说明。假定我们是从一种稳定的条件开始，在很长一段时间里，为了保持资本不变，持续不断地每天按需补偿200万英镑——实际上已经实现了这一点。但是由于某些意外情况，之后只能补偿100万英镑。显然，（资本）湖面一定会有所下降，但它不会无限期地持续下降。因为随着流入量的减少，流出量必然减少，而且由于资本存量的日趋减少，日消耗量也将逐渐减少。当前的流出量必定减少到这样一种程度，即100万英镑日流入量足以对它进行补偿。至此，资本存量不再减少，新的平衡重新建立起来。而这种重建所需要的时间，将取决于最初存在的不同资本项目的寿命比例，以及该比例在减少过程中可能发生的变化。如果未能提供补偿，以至于此后没有任何事情发生，那么资本存量必将全部消失。最先消失的是寿命较短的资本项目，其余资本项目渐次消失。流出量从大变小，直至最小，在寿命最长的资本项目彻底消失之后，它便连同"资本湖"一起干涸。然而，人们对这种情况毫无兴趣，因为在最后一个资本项目消失之前，"最后一个人"已经死去。

第五章　国民所得大小的变化

第1~4节　如果可能，我们希望抛开个人偏好，明确说明国民所得大小的变化。第5~8节　然而，这是不可能的，因为我们不得不采用的定义存在着严重的缺陷。

第1节

国家的经济福利与国民所得的大小密切相关，而且经济福利的变化也与国民所得大小的变化同样密切相关。我们希望尽可能地了解这些关系的性质。为此，一个必要的准备工作就是，对国民所得大小的确切变化究竟意味着什么形成明晰的概念。首先，为了方便起见，假定我们正在研究其国民所得大小的那个群体的大小保持不变。

第2节

国民所得是一种客观事物，无论何时，它都是指该时期内形成的各种商品和劳务的集合。既然它是客观事物，我们自然倾向于通过参考一些客观存在的实物单位来定义国民所得大小的变化，而无须考虑人们对它所包含物品的态度。我并不是说，公众偏好的变化不会影响国民所得的大小变化——它显然可以通过改变国民所得的客观因素来影响其大小——我的意思是，如果这些客观因素是给定的，那么国民所得的大小就只取决于这些客观因素，而不受人们偏好的影响。相信每个人凭直觉就会采纳这一观点。

第3节

如果国民所得仅由一种商品构成，对国民所得大小的定义就会变得很简单。毫无疑问，国民所得的增加将代表该商品单位数量的增加，国民所得的减少将代表该商品单位数量的减少。如果国民所得由多种不同的商品构成，且所有这些商品的数量都以相同的比例变化，那么对它的定义同样是简单的。国民所得在任何时候都是由一定数量的复合单位构成，每个单位又由多种商品构成，国民所得随着这些复合单位的数量的增加而增加，随着它们的减少而减少。

第4节

如果国民所得由许多不同种类的物品构成，且它们之间的数量并不是以固定的比例变化，但某种"预定和谐"使得当其中任何一种物品的数量增加时，其他所有物品的数量都不可能减少，我们就不能再说，某一时刻的国民所得由这一单位数量组成，另一时刻的国民所得由那一单位数量组成。但是，我们仍然应该能够通过实际参照物来确定某一时刻的国民所得是否大于或小于另一时刻的国民所得；这是出于许多种目的的需要。

第5节

然而，在现实生活中，国民所得由许多不同的物品构成，其中一些物品的数量有可能在另一些物品数量减少的同时增加。在这种情况下，并没有直接的方法可以通过实际参照物来确定某一时期的国民所得是大于还是小于另一时期的国民所得；因此有必要转变思路来寻求定义。显然，恰当的定义必须是：假设国民所得仅由一种物品构成，那么"国民所得将随着该物品数量的增加而增加"永远成立，而与此相违背的定义都是矛盾的。以此为出发点，我们将作如下说明：假定一个人的偏好保持不变，且他在第二个时期中增加的物品比同期减少的物品更加必要，那么我们就可以说，他在第二个时期的国民所得大于第一个时期。假定给定人数的一个群体的偏好保持不变，且他们各自的购买力也保持不变，那么，如果他们愿意为保留第二个时期中增加的物品所支付的货币量多于为保留同一时期减少的物品所支付的货币量，我们则可以说，他们在第二个时期的国民所得大于第一个时期。这一定义清楚明了。然而，生产技术已经发生了变化——虽然制造一种物品的成本可能变得更高，但是制造另一种物品的成本可能变得更低；或者，虽然完全可能制造出一些全新的物品，但同时却不能再制造一些曾经制造过的物品——而关于国民所得内容的一切变化对国民所得大小的影响，我们可以得出且只能得出一个结论：如果偏好和购买力确定不变，那么这种定义方法的优势便无可反驳，它自然应当被予以采纳。

第6节

事实上，喜好和购买力都不是固定不变的。其结果是，我们的定义在某些情况下将导致一个表面上看起来极度矛盾的结果。例如，第一个时期的偏好是这样，第二个时期的偏好是那样；第一个时期的国民所得为集合体C_1，第二个时期的国民所得成了集合体C_2。这两种情况都有可能发生，即具有第一个时期偏好的群体，愿意为第二个时期增加的物品所支付的货币少于为第二个时期减少的物品所支付的货币；而具有第二个时期偏好的相同人数的群体，愿意为第二个时期增加的物品所支付的货币，多于为第二个时期减少的物品所支付的货币。如此一来，我们的定义就会既使C_2小于C_1，又使C_2大于C_1，这显然是十分矛盾的。为了避免这一矛盾，唯一的办法就是，承认在这种情况下绝对地谈论国民所得的增加或减少是毫无意义的。从第一个时期的偏好角度来看，国民所得减少了；从第二个时期的偏好角度来看，国民所得增加了，这是唯一的意义。[1]不难看出，当购买力分布在第一个时期和第二个时期之间发生变化时，可能出现相同的

---

[1]当我们试图根据上述定义来比较两个国家的国民所得的大小时，遇到了完全类似的困难。因此，如果给予有其独特偏好的德国人以英国的国民所得，则他们所获得的经济满意感将不如从前；同样地，如果给予有其独特偏好的英国人以德国的国民所得，他们所获得的经济满意感将同样弱于从前。如此一来，采用这些定义将造成我们既说（从英国的角度来看）英国的国民所得大于德国的国民所得，又说（从德国的角度来看）德国的国民所得大于英国的国民所得的尴尬局面。还应补充说明的是——尽管这一点并非严格相关——对于两国人民在偏好上的差异，有时（并不总是）可以通过统计的方法来查明。例如，第一次世界大战前的德国人不吃羊肉，尽管羊肉比猪肉便宜一便士，而英国人却很喜欢吃羊肉。同样地，德国人喜欢吃黑面包，而英国人却喜欢吃白面包，我们知道，这并不是因为黑面包在德国比在英国更便宜，也不是因为德国人比英国人更贫穷——如果德国人是因为黑面包便宜而喜欢它，那么德国的有钱人应该会更多地选择吃白面包才对，但是并没有发现这种情况。因此，我们可以合理地推断出，德国人与英国人的偏好不同，前者偏爱黑面包，后者偏爱白面包。

□ 蔬菜水果商

19世纪早期，人们虽然不能在超市或百货公司购物，但他们有很多其他的购物机会，尤其是居住在城市里的人。市场、小贩、专卖店、普通商店和廉价商店都迎合了那个时代的购物者的需要。图为1819年左右，一位蔬菜水果商正在自己的摊位前兜售商品。

矛盾，并迫使我们找到相同的解决办法。此时，我们只能从第一个时期的购买力角度或从第二个时期的购买力角度来讨论国民所得大小的增减，而不能从任何绝对意义上讨论它的增减。[1]

第7节

因此，我们面临着一个尴尬的事实，即国民所得的构成可能会发生某些变化，对此，我们不可能从绝对意义上说它们是增加了还是减少了。显然，我们对于导致这一结果的定义是严格反对的。此外，如果第一个时期和第二个时期之间的偏好或购买力发生了变化，使之从第一个时期的观点来看构成国民所得一定百分比的上升（或下降）的变化，以及从第二个时期的观点来看同样构成国民所得相等百分比的变化，那么我们便可以合理地预期，从第二个时期的观点来看，通常会构成与第一个时期同一方向上的变化。简而言之，从这两个观点来看，大部分因素都会增加或减少国民所得。因此，一般情况下我们就可以说，某个特定的因素要么增加了国民所得，要么没有增加国民所得，而无须反复提及两种观点。因此，我们定义中的缺陷并非致命的缺陷。此外，持续的思考未能发现任何其他更完美的定义。因此，不管我们之前说了什么，为了本书的目的，我建议为给定人数的国民所得大小的增加作如下定义：如果第二个时期的偏好与购买力在第二

---

[1] 参见鲍利博士（Dr. Bowley）的观测："收入中所包含的价值是交换价值，它不但取决于我们所讨论的商品或劳务，还取决于社会的整体收入和所购买的全部……因此，国民总收入的数值测量取决于收入的分配，并将随之发生变化。"（《社会现象的测量》，第207～208页；也可参见斯坦普《英国的收入与财产》，第419～420页）

个时期均保持不变，该群体愿意为保留第二个时期增加的物品所支付的货币量多于为保留同期减少的物品所支付的货币量，那么从第一个时期的观点来看，国民所得的增加是其内容发生了变化。抛开我们在第二章讨论的当拥有想要的物品时所获得的欲望和满意感之间的区别不谈，我们还可以对上述定义作如下说明：如果第二个时期的偏好与购买力同第一个时期相同，由第二个时期增加的物品所产生的（以货币为量度）经济满意感大于由第二个时期减少的物品所产生的经济满意感，那么从第一个时期的观点来看，国民所得的增加是其内容的变化；从第二个时期的观点来看，国民所得的增加可以按照完全类似的方式进行定义。从绝对的观点来看，国民所得的增加是其内容发生了变化。根据上述两种观点，这种变化总会导致国民所得的增加。在两种国民所得 A 和 B 中，A 从第一个时期的观点来看大于 B，B 从第二个时期的观点来看大于 A，那么从绝对的观点来看，二者根本无法进行比较。

第 8 节

到目前为止，我们始终关注的是给定人数的群体，因为在不同大小的群体之间，直接对国民所得进行比较几乎没有什么用。不过我们可以假设，按照一定比例在较大群体中减少一部分人数，使其与较小群体的人数相当——各阶层的人都受到平等对待——并以相同比例减少其货币收入。以此获得的群体的国民所得，便可以按照前面分析的思路，与较小群体的国民所得进行比较，得到的结果就是两个原始群体的人均国民所得的大致比较。

第六章　对国民所得变化的衡量

第1~3节 鉴于价格和数量是我们唯一可获得的数据，我们需要构建一个国民所得变化的衡量指标，它将尽可能地符合我们对国民所得变化所下的定义。第4节它包含了三件事：（1）制定一项适用于所有商品的价格和数量的数据的衡量指标；（2）根据实际可得的有限信息，设计一个切实可行的近似值；（3）确定该近似值在多大程度上是可靠的。第5~14节 讨论问题（1）。第15~21节 讨论问题（2）。第22节 讨论问题（3）。

第1节

前一章的讨论为我们提供了一个标准，使我们可以从这个时期或那个时期的观点来判断这个时期的国民所得是高于还是低于那个时期的国民所得。提供任何事物大小增减的指标，并不是提供这些变化的衡量指标。我们现在必须研究如何提出适当衡量的问题。

第2节

从任何一个时期的观点来看，国民所得增加的指标是，根据这一时期人们的偏好和购买力，对增加到国民所得中的物品的货币需求大于对从国民所得中拿走的物品的货币需求。这就是说，我们应该用来作为国民所得增加的衡量指标是，从某一个时期的观点来看，对该时期国民所得所包含物品的货币需求总量（即在人们愿意为这些物品所支付的金额的意义上，而不是相反）超过对其他时期国民所得所包含物品的货币需求总量的比例。这种衡量指标与我们的指标是完全相符的。我们应该得出两个数据，数据一表示从第一个时期的偏好和购买力的观点来看的变化；数据二表示从第二个时期的偏好和购买力的观点来看的变化。显然，鉴于我们在前一章所确定的指标，如果我们能够这样做，这就是我们应该采取的衡量指标。

第3节

然而遗憾的是，这种衡量指标是完全不可实施的。因为阻碍其实际操作的最后一个障碍是，任何时期的国民所得所包含物品的货币需求总量，在上述意义上都是一个不切实际的概念。它所涉及的货币数量，是通过把包含在国民所得中的以货币为量度的每一种商品的消费者盈余相加而得出。然而，正如马歇尔所说，以这种方式将消费者盈余相加是一项困难重重的任务，其部分原因在于互补商品和竞争性商品的存在。这些困难即使在理论上能够通过复杂的数学公式解决，但在实践中却是难以解决的。[1]就算抛开这些更为复杂的因素不谈，要建立一种精细的衡量指标——其不包括国民所得中所包含的各种元素的需求弹性，或者更确切地说，不包括所涉及的各种需求函数的形式——几乎是不可能的。在任何合理的时间段内，我们不会也不太可能获得这些数据。因此，任何涉及使用这些衡量指标的方法都必须排除在外。

第4节

我们沿着这一思路继续探究，很快便得出结论：唯一有希望满足国民所得变化的衡量要求并能够加以组织的数据，就是各种商品的数量和价格，除此以外没有其他可用的东西。因此，如果我们一定要确定任何衡量指标，就必须使用这些数据。于是我们的问题就变成：如何从这些数据（如果有的话）中确定一种与上一章所确定的国民所得变化的定义相符合的衡量指标？我们可以试着从下面三个方面解决这个问题：一是进行一般性分析，即如果所有关于数量和价格的信息都可以获得，那么哪一种衡量指标最符合这一定义；二是进行数学探究，即从我们实际能够获得的数量和价格的样本信息中建立的切实可行的衡量指标中，哪一种最接近上述的衡量指标；三是综合一般性分析和数学探究，即实际应用的衡量指标

---

[1]马歇尔《经济学原理》，第131~132页注释。

□ 玻璃器皿店

18世纪末19世纪初，随着服饰、食品和家居用品变得日益丰富，购物成为英国人日常生活的重要组成部分。在伦敦的河岸街和皮卡迪利街，以及巴斯小镇和哈罗盖特，出现了许多高档店铺。店铺里展示商品的弧形橱窗、醒目的招牌、明亮的灯光……，都成为了当时零售店的标准配置。图为1809年，人们在位于伦敦圣保罗大教堂基地公园的玻璃商品店选购玻璃制品的情景。

作为上述衡量的指数，其可靠性如何。

第5节

在着手解决上述第一个也是最基本的问题时，我们不得不承认，完全成功是不可能的。根据上一章的定义，从一个时期的观点来看（此时偏好和购买力属于一种情况），国民所得将以一种方式发生变化；从另一个时期的观点来看（此时偏好和购买力属于另一种情况），国民所得将以不同的方式发生变化。为了符合这一点，我们关于国民所得变化的衡量指标必须表现为两个数字：当两个时期的偏好和购买力不同时，则从第一个时期的观点来看的变化用一个数字来表示，从第二个时期的观点来看的变化用另一个数字来表示。一项只建立在数量和价格基础上的衡量指标，是不可能满足这一要求的。因为，虽然我们可能知道当偏好和购买力属于A类情况时第一个时期的实际数量和价格，也可能知道当偏好和购买力属于B类情况时第二个时期的实际数量和价格，但是，我们却不大可能知道当偏好和购买力属于B类情况时第一个时期的实际数量和价格，以及当偏好和购买力属于A类情况时第二个时期的实际数量和价格。因此，我们最大的希望是，能够有一种与两个相比较时期的偏好和购买力状况无关的衡量指标，无论这两个时期的偏好和购买力状况如何，国民所得的内容（其偏好和购买力状况在两个时期完全相同）以经济福利（以货币为量度）将增加的方式发生变化时，这一衡量指标就会增加。即使我们能够获得有关数量和价格的全部数据，也不可能仅基于这些数据就建立一个比上述衡量指标更符合我们定义的指标，而且这种符合程度显然是不完全的。

第6节

在了解了以上情况之后，让我们转到从完全数据中构建一种衡量指标的问题上来——从现在开始，我们可以称它为完全数据衡量——它将尽可能地符合上一节分析得出的适度目标。我们所需要的衡量指标是：每当国民所得的内容发生以下变化时，它将表示为国民所得的增加，即对于任何一个时期的货币来说[1]，有固定偏好和购买力的给定人数的群体，对增加的物品的货币需求大于对减少的物品的货币需求；换言之，该群体在第二个时期获得的经济满意感（以货币为量度）比第一个时期的更大。[2] 当然，这并非意味着，如果经济满意感的过剩值（以货币为量度）为E，我们的衡量指标表示为增加1%；而当经济满意感的过剩值（以货币为量度）为$2E$时，衡量指标应表示为增加2%。这不仅没有必要，而且在仅由一种商品构成的国民所得的特殊情况下，甚至会造成矛盾的结果。然而，需要指出的是，在上述情形中，当经济满意感（以货币为量度）的过剩值为E时，衡量指标将显示出比过剩值为E时更大的增加。这就是我们所要构建的基本框架。现在，问题的关键在于找到最能达到既定目的的构建方法。[3]

---

[1] 由此，我们不得不考虑这样一个事实：如果这一群体的货币收入总额发生了变化，那么第二个时期的"英镑"价值将不同于第一个时期的"英镑"。

[2] 对于前面用文字表述的内容，有必要再用符号演示一遍：假定任何商品的需求曲线的方程为$P=\phi(\chi)$，则对于h单位增量的货币需求为$\int_0^{x+h}\phi(\chi)d\chi - \int_0^x \phi(\chi)d\chi$，而不是$[(\chi+h)\phi(\chi+h)-\chi\phi(\chi)]$。

[3] 欧文·费雪教授在其杰出的著作《指数的编制》（*The Making Index Numbem*）中指出，有一种方法使这种衡量在绝对意义上是正确的——它并非只是满足我们想要实现的特定目标。在研究了许多不同的指数后，他发现，排除了那些具有明显的技术缺陷的指数之后，剩余的指数尽管是由各种不同的方法编制而成，但其结果却几近相同。由此，他总结道："相对于人力而言，指数是一种绝对精准的工具。"现在，各种方法所得出的结果的密切一致性无疑告诉人们，在某个地方必定存在着绝对正确的结果，而这些结果与之十分接近。但是就我所知，尚且没有充分的理由接受这个形而上学的观点。我们不妨将它与一组树的平均高度的测量方法作类比。我们很容易确定这组树的算术平均高度、几何平均高度或任何其他平均高度。在很多情况下，所有常见形式的平均值都趋于接近。但是，这并不能证明无形中还有一个理想的平均高度，它与这些相近的平均值不同，而且从绝对意义上说，它比任何一个平均值都更精确或更可靠。诚然，确切的算术平均值、几何平均值和调和平均值是存在的，但在我看来，若说存在一个绝对精确的原始平均值，那不过是一种幻觉。当我们想要达成某一特定目的时，不妨自问：是算术平均值还是几何平均值更适用于我们的目的？如果这两个数据恰好几近相同，便是我们的幸运，就算不小心选择了错误的一个，结果也不会有太大的偏差。但是这个话题应该到此为止，因为多说无益。不过我们有理由相信，当费雪教授声称价格指数公式的选择与所要达成的目的无关时，他所使用的"目的"一词较之我们的"目的"更狭义，因此他不会同意我此处的观点。

第7节

在我们想要比较的任意两个时期中的第一个时期，任何给定人数的群体将其购买力花费在第一个商品组合上，第二个时期将其购买力花费在第二个商品组合上。当然，对每个组合都必须进行估算，以使同一物品不被重复计算，也就是说，它必须包括向消费者提供的直接劳务——例如医疗服务，以及最终消费品和年内生产的一部分耐用机器成品[1]，但不包括包含于这些物品中的原材料或劳动服务，当然也不包括"证券"。与此同时，让我们忽略这样一个事实，即在这个组合中可能有一些新发明的商品，在另一个组合中却完全没有。我们称第一个组合为C_1，它包含$x_1, y_1, z_1, \cdots$个单位的各种商品；称第二个组合为C_2，它包含$x_2, y_2, z_2, \cdots$个单位的相同商品。假设这几种商品的单位价格在第一个时期为$a_1, b_1, c_1\cdots$，在第二个时期为$a_2, b_2, c_2, \cdots$假设给定群体的总货币收入在第一个时期为I_1，在第二个时期为I_2，我们可以得出如下命题：

1.如果该群体在第二个时期购买了几种商品，并与他们在第一个时期购买这些商品的比例相同，也就是说，如果该群体在这两个时期购买的都是商品组合C_1，那么他们在第二个时期购买的每种商品将等于他们在第一个时期购买的每种商品乘以分式：

$$\frac{I_2}{I_1} \cdot \frac{x_1 a_1 + y_1 b_1 + z_1 c_1 + \cdots}{x_1 a_2 + y_1 b_2 + z_1 c_2 + \cdots}$$

2.如果该群体在第一个时期购买了几种商品，并与他们在第二个时期购买这些商品的比例相同，也就是说，如果该群体在这两个时期购买的都是商品组合C_2，那么他们在第二个时期购买的每种商品将等于他们在第一个时期购买的每种

---

[1] 为了符合我们在第三章中为国民所得所下的定义，这是必要的。如果我们对国民所得的定义仅包括本年度的实际消费，那么机器方面的消耗就不会被计入其中。按照我们的定义，我们应该严格地将所有新机器和厂房超过维持资本完整性所需的部分，减去本年度这些机器和厂房在生产消费品过程中所损耗的那一部分价值的差值。

商品乘以分式：

$$\frac{I_2}{I_1} \cdot \frac{x_2a_1 + y_2b_1 + z_2c_1 + \cdots}{x_2a_2 + y_2b_2 + z_1c_2 + \cdots}$$

基于这些命题再做出一定的假设，我们的问题就能得到部分解决。

第 *8* 节

如果在第二个时期，一个此前购买商品组合C_2（即包含x_2, y_2, z_2, …）的人，转而购买商品组合C_1，那么，他的行为必然不会改变价格，因此他可以按照价格a_2, b_2, c_2, …购买新组合中的商品。类似的命题也适用于单个人在第一个时期不购买商品组合C_1，而是购买商品组合C_2的情形。但是，如果上述购买者是一个群体或某个具有代表性的人，我们就不能肯定这种消费的转变不会改变价格。如果一个群体在第二个时期不购买商品组合C_2，而是购买商品组合C_1，则假设他们必须支付价格a'_1, b'_1, c'_1, …。同样地，如果同一群体在第一个时期不购买商品组合C_1，而是购买商品组合C_2，那么他们必须支付价格a'_2, b'_2, c'_2, …。我们在上一节文末提出假设：$(x_1a'_1 + y_1b'_1 + z_1c'_1 + \cdots)$ 等于 $(x_1a_1 + y_1b_1 + z_1c_1 + \cdots)$，以及 $(x_2a'_2 + y_2b'_2 + z_2c'_2 + \cdots)$ 等于 $(x_2a_2 + y_2b_2 + z_2c_2 + \cdots)$。这意味着，只要这一群体愿意，他们可以在第二个时期购买商品组合C_1，尽管这会导致价格发生变化——就像他们的决定不会引起价格变化时他们能够做到的那样。类似的命题对于在第一个时期的该群体同样成立。如果所有的相关商品都是在供给价格保持不变的条件下生产出来的，那么上述假设将完全符合事实。在现实生活中，对于大部分商品而言，我们可以合理地假定，由消费的转变而引起的价格上升和价格下降将在大体上保持平衡。因此，一般而言，我们的假设将大致符合事实。然而，必须记住的是，下面

□ 巴黎拱廊街

拱廊街兴起于19世纪，在法国尤其是巴黎最为多见，几乎每隔几条街就有一处。这种街道被开辟在大型建筑物之间的小巷上，顶上镶嵌了既能挡风遮雨又能取光的玻璃。巴黎拱廊街实际上就是一条小型的商业街，里面大多是一些门面很小的商店。图为19世纪的巴黎拱廊街。

的论证皆以这一假设为前提。

第7节

首先，我们来讨论一下第7节中列出的两个分式位于同一侧的情形，即二者要么都大于1，要么都小于1。如果两个分式都大于1，则意味着只要该群体愿意，无论他们购买的是商品组合C_1还是商品组合C_2，他们都能在第二个时期购买到比第一个时期更多的商品。因此，该群体在第二个时期选择组合C_2这一事实证明，其购买组合C_2所获得的经济满意感（以货币为量度），大于购买组合C_1所获得的经济满意感（以货币为量度），该C_1组合大于其在第一个时期购买的组合。[1] 所以，毋庸置疑，它必将超越该群体在第一个时期实际购买组合C_1所获得的经济满意感。但是，由于偏好和购买力没有发生变化，在第二个时期实际购买组合C_1所获得的经济满意感（以货币为量度），将等于在第一个时期实际购买组合C_1所获得的经济满意感（以货币为量度）。因此，如果我们的两个分式都大于1，则在第二个时期购买组合C_2所获得的经济满意感（以货币为量度）必定在第一个时期购买组合C_1所获得的经济满意感（以货币为量度）之上。通过类似的推理，可以得出：如果两个分式都小于1，则与之相反的结论成立。因此，在这种情况下，两个分式中的任何一个 $\frac{I_2}{I_1} \cdot \frac{x_1 a_1 + y_1 b_1 + z_1 c_1 + \cdots}{x_1 a_2 + y_1 b_2 + z_1 c_2 + \cdots}$ 或 $\frac{I_2}{I_1} \cdot \frac{x_2 a_1 + y_2 b_1 + z_2 c_1 + \cdots}{x_2 a_2 + y_2 b_2 + z_2 c_2 + \cdots}$，或它们之间的任何表达式，都将满足第6节中规定的条件，即我们的衡量作为国民所得大小变化的指标所必须满足的条件。

---

[1] 该命题及由此得出的结果取决于一个条件，即给定群体能够以现行价格购买该价格下他想购买的任何商品数量。如果官方限定了最高价格，人们由于配给过程或是在这些价格下没有足够的商品满足需求而使购买受到了限制，这一条件自然无法得到满足。第一次世界大战期间，由于实际价格常常偏离法定价格（至少在德国是这样），情况变得更加复杂。

第10节

因此，在上述情况下，我们设定的条件并未确定衡量指标的选择，而只是确定了它的取值范围。这一范围的宽度取决于两个分式之间的差值的大小。在某些条件下，两个分式近似相等。例如，在19世纪末期，英国人获得几乎所有重要商品的能力增强了，其主要原因都一样，即运输方面的进步——制造业的改进降低了交通工具的价格。在另一些条件下，两个分式之间的差值是相当大的。我们可以直接应用的例证比较容易找到，但我更倾向于列举这样一个例子：它并非来自于同一群体在不同时期的状态的比较，而是来自于两个群体在同一时期的状态的比较。该例证只是在一个非真实的假设下与当前的目的有关，即有着相同偏好的英国工人和德国工人之所以购买不同的商品，仅仅是因为他们的收入和必须支付的价格之间存在差异。此例证引自贸易委员会《关于德国城镇生活成本》的报告。该报告指出，截至当时，英国工人在德国的消费成本一般比在英国的高出约五分之一，而德国工人在德国的消费成本通常比在英国的高出约十分之一。[1]因此，如果以带有下标1的字母代表英国人的消费和价格，以带有下标2的字母代表德国人的消费和价格，则有：

$$\frac{x_1 a_1 + y_1 b_1 + z_1 c_1}{x_1 a_2 + y_1 b_2 + z_1 c_2} = \frac{100}{120}, \text{以及} \frac{x_2 a_1 + y_2 b_1 + z_2 c_1}{x_2 a_2 + y_2 b_2 + z_2 c_2} = \frac{100}{110}$$

第11节

虽然在目前所讨论的这类问题中，我们的条件仅确定了选择国民所得变化的衡量指标的两个范围；但考虑到方便性，我们也许应该从无数个可能的衡量指标中选取一个，尽管这样做稍显武断。当我们从这类问题转到另一类更难的问题时，就需要在进一步缩小的范围内作果断的选择。有时候，以上两个分式会出现

---

[1]〔白皮书，第4032号〕，第7页和第45页。

一个大于1、一个小于1的情况。显然，二者均无法表明该群体所获得的经济满意感（以货币为量度）的变化方向。我们假设，在第二个时期，该群体后期的收入比早期的收入能购买更多的组合C_2，但它能购买的组合C_1比前期少。在这种情况下，常识表明，如果分式

$$\frac{I_2}{I_1} \cdot \frac{x_1 a_1 + y_1 b_1 + z_1 c_1 + \cdots}{x_1 a_2 + y_1 b_2 + z_1 c_2 + \cdots}$$

远小于1，而分式

$$\frac{I_2}{I_1} \cdot \frac{x_2 a_1 + y_2 b_1 + z_2 c_1 + \cdots}{x_2 a_2 + y_2 b_2 + z_2 c_2 + \cdots}$$

只是略大于1，则该群体所获得的经济满意感可能有所减弱；如果条件刚好相反，则经济满意感可能有所增强。当一个分式与1的差值略大于另一个分式与1的差值，我们似乎可以得出一个相似的推论，虽然不是那么确定。如果是这样，该群体所获得的经济满意感（显然，我们讨论的是以货币为量度的满意感），可能会在第二个时期，随着以下表达式

$$\frac{I_2}{I_1} \cdot \frac{x_1 a_1 + y_1 b_1 + z_1 c_1 + \cdots}{x_1 a_2 + y_1 b_2 + z_1 c_2 + \cdots} \times \frac{I_2}{I_1} \cdot \frac{x_2 a_1 + y_2 b_1 + z_2 c_1 + \cdots}{x_2 a_2 + y_2 b_2 + z_2 c_2 + \cdots}$$

或其任一乘方，或任何其他略微有所变化的公式是大于或小于1而增强或减弱。因此，基于这种方法而构建的任何分式，都可能满足我们的衡量指标所要求的条件。

第12节

在本书的前几版中，这一结论可以通过下面的直接分析法来验证。如果

$$\frac{I_2}{I_1} \cdot \frac{x_1 a_1 + y_1 b_1 + z_1 c_1 + \cdots}{x_1 a_2 + y_1 b_2 + z_1 c_2 + \cdots}$$

远小于1，这意味着我们的群体在第二年购买了商品组合C_1时，那么他们所购买的每件商品的数量都将远远小于第一年的购买量；因此，在其偏好和购买力保持不变的前提下，人们获得的满意感可能会比第一年弱得多，比如少K_1。如果该群体没有在第二年购买商品组合C_1，而是购买了组合C_2，这就表明，他们在第二年实际

购买组合C_2所获得的满意感与第一年购买另一组合所获得的满意感相比,不会超过K_1。同样地,如果

$$\frac{I_2}{I_1} \cdot \frac{x_2 a_1 + y_2 b_1 + z_2 c_1 + \cdots}{x_2 a_2 + y_2 b_2 + z_2 c_2 + \cdots}$$

只是略大于1,这意味着我们的群体在第一年购买了商品组合C_2时,那么他们所购买的每件商品的数量只略小于第二年的购买量,同时,在其偏好和购买力保持不变的前提下,他们获得的满意感可能会比第二年略微弱一些,比如少K_2。因此,我们知道,他们在第二年实际购买的商品组合所产生的满意感强于他们在第一年实际购买的商品组合所获得的满意感部分,未超过K_2。鉴于K_1相对于K_2更大,因此大多数时候第二年通过购买所获得的满意感强于第一年所获得的满意感,只有较少时候是第二年的满意感强于第一年的满意感;并且,由于这些不同方式中的任何一种发生的概率,看起来都与其他方式相等,因此第二年通过购物获得的满意感很可能弱于第一年获得的满意感。在我看来,现在这种推理方式似乎错误地依赖于先验概率。因此,有必要进一步地研究这个问题。为此,我们用

q_1表示第一个时期的收入所能购买(并已经购买)的组合C_1的数量;

q_2表示第二个时期的收入所能购买的组合C_1的数量;

r_1表示第一个时期的收入所能购买的组合C_2的数量;

r_2表示第二个时期的收入所能购买(并已经购买)的组合C_2的数量;

以及,$\phi(q_1)$、$\phi(q_2)$、$F(r_1)$和$F(r_2)$分别表示与这些实际的或潜在的购买相关的(以货币为量度)满意感的指数。

□ 百老汇

图为1868年2月15日《哈珀周刊》上刊登的一张"百老汇"照片。从照片上这位女士的穿着,可以看出富有的纽约人对奢侈品的狂热。在当时,一个人的衣着、房子、家具和休闲活动决定了其社会地位。此外,散步也成为财富和地位的象征。第一次工业革命不仅为更多的家庭提供了更多的财富,还为他们提供了廉价的移民劳动力,这反过来解放了上层社会的女性,使她们有更多的时间在户外休闲活动。

我们假定：

$$q_1 > q_2 \tag{1}$$

$$r_1 > r_2 \tag{2}$$

$$\frac{q_1}{q_2} > \frac{r_2}{r_1} \tag{3}$$

又因为在第一个时期，C_1的q_1相较于C_2的r_1成为首选，因此，我们知道$\phi(q_1) > F(r_1)$。同理，我们知道$F(r_2) > \phi(q_2)$。继而根据（1），我们知道$\phi(q_1) > \phi(q_2)$；根据（2）式，我们知道$F(r_2) > F(r_1)$式。

假定：

$$\phi(q_1) = F(r_1) + A$$

$$F(r_2) = \phi(q_2) + B$$

$$\phi(q_1) = \phi(q_2) + H$$

$$F(r_2) = F(r_1) + K$$

因此，A、B、H、K均为正，通过简单移项后，）$\phi(q_1) - F(r_2) = \frac{1}{2}(A - B + H - K)$。如果$\frac{q_1}{q_2}$比$\frac{r_2}{r_1}$大很多，则根据不等式（3）式，我们可以说，$H$可能大于$K$。不过，$A$和$B$的值却是未知的。所谓的非充足理由律，并不能使我们从这种未知中推断出（也许）$(B - A) < (H - K)$。我们只有借助于某个此类命题，才能推断出（也许）$\phi(q_1) > F(r_2)$。因此，我们的常识性观点不可能得到一般性证明。诚然，$\frac{q_1}{q_2}$越是比$\frac{r_2}{r_1}$大，第二个时期的满意感就越有可能弱于第一个时期的满意感；但是，我们却无法知道使这一命题完全确定的具体数值。正如凯恩斯先生所说："我们面临的是概率问题，在任何特定情况下，我们都有可能掌握相关数据，但是在没有这些数据的情况下，它只能是悬而未决的。"[1]

---

[1]《货币论》，第1卷，第112页。

第13节

如果这个结论是正确的，那么，当表达式

$$\frac{I_2}{I_1} \cdot \frac{x_1 a_1 + y_1 b_1 + z_1 c_1 + \cdots}{x_1 a_2 + y_1 b_2 + z_1 c_2 + \cdots}$$

和

$$\frac{I_2}{I_1} \cdot \frac{x_2 a_1 + y_2 b_1 + z_2 c_1 + \cdots}{x_2 a_2 + y_2 b_2 + z_2 c_2 + \cdots},$$

一个大于1，一个小于1，而且不存在任何它们之间的表达式时，我们便能够根据表达式是大于1还是小于1，而获知第二个时期获得的经济满意感是增强还是减弱。然而，当这两个限定性表达式同时大于1或小于1时，也就是明确知道这两个时期之间的经济满意感是增强还是减弱时，确定介于其间的某一个表达式而不是两个表达式更加便捷。可以采用的中间表达式有很多，由于不存在复杂的偏好，因此我们在其中作出选择的时候，可能会像凯恩斯说的那样，"自然要受到代数的优美、算术的简洁、劳力的节省，以及在不同场合使用特定速记法的内在一致性等考虑因素的影响"[1]。因此，我建议采用物价指数中技术卓越的两项基本检验标准。当然，我们正在寻求的衡量指标是直接将价格指数的倒数乘以货币收入的变化比例，这是费雪教授积极提倡的。首先，选定的公式应该"在进行比较的两个点——无论以哪一个点作为基础——之间，能够产生相同的比率"[2]。如果向前计算，它表明1910年的价格是1900年的两倍，那么，当向后计算时，它肯定不能像所谓的绍尔贝克式的未加权算术指数那样表明，1900年的价格不是1910年的一半。其次，选定的公式应该遵循费雪教授所谓的颠倒因子检验，"当任何物品因为交换而产生价格，便涉及交换、生产、消费或其他方面的数量，因此，物价指数的问题总是与数量指数的问题同时存在……没有理由对其中的一个因素

---

[1]《货币论》，第1卷，第113页。
[2]《指数的编制》，第64页。

采用任何不适用于另一个因素的公式"[1]。因此，所选定的公式应该是：假定我们正在研究的所有商品的货币价值总额在两年内由 E 增至 $(E+e)$，那么，该公式应用于价格时显示出从 P 到 $(P+p)$ 的向上变动，应用于数量时显示出从 Q 到 $(Q+q)$ 的向上变动，则 $\left\{\dfrac{P+p}{P} \cdot \dfrac{Q+q}{Q}\right\} = \dfrac{E+e}{E}$ 除了符合这些检验标准，我们还可能要求我们的衡量指标具有简便性。综合以上不同的考虑因素，以下公式

$$\frac{I_2}{I_1} \sqrt{\frac{x_1 a_1 + y_1 b_1 + z_1 c_1 + \cdots}{x_1 a_2 + y_1 b_2 + z_1 c_2 + \cdots} \times \frac{x_2 a_1 + y_2 b_1 + z_2 c_1 + \cdots}{x_2 a_2 + y_2 b_2 + z_2 c_2 + \cdots}}$$

总体上对于我们的目的而言，是衡量国民所得变化的最适当的指标。该表达式中 $\dfrac{I_2}{I_1}$ 的右边部分是备受费雪教授推崇的那种物价指数的倒数，它因具有一般性优点而被费雪教授称为"理想的指数"[2]。

第14节

我们迄今为止所讨论的公式，无论是极限公式还是中间公式，都是以一种默认的假设为前提的，即包含在组合 C_1 或组合 C_2 中的商品，无不同时包含在这两个组合之中。因此，如果一种商品在任意两年中的一年可以买到而在另一年买不到，则我们的衡量指标会完全忽略人们在购买该商品的那一年所获得的满意感。所以，如果在两个相互比较的时期之间引入新商品，这一衡量指标就会不尽如人意。这个问题应予以重视，因为从与此相关的意义来说，新商品不仅包括真正的新商品，还包括在新的时间或地点可以获得的旧商品，如十二月的草莓，或经由铁路向印度部分地区引入的不曾为这些地区所知的小麦。显然，我们不应该将十二月的草莓与普通草莓视作一样，认为是草莓的研发促使草莓价格上涨，而应该将十二月的草莓看作一种不同的新商品。然而，由于新商品在首次引入之后的较短时期内，很少在任何一个群体的消费中占据重要地位，因此在间隔较近的两

---

[1]《指数的编制》，第72~74页。
[2]《指数的编制》，第242页。

年时间里，这一衡量指标的缺陷就不会那么明显。我们可以忽略新商品的存在，而将我们的计算局限于旧商品上，从而避免结果失效的严重风险。然而，在两个相距较远的比较年份里，后一年可能大量涌现出前一年并不存在的重要商品，如果一种衡量指标忽略了新商品，那么它作为（如上一章所界定的）衡量国民所得变化的标准，几乎是毫无意义的。[1]因此，除非能够找到一种将新商品计入其中的方法，否则，很难将两个相距遥远的年份进行比较。不过，我们可以采用马歇尔设计的链式法来解决这一难题。[2]按照这种方法，在比较1900年和1901年的价格水平时，不必计入1901年引入的新商品和退出的旧商品；在比较1901年和1902年的价格水平时，则应计入1901年引入的新商品，而不必计入1902年引入的新商品，以此类推。由此，我们假定1901年的商品价格为1900年的95%，1902年的价格为1901年的87%，1903年的价格为1902年的103%……基于此，我们可以构建一个链条，并设定1900年的商品价格为100。根据前述假定，这一链条为：

1900 · · 100

1901 · · 95

1902 · · 82.6 $\left(\text{即} \dfrac{95 \times 87}{100}\right)$

1903 · · 85 $\left(\text{即} \dfrac{82.6 \times 103}{100}\right)$

当把这些价格指数的倒数——它们显然构成了1英镑购买力的指数——引入衡量国民所得的指标时，便可得到一个通过一系列连续阶段来比较两个相对遥远的年份的工具，它比直接将两个年份进行比较更加有效。这就如同，我们无法制造一根能带到100英里以外而不变形的衡量杆。因此，我们无法直接比较相隔1 000英里的树的高度，但是我们可以通过链式法，先比较1英里处的树和100英里处的树的高度，再比较100英里处的树和199英里处的树的高度；以此推进，便可以间

---

[1] 类似的考虑使我们想到，"新商品"，或者说不同商品，在两个遥远地区之间进行比较所存在的障碍，比在两个相邻地区之间进行比较所存在的障碍大得多。这是因为，两个相距遥远地区（比如赤道和极地）中的一个，比两个相邻地区中的一个，更有可能购买到另一个区域所不了解的商品。对于两个相对遥远的地区来说，理论上可以采用即将提到的通过中间区域作为媒介的链式法。但实际上，这种比较方法可能是行不通的。

[2] 参见马歇尔《当代评论》，1887年3月，第371页及多处。

接比较1英里处的树和1 000英里处的树的高度。[1]不可否认，如果在每一次的单独比较中都存在些许误差，而且大部分误差的方向相同，那么在相隔较远的年份之间，累计误差则会较大。如果就像人们在发明新东西的时候，有可能忘记如何制造正在使用的东西一样，或许累计误差就不会太大。但是我们知道，创造性发明的伟大进程并不是以这种方式抵消。因此，链式法造成的误差很可能主要集中在一个方向上，即在两个相距较远的年份，如果该方法赋予1英镑相同的购买力，那么1英镑使具有一定偏好的具有代表性的个人在后一年获得的经济满意感强于前一年。如果链式衡量指标显示，1英镑的购买力指数在1900年为90，在1920年为100，那么即使在这两个年份之间引入大量新商品，退出大量旧商品，我们也可以根据本章第5节所假定的条件毫不犹豫地推断出，1英镑在1920年带给我们的经济满意感强于1900年。但是，如果将这些指数颠倒顺序，我们就无法直接推断出（事实上，除非指数的下降幅度很大，否则我们完全没有信心进行这样的推断）1英镑在1920年带给我们的经济满意感弱于1900年。

第15节

我们现在转而讨论本章的第二个主要问题。如果我们的选择是完全自由的，那么第13节中的公式就是最优选择。但它不能应用于实践，因为这一公式的构建

---

〔1〕显然，费雪教授并未充分考虑到链式法方面。如果没有引入新商品，或者说新商品在两个相距遥远的年份里是无足轻重的，那么，我必然不会对他的见解持有异议。如果是那样的话，则正如费雪教授所指，在比较1900年和1920年这两个年份时，我们的指数应该直接以这两年的价格和数量为依据，而1910年的价格和数量（如果采用链式法，必然涉及它们）将是不相关的，如果考虑它就会造成误差。例如，如果1920年完全重现1900年的数量和价格，那么显而易见的是，采用链式法得出的指数很可能不会符合1920年的指数等于1900年的指数的结果（参见《经济统计评论》，1921年5月，第110页）。但是，如果1920年的一半支出都是花费在1900年不存在的商品上，那么链式法就是唯一可行的比较方法，而不是直接比较法的拙劣替代品。因此我认为，总的来说，在编制一系列指数时，我们应该采用链式法而不是采用基于某一个年份而计算每一年指数的方法。在没有引入新商品的情况下，这个问题不会存在争议，因为链式法只有应用于连续年份之间时，才能得到完全正确的结果。其他方法——不变权数公式除外，它因其他原因而未被采纳——只能在基年和各年份之间得到完全正确的结果。但是，如果引入了新商品，链式法则相对更有优势。当然，在已经建立了一个链式数列的情况下，如果我们希望对它所涵盖的（并非连续的）两个年份——在这两个年份之间，"新商品"的问题恰好不那么突出——进行特殊的比较，那么最好采用直接比较法，而无须采用链式法（关于费雪教授观点的比较，参见《指数的编制》，第308页）。

需要大量信息，而这些信息实际上是无法获取的。因此，有必要用我们能够获得的信息来构建一个尽可能接近于该公式的典型的或具有代表性的衡量指标。我们理想的衡量指标，除了代表收入变化的乘数 $\frac{I_2}{I_1}$ 之外，由两部分构成：组合 C_1 价格变化的倒数（包含的不同商品的数量为 x_1，y_1，z_1，…），以及 C_2 组合价格变化的倒数（包含的不同商品的数量为 x_2，y_2，z_2，…）。因此，我们的近似衡量指标也将由代表 C_1 和 C_2 价格变化的两个近似值组成。采用什么样的抽样方法才能得到最佳近似值呢？

□ 挑选商品

到了19世纪后期，大多数零售商专门经营特定的商品，久而久之，他们便成了其所在的特定领域的专家，比如布料商、书商、假发制造商或袜子制造商等等。顾客进入商店以后，可以在柜台上随意挑选商品，而店主也鼓励他们体验商品，例如，感受最新的面料，试戴手表，坐在新沙发中放松一下……其整体购物体验和今天一样。

第16节

无论我们所关注的商品组合是什么，无论它是由一般人、体力劳动者或任何其他团体在任何时候所购买，它都有可能包含各种不同的商品，它的价格变动的总体特征也各不相同。显然，一个好的组合样本应该包含所有具有不同特征的、代表性的商品，这些商品是国民所得的一部分，或是我们试图衡量的国民所得的一部分。[1] 遗憾的是，出于实际原因，这一要求无法得到满足，我们甚至只能借助那些普通人不会购买的商品，例如小麦和大麦等原材料。因为我们能够对其

---

[1] 米切尔（Mitchell）教授写道："特别是制成品和消费品价格的缓慢变化，农产品价格反复无常的波动，木材价格的快速增长等等，都反映了价格实际波动情况的全部或是一部分……对数据范围的每一项限定都意味着对其结果的重要性方面的一种限制。"（《美国劳工统计局公报》，第173号，第66～67页）这是相当正确的，但不能将其解释为制成品及同类制成品所包含的原材料都应包括在内。

价格进行观察并将其纳入我们的样本组合的商品范围，在两个方面受到了限制。

第一，除了某些大众消费品，面向消费者开放的零售价格难以查明。吉芬曾说："事实上，人们发现，只有那些能够在大型批发市场交易的主要商品的价格才能被大众所用。"而劳资委员会和新近成立的粮食部对食品零售价格的研究表明，这一说法必须予以修正，但它在大范围内仍然适用。然而，即使可以在获取零售价格上克服困难，这些零售价格也不适用于一系列年份之间的比较，因为商品的定价往往包含零售商和运输商不同比例的服务。因此，它们在这一时期和那一时期是不同的。"当新鲜的海鱼在海边出售时，它的平均价格较低；当它通过铁路运输被销往内陆各地以后，它的平均零售价格就会高出之前，因为它包含了较高的分销费用。而解决这一困难的普遍方法是，采用商品生产地的批发价格，并充分考虑商品运输、人员、广告成本等因素，将其作为最重要的费用分摊项目。"[1]

其次，甚至连制成品的批发价格也很难获得，因为虽然名称一样，但其特征和质量却在不断变化。斯蒂尔顿奶酪曾经是双层奶油奶酪，现在却是单层奶油奶酪。红葡萄酒因年份不同，价格也各不相同。现在火车车厢里的三等座位与四十年前也有所不同。"一栋平均有十间房的房屋，其空间可能是过去的两倍；它的大部分成本都花费在以前的房屋所不具备的水、煤气和其他生活设施上。"[2]"在过去的十二年间，随着更科学的解冻和冷冻技术的出现，在英国销售的进口羊肉的质量不断提升，而进口牛肉的质量却有所下降，因为北美的牛肉实际上已经停止供应，取而代之的是来自阿根廷的质量较差的牛肉。"[3]对许多直接服务的价格评估同样遭遇困难——例如医疗服务，正如帕累托敏锐地观察到的那样，它比棉纺织业吸收了更多的费用[4]——因为，虽然这些服务的名称没有改变，但它们的性质往往已经发生了变化。

---

[1] 参见马歇尔《当代评论》，1887年3月，第374页。
[2] 参见马歇尔《当代评论》，1887年3月，第375页。
[3] 伍德女士《经济学杂志》，1913年，第622~623页。
[4] 库尔斯德《政治经济学》，第281页。

因此，我们可以观察到的主要物品——必须承认，加拿大官方指数和美国使用的若干个指数均已尝试对价格进行更广泛的调查——似乎是批发市场的原材料，尤其是大型世界市场中的原材料。这些物品相对于运输成本较低的小件物品，其价格近年来可能有所下降。当然，战争时期除外，它们相对于个人服务的价格必定也有所下降；相对于制成品的价格则可能有所上升，因为实际的制造工艺一直在改进。我们的样本忽略了物品的价格变化，但是由于这些价格变化可能存在相互补偿的趋势，因此这种忽略并不会产生极其严重的后果。但是，它对我们找到真正的衡量指标也会存在一定程度的不良影响；而且几乎可以肯定的是，虽然原材料的价值往往只占成品价值的一小部分，且前者50%的变化可能只会造成后者5%的变化，但它会给人一种价格波动过大的错觉。

上述内容尚未详尽列出我们无能为力的方面。因为我们想要用来代表若干"组合"的样本，不仅仅是价格表，而且是乘以购买数量的价格表，然而我们了解的购买数量的信息通常比价格信息更加有限。国内生产的物品的年产量记录少之又少，而有关年购买量的记录则更少。进口物品的数量的确有记录，但很多重要物品无法完全通过进口获得。当然，对于某些目的而言，我们可以借助典型的支出预算来解决上述困难，可以粗略地了解到特定人群对于某些主要物品的平均购买量。但是，这种方法只能提供粗略的平均值，我们无法根据这种平均值区分相隔很近的不同年份的商品组合所包含的各种物品的数量。

第17节

接下来，假设目前这些困难都已经克服，所有相关时期的样本所包含的价格和数量均可获得，下一个问题是确定价格的"加权"方式。乍一看，权重自然应该与抽取样本的组合中所包含的若干商品的数量成比例。但是从理论上讲，我们仍然可以对该方法进行改进。我们已经掌握其信息的某些商品，可能会与被我们排除掉的某些商品相互关联，其价格通常在相同意义上发生变化。这些商品既是其自身也是其他商品的代表，所以给予它们的权重可以适当超过它们有权享有的权重。因此，如果我们掌握了几种商品的统计数据，且每种商品都来自具有相似特征的不同商品的群组，那么我们在赋予样本商品的价格权重时，最理想的做法是，不参照其自身的重要性的比例，而是参照其所代表的群组的重要性的比例。然而，这几乎是不可行的。某些商品的代表性特征可能非常明显，我们可以赋予其修正过的权重，但是我们缺乏足够的知识来实施这种差别对待。一般来说，使用我们的样本是切实可行的最佳方案。[1]因此，组合C_1价格变化的完全数据衡量指标为：

$$\frac{x_1 a_1 + y_1 b_1 + z_1 c_1 + \cdots}{x_1 a_2 + y_1 b_2 + x_1 c_2 + \cdots}$$

对此的最佳可用近似值为：

$$\frac{x_1 a_1 + y_1 b_2 + \cdots}{x_1 a_1 + y_1 b_1 + \cdots}$$

其中的项数限定为可用样本中的物品的数量。因此，本章第13节最后提出的国民所得变化的完全数据衡量指标的最佳近似值为：

$$\frac{I_2}{I_1} \sqrt{\frac{x_1 a_1 + y_1 b_1 + \cdots}{x_1 a_2 + y_1 b_2 + \cdots} \times \frac{x_2 a_1 + y_2 b_1 + \cdots}{x_2 a_2 + y_2 b_2 + \cdots}}$$

第18节

实际上，正如已经暗示的那样，我们通常找不到那样一种合理的物品样本，即我们能够掌握我们正在进行比较的两个年份（或地区）所购买的相同物品的数量。因此，我们也许只能满足于这样一种样本，即我们能够掌握我们正在进行比较的两个年份中的一个年份所购买的物品的数量。鉴于这种情况，我们不得不缩

---

[1] 该命题可用逆概率原理予以证明。对于以一定程度变化的样本的抽取，从一个变化程度相同的商品组合中抽取的方法，比从一个变化程度不同的组合中抽取的方法多得多。因此，从任意组合中随意抽取的给定样本，从目前来看，似乎比任何经过修正后的样本更能正确地代表该组合。然而我们必须承认，有一个十分棘手的问题，即如果组合中某一商品的价格变化与我们样本中大多数商品的价格变化十分不同，那它是否应该包含在我们的样本之中呢？在计算实际测量值时，有时需要忽略极端观测值。对这个问题的处理，取决于先验预期以及样本的一般形式，这是否表明样本的原始分布遵循了某些既定的误差定律——这往往是难以确定的。需要补充的是，当我们样本中包含的商品数量很少时，忽略极端观测值的实际效果才可能是重要的；并且当商品数量很少时，我们最难找到充分理由来排除某些商品。

短我们的公式，并采用下面的形式：

$$\frac{I_2}{I_1} \cdot \frac{x_1 a_1 + y_1 b_1 + \cdots}{x_1 a_2 + y_1 b_2 + \cdots}$$

这是英国贸易委员会在生活成本指数中采用的（颠倒）公式。显然，这种缩短排序的样本不如完全的样本。但费雪教授的研究结果显示，它所产生的结果一般不会与完全样本产生的结果相差太大。因此，我们无须对一个难以解决的问题——是否存在其他建立在相同数据基础上的公式，可以给出更接近于完全样本的近似值——探究下去。

第 19 节

然而，我们需要明确上述公式与所谓的"未加权"指数（如绍尔贝克指数）之间的确切关系。这类指数以某一年份或平均若干年份的价格为基数，该基年或基期的所有商品价格均为100，而其他年份的价格为100的适当分数。如果基年的实际价格为 a_1，b_1，c_1，…另一年的实际价格为 a_2，b_2，c_2，…那么对于后者而言，1英镑的购买力指数将是：

$$\frac{100 + 100 + 100 \cdots}{100 \frac{a_2}{a_1} + 100 \frac{b_2}{b_1} + 100 \frac{c_2}{c_1} + \cdots}$$

当且仅当上一节公式中的 x_1，y_1，z_1…的值与 $\frac{100}{a_1}$，$\frac{100}{b_1}$，$\frac{100}{c_1}$…成比例时，该公式才与上一节的公式等价。也就是说，绍尔贝克公式衡量的是某一组合的总价格的变化。该组合由各种商品组成，这些商品的数量等于基年或基期以100英镑的相同倍数实际售出的数量。然而，这些数量极不可能是在基年或基期实际售出的数量。因此，只有在极其偶然的情况下，根据绍尔贝克的方法——以任何给定年份或时期为基数——构建的公式，才会与采用上一节的方法——旨在显示基年或基期实际售出的商品组合的总价格所发生的变化——构建的公式相一致。

第20节

综上所述，可以得出一个明显的推论。正如我们看到的，绍尔贝克编制的指数是基于任何年份或时期R，它用于衡量某一组合的总价格的变化，构成该组合的各种商品的数量等于年份R以100英镑实际售出的数量。因此，当基期从年份R_1变为年份R_2时，我们所要衡量的商品组合的总价格一般都会发生变化。因为衡量的物品不同，所以预期将得到不同的结果；而且，没有理由认为结果不应如此，即基期R_1的指数显示出货币购买力有所上升，而基期R_2的类似指数（绍尔贝克类型）却显示出货币购买力有所下降。因此，当我们不得不面对只有两种商品的情况时，如果一种商品的价格翻倍，一种商品的价格下跌二分之一，那么，以第一年为基期的话，总价格将上涨25%，以第二年为基期的话，总价格将下降20%。贸易委员会出版物中关于英国和德国城镇生活成本的一些图表，就为此类差异提供了很好的例子。在关于英国的蓝皮书中，伦敦、米德兰兹、爱尔兰地区的实际工资是利用指数来计算的，该指数以伦敦为基数（对应我们的时间指数，比如1890年），其现行的消费价格和租金都定为100英镑。根据这一方案，消费价格和租金被赋予的权重分别为4和1。贸易委员会发现，伦敦的实际工资与米德兰兹相等，比爱尔兰高3%。然而，如果以爱尔兰为基数，则伦敦的实际工资指数为98，米德兰兹为104，爱尔兰为100。在关于德国城镇的蓝皮书中，也遭遇了类似的困难。贸易委员会以柏林为基数，发现该市的实际工资比任何其他地区（其中一个城市除外）都高。[1]"如果当时以海港而不是柏林为基数，柏林将排名第四位而不是第二位，其他地区的排名也会发生变化；如果以中德为基数，排名将会发生更大的变化。"[2]毫无疑问，这类差异不大可能发生，除非商品在被赋予较大权重的情况下价格差异巨大，或在不同时期价格波动较大。这个事实虽然很有意思，但它与

---

[1]［白皮书，第4032号］，第34页。
[2]约翰·梅纳德·凯恩斯《经济学季刊》，1908年，第473页。

我目前讨论的内容无关。

第21节

在某些情况下，可能会出现这样的情形：我们对所进行比较的任何年份的购买数量既不了解，也没有任何数据可供推测，因此，为了确定我们的衡量中涉及的价格指数，我们不得不依赖于一个没有被赋予任何权重的样本。在此情况下，前面的讨论已经清楚地告诉我们，不能按照绍尔贝克的方式用简单的算术平均值来构建我们的指数。只有取用简单的几何平均数（若任何一种商品的价格总是接近于零，则不可用），或相关价格的中位值，才可避免这种方法所导致的自相矛盾。费雪教授曾对这两种指数的比较优势进行了有趣的讨论。[1] 显然，这两种方法都比不上本章第18节中的加权公式，不过前提是该加权公式所需的数据是可用的。

□ **美国的铁路**

从19世纪70年代初开始，美国的铁路建设急剧增加，至1871年，已经铺设了大约45 000英里铁轨。在1871年到1900年之间，美国不断完善的铁路系统又增加了17万英里。19世纪晚期的美国人喜欢铁路，它不但能够消除时间和空间的阻碍，而且比以往任何时候都更便宜、更方便地运送货物和人员。人们害怕到达没有铁路的地方，因为在这个国家的大部分地区，没有铁路就无法做生意。

第22节

总之，我们必须考虑各种可行的衡量指标的可靠性，这些衡量指标均可作为完全数据衡量的典型。首先，我们假设可以获得与完全数据衡量指标相同的一般形态的样本，以及我们想要比较的两个（或所有）时期的数量和价格。然后，我们

---

[1] 参见《指数的编制》，第211、260页等。

得到以下五个一般性意见：第一，如果样本取自充分数据商品组合中能体现典型的价格变动的主要商品组，那么我们的衡量指标的"可能误差"，将小于样本取自不具有代表性的非主要商品组时的误差。第二，当样本数量较大时，即样本的各项支出占我们花费在整个组合中的总支出的很大一部分时，"可能误差"将小于样本量较小时。通过严格意义上的随机抽样发现，衡量指标的可靠性随着样本中项数的平方根的增大而增加。第三，当完全数据组合中的每一项分别吸收整个组合的总支出的一小部分费用时，其"可能误差"将小于组合中的某些项单独吸收总支出的大部分费用时。第四，当样品中各项的离散程度较小，且我们比较的年份之间的各种价格以极其相似的程度变化时，"可能误差"将小于样品中各项的离散程度较大时。从这几点可以推导出，在不考虑本章第14节中提到的新商品造成的困难的条件下，相隔较远的年份之间的"可能误差"将大于相隔较近的年份之间。究其原因，正如米切尔教授基于一项范围广泛的调查所证明的那样，批发价格在相邻两个年份之间的变化分布是高度集中的（比误差正态分布规律的分布更加集中），在相隔较远的两个年份之间的变化分布则是高度离散的。"部分商品多年来持续的价格变化表现出明显上升的趋势；另一部分商品表现出明显下降的趋势；还有一部分商品则没有明显的长期趋势。"[1]第五，如果我们无法获得与完全数据衡量指标相同的一般形态的样本，并退而求其次地满足于本章第18节中所描述的缩短形式的样本，那么我们的衡量指标自然不如获得更好的样本时那么可靠。如果我们因为购买数量的数据严重匮乏而不得不采用几何平均数或价格中位值，那么我们的衡量指标将更不可靠。不过值得注意的是，当我们所比较的年份之间的价格变化的离散程度较小或中等时，使用不当的指数公式就如同使用小样本一样，对可靠性所造成的削减不是很大；反之则会很大。

[1]《美国劳工公报》，第173期，第23页。

第七章　经济福利与国民所得大小的变化

第1~4节　只要穷人获得的收入没有减少，社会国民所得的增加——除非是强迫人们做超额工作的结果——将使经济福利增加。

第1节

显然，只要穷人获得的国民所得没有减少，国民总所得的增加（孤立地发生而没有伴随任何其他情况）必然使经济福利增加。因为，如果对富人商品供给的增加伴随着对穷人商品供给的减少，则以货币为量度的经济福利与在此定义的国民所得会增加，而不以货币为量度的经济福利本身则会减少。但是，由于我们已经假定穷人获得的国民所得没有减少，这种双重变化的情况便应该予以排除。但这并不意味着，在不减少穷人获得的国民所得的情况下，增加国民总所得的每一个原因必然使经济福利增加；因为一个增加国民所得的原因，可能同时产生对经济福利不利的其他影响。因此，最好考察一下在实践中需要在多大程度上考虑这种可能性。

□ 波士顿公共图书馆　1910年

我们所知的美国公共图书馆——由政府资助，供人们免费使用——自19世纪以来就已经存在了。其中，波士顿公共图书馆是最早的大型图书馆，于1854年开放，有16 000册书可供借阅。19世纪下半叶，慈善家、著名的图书馆爱好者安德鲁·卡内基向图书馆捐赠了一笔财富，并声称"要将书籍和知识带给所有人"。

第 2 节

当国民所得中的某些项目变得更加容易获得时，消费就会发生变化，人们的偏好也随之发生变化。但是，当任何特定种类的商品变得更加容易获得时，人们的偏好变化往往表现为程度的加深。例如，当机器可以免费试用，或者将物品包装为赠品，或者向公众作免费展览时，大众的欲望往往会增强。当酒吧、彩票投注站、图书馆变得出入方便，人们对于饮酒、赌博或文学的偏好不但能够得到满足，还会被激发出来。卫生设施、照明设备[1]、模范住宅、农田示范区等的设置，虽然只能被人们看见却不能为其所有，却成功地起到了借鉴作用，显现出迄今未被人们所认识的优势[2]。因此，"免费图书馆是发动机，它为培养并提高人们欣赏高级文学作品的水平提供了动力"，储蓄银行如果专门为穷人服务的话，则是"教导节俭的引擎"[3]。德国许多城市对剧院和歌剧院实行补贴政策，每星期两到三个晚上举办低票价交响音乐会。这是一项能够提高人们鉴赏能力的教育政策。当然，当人们对某一种物品的偏好有所增强的时候，就必然对另一种具有同等功能的同类物品的偏好有所减弱——例如羊毛相对于棉花，新款的"最佳型号"汽车相对于旧款的"最佳型号"汽车，有时甚至造成对其他完全不相干的物品的偏好减弱。但是，在这些情况下，我们有理由认为，为新偏好提供的条件所能产生的满足感，可能大于为旧偏好提供的条件所能产生的满足感。因此，国民所得中某些项目设施的增加，将导致经济福利的增加。

---

[1] 参见沃波尔的叙述，他讲述了引入路灯后附近住户对照明的需求增加（《英格兰史》，第86页）。怀特在其《电气工业》（第57页）中引用了一则电灯宣传广告：一家公司免费给一座房屋安装六盏电灯，住户只需支付电灯照明所花费的电费，试用期为六个月。六个月之后，如果客户要求，公司承诺立即拆除全部电灯。

[2] 参见奥克塔维亚·希尔女士的做法：她坚持每天清扫自己家的楼梯；以及普朗克特先生关于1902年举办的科克博览会的描述。（《新世纪的爱尔兰》，第285～287页）

[3] 参见杰文斯《社会改革方法》，第32页。不过值得注意的是，马歇尔认为这一考虑的适用范围相对较小。他说道："那些长期显示出高弹性的需求，其实一开始就会显示出它的高弹性；因此，除了一些特殊情况外，我们可以直接说某种商品的需求弹性是高还是低，而不必具体说明它的前景如何。"（《经济学原理》，第456页）

第3节

然而，上述论点并没有触及问题的根源。它与直接的短期效应有关，而与最终效应无关。当一群人逐渐从他们已然习惯与适应的相对贫穷的状态中脱离，进入到一种相对富裕的状态时，他们从这种富裕状态中获得的满意感，真的大于从前期的贫穷状态中获得的满意感吗？随着条件的改变，他们所有的欲望、习惯和期望也会随之改变。一个一生都在柔软床上睡觉的人，突然被强迫睡在露天的地上，他一定会感到十分痛苦；但是，一个总是在柔软床上睡觉的人，是否就一定比一个总是在露天地上睡觉的人觉得更惬意呢？在劳斯莱斯汽车王国里，一百辆劳斯莱斯汽车给人们带来的满意感，是否就一定会大于狗拉车王国里一百辆狗拉车给人们带来的满意感呢？在下一章中，我们将提出一些理由来质疑，如果富人的实际可消费收入普遍大幅度减少，在经过一段时间的适应之后，是否会明显减少他们的经济福利；类似的质疑也适用于收入普遍大幅度增加的情况。这一点非常重要。如果我国的人均收入是实际收入的20倍，那么在人口不变的情况下，收入的进一步增加，很可能并不会造成经济福利的任何增加。然而，以目前平均实际收入水平低下的情况来看，我们完全有把握推理出，收入的增加（抛开那个荒诞的假定，即增加的全部收入都被富人收入囊中），不仅将立即带来经济福利的增加，而且最终也是如此。经济改善的目标不仅仅是一个幻想。[1]

第4节

然而，还有一点需要考虑的是，一个社会的经济福利，在于使用国民所得获得的满意感与生产国民所得所产生的不满意感之间的平衡。因此，当国民所得

---

[1] 相反的观点参见 M. 布斯奎特（《世界经济评论》，1929年10月，第174页等）。布斯奎特认为，经济福利取决于个人与需求之间的关系，当收入增加，经过一段时间的调整之后，需求就会增加，从而使收入与需求之间的原有关系被重新建立。因此，他的结论是，具有代表性的个人的经济福利是不变的，从长远来看它不受其收入变化的影响。

的增加伴随着生产国民所得的工作量的增加，便将面临这样一个问题，即增加工作量所产生的不满意感，是否超过了生产产品增加所获得的满意感。现在看来，如果通过某项新发明而开发出有利于工作的新途径，从而增加了额外工作，那是无须担心的；或者说，如果为了解决工作中有关人事关系的问题，比如调解雇主与雇员之间的矛盾等，从而使工作量增加，那也是无须担心的。如果是由于工人酬劳的计算方式发生改变，比如对超出的工作量另计报酬等，从而增加了额外工作，那同样无须担心。但是，也有可能出于与以上几种情况完全不同的原因增加了额外工作，比如为了增加国民所得，法律规定整个社会的公民必须每天工作十八个小时（这当然是不可能的）。我们完全可以肯定一点，在强制政策下产生的额外产品所获得的满意感，必然远远少于额外劳动所产生的不满意感。正因如此，虽然国民所得有所增加，经济福利却可能出现不增反减。这方面的因素在当今社会并不重要，因为除了征兵之外，我们都是从事自愿劳动而非强制劳动。然而，即便是在自愿的制度下，仍然会出现类似的问题。工人出于对自身实际利益的追求，往往错误地付出更多的工作时间，而这些额外的工作时间虽然有可能增加了国民所得，却同时削减了经济福利。同样地，在雇主的剥削之下，工人们往往宁愿选择增加工作量也不愿减少收入。因此，可能存在许多因素使国民所得增加的同时经济福利减少。不过显而易见的是，在我们讨论的所有因素中，它的作用微乎其微。一般来说，在增加工作量的同时增加国民所得的因素，与在不增加工作量的情况下增加国民所得的因素，在给定的分配条件下都会增加经济福利。

第八章　经济福利与国民所得分配的变化

第1～2节 穷人的国民所得分配的变化可以通过几种方式实现，其中最重要的是通过从富人那里获得购买力的转移。第3～4节 除了非常特殊的情况外，这种转移必定增加经济福利。第5～6节 尤其是在一个收入分配不均的国家，如英国。第7节 然而，这并不是说，减少分配不均必然增加经济福利。

第1节

如果收入从富人转移到穷人，那么各种商品和服务的比例将发生变化。更必需的物品将取代昂贵的奢侈品，肉和面包将取代高价酒类，经改良的小型住宅将取代新的机器和工厂，以及其他类似的变化等。[1] 鉴于此，无论说国民所得分配的变化有利于穷人或不利于穷人，都是较为片面的。物品不会每年都以一种结构和分配方式均固定的形式出现，它有时以这种方式分配，有时又以那种方式分配。事实上，从所比较的两个年份的共同角度来看，国民所得是不存在的，因此，它的分配也不可能有变化。

---

〔1〕需要注意的是，如果分配向有利于穷人的方向转变，人们转而消费的物品之一就是准商品，即休闲。显然，高工资的国家和行业一般也是工时较短的国家和行业，而且在这些国家和行业中，要求妇女和儿童工作赚钱来补贴家用的情况最少。美国、英国、法国、德国和比利时木匠的工资率和工时统计数据（美国劳工局的《第54号公报》，第1125页）可以说明这一点。西德尼·查普曼先生在阐述后一种观点时指出，德国矿工的收入占其家庭收入的65.8%，而较富有的美国矿工的收入占其家庭收入的77.5%。（《工作与工资》，第1卷，第17页）仔细分析朗特里先生关于约克郡的有趣数据表，将得出相同的结论（《贫穷》，第171页）；维塞利茨基女士指出，妇女大多从事低报酬的家庭工作的地区主要集中在东安格利亚等地区，"由于男性劳动力的工作环境十分恶劣，以至于他们的妻子不得不劳动以补贴家庭收入"，但是在男性劳动力工资较高的地区，妇女只会在报酬较高的情况下才选择外出工作（《家庭工》，第4页）。同时，还可以参考英国近代史上出现的工资上涨与工时减少之间的类似相关性。其次，我认为，从英国不同地区的工资率和工时的研究中，也可以发现同样的相关性。除此，这种相关性还表现在《1908年劳工统计摘要》（第42页处）给出的关于泥瓦工工资与工时的统计数据中。这些事实与本书所采用的阐述方法不是很吻合，因为休闲并没有被当做一种商品包含在我所定义的国民所得中。因此，从目前来看，如果由于分配的改进而使休闲被替代，必定会造成国民所得的减少。然而，当我们考虑分配的改变对经济福利的影响时，这种减少显然应该被忽略。因为，它所造成的与生产紧缩相关联的福利损失，必定小于休闲自身所造成的福利增量。

第 2 节

然而，这只是措词问题而非实质问题。当我们说，国民所得的分配发生了有利于穷人的变化时，意思是说，在社会的一般生产力给定的情况下，穷人将得到越来越多他们想要的东西，富人将得到越来越少他们想要的东西。从表面上看，造成这种情况的唯一的可能，就是购买力从富人身上转移到了穷人身上。但是事实并非如此。如果这两个群体拥有的购买力对生产资源的控制权不变，那么，穷人有可能处于有利地位，而富人的利益则会受损。如果为穷人生产主要消费品的技术方法得到改进，与此同时，为富人生产主要消费品的技术方法退化，而且最终结果是保持第五章所定义的国民所得不变，那么也会发生上述情况。这种情况还可能发生在：富人在分配制度或某种其他手段的压力下，被迫减少某些对于穷人来说非常重要的物品的需求，而这些物品是在需求减少就会导致价格下降的情况下生产出来的。反之，我们将在第四编看到（事实上这一点非常重要），穷人对国家生产资源的控制比例和绝对份额可能会增加，但是，如果他们获得这一更大份额的过程涉及对他们自身消费起主要作用的物品的成本的增加，则他们可能不会真正获益。因此，有利于穷人的分配的变化，并不一定通过购买力的转移或对生产资源的控制来实现，同时也并不意味着要将这些东西转移给穷人。但不可否认的是，这种转移方式是十分重要的，可以将其视为改变有利于穷人的分配的典型方法。

第 3 节

在此基础上，为了与前一章所建立的国民所得的变化与经济福利的变化之间的关系相对应，如有可能，有必要建立国民所得分配的变化与经济福利的变化之间的关系。考虑这个问题时，我们务必记住，任何人在任何时期所享有的经济福利都取决于他所消耗的收入，而不是他所获得的收入；因此，一个人越富有，他所消耗的收入在其总收入中所占的比例就越小。例如，一个富人的总收入是一个穷人的20倍，那么他所消耗的收入可能只是穷人的5倍。然而，很显然，任何收入从一个相对富有的人那里转移到一个相对贫穷的人那里，都是通过牺牲较不强烈的需求来满足较迫切的需求得以实现的。所以，它必定增加满意感总量。因此，古老的"效用递减法则"必然引出一个命题，即任何增加穷人手中实际收入的绝对份额的因素，只要从任何观点来看都不会导致国民所得减少，那么一般来说就会使经济福利增加。[1]这一结论因另一项考虑而得到了加强。穆勒写道："人并非想要变得富有，而是想要变得比他人富有。一个贪婪者如果是其所有邻居或同胞中最贫穷的人，那么无论拥有多少财富，他都很少会感到满意或者根本不会感到满意。"[2]里根纳诺先生写得更加详尽："由于虚荣心所产生的需求，既可以通过消耗少量的精力得到满足，也可以通过消耗大量的精力得到满足。而唯有当拥有巨大的财富时，必须消耗大量的精力才能获得满意感。在现实生活中，如果一个人希望自己的富有程度是另一个人的两倍，即他希望自己拥有的物品（如珠宝、服饰、马匹、公园、奢侈品、房屋等等）是另一个人的两倍，那么，当他拥有十件物品而另一个人拥有五件物品，与他拥有一百件物品而另一个人拥有五十件物品一样，都可以使他获得充分的满意感。"[3]现在，与绝对收入不同的是，相对收入对于只能提供生活必需品和基本舒适品的收入而言，所起的作用可能很小；而对于数量较大的收入而言，它所起的作用可能很大。换句话说，富人收入所产生的满意感中，有很大一部分来自于他们的相对收入，而不是他们的绝对收入。如果所有富人的收入一起减少，这一部分满足感并不会消失。因此，当对资源的控制权从富人手中转移到穷人手中时，富人的经济福利损失相对于穷人的经济福利增加而言，将比只考虑"效用递减法则"时小得多。

---

[1] 关于无论从变化前还是变化后的角度来看，转移都将导致国民所得减少，以及从任何其他的角度来看，转移都不导致国民所得减少的情况，将不在此考虑之列。后面我们将假定，从两个相关的角度来看，国民所得的变化要么均为正，要么均为负。因此，除特殊原因以外，我们只讨论国民所得增加或者减少。

[2] "关于社会自由的遗著"，《牛津和剑桥评论》，1907年1月。

[3] 《符合自由经济学说的社会主义》，第285页。

第4节

当然，我们必须承认，如果富人和穷人来自两个不同的种族，具有不同的心理结构，而富人天生就能够从任何特定收入中获得比穷人更大的经济满意感，那么，通过改变分配来增加福利的可能性非常值得怀疑。此外，即使不设置任何固有的种族差异的假设，从富人的成长及教养的本质而论，一个富人能够从给定的收入——比如1 000英镑——中获得的满意感比穷人的多得多。因为，一个人如果习惯了某种生活水平，当他突然发现自己的收入增加，便很容易以刺激性的娱乐方式消费额外的收入。如果将这种间接和直接的影响考虑在内，那么这种娱乐甚至有可能直接消除之前获得的满意感。然而，对于这个问题，可以作出充分的解答。诚然，长期贫穷的人在任何特定时期，其偏好和性情或多或少都会随着所处环境的改变而改变，而收入的骤然增加可能会导致他们盲目地消费，这些消费支出很少涉及或根本不涉及经济福利的增加。但是，如果收入增加保持一段时间，这个阶段就会过去；然而，如果收入的增加是渐进式的，或者最好是，这种增加是以不被人们直接感知的方式进行——比如通过价格下降——那么盲目的消费阶段根本不会出现。无论如何，一味地认为穷人都很愚昧，他们的收入不管如何增加都不会使经济福利增加的观点，将把矛盾放大，以至于我们无法进行合理的讨论。在我看来，普林格先生和杰克逊先生向济贫法委员会所作的特别报告极好地阐述了真正的观点："正是在没有技能且受教育程度

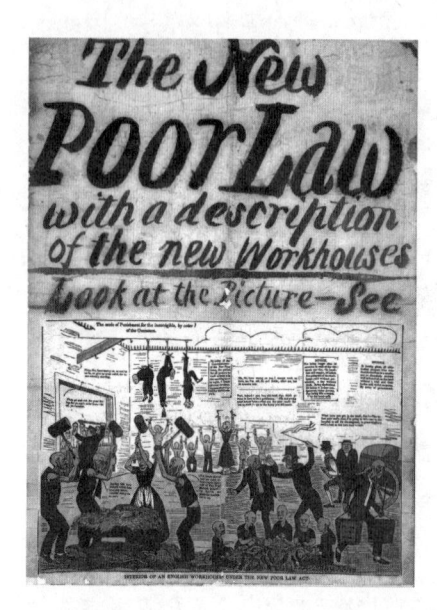

□《济贫法》

1601年，英格兰正式颁布《济贫法》，规定给达到相关条件的失业者发放失业救济金。1834年，新《济贫法》出台，确保穷人都能住进济贫院，有衣有食，但每天必须工作几个小时；进入济贫院的孩子将接受一定程度的教育。穷人对济贫院又恨又怕，以至于北方城镇发生了骚乱。

最低的人群中，酗酒现象继续流行；随着工人阶层的就业率和工资的增长，这一人群的社会地位和偏好都得到了相应的提升。整个社会的工资都在上涨，而饮酒方面的消费却越来越低，这是我们最喜闻乐见的进步迹象之一。"[1]问题的本质在于，即使在现有条件下，即贫困者的心理结构不变，收入增加暂时不会对他们产生什么益处，但是经过一段时间之后——尤其当时间长到足以使下一代成长起来——拥有这样的收入将使他们通过教育和其他方式得到能力的提升，变得能够适应和享受新增的收入。因此，从长远来看，富人和穷人之间的个性和偏好差异，可以通过他们之间的收入转移得到消减，但这种差异显然不能用来反驳转移的益处。[2]

第5节

然而，虽然上述类型的一般性推理为我们的理论提供形式上的论据有所必要，但并不一定使我们在实际上确信它是有效的。为此，我们回顾一下本国当前实际的收入分配情况即可。但是目前资料尚不充分，我们无法精确计算出收入分配的最新情况。不过，我们可以在鲍利博士著作[3]的基础之上，大胆地对第一次世界大战前的这段时期进行以下粗略的估计。英国12 000个最富有家庭获得了大约$\frac{1}{15}$的国民总收入；最富有的$\frac{1}{50}$人口获得了大约$\frac{1}{4}$的国民总收入，最富有的$\frac{1}{9}$人口获得了大约一半的国民总收入，剩下略多于一半的国民总收入由独立劳动者、年薪低于160英镑的工薪族以及几乎整个工薪阶层共同分配。下表中，鲍利博士对1911年以上最后一个群体中一部分人口的收入分配作出估算，进一步说明了这个问题。

---

[1][白皮书，第4795号]，第46页。
[2]当然，同样地，当我们放眼长远时，关于富人的实际收入减少会造成其特殊的伤害，因为他们被迫放弃一些长期性习惯的论点，将大大失去说服力。
[3]《经济学季刊》，1914年2月，第261页；以及《战前工业产品的分配》，1918年，第11页和第14页。

普通全日制成年劳动者的周薪情况表
（包括对实物工资的评估）[1]

周薪（先令）	人数	占整体百分比（%）
15以下	320 000（以农业工人为主）	4
15~20	640 000	8
20~25	1 600 000	20
25~30	1 680 000	21
30~35	1 680 000	21
35~40	1 040 000	13
40~45	560 000	7
45以上	480 000	6

在研究这些数据之前，我们必须明白，相对于富有家庭，丈夫收入较少的家庭中的妻子和子女，更有可能去劳动赚钱补贴家用。因此，家庭之间的收入分配可能比个人之间的分配更具有可取性。不过，这一点倒是无足轻重的。在同一作者对四个工业城镇生活条件的研究中，非常清楚地表明了所引用数字的具体含义。这些城镇有"约2 150个工薪阶层家庭，共9 720人。生活在初级贫困状态下的家庭有293个，占家庭总数的13.5%，共1 567人，占总人数的16%"。其收入太低，即便用完全的智慧来安排家庭开销，也不足以维持生活。"出现在我们表格中的3 287名儿童中，有879名（即27%）生活在未能达到健康生存所必需的低标准家庭中。"[2] 当然，富裕阶层超出的收入量，并不代表相应的超额消费量。英国每年新投资的主要部分——战前约为3.5亿英镑，以及中央和地方政府支出的很大一部分——超过2亿英镑，必须从他们的收入中支出。因此，每年由富裕

---

〔1〕《当代评论》，1911年10月，第1页。
〔2〕《生计与贫困》，第46～47页。贫困儿童比例过高的原因是双重的，贫困家庭的规模往往比其他家庭更大，而一个大家庭本身就是贫困的原因。（参见鲍利《社会现象的衡量》，第187页）

阶层和中等阶层家庭用于各种奢侈品的支出，不会超过3亿英镑。此外，对货币收入的估计往往会夸大富人的相对实际收入，因为对于相同的劳务而言，富人被收取的价格往往比穷人更高。例如，伦敦许多商店对留有"高级地址"的顾客实行差别定价，旅馆也经常如此。甚至有人认为，富人所花费的货币收入中的25％，与其实际收入并不对等。[1]同样地，货币收入的估值忽视了对穷人有利的差别定价，有时甚至会使穷人的实际收入显得比真实水平更低。因此，鲍利博士指出："在白天，肉店老板对顾客提高价格可能不至于影响销售，但是在晚上则不行。在这种情况下，工人阶级承受的价格涨幅将小于富人阶层。星期六深夜的大采购尤其如此。"但是，当所有的特殊条件都满足时，上面提到的数字显然表明，从战前至今，仍然有大量的超额收入掌握在富裕阶层手中，用鲍利博士的话来说，可以通过转移的方式来"处置"。

第6节

关于战后尤其是1924年的英国及北爱尔兰收入分配的相关研究，已由鲍利博士和乔塞亚斯·斯坦普（Sir Josiah Stamp）完成。这些研究表明，最富裕阶层（总收入超过9 400英镑，大约相当于战前价格水平的5 000英镑）的税前总收入所占比例有所下降。[2]两位学者的结论大致如下：工薪阶层、其他收入者与非劳动收入者之间的分配关系略有变化，更有利于工薪阶层。平均而言，体力劳动者的实际收入略有增加，而且对他们来说，保险计划和其他公共开支也变得更为有利。此外，他们每个星期的工作时间减少了约$\frac{1}{10}$，这在某种程度上与房屋不动产和固定利率投资的实际收入下降有关。有迹象表明，税前利润在两个年份（即1911年和1924年）中所占总收入的比例几乎相同。在工薪收入阶层中，妇女和非技术工人的工资得到了实质性的提高；绝大多数熟练工人1924年的工资至少与1911年持平（考虑

---

[1] 厄威克《奢侈与生命的浪费》，第87页和第90页。
[2] 《国民收入》，1924年，第58页。

□ 穷人与富人　1880年

19世纪，由于社会财富分配不公，人们的贫富差距越来越大，穷人越来越穷，富人越来越富，社会出现了严重的两极分化。图为一个生活窘迫的贫穷家庭看到一群富有、时髦的人从餐馆里走出来。

了物价上涨因素）。[1]这些变化对于极度贫困人口的生活意义重大，这是鲍利博士在战后对前文提到的四个城镇进行第二次调查所得到的结果。"即便如此，"他写道"假定所有家庭在某个星期全部失业，且都没有基本的收入来源，而且他们的失业状态将是长期性的，那么1924年贫困人口所占比例也仅仅略多于1913年的一半。如果没有失业，城镇贫困家庭所占比例将降至1913年的约 $\frac{1}{3}$（3.6%对11%），贫困人口所占比例将减少至1913年的 $\frac{1}{4}$ 略多（3.5%对12.6%）。"[2]此外，如果假定实现了充分就业，则1924年家中只有一位男劳动力正常工作的贫困家庭的比例，仅相当于1913年的 $\frac{1}{5}$；相反地，如果假定失业造成了最大范围的影响，则1924年的这一比例仅为1913年的 $\frac{1}{2}$ 略多。[3]造成这一巨大改善的原因，约有 $\frac{1}{3}$ 是由于每个家庭子女平均数量的减少，而约有 $\frac{2}{3}$ 是由于非技术劳动者的实际工资率的上升。然而，即便有了这样的改善，且"考虑了税收的全部影响后，富人手中可用于储蓄或支出的实际收入仍比战前少得多"[4]，税前

---

[1]《国民收入》，1924年，第58~59页。

[2]《贫困减少了吗？》，第16页。这段话中给出的1913年的百分数比例之所以有别于《生计与贫困》一书中给出的百分数比例，显然是因为后者没有计入480户中上阶层家庭（参见《生计与贫困》，第46页注释）。

[3]《贫困减少了吗？》，第21页。

[4]《国民收入》，1924年，第59页。当然，我们必须牢记的是，对富人征收的重税中，很大一部分是用来支付富人持有的战争贷款利息。

及税后的收入分配仍然极不均衡。例如，仅1924年一年，就大约有1亿英镑净收入（约为英国总收入的2.5%）由3 000个家庭共享。因此，我们毫不犹豫地得出结论：只要国民总所得没有减少，那么在相当大的范围内，任何以富裕阶层的实际收入的等量减少为代价的较贫穷阶层所获得的实际收入的增加，实际上必然导致经济福利的增加。

第7节

应该注意的是，上述结论并不完全等同于这样一个命题，即经济福利的增加取决于在其他条件相同的情况下，使得国民所得的分配不均等程度降低的任何因素。如果社会仅由两个人组成，这一命题的确成立。但是，在由两个人以上组成的社会中，"减少收入分配不均等"的含义则是模棱两可的。帕累托教授通过将大于任意值 x 的收入数的对数，除以 x 的对数来测量分配的不均等。除非我们接受帕累托教授的观点，即在任何给定的收入分配中，这两个对数之间的比率与所有 x 的值大致相同，否则这种测量方法应用起来就比较困难；即便如此，帕累托教授的测量值的倒数——当然，当测量尺度本身表示较大的均等性时，其倒数则表示较小的均等性——是否比测量尺度本身更不可取，仍是一个充满争议的问题。[1] 在其他有关不均等性的测量方法中，最常见的是平均值的均方差（squne deviation）。这一标准可以证明，假定社会成员之间的性情相似，分配不平等程度的降低虽然并不一定会，但有可能会增加总满意感。[2]

---

[1] 参见吉尼《变异性和突变性》，第72页。

[2] 假设 A 为平均收入，n 为收入的项数，a_1, a_2, $\cdots$ 为平均偏差，在我们的假设条件下，总满意感 $= nf(A) + (a_1 + a_2 + \cdots)f' + \frac{1}{2!}(a_1^2 + a_2^2 + \cdots)f'' + \frac{1}{3!}(a_1^3 + a_2^3 + \cdots)f''' + \cdots$，但是我们知道，$(a_1 + a_2 + \cdots) = 0$。

我们不知道第三项之后的总和是正还是负，但可以肯定的是，$\frac{1}{2}(a_1^2 + a_2^2 + \cdots)f''$ 为负。因此，如果第四项及以下各项都小于第三项，则可以肯定，总满意感越大，$(a_1^2 + a_2^2 + \cdots)$ 越小。当然，后者总和的变化与均方差 $\sqrt{\sum \frac{a^2}{n}}$ 的变化一致。道尔顿博士在一篇有趣的文章"收入不均等的测量"中指出，在一个收入远离平均值的社会，上述论点确立的概率极低（《经济学杂志》，1920年9月，第355页）。

第九章　对人口数量产生的影响

第1节　正如第七章和第八章所讨论的，也许有人会提出反对意见，即任何群体，尤其是贫困群体获得收入增加的结果，可能因受到人口数量的影响而失效。第2节　即使抛开更大的财富带来了需求和偏好上的变化不谈，这一命题也无法成立。第3节　而且，一旦涉及这些问题，理由就会被进一步削弱。第4节　各国之间相互移民的事实使这个问题变得更加复杂。第5节　与此同时，收入的转移带来了更多的困难。

第1节

到目前为止，我们不曾提及国民所得分配的变化对于人口数量可能产生的影响，现在必须对此进行补充。对于前几章关于国民所得的大小和分配的一般性结论，可能有人会反对说，任何群体享有的国民所得的增加，都会导致人口的增加，直到国民所得再次降低到原先的水平，所以国民所得的增加不会带来永久性的利益。在实践中，这个观点常用在讨论体力劳动者收入的增加产生的影响上；当然，它在这一群体比任何其他群体都更可信。因此，我们只需考察这一群体即可。我将从整个世界的角度，或从一个假定遗世独立的国家角度去进行论证，最后探讨所取得的结果需要进行何种程度的修改，才能适用于现代相互关联的国家中的单个国家。在由这两个问题展开的讨论中，我们必须清楚一点，即我们所考虑的工薪阶层收入的增加，并不包含国家为鼓励国民多生子女而公开发放的奖金。根据英国《济贫法》的规定，这项鼓励政策实际上有所实施；我们现行的所得税法，也作了类似的考虑；战争爆发前夕，法国颁布的法律中也有同类政策[1]。穷人收入的这种增加，具有增加人口的趋势，而且在一些实际问题中，这

---

[1]《经济学杂志》，1913年12月，第641页。

一点尤为重要。然而，我们目前所关注的收入增加，并不是为鼓励人们生育子女而提供的特殊奖励部分。

第2节

如果我们暂时忽略增加收入可能对欲望和偏好所产生的深层次影响，我们的讨论实际上就变成了对著名的"工资铁律"的有效性的调查。

□ 结婚　1866年

从古到今，经济总是影响结婚率的因素之一，因为结婚的目的除了爱情、生育，还有寻求经济的保障。所以在19世纪，婚姻率受粮食作物的价格、出口税率等因素的影响并不足为奇。图为一名美国士兵在维克斯堡结婚，牧师沃伦为他们主持婚礼。

根据这一"法律"，人口数量的不断增长将导致工人的收入降低到"维持生计的水平"，从而使得他们的人均实际收入在任何情况下都无法增加。顺便指出，即使这样的法律确实存在，我们也不能完全否定工人收入水平的提高会增加经济福利。因为我们仍然可以认为，如果普通工人家庭在整个生命周期中获得的满意感超过不满意感，那么人口增长本身就意味着经济福利的增加。[1]但是，就我们当前的目的而言，没有必要深究这个可疑的论点。人口不会以将人均收入控制在预先规定的"维持生计的水平"这一方式增长。毫无疑问，任何群体获得的国民所得的增加，最直接或最即时的结果可能就是人口增长。众所周知，19世纪早期，英国的结婚率与小麦价格呈负相关，后期则与出口、票据交换等成正相关[2]；死亡率随着财富的增长而下降，反之亦然。然而，与经验相悖的主张认为，增加的收入会在很大程度上刺激人口增长，致使工人的个人收入再次降低到原先的水

---

[1] 但是参见西奇威克的观点："在英国，普通非技术劳工这一群体的人口数量的增加，能否使人类幸福感总量得到实质性的增加，至少是非常值得怀疑的"（《政治经济学原理》，第522页脚注）。在给定的条件下，能使这种幸福感总量最大化的人口，似乎比能将人均实际收入最大化的人口更有资格被称为最优人口。因此，当前所流行的在后一种意义上使用最优人口这一术语的做法并不可取。

[2] 参见帕累托《政治经济学教程》，第88页及以下多页；以及马歇尔《经济学原理》，第189～190页。

平。体力劳动者可以通过两种方式来行使他们新增的资源控制权，即增加人口数量或提高舒适标准。马尔萨斯在他的《经济学原理》（*Principles of Economics*）一书中，对这两种方式的区别作了很好的对照说明。一方面，他发现在18世纪，马铃薯被引进到爱尔兰以后所增加的财富"几乎完全用于维持大家庭的日常生活"；另一方面，在1660—1720年期间，当英国玉米价格下跌时，大部分工人"增加的实际工资被用于提高他们所消费的食品的质量以及他们生活的舒适度与便利性"[1]。我们无法预先确定增加的资源被用于这两种用途的确切比例，该比例在不同时间和不同地点均有所不同。例如，勒罗伊·博连表示，比利时和德国目前主要倾向于增加人口数量的方式，其他欧洲国家则倾向于提高舒适度标准的方式。[2]但是——这才是重点——几乎可以肯定，人类对自然的控制力已经增强，而由此产生的所有成果并不允许通过人口增长的方式耗尽。

第3节

如前所述，前面的论点并未考虑增加收入可能产生的更深层次的影响。以布伦塔诺（Brentano）教授为首的某一重要学派认为，在任何阶层中，物质繁荣程度的提高所产生的直接和即时的影响往往是提高结婚率，进而提高出生率。不过他们坚持认为，从长远来看，繁荣程度的提高将促进精神和文化水平的更高发展，包括更多地为子女的未来进行谋划，以及更多地追求生育子女之外的满意感，并由此获得更大的、更显著的满意感。因此，该学派指出，任何阶层的收入增加很有可能不会导致该阶层的出生率和人口数量的增长，反而可能导致它们的降低。[3]于是布伦塔诺教授宣称，财富和文化的永久性改善，"正如不同级别的比较和处于同一级别的不同发展阶段的同一群体的比较一样，已经向我们证明，这一改善将导致出生人数的减少……随着繁荣程度的提高，婚姻之外的乐趣将有所增加，

---

[1] 西奇威克《政治经济学原理》，第252、254页。
[2] 勒罗伊·博连《财富分配》，第439页。
[3] 参见阿夫塔里昂《周期性的生产过剩危机》，第1编，第208～209页。

对子女的感情也会变得更加包容和细腻，这些事实一般都会减少生儿育女的欲望"。[1]例如，那些计划留一部分财产给后代的人受到该事实的影响较大，因为如果其家庭人数众多，则意味着他们的财产必须分成若干个小份；而那些没有任何财产留下的人受到该事实的影响较小，因为他们的行为不受经济动机的制约。赫伦博士（Dr. Heron）1906年对伦敦所作的统计研究为这一观点提供了具体的证据。在某些选定的地区，他发现了每100位已婚妇女的生育数与各种社会状况指数之间的相关系数。选择的指数包括，从事专业工作的男性的比例，每100个家庭中女性家庭佣人的数量，每1 000名男性中普通劳动者的数量，一个房间内居住二人以上的人口比例，以及每1 000人中贫民和精神病人的数量。最后他发现，低繁荣指数与高出生率同时出现。针对这一结果必须指出的是，低繁荣指数同时还伴随着高婴儿死亡率。但是研究发现，过高的死亡率不足以平衡出生人数过剩；同时研究得出结论："繁荣和文化最不景气地区的已婚妇女（当然，这些贫穷的妻子嫁给了贫穷的丈夫），往往拥有最庞大的家庭"[2]。此外，在对1851年与1901年的条件进行比较之后，他发现了令人震惊的事实："这种关系的密切程度在过去的五十年间几乎翻了一番"[3]。赫伦博士的这一研究结果在后来对更广泛领域的调查中已经被充分证实。为此，尤勒（Yule）先生写道："毫无疑问，从目前（1920年）的总体情况来看，婚姻内生育率从上等阶层和专业阶层的非常低的数字，连续上升到非技术工人的较高的数字。"同样地，史蒂文森（Stevenson）博士在一项详尽的研究中得出结论："社会阶层之间的婚内生育率差异，在1861年之前是很小的，但是在1891—1896年期间，这种差异却迅速增长至最大。而随后各阶层之间的轻微接近，则可能是表面而非实质性的。社会阶层之间生育率的差异，从

---

[1]《经济学杂志》，1910年，第385页。

[2]《人类生育能力与社会状况的关系》，第15页和第19页。贝蒂荣先生称，高出生率和高死亡率往往是相关的（《法国人口的减少》，第66页及多处）。这种相关性部分地归因于儿童的死亡导致父母生育更多的小孩，还有部分原因是，高出生率通常意味着大量儿童出生在恶劣环境中并容易死亡。因此，纽肖尔姆博士指出，所观察到的相关性"可能在很大程度上是由于子女多的家庭通常处于最贫困阶层，而且这些阶层极易受到导致婴儿高死亡率的因素的影响"（"关于婴儿死亡率的第二份报告"[白皮书，第6909号]，第57页）。埃尔德顿在《关于英国人口出生率的报告》的第一部分中，对英格兰北部地区给出了相似的结论。

[3]《人类生育能力与社会状况的关系》，第15页和第19页。

广义上来说是一种新的现象。"[1]直到19世纪中叶,尽管上等阶层挣钱能力的发展晚于体力劳动者,他们结婚也比较晚,因此生的孩子也少一些,但这种趋势几乎被他们中较低的死亡率所抵消。他们婚后的生育能力并不是很低,其后代的存活率也只是略低一点。现在,由于他们的生育能力下降了很多,其后代的存活率变得非常低。[2]事实上,由这些统计数据得出的结论,并不像表面上看起来那么可信。高度繁荣与低出生率之间的相关性,可能部分地归因于人口少的家庭更容易积累财富;而富裕地区和低出生率之间的相关性,可能部分地归因于这些地区是家庭佣人和其他依附者——生育率较低的人群——的聚集之地。[3]此外,财富与人口少的家庭之间可能存在的相关性,部分地归因于,生理上生育能力低的家庭的遗产只需在较少的继承人中进行分配,故而平均来看往往比一般家庭富有。[4]这些考虑因素虽然很重要,但我们有理由认为,它们并不能完全解释所观察到的事实。对于繁荣的深层次影响的讨论明显强化了我们的结论,即在一个孤立的社会中,穷人财富状况的改善不太可能因为引起人口的大幅增长而被抵消。

第4节

如果考虑到,在现代世界中没有一个国家是独立于其他国家而存在的,问题就没有那么简单了。当然,如果各国手工业工人阶层的实际收入因为该阶层的平均能力水平的提高而增加,便不会对其他国家产生移民的诱惑。但是,如果他们的实际收入的增加是受某些发现、发明或政策的影响,而这些因素对该国经济地位的改善远大于其他国家,则会对其他国家产生移民的诱惑。如果一国的立法或

---

[1]《皇家统计学会会刊》,1920年,第431页。

[2]《皇家统计学会会刊》,1920年,第471页。

[3] 参见勒罗伊·博连的观点:"在富人区,老人、退休人员、佣人(生育率都极低),以及一年中只在城区短暂居住的人口比例较高;因此,我们无法从富人区的低出生率中推断出任何结论。拥有135 000人口的地第16区被称为富人区,拥有104 000人口的第8区也被称为富人区。然而,真正的富人不及富人区总人口的 $\frac{1}{10}$,甚至不及 $\frac{1}{20}$;即使在巴黎,富人的数量也不能以十万计。也就是说,富人区大部分为佣人、看门人、街区店主和技艺精湛的工人。因此,从巴黎所谓的富人区的出生率中得出的结论是毫无价值的(《人口问题》,第399页)。

[4] 参见达尔文《优生学与经济学及统计学之间的关系》,载于《皇家统计学会会刊》,1919年,第7页。

其他措施导致收入从富人手中转移到穷人手中，也会产生同样的移民诱惑——当然，前提是移民过来的穷人不会被排除在这些措施惠及的范围之外。[1]这些考虑十分重要；因为它们表明，许多可能增加一个国家工薪阶层人均实际收入的因素，在此目的上的影响最终将比乍看起来的小很多。然而，我们不应忘记，正是移民行动在其主要影响点上的作用有所削弱，才间接地增加了其他国家的劳动力财富。因此，无论如何，经济状况变化带来的有利影响不但不会被消除，反而惠及更广泛的范围。在受到主要影响的国家，经济福利必然得到某种程度的增加。

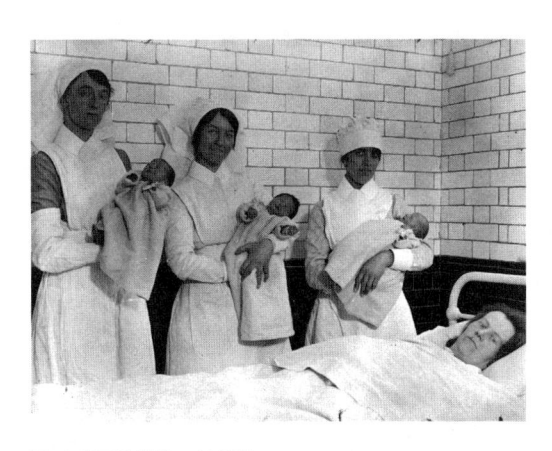

□ 产房里的婴儿　19世纪

在19世纪，婚内生育率与家庭经济状况、丈夫的职业、家庭佣人的人数、房屋大小、家族疾病史等因素有关，其中也包括婴儿的死亡率。专家调查研究发现，较高的儿童死亡率导致较高的出生率。在那些有儿童死亡的家庭，夫妻一般会生育更多的孩子，而这样的家庭环境往往比较恶劣。

第5节

上述讨论驳斥了以下观点：工薪阶层的实际收入的增加将会因人口的增长而抵消；但它并没有驳斥这样一种观点：收入从富人转移到穷人手中对经济福利的有益影响将因人口的增长而抵消。要使这一观点成立，并不需要取消穷人的经济福利的增加部分，只需使穷人增加的经济福利小于富人损失的经济福利即可。不可否认，这种情况可能会发生。但是在像英国这样的财富分配不均等的国家，不少高收入将在很大程度上被低收入抵消而不损害经济福利，所以发生这种情况的可能性很小。

---

[1] 如果规定居民必须在该国居住比如20年才能领取养老金，那么由老年养老金产生的移民诱惑将变得很小。因为遥远的利益对行动的影响力非常小，尤其当死亡的可能性使利益变得更不确定、更遥远的时候，情况更是如此。

第十章　国民所得与人口素质

第1节 从第七章和第八章中得出的结论，现在必须根据现代生物学知识进行核验。第2节 这种知识支持这样一个观点：可以通过限制不良素质者的繁殖来增加非经济福利和经济福利。该观点对我的研究结果起补充作用而非干扰作用。第3节 人们有时认为，现代生物学通过遗传相对于环境所起的决定性作用证明，与环境有关的经济研究并不重要。对此，我提出了一些反对意见。第4~6节，对于第七章和第八章所主张的，（1）国民所得的增加和（2）国民所得分配的改进所带来的经济福利的好处，被间接的生物效应所抵消，我提出了一些反对意见。

第1节

　　第七章和第八章所给出的概括性结论依然如同它们被揭示出来时那样被陈述着，只是没有引起争论或争议。但是近几年来，生物学有了很大的进步。过去，经济学家必须考虑经济因素对人口数量的影响，以及对环境决定的人口素质的影响，却没有人研究经济因素对基本生物学属性决定的人口素质的影响。但现在的情况有所不同，生物统计学家和孟德尔学派学者都转向对社会学的研究，并坚持认为正确理解遗传规律对我们的经济学至关重要。据说，经济学家对国民所得之于福利的直接影响的研究（我也做了这项工作）是徒劳的。直接影响并不重要，真正重要的是它分别对优良血统家庭和不良血统家庭造成的间接影响。因为，每一种形式的福利最终都取决于比经济状况更本质的东西，即支配生物选择的一般力量。我有意以一种不确定的方式来陈述这些观点，因为我急于以建设性而非批判性的态度来研究由此提出的问题。在接下来的各小节中，我将尽我所能地准确说明生物学知识的最新进展对我们的经济学真正能够产生多大的影响。为此，我首先要对这些知识所产生的某些成果进行辨别，它们虽然有很大价值，但是从严格意义上讲，其与经济学没有关系；其次，我要判断一般性主张——前几章所指出的经济学研究法是由琐碎而不重要的新知识所提供——是否正确；最后，我要辨别某些要点，在这些要点中，新知识直接与我已着手研究的问题相关，并且新知识使我们有必要对已得出的结论进行修改。

第2节

到目前为止，现代生物学研究对社会学最重要的贡献是肯定了某些先天性缺陷明显具有可遗传性特点。无论如何看待遗传的生理机制，实际结果都是一样的。我们知道，有先天缺陷的人如果结婚，很可能会把有缺陷的基因遗传给他们的某些孩子。我们并不具备众人普遍渴望拥有的素质方面特别是精神方面的确切知识。对此，贝特森教授明智地告诫人们："虽然我们对不健康的极端情况富有经验，而且这些经验还相当可靠和具体，但是几乎没有什么可以用来指导我们判断那些对社会有用或可能有用的素质，或者说为社会所需的素质所占的具体比例……在高级精神素质的遗传中，至今没有任何东西表明它们会遵循任何简单的遗传体系。它们以及身体力量的显著发展可能是由于许多因素的巧合所致，而不是因为它们拥有任何一种遗传因素。"[1]惠瑟姆（Whetham）夫妇再次准确地洞察到诸如能力、品德、健康、体力、优雅、美丽和魅力等良好素质，"从遗传的角度来看，它们本质上是区别于迄今公认的某些不良素质，因为它们取决于许多因素的共同作用。在遗传过程中，这种共同作用必然很难追踪，因为每个性状都可能独立遗传，不同的性状既可能联系在一起，也可能互不相

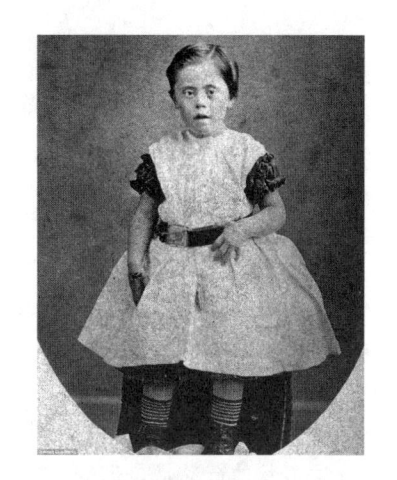

□ **唐氏综合征小女孩** 19世纪90年代

皇家厄尔斯伍德疯人院的主治医生约翰·兰登·唐是第一个提及唐氏综合征的人，唐氏综合征就是以他的名字来命名的。他认为，患有唐氏综合征的人是回归到更原始的种族类型，并且人们有可能按种族特征对不同的残疾进行分类。图为英国一家精神病院的唐氏综合征小女孩。

---

[1]《孟德尔遗传原理》，第305页。

容,远比我们追溯植物和动物的素质更加复杂。各种因素的复杂组合构成了富有才能和充满魅力的男性或女性素质,而我们由于当前的知识储备严重不足,无法预测出这种组合将如何在他们的后代中重现"[1]。事实上,我们对这个领域非常不了解,因此有必要谨慎行事。唐卡斯特(Doncaster)博士明确地意识到:"在这个方向上,我们必须遵循经验法则和常识,直至科学家能够用准确的言辞发声为止。"[2]最近,已故的弗朗西斯·高尔顿(Francis Gallon)爵士的看法增强了这个观点的权威性:"研究过这个问题的人已经知道得够多了,因此,他们对总体结果深信不疑,但是,除非是在极端情况下,否则还不足以用定量的方法证明立法或其他行动是合理的。"[3]我们最好不要忘记,贝多芬的父亲是个积习难改的酒鬼,他的母亲死于肺病。[4]对于一些明确的缺陷,我们并非一无所知。这些极端情况正是高尔顿考虑到的。长期以来,不少医学界人士一直致力于用权威的方式来阻止那些弱智者、白痴、梅毒患者或肺结核患者生育,以便切断这些遗传缺陷的源头。对存在精神缺陷的人们而言,该问题显得尤为紧迫,因为如果放任自流,他们往往会生下较多子女,形成极高的生育率。因此,在英国皇家智力障碍研究委员会的听证会上,"经验丰富的证人特雷戈尔德博士指出,那些现行享用公立小学资源的家庭平均拥有大约4个孩子;而那些残障家庭平均有7.3个孩子被送往特殊学校,其中并不包括死胎"[5]。此外,弱智女性往往比正常人较早生育;必须记住的是,即使家庭规模不受其影响,早婚现象也不应该被忽视;因为,当任何群体的正常结婚年龄下降时,"后代接续的速度就会更快",所以,他们的后代在社会总人口中所占的比例就会增加。[6]然而,弱智者并非唯一需要对其生育行为进行有效控制的人群。一些学者认为,某些形式的犯罪和某些助长贫穷的素质,也应该以同样的方式将其从种族中根除。卡尔·皮尔森(Karl

---

[1]《家庭与国家》,第74页。
[2]《独立评论》,1906年5月,第183页。
[3]《概率,优生学的基础》,第29页。
[4]参见贝特森的"英国优生协会主席的演讲",载于《自然》杂志,1914年8月,第677页。
[5]《家庭与国家》,第71页。
[6]海克拉夫特《达尔文主义与种族进化》,第144页。

Pearson）教授提出了一条建议，如果可行的话，将极大地增加这种政策实现其目标的可能性。他指出，完全不同类型的缺陷是相互关联的，"有一种类似胚种退化的东西，可能表现在相同器官的不同缺陷上或不同器官的多种缺陷上"[1]。针对相同的实际情况，贝特森教授从不同的理论意义上提到，"有迹象表明，在极端情况下，不适者的遗传作用相对显著，而且经常可以看出是某个简单的遗传性因素所致"[2]。总而言之，正如上述最后一位学者所言："如果社会的决心够大，我们几乎可以肯定，某些严重的身体和精神缺陷、某些病态的素质，以及某些形式的恶习和犯罪是可以根除的。"[3]这是一个极其重要的结论，而且实际应用起来也不会有太大的困难。这种情况其实比较常见，时常有犯罪者或因精神错乱而扰乱秩序者被强制送交给政府机构。遇到这种情况，经过仔细调查后，可以选择永久性隔离，或像美国某些州那样通过法律授权的外科手术来阻止他们生育。[4]显然，我们所掌握的知识足以保证我们在这一方面能够采取某些谨慎的措施。毫无疑问，这项政策对非经济性福利和经济福利都有好处。因此，对于该结论以及希望在此基础上取得的重大进步，我们都应该感谢现代生物学。然而，这一结论超出了经济学的范畴，但它丝毫不影响我们在前面几章得出的结论。

第3节

因此，我下面转而讨论另一个确定与之相关的观点，即生物科学证明，我们在此探讨的所有这些问题不仅微不足道，而且还有误导性。概括地说，主要指责如下：即经济变化，如改变国民所得的大小、分配或构成，只会影响环境；而环

---

[1]《国民优生学的范围与重要性》，第38页。

[2]《孟德尔遗传原理》，第305页。

[3] 参见《孟德尔遗传原理》，第305页。不过，我们务必清楚一点，一种不良的隐性素质并不能仅依靠禁止有此素质的人繁育便可予以消除。因为这种隐性素质也可能隐藏在许多表面正常的人的基因里。弱智似乎也是一种隐性素质（参见盖茨《遗传与优生学》，第159页）。计算表明，如果要将现有的弱智者（占总人口的3%）隔离或使其绝育，则需要250代人（即大约8 000年）才能将这一比例降低到 $\frac{1}{100\,000}$。然而，要区分出那些表面上正常却带有隐性弱智素质的人，并防止其生育，将是一项远远超出我们目前能力范围的任务。

[4] 有关这一课题的权威性著作是劳克林博士的《美国的优生绝育》，1922年。

境并不重要，因为能够享受被改善了的环境的人，他们所生育小孩的素质并不会受到环境改善的影响。庞尼特（Punnett）教授将这个观点具体化，他声称卫生和教育等只不过是"稍纵即逝的缓和剂，虽然缓和但增加了人们所要解决的困难……永久性进化是一个繁衍问题而不是教学问题，是配子问题而不是教育问题"[1]。洛克[2]先生尤其强调这种意义。这些学者在实践方面的观点与卡尔·皮尔森教授的观点基本一致。

当然，所有这些观点都是基于科学基础，而科学基础理论称，由环境影响所带来的获得性特征是不可以遗传的。有人认为，至少在更复杂的多细胞生物中，最终产生生物体后代的生殖细胞在一开始就与那些形成生物体身体的细胞截然不同。因此，威尔逊（Wilson）先生写道："将遗传视为从亲代身体向子代身体转移的观点违背了现实。子代是从亲代的生殖细胞而非亲代的身体获得遗传，而生殖细胞的特性并非由作为其载体的身体所决定，而是来源于预先存在的同类型生殖细胞。因此，身体实际上就是生殖细胞的分支。就遗传而言，身体只是生殖细胞的载体，而生殖细胞是为子孙后代托管的。"[3]唐卡斯特（Doncaster）博士的立场大致相同："在早期的遗传理论中，假设生殖细胞是由身体产生的，那么，它们必须包含身体各部位的样本，或者至少是这些部位中的某些单元的样本，并能在下一代中自我发育。渐渐地，随着遗传学和生殖细胞实际起源的研究取得进展，生物学家已经放弃了这种观点，转而相信种质连续性，也就是说，生殖物质是从先前的生殖物质中衍生出来的，身体是它的一个分支。因此，子代与其亲代相像，不是因为它是由其亲代所生，而是因为子代和其亲代都是从相同的种质中产生的。"[4]如果这一观点是正确的，那么生物体的这些特定性状——其外观取决于生殖细胞中存在的特定的结构或物质——不会直接受到祖先"获得"的任何素质的影响。只有不确定的定量性状，例如，可能是由于生殖细胞与身体其他

---

[1]《孟德尔主义》（第2版），第80~81页。
[2] 参见R. H. 洛克的《变异、遗传与进化研究的最新进展》。
[3] 威尔逊《发育和遗传中的细胞》，第13页；以及R. H. 洛克《变异、遗传与进化研究的最新进展》，第68页。
[4] J. A. 汤姆森《遗传学》，第124页。

细胞相互交流和接受体液或易溶解物质时产生的，所以才能以这样的方式受到影响。当然，保留的性状并非完全没有意义。生殖细胞对有毒环境的适应是否会永久地影响这些细胞的后代，尚且没有一个确定答案的问题。J. A. 汤姆森（J. A. Thomson）教授说道："生殖细胞中毒与身体中毒有很大区别，影响生殖细胞的方式非常特殊，致使它们在发育时能复制特定的母体变异。"[1]生殖细胞不会"过着一帆风顺的生活，不会免受身体（其载体）在日常生活中的一切意外或事故的影响"[2]。相反，有些证据表明，不仅是酒精之类的有形毒品，还有父母亲身体受到的伤害，也可能通过影响生殖细胞的营养物质而导致后代普遍虚弱，并由此产生不良性状，虽然尚不确定他们的子孙后代会受到多大的影响。但是，生物学家的普遍看法似乎是：与一代人与生俱来的性状相比，其获得的性状对下一代人素质的影响总是很小。[3]"教育之于人，犹如粪肥之于豌豆。受过教育的人自身因此变得更好，但他们的经历不会改变他们的后代不可改变的本性。"[4]而且，"忽视、贫穷和父母的无知，虽然结果严重，却不具有任何显著的遗传效应"[5]。

这一生物学论点在专家中很受推崇，外人无权争论，正如我之前所说，它是以下观点的科学基础，即从长远的角度来看，它是环境的产物，经济情况于它而言无足轻重。这是我接受的生物学前提。然而，对于社会学结论，我持反对意见。锡德尼·韦伯（Sidney Webb）发起了一项温和的抗议，反对过分关注社会问题的生物学部分。他说道："毕竟，如果某些出生在优良血统家庭的后代成长为坏人，那么家庭出身根本没有多大用处。如果世界上都是一些出身贵族却身心不健康的人，这样的世界又有什么意义呢？"[6]然而，我的批判比这更深刻。庞尼特教授及其追随者欣然接受韦伯先生的观点。他们公开承认，环境会影响直接

---

[1] J. A. 汤姆森《遗传学》，第198页。
[2] J. A. 汤姆森《遗传学》，第204页。
[3] R. H. 洛克《变异、遗传与进化研究的最新进展》，第69~71页。
[4] 庞尼特《孟德尔遗传学原理》，第81页。
[5] 艾尔尔兹"对体质退化内务部委员会所作的证词"，《报告》，第14页。艾尔尔兹博士的观点似乎是后验的，而不是根据一般生物学原理作出的推论。
[6]《优生学述评》，1910年11月，第236页。

受其影响的人。但他们认为，环境并不重要，因为它无法影响后代与生俱来的素质，因此无法产生持久的效果。但是在我看来，一代人的环境可以产生持久的效果，因为它会影响后代的环境。总而言之，环境和人一样，都有后代。教育等因素虽然不能影响物质世界中的新生命，但可以在观念世界中影响它们。[1]而观念一旦产生或被某一代人接受，无论是否可以形成机械发明，都不仅可以在其基础上改变后代享有的环境[2]，还将促成进一步的发展。因为，虽然每一位新人必将起步于前人开始的地方，但每一项新发明都将延续前一项发明。[3]这样一来，环境就发生了永久的变化，或者不如说是逐渐性的变化；而且，由于人们认为环境对实际受其影响的人有重要影响，这种变化显然会产生持久的效果。事实上，在动物和人类的原始种族中，这一点并不重要。因为，一代人在思想领域中所沉淀的东西很难传递给他们的继承者。"当人类种族被分散到广阔地域而无法交流时，他们会有一百次同样的发现。他们的努力与所获得的成就会随着个人的死亡而消失，或在将发明以口授的方式代代相传的家族中，发明也会随着最后一位成员的死亡而消亡。"[4]但是在文明人群中，写作和印刷艺术使思维在时

---

[1] 可以对这两个世界中的进化过程进行有趣的比较。在这两个世界中，我们可以发现三个因素：突变的发生、传播和相互冲突。

在这两个世界中，这种突变似乎是偶然发生的，而且无法控制。虽然在两个世界中，人们有时认为，变异的趋势是由环境的巨大变化或特殊类型引起的。例如雷氏认为，战争或移民等动乱，以及因缺少旧材料或拥有一种特别有效的新材料而在某个行业中采用新材料——如建筑中的钢铁，都有利于发明的产生。而且他坚持认为，在相对稳定的农业地区很少产生发明（《资本的社会学理论》，第172～173页）。在这两个世界中，随着每次变异的增加，发生"好的"突变的概率也会增加。因此，在其他条件相同的情况下，能够产生变异的环境就是有益的。马歇尔在谈到地方政府时也这样写道："所有与行政秩序和经济相一致的变异力量几乎都是最完美、最有益的。相同试验的重复进行与众人观念的交流增加了进化的可能性，每个人都有机会实际测试自己建议的价值。"（《呈交给地方税收皇家委员会的备忘录》，第123页；同时参见布斯《产业》第5章第86页；以及霍布豪斯《民主与反动》，第121～123页）

另一方面，突变在观念中的进行方式与在有机体之间不同。在后者中，活下来的变异成员的生殖能力不受其是否适应生存斗争的影响，但前者却要受这方面的影响。变异失败和成功的动物，如果幸存下来，都可能有后代。但是，在观念世界中，失败的动物可能不孕，成功的动物可能多产。

更为显著的是两个群体中发生变异的成员之间发生的冲突性质的差异。在物质世界中，这个过程是消极的——失败者被淘汰；在观念世界中，这个过程是积极的——成功的思想被采纳和模仿。其结果就是，一般而言，成功的试验远比成功的"运动"传播得快。

[2] 参见菲斯克《发明》，第253页。

[3] 这一考虑为国家资金用于培训当代女孩成为称职的母亲和家庭主妇提供了有力的论证。因为，只需一代人接受这种培训，就有可能形成家庭的传统，而利用公共成本首次传授的知识无须任何人再支付任何费用，就能世代相传。（参见《体质退化内务部委员会的报告》，第42页）

[4] 马耶夫斯基《科学与文明》，第228页。

间中流动，从而延伸为每一代人可以塑造和改变其后继者的思想环境的力量。塔德（Tarde）先生深谙此理，他说道："促进进一步的生产是资本的主要功用，正如该术语应被理解的那样。那么，资本是从哪里传下来的呢，是从商品还是特定种类的商品中呢？都不是，它来自那些被人类的记忆所保存下来的幸运的试验中。资本是传统或社会记忆。资本之于社会，犹如遗传或生命记忆——神秘的术语——之于生命体。那些被保存和储存下来的，为了便于在发明者设计的模型上构建新的副本的产品，之于这些模型（即真正的社会的生殖细胞），犹如子叶之于胚胎，不过是养分的储存。"[1]培根早就说过："引进新发明似乎是人类一切行动的首要任务。新发明的好处是可以造福全人类，而政治活动的好处只能关照到人类某些特定的国家：后者持续不了几年，而前者将永远存在。"[2]马歇尔也说过类似的话："如果世界的物质财富遭到破坏，但是只要创造这些物质财富的思想被保留了下来，那么很快就会有别的东西替代这些被破坏的财富。然而，如果丢失的是思想而不是物质财富，那么物质财富就会减少，世界也将重新陷入贫穷之中。如果我们失去了对事实的大部分认知，只要形成该认知的思想仍然存在，这些认知很快就能得到恢复；但是，如果这些思想消失了，世界会再次进入黑暗时代。"问题的严重性不仅仅如此。正如马歇尔从另一方面所观察到的那样："如果用更高的收入和更好的机会来鼓励一代工人，并使其素质得到提高，那么工人的任何此类改变都将增加物质和精神财富，使他们有能力为孩子提供更好的条件；而他们通过提高自己的智力水平和远见卓识，在某种程度上也将更愿意为了子女的未来而牺牲自己的休闲娱乐。"[3]相应地，这些工人的子女将变得更强壮、更聪明，而且成人后也能为自己的子女提供更好的环境——我将母亲在孩子出生前后的身体状况包括在环境这个术语中。[4]这种影响会不断地累积起来。祖

---

[1]《社会逻辑》第352页。
[2] 马歇尔《经济学原理》，第780页。
[3] 马歇尔《经济学原理》，第563页。
[4] 伦敦教育委员会1905年的观察发现，在婴儿死亡率较低的年份中出生的孩子的体质高于平均水平，反之亦然。这就表明了该观点的重要性。（参见韦尔斯《取代旧世界的新世界》，第216页）

先环境的变化带动各种力量,这些力量不断地累积并改变后续的环境状态,并提高人类的素质。值得一提的是,当前环境仅对人类素质负有部分责任。因此,庞尼特教授的断言过于笼统。[1]进步不仅是永久性的,而且是渐进性的,其产生的原因能够与生育毫无关系。事实上,我们不应该只满足于"能够"一词。强有力的证据表明,人类的心理机能在各个历史时期的巨大发展与生殖细胞的任何显著变化并无关联。随着人口密度的增加,思维能力通过人们之间的交流与合作逐渐得到了提高,而这些人的先天禀赋并不明显优于前代人。"这就是人口问题的悖论。在自然状态下,物种间的变化仅仅基于生殖细胞的变化;史前人类之间的变化,同样取决于人口素质的变化。但是从广义上看,对近代历史上最显著事实(即知识和能力方面的巨大进步)的解释,应该从人口数量的变化而非人口素质的变化中寻求答案。"[2]因此,我们得出的结论是,作用于获得性素质的因素与作用于先天素质的因素,并不存在人们想象中的本质上的区别。二者具有同等的重要性,任何一方的研究者都没有权利贬低另一方的研究成果。

第4节

我现在开始讨论本章第3节中提出的第三个论题,即新的生物知识在多大程度上使我们有必要对第七章和第八章得出的结论作出修订。我们记得,这些结论的大意是,在其他条件相同的情况下,国民所得的普遍增加——前提是它不是由对工人施加不当的压力所导致——以及有利于穷人的国民所得变化,可能增加经济福利,并且通过经济福利增加一般福利。对于这些结论,那些在生物学届有所见地的批评家敦促人们谨慎行事。他们提出疑问——如果沿着第一种方法的方向发展,阻碍自然选择的自由发挥,使体弱的儿童得以生存,难道不会对国民体质衰弱产生累积的影响吗?如果沿着第二种方法的方向发展,实施有利于不良血统的

---

[1]在其著作后来的版本中,庞尼特教授对论点的陈述比较含糊,但不与上述内容相冲突。(参见《孟德尔遗传原理》,第167页)

[2]卡尔·桑德斯《人口问题》,第481页。

措施，难道不会产生类似的恶果吗？难道没有理由担心，进步潮流的光明具有欺骗性，它在流动的过程中裹挟着灾难的种子？而我们所说的有利于福利的变化，充其量只是具有重要意义的可疑因素吗？该论题的这两部分我们现在必须依次进行探究。

第5节

许多学者都强调，总体财富的增长将对国力造成危害。体质虚弱的孩子，在优越的环境下容易存活并生育后代，在艰苦的环境里则容易夭折。[1]甚至有人认为，这可能正是那些已经获得巨大财富的国家和贵族最终衰败的奥秘。而某些缓和因素的存在确实能削弱这一观点。首先，根据最新生物学观点，如果儿童体质的虚弱是偶然的，而不是由于遗传缺陷，那么他们的存在对家族无害，因为他们的后代也可能很强壮。第二，婴儿期体质虚弱不一定是先天虚弱的判别指标：尤尔（Yule）先生运用数学方法考察了现有的统计数据之后，发现"婴儿死亡率仅在婴儿期的特殊危险方面具有选择性，其影响几乎不超过生命的第二年，而婴儿期患病的影响力所持续的时间更长"[2]。这些缓和因素虽然不能推翻下述命题，却在某种程度上对它有所限定，即在没有任何保障措施的情况下，财富的增长很有可能影响种族固有的人口素质。还有另一种缓和因素，它虽然并非至关重要，但也十分重要。因为，即使种族的先天人口素质受到了一定程度的损害，也并不一定意味着其后代（包含先天素质和环境素质）将受到同样的损害。如果财富的增长能够消除那些有助于根除不适者的因素，那么，它同样能够消除使适者变得虚弱的影响。这种双重作用的总体效果可能是有益而非有害的。事实上，地方政府委员会最近发表的一份关于婴儿死亡率与一般死亡率之间关系的重要报告也说明了这一点。在这份报告中，纽肖尔姆博士直接反对了这样一种观点，即为了降

---

[1] 参见海克拉夫特《达尔文主义与种族进步》，第58页。
[2] [白皮书，第5263号]（1909—1910年），第82页。

低婴儿死亡率而使体质虚弱者存活下来的改进措施，并不利于人口的总体健康。相反，他发现："一般来说，在婴儿死亡率高的郡，人们在20岁之前的死亡率比较高，而在婴儿死亡率低的郡，人们在20岁之前的死亡率比较低，虽然后期的优势并不如早期那么大……根据一般经验，可以认为，疾病的数量随着死亡人数的数量而变化；毫无疑问，与婴儿死亡率较低的郡相比，在婴儿死亡率较高的郡，青年和成人（移民除外）在生活中患病的概率更高，健康水平更低。"[1] 纽肖尔姆博士的观点却遭到这样一种反驳，即各个郡在婴儿期的死亡率和后期的死亡率方面的确切差异，可能都是因其不同的人口素质所致。因此，他的这个论点未能证明由于财富的增长而带来的良好环境的直接有利影响超过它们对自然选择造成的障碍所产生的间接有害影响。[2] 也许不利作用确实更大，但它在统计数据中被掩藏起来了，因为它适用于从一开始体质就比一般人更好的人——事实上，他们有能力赚更多的钱，使自己在更好的条件下生活就是最好的证明。这种批判削弱了纽肖尔姆博士的统计数据的论证力。然而，直接观察到的事实仍然存在，即良好的环境消除了那些将破坏适者身体的因素。结合本节前面所述的考虑因素，这一事实反驳了下面的观点，即日益增长的国民所得和随之而来的改善措施埋下了未来疲软的种子——最终不利于而不是有利于经济福利。无论如何，它们可能产生这种影响的危险将随时被

□ 聋哑学校　19世纪

对于聋哑儿童来说，幼儿时期的口语教育是最重要的。然而在19世纪，大多数聋哑学校只招收10或12岁以上的聋哑学生。图为马萨诸塞州北安普敦的克拉克学院。

---

[1]《1909—1910年的报告》，引自［白皮书，第5263号］，第17页。
[2] 纽肖尔姆博士的论点受到了厄尔·皮尔森教授的严厉批判——部分原因在于对其目的的误解（厄尔·皮尔森"卡文迪什演讲"，1912年，第13页）；纽肖尔姆博士在他的第二份报告（1913年）中给予了答复（［白皮书，第6909号］，第46～52页）。

消除，前提是采取本章第2节所提倡的隔离不适者的政策。正如汤姆森教授所指出的：只要禁止体弱者生育后代，就不会因为保留缺陷而产生生物性恶果。[1]因此，没有必要放弃我们的结论：一般来说，增加国民所得的因素均能产生经济福利，而经济福利又可以带来总福利的增长。

第6节

改善国民所得的分配对国家实力和效率构成的威胁，似乎是十分巨大的。因为，分配的改善可能会改变富裕阶层和贫穷阶层中出生的后代的比例。因此，如果贫穷阶层组成的家族的效率低于富裕阶层——如果经济状况是衡量人先天素质的指标——那么，分配的改善一定会改变人的先天素质的总体水平，并且从长期来看，也必定对国民所得的数量产生累积的影响。现在，一些人认为，贫穷和先天的无效率显然且肯定具有相关性，我不同意他们的观点。毫无疑问，极端贫穷往往是由性格软弱、身体虚弱和出生者的其他不良素质造成的。但是，这些因素本身通常与恶劣的环境有关。因此，认为不良素质主要是由原始的不良性格造成而非恶劣的原始环境造成的观点，是非常荒谬的。[2]然而，虽然并非不言而喻，但是，我认为贫穷与原始的不良性格之间可能存在着很大的相关性。因为，很明显，在相对富裕的人群中，有许多人是从贫穷的环境中成长起来的，而那些与他们共享童年贫穷环境的同伴却依然贫穷。随着提供给更贫穷阶层的教育等机会越来越多，类似情况会变得越来越普遍。当然，穷人中也有一些人是从优越的环境中沦落至此的。在这些相对富裕者的原始性格中，他们可能具有有利于效率的素

---

[1] J. A. 汤姆森《遗传学》，第528页。
[2] 此类困难在许多社会问题的统计调查中比较常见。例如，几年前舒斯特尔（Schuster）先生公布了一项关于能力遗传的有趣的调查结果，其中以牛津大学的学生以及哈罗和卡尔特修道院的学生为例进行说明。然而，他的这份研究结果的价值却因这样一个事实而在某种程度上——说不清是在何种程度上——受到损害：有能力的父母往往接受了良好的正规教育和非正规教育。舒斯特尔先生认为，这一因素况造成的误差不可能很大（参见卡尔·皮尔森《计量生物学》，第3卷，第156页）。另一方面，尼塞费罗（M. Nicefero）先生在对《贫民阶级》的研究中，强调了环境在促成贫穷阶层的生理和心理劣势方面所起的作用；但他似乎没有证据证明其以下结论："所有这些因素——归根结底——更多地存在于现代社会的经济环境中，而不仅仅存在于个人的身体结构中。"

质，促使他们能够成功崛起；而在那些相对贫穷者的原始性格中，可能有一些相反的素质。[1]因此，影响富裕者和贫困者相对生育率的因素，可能会在同一方向上分别影响原始性格"较好者"和"较差者"（从效率的角度来看）的相对生育率。如果贫穷阶层的日益富裕确实会提高生育率的话，则意味着国民所得分配的改善将增加非优良血统父母所生育子女的数量及比例。然而，众所周知，所有最底层人口的生育实际上不受经济因素的制约，因此，整体增加穷人的财富，只会增加贫穷阶层中除最贫穷阶层以外的其他贫穷阶层所生育子女的数量，而并不一定降低整体人口的平均质量。然而，我们也没有必要就此打住而中断讨论。我们前面提到过布伦塔诺教授的调查，该调查表明：总体而言，一个阶层的日益繁荣往往会减少该阶层的生育率而不是增加其生育率，而且我们有理由相信，这一势态并没有被死亡率的下降完全拉平。[2]因此，我们实际上似乎可以预计，国民所得分配的改善将减少不良血统家族的子女的出生比例。总之，这种生物学上的考虑不仅完全没有驳倒第八章的结论——分配改善有利于经济和一般福利的提高；而且在目前的情况下，它还在一定程度上支持了这一结论。因此，第八章甚至包括第七章的重要结论没有丝毫动摇。

---

[1] 帕累托教授忽略了这些因素，他认为（《系统统计学》，第13页及以下多页）：富人所生子女的相对数量的增加必将导致国民退化，因为富人家庭的孩子不会像穷人家庭的孩子那样需要经过艰苦的奋斗。因此，体弱的孩子如果出生在穷人家庭，很可能会夭折，如果出生在富人家庭，则有可能存活，但其成年后会生下体弱的后代。鉴于文中指出的事实，这一因素只应被视为一种抵制的力量，它削弱但不消除富人生育率相对提高可能带来的有利影响。

[2] 参见帕累托《系统统计学》第九章，第3节。

第十一章　应遵循的讨论方法

前几章已经表明，经济福利在很大程度上容易受到国民所得的大小和国民所得在社会成员之间的分配方式的影响。如果影响国民所得大小的因素对国民所得的分配没有影响，影响国民所得分配的因素也不对国民所得的大小产生影响，那么我们接下来的讨论就会很简单。我们可以依次对这两组因素进行考察。然而，事实上，同样的因素往往会在这两个方面同时发生作用，这就导致我们难以找到一个完全令人满意的方法来阐述我的结论。在权衡了不同方法的优点之后，我决定：在第二编和第三编中，我将研究经济福利如何受到某些因素的影响，这些因素通过国民所得的大小对经济福利产生影响。我不打算全面考察涉及这一方面的所有因素，即对于发明和发现、开辟广泛的国外需求来源、改进营销技术以及积累资本的增长等问题，我几乎不予以讨论。第二编将讨论社会生产资源在不同用途之间的分配方式，第三编则讨论各个方面的劳动组织。在讨论完以上问题之后，我将在第四编中专门探讨，在某种意义上通过国民所得的大小影响经济福利的因素，事实上是如何在另一种意义上通过国民所得的分配来影响经济福利的，并对这种不和谐的出现将导致的各种问题展开研究。

第二编 国民所得的大小及资源在不同用途中的分配

□ 《收获的日子》　朱利安·何塞　19世纪

第一章　导论

第1~2节　本编的一般性问题在于，确定在现有的法律制度下，利己主义的自由发挥在多大程度上倾向于以最有利于生产较大的国民所得的方式分配国家资源，以及国家在多大程度上可以完善"自然"趋势的行为。

第1节

在本编中，我们将讨论通过作用于一国的生产资源在不同的用途或行业之间的分配，来增加或减少国民所得的大小的因素。在这一讨论过程中，除非有明确的说明，否则对因违背所有者意愿而被动闲置的某些资源因素不作考虑。这可以简化我们的阐述，但并不影响论点的实质。本章的目的就是为了说明我们所面临的问题的一般范围。

□ 亚当·斯密

著名经济学家，西方经济学的主要创立者之一。亚当·斯密于1759年出版了第一部著作《道德情操论》，并因此确立了他在知识界的地位。1766年，他着手《国民财富的性质和原因的研究》（简称《国富论》）的写作，直至1776年3月出版。此书的出版不仅在英国本土产生了重大影响，而且在欧洲其他国家和美洲大陆也引起了大众的广泛讨论。亚当·斯密被认为是"现代经济学之父"。

第2节

古典经济学家的某些乐观的追随者曾提出过建议，唯有政府干预受到抑制，"利己主义的自由发挥"才会自动使任何一个国家的土地、资本及劳力得到更好的分配，从而提高产量，使其高于任何一种资源分配方式下所自然得到的产量，并增加经济福利。甚至亚当·斯密本人也支持国家"建立和维护某些公共建设和公共机构，而这些举措决不能是为了维护任何个人或少数个人的利益"。与此同时，他还指出："任何一种体制，如果通过非常规的激励手段，使某一特定行业占据的社会资本份额大于其理应所得的份额；或通过采取一些特殊的限制措施，迫使本应用于某一特定行业的资本流出一部分……这些都将阻碍而不是加速社会迈向真正富裕和伟大的进程，而且它们都降低而非提高了其土地及劳力年产量的实际价值。"[1]当然，对这一段话基于任何抽象或普遍意义上的解释都不合理。亚当·斯密考虑的是他所了解的现实世界，这个世界拥有组织有序、文明开化的政府和契约法。他不会反对后来一位经济学家的格言："人的活动沿着两条路线延展，第一条路线指向生产或经济物品的转化，第二条路线则指向对他人所生产的商品的占用。"[2]显然，那些致力于占有他人商品的活动并不会促进生产，但是如果将它们转移到产业领域，则有可能促进生产。因此，我们必须理解，他假定存在专门的法律条文，旨在阻止并且基本上能够阻止强盗和诈骗犯的侵占行为。亚当·斯密所构想的"自由发挥利己主义"这一思想的运用，"被一般的社会机构，尤其是家庭、房地产以及领土国家等社会制度限制在某些方向"[3]。更为一般地说，当一个人从别人那里获取商品时，他应该了解，这不是通过强取豪夺得来的，而是双方在公开市场上通过交易得来的——讨价还价的双方都具备正常的行为能力，并已经了解各方面的情况。然而，我们有理由相信，就连亚当·斯密也没有充分认识到"天赋自由体系"需要在多大程度上受到特殊法律的认可和保护，才能促进国家资源利用的最大化。最近有学者说："利己主义的作用通常是有益的，这不是因为个人利益与群体利益之间存在某种自然契合，而是因为人类制度的建立就是为了驱使个人利益朝向有益的方向迈进。"[4]因此，且不论什么制度，对每一个人的利益（包括他自己的利益）来说，任何人都不应该偷窃，因为这不符合任何人的利益。但是，只要求单个人不偷窃并不符合这个人的利益，除非他可以诱使其他人也像他那样不偷窃（他显然做不到这样），或者对盗窃罪有明

---

[1] 亚当·斯密《国富论》，第四卷第九章，倒数第3段。
[2] 帕累托《政治经济学教程》，第444~445页。
[3] 坎南（Edwin Cannan）《地方税史》，第176页；同时参见卡弗《社会正义论文集》，第109页。
[4] 坎南《经济评论》，1913年7月，第333页。

确的处罚条例。对于这种将利己主义导向社会轨道的强制性法律手段，文明国家的法律对财产所有者的绝对权力所施加的限制就是很好的说明，例如，巴伐利亚政府禁止森林所有者将行人驱逐出其林场；法国和美国则禁止居民放火焚烧自己的房屋；以及所有国家普遍存在的向私营业主征收土地的做法——向他们征收土地明显是为了大众利益。[1]现代化国家的法律对各类合同——赌债、贸易限制合同、某些法定义务外包协议——所采取的态度，同样说明了这一点，这些合同因为违反国家政策而被法院判为无效。[2]为了引导利己主义步入有利渠道，国家对制度进行了极为细致的调整。但是，即使是在最先进的国家，也存在失败和不完善之处。在此，我们并不打算讨论组织上存在的缺陷，这些缺陷有时候会导致较高的非经济利益成为不太重要的经济利益的牺牲品。除此之外，还存在许多障碍，这些障碍将阻碍社会资源以最有效的方式在不同的用途与行业之间进行分配。对此，我将在以下各章中予以研究。这种研究将涉及一些困难的分析，但其目的在本质上具有实用性。该研究试图更加清楚地说明政府现在或者最终可能采取的一些明智的方式以控制经济力量的发挥，并通过这种方式促进公民的总经济福利。[3]

---

[1]参见伊利《财产与契约》，第61、150页。
[2]参见伊利《财产与契约》，第616、731页。
[3]参见马歇尔的观察报告："还有许多工作有待完成，通过仔细收集需求和供给的统计数据，并对其结果进行科学的分析，以发现要将个人的经济行为引入最大限度地增加幸福总和的渠道，社会可以有效地开展哪些工作。"（马歇尔《经济学原理》，第475页）

第二章　边际社会与边际私人净产量的定义

第1~4节 阐释边际社会净产量这一术语的含义。第5节 边际社会净产量与边际私人净产量的区别。第6节 二者各自的价值。

第1节

由于我们将国民所得视为一种持续流量，所以就不应该把产生国民所得的资源视为资源存量，而应该视为一种类似的持续流量；以此类推，我们设想这些资源在不同用途或地点之间的分配不是将一潭死水分为若干部分，而是将一条河流划分为多条支流。毫无疑问，这一概念存在许多小困难，与不同行业所用设备的耐久性差异以及整个行业的动态或变化趋势相关。然而，尽管存在一些困难，就当前的目的而言，这个一般性的概念已经足够准确。我们当前的目的是为贯穿本部分的两个基本概念——边际社会净产量的价值和边际私人净产量的价值——下一个恰当的定义。且关键在于，我们必须将这两个概念视作流量——设为每年对某些既定资源量的边际增量的年使用量所产生的结果。在此基础上，我们可以进一步得出自己的定义。

第2节

为了精准起见，我们有必要对资源边际增量这一术语的两种意义进行区分。它既可以被设想为从外部增加，从而构成现有资源总量的净增加量，也可以被设想为是从其他用途或场所转移到我们正在研究的特定用途或场所。如果某一特定用途或场所增加资源增量对生产的影响与其他地方使用的资源量并无关联，那么，这两种边际增量的净产量将相同。然而，这种独立性的条件常常得不到满足。因此，正如我们将在后面一章中更充分地说明的那样，在某一特定企业中使用的第 n 个资源单位，将根据同一行业中其他企业使用的资源数量的大小产生不同的产量。资源边际增量衍生的净产量，依照上述两种方式解释，或许可以区分为附加性边际净产量和替代性边际净产量。然而，一般而言，任何用途或场所的两种边际资源增量所产生的净产量不可能相互之间有明显的差别，在大多数情况下，它们可被视为相等。

第 3 节

那么，抛开这一点，下面我们将更精确地定义，当我们把任何一种用途或场所所使用的资源的边际净产量，说成是在那里所使用的资源的边际增量的结果时，究竟是什么含义。这等于说，一定数量的资源的边际净产量等于这些资源的总产值加上或减去一个小的增量所产生的差额。然而，这本身还不够。因为我们可以用完全不同的方法来完成一个小的增量的加法或减法，并相应地得到不同的结果。在此，我们关注的是一种具体的方式。对我们来说，在任何用途或场所使用的任何资源的流量的边际净产量，都等于该资源流量在适当组织下所能产生的产品流动总量与该资源流量相差极小的（边际）增量的资源流量经适当组织后所能产生的产品总流量之间的差值。在以上陈述中，"经适当组织后"这一措辞至关重要。如果根据两组数量相近的资源所生产的产品之间的差异来考虑边际产品净产量的话，我们通常会认为这些组织适

□ 威特尼毛毯厂的男工　18世纪

世界著名的英格兰牛津郡威特尼毛毯工业起步于17世纪。这类工厂的工作环境非常恶劣，工人除了忍受高温和刺耳的噪声以外，还面临着因呼吸工厂内的污浊空气而感染肺病的风险。据有关统计资料显示，在18世纪70年代，威特尼的毛毯工人每星期的薪酬为11先令或稍微多一些。图为威特尼一毛毯工厂的几名男工在检查机器。

当的资源若适合于这两组数量中的某一组，便会不适合于另一组。然而，由于我们的兴趣在于两大相近资源流量所生产的产品间的差异，因此我们自然会认为这两种资源流量的组织方式都是最适合其本身的。这种观点是我们所需要的。J. B. 克拉克教授对此进行了很好的说明。他写到，投资于铁路公司的资本的边际增量，实际上相当于"用于运载货物与运载乘客的两种不同交通方式之间的差值。其中之一就是现有的铁路，其所有设备都达到了目前资源可能达到的最高水平；另一种方式就是在资源减少一个量级的情况下所建造和配备的公路。实际存在的铁路与理应存在的铁路之间的质量的全部差异，实际上就是该公司现在所使用的资本的最终增量。最后这一单位资本的产量，就是公路的实际产量与其建造级别下降一量级后所得到的产量之间的差值。"[1]

第4节

还有一点必须明确。任何一种生产要素的边际净产量，是减去该要素的任何一个（小）单位所造成的产品总量的差额。因此，边际单位并非任何特定的单位，更无须说它是资源中最糟糕的单位——比如说它是所有雇佣者中最不具有竞争力的——正如一些学者的假设，它是完全相同的单位集合中的任何一个（小）单位，而且我们在想象中也是把这个集合分成若干个相同的单位。然而，虽然边际单位是任何单位，但它却不是可以随意放置在任何位置的单位，它被设想为位于边际上的任何单位。在此，我们最好借助事例来理解其中的意义。在任何一个行业中，减掉一个照管新机器或一个在清闲岗位工作的人而不采取任何调整措施，比减掉一个照管过时机器或在一个辛苦岗位工作的人，将更严重地影响总产量。因此，在该行业中，边际净产量就是减掉（相同的工人中）任一工人一天的劳动对总

---

[1]《财富的分配》，第250页。我在上面引用的句子中，已经用"产量"一词代替了"所得"的说法。为了进一步说明此处的区别，请参见附录Ⅲ。

产量所产生的影响，如有必要，则必须重新分配剩下的工人，其结果就会使未被照管的机器或者存有空缺的岗位成为迄今所使用的效率最低的机器或岗位。

第5节

在了解了这些以后，接下来我们要准确区分我分别命名的两种边际净产量，即边际社会净产量和边际私人净产量。边际社会净产量是任何给定的用途或场所的资源边际增量所产生的实物或客观劳务的全部净产量，无论这些产品中的任何部分将为谁所有。例如，正如我们在稍后一章中将更加全面地解释的那样，它可能会发生这样的情况：比如，铁路引擎的火花对周围森林造成的不可补偿的损害，将使一些无辜者为此付出代价。在计算任何资源转化为任何用途或场所的边际增量的社会净产量时，所有影响（积极和消极的）都必须包括在内。任一产业中任一企业使用的资源量的增加，都可能会带动整个产业的外部经济，从而降低其他企业生产给定产量所涉及的实际成本。凡此种种，都要算入其中。出于某些目的，我们希望计入间接影响，即人们的偏好，以及他们从购买和拥有物品中获得满意感的能力。然而，我们的主要目标是第一编第三章和第五章所定义的国民所得及其变化。因此，排除心理方面的后果，任何给定数量的资源的边际社会净产量只能由物质要素和客观劳务构成，除非给予了不同的说明。边际私人净产量是任何给定的用途或场所的资源边际增量所产生的实物或客观劳务的全部净产量的一部分，它首先（在出售之前）为资源的投资者所获得。在不同的情形下，它有时等于，有时大于，有时小于边际社会净产量。

第6节

任何数量的资源在任何用途或场所所使用的边际社会净产量的价值，就是边际社会净产量在市场上的价值总和。同样地，边际私人净产量的价值就是边际私人净产量在市场上的价值总和。因此，当边际社会净产量等于边际私人净产量，而且投资者将其所获得的产品售出时，这两种边际净产量在给定资源量方面的价值等于产品增量乘以产品售出时的单位价格。[1]例如，每年一百万个单位资源投入纺织业所产生的两种边际净产量的价值相等，即这两种产品的价值等于一百万个单位资源生产的产量加上一个小额增量，例如，一百万零一个单位资源超过一百万个单位的产量，等于布匹数量乘以生产这一产量时每匹布的货币价值。[2]应当顺便指出，我们不能把它同使用一百万零一个单位资源所生产的总产品的货币价值超过使用一百万个单位资源所生产的总产品的货币价值的部分相混淆，它是与此不同的，且二者绝不能混淆。

[1]这一定义默认了实际售价等于（边际）需求价格。如果政府限价导致前者暂时低于后者，就必须将边际净产量的价值解释为边际（实物）净产量乘以边际需求价格，而这一条件下的边际需求价格将不等于实际售价。
[2]参见马歇尔《经济学原理》，第847页。细心的读者会发现，即使附加的边际净产量与替代的边际净产量相等，但是当边际净产量被解释为附加的边际净产量时的价值，与它被解释为替代的边际净产量时的价值也会有差异。不过总的来说，这种差异微乎其微。

第三章　边际社会净产量的价值与国民所得的大小

第1节 在没有转移成本的情况下，可以证明，如果只有一种资源分配可以使边际社会净产量的价值在各种用途中相等，那么该资源分配将使国民所得最大化。第2节 当存在不同程度的不均等时，这种分析很难得到推广。第3节 在有转移成本的情况下，资源的最佳分配——当然，不如没有转移成本情况下的最佳分配好——将有所不同，并且在一定范围内是不确定的。第4节 在现实生活中，可能会有各种不同的资源分配，每一种分配都会使边际社会净产量的价值在所有用途中相等，因此，边际社会净产量的价值均等并不意味着国民所得最大化。第5节 因此，在使用补贴方面可能存在机遇。

第1节

我们假设一定数量的生产资源正在被使用，不同行业和不同场所之间不存在转移成本，而且只有一种资源安排能使各地的边际社会净产量的价值相等。[1]这些假设显然证明，这种资源安排将使国民所得比任何其他资源安排都要大。这是由第一编第五章国民所得大小变化的定义得出的。资源的边际社会净产量的价值是衡量资源在使用中的边际增量所产生的满意感的货币指标。因此，每当资源边际社会净产量的价值低于其他任何一种用途时，通过将资源从边际社会净产量价值较小的用途转移到其价值较大的用途，就可以提高货币指标所量度出的满意感总量。因此，既然假设只有一种资源安排能够使边际社会净产量的价值在所有用途上都相等，那么这种安排必然会使国民所得达到最大化。[2]

---

〔1〕这一假设将在本书第三编第九章第2节介绍，此处我们暂时忽略。
〔2〕顺便提出一个小问题。一般而言，在未使用资源的行业中，资源的边际净产量的价值将小于使用一些资源的行业中资源的边际净产量的价值。这种情况显然并不意味着，边际净产量的价值之间存在着与国民所得最大化相悖的不均等。但是，如果在任何地方发生这种情况，即在一个未使用资源的行业中，资源的边际净产量的价值大于在使用一些资源的行业中的价值——例如由于某种原因，一项原本有利可图的产业未能得到开发——那么这种不均等就是一种有效的不均等，它与国民所得最大化相悖。

第 2 节

□ 威特尼毛毯厂的女工　1898年

随着乡村工业的发展，原材料与产品成为国内大市场上流动的大宗商品，其中最主要的原材料就是羊毛。比如17世纪末期，威特尼城的毛毯制造工匠将不适合用来制造毛毯的长绒羊毛挑选出来，供给萨默塞特郡的费尔顿和陶顿、德文郡的蒂费顿一带的针织绒线袜业。图为威特尼一毛毯工厂的女工在机器上绕线轴。

这一结论可以进一步表明，当边际社会净产量的价值不完全相等时，降低它们的不相等程度将有利于国民所得。然而，我们不能在不加解释的情况下提出这一结论。如果资源的用途只有两种，那么结论的含义就会非常明晰，其有效性也毋庸置疑。但事实上，资源的用途非常多，这就给我们带来了一个困难，我们在另一个地方已经提到了这个困难。[1]在大量价值之间具有或多或少均等性这一概念的含义是模糊不清的。那么，我们究竟是以平均值的平均偏差来量度均等程度，还是以标准差来量度，或是以"可能误差"来量度，或是以其他一些统计指标来量度呢？如果以标准差作为标准，则根据与第一编第八章第7节注释相类似的推理，不同用途的边际净产量价值之间的不均等程度的降低，很可能导致国民所得增加。但是，除非不均等程度的降低是由一组（一个或多个）单个价值的变化所引起，而且其中每一个变化本身都有降低不均等程度的倾向，否则这种降低不一定会使国民所得增加。因此，如果资源分配的改变使低于平均水平的边际社会净产量的价值全部提高，或者使高于平均水平的边际社会净产量的价值全部降低，那么国民所得必定有所增加。但是，如果有这样一种因素发挥作用，即虽然它在总体上降低了边际社会净产量的价值之间的

---

[1] 参见本书第一编，第八章。

不均等程度，但却使一些高于平均水平的边际社会净产量的价值变得更高，使一些低于平均水平的边际社会净产量的价值降得更低，那么，这种情况就无法确定国民所得是否增加。然而，这种困难并没有太大的现实意义，因为我们所必须应对的边际社会净产量价值均等方面的障碍，在很大程度上只是一般性的障碍，在几乎所有这些障碍存在的地方，它们都以相同的意义发挥作用。

第3节

接下来，让我们考虑这样一个事实：在现实生活中，要将资源从一个地方或行业转移到另一个地方或行业，往往需要付出成本；现在，我们不妨探究，如果这种情况属实，是否有必要对上述结论加以修改。这个问题的核心可说明如下。假设在 A 和 B 两个地点之间，一个单位资源可以以 n 先令/年的资本费用进行移动，在此期间，一个被移动的单位资源将继续在新的地点进行富有成效的生产工作。在这种情况下，只要 B 的边际社会净产量年产值比 A 高出 n 先令以上，则资源从 A 向 B 的移动就会增加国民所得；而且，当 B 的边际社会净产量年价值的超出部分降低到不足 n 先令，则任何资源的移动都将对国民所得造成损害。如果 A 和 B 之间的初始资源分配使 B 的边际社会净产量的价值高于（或低于）A 的边际社会净产量的价值的部分小于 n 先令，比如为 $(n-h)$ 先令，那么，当前的资源分配——两地的边际社会净产量的价值相差 $(n-h)$ 先令——便是最佳分配。但它并非绝对的最佳分配，而是相对于初始分配及现有的转移成本而言的最佳分配，因为如果没有转移成本，便可能有更好的分配[1]。值得注意的是，它不仅仅是相对于现有的转移成本而言的最佳分配。我们不能说，当转移成本为 n 先令时，能使 A 和 B 两地的边际社会净产量的价值相差某一给定数目先令的分配方式对国民所得最有利。唯一准确的说法是：当 A 和 B 之间的转移成本为 n 先令时，维持当前的资源分配方式将对国民所得最有利，前提是这种资源分配不使两地的边际社会净产量的价值的差值

---

[1] 参见本编第五章，第6节。

大于n先令；而且，就算当前的分配确实使差值大于n先令，则可以通过转移足够的资源，将这种差距缩小到n先令，而由此产生的新的资源分配将对国民所得最有利。

第4节

前面两节提出的结论所依据的假设是，只有一种资源分配使各地的边际社会净产量的价值相等——或考虑到转移成本，为了更有利于国民所得，尽可能地使各地的边际社会净产量的价值相等。如果运用于各种用途的资源的数量越大，这些资源的边际社会净产量的价值就越小，那么这一假设便可以确立。然而，有两种情况例外。首先，将更多的资源投入到某种商品的生产过程中，经过一段时间后，可以使开发的组织方法得到发展。这意味着，递减的供给价格的出现[1]，使较大数量资源的边际（实物）净产量超过了较小数量资源的边际（实物）净产量；一旦出现这种情况，用于生产这种商品的几种不同数量的资源的边际社会净产量的价值就有可能（当然，它并非必然）相等。其次，如果在商品生产过程中使用更多的资源，那么在一段时间之后，可能导致消费者对给定数量的这种商品所乐于支付的单位价格有所提高。因为他们通过试用，对这种商品的偏好可能会持久地上升——最典型的例子就是人们对于音乐和烟草的执着。当这种情况发生时，较多产品的单位价值（经过适当的时间间隔）将大于较少产品的单位价值。由此可见，对于大量在生产上不受上述供给价格递减的影响的商品，也可能（当然，并非肯定）存在几种不同数量的投资资源，其边际社会净产量的价值相等。[2]因此，

---

[1] 参见本编第十一章中对这一概念的研究。

[2] 假定投入1 000单位资源用于生产某一特定商品时，边际净产量的价值相等，而且因为供给价格呈递减趋势，所以当投入5 000单位资源时，边际净产量的价值也相等，那么在后一种资源分配下，国民所得必然更大。如果投入1 000单位资源便可实现边际净产量的价值相等，而且因为偏好受到影响，投入5 000单位资源也同样实现价值相等，则从后者的生产时期的角度来看，在后一种分配下，无论经济福利还是国民所得都必然更大。但是，从另一个时期的角度来看，在投入5 000单位资源的分配下，国民所得可能相对更小。鉴于这种情况，第一编第五章第7节的定义迫使我们得出这样一个结论：从绝对的角度来看，两种分配下的国民所得是无法进行比较的。

前面得出的结论需要加以修改并重新表述。考虑到转移成本，国民所得确实无法达到最大值，除非所有用途中的资源的边际社会净产量的价值都相等。因为，如果它们不相等，就总是可以通过将资源从某些用途的边际转移到另一些用途的边际来实现国民所得的进一步增加。但是，当边际社会净产量在所有用途中的价值相等时，国民所得不需要达到一个绝对的最大值。因为，如果有若干种分配的可能，而且所有这些分配都可以使边际社会净产量的价值相等，那么，任何一种分配下的国民所得，都可算得上相对极大值；但是，在这些相对极大值中，只有一个可以确切地被称作绝对最大值。我们把所有相对极大值比作高于四周群山的山峰，而其中有一座山峰是最高的。此外，并非所有的相对极大值所代表的国民所得都大于非极大值所代表的国民所得。相反，某种近似产生绝对极大值但本身并不满足边际收益均等条件的资源分配，可能意味着将比大多数满足此条件的资源分配获得更大的国民所得，从而产生仅次于绝对极大值的相对极大值。也就是说，接近最高峰的某一个位置，可能比最高峰以外的任何山峰都要高。

□ 旅馆里的吸烟者　马修斯·范·赫尔蒙特　1650年

吸烟的历史可以追溯到公元前5000年的美洲萨满教文化。随着16世纪欧洲人的到来，烟草的消费量和交易量增大，进而种植量迅速上升。美国重建之后，烟草的大规模种植迅速扩大了烟草的消费范围，直到20世纪60年代，吸烟引起科学争论，并在20世纪80年代遭到普遍谴责。

第5节

这些论述表明，尽管各地的边际社会净产量的价值相等，或者只存在转移成本方面的差异，但国家可能仍有空间采取行动来促进国民所得的增加和增加经济福利。为了增加国民所得而采取的行动，可以是发放临时奖励金（或暂时性的保护），以打破工业系统目前所处的相对极大值位置上的平衡，并诱导它再次稳定在绝对最大值的位置，即最高峰上。这是对新兴工业给予暂时性保护或鼓励性政策的论点的基础。而且，如果选择了正确的新兴工业，给予了其恰到好处的保护，并在恰当的时机再次取消这种保护，那么这一论点将是极为有效的。此外，也可以通过与上述不同的比率发放永久性的奖励金，迫使工业系统从它目前所处的峰顶位置，转移至更高一座山的坡面上的任何一个位置上——前提是新的位置必定高于它目前所处的位置——来增加国民所得。使奖励金产生这种效果，而不是将经济系统转移至它目前所在山峰的不同位置，所需的条件有些特殊。但是，可以证明，在某些供求状态下，某些奖励金比率必定会产生这样的效果。[1]

---

[1] 需求曲线和供给曲线的形状以及奖励金的多少必须是这样的：当需求曲线因奖励金而上移时，它不会在原先的交点上与供给曲线相交，而是在原交点靠右的某一稳定的均衡点相交于供给曲线。这个条件很容易用图形描述出来。

第四章　收益率与边际私人净产量的价值

第1节　一般来说，边际私人净产量的价值等于收益率。第2节　在没有转移成本的地方，利己主义使各地的收益率相等；在有转移成本的地方，则使收益率在成本允许的范围之内尽可能相等。第3节　这意味着，除了边际社会净产量与边际私人净产量的差异之外，任何妨碍利己主义自由发挥的事物，都有可能损害国民所得。

第1节

从任何用途的任何数量的任何生产性资源获得的每单位货币的收益率，通常等于该用途中该数量的该种生产性资源的边际私人净产量的价值。因此，不同行业和不同地方之间的收益率之间的关系，与边际私人净产量价值之间的关系相同；而收益率之间的相等或不相等，与边际私人净产量的价值之间的相等或不相等也是一回事。为了方便起见，在这一章和以后的四章中，我将使用"收益率"这个名词来替代其较长的同义词——边际私人净产量价值，甚或有时将不那么严谨地简写为"收益"。

第2节

任何人若要控制任何形式的生产性资源，都会设法将其分配到各种用途中，使其获得尽可能多的收入。如果他认为，在不存在运输成本等费用的条件下，还可以通过把一个单位资源从某一用途转移到任何其他用途来获得更高的收入，他就会这样做。因此，利己主义的自由发挥，只要不受信息了解不全面的阻碍，往往在没有转移成本的情况下，倾向于在不同的用途和地方之间进行这样的资源分配，以使各地的收益率相等。由此推知，当存在转移成本时，只要利己主义的自由发挥同样不受信息了解不全面的阻碍，就不会使各地的收益率相等，但是它会阻止不相等的程度过大，从而使总收益达到最大值。

第3节

由此可以推断，如果各地的私人与社会净产量相一致，那么利己主义的自由发挥——只要不受信息了解不全面的阻碍——就会在不同的用途和不同的地方之间进行资源分配，从而提高国民所得，并随之增加国家的经济福利。[1]前一章最后几节的区分表明，确实有可能存在数个极大值，所以利己主义趋向于实现的那一个，不一定是绝对极大值。然而，这只是次要问题。我们当前目的的重要一点是，当边际私人净产量和边际社会净产量相一致时，总的来说，任何阻碍利己主义自由发挥的障碍都会损害国民所得。当然，在现实生活中，边际私人净产量和边际社会净产量常常不相一致。在本编的第五章至第八章中，我们暂不考虑这一事实；但在第八章以后，特别是在第九章至第十一章中，我将充分讨论由此产生的结果。

---

[1] 当然，出于这一目的，利己主义自由发挥自身利益的概念必须排除垄断行为。参见本编第十四章至第十七章。

第五章　消除资源移动障碍所产生的影响

第1～5节　广泛来说，消除妨碍利己主义自由发挥的障碍（一般表现为转移成本或知识缺乏的形式），有可能促进收益均等。但它必须在既定条件下才能成立。第6节　对以下二者的区别是至关重要的，即实际成本的减少对经济福利的影响，以及单纯地把成本从控制资源移动的个人处转移到国家对经济福利的影响。

第 1 节

本章旨在研究，减少因信息了解不全面和转移成本所造成的生产性资源的移动障碍将对国民所得的大小造成什么样的影响。出于这一目的，暂时忽略边际社会净产量与边际私人净产量的差异是无可厚非的；因为，尽管移动障碍可能阻碍边际私人净产量的价值之间的均等性，从而促进边际社会净产量的价值之间的均等性，但是没有理由认为，移动的障碍一般都是这样起作用的。将社会净产量和私人净产量之间的差异作为导致边际社会净产量价值不相等的一个因素，将移动障碍作为叠加于此的第二个因素，是比较妥当的；因此，在一般情况下，削弱其中任何一种因素的力量，都有可能达成人们提高均等性的愿望。基于这一假设，为了化繁为简，我将在本章和以下各章中谈及边际净产量时不加任何形容词。

第 2 节

如果生产过程中的生产性资源的总量是给定的，那么乍看之下，减少任何一种障碍，必然降低不同用途和地方之间的收益率，也就是边际净产量的价值的不均等，从而增加国民所得。然而在现实中，事情并非如此简单。包括转移成本和对情况了解的欠缺在内的自由移动的障碍，使问题复杂化；因为我们必须在对情况的了解尚不完善的情况下降低成本，在仍然存在成本的情况下完善知识。

第3节

显然，如果人们认为，将资源从A处转移到B处可以获得更大的收益，那么，成本的降低就会导致资源作这样的转移，但事实上，将资源留在原地的收益将会更大。因此，降低实际生活中的成本，则有可能使边际净产量的价值变得更加不均等，从而减少国民所得。然而，在附注中，技术性的论证表明，这种情况总体上不太可能发生。[1]

第4节

当转移成本保持不变而知识得到完善时，情况就会变得更加复杂。这种完善不一定会提高边际净产量价值之间的均等性。我们假设，对情况了解是充分的，A处的资源的边际净产量的价值将超过B处的相应价值等于1先令，而将一个单位资源从B处移到A处的成本恰好抵消这1先令。但是事实上，如果我们进一步假设，对情况的了解是不充分的；人们认为边际净产量的价值在A处时超出了它的真实

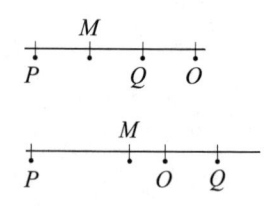

---

[1] 证明如下：假定人们对投资于B的资源的边际净产量的估值是正确的，对投资于A的资源的边际净产量的估值则与实际价值有所偏差，偏差值为k。那么，不妨设A与B之间的转移成本相等，且等于分摊于某一时期的年度总额，在此时期，单位资源完成移动并在新的地方获得利润，从A到B的移动和从B到A的移动所形成的年度总和并不一定相等。例如，在运输方面，"下坡比上坡，或者说顺流比逆流更容易"；在语言障碍方面，"从英国到德国，比从德国到英国更严重"（麦格雷戈《工业联合》，第24页）。然而，就当前的目的而言，我们可以忽略这一复杂情况，并将这两个方向的成本以年度总和n来表示。画OM等于k；在M两侧画MQ、MP均等于n。显然，B的资源的边际净产量的价值超过A的价值额——我们设其为h——是不确定的，可能介于价值OQ与价值OP之间，二者既可能为正也可能为负。n值的减少可以表示为P和Q两点向M的移动。只要k和n使P和Q位于O的两侧（见上图），则很显然，这种移动使以前可能出现的h的最大正值和最大负值不可能再出现，除此之外没有其他影响。但是，当P和Q位于O的同一侧时——当然，所有可能出现的h值都具有相同的符号——它使之前可能出现的h的最大值和最小值成为可能。这种双重变化在增加或减少h值方向上具有相同的可能性。因此，如果P和Q总是在O的同一侧，我们就不能推断n值的减少将如何影响h值。然而事实上，P和Q经常分别出现在O的不同侧。考虑到这些情况以及其他情况，我们可以推断出，在很多种情况下，n值的减少可能使h值减小。换言之，一般情况下，转移成本的减少，有可能使资源的边际净产量的价值在A和B处的不均等性变小。此外，显而易见的是，当MP和MQ的距离给定时，k值越小，MP和MQ距离的减小与h值增加的相关的概率就越大。

值，则人们从B处向A处移动的资源比在完全了解情况时所移动的资源更多，因此，A处的边际净产量的价值超过B处的价值的数额就小于n先令。在这种情况下，正确的判断能力将明显增加A、B两处资源的边际净产量价值之间的不均等程度。然而与此同时，显然也会增加国民所得。不花费任何成本而减少了解不全面造成的障碍，将永远增加国家的经济福利；尽管它并不总是通过促进边际净产量的价值之间的均等性来做到这一点。

□ 古诺

安东尼·奥古斯丁·古诺（1801—1877年），法国经济学家和数学家，也是第一位同时具备这两门学科知识并努力将数学应用于经济学研究的人。他在经济学方面的主要著作是《财富理论的数学原理》。他最重要的贡献是最早提出了供求函数，以及提出了垄断、双头垄断和完全竞争的精确数学模型。

第5节

然而，在这一点上，我们遭遇了一个严重的困难。迄今为止，生产过程中的资源总量已被视为给定。但事实上，消除或减少生产资源移动的障碍可能会改变这些资源的数量。因此，我们必须清楚，生产过程中的资源数量是否因为消除了这些障碍而大大减少，并导致国民所得比之前的更小而不是更大。根据法国经济学家古诺的观点，这一结果是可能出现的。他指出："当以前被壁垒分隔的两个市场重新放开交流时，各种商品的生产总量不一定会增加，因为现在商品可以实现从一个市场输出，从另一个市场输入。"[1] 在某些情况下，（迄今）廉价市场的产量的增长幅度不会像（迄今）高端市场的产量的下降幅度那么大。以此类推，开放行业与地方之间的交流可能会导致生产过程中的劳力总量或创造的资本总量减少；而且，在某些情况下，这种减少可能导致国民所得减少，尽管最终剩下的部分劳力

---

〔1〕参见古诺《财富理论的数学原理》，第11章；同时参见埃奇沃思的《国际价值理论》，载于《经济学杂志》，1894年，第625页。

或资本将在比以前更有利的条件下得到利用。我必须承认，由于交流的开放，劳动或创造的资本的数量可能会减少。然而，我难以想象在怎样的条件下，我所设想的国民所得可能会减少。因为，如果新的条件能使人们获得比以前更高的总收入，人们为什么有的人要选择比以前更多的闲暇时间呢？如果新条件下的收入可以为每个人提供比以前更多的储蓄，人们为什么要选择比以前更少的储蓄呢？也许，对这种情况的全面分析能够揭示我所没有看到的可能性，当然，这种可能性微乎其微。毫无疑问，从广义上讲，前几节中关于生产过程中的资源数量是给定的这一假设所得出的结论，在取消该假设之后仍然成立。

第6节

这里仍有一个亟待澄清的重要问题，它与旨在减少知识不完备或降低转移成本的政府奖励金的作用有关。[1]通过把了解情况和移动资源的一部分成本转移给政府而使个人的支付价格下降，与通过成本真正降低而导致价格下降是完全不同的两回事。除了上面提到的特殊情况外，这两种价格下降还有着相同的倾向——增加不同地方的边际净产量价值之间的均等性。但是，由于成本的转移而导致价格降低所带来的均等性的提高，超出了相对于现有条件而言最有利的提高。从表面上看，这种价格的降低虽然往往会使边际净产量的价值之间更加均等，但它却有可能损害国民所得。[2]

---

〔1〕参见本编第九章，第11~14节。

〔2〕为避免误解，应补充两项修正性考虑：首先，刚刚提出的反对为加强流动性而对某一行业提供奖励金的论点，只不过是反对对任何产业提供奖励金的一般论点的一种特殊情况。因此，如果有特殊理由相信，在没有鼓励金的情况下，对有关行业的投资就不会顺利达成，那么上述论点便可以被推翻。其次，当国家接管提供信息或移动工具这项工作，并无条件地选择免费或以低于成本价出售其努力的成果时，总的来说，我们要做的不仅仅是对这些行业提供鼓励金，同时由于大规模方法的引入，我们要真正降低价格。因此，即使鼓励金这一因素在新的资源分配中被证明是有害的，该资源分配在整体上仍然可能是有利的。

第六章　信息了解不全面造成的收益均等化障碍

第1~5节 信息了解不全面阻碍不同行业中收益均等的趋势，其中一部分是由企业账目的特征造成，另一部分是由企业财务的一般性组织造成。第6节 如果其他条件允许的话，银行参与创立公司的工作可能有助于情况的改善。银行的参与必然是为了永久利益，而不仅仅是眼前利益。第7节 瑞弗森银行等对小型投资领域实施控制，是为了防止借贷资源在使用过程中产生浪费。

第1节

在本章中，我们将详细研究关于信息了解不全面所发挥的阻碍作用。资源的河流生生不息地流淌着，在不可避免的转移成本允许的情况下，它奋力从回报相对较低的收益点流向回报相对较高的收益点。在此过程中，它总是因为引导资源流向各个支流的人对信息掌握不全面而受到干扰。为了了解这一原因造成的损失大小，我们有必要对现代企业财务的某些方面进行简单的探讨。

第2节

首先，必须注意的是，收益作为引导资源正确分配的重要指标，是资源在不同用途中在每一连续时刻产生并积累下来的收入。在静止状态下，将一个企业的净收入除以过去投资于该企业的所有货币总量所得的商数，可以真实地量度该企业当前的投资收益。但是在实际情况中，这样得出的结果往往会产生极其严重的误导。例如，一个人可能为了制造某种特定物品而往工厂里投入10万英镑，但是，工厂可能因为被大火烧毁或过时而变得毫无价值。现在，他投资1万英镑可能只有2 000英镑的回报，这一新投资的收益为20%，但是他的总投资的收益却是不到2%（2 000英镑除以11万英镑）。因此，无论企业账目做得多么完美，公布得多么全面，这种困难都难免掩盖有关的事实。

第3节

□ 伦敦证券交易街 1808年

英国的证券交易起源于17世纪晚期。当时，政府设立皇家交易所专门买卖政府债券，而民间的股票交易活动则大部分在咖啡馆里进行。直到1773年，伦敦证券交易所在新乔纳森咖啡馆正式宣告成立。1802年，伦敦证券交易所获得英国政府的正式批准，自此，分散的证券交易由交易所集中经营。1812年，英国政府颁布第一个证券交易条例，以此加强对交易所的管理。

接下来，我们要谈论的是实际账目的基本特征。私营企业并不公开其经营活动的利润报表。而对于股份制公司，法律强制要求其在一定程度上对经营业务的利润报表进行公示。但是，股票掺水或其他手段经常被用来向外界隐瞒实际投资资本的收益率，因此，即使这可以为当前的投资回报率以及未来的前景提供合理的指导，专家以外的人也很难对它加以利用。需要预测的前景不仅指即时收益，还包括相当长一段时期的收益，这无疑使困难加剧；因为很显然，就这些收益而言，即使让人对刚过去的形势有正确的了解，也只能提供不全面的指导。鉴于这些情况，似乎在现有条件下，对信息了解不全面几乎会完全阻碍不同时期流向不同用途的资源的收益均等趋势。不过，这种观点也许过于悲观。马歇尔说："个体商人的经验教训或许很难了解，但是一个行业的经验教训不可能彻底地隐藏或长期隐藏。虽然人们不能只通过观察海浪拍打海岸五六次就能判断潮水的涨落情况，但是只要稍微多一点耐心就能解决这个问题；而且商界人士普遍认为，一个行业的平均利润率不可能有大幅的上升或下降，否则过不了多久就会引起人们的普遍关注。虽然与技术工人相比，企业家要判断自己是否可以通过改换行业来改善自己的前景更加困难，但他有更多机会去了解其他行业的现状和发展前景；如果他想改换行业，则通常比技术工人更容易做到。"[1]简而言之，尽管单个企业可以成功地掩藏自己的经营状况，但是整个行业却无法做到这一点。对于利用资源在不同行业开办新企业所能获得的相对回报，普通大众可能了解得不是很全面，但是对于那些指导资源流动的人来说，却并不如此。而且，在公开企业经营状况方面，仍有很明显的改进空间[2]，如果这方面有所改进，就能减少对信息的不了解，就能促进边际净产量的价值均等，从而增加国民所得。

第4节

接下来，我将讨论信息了解不全面与掌握投资资源者的素质这二者之间的关系。在早期社会，投资几乎完全由各行各业的企业家来完成，他们着力于把属于自己的资源分配于这些行业。只有这些企业家的素质与我们要探讨的问题有关；而且很显然，企业家经营企业能力的大小，将决定预测误差范围的大小。在现代社会，对工业的投资很大一部分仍然来自于实际经营企业的人，他们将自己的利润再投资于这些企业，或者从自己的合作伙伴或朋友那里获得资金，而这些人完全了解所有相关信息。有人认为，这种不属于货币市场组织范围内的筹资方式，支配着新住房投资总流量的一半以上。[3]不过，除了这些方法，现代世界还采用了其他方法。产业的很大一部分资金，是由除实际经营企业的人以外的许多其他人提供的。这些人一方面包括职业金融家、公司发起人或发展中的企业联合组织，另一方面包括受发起人诱导而投资其企业的平民富豪。米切尔教授写道："发起人的特殊职责是寻找并吸引投资者注意到新的机会，包括赚钱、开采新的自然资源、开发新工艺、生产新产品、为现有企业设立新的组织形式等。但是，发起人只不过是一个为产业大军指明新的前进方向的探索者……计划之多，是

---

[1] 马歇尔《经济学原理》，第608页。
[2] 参见莱顿《资本与劳动》，第4章。
[3] 参见拉文顿《英国的资本市场》，第281页。

现有资金的投资能力所不能承受的。富人在决定如何雇用劳力、使用什么产品，以及工厂建在什么地方等方面，作用虽然不是很明显，但他们对这些计划采纳与否，却起着举足轻重的作用。"[1]因此，在现代产业中，社会投资的很大一部分，是由对创办公司感兴趣的专业金融家和平民富豪共同控制的。对于这样一个复杂机构的能力和商业判断水平，我们该如何去评判呢？

第5节

我们不难对职业金融家与普通商业人士——曾经的企业投资人——是否拥有为企业寻找良好发展新机遇的能力作出判断。首先，职业金融家是这一特定领域的专家，至于普通商业人士，他们即使有从事该工作的机会，这种机会也比较少。显然，专家可能会做出比普通商业人士更好的预测。其次，近年来，通信手段的发展赋予许多行业国际性质，这使专家比以前享有更大的优势，他们只要掌握关于本地条件的相关知识——比如精明的商业人士自然掌握的那些知识，就足以做出良好的判断。最后，专业化这一点，可以使破产企业甄别机制更自由地发挥作用，将那些承诺为新办企业选择机会却又无法胜任该工作的人淘汰掉。当一个人集金融家和制造商的双重身份于一身时，他即使没有高明的商业战略，也可能凭借其自身的制造技能兴旺发达。当这两种身份分别存在于两个人身上时，如果其中一个人不如另一个人能更好地胜任该工作，他就很容易赔钱，并被逐出该领域。此外，这一自然选择的效用会因职业金融家从事大量的交易工作而得到提高，这就意味着概率因素所起的作用较小，效用因素所起的作用较大。因此毫无疑问，在任何产业，职业金融家都将比该产业的企业家更有能力预测未来的情况。与此相反，我们必须承认一个事实，即那些最终为职业金融家组建的企业提供资金的普通民众，在预测未来状况的能力方面远不如普通商业界人士。如果发起者总是寻求总体利润最高的机会，而不是寻求那些能够被自己操控并对自己而

---

[1] 参见米切尔《商业周期》，第34~35页。

言最有利可图的机会，那么其追随者即使信息了解不全面，或许也是无关紧要的。然而不幸的是，这往往正是职业金融家的利益所在，也是他们的权力范围所在，他们经常通过传播虚假信息或其他方式，故意歪曲那些未受过专业训练的同事的预测。正是这一事实，使得现代制度对社会投资在不同价值的时机之间的分配所产生的最终影响有些难以预测。当法律禁止新公司以极低面额的股票进行融资时，就像德国一样，可能会增加现代制度给人们带来的优势；如此一来，一些较为贫穷的、不了解信息的、最容易上当受骗的人就会被驱逐出去。[1]再者，任何能够被执行的立法，只要能够阻止不诚实的专业人士对能力欠缺的投资者进行欺诈，实际上都会在一定程度上减少普通民众预测错误的损失。"对新公司招股说明书的公开监管、防止欺诈性地创立公司的有效立法、对于在证券交易所正式上市的证券提出更严格的要求，以及向投资者发布信息的更高效的机构，等等，都属于这一范畴。"[2]

第6节

当创办公司这项工作掌握在银行家手中时，就会引入一种更为彻底的补救方法，当然，银行家的声誉有赖于他们自己所创立企业的长久的成功。德国就是实行的这种方法。德国大型银行雇用了一批技术专家，专家专门负责对所有可能被推荐的工业企业进行审查并作出汇报，最后决定可以为哪些企业出资，简而言之，这些技术专家就是工业界的金融总参谋。下面一段文字对德国体制与英国体制作了很好的对比："按照理论，英国的股份制公司（银行）不直接参与融资以及证券发行业务，也不参与交易所的投机活动。但这一事实造成了另一大危害，即银行对这些新成立的公司及其发行的证券丝毫不感兴趣；相比之下，德国体制的一个明显优势就是，德国银行即使只是为了自身所发行信贷的信誉，它们也会

---

[1] 在德国，股票面额在任何情况下均不允许低于10英镑，普通面额不允许低于50英镑（参见舒斯特尔《德国民法原理》，第44页）。1924年，股票最低面额降至1英镑（20马克），普通面额降至5英镑（100马克）。

[2] 米切尔《商业周期》，第585页。

□ 繁忙的英格兰银行　19世纪

英格兰银行是世界八大古老银行之一，是英国的中央银行。它成立于1694年，它最初的任务是充当英格兰政府的银行。英格兰银行大楼位于伦敦市的针线大街，因此又被人们称为"针线大街上的老妇人"或者"老妇人"。这所银行自诞生那天起，就是全世界最大、最繁忙的金融机构。

一直持续关注它们所创立的公司的发展。"[1]毫无疑问，银行作为发起人的这种做法存在巨大的风险，绝对要求其资本额像德国[2]那样，而且比英国通常的负债额大得多；否则，其所创立的企业蒙受的损失，甚至是套牢在该企业中的资金的暂时固化，都可能使银行无法履行对储户"取款自由"的义务。此外，必须记住的是，英国作为世界银行中心，且至今仍是黄金自由交易的主要市场，这种地位使它把银行资源固定在长期投资中，要比其他国家遭受更大的危险。因此，我并不认为，英国银行迄今为止所奉行的总体政策有失明智。但毫无疑问的是，如果条件允许，银行能够没有风险地承担创立公司的工作，实际上就会显示出真正的优势。与某些类型的私人金融家相比，银行更有可能去寻找真正可靠的机会，而不是那些短时间内看起来可靠的机会。的确，在某些情况下，由于受到不同国家之间的竞争利益的影响，照此方式运作的强大的银

---

〔1〕里塞尔《德国大型银行》，第555页。

〔2〕英国银行的一般做法是提供"银行贷款"，即通过期票贴现或其他方式提供短期信用贷款，而不提供"财政贷款"，即长期信用贷款。人们有时抱怨说，这样做阻碍了一些产业的发展，而这些产业有可能在短时间内获得有利可图的扩大规模的机会——例如，它们可能接受一些大订单，为进入某些新市场打开大门。但是如果通过发行股票或债券增加新资本，则必然需要一定的时间。也有人说，英国银行的做法使英国商人难以在外国市场立足，因为这些外国市场往往希望购买者具有长期信用。针对这些抱怨，法林顿勋爵所在的财政贷款委员会（1916年）建议，设立一个拥有大量资本但不从事银行存款业务的机构，该机构专门为发展国内企业提供金融便利，并在必要时为对外贸易提供财政贷款。这项建议得到了采纳，1917年4月经批准一个类似的机构——英国贸易公司建立了。

行机构很有可能成为政治运动的工具，其运作也很有可能受到经济因素以外的其他因素的影响。但是，这方面的问题不适合在这里讨论。

第7节

然而，并非只有充当发起人，银行家才能帮助企业将资源导入生产渠道。诚然，一般银行家贷款给商人时，无论是自己直接发放款项还是通过票据经纪人发放款项，他们都只关心债务的安全问题。拟借款者向银行提供了可接受的担保之后，银行家会对他履行义务的能力作出判断，但是，对于这些拟借款者将成功筹集到的资金投入其中的企业的相对盈利能力，银行则不会作出任何判断。不过，如果银行被迫向无法保证贷款安全的人发放贷款，他们就不得不担当起更重要的角色。出于自身利益的考虑，他们不能仅凭拟借款者给出的还款承诺就发放贷款，而必须详细调查拟借款者的信誉，并具体了解拟借款者打算将所得贷款用于何种目的。西奥多·莫里森先生在谈到印度的农民借款者时写道："不管多么仁慈，都不能相信农民渴望获得资本，完全是为了将其投资于土壤的提质和增产。"[1]1907年发表的"缅甸合作社信贷协会工作报告"同样认为："在缅甸，借贷的主要原因是出于习惯，而不是出于必要，人们缺乏前瞻性；真正按要求投资到种植业（除了奢侈品）中的资金远远少于通常情况下应该投入的资金，而只通过合作社或其他方式提供的低息借款，在公众目前的精神状态下，往往不但不能促使借款者节约，反而诱使他们浪费；最后，在缅甸特别需要注意的是，要确保合作社的管理能够将防止浪费和提倡节俭的思想有效地灌输给每一个成员。"执行此类控制和监督的公认机制由人民银行提供，例如德国的瑞弗森银行及其意大利合作伙伴。这些银行通过双重途径来获取必要信息。首先，一些人作为银行会员从而作为潜在借贷者聚集在一起，他们均来自一个很小的范围，所以监管委员会可以轻易获取他们所有人的基本个人信息。只有委员会对其诚实可信等优良

---

[1]《印度邦属的工业组织》，第110页。

品质感到满意的那些人，才能获准成为会员。在一些银行——例如意大利大众银行——其管理委员会一开始就不会考虑任何特定借款申请，而是针对他们认为可以安全放贷的会员列出一份贷款清单，[1]这份清单随后可用作放款的依据。法国公共福利机构也是先列出名单，再依照名单发放贫困救济保障金。其次，发放贷款的条件通常为借款人必须将款项用于特定目的，并接受放贷方保有某些监督权。因此，虽然大多数土地银行（这些银行采取实物抵押制）规定，"抵押贷款所得收益的用途可依照借款人的意愿而定，例如用于偿还贷款或均分给年幼的子女，等等"，但是瑞弗森银行却会对贷款目的进行详细调查，并规定："如果借款方改变贷款用途，银行则会收回贷款[2]"。这一做法往往会减少因对借款人不了解而产生的冲动性投资的数目，并减少对收益极低的项目的投资，从而间接地增加国民所得。

---

[1] 参见沃尔夫《人民银行》，第154页。
[2] 关于瑞弗森银行及同类银行的情况，参见费伊《国内和国外的合作》，第一编。

第七章　交易单位的不完全可分性对收益均等的阻碍

第1节 当进行交易的单位过大，或该单位是以特定比例的两种因素结合而成时，利己主义阻碍了所有用途的收益率均等的趋势。第2节 在现代，进行资本交易的单位的大小通过两种方式缩小，其部分原因是由于证券交易机构的助推。第3节 这一单位以前所具备的复合性特征，也在很大程度上由于用作抵押的证券的大幅增长而消失了。第4~5节 把股票分成若干不同的类别，并由金融家在其风险最大的早期持有这些股票，后期再将其转手，其作用不变。第6节 通常来讲，在目前的条件下，交易单位不完全可分性影响不大。

第1节

除了上一章所讨论的对信息了解不全面外，需要加以考虑的还有转移成本。当然，这种成本的一部分是必须支付给资本市场上的各种代理机构的费用，如公司发起人、融资银团、投资信托公司、律师、银行家以及其他人等，他们根据投资的性质，在不同程度上协助将资本从它原来的所在地运送到使用地点。[1] 但是，转移成本中还有一部分是不那么明显且比较特殊的，这就需要我们进行更加深入细致的研究。它阻碍着各个职业中收益均等的分配趋势。这是特有的一种转移成本。经济问题的纯数学处理方法常常假定，无论在何处，如果给定数量的若干生产要素有机会得到有效利用，那里所获得的每个要素的单位都是无穷小的，这些单位又往往能够从其他任何一个因素的单位中完全分离出来。当这一假设的正确性无法得到保证，收益均等的趋势就无法完全实现。原因是，一方面，如果一家企业利用任意一个要素进行融资，融资方式是每个单位价值1 000英镑，那么在均衡条件下，每个价值1 000英镑的要素在两地来回转移的过程中并不会产生更

---

[1] 拉文顿在《英国资本市场》（第18章）中，对这些代理机构作了精彩的分析。

高的总收益，但任何低于1 000英镑的要素的转移就有可能使总收益增加。简而言之，当交易单位不是无穷小时，所有用途中产生的收益均等的趋势会降级成对不平等进行限制的趋势——单位每增大一点，这种限制的程度就会降低一点。另一方面，如果一家企业只以任意两种要素进行融资，融资单位是要素A和要素B以确定的比例结合而成。显然，在均衡条件下，尽管将那些复杂的单位组合从一处向另一处转移并不会带来更高的总收益，但是单独转移某种数量的两种要素中的其中一种，则有可能使总收益增加。因此，当交易单位由以特定比例的两种或两种以上的要素结合而成时，所有用途中的收益均等的趋势也会降级成对不平等进行限制的趋势。由此可见，交易单位的大小或复杂程度在移动过程中起同等程度的阻碍作用。总而言之，它将妨碍利己主义促使各种生产要素在所有用途中的收益均等趋势的形成。

第2节

在一段时间内，进行资本交易的单位显然是很大的。然而近年来，这些单位的大小通过两种方式大幅度减少。其中一种很明显，另一种相对模糊。最明显的方式是银行将降低所接受的个人存款额——例如，储蓄银行允许单独存储硬币——公司发行的个人股份的面额也在下降，虽然下降幅度较小[1]。更模糊的方式取决于这样一个事实，即资本的单位是一个二维实体。一个人不仅可以通过改变他在规定时间内借出的英镑数量，还可以通过改变他借出规定数量的英镑的借出时间，减少他所提供的资本数量。缩短借入资本单位的期限在实践中是非常重要的举措，因为大多数企业需要可长期支配的资金，但许多借款者只愿意在短期内借出自己的资金。当代世界已经发展出两种方法来缩短期限。首先，企业家对短期贷款的实际接受程度，部分取决于企业的资金需求弹性，部分取决于从其他地方重新获得借款的机会。其次，可以通过证券交易机构转移企业的长期债

---

[1] 必须记住，正如本编第六章第5节所指出的那样，这种趋势并非完美。

务——从放款人的角度来看，这种方法的下一步就是直接从企业收回贷款。这两种方法的适用范围完全不同。过度依赖短期贷款被认为是危险的举措。"随着企业越来越依赖短期信贷而不是实收资本或长期贷款，它在困难时期破产的风险也会越来越高"[1]——因为无法续借。因此，通常认为，短期信贷并不适合用来给新设备等筹措资金，因为它的资金回笼速度必定非常缓

□ 墙上的画 1803年

18世纪，英法为了争夺欧洲殖民霸权，用尽各种手段来削弱和控制对方。拿破仑上台后，企图对英国的商业实行大陆封锁政策。1803年，当时的英国版画家詹姆斯·吉尔雷在其版画（如图）中反映了这一史实：拿破仑与其军官在一张桌子上大吃大喝，桌子上放着代表各种英国机构的建筑物模型。其中最显眼的是拿破仑面前摆放的一个超大的英格兰银行模型。

慢；它只适合用于材料和劳力的资金支出上，即在贷款到期之前便可能把商品销售出去。[2]然而，这两种方法之间的区别对于当前需要实现的目的来说并不重要。它们本质上基本相似，因为二者都取决于这样一种普遍概率，即就放贷意愿的变数而言，整个社会的变数比一般个人的变数低。因此，一方面，一家公司通过银行贴现票据向不同的人借入一系列短期资金，从而使他们中的任何一个人只需借出几个月的贷款。另一方面，人们为了应对不时之需而进行储蓄，并不是储存想要的物品，而是将资金投资在长期证券上，在急需用钱的时候通过证券交易机构进行资本变现。这些方法并不完美。因为，在困难时期，新票据贴现可能非常困难，代价也很高昂，而且要通过抛售股票来变现资本或许并不可行，除非愿意承担惨重的损失。不过，它们确实大大缩短了进行资本交易的单位时间。关于

[1] 巴顿《金融危机》，第263页。
[2] 米德《公司财务》，第231页。

劳动交易，它的单位时间显然很小。因此，在当代世界，除了土地交易中的某些特殊问题（此处不方便讨论）之外，似乎只在雇佣权力方面，交易单位过大阻碍了利己主义促使不同行业的收益均等趋势。与任何用途中正在行使的雇佣权力总量相比，雇佣权力的平均行使水平不能被视为无穷小。这一事实证明，不同用途中的雇佣权力的收益受到了严格制约，无法接近均等；因此，与雇佣权力能够更完全地分割的情况相比，国民所得就会变得更小。

第3节

接下来，我们考虑一下进行交易的单位的复杂性或复合性特征。正如前面所提到的，资本是最需要讨论的问题。因为，正如商业中通常设想的那样，资本并不是一个纯粹的基本生产要素。当然，在具体情况下，它表现为工厂和设备的形式，或者是以一种叫做"商誉"的关联体系的形式出现。但这种具体资本总是由两种因素以不同比例组合而成，这两种因素是等待和承担不确定性[1]。在原始条件下，如果一个企业是由不止一个人经营，那么，实际上有必要让这几个参与者按照等待和承担不确定性这两种因素在总体中所占的比例来分配它们。事实上，他们把自己的资本集中起来，每借一英镑便将承担同等程度的不确定性。他们将成为合伙人，或者如果我们愿意假设他们承担的责任是有限的，他们便是这一家公司的联合股东，该公司的资本完全由普通股组成。然而在现代，再也没有这个必要。一个需要 x 单位等待加上 y 单位不确定性的承担的企业，不需要从每个参与

---

[1] 人们对"等待"服务的本质有较深的误解。有人认为等待就是提供资金，有人认为等待就是提供时间，所以在这两种假设中，它对国民所得没有任何贡献。这两种假设都是不正确的。简单来说，"等待"是指推迟一个人有权立即享用的消费，从而允许可能已被破坏的资源以生产工具的形式出现，并充当"引导自然力量为人类的努力助力"的角色（弗拉克斯《经济学原理》，第89页）。因此，"等待"的单位是在给定的时间内使用一定数量的资源——例如劳力或机器。因此，用卡弗教授的例子来说，如果一家制造商在每一年的每一天购买一吨煤，并提前一天购买并储备好第二天所需的煤，则他在一年中提供的等待就是一吨煤，即年吨煤（《财富的分配》，第253页）。用更为一般的术语来说，等待的单位是年价值单位，或者用卡塞尔博士不那么准确但更简单的语言来说，即年磅。附录 I 将讨论不确定性的承担所涉及的更大的难题。对于通常所认为的，任何一年累积的资本量必然等于该年度的"储蓄"量的观点，应予以警告。即使将储蓄解释为净储蓄，从而排除一个人为增加另一个人的消费量而借出的储蓄资金，并且不考虑临时积累的未使用的请求权以银行货币的形式提供的服务，情况也不是如此；因为许多原本计划成为资本的储蓄，实际上由于误导而被浪费掉，从而没有达到既定目的。

者那里获得平均每个单位的等待所获得的 $\frac{y}{x}$ 个单位的不确定性的承担。通过担保的手段，它的需求可以分成两部分，即等待从一组人中获得，承担不确定性从另一组人中获得。担保可以采取多种形式。保险公司向实业家提供保险并承诺，实业家的收入不受火灾或意外事故的影响。外汇兑换银行可以提供担保，例如1893年以前的印度在进行外汇交易时，外汇兑换银行以某个价格购买进口商和出口商的票据，为它们可能在交易和票据变现期间由于外汇市场发生任何波动所造成的损失（或收益）提供保险。在实业家经营大宗商品业务的过程中，如果被允许为这些商品建立期货市场，则由投机者对一般性的经营风险提供担保。如果一个磨坊老板或棉花商现在拿下面粉或棉织品供应的订单，就可以买下投机者的期货合同，该合同约定未来以规定金额向投机者提供原材料，不论那时的市场价格如何。当一位银行家准备为工业企业贴现票据时，也可以获得同样的担保，只要有另一位银行家、票据经纪人或某些独立的个人同意承兑或背书该票据即可，或者像苏格兰常见的"现金信贷"一样，为原始借方提供担保。[1]如果一家人民银行以无限责任或认缴保证金的方式为其当地客户借款，实际上就是向中央银行提供担保。[2]如果贷款人以"抵押物"的形式向银行或其他放款人贷款，银行或其他放款人将最终获得担保。迄今为止，最有效的担保形式是工业企业的股票和政府债券。与动产担保不同，它对存款人不会造成任何当前损失，而最终所承担的责任也与抵押贷款的止赎权不同，不会给存款人造成任何麻烦。此外，世界证券交易所为证券提供的"连续市场"保证了其持有人免受价值骤然下跌的风险，而持有不动产所有权凭证作为附属担保品的人就要承担这种风险。[3]近几年来，由于

---

〔1〕无论是货物接收方签发的票据，还是承兑人借用承兑行的名义来背书的融通票据，由承兑人签字提供的担保的实质都是一样的。有一种融通票据则不同，它的承兑人是出票行以别名设置的一个分支机构，这种票据实际上只签署了一个名字；当签发机构与原始借款者的命运紧密联系在一起，一方的失败几乎可以肯定会导致另一方的失败，同样的情况基本上如此。

〔2〕有时候，有限责任倡导者与无限责任倡导者之间的争论异常激烈。普通银行和舒尔茨—德里奇人民银行普遍采用有限责任制的组织形式。意大利人民银行和被帝国联邦并购之前的德国瑞弗森银行（除了一些法律认定的小额股份制）一般采用无限责任制的组织形式，这就是银行虽为穷人设计，穷人却很难成为真正的股东的原因。

〔3〕参见布雷斯《组织性投机的价值》，第142页。

部分股份制公司取代了合伙企业[1]，以股票和股权所代表的、因此可以作为抵押担保的国民财富的比例已经大大增加。根据施穆勒（Schmoller）在第一次世界大战前几年的估计，在100年前，任何国家的财富中都只有非常小的比例是以这种形式存在的，如今，德国有17%——里塞尔据说有33%——而英国有40%都是以这种票据形式存在。[2]根据沃特金斯（Watkins）先生的调查，英国居民拥有的77%资本价值是动产（1902—1903年被征收个人财产税），在这些动产中有70%是票面资本。[3]很自然的一个结果就是，担保手段的适用范围以及由此带来的等待与承担不确定性的分离已经大大扩大了。

第4节

然而，这并不是当代人将复杂的资本单位分解成各个不同的组成部分，使它能够将等待与承担不确定性分离开来的唯一方法。但承担不确定性本身就不是一件简单的事情。使1英镑的风险敞口变成21先令或者19先令的机会，与使它变成39先令10便士或者39先令2便士的机会是不同的。简而言之，存在着许多种不同的不确定性方案，不同的人选择承受不同的方案。此外，各种企业的经营活动同样涉及许多种不同的不确定性方案。如果行业中任何给定的需求不能由单个方案去满足而可以结合不同的方案去满足的话，那么，所提供的方案则可能调整成为能够适应需求且更令人满意的方案。现在可以实现这一点。如果由几个人提供资本合伙创办企业，那么他们所投入的资源均承担一个相同的不确定性方案。因此，除非能找到足够多的人愿意执行这一具有不确定性和特殊性的方案，否则盈利性的产业有可能停产。在现代社会中，这种困难很大程度上已经被克服，即股份公司通常采用发行不同等级的证券来筹集资金。我们并非使投资于企业的每一英镑都服从于同一个不确定性方案，我们采用的是资本化体系，即将公司债券、累积

---

[1]参见费雪《利率》，第208页。
[2]沃特金斯《巨额财富增长论》，第42页。
[3]沃特金斯《巨额财富增长论》，第48~49页。

优先股、非累积优先股、普通股，有时还有其他更为特殊的子品种组合在一起。每一种证券都代表着一种不同的方案，或者一种不确定性的承担。这种将股票分成若干不同类别的做法，在以极有利于国民所得的方式来促进资源分配方面，与更简单的两级专业化做法具有相同的效果，在这两级中，一级包含承担某些不确定性，另一级则不承担任何不确定性。

□ 帕萨迪纳第一国民银行　1888年

帕萨迪纳第一国民银行建于1885年，其银行大楼位于美国加州帕萨迪纳市科罗拉多街和费尔奥克斯大道的西北角。20世纪20年代，该银行大楼被拆除。

第5节

还有一种专业化的形式。迄今为止，我们一直心照不宣地认为，在一家公司中，某一特定类型的股份将保持最初持有时的状态。然而很显然，事实并非如此：公司一旦成立，最初涉及诸多不确定性因素的持股往往都会减少其不确定性。公司创立之初，公司的股份由不同的人持有，而现代产业金融制度根据以上事实作出调整之后，公司的股份整体上由一个团体持有。因此，当一个重要的"提议"提出来时，资金首先由财团提供——或由承销财团（又名承销辛迪加）担保——该财团由愿意冒巨额损失的风险并希望因此获得巨额收益但又不准备长期将自己的资金闲置的人组成。在初期阶段，财团可能会成功地将大部分股票以一定利润出售给投机者以及那些同样愿意承担不确定性但又不愿等待的人[1]；反过来，经过短期股指"震荡"之后，这些人可能会将股票再次出售给像自己一样的

---

[1] 详细情况请参见米德《公司财务》，第153～157页。

人。在后期，当前面的试验已经显示出其真正的关注点是什么，进而大大减少购买该股票时所包含的不确定性因素时，那些渴望独自等待的"投资大众"便会入市购买这只股票。通过这种方式，愿意承担不确定性的人和愿意等待的人都有机会扮演适合他们的角色。

第6节

这些现代发展带来的广泛成就是，将原来进行资本交易所需的大的复合单位拆分成简单、便于操作的小组件。在影响劳力和土地的交易中——除了第三编将要探究的家庭有时必须被视为一个移徙的单位这一事实以外——这些单位从来没有任何复杂之处。复杂性仍在支配着"企业"领域，就雇佣权力而言，只有当它带来一定数量的资本时，才能形成一种雇佣关系。但是，为股份制公司工作的带薪经理的出现，也为拆分复合单位这一工作做出了很多努力。因此，一般说来，我们可以得出结论：在现代社会，对于为不同职业的收益均等做出的调整而言，交易单位的复杂结构并不是一项严重障碍。

第八章　不同行业和地方需求的相对变化给收益均等造成的阻碍

第1节 定义需求的相对变化。第2节 需求的相对变化越大，不同地方的边际净产量价值的差异就可能越大。第3节 它们的大小取决于对不同产品需求的独立差异的程度。第4节 取决于不同的企业在多大程度上为彼此的佣金工作。第5节 取决于时尚和收入分配的不同程度。第6节 取决于一般周期性波动的范围。第7节 根据劳动者所追求的工资政策，相对变动的影响有所不同。第8节 根据它们发生的速度。

第1节

现在，我们要引入一个新的概念，即产业领域内不同部分需求的相对变化。如果对于某一给定价格，某类生产性资源在所有地方的需求总量不变，而在若干点上的需求量是可变的，则两个时期之间的需求量的相对变化，例如在连续两年之间的需求量的变化，可以用第二年在这些点上的需求量超过上一年在相同点上的需求量的总和来量度。如果所有地方对生产资源的需求在总体上是变化的，这种变化可以用第二年的需求量超过上一年同一地方的需求量之和，或通过需求量相对于上一年的对应量的不足来量度，并以这些需求总量中的这一个或是另一个较小的为准。

第2节

如上所述，我们可以很容易地看到，总体说来，上述意义中的需求的相对变化越大，阻碍移动、导致收益偏离均等的影响就越大。让我们把注意力集中在这些障碍上。虽然它们在长时间内不足以阻止实现收益均等，却足以阻止立即实现收益均等所需的移动。如果产业领域的各个部分之间相对波动，则这种秩序的阻碍将使收益永远不能均等。穆勒关于海洋波浪运动的例证是完全适用的。在重力的作用下，海洋各部位不断出现水面均等的趋势；但是，由于在任何扰动之后，这种倾向需要时间来显现，而在必要的时间过去之前，总是会出现一些新的扰动，所以事实上均等的状态从未发生。很明显，水面不均等的程度在一定程度上取决于这些扰动的大小。同样明显的是，收益不均等的程度，就任何资源移动受阻碍的角度来看，部分地取决于工业领域对不同时期生产性资源需求的相对差异变化的大小。本章的任务就是区分不同情况下对这些相对变化的大小起决定性作用的主要因素。

□ 英国时尚　1844年

维多利亚时代，英国时尚界发生了包括时装风格、时装技术和销售方式等在内的诸多变化。建筑、文学、装饰和视觉艺术的各种运动，以及性别角色观念的变化都对时尚产生了影响。图为1844年英国某杂志中关于男女时尚服装包括配饰的插图。

第3节

首先，就不同行业和地方对生产性资源服务的需求受到独立因素的影响而言，任何促使某一特定行业或地方需求发生变化的因素，都有可能增大总体需求的相对变化。因此，所有影响特定产业的因素，都与这里讨论的问题有关，我们将在第三编第二十章中针对不同的目的进行研究。

第4节

其次，当在若干个中心地区生产的某一商品的需求在各个中心地区之间波动时，任何阻止这种商品的需求变化反映在生产性资源需求变化中的因素，都会减少这些资源需求的相对变化。一些企业在压力过大的情况下把生产任务转交给暂时处于清闲状态的同行业的其他企业的做法，就会产生这种效应。当同一行业的企业合并成一个公司时，这一措施自然可以得到进一步的实施。无论订单在何地产生，它都可以在重新组合的成员中得到合理分配，而整个完成过程也不会使各地对资源的需求发生任何的相对变化。

第5节

第三，有时候，生产中的某些因素将导致需求从某一行业转移到另一行业。其中最明显的莫过于气候条件的季节性变化；例如，人们在夏天所需的用于照明的燃气比冬天少，但所需的用于驾车的汽油却比冬天多。此外，受时尚因素的影响，人们的偏好发生转变，从一类奢侈品转移到另一类奢侈品也都属于这一种情况。然而，即便每个人的偏好没有发生改变，但收入从具有某一偏好的人群转移到具有另一偏好的人群身上，也会使需求从前一类产品转移到后一类产品上。因此，牺牲富人的收入来提高穷人的收入，将导致穷人所需产品的需求量增加，富人所需产品的需求量减少；这种变化将反映在生产这两种产品所需的生产性资源上。

第6节

第四，生产过程中存在一些一般性因素，这些因素在相同的意义上不同程度地影响大量行业对生产性资源的需求。因此，通常所说的导致产业周期性波动的因素，包括心理、货币和其他因素等，出于我在其他地方力图解释的原因[1]，将造成人们对工具性产品需求的波动远比一般性消费品的需求波动剧烈。当然，这意味着生产这两类商品对生产性资源的需求相对波动。因此，任何能够成功抑制产业周期性波动的政策，都将同时减少不同行业需求的相对变化。

第7节

假设我们从一个平衡点出发，想象两种行业之间的需求会发生相对的变化，那么，直到生产性资源得到适当转移为止，国民所得必定下降到最大值以下。但

---

[1] 参见本人的《产业波动》，第一编第九章。

是尽管如此，出于某些目的，我们必须区分两种行业的需求均朝着同一个方向发展的相对变化，以及一种需求上升而另一种需求下降的相对变化。在需求不断下降的情况下，如果雇佣劳动者仍维持严格的工资标准，那些从萧条行业中失业的人就有可能在扩张的产业中重新就业，但他们却不可能在一个虽不十分萧条却呈现出一定萧条趋势的产业中实现再就业。因此，消除移动障碍——前提是这样做的成本不是太大——在第一种情况下将有助于增加国民所得，在第二种情况下却不会对国民所得产生任何影响。

第 8 节

最后应当指出，对生产性资源需求的相对变化，无论是在不同的地方还是在不同的行业之间，依据它们发生速度的快慢将会产生不同的影响。如果某一行业或地方缓慢地衰退，而另一行业或地方缓慢地发展，则可以根据新情况进行调整，而无须在两者之间进行任何实际的资源转移。为此，只需要做的是：在日渐衰退的行业或场所，对损耗的资本、退休或死亡的工人进行不完全补充；使新创造的资本和达到就业年龄的年轻男女转入发展中的地方或行业，以满足发展的需求。在这些情况下，不需要实际转移资本或劳力，因为阻碍资源转移的障碍不会损害国民所得。然而，当需求的相对变化迅速地发生时，便不能完全按照以上的方式进行调整，如果要调整，就必须进行实际的转移。因此，在这里，转移的障碍必然损害国民所得，而消除这些障碍（如果能够在不付出太大的代价的情况下实现）将使国民所得受益。从本讨论所持的观点出发，"缓慢地"与"迅速地"相对变化之间的确切界限，取决于在相关行业和地方资本设备通常会在多大程度上损耗、劳力会在什么情况下需要补充。正如我在另一处将要指出的那样，总的来说，女工的年度流量占总存量的比例远远高于男工。[1]

---

[1] 参见本书第三编第九章第6节。

第九章　边际社会净产量与边际私人净产量之间的差异

第1节　对私人净产量和社会净产量进行区分。就利己主义往往导致不同领域的边际私人净产量的价值均等而言，只要边际私人和边际社会净产量存在差异，均对实现边际社会净产量价值均等造成阻碍。一些差异出现在单纯竞争中；另一些差异出现在垄断竞争中；还有一些差异出现在双边垄断中。第2节　在使用多种形式的生产性资源的场合中，定义生产性资源增量的意义。第3节　在第1节中进行区分的第一种差异发生的原因在于，在某些行业中，使用一个单位资源的部分效果未能反映在负责投资的个人的收益之中。第4节　这可能发生在租赁权与所有权分离的情况下。第5~9节　在讨论佃户的改善以及对其他类似问题进行补偿的法律时，对此加以说明。第10节　在向公众提供无补偿服务或造成损害的投资形式方面，单纯竞争下的差异也可能独立于租地协议而产生。举例加以说明。第11节　但是，认为资源投入到改进的设备或（生产）方法上会降低已有设备的价值，因而出现差异的想法是错误的。第12节　差异也可能通过某些心理反应的形式出现。第13节　明智而审慎地采用税收和奖励措施能减少上述类型的差异，有时候直接的强制措施也能减少这种差异。第14节　在垄断竞争下，投入到广告中的资源会产生更多差异。第15~17节　双边垄断下的差异出现在用于"议价"和欺诈行为的资源中。各类刑法可以在某种程度上减少这种差异。

第1节

一般来说，实业家感兴趣的不是社会净产量，而是他们经营的私人净产量。在第五章关于转移成本的规定下，利己主义将导致以不同方式投资的资源的边际私人净产量的价值趋于均等。但除非边际私人净产量和边际社会净产量完全相同，否则它不会带来边际社会净产量价值上的均等。当这两种边际净产量存在差异时，利己主义往往不会导致国民所得最大化；因此，意料之中的是，干预正常经济进程的某些特殊行为不会减少而会增加国民所得。因此，探究一个行业中任何给定（第r个）投资增量的社会净产量和私人净产量的价值在什么条件下可能彼此存在差异，就变得十分重要。即使是在单纯竞争中，也容易出现一些一般性差异；在垄断竞争中，可能会增加一些其他种类的差异；在双边垄断中，则可能又会增加一些另外的差异。

第2节

如果只存在一种生产性资源，例如一定素质的劳动，则上述说明将是完整的。如果存在几种分散于各个地方的生产性资源，在所有情况下，它们都以完全相同的比例结合在一起，则上述说明也是完整的。然而，在现实生活中，存在着一些不同类型的资源，相对于不同的产量而言，它们不仅处于不同的行业，而且在同一行业中以不同的比例结合在一起。因此，关于前一节所使用的"对一个行业投资的第 r 个增量"的说明，在这里就需要作进一步的阐述。在一个给定的行业中，y 单位产量是由 a、b、c（实物）单位的三类生产性资源或生产要素共同生产的结果。当该行业的产量提高到（$y+\Delta y$）的时候，这几个要素的数量就变成了 a'、b'、c'。没有理由假定 $\frac{a'-a}{a}$、$\frac{b'-b}{b}$ 和 $\frac{c'-c}{c}$ 彼此相等，所以我们不可能把这几种生产性资源作为一个整体，并清晰无误地描述出其数量的变化，正是这种变化导致产量发生了一定的变化。因此，如果第 r 个投资增量必须要有一个精确的含义的话，它必须解释为某种生产性资源（比如一定素质的劳动）的第 r 个（实物的）增量，以及与这一增量相配合的其他两种生产资源的任意增量。这些数量是完全确定的，是由以下条件决定的：就任何给定的产量而言，各种生产要素必须合理地结合在一起，以便使其总成本降至最低。[1] 乍一看，上述定义并不能令人满意。因为在该定义之下，第 r 个投资"单位"总的来说与第（$r+h$）个投资"单位"是

---

[1] 因此，假定某种商品的产量为 y，生产过程中各种生产要素的（实物）数量分别为 a、b、c，则 $y=F(a, b, c)$。令 $f_1(a)$，$f_2(b)$，$f_3(c)$ 表示这些生产要素的价格，则就任何产量而言，各种生产要素的数量由以下方程式决定：

$$\frac{1}{f_1(a)} \cdot \frac{\partial F(a,b,c)}{\partial a} = \frac{1}{f_2(b)} \cdot \frac{\partial F(a,b,c)}{\partial b} = \frac{1}{f_3(c)} \cdot \frac{\partial F(a,b,c)}{\partial c}$$

不同的。当然，如果我们关注的是对不同增量或单位的净产量进行比较，这种异议则是不可避免的。但事实上，我们关注的是给定投资增量所产生的两种净产量——社会净产量与私人净产量的比较。为此，不同的增量或不同的"单位"之间的关系是无足轻重的。我们的定义只不过是消除了一个模糊的所在，并使我们能够不受阻碍地沿着前一节所概述的分析路线一往无前。

□ 佃农　1937年

从美国殖民时期开始，美国农业在200多年的时间里一直依赖于土著及其后裔的劳动。许多欧洲人对如何在美国南部亚热带地区种植作物知之甚少。熟悉传统种植的被奴役者通过种植水稻、棉花、红薯等农作物，给白人种植园主带来了天文数字的资本积累。图为摄影家多罗西娅·兰格于1937年在佐治亚州阿梅里克斯附近拍摄到的一个13岁佃农男孩。

第3节

在单纯竞争条件下，边际社会净产量和边际私人净产量的价值之间出现普遍差异的原因在于，在某些行业中，一个单位资源的一部分产品所包含的东西并非首先进入这一单位资源的投资者手中，而是首先（即如果发生销售，则在销售之前）作为一个积极或消极的项目进入其他人手中。这些其他人可能属于以下三个主要群体中的一个：第一，耐久性生产工具的所有者，而投资者仅仅是这种生产工具的租用者；第二，投资者所投资的该商品的非生产者；第三，该商品的生产者。其中，关于这第三类人最容易引起的社会与私人净产量的价值的差异，我将在第十一章中另行讨论。在本章中，我们只关注前两类人所引起的价值的差异。

第4节

首先，让我们讨论一下某些耐久性生产工具的租赁与所有权分离所带来的差异。当然，这些耐久性工具的实际拥有者把维护和改进这些工具的工作留给临时占用者的情况，在不同的行业中是有所不同的，它在极大程度上取决于拥有者对技术便利的考虑，也在一定程度上取决于传统和习俗，并且在不同地方因为拥有者和占用者的相对财富而不同。例如，在爱尔兰，由于许多土地所有者很贫穷，他们全部交由佃农支付的土地开销的种类，似乎比英格兰多[1]。因此，具体情况虽然各不相同，但不能否认，在一个广泛的范围内，投入到改进耐久性生产工具的一部分资金往往是由所有者以外的其他人提供的。每当出现这种情况，就很容易使这种投资的私人净产量和社会净产量之间产生一些或大或小的差异，而差异的程度主要取决于出租人和承租人之间的合同条款。而这些条款正是我们现在需要考虑的问题。

第5节

在一种规定租赁期结束便将工具以当时的状态返还给所有者的制度下，如果一笔投资的社会净产量给定，那么私人净产量将远远小于社会净产量。在这种制度下，任何第r个投资增量的私人净产量低于社会净产量的数额，都接近于生产工具可产生的全部递延收益，但是不一定正好就是全部递延收益。因为，一名租户若有将租用的工具保存良好的声誉，他就有可能比没有赢得这一声誉的其他租户更容易以更优惠的价格租到这些工具。迄今为止，谨慎的租赁制产生了一个贸易要素，同时也产生了一个社会要素，即净产量。然而，因为分包合同的签订往往需要相当长一段时间，所以这种资格的认证并不是特别重要。因此忽略这一点，我们应该注意到，用于改善和维护工具的投资效应一般在一段时间后便会自我消耗掉，所以刚才所描述的租赁形式带来的私人净产量小于社会净产量的情况，在长期租赁的头几年里可能不会太明显。但是，在这种租赁形式的后几年，以及在整个短期的租赁期内，私人净产量小于社会净产量的情况可能会非常明显。实际上，人们往往发现，为了尽可能收回自己投入的资本，农民自然会在其租赁期将

---

[1] 参见博恩《现代爱尔兰》，第63页。

要结束的时候，不加掩饰地竭力从土地中获取更多的收益，这就导致在几年之后，那块土地的产量会明显下降。[1]

第6节

上述的租赁形式可以用地主与租户之间的原始形式的合同来说明，在这种合同中并没有提到租赁结束时的土地情况。但是，这一租赁形式并非仅限于这种类型的合同。它存在的另一个非常重要的领域是对煤气公司、电气公司等授予"特许经营权"。根据协议方案，享有特许经营权的公司在无须交付补偿金的前提下，最终将其机械设备移交给授予它特许权的城镇手中，这一协议完全与土地租赁制度的规定一致，即不对租户所做的改善工作提供补偿。柏林电车公司就是按这种协议进行管理。该公司的章程规定："在合同结束时，位于城市街道上的所有道路财产，包括电线杆、电线和所有建立在城市地产上的候车室及其专利，均为城市免费所有。"[2] 从当前的观点来看，这套制度类似于《英国有轨电车法》（1870）和《电力照明法》（1881），其中规定"在依照条款支付了当时的价值的前提下（不包括对企业过去或未来利润的补偿，或对任何强制性售卖行为和其他任何考虑的补偿），即可接管公司的机械设备"。因为，多年前成立的公司的"再生产成本"（这种成本，似乎就是上述所讨论的价值），可能远远低于其作为持续运营中的公司的价值。因此，在德国和英国的体制下，除非采用某种措施来避免那样的后果[3]，否则终止特许经营制度必然减少在最初和业务扩展过程中投入的资本的

---

[1] 参见尼科尔森《经济学原理》，第1卷，第418页。

[2] 比米什《市政问题》，第565页。

[3] 当然，在租约临近结束时的设备投资方面，英国人的规划不像德国人那么严苛。因为，据推测，在短时间内生产这类设备的成本将在很大程度上保持其稳定性。但是对于旨在建立商誉并通过良好的商誉获得未来业务的投资，情况完全相似。因此，在1905年签订协议——邮政局在1911年以重置成本收购国民电话公司部分适用的设备——之后，国民电话公司的董事长表示："本公司将不再发展那些需要时间来维护和发展的业务。我们将专注于从一开始就可以支付利息和所有其他费用的业务。"（H. 迈耶《公有制与电话业》，第309页）在将柏林电车公司的特许经营权延长至1919年的合同中，谈到了我们正文中所讨论困难的解决办法。该合同特别规定："在合同有效期内，如果市政当局提出（合同之外的）在市区范围内进行扩建的要求，则公司至多修建93英里（约150公里）的电车轨道，且双轨可按单轨算。但是，对于1902年1月1日到1907年1月1日期间协定修建的所有线路，公司应从市政当局处获得建设总成本的三分之一，对于1908年1月1日到1914年1月1日期间协定修建的所有线路，公司应获得建设（接下页注释）

私人净产量，使其远远低于社会净产量，从而导致它们所得的收益完全达不到国民所得最大化的要求。此外，这种限制的影响显然会在特许期的后期变得最为显著。鉴于这一事实，科尔森（Colson）先生建议制订一项政策，规定在距离这些租赁到期前15至20年，双方应该就延长特许租赁有效期进行谈判。

第7节

与我所说的租赁形式的基本类型有关的任意第 r 个投资增量的社会净产量相比，私人净产量的不足可以在不同程度上通过补偿计划得到缓和。土地所有制的近代历史可以很方便就说明这一点。当租户离开自己的租借地时，不管他们对土地是造成了损害还是带来了利益，都可以根据租约获得"补偿"。事实上，在租赁条款中，几乎处处都规定了对于损害行为的负补偿。其中最简单的形式是，租户若未能将土地以"可租赁的状态"归还到土地拥有者手中，将遭到罚款。这些罚款可以通过一项明确的法律合同直接生效；或者它们可以通过一条禁止租户违背当地耕作习惯的规定而间接生效；或者它们还可以通过修正当地耕作习惯的规定而生效，以使富有进取心的租户从简单条例所施加的负担中解放出来，又不会以牺牲该规定的目的为代价。因此，根据1906年的《农业用地租赁条约》，租户在耕作适于耕种的土地时可摆脱当地习俗，甚至摆脱合同的约束，前提是他会采取适当的措施保护土地免受损害或退化——租赁合同期满之前的一年除外。在此条约下，如果租户的行为损害了土地，那么土地拥有者有权令其对土地的损害进行修复；如有必要，还有权取得强制令，禁止租户继续其行为。积极补偿出现得稍晚。有关这方面的规定，最初是由土地拥有者在每年的租赁合同中自行规定的。泰勒先生引用了约克郡租约里的一条规定：土地拥有者承诺，承租人于租赁

（接上页注释）总成本的二分之一。对于此后按协定修建的所有线路，市政当局必须支付全额的建设费用，或者全额补贴运营成本。初期，除政府要求使用蓄电池有轨电车的区域以外，一律使用空中有轨电车。但是，如果其他任何电机系统后来被证明是可行的，并经政府当局确定为更合适之选，则公司可以引入该系统。如果政府当局要求引入，则公司必须引入该系统。如果公司成本因此增加，政府当局在扣除新系统获得的利润后，应对公司予以适当的补偿。"（比米什《市政问题》，第563页）

期最后两年在一般耕作过程中投入到土地中的资本将获得"双方都认为合理的"补偿。[1]渐渐地,补偿方案被赋予了法律地位。在1870年的法令下,爱尔兰在这方面也有所行动——在这个很少实行由土地所有者提供房舍和永久修缮的英国习俗的国家,这种做法是十分必要的。[2]1875年,英格兰和威尔士通过了一项法案,该法案规定了对合约即将到期的佃户进行补偿的条件,但法案允许契约外包。1883年通过的一项新的法案——《农村土地租赁法》,区分了必须征得土地拥有者同意的改进措施和不需要征得土地拥有者同意的改进措施,但禁止契约外包。[3]现在,苏格兰也在实施类似的法案。该法案在很大程度上取代了旧的长期租约,这些租约现在已经被修改得面目全非了。[4]由于一些"改进措施"并没有把等量的生产成本加入到不动产的持久价值中,导致在起草这类法案的过程中遇到了一些困难。如果对于这些改进措施的补偿是基于它们的生产成本,那么私人净产量将高于社会净产量。在实践中,这种危险在很大程度上可以得到化解,化解方法就是拒绝将最初的成本当作补偿价值的基础,并要求土地所有者同意某些改进措施。例如,爱尔兰1906年的《城镇租户法》规定,当租户打算改善土地时,必须通知土地所有者,如果后者反对租户的想法,那么对于土地改善的合理性以及改善是

□ 爱尔兰农村　　1843年8月12日　　《伦敦新闻画报》

1841年,爱尔兰的人口超过800万。当时的爱尔兰农村普遍很贫穷。据估计,在19世纪40年代后期,至少有100万名爱尔兰人死于饥饿和疾病,另有至少100万人在饥荒期间移民。图为1843年的爱尔兰伦斯特,一名妇女及其孩子以及他们的牲畜在矮小的房屋外面。

---

[1] 参见泰勒《农业经济学》,第305页。
[2] 参见史密斯·戈登和斯特普尔斯合著的《爱尔兰的农村重建》,第20页。
[3] 参见泰勒《农业经济学》,第313页及以下多页。
[4] 参见泰勒《农业经济学》,第320页。

否会使出租价值得到提高等问题，将交由郡法院来裁定。但是，即使在这一法案之下，私人净产量仍然可能略显过剩。为了使私人净产量和社会净产量相一致，应该根据以下情况对补偿性的改善价值进行认真评估，即在更换租户的过程中，土地可能有一段时间是未出租的，而在此期间，改善了的土地不太可能产生其全年的价值。如果不这样做，为了鼓励投资而向租户支付的补偿，将轻微地——较为轻微地——超过向土地拥有者或向社会支付的补偿。就像在蔬菜商品市场，可以不经土地所有者允许而改善土地，从而阻止土地所有者转租土地。因此，从理论上来说，1906年颁布的《农村土地租赁法》中的一个错误就是，将迁出租户可以要求获得的改善土地的补偿定义为"等同于土地改善对于迁入租户的价值"，而标准应该是"对于土地所有者的价值"。但是通常情况下，当土地改善的效果在几年内消耗殆尽时，这一微小错误所造成的实际影响也就可以忽略不计了，而且不会导致第r次投资增量的私人和社会净产量之间出现特别大的差异。

第 8 节

迄今所考虑的补偿方法都有一个明显的缺陷，这个缺陷一般会阻碍这些补偿方法想要为私人和社会净产量作出的调整。的确，租户可以在租赁合同期满之前要求土地改善的补偿。但他知道，土地租金可能会随着他对土地的改善而提高，除非他采取极端手段，放弃租地，否则他的赔偿要求就无法得到满足。因此，投资的私人净产量仍然会减少到低于社会净产量的水平。1906年的《农村土地租赁法》部分地缓解了这一现象，其中规定，"如果土地所有者缺乏正当且充分的理由，或者因与良好的土地管理不相符的原因而终止租约，并通知租户停止耕作，或者如果因租户改善了土地质量而要求向其增加租金，使租户放弃租地，则租户不仅可以要求获得土地改善的补偿，还可以要求土地所有者就其因放弃租地而导致的损失或费用予以补偿"，这些补偿通常因出售或搬运家具、农业用具等而产生。然而，这些补救方法在很多方面都有缺陷。首先，租户在上述条件下离开租地，他不会因为"商誉丧失"而获得补偿，也不会因为搬家带来的非货币性的不便而获得补偿，所以他仍然很不愿意离开租地。这时候，土地所有者就拥有强大的利器来迫使他同意接受租金涨价的现实。其次，以出售土地为由要求租户离开租地，并不被视为"与良好的土地管理不相符"。因此，当租户耕作的土地由原有土地所有者卖给另一个人时，如果租户离开，将得不到以上所说的二次补偿。所以，他更加不愿意离开。然而，如果他选择在新的土地所有者手中租地，那他就要"为自己所作的土地改善支付更多的租金，并且得不到任何补偿金"[1]。可能正是认识到了这一危险，农民对立法的渴求日益强烈，他们希望在土地所有者想要出售租地时，法律能够允许他们在原有租金的基础上购买租地。1906年的《（爱尔兰）城镇租赁法》中就有类似于《农村土地租赁法》的关于二次补偿的相应规定。该法案还规定，租户可以因"商誉"而要求补偿。然而，这一规定所能保证的法律校正，显然也不过是一部分条款而已[2]。

第9节

鉴于补偿方法的这些不完善之处，人们通常认为，实际上要做出真正充分的法律校正，不仅要对离开租地的租户进行补偿，还需要法律来保障租户对租地的保有权以及从法律上禁止租户对土地进行改善。当然，在某些情况下，制订这项政策的目的是无须任何法律干预就能达到的。比如，在比利时，因为风俗习惯的原因，这个目的基本上在各地都已经实现[3]，而且毫无疑问，许多英国的土地所有者在管理他们的个人地产时，也抱有同样的心态。但是很显然，当法律允许使用经济权时，土地所有者想要抑制自己不去使用这种权力谋取私利的意愿总是

---

[1]《佃农委员会报告》[白皮书，第6030号，第6页]。以土地被征用为建筑用地为由，向佃农发出解除租约的通知，也"与良好的耕作不相对立"，并且无须给予第二类补偿。这种情况下给予补偿是很危险的做法，因为它有可能促使佃农将资源投资于农业改善方面，从而延迟将已经具备条件的土地用于建筑，造成更大的社会边际效益的损失。

[2] 应当注意的是，之所以要求赔偿，并非是为了使佃农受益。正如尼科尔森教授所说："对改进的补偿不是像通常认为的那样，可使佃农受益。因为这一特权本身就具有货币价值。也就是说，地主将要求并且佃农有能力按比例提供更高的租金。在旧的可改进土地的租约下，租金之所以很低，是因为永久性的改进将最终归地主所有（马歇尔《经济学原理》，第1卷，第322页）。"参见莫里森关于印度的描述（《印度一个邦的工业组织》，第154~155页）。

[3] 参见朗特里《土地与劳动》，第129页。

难以实现。事实上，如果这种意愿可以实现的话，我们一直在讨论的有关补偿法的详细发展情况也就失去了意义。为此，我们不由得开始思考，是否应该由法律保障租地使用权和"合理租金"。在执行此类政策的过程中，主要有两大困难。第一个困难是，法律赋予租户的使用权保障并不是绝对的。因为如果是绝对的，有时就会造成大量的资金浪费。因此，保障似乎应以合理和良好的农耕为条件。此外，它还以"土地不能被征用于小型耕地、小块菜地、劳工宿舍、城市发展、矿物开采或排水系统、道路和卫生工程的修建等任何公共利益"为条件。一旦为上述任何目的而征用，城市法庭就有权终止租赁合同，并确保租户得到适当的补偿。[1]事实证明，要全面准确地列出所有相关条件确实并非易事。第二个困难是，如果土地所有者可以通过随意增加租金来逼迫租户放弃租地，那么租地使用权的保障无疑就成为一句空话。在这种情况下，合理租金的落实只有通过某种方式来强制执行。由于在某些情况下，租金上调是合理的，因此仅仅依靠禁止租金上调是无法达成的。比如，农产品价格方面的某种变化致使土地价值提高，而这种价格变化与租户的行为完全无关，那么，如果将土地价值提高后的收益从土地所有者手中拿走给予租户，则有失公允。因此，这项政策便涉及设立一个特别法庭的问题，以便规定地租，或者在任何情况下公平公正地解决有关租金的争端。如果城市法庭或者任何其他可能设立的机构无所不知、应对自如的话，实际上人们是不会对此持反对意见的。但是，鉴于所有的人类机构都存在一定的不完美之处，因此可能存在这样一种风险，即租户可能受到引诱而故意降低其所持租地的价值来降低地租。爱尔兰的司法租金制为防止这一滥用法律的行为，通常采取的方式是，法庭有权拒绝修改地租。但是，这种补救方法实际上并没有用到。因为，调整租金的决定性因素往往"不是生产效率，而是产量，特别是近十五年的产量"[2]。博恩教授这样说明它的结果："一对兄弟把一个农场的股份分成了价值相等的两股，对于善于耕作的农民，法庭批准将他的地租降低7.5%，对于不善

---

[1]《土地调查报告》，第378页。
[2] 史密斯·戈登和斯特普尔斯合著的《爱尔兰的农村重建》，第24页。

于耕作的那一个，法庭批准将他的地租降低17.5%。"[1]因此，相对于简单的补偿法而言，确定租地保有权和法定租金的政策显然并不能使边际私人净产量和边际社会净产量更加接近，这是不争的事实。只有当土地所有者与投资者是同一个人的情况下，两种边际净产量之间的差距才能完全消除。但是，这种方法在其他方面往往不符合经济原则。因为，尤其是一个以小农经营为主的农民，他作为土地的拥有者，很有可能难以筹集到对土地作更大改善所需要的资金。在英国现行的土地制度下，这些费用都需要土地所有者承担。对于由此引发的一些有争议的问题我将不予讨论，因为它超出了本书的研究范围。然而，上面所说的足以说明边际私人净产量和边际社会净产量之间的差异。这种差异很可能出现在那些资源必须由不拥有耐久性工具的人投资到耐久性工具的行业中。

□ 西奇威克

亨利·西奇威克（1838—1900年），英国功利主义哲学家、伦理学家和经济学家，剑桥大学的哲学教授，剑桥纽纳姆学院创始人之一。他独特的思考方式及思想，不仅直接影响了摩尔等西方伦理学家，还深刻地影响了约翰·罗尔斯等哲学家。他在经济学方面的工作也产生了持久的影响，并推动了女性的高等教育。他的代表作品是《伦理学方法》。

第10节

现在，我们转而讨论我们在第3节中进行区分的边际社会净产量和私人净产量之间的第二种差异。在此，问题的实质是A在向B提供已经给予偿付的某项服务的同时，也附带着向其他人（并非同种服务的生产者）提供服务或者造成损害，但是他既未能从受益方获取报酬，也未对受损方作出补偿。如果我们一味固守于第一

---

[1]博恩《现代爱尔兰》，第113页。

编第三章中对国民所得所下的定义，就有必要进一步区分，哪些产业间的无补偿利益或损害与货币量度标准挂钩，哪些产业间的无补偿利益或损害不与货币量度标准挂钩。然而，这种区分只会是形式上的区分，不具有实际意义，并且也会模糊不清，无法阐明主要问题。因此，在即将给出的例子中，我将有意略而不谈。

在这些实例中，我首先会给出有关边际私人净产量低于边际社会净产量的例子，因为附带劳务是由第三方提供，而向第三方收取费用在技术上有诸多困难。正如西奇威克所观察到的那样，"一个地理位置优越的灯塔，其主要受益者是过往的船只，但是却无法轻易从这些船只那里收取费用"[1]。同样地，当人们把资金投入到城市中的私家庭院，也意味着他提供了无补偿的劳务。我们知道，即便这些庭院不让公众进入，但它至少改善了周围的空气。投资修建道路和电车轨道也是一样，因为它提高了周边土地的价值——虽然应该对在其他方面造成的损害进行补偿，但实际上这片土地的所有者都享受了道路改善的便利；当然，如果向他们征收相应的特殊改善费就另当别论了。投资于植树造林也是如此，因为它对气候的有利影响往往超出森林以外。投资于私人住宅门口的照明设备也属于相同的情况，因为它们必然也为整条街道照明。[2] 投资于工厂烟囱排放的烟尘防治也是如此。[3] 我们知道，产生于大城市里的烟雾在损害建筑和农蔬方面、在洗涤衣服和打扫房间的费用方面、在提供额外人工照明费用方面，以及在其他许多方面，均会给社会带来重大损失却又无法索要补偿。[4] 最后且最为重要的一点是，

---

[1] 参见马歇尔《经济学原理》，第406页。

[2] 参见斯马特《经济学研究》，第314页。

[3] 据说，烟尘使伦敦实际享有的光照只有天文学意义上的12%，且每五次大雾中就有一次是直接因烟尘而起。所有大雾均受烟尘污染而变得污浊不堪，难以散去。（J. W. 格雷厄姆《日光的毁灭》，第6～24页）在许多情况下，似乎仅仅是无知与惰性阻碍了防烟尘装置的使用，虽然可以通过它们提高燃料效率，使使用者直接获利。但是，从大众利益出发，无论使用这些防烟尘装置能否为人们带来"回报"，都应该使用它们。毫无疑问，采用机械加煤、热气鼓风及其他方法，几乎可以使工厂的烟囱达到无烟的效果。然而，比起烟尘，碱厂排放的有害气体应该受到法律更强有力的限制。（J. W. 格雷厄姆《日光的毁灭》，第126页）

[4] 因此，1920年部门委员会在关于"减少烟尘及有毒气体"的报告中列有：

"17.烟尘造成的实际经济损失。关于烟尘对整个社会造成的损害，我们不可能得出任何完整而准确的统计数据。但是，我们可以参考下面的调查。

"1912年，由美国匹兹堡的工程师、建筑师和科学家组成的专家委员会进行了一项详细的调查，据该调查估计，烟尘污染对匹兹堡造成的损害约为每人每年4英镑。（接下页注释）

将资源投资于基础科学研究方面的活动也是如此,其中往往能意外产生具有较高实用价值的发现,而且将资源投资于发明的完善和工艺的改进中也是如此。后者的特殊性质,往往使其既得不到专利的保护,也不能作为秘密来保守,因此,它们最初给发明者带来的额外报酬,很快就以降价的形式从发明者身上转移到了普通大众身上。事实上,专利法旨在使边际私人净产量和边际社会净产量更加接近。专利法对某些类型的发明创造给予奖励,以便通过这一方式来刺激更多的发明创造,但效果并不明显;因为创造发明类活动在很大程度上是自发行为,不过,它确实将创造发明活动引入到了造福于普通大众的轨道上来。[1]

与上述投资中边际私人净产量低于边际社会净产量相对应的是,另外一些投资的边际私人净产量高于边际社会净产量。产生这一现象的原因是,对附带的损害要求补偿存在技术上的困难。因此,当一个土地使用者禁止人们在他的土地上狩猎,导致野兔在他附近的土地上横行,这就会对第三方造成连带损失,而且无法索赔——除非附近土地的所有者是他的租户,这样的话,就可以通过调整租金来实现补偿。同样地,以下情形也会造成无补偿性损害:当城市某住宅区一块地皮的主人在那里修建了一家工厂,从而毁坏了周围地区的大部分便利设施,或者影响了对面房屋的采光;[2]或者他在拥挤的市中心投资建造了一栋高层建筑,造成周围的空地和娱乐空间减少,从而对那里的住户的健康和工作效率产生不良影响,造成相对较小的连带损失。此外,购买的汽车在运行中对路面造成磨损,同样会(对公众)造成无补偿性的连带损失。投资于酒类的生产和销售也是如此,但前提是大众的偏好不变。正如萧伯纳先生所说,酒类的生产和销售方面的投资必

(接上页注释)"18.1918年,曼彻斯特空气污染顾问委员会进行了一项有价值的调查,调查内容是对比两个城市——受烟尘污染严重的曼彻斯特与无烟尘污染的哈罗盖特——的工人阶级家庭每个星期的洗涤费用。该项调查收到了100份问卷回执。结果显示,在燃料和洗涤材料方面,曼彻斯特每个家庭每个星期花费的成本比哈罗盖特高7.5便士。如果仅考虑燃料和洗涤材料的成本,不考虑所涉及的额外劳动的成本,并假设中产阶级的损失不高于工人阶级家庭的损失(远远低估),则曼彻斯特这个拥有75万人口的城市,每年的总损失超过29万英镑。"

[1] 参见陶西格《发明家与赚钱好手》,第51页。
[2] 在德国,大多数城市的城镇规划方案都使这种反社会行为不可能发生;在美国,土地所有者个人似乎可以完全自由地处理自己的土地;在英国,土地所有者在很大程度上享有自由处理自己土地的权力。[参见豪(Howe)《变动中的欧洲城市》,第46页、第95页和第346页]

□ 夜班工人　1908年

早在20世纪上半叶，美国中部印第安纳州的一些小城市就实现了工业化，这里的主要工业有钢铁制造、运输机械制造、食品加工、塑料制品、橡胶制造等。图为1908年8月，印第安纳州一家玻璃厂的夜班工人（包括童工）。这张照片是作为国家童工委员会的任务来完成拍摄的。

定间接带来警务和监狱方面的额外费用，所以为了能够从投资于这种生产形式的1英镑的私人净产量中推算出其社会净产量，我们应从中扣除这些额外的费用。[1] 对外投资一般也是如此。因为，如果外商只需要作出承诺就能从我们这里得到其所需要的出口商品，那么他们也无须向我们运送同样多的商品。这就意味着，我们的进出口之间的交换比率，将变得对我们稍有不利。对于某些类型的对外投资，我们需要考虑更为严重的后果。当对外投资增量的间接影响，或为获取特许权而采取的各种外交行动的间接影响，是引发一场真实的战争或为备战所作的准备，在计算投资对国民所得的净贡献时，都应该先从投资增量产生的收益中扣除这些行动的成本。这样一来，投资的净贡献很可能为负值，即使是对于这样一些国家，即投资者可以和贪官污吏尽情地讨价还价，并在交易谈成之后获得高额收益的国家，也不例外。同样地，如果投资是给外国政府的贷款，而且这一投资有可能使该国政府卷入一场战争（没有这一投资，战争就不可能发生）。而战争必定会造成世界其他地区的贫穷，投资国也将蒙受其间接损失，因此应该将这一间接损失从金融家的收益账目中予以扣除。所以，社会净产量很可能是负值。不过，私人净产量高于社会净产量的最佳例

---

[1]《都市贸易常识》，第19~20页。

证，也许是妇女在工厂里的工作，尤其是在分娩前后的那段时间。毫无疑问，在工厂工作虽然给妇女带来收入，但是也会在无形之中对其孩子的健康造成严重的损害。[1] 有时发现，母亲在工厂的工作与婴儿的死亡率之间没有明显的相关性，甚至是负相关，但是这并不能否定这种危害性的存在。因为妇女从事这类工作的地区，可能是极度贫穷的，以至于妇女不得不在分娩前后坚持工作。这种贫穷显然会损害儿童的健康。在其他条件相同的情况下，妇女辞去工厂工作的家庭的贫穷程度，可能比其他家庭更深，并且这种贫穷的危害性比起妇女在工厂工作所带来的危害更大。[2] 这项考察可以解释大家都了解的统计事实。因此无论如何，这些统计事实都不能否认，在其他条件相同的情况下，妇女在工厂工作是有害的。这些统计事实想要表明的只是，在禁止妇女分娩前后在工厂工作的同时，应该对那些因禁止工作而变得窘迫的家庭提供救济金。[3]

第11节

在此，我们应该注意到一个似是而非的谬论。一些不习惯数学分析的学者一直认为，当引入一些生产大宗商品的改进方法时，为改善这些方法所投入的资源的边际社会净产量的价值低于其边际私人净产量的价值，因为后者并不包含对改进方法过程中产生的损耗的任何扣除。而且正如学者们所认为的那样，要计算出

---

[1] 参见哈钦斯《经济学杂志》，1908年，第227页。

[2] 参见纽肖尔姆《有关婴儿与儿童死亡率的第二份报告》（[白皮书，第6909号]，第56页）。上述类似的考虑对儿童在夜间工作的情形同样适用。的确，夜间工作部际委员会确实没有得到任何有力的证据可以证明夜间工作有害于男童的身体健康。但是，夜间工作在另一方面对儿童造成了伤害，即剥夺了他们继续接受教育和培训的机会。《工厂法》所依据的理论似乎是，只有当非连续性工作对生产造成重大损失时，才允许14~18岁的儿童从事夜间工作。但是实际上，《工厂法》却允许工厂在进行非必要的连续性工作时可以雇用未成年人从事夜间工作。因此，该委员会建议，今后"应以生产情况为依据，而不以厂房、工厂或车间为依据来考虑是否允许工厂雇用儿童从事夜间工作"（[白皮书，第6503号]，第17页）。

[3] 参见《地方政府委员会年度报告》，1909—1910年，第57页。其中有记载：有人提出建议，对于那些在工厂上班的母亲而言，可以请一些未婚女性帮忙照顾自己的家庭，从而消除这些母亲在工厂上班的不良后果。然而，这类建议是错误的，因为它忽略了一个事实，即女性的工作对于她的孩子而言具有特殊的个人价值。在英国伯明翰，人们对这一事实似乎已经达成共识。据说在战前，一些已婚女性曾将自己的孩子送去给他人"照管"，结果在经历了由此带来的某些有害后果之后，她们纷纷离开工厂，回归家庭。（凯德伯里《妇女的工作》，第175页）

边际私人净产量的价值，就应该包括这种扣除。[1] 假如这种观点是正确的，政府就有理由根据铁路公司对现有运河的补偿情况来决定是否修建铁路；就有理由为了市政电车公司的利益，拒绝给公共汽车公司发放营业执照；就有理由为电力照明企业设置障碍，以保护市政煤气公司继续为税收做贡献。然而事实上，这种观点并不正确。一般而言，用于改进某种特定商品的生产方法的资源所产生的边际社会净产量与边际私人净产量并无区别，因为无论以前的生产者由于产品价格下降遭受了多大的损失，它都会由购买者从产品的降价中获得的收益所抵消。显然，当新资源已经投入其中，旧机器却仍旧按原来的产量进行生产，则产品的价格将降低。旧机器的产量因价格下降而有所减少，初看起来似乎令人难以置信。然而，细思之后方可了然，旧机器以前生产的任何一单位产量都不可能被新机器生产的产量所取代，除非新机器生产该单位产量的产品所用的总成本低于旧机器生产该单位产量的产品所用的直接成本，也就是说，除非新机器能够以极低的价格生产该单位产量的产品，而旧机器再以这个价格去生产它就不会有任何的利润可言。这就意味着，新机器从旧机器那儿接过来的每一单位产量的产品，都必须将价格降到很低再销售给公众，而降低的幅度相当于旧机器生产该单位产量的产品所获得的收入减去直接成本后所得到的全部净收益。事实证明，旧机器的主人的任何一单位原产量所遭受的损失，都将由消费者所获得的相等的收益所抵消。因此，将新机器从旧机器的主人那儿接过来的任一单位产量所造成的损失，作为生产该单位产量的产品所耗费的社会成本的一部分，是不正确的。

实际上，仍有可能试图避免这一结论。我们姑且假定，就直接影响而言，一般的商业策略从社会利益的角度来看是站得住脚的，即为改进生产方法进行投资时，不应该受他人已有设备的收益的制约。然而，间接影响仍旧存在。如果复杂又昂贵的设备有可能在短时间内由于新发明而造成收益减少，那么这种设备的制

---

[1] 例如，参见J. A. 霍布森《社会学评论》，1911年7月，第197页；并参见《黄金、物价与薪酬》，第107~108页。甚至西奇威克也可能被怀疑支持文本中提出的观点（参见《政治经济学原理》，第408页）。似乎没有人注意到，这种观点如果成立，国家就有理由在掌握这种技能的一代技工全部离世之前，禁止使用无须熟练技工操作的新机器。

造是否会因此而受到阻碍？如果改进的生产方法必定在与进一步的改进的竞争中快速遭到淘汰，那么从整体上看，还应该促进人们引入改进的生产方法吗？毫无疑问，答案是——应该。然而另一方面，我们还应该考虑到一个实际情况，即在有更好的方法时，提出的策略一般是继续使用较差的方法。对于直接影响和间接影响在整体上带来的是得还是失的问题，似乎很难给出一个确定的答案。但是，这个空洞的结论并不是最后的结论。到目前为止，人们假定的观点是，发明改进方法的速度与其实际投入应用的速度无关。正是基于这一假设，我们对于不同策略之间的比较并没有得出明确的结论。但事实上，如果以前发现的最佳方法正在被应用，并在实际操作中被观察，而不是为了已有设备的收益而将这些方法搁置一旁，那么生产方法更有可能随时得到改进。因此，搁置策略不仅会间接延误改进方法的应用，还会间接延误发明新的改进方法。这种情况几乎必然改变社会和私人净产量之间的平衡。因此，总体而言，适用于普通竞争性产业的策略，基本上都比相反的策略具有更多的社会效益。实业家在考虑引入改进的生产方法时，如果顾虑到自己一方的行动将对其他同行构成威胁或造成损失，则不符合社会效益。一些市政机构一直推迟安装电力照明设备，直到煤气公司的设备报废，我们不应该对这类例子进行效仿，也不能用社会和私人净产量之间的差异来为其进行有效的辩护。利益相关的市议会可能不明智地抵制有益的进步，国家也意识到了这一危险，并颁布法律，授予中央政府可以推翻地方政府否决建立私营电力企业的权力。贸易委员会所执行的相关政策见于《1910年阿德罗森、索尔特科茨及地区电力照明令》的报告中："贸易委员会一贯坚持，避免与煤气公司竞争，不足以成为拒绝颁发电力照明令的理由，即使煤气公司属于地方政府。因此，贸易委员会决定，阿德罗森公司无须征得地方政府的同意。"[1]

---

[1] 参见努普《城市贸易的原则与方法》，第35页。

第12节

目前，我们所讨论的差异，都是由于存在无法获得补偿的服务或无法给予赔偿的损失所造成的，而且暗中假定偏好等一般性条件没有发生变化。这与本编第二章第5节给出的社会净产量的定义是一致的。然而，正如我们当时指出的，之于某些目的，采用更宽泛的定义为宜。这样一来，我们会发现，出现了进一步造成社会与私人净产量之间差异的另一个因素，该因素虽然对于国民所得的实际内容不是很重要，但是对于经济福利却很重要，其重要性可能体现为，消费者从消费那些并非产生直接影响的物品中获得的满意感将受到无法给予补偿或赔偿的影响。我们知道，当一些人购买了新商品，则可能对其他一些人的心理造成影响，从而直接改变后者从消费旧商品中获得的满意感。可以想象，这种影响可能会使后者从这种旧商品中获得的满意感增加，因为当这件商品被新商品取代之后，或多或少就具有了古朴之风，使得他们很高兴使用这件商品。但是一般来说，这种影响会产生与之相反的作用。因为，从某种程度上来说，人们之所以喜欢任何质量最好的物品，是因为它的"质量最好"，如果这种物品被另一种新创造的物品所取代，从而不再是质量最好的，那它的价值就会消失于无形。因此，对于一个狂热爱好所有"最新事物"的人来说，如果他所拥有的一辆汽车的改进版被发明出来了，那么他从这辆曾给他带来极大快乐的老款汽车中基本上不会获得任何满意感了。在这种情况下，投入生产改良型汽车的资源的边际社会净产量略小于边际私人净产量。[1]在城镇中引入电力照明，可能会引起人们较为轻微地对煤气的

---

[1]值得注意的是，文中的观点同样适用于之前消费的产品完全被新产品取代的情况，因此没有人实际从旧产品中获得越来越少的满意感。因为，除非人们对旧产品的欲望被一直在关注的心理反应所削减，否则新产品不可能完全取代旧产品。此外，前面的论述表明，新发明实际上可能会减少经济福利总量，因为它们会使劳力从其他形式的生产性服务中脱离出来，投入到某种可以取代旧产品的新产品的制造中去。然而，如果没有新发明，旧产品就会被继续沿用，而旧产品产生的经济满意感也将与现在的新发明一样多。就广义而论，这一点是正确的，就如同新型战争武器的发明被所有国家掌握一样。因为，如果一个国家的对手也掌握了相同的新型军备，那么对于这个国家来说，拥有的军备并不占优势，那么拥有这些武器对这个国家而言，没有什么好处。

这种心理反应，这种可能性将辅助上一节所述的荒谬的辩护理由，成为市政机构推迟实施电力政策的辩护词。然而，可以肯定的是，这种有效的辩护基本上是不够的。实际用于支持市政机构不允许电力公司与其煤气公司竞争的论据，正是前一节中描述的那些内容。一般来说，这些论据与以上提及的任何心理影响无关，因此，就像那些与运河的利益相关的人反对授权修建早期铁路一样，它们完全是荒谬的。

□ 雪茄厂　1877年

19世纪70年代的金融危机导致了几乎所有行业的大罢工，最引人注目的是1877年的铁路大罢工。这时，纽约雪茄工人可能受到了某种启发，至1877年10月，超过1万名雪茄工人离开工厂和廉价公寓，要求提高工资、缩短工作时间和改善工作条件。这次罢工得到了当地美国雪茄制造国际工会的支持。图为此次罢工前拍摄的雪茄工厂内部景象。

第13节

很明显，迄今为止，我们所考虑的私人净产量和社会净产量之间的差异，并不能像土地租赁法引起的差异那样，可以通过修改合同双方的合同关系来予以减少，因为这种差异是由向合同双方以外的人提供服务或造成损害而产生的。然而，如果国家愿意，可以选择通过对某一领域的投资进行"特别鼓励"或"特别限制"来消除该领域内的私人与社会净产量之间的差异。当然，这些鼓励和限制措施最明显的表现形式就是奖金和税收。对于这项干预政策所产生的积极与消极作用，我们很容易给出广泛的例证。

在酒类饮品的生产和分销过程中，每单位投资所产生的私人净产量远远超过其社会净产量。因此，几乎所有国家都要对此类企业征收特别的税种。马歇尔提议，应以同样的方式处理用于拥挤地段的房屋建造方面的投资。他在向英国皇家劳工委员会作证时，建议道："法律应该强制规定，凡在人口密集地段建造房屋者，都应该为修建免费游乐场进行捐款"[1]。该原则便于普遍推广和应用。尽管这一原则过去应用得不够彻底也有失偏颇，但是英国却参照它向汽车使用者征收特别汽油税和汽车牌照税，并将这两项收益专门用于道路服务。[2]这一原则也巧妙地体现在《国家保险法》中，即当证明某一地区的高发病率是由于雇主、地方政府或供水公司中任意一方的疏忽或粗心大意造成的，则由该责任方承担由此产生的全部非正常费用。一些学者认为，这一原则可以以征收差额税的形式应用于对外投资的收益中。但是，由于第8节所述的不利因素只存在于某一些对外投资而不存在于另外一些对外投资中，因此这一方法并不那么尽如人意。而且，对外投资在很大程度上已经处于不利地位，一是因为对外投资者对国外的情况普遍缺乏了解；二是他们从国外赚得的收益往往既要扣缴境外所得税，又要扣缴本国所得税。

在诸如农业等行业中，每一单位投资的私人净产量都小得可怜，其中产生的间接劳务可以培养出适合军事训练的公民。一定程度上由于这个原因，德国政府给予农业领域间接的保护性奖金。最后，还有一种极端形式的奖励金，是由政府提供所需的全部资金，用于市镇规划、警务管理等服务，有时用于清扫贫民窟。这类奖励金也经常被用于传播已改进的生产方法方面的信息，因为在这些行业中，潜在受益人往往缺乏认同感，很难进行收费。因此，加拿大政府出台了一项制度，"根据这项制度，农民甚至不需要花费邮资，便可查询与其业务有关的任一事项的信息"[3]。内政部在固定时期内，也会就农场经营提供实际指导。[4]在提供就业信息方面，许多国家也采用相同的原则，由职业介绍所免费提供服务。英国的各种农业组织团体由志愿者自发组织，并将赞助资金充当类似的奖励

---

[1]《皇家劳工委员会》，第8665号提案。
[2]这一原则的应用是不完全的，因为由道路委员会管理的这些税收所获得的收益，不应该用于"道路的常规维护和保养，尽管这些都是应做的工作"，而"必须全部用于新道路的建设和特殊道路的提level改造"（韦布《皇家公路》，第250页）。因此，总的来说，驾车者不为他对普通道路造成的损毁进行任何补偿，而是获得对他自己而不是对大众有用的额外服务。
[3]梅弗《关于加拿大西北部的报告》，第36页。
[4]梅弗《关于加拿大西北部的报告》，第78页。

金。用霍勒斯·普姆凯特（Horace Plunkett）爵士的话来说，他们的一个重要目的在于，"免费帮助那些在田野里专心工作的人，使他们拥有更多的观察机会，能够更多地了解工商事务"[1]。1909年的《发展令》遵从相同的原则，其中有条款规定，政府对农业科学方面的研究、指导和实验提供资助。

应该补充的是，当受影响的个体之间的关系非常复杂的时候，政府可能会发现，除了提供奖励金以外，官方还须采取一些控制手段。人们愈加认识到，政府应坚持的一条原则是，某一政府机构应有权限制特定区域内允许修建的房屋数量，民房可以达到的最高高度——虽然工棚式民房的房间不是很多，仍有可能造成区域内过度拥挤[2]——并从整体上控制个人的建筑活动。我们不能寄希望于投机者各自为政的建筑活动能够精心打造出一座规划合理的城镇，就如同不能奢望由几位艺术家各自负责绘制一平方英寸的一幅画能达到令人满意的惊人效果。要将单独处理的各个部分组合起来，使其成为一个整体，并最终形成一个合理的方案，光靠一只"无形的手"是不可能做到的。因此，就如已经得到解决的天然气和水等全民共同问题一样，必须有一个政府的权威部门更为广泛地进行干预，解决好城市的美化、空气质量、照明等全民性问题。"一战"前不久，参照德国长期以来的做法，伯恩斯先生极其重要的《城镇规划法案》（以下简称为法案）得以出台。该法案第一次从城镇的整体结构出发，而不是从个体结构出发，将单栋建筑的规划控制权明确授予那些愿意接受此项权利的城镇委员会。法案第二部分一开始就规定："城镇规划方案需遵循法案中相应部分的条款，任意一处正在开发或有可能用于建筑目的的土地，都应将该土地的布局和用途与其周边土地的布局和用途结合起来考虑，以确保它的合理、卫生、舒适与便捷。"正如德国的惯常做法一样，城镇规划方案可在真正开始建房的前几年就制订好，以便事先确定其

---

[1] 韦布《产业合作》，第149页。
[2] 道森先生认为，这种过度拥挤的现象在德国的城镇相当普遍。他说道："由于严格执行相关规定，以至于街道过于宽阔，从而大大增加了房屋建造的成本。建筑商为了收回成本，使利润最大化，开始纵向而不是横向扩建房屋。"（《德国的都市生活与管理》，第163~164页）因此，德国市政机构为了控制建筑物的高度，便规定了一个允许的高度范围，这个范围从市中心到城市外围逐渐降低。

未来的发展路线。此外，如果需要，可将已经建有房屋的土地纳入其中，并规定"可以拆除或改建该处土地上的任何建筑，以备实施该项计划之需"。最后，如果当地相关政府机构在主动制订计划方面玩忽职守，则可授权中央政府委员会并令其采取行动。但我们仍然可以期待，有朝一日人们完全熟悉并掌握城镇规划之后，出于对本土的热爱之情和地方间的相互效仿，能够促使城镇规划工作不再需要借助中央政府这一外部压力即可展开。

第14节

到目前为止，我们所讨论的社会净产量和私人净产量之间的差异，即使在单纯竞争条件下也很容易发生。如果垄断性竞争[1]——在各自的生产能力占总生产量相当大比例的若干销售者之间展开的竞争——的条件已经具备，则意味着出现新型的投资，即竞争性广告。竞争性广告的唯一目的是，将某一特定商品的需求从一个供应商那儿转移到另一个供应商那儿[2]。实际上，对于质量均匀且易于检测的商品，比如盐、木材或谷物等，用到竞争性广告的机会很少。但是，对于质量不容易检测，尤其是可以少量出售，且易于采用独立包装进行零售的商品，用到竞争性广告的机会就很多。[3]当然，并非所有广告都是严格意义上的竞争性广告；与此相反，有些广告具有社会目的，旨在告知人们存在适合他们偏好的商品。实际上，有人称，"广告是分类销售的必然结果"，是从中间商以前要做的展示和销售商品等复杂工作中分离出来的一部分[4]。如果没有广告，许多有用的物品如新机器，以及许多有用的服务如人寿保险之类，可能根本不会引起真正需要它们的潜在购买者的注意。此外，一些广告宣传可以使消费者产生全新的消费需求，它所带来的满意感会真正增加社会福利；与此同时，这种满意感的大规模开

---

[1] 参见本编第十五章。
[2] 在纯粹竞争的条件下，作这类广告宣传毫无意义。因为根据假设，市场会以市场价格吸收任何一位小销售者计划出售的所有产品。实际上，垄断性竞争包括各种形式的不完全竞争。
[3] 参见詹克斯和克拉克合著的《托拉斯问题》，第26~27页。
[4] 参见肖《经济学季刊》，1912年，第743页。

发，使满足人们需求的商品得以大规模生产，从而降低生产成本。[1]鉴于此，我们有可能赞同希腊政府为醋栗种植者（未提及种植者个人姓名）设计的此类特别的广告体系。[2]当然，这类广告在增加人们对醋栗的偏好的同时，可能在一定程度上减少人们对其他产品的偏好。然而，为了本书的目的，我们不必估算严格意义上的竞争性广告在广告总量中所占的比例。英国每年的广告总成本为8 000万英镑，而世界每年的广告总成本为6亿英镑。[3]显然，现代世界中，有相当一部分广告都是严格意义上的竞争性广告。[4]比如一些显著的广告形式，如图片展览、报纸简讯[5]、旅行者、推销员等等，都属于竞争性广告；另一些巧妙隐晦的广告形式，如商店橱窗中大量的珠宝展示、信用授予、允许赊欠（记账和催要难以收回的欠款均会产生额外的花销），商店在销售者不方便且费用高昂的时段开门营业（将产生额外的花销）等等，也都属于竞争性广告。很明显，从某种程度上说，只要这类投资像投入到国家军备上的资金一样，能为投资者保留或赢得"曙光"，它就会产生相当大的私人净产量。一

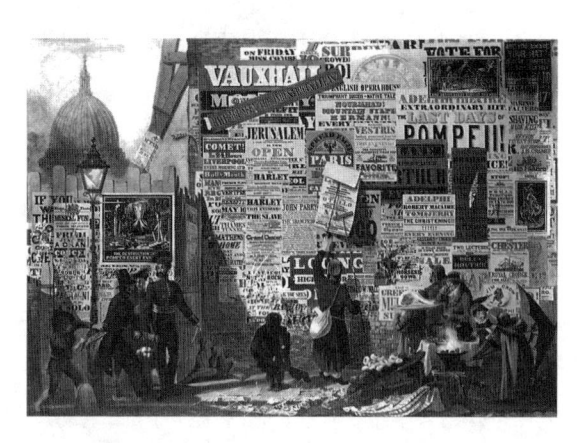

□ 英格兰户外广告 1835年

英国的广告史一直是其资本主义经济历史的重要组成部分。19世纪中叶，随着报纸和杂志的盛行，广告业成为一支主要力量。19世纪后期，伦敦成为世界上最重要的广告中心之一。

---

[1]参见"论'建设性'广告与'竞争性'广告"（马歇尔《工业与贸易》，第304～307页）。
[2]参见古道尔《广告术》，第49页。
[3]参见古道尔《广告术》，第2页。
[4]值得注意的是，这类广告旨在将光顾竞争对手市场的顾客拉到自己这边来，其手段之恶劣达到了现代国家的法律无法容忍的程度。因此，在一些欧洲国家，商家明目张胆地谎称自己的产品在展览会上获得过奖项，或谎称对破产企业的产品进行特卖，或直接贬低竞争对手或其产品，企图将自己的产品冒充名牌销售……这种种行为皆属违法，应受到处罚（参见戴维斯《托拉斯法与不公平竞争》，第10章）。
[5]当然，投资于这些物品的"资源"是由生产这些简讯所需要的实际资本和劳力来衡量，而不是由有关报纸为其征收的垄断费（如果有的话）来衡量。

条表示投资的连续增量产生的私人净产量的曲线，在很长距离内均显示为正值。该曲线与表示连续投资增量的社会净产量的相应曲线有何关系呢？

首先，可能发生的情况是，不同对手之间的竞争使得彼此的净支出很大，这将促使二者联手。如果发生这种情况，垄断性竞争所产生的高额支出会导致单纯垄断的产生。要从大体上确定单纯垄断和垄断性竞争分别对国民所得造成的影响有多大，似乎不大可能。因此，对于表示连续投资增量的社会净产量曲线是否会在任何一部分均显示为正值，我们无法得出结论。

其次，垄断资本家们相互竞争所产生的广告支出会简单相抵，而他们在该行业中的地位将与双方未投入任何广告费的时候完全一样，不会有任何改变。因为很明显，如果竞争双方都付出相同的努力将公众从对方那里吸引过来并赢得他们的青睐，那么最终的结果与双方没有付出任何努力的情况是一样的。在1908年召开的铁路劳资协商委员会会议上，巴特·沃斯先生提交的备忘录上清楚地阐明了这一点。他指出，在竞争计划中，参与竞争公司的高级职员的大部分时间和精力都耗费在"谋划如何确保自己运输线路的运输量上，而不是研究如何把经济效益与工作效率有机结合起来。目前，在铁路公司，薪酬较高的高级职员将大部分时间和精力都投入到商业界毫不感兴趣的工作中，而这些工作对于他们所服务的激烈竞争的公司股东们的利益而言，才是必要的"[1]。在此类情形下，表示投资连续增量的社会净产量的曲线将全部显示为负值。

最后，有可能出现的另一种情况是，这些支出仅仅导致市场上一家企业生产的商品被另一家企业等量的商品所取代。如果我们假设，A和B两位生产者的商品生产均遵守利润不变法则，而且每单位商品的成本相同，那么对于国民所得而言，公众无论购买其中哪一位生产者的商品都没有区别。换言之，为了与对手竞争，任一生产者建立商誉所花费的全部资源所产生的社会净产量均为零。如果将

---

[1]［白皮书，第4677号］，第27页。

某些订单从B处转移到A处，从而使商品生产的总成本降低，那么A生产者从B处抢夺订单所用的某些单位资源所产生的社会净产量就为正值，而B生产者从A处抢夺订单所用的所有单位资源所产生的社会净产量就为负值。如果我们假设，生产效率较高的企业与生产效率相对较低的企业在这些竞争中所耗费的资源数量基本相等，以至于双方的努力相互抵消了，就像回到了双方都没有努力之前的样子，那么显而易见，从整体来看，双方的这些努力结合在一起所产生的社会净产量也等于零。然而，我们仍有些许理由相信，生产效率低的企业往往比那些生产效率高的对手更加热衷于广告。因为很显然，他们有更大的动机在产品外观上下功夫，例如设计独特的产品包装，这样做的目的是为了避免消费者将其商品与相同价格下的其他生产商的商品进行实质性的比较。从这一顾虑可以看出，表示投资连续增量的社会净产量的曲线很可能出现总体为负值的情形。

以上论述清楚地表明了一点，即一般而言，投资于竞争性广告中的任一第r个资源增量所产生的社会净产量都不太可能与其私人净产量相等。竞争双方如果郑重承诺均不采取广告宣传的手段，就可以减少由此产生的浪费，律师、医生和伦敦证券交易所的会员之间就是采用的这种方法。如果做不到这一点，国家可能就会通过征税或禁止采用竞争性广告（前提是能将这些广告与非严格意义上的竞争性广告区分开来）等手段来打击恶性竞争。垄断性竞争赖以存在的条件一旦遭到破坏，就有可能完全被消灭。

第15节

我们接下来讨论双边垄断的条件。在此条件下，个体购买者和销售者之间的关系并不是由封闭的市场硬性规定的。从这层意义来讲，双边垄断的存在意味着理论上的不确定性，同时也为利用各种活动和资源来努力改变交易比率提供了方法，从而达到有利于"垄断资本家"某一方的目的。垄断资本家的性质是固定单位（如单个的个人和合资公司）还是代表性单位（如工会或雇主联合会，其代表通过谈判确定薪酬比率，而各个体成员可以自由地选择继续工作还是放弃工作），将令不确定性的性质有所不同。对于某些情况而言，这种差别很重要，不容忽视。[1] 但它并不会直接影响我们当下的研究，因为很显然，无论不确定性的性质如何，用于操纵交易比率的活动和资源都有可能产生正值的私人净产量；但它们不能——即使是其中最早的一批也不能——产生正值的社会净产量，而且在某些情况下，它们还有可能产生负值的社会净产量。[2] 这里所考虑的活动主要包括合理"议价"这种真正的脑力劳动和以下两种欺诈行为（因为抢劫中所耗费的体力不能用于商品交换）中的一种——一种是对待售商品的物理属性进行不真实的描述，一种是在对待售商品的物理属性进行真实的描述之后，对可以进行"合理预期"的未来收益进行不合理的预测。

第16节

这里没有必要讨论合理议价。因为很显然，无论议价成功与否，对于买方和卖方来说，用于这一目的的智慧和资源都不会产生社会净产量。卡弗教授曾说，商人的大部分精力都花费在议价这类活动上，他们的收入的相当一部分也来自这类活动。[3] 但他们做这些都是白费力气的。因为议价虽然有利于增加私人净产量，却不会带来任何社会净产量。但是，这一结论不能完全说明该主题。常常有人指出，无论客户是顾客还是雇员，只要有压榨的机会，雇主就会想方设法去压榨，而不是努力优化工厂的组织结构。他们这样做的结果就是，投入到议价中的资源，即使是最早投入的资源，所产生的社会净产量不仅可能为零，而且可能为负。每当发生这种情况时，任何一种产生收入的税收，尽管可能对情况带来一些改善，但也无法实现全面的补救。为此，有必要绝对禁止议价。但是，这几乎不

---

[1] 对于固定单位而言，结算轨迹——即可能的议价范围——在契约曲线上，代表性单位在两条互为需求（或供给）的曲线上的某一段上。关于这一点与相关点的技术讨论，请参见本人拙著《双边垄断下的均衡》（《经济学杂志》，1908年1月，第205页及以下多页），以及《工业和平的原理和方法》附录A。

[2] 这里的净产量可以理解为国民所得的净产量。当然，不能否认，如果穷人在议价时战胜富人，那么经济方面的满意感所产生的净产量为正；如果富人战胜了穷人，则经济方面的满意感所产生的净产量为负。

[3] 参见《美国经济协会会刊》，1909年，第51页。

可能做到，国家机关将销售价格和销售条件强加于私营企业则另当别论。[1]

第17节

对待售物品的物理属性进行不真实的描述的欺诈行为，包括短斤少两、以次充好、做虚假广告等方式。在合作时代到来之前，"工业城镇的小街小巷里开满了各种小商铺，它们专门售卖各种尺寸和重量都没有经过检验的劣质商品"[2]。在较小范围内，这种做法现在仍然盛行。在销售"生产资料"时，销售者很少使用这种手段，因为购买者都是一些工业领域的大型企业，比如铁路公司，它们拥有严密的"质检"部门。但是，在向贫穷的、对信息了解不全面的购买者出售"消费性商品"（尤其是专利药品等略带神秘感的消费品）时，甚至在向经验较少的购买者（如农民）出售生产资料时，这种欺诈手段对销售者来说就会存在一定的吸引力。对销售者而言，"向购买者提供看似有用实则无用的商品，总是有利可图的，只要商品的外在和实质之间的差异没有被购买者发现"[3]。对于未来收益的欺骗——从待售商品中可以合理地预期——主要由不择手段的金融家通过出售债券和股票来完成，其所采用的方法包括操纵股利支付、"套购"、故意发布虚假信息[4]以及刻意隐瞒相关信息（难以界定该做法是否公正）等。[5]显然，从

---

[1] 许多国家关于私人职业介绍所的立法与此相关。关于该立法的描述，参见贝克尔和伯恩哈特合著的《职业介绍公司管理史》。
[2] 阿夫斯《合作》，第16页。
[3] 西奇威克《政治经济学原理》，第416页。
[4] 有关其中一些方法的骇人听闻的描述，参见劳森的《疯狂的金融》一书（多处）；以及对著名的1884年德国法律中的保护性措施的分析，参见舒斯特的"德国法律之下的企业推广及其资产评估"，载于《经济学杂志》，1900年，第1节及之后各处。应该注意的是，如果法律规定禁止以"联合放价"的形式进行大宗股票买卖，则"套购"难以实施。之所以困难，是因为有这类规定时，进行"套购"的买卖双方更有可能被迫与自己不信任的人达成交易（参见布雷斯《有组织地投机买卖的价值》，第241页）。
[5] 有趣的是，尽管法律和公众舆论经常谴责隐瞒相关信息的销售者，但因此做成一笔"划算买卖"的购买者却受到人们的称赞。例如，一购买者从某个荒僻村庄中以低价淘到了一件价值不菲的橡木家具，人们往往认为这是值得称赞的；罗斯柴尔德抢先一步了解到滑铁卢之战已经打响的消息而购买公债，并由此发家，人们同样认为他在此之前没有义务公开这些信息。这种差别产生的原因可能在于，人们认为，一件物品的所有者完全有机会了解到它的真正价值，如果他做不到这一点，他就理应为自己的疏忽大意而买单。如果一家公司的经理根据在董事会会议室获得的、一般股东无法获得的信息而买下了该公司的股份，那他就会受到大家的谴责。

某种程度上来说，从事任意一种形式的欺诈活动都会产生正的私人净产量，而非正的社会净产量。而且，它们常常导致销量增加，从而使带有欺骗性质的产品的产量增加。因此，销售者便将本应用于正常边际收益生产中的投资转移到这种欺诈性产品的生产中来。所以，如果考虑这一间接后果，即便是最早投入欺骗性产品的生产中的资源，其社会净产量一般来说也不是零，而是负值。如果所讨论产品的生产不需要投入资源，比如欺诈性登记处捏造的虚假信息，则社会净产量实际上不会降到零以下，因为生产这些虚拟的东西不需要从其他地方撤回资源。不过，通常情况下，任何投资于欺骗性活动的资源所产生的社会净产量都为负值。因此，同合理议价一样，任何能够产生收入的税收，尽管可能给生产方面的情况带来一些改善和提质，但是仍然无法实现全面的补救，因此，必须绝对禁止这种欺诈行为。我们已经为颁布此类禁令做出了努力：一方面，制订了以打击短斤缺两和食品掺假等行为为目的的各种法律条款；另一方面，颁布了旨在控制和规范公司推广活动的各种法律条文，且为实现其有效性，这些法律条文必须按照公共检查员或专员的要求来实行，而不是按照受害方的要求来执行。[1]在其他领域，这种欺诈行为还可以以一种更直接的方式来消除，即建立购买者协会，在这种协会中，买卖双方的利益是一致的。[2]

□ 铁路大亨哈里曼　1907年

爱德华·亨利·哈里曼（1848—1909年），美国金融家和铁路大亨，19世纪后期西部铁路扩张和发展时期的主要建设者和组织者之一。1870年，哈里曼用自己的账户在纽约证券交易所买到一个席位；1898年，他在银行家库恩·勒布的帮助下组建了一个辛迪加，收购了当时正面临破产的联合太平洋铁路公司。1901年，他与铁路大王詹姆斯·希尔争夺北太平洋控制权失败，引发了华尔街有史以来最严重的金融危机之一。图为1907年，哈里曼吞下美国铁路的漫画。

---

〔1〕参见范·海斯《集中与管制》，第76~78页。
〔2〕参见本编第十九章。

第十章　关于产业形态的边际私人与社会净产量

第1节　边际私人净产量与边际社会净产量之间的关系，除了在不同用途的投资上有差异外，在不同行业组织形式下的投资也有所不同。第2节　有些形式确实有，而有些形式则没有在参与其中的工人之间以训练能力的形式产生收益，或产生商品产品的收益。第3节　在目前条件下，投资工人合资协会和各种小型企业可能产生比边际私人净产量更大的边际社会净产量。第4节　但是，与之相反的是，投资可能导致产业的托拉斯。第5节　经过一段时间后，投资可能促进标准化。第6节　与"科学管理"某些方面有关的投资可能也是这样。

第1节

在上一章中，我们研究了资源的边际社会净产量和边际私人净产量在各行业或产业之间的差异。现在，我们必须对不同行业或产业内经济组织中的资源进行类似的考察。马歇尔曾发现，"替代法则"作为一般规则——这不过是"适者生存法则"的特殊和有限的应用——往往使一种产业组织方式在以较低的价格提供直接和即时服务时，取代另一种组织形式。一般说来，不论是提供间接服务还是最终服务，对于维持边际社会净产量和边际私人净产量之间的平衡来说都无足轻重。[1]但是这些间接服务构成了投资于任何形式的经济组织中的每单位资源所产生的边际社会净产量与边际私人净产量之间的差异。我们现在的任务是区分它们能发挥重要作用的主要领域。

第2节

就目前来看，一个国家的一般经济组织，除了履行其生产工具的职能之外，

---

[1]马歇尔《经济学原理》，第597页。

它所提供的非常重要的间接服务也或多或少地成为培养经营能力的训练基地。为了能够真正做到这一点，企业单位的规模必须分级，这样一来，天赋较高的人就可以在简单的小型企业学到企业的经营之道，并随着其能力在实践中一步步提高，逐渐升至更加重要的职位之上。这一点可以这样说明。当农业或工业的阶梯相距很大时，对于通过实践已经适应某个职务的人而言，当他因为偶然之故进入更高一级的职位时，他会难以找到适合自己的位置。因此，举一个假设的例子，假如农业或工业由规模较大的单位构成，这些单位又由若干工人协助一两个大企业家经营，那么工人阶级中具有管理和领导天赋的人，则没有用武之地，也难以得到提升。如此一来，许多有天赋才能的人，只好被迫沦为旁观者，而无法成为实干家。但是，正如杰文斯（Jevons）所说，只有通过实干而不是旁观，才能锻炼人。他写道："与其观赏玻璃盒子里的标本几千遍，不如亲自研究几个标本，这样人能学到更多的东西。"同样地，年轻人从大英博物馆里学到的知识，还不如自己实地采集一些化石、矿物，并把它们带回家（如果可能的话）进行观察、研究和思考所学到的东西多。〔1〕马歇尔1885年在合作社发表的演讲中，更清楚地说明了这一点："比起观察一艘只有桅杆顶端露出地平线的三桅船，划着一只渔船反而能够获得更好的航海训练。"〔2〕因此，在缺乏合适的阶梯的情况下，工人阶级天生具有的经营才能只好浪费。但是，如果工业或农业是由许多不同规模的单位组成，那么，一个拥有超出其阶级正常心智水平的人，便可以不费吹灰之力就成为一个小企业家，并通过逐步提升自己的能力，沿着为其架设好的阶梯一步步上升到更高的职位。

第3节

这种思路表明，在一个按照现代工业国家的整体路线管理的社会中，以小型

---

〔1〕《社会改革的方法》，第61页。
〔2〕《社会改革的方法》，第17页。

合资工场形式将工人组织起来的工人协会可构建出一种产业形态,对该产业形态进行投资所产生的边际社会净产量有可能远远超过其边际私人净产量。其原因在于,几乎可以肯定,体力劳动阶层中潜藏着巨大的管理才能,而小型合资工场为该阶层提供了向上提升这种管理才能的第一级阶梯。可以说,它们形成了第一所可以培养这种能力的学校,不仅可以为社会提供鞋、靴等物资的生产服务,还能为其培养训练有素、能力出众的人才,并通过他们的努力工作,使国民所得不断增加。在农业方面,劳动者生产的情形与此十分相似。房屋附近的园地或小块田地供在其他地方有固定工作的工人使用,大块田地供在其他地方做临时性工作的工人使用,小块租地则供完全致力于土地耕作的佃农使用,这些结合起来,便构成了一个完整的阶梯,使劳动者可以得到地位的提升,上升为独立的农场主。这一阶梯对劳动者能力方面的提升作用,远远超过它所创造出来的实际农作物的价值。然而,该社会净产量并不属于那些有权控制农业租地规模的人,也不包括在投资于它们的资源的边际私人净产量内。这样一来,我们似乎就有足够的理由,通过政府行为或私人慈善活动,对工人协会和各种级别的小块园地和小块租地采取"人为的鼓励"措施。英国通过扶持零售合作社来鼓励工人协会,法国和意大利则通过为政府的招标工作提供特殊便利来鼓励工人协会。在英国,开发小块田地和小块租地也得到了政府的支持。

□ **麦考密克收割者　19世纪30年代**

1831年,弗吉尼亚州的铁匠罗伯特·麦考密克曾试图发明一种用来收割的机械装置,但最后因为失败而放弃。就在那年夏天,他22岁的儿子赛勒斯·麦考密克在接手父亲的这项工作大约六个星期以后,就成功发明了第一台实用的机械收割机。起初,它仅仅被人们当作一件稀奇玩意儿,后来却成了农民极其重要的收割工具。

第4节

从另一个角度来看，这种思路表明，托拉斯广泛化所产生的边际社会净产量有可能小于其边际私人净产量。因为大型的企业联合体——各成员在生产上保持分离和独立的卡特尔不属于这种情况——往往通过减少创业者培训的机会来阻止其提升经营能力，使其无法达到他原本可以达到的高度。"少数人的高级别管理才能的发展，似乎有赖于多数人的广泛的创业经验。"随着产业的主体成员被组织起来，高达数百万美元资产的企业联合体形成了，不同阶段的联合管理才能阶梯遭到了严重破坏。即使获得大型企业部门经理的职位，这种损失也远远不能弥补；因为，相较于企业管理，部门管理必须拥有的独立自主性有限，各部门也不会像私营企业那样对其规模进行大范围的调整，更不会将其规模缩小到私营企业的大小。1908年，马歇尔曾在皇家经济学会上发表演说，呼吁人们关注小型企业中的教育机会，并以当时的乳制品行业组织为例进行论证。他指出，国有产业的运营——当然，这也同样适用于大商业联合体——目前消除了这种教育阶梯，所以它比私人企业的管理更经济，但却不足以说明它从总体上更经济。[1] 这就相当于说，边际社会净产量小于边际私人净产量。就目前的论证而言，实际的推论是显而易见的。虽然在第一次世界大战的特殊紧急时期，当下的产量绝对至关重要，即使将来会受到损害，也必须赢得当下的产量，而国家可以通过正确的干预手段加强各种形式的企业联合——如果没有国家的干预，这些联合企业就无法形成。然而，在正常的和平时期，国家在实行鼓励政策前应该总是保持谨慎，在某些情况下甚至应该阻止大型企业（无论是公有企业还是私营企业）增长过度的威胁。然而，上面所谈及的内容显然不是关于这个问题的全部考量。我们将分别在本编的第十一章和第十八章对这一问题作进一步的探讨。

---

[1] 我们可能会注意到，像印度这样的国家，如果由于市场狭小及其他原因阻碍了任何大型产业的发展，甚至严重到产业阶梯的顶端被切断，即类似于文中所讨论的困难，那就很难为培训高级经营才能提供足够的机会（参见莫里森《印度邦属的产业组织》，第186页）。

第5节

与上述相同的有关一般性问题的考虑，也适用于标准化生产方法及其实践方面的某些改进和发展。[1]人们早就知道，采用有限的几种标准形式，可以大大节约成本和增加产量。此外，这种成本的节约并不仅限于最先采用标准化作业的企业；因为，如果某一行业愿意实行产品标准化，那么生产该产品所需的机器和工具等的行业也会相应地对它们的产品实行标准化生产。英国机械工业标准委员会做了大量的工作，为螺钉、螺母、某些汽车零件和其他各种产品制订了规格标准，这些标准已被全国机械行业广泛采用。在第一次世界大战中，军事装备与弹药必须使用统一规格进行生产，这一经验表明，实行产品规格标准化之后，在有利条件下，企业雇用技术相对不那么熟练的工人进行生产，可以大大节约成本。国家迫切需要以最低成本实现大规模的即时产量，进而促使企业在政府授权下，对诸如船舶和军靴类的产品实行标准化生产。问题的关键在于，整个产业某些产品实行标准化生产，将促使该产品的制造商和为该制造商供应生

□ 石工　18世纪晚期

石工是文明史上最早的行业之一。石工一般使用各种工具来处理和塑造石头（方石）和石板成品。塑造石头的基本工具有木槌、凿子和金属直尺。许多古老的寺庙、纪念碑、文物、防御工事、道路、桥梁和城市都是石工用石头建造的。著名的石工作品包括埃及金字塔、印度泰姬陵、柬埔寨吴哥窟、古希腊帕台农神庙、中国长城等。图中，一位石匠正用槌子和凿子在石块的斜面上雕刻花纹，不远处，另一位石匠正在用锯子切割一块石头。

---

〔1〕在《工业与贸易》第2卷的第2章和第3章中，马歇尔在区分了个体生产者的标准和适用于大部分行业的标准之后，对标准化的现代产业发展进行了生动有趣的讨论。

产工具的其他制造商变得比原来更专业，从而使这些产品的产量立刻实现快速增长。如果愿意，我们可以将这些增加的产量称为标准化方法下的私人净产量。然而，如果仅仅注意到这一点，该方法下产生的净利润有时可能会被过分夸大，因为标准化模式几乎不可避免地对新模式、新方法和新思想的发展造成阻碍。诚然，制订法规、定期修正规格很好，但是这并不足以补救其弊端，标准化生产真正的危险不是在新产品的优越性得到公认时阻碍其投入使用，而是将大大降低制造商设计和尝试新产品的热情。对一般产业而言，一个人主要是在改进方法未被普遍采用而它又领先于其竞争对手的时候，才能从改进方法中获得收益。一旦有了严格的标准化制度，则无人能够领先于其他任何人或引入任何新模式，除非整个行业都引入新模式。简而言之，整个行业必须共同进步；这意味着任何环节都没有动力来推动其发展。在其他条件相同的情况下，实现标准化过程中所做的努力的边际社会净产量小于其边际私人净产量，因为它间接地阻碍了发明和改进，从而削弱了未来的生产力。显然，二者显示出来的差值对于所有商品而言，并不是一样大。例如，很难相信，为螺钉和螺母这类商品的尺寸和型号制订规格标准，将阻碍对其进行重要改进。这些简单的商品很少或根本没有改进的余地。但是，对于复杂的制成品而言，情况则完全不同。即使在第一次世界大战中，产量的重要性位居首位，对飞机采取标准化生产同样可以视作荒唐之举，因为飞机制造技术的研发和改进还存在着巨大的空间。在许多其他制成品方面，我们也无法确定其最终的形式。因此，标准化总伴随着一种危险，即我们虽然能够极大地提高产量，却永远地失去了获得更好商品的机会。在国家为了直接刺激产量而可能采取的促进标准化的任何行动中，必须考虑到这类风险。

第6节

不过，这里所作的分析同样适用于被称为"科学管理"的商业组织方法的某些方面。据我所知，该制度的一般性特征是众所周知的。训练有素的专家对要进行的各种操作进行详细的研究，再把这些操作分解成独立的要素，并在这种分解的基础上，仔细观察一些优秀工人实际遵循的方法，进行综合之后，构建出一种优于目前通行的任何方法的理想方法。吉尔布雷斯（Gilbraith）先生关于砌砖问题的研究结果说明了上述过程带来的改进。他"研究了灰浆层和砖堆的最佳高度，然后设计了一个搁置有台子的脚手架，所有的材料都可以放在台子上，便于砖、砂浆、墙体和工人保持在相对适当的位置上。随着墙体高度的增加，由特别了解这一工作的工人按照所有泥瓦匠的身材对脚手架的高度进行相应的调整。这样一来，泥瓦匠就省了不少力气，不用每拿一块砖、每抹一刀灰浆，都要弯腰、俯身又站起来。想想这些年来浪费了泥瓦匠多少力气啊！每一个泥瓦匠都要把重约（比如）150磅的身子弯下去两英尺，拿起一块重约5磅的砖块，然后直起身来砌墙，而且他们每天都要重复这样的动作达上千次"[1]。然而，这只是通过科学管理实现的一个非常普遍的案例而已。科学管理的核心理念是，将工作方法的规划任务交给训练有素的专家，再由专家给工人们详细解释他们应该怎么做，甚至包括他们在连续作业中的停顿和休息时间。"管理部门至少提前一天对每个工人的工作进行全面规划，在大多数情况下，每个工人都会收到一份书面通知，详细描述他要完成的任务以及开展工作时应该使用的方法。以这种方式提前规划的工作构成了一项任务，如前所述，它不是由工人单独完成的，而几乎在所有情况下都是由工人和管理部门共同努力完成的。这项任务不仅具体到要完成什么工作，而且还要规定完成该任务所允许的方式和确切的时间。"[2]教工人如何操作，确保他们正确理解并执行书面通知的工作，交给"职能工长"这一类新型管理人员去完成。这些管理人员与会计合作，可以立即计算出任何特定工人的产量成本比事先规定的合理成本高出多少，然后集中精力对有望改进的地方予以指导。[3]显然，这种类型的行业组织有可能即时节省出大笔成本，而耐心细致的指导在一定程度上为本行业带来许多永久性的益处。与之相反，"在体育界，教练专门指导拳击手如何平衡，如何运用手臂挥拳；职业板球手教练不断训练和提高击球手和投球

---

[1] 泰勒《科学管理原理》，第78页。
[2] 泰勒《科学管理原理》，第39页。
[3] 参见埃默森《效率》，第7章。迪克西先生在这些方法与士兵实际操练的各种方法之间进行了一番颇有启发性的比较（《经营之道与战争》，第2讲）。

手的效率；赛艇运动员同样需要教练对他们进行集体或单独的指导，教他们何时用身体和双手发力，如何将二者的动作协调好；而在工业界，人们基本上还没有认识到指导工人如何谋生的价值"[1]。然而，这门新发现的科学管理方法如果使用过度，将会产生严重的不良后果，长期来看，可能会适得其反。首先，如果认为某项工作只能通过一种最好的方法来完成，而这种方法不依赖于操作者的心理和身体素质，这是不科学的。很可能存在几种好的方法，其中一些方法能激发一个人的最佳状态，另一些方法能激发另一个人的最佳状态。[2]其次，很明显，如果将工人们的操作简化为机械的流程，那么管理者获得标准方法——即不同工人各自使用的方法的最佳部分的结合——的源头就会枯竭。工人公开提出改进方法的可能性也将越来越小。当然，聘请懂得科学管理的专家专门负责试验新方法，可以弥补部分的损失。但是，毕竟这些在普通的工作管理体系下就能做到，因此不能将其视为泰勒体系特有的优点，可以掩盖其特有的缺陷。并非只有在具体建议和方法方面，泰勒体系才可能造成间接损害。我们有充足的理由担心，工人的一般主动性和独立性会因为完全服从职能工长的精细安排而受到损害，就像士兵的积极性会因为过于严格、机械的军事体系而受到损害一样。工人一旦失去发挥主动性的机会，便会失去发挥主动性的能力，其劳动力的素质也可能不知不觉地降低。如此一来，投入到科学管理研发与应用的资源所产生的边际社会净产量就会低于其边际私人净产量。除非国家或者慈善机构进行干预，否则从整体上看，就会有这样一种危险，即这种产业管理方法将比国民所得的利益——更不用说更广泛的社会利益——所要求的，推行得更彻底，应用得更广泛。

---

[1] 军需工人健康委员会《中期报告》，第77页。
[2] 参见迈尔斯《头脑与工作》，第192页。

第十一章　递增与递减的供给价格

第1~2节　在单纯的竞争条件下，向任何特定行业的投资都会持续到资源的边际私人净产量等于边际社会净产量的程度；当特定行业的边际社会净产量与之不同时，该行业中的边际私人净产量与之有同样的差异。第3~4节　供给价格递增、不变和递减的规律，是人们对分析作出的说明，不是对历史作出的说明。第5节　我们必须将供给价格的递增、不变与递减价格进行区分，并从社会的观点来对这三者进行区分。第6节　从社会的观点来看，供给价格递减规律在很大范围内是可能的。第7~8节　但是，从社会的观点来看，只在一种特殊的情况下递增的供给价格才是可能的。第9节　投资于任何行业的边际私人净产量的价值是大于还是小于边际社会净产量的价值，主要取决于从社会的观点来看，该行业是否符合递增（或递减）的供给价格的条件。第10节　这意味着边际社会净产量的价值在所有符合供给价格递减条件的行业中都是较大的，但并不是说，在符合供给价格递增条件的行业中，边际社会净产量的价值都是较小的。第11~12节　在单纯竞争条件下，边际社会净产量和边际私人净产量的价值存在差异时，有可能通过补贴和税收来纠正由此产生的投资错误。第13节　类似的推理表明，对因其独特性而被需求的物品予以征税，以及对因其普遍性而被需求的物品给予补贴，可以增加经济福利。第14节　这种分析很难应用于实际问题，但它并非就是无用的。

第1节

在本编第九章第3节中，人们主要讨论了私人净产量与社会净产量之间的两种差异，而本章将主要讨论这两种差异之外的另一种差异。当任何行业中使用一个单位资源所产生的部分效应，最初不是发生在投资该单位资源的人身上，而是发生在其他从事该行业的人身上，便会出现这种差异。为了简化对这种差异的研究，我们可以设想，在一个典型的行业中，投入其中的边际私人净产量和边际社会净产量的价值是相等的，且都代表各行业水平的平均值。[1]在单纯竞争条件

---

[1] 并不需要假设任何行业实际达到了这一平均值，而是将这一平均值看作某一供给价格不变的行业将会达到的水平。

下，就某一实际行业来说，每个销售者按照当时的市场价格倾其所能地进行生产，而且无需为了使价格上涨而限制产量——投资和产量必须达到投资的边际私人净产量与平均值相一致的那个点。因此，只有当投资的边际社会净产量的价值与边际私人净产量的价值存在差异时，该行业的边际社会净产量的价值才会偏离这一平均值。本章只考虑单纯竞争条件下的此种情况。

第2节

让我们想象某个国家，其每年流入的资源必须在各个行业中进行定期分配。假设，当任何给定数量的资源用于某一给定的行业时，这些资源所具有的具体形式——例如被分配给许多企业，或分配给个别企业等——是可用于该数量的新资源的最经济的形式（从与我们问题相关的时期的观点来看）。而且，当一个稍微大一点的数量的资源被用于该行业时，呈现出的具体形式也是可用于该数量的新资源的最经济的形式（从相同的观点来看）。当作出这一假设之后，我们可以清楚地看到，如果通常流入一个行业的给定资源增加一个单位[1]，那么该新增单位将产生与流量中的其他每个单位相同的净产量。所有的单位在这个意义上都是可以互换的。但是，新增的单位可能改变其他单位的产量，使总产量的增额与所投入的资源数量的变化或多或少成为比例。如果其他单位也属于该新增单位的投资者所有，那么其他单位的产量差额不仅将计入该新增单位的社会净产量，而且还将计入其私人净产量。但是，如果其他单位不归新增单位的投资者所有，则这些单位产量所产生的差额将计入新增单位的社会净产量而不计入其私人净产量。因此，这一给定行业中的两种边际净产量以及它们的价值并不相同。此后，当竞争条件下进行的投资达到所投入资源的边际私人净产量的价值等于平均值的程度时，则

---

[1] 考虑到本编第九章第2节中给出的投资增量的定义，我们在讨论资源的单位增加时，务必加上"流入某一行业"的修饰语。

该行业的社会净产量的价值必然偏离平均值，而且，国民所得没有最大化。[1]

第3节

现在我们必须将这一说法与人们所熟知的规模收益递增、不变和递减的经济概念联系起来，或者如一些人更乐意说的，与成本递减、不变和递增联系起来。作为准备工作，给自己定下一套合适的术语将是有用的。以上引用的术语，在这里[2]是用来描述商品产量与生产该产量过程中产生的费用（以货币为量度）之间的某种关系。规模收益递减和递增意味着，每单位商品的货币收益随着商品产量的增加而递减和递增；成本的增加和减少意味着，每单位商品的货币成本随着商品产量的增加递增和递减。因此，这两套术语可以说是彼此关联的。然而，两者都有可质疑之处。从表面上看，我们尚不清楚它们所指的每单位商品的货币收益或每单位商品的货币成本，是平均收益或成本，还是边际

□ 坎南

埃德温·坎南（1861—1935年），大卫·坎南和艺术家简·坎南之子，英国经济学家和经济思想史学家，伦敦经济学院教授，伦敦学派的奠基者和领袖，适度人口论的奠基人。他培养了以利奥尼尔·罗宾斯为代表的一批经济学家，其中一些人后来成为伦敦学派的骨干。他的代表作品有《现代通货及其价值的调节》《经济大恐慌》等。

---

[1] 在某一行业中，如果产品的需求弹性为1，则当资源的任何第 r 个增量的社会净产量已知时，无论此投资增量的社会净产量是等于还是大于私人净产量，投入生产的资源数量显然都是相同的。因此，就投入资源的边际单位而言，当社会净产量大于私人净产量时，其结果是，在竞争条件下，消费者将无偿获得这一超出量；而相对于投入资源的其他单位而言，当（已知）社会净产量大于私人净产量时，其结果是，消费者可以无偿获得所有这些超出量。然而，在需求弹性不等于1的行业中，当各种投资数量的（已知）社会净产量大于私人净产量时，将使投资的数量与其他情况下的投资数量有所不同。这意味着，当边际投资单位的社会净产量大于私人净产量时，对消费者的物质资产的影响并不仅仅是这些总超出量。同样地，实际使用的投资单位的总超出量对于消费者的物质资产的影响，也并不仅仅是这些超出总量。因此，它对消费者的满意感（以货币表示）的影响，并不像需求弹性等于1的情况那样，是通过他们为实际获得的产品数量所花费的总需求价格，超过假如（已知）社会净产量等于私人净产量的情况下为可能获得的产品数量所花费的总需求价格来量度的。考虑到这些因素，除非需求弹性等于1，否则我们不能说在竞争条件下，边际社会净产量大于边际私人净产量的超出量，等于由于存在这样的超出量而使消费者获得的超出量。

[2] 关于另一种用途，参见本书第四编，第三章。

收益或成本，而且，当收益递减（或成本增加）对某些产品有益，收益递增（或成本递减）对另一些产品有益时，边际收益递增（或边际成本递减）而平均收益递减（或平均成本递增）时，就一定会出现边际收益递增（或边际成本递减）的情形。反之亦然。因此，我认为最好是弃用上述两套术语，而依据各行业是否符合供给价格递增、不变或递减这些条件来对其进行区分。附录Ⅲ将证明，在有竞争力的行业中，任何产量的供给价格都等于边际成本和我所说的均衡企业的平均成本；这是一个没有歧义的概念，在这里无须赘述。对于那些并不追求分析精准性的读者来说，只需说明，我的供给价格递增、不变和递减规律，就实际目的而言，与通常所说的规模收益递减、不变和递增规律，或成本递增、不变和递减规律相对应。[1]当然，我们这里所讨论的是长期或者一般情况下的供给价格，而不是任何形式的短期供给价格。

第4节

这些规律所表述的供给价格变化与产量变化之间的关系，不一定是历史上这些变化之间存在的关系，而是在其他条件不变的情况下存在的关系。在现实生活中，随着知识的进步，生产不断推陈出新，新的技术装置不断被发明出来。其中一些变化是由即使行业的产量保持不变也会发生作用的因素所引起的。另一些则是产量变化的结果，而产量变化是由需求变化引起的。当然，在实际操作中，可能往往无法确定某些发明——比如说钢铁制造过程中的某项发明——是否由产量的变化引起的。然而，从逻辑上讲，两者的区别是相当明显的。就当前的目的而言，凡是不属于产量的变化所引起的变化，均不在考虑之列。因此，一个行业可能在长时间内显示出供给价格持续下降的趋势，但它可能并非属于这里所讨论的

---

[1] 坎南教授反对在上述定义的收益递减和递增中使用"规律"一词，其理由是，在某些行业是收益递减，在另一些行业则是收益递增，而科学规律应该在所有情况下都成立，并不仅仅是在某些情况下成立。（《财富》，第70页）对此的回答是，事实上这个理由只适用于最普遍的物理定律。例如，生物学家在谈论门德尔遗传定律的时候，并未暗含所有遗传都遵循这一定律的意思。不过无论如何，它就是一个字面问题。

递减的供给价格条件下的情况。[1] 同样地，例如当一个国家的煤层即将开采殆尽，某个行业可能显示出不断上升的供给价格，但却不属于递增的供给价格条件下的情况。[2] 抛开并非由产量的变化引起的技术变化或其他发明的变化，当产量的增加可能与供给价格的递增、不变或递减相关时，这种情况下的行业才可以说是与供给价格递增、不变或递减相一致。

第5节

接下来，我们必须将注意力转向另一种区别，这种区别就当前的目的而言，是极为重要的。当我们不加限制地谈论供给价格的增长、不变或下降规律时，我们是从生产这种商品的行业的角度，去考虑商品产量的变化与每单位供给价格的变化之间的关系。如果从社会的观点来看，这些变化并不总是或必然是与每单位商品的供给价格的变化相同。假定在一个只向其他行业购买生产要素的行业，当随着商品产量的增加，均衡企业为每单位产量所支付的货币成本增加时，这两种变化是相同的，因为对于每单位产量，必须按照与以前相同的价格购买更大数量的这种或那种生产要素。但是，为每单位产量所支付的货币成本的增加，是因为均衡企业必须以较高的货币价格支付它所使用的生产要素，它所支付的额外成本将被若干生产要素的所有者所获得的相等的反向额外成本所抵消。从整个社会的观点来看，每单位产量不会产生额外的成本。同样地，一个行业的均衡企业为每单位产量所支付的成本的减少，是因为它为生产要素支付的价格较低，而从整个社会的观点来看，每单位产量的成本也没有节省。附录Ⅲ更详细地探究了这一问题。因此我们说，当一个行业从自身的观点来看，也就是说，在不考虑上述所区分的转移要素的情况下，遵循供给价格的递增、不变或递减的规律，则产量的增加导致的供给价格变化分别为正值、零或负值。我们说，从社会的观点来看，当

---

[1] 在几何学上，成本的持续下降表现为整条供给曲线的下移。
[2] 在这种情况下，煤层在任何时候被开采的程度自然与过去保持的产量规模有关；但这对于我所作的区分毫无影响。

这些变化经修正而消除了转移因素后，供给价格变化分别为正值、零或负值，则该企业遵循的是价格递增、不变或递减的规律。[1]

第6节

从社会的观点来看，无论是从本质上还是从形式上，供给价格下降的条件显然都是可能出现的。因为，当一个行业的规模扩大时，这种变化通常会导致从事该行业的企业内部的结构和工作方法发生改变，导致若干生产要素的结合比例发生改变，从而降低单位生产成本，尽管所有生产要素的单位价格没有发生变化。因此，众多学者呼吁人们注意这样一个事实：当一个行业的规模较小，其附属的各个企业都生产不同类型或品种的商品。它们或多或少算得上是全能的企业。对此，缺乏一个大而可靠的市场来进行精细的专业化分工。然而，随着总体需求的增长，企业专营特定类型的生产就变得越来越有优势。例如，西德尼·查普曼（Sydney Chapman）爵士发现，英国棉花行业的规模相对较大，这不仅导致纺纱和织布工序之间的专业化分工，还导致纺细纱企业和纺粗纱企业之间的进一步专业化分工。与此形成对比的是，"德国的典型工厂所经营的生产范围远远大

□ 纺织厂　19世纪

19世纪以来，棉花一直是阿拉巴马州的王牌，棉纺厂在该州各地兴起。1839年，阿拉巴马州的棉制品产值为17 547美元；1899年，阿拉巴马州在棉花生产州中排名第九，其棉制品产值总计22 211 748美元；至1916年，该州约有70家棉纺厂，雇用近16 000名工人，生产近100万锭纱锭，投资达数百万美元。图为19世纪，阿拉巴马州的一家纺织厂内景。

---

[1] 这个概念虽然从数学上说比较简单，但是在用普通语言表述时必须十分谨慎。当一个行业遵循递减、不变或递增的供给价格的条件，则从行业的角度来看，它代表（由产量增加导致的）供给价格的上涨率为负值、零或正值；当一个行业遵循递减、不变或递增的供给价格的条件，则从社会的角度来看，它代表供给价格的增长率为负值、零或正值。从行业的角度来看，供给价格的增长率是微分，它的积分就是供给价格。从社会的角度来看，供给价格的增长率也是微分，但与之相对应的积分却没有实际意义。从行业和社会这两个角度来看，供给价格的变化率的含义不尽相同。从社会的角度来看，没有独立的供给价格；从整体的角度来看，只有一种供给价格。

于英国典型工厂所经营的生产范围。因此，德国工人的技能自然较低，工作效率也相应较低，工厂组织的结构也不那么完善"。[1] 随着整个行业规模的扩大，其零部件企业的专业化程度不断提高，这往往导致成本的大幅降低。从纯理论上来说，这种成本的下降可能伴随着典型企业规模不发生变化，甚至伴随着企业规模的缩小。事实上，它还可能带来企业规模的增大。因此，马歇尔写道："任何物品的生产总量的增加，通常都会扩大其代表企业的规模，从而增加它的内部经济性。"[2] 然而，这个问题是次要的。重要的是，某一行业经常性的生产规模的扩大，不管是否会改变其自身的规模，往往都会改变——一般来说会降低——均衡企业的平均（和边际）成本。因此不难看出，从社会的观点来看，供给价格下降的规律不仅在形式上是可能的，而且很可能在现实中也是许多制造业所遵循的规律。

第7节

然而，从社会的观点来看，供给价格递增的条件却不相同。与前面一样，我们考虑的是，某一行业仅购买供自己使用的生产要素。在最糟糕的情况下，均衡企业也有能力保持原有的产量规模，除非某些其他产量规模降低了单位产量的成本，否则它将一直持续下去。因此，从社会的观点来看，供给价格的递增规律要发挥作用，就必须满足一个前提条件，即只要行业整体产量增加，均衡企业的平均成本——正如附录Ⅲ所示，等于该行业的供给价格——就会增加，尽管该企业继续生产与以前完全相同的产量，并为其使用的生产要素支付完全相同的价格。毫无疑问，这种性质的不经济性——仅仅因为出现新企业，便对旧企业的效率造成损害——是有可能发生的。但是从表面上看，它的发生概率微乎其微。而且，若说它的发生频繁到足以压倒前一节所描述的导致供给价格递减的因素，则更加不可能。综上所述，我们可以总结出，如果一个行业仅仅购买生产要素，那么从社会的观点来看，当供给价格的变化以一种消除转移要素的方式表现出来时，该行

---

[1] 参见《工作与工资》，第1卷，第166页。
[2] 马歇尔《经济学原理》，第318页。

业并不符合供给价格递增的规律。

第8节

当一个行业除了购买基本的生产要素之外，还要购买原材料、机器等，事情就不那么简单了。这些物品的价格如果出现以下的变化，就不一定只代表转移成本。例如，当棉纺业规模的扩大能够帮助纺织机械更加专业、标准地进行生产，从而降低生产成本，便属于这种情况。因棉纺业扩大而导致的纺织机械价格下降，不仅从行业的观点，而且从社会的观点来看，都与该行业的供给价格规律有关。然而，出售给一个行业除生产要素以外的东西，必定是另一个行业的产品，因此，根据前一节的讨论可知，某一行业产量的增加（对材料和机械的需求有所增加）不会导致其购买的其他物品的价格上涨，除非引起生产这些产品的生产要素的价格上涨。因此，这种复杂的情况与较为简单的情况一样，从社会的观点来看，并不存在供给价格递增的条件。从世界的观点来看，这种条件则绝对不存在。然而，从某个从国外购买材料的特定国家的观点来看，这种条件却有可能存在。不过，如果进口原材料的价格因某一行业规模的扩大而上涨，虽然这也完成了向生产进口原材料的生产要素的所有者的一种转移，但是这些所有者是属于其他国家的，因此在一个国家范围内，这种转移并不会自行抵消。

第9节

我们现在回到第2节的结论中。大家可能会注意到，其中的讨论并没有提到生产过程中的各种生产要素的价格。物质意义上的资源数量与产量直接相关，因此我们的讨论是完整而充分的。现在，如果在某一特定行业中，产量的（微小）变化没有导致任何生产要素价格的变化，那么对所使用的各种生产要素的数量的变化，便可适当地以行业为自己使用而购买这些生产要素所支付的成本的货币数量的变化来量度。在这些情况下，第2节的论证可以转变为以下相反的形式，即均衡企业的边际私人净产量等于均衡企业单位成本的平均净产量，因此也是该行业产品供给价格的倒数；而边际社会净产量则是该行业产品的边际供给价格的倒数，即由于产量的微小增量而造成的行业总成本的差额。因此，说任何行业投资中的边际私人净产量大于（或小于）边际社会净产量，就是说供给价格小于（或大于）行业的边际供给价格。结合附录Ⅲ的论点，这一事实意味着，在一个多企业的行业中，任何数量的投资的边际私人净产量的价值大于、等于或小于边际社会净产量的价值，取决于从行业的观点来看，该行业是否遵循供给价格递增、不变或递减的条件——在假定的条件下，这与从社会的观点来看是一回事。在竞争性行业中，当产量的变化导致所使用的某些生产要素的价格发生变化，从而导致供给价格的变化率从两个观点来看不同时，则可以对上述结论进行延伸说明，投资的边际私人净产量的价值大于、等于或小于边际社会净产量的价值，取决于从社会的观点而不是从行业的观点来看，该行业是遵循供给价格递增、不变还是递减的条件。[1]

第10节

还有最后一种情况。如果只知道（从行业的角度）一个行业遵循供给价格的递增、不变或递减规律中的某一种规律，那么，对边际社会净产量和边际私人净产量的价值之间的关系，我们能够了解多少呢？从前面的分析中得出的结论如下：首先，从表面上看，任何商品产量的增加，都不可能导致与产量增加之前所使用的相同数量的各种要素所支付的货币总价下降。[2]因此，当供给价格递减的条件相对简单地成立时，从社会的观点来看，供给价格递减的条件一般来说也会成立。因此，在竞争条件下，该行业投资中的边际私人净产量一般低于边际社会净产量。然而，当供给价格递增的条件相对简单地成立时，从社会的观点来看，供

---

〔1〕参见附录Ⅲ"多企业行业的理想产量"。
〔2〕应当理解为，这种情况的发生并非不可能。例如，如果某一行业只使用某两种生产要素的总供给量的一小部分，而几乎使用第三种要素的全部供给量，如果由于产量的增加而促使新方法被引进，并导致第三种要素的绝对需求量减少，那么，前两种要素的价格实际上保持不变，而第三种要素的价格将大幅下降。因此，购买a单位第一种要素、b单位第二种要素和c单位第三种要素的总成本，可能低于从前。然而，显然不大可能出现这类组合。

□ "血腥"华尔街　1881年

华尔街是全球金融和投资的象征，被称为现代神话。对19世纪的民粹主义者来说，华尔街是剥削农民和劳工的贪婪强盗的象征。图为19世纪80年代的一张漫画，题为"在华尔街激烈的竞争中，没有经验的人是如何失去理智的"，道尽资本大战的血腥。

给价格递增的条件却不一定成立；事实上，除了第8节中所描述的特殊条件以外，这种情况根本不可能发生。因此，相对简单的供给价格递增规律，并不意味着在竞争条件下，行业投资中的边际私人净产量大于边际社会净产量；相反，它可能小于边际社会净产量。因此，除了极少数例外情况外，对于单纯竞争而言，虽然它总是导致对供给价格递减的行业投资过少，但并不总是导致对供给价格递增的行业投资过多，或者一般来说，并不会导致投资过多。相反，在许多此类行业中，它可能导致投资过少。例如，英国农业虽然明显遵循供给价格递增的条件，但是从社会的观点来看，它很可能是一个供给价格递减的行业，因此总是面临投资短缺的危险境地。

第11节

在任何行业中，如果投资额刚好达到边际社会净产量的价值等于边际社会净产量的平均值的那个点，那么就该行业来说，国民所得将达到最大化。暂且不考虑多种极大值存在的可能性，为了方便起见，我建议将随后在该行业进行的投资称为理想投资，将由此获得的产量称为理想产量。在单纯竞争条件下，在任何行业中，如果投资的边际社会净产量的价值大于边际私人净产量的价值，则意味着获得的产量小于理想产量；如果边际社会净产量的价值小于边际私人净产量的价值，则意味着获得的产量大于理想产量。因此，在单纯竞争条件下，对于边际社会净产量的价值大于边际私人净产量的任何行业，都将存在一定的鼓励金比率。国家按这些鼓励金比率提供资助以改变产量，使边际社会净产量的价值更接近于一般资源的边际社会净产量的价值，从而增加国民所得和经济总福利——只要通过不会对生产造成任何间接损害的转移，就能筹集鼓励金所需的资金的话；而且将有一个鼓励金比率，该比率将在这方面产生最佳效果。同样地，对于边际社会净产量价值低于边际私人净产量价值的每一个行业，都会有一定的征税比率，国家按此比率征税，可以增加国民所得，提高经济福利；同时将有一个征税比率，该比率将在这方面产生最佳效果。这些结论与前几节的结论构成了一个推断：国家应该对遵循供给价格递减条件的行业提供鼓励；国家应该对从社会的观点来看遵循供给价格递减条件的行业征收赋税。当然，它们并未推论出可以对随意选定的行业按随意选定的奖励金比率或征税比率进行财政干预。诚然，特药特治可以疗愈疾病；但也不能否认，一般情况下，胡乱服药往往对健康的危害极大。

第12节

此外，有必要再说明一点。我们在上文中强调，在某些行业，投资的资源数量是错误的，因为它的边际社会净产量的价值与边际私人净产量的价值并不相等，只不过是人们默认为，在大部分行业主体中，这两种价值是相等的，因此在所考察的特定行业与大部分行业主体之间转移资源，都有可能增加国民所得。如果在所有行业中，边际社会净产量和边际私人净产量的价值的差异程度完全相同，则最佳资源的分配是可以实现的，那就没有必要进行财政干预。不过，一般来说，仍然可以维持对行业提供鼓励金的制度，所需资金应该用某种一次性总缴税来筹集，以使经济福利随着投入到行业中的努力的增加而提高。此外，即使只关注各个行业之间的资源分配，已经得出的结论也并不意味着，从社会的观点来看，只需依据所有行业的供给价格所表现出的某种程度的递减，就能排除财政干预的可能性。无论如何，从理论上来说，仍然有可能通过将资源从供给价格递减规律作用较弱的行业转移到作用较强的行业，来增加国民所得。

第13节

为了保持论述的完整性——尽管严格地说，这个问题超出了我们的研究范围——我们应该顺便关注一下类似于本编第九章第12节中所述的某种反应。投入一个行业的资源增量，将通过改变生产成本而给购买者带来一种并不反映在投资者利润中的产品，除此之外，它还会改变消费者从其给定数量的成本中所获得的满意感程度，催生出另一种同类产品。这种形式的间接产品既可以是积极的，也可以是消极的。对于某些商品，人们之所以对其产生欲望，部分原因是想拥有别人所拥有的东西，生产第1 000个单位商品为总体满意感增添的满意程度，将大于该单位商品本身包含的满意感程度，因为它使每一个单位商品变得更加普遍。高顶顶帽就属于此类商品。对于另外一些商品，人们之所以对其产生欲望，部分原因是想拥有别人没有的东西，生产第1 000个单位商品为总体满意感增添的满意程度，将小于它本身所包含的满意感程度，因为它使每一个单位商品变得都更加普遍，比如钻石。[1]对于某些商品，人们之所以对其产生欲望，是为了满足自己的利益，而不是为了以任何形式来彰显自己的与众不同，那么，生产第1 000个单位商品为总体满意感增添的满意程度，与它自身包含的满意感一样。基于这一分析，很容易得出类似于第11节的推论。如果某些产品变得不那么普遍，人们对它们的欲望就会增强，从而必然存在一定的税率，按此税率对生产这些产品的行业征税，可以增加经济福利；而对于另一些产品来说，如果它们变得越来越普遍，人们对它们的欲望也会增强，就必然存在一定的鼓励金比率，按照这种鼓励金比率给予生产这些产品的行业以鼓励，将产生同样的效果。但是，我们有理由相信，消费者对大部分日常消费品的欲望，几乎完全是为了他们自己，而不是为了以任何形式来彰显自己的与众不同。因此，即便在一个绝对公正的政府下，这

---

〔1〕应该补充说明的是，当普遍性或稀少性成为一个人对一件物品的评价中的一个因素时，它往往不是笼统地指代该物品具有普遍性或稀少性，而是在许多情况下，这种物品既可能是某些人眼中的普遍性，又可能是另一些人眼中的稀少性。正如麦克杜格尔先生在描述时尚追随者时所写的那样："每一个受害者不仅被他所模仿的人的威望所打动，而且也为那些尚未接纳该时尚的人与众不同的理念所打动。"（《社会心理学》，第336页）然而，这方面的问题并不属于我们在此讨论的范畴。

些财政手段的有用程度也可能比它看起来的小。

第14节

　　这些结论与即将讨论的关于垄断的结论那样，是纯理论的结论。有人反对对其进行开发和扩展，因为它们不能应用于实践。在他们看来，虽然我们可以说，通过向某一类行业提供奖励金，向另一类行业征收税款，可以使国民所得和总经济福利增加；但我们却说不出，我们现实生活中的各个行业究竟属于哪一类。也就是说，那些贴着供给价格（无论是相对简单还是从社会的角度来看）递增、不变、递减标签的盒子，都是空的，除了被当作玩具把玩，毫无用处。然而，这一结论似乎没有充分的依据。即使我们永远无法填满这些空盒子，研究它们所付出的精力也不会白白浪费。当人们说征税或实施垄断政策会产生这样或那样的结果时，通过它们，我们可以看到此中隐含着什么样的条件。因此，我们有能力发现并揭露诡辩家的教条主义观点。要想知道一个问题的答案，最好的办法是了解需要掌握哪些事实——即使无法掌握这些事实——而不是停留在盲目轻信的迷雾中。但这还不是事情的全部。尽管肯定很难将各行业归入我们对行业理论分析所划分的范畴，但我们不必断定它是不可能的。尽管可用材料的数量不断增加，质量不断提高，但统计技术本身并不能使我们实现这一点，因为统计数字仅仅涉及过去。但是，精明能干的实业家若对自己所在的行业状况有真实详细的了解，就应该能够为经济学家提供粗略的、可以作出判断的原材料。经济学家如果缺乏必要的实际知识，就无法填满空盒子；实业家们如果无法借力，也无法填满它们，因为他们不知道盒子在哪里，也不知道盒子是什么样子。但是，我们有理由相信，如果二者合作，定能找到获取成功的方法。至少，这种努力值得尝试。如果因眼下缺乏稻草而失去耐心，就把我们的制砖机毁弃，未免操之过急。当务之急是四处奔走相告，我们急需稻草，呼吁有志者去生产它们，此为上策。[1]

---

　　[1] 参见克拉彭博士《经济学的空盒子》，载于《经济学杂志》（1922年9月），以及本人在该杂志12月号上所作的答复。

第十二章　国家对竞争性价格的管制

第1节 除了前面章节考虑的符合条件的情况外，我们的讨论表明，国家对竞争性价格的干预，必定损害国民所得。如今，不得不用战争时期广泛的价格管制政策来应对这种假设。**第2~5节** 对英国在此期间的价格管制问题和做法进行说明。**第6~7节** 由于一系列原因，在第一次世界大战的特殊背景下，价格管制不可能对生产造成严重损害。**第8节** 但是，我们有充分理由担心，为防止生产者群体在有利条件下牟取暴利而实施的长期性的通用价格管制政策，不会如此毫无害处。

第1节

乍一看，前面的讨论似乎是为了证明，除了纠正私人净产量和社会净产量之间的差异之外，国家通过任何方式改变自由竞争的干预手段，都必定对国民所得产生不良影响；因为若是任由自由竞争自由发展，（从用货币量度的经济满意感的观点来看）它就会持续不断地将资源从生产力较低的地方推向生产力较高的地方，因此，自由竞争总是会将社会资源的分配方案修改为从不太有利的方向转向更加有利的方向发展。现在，我们必须应用范围广泛的价格调控政策来应对这一普遍性假设。与大多数其他国家的政府一样，英国在欧洲大战期间也采用过这一策略。我建议首先对该策略作一个总体的说明，然后探究英国从中获得的经验（如果真的有所收获的话）能从多大程度上改变前面章节的结论。

第2节

大体而论，情况如下。这次战争从两方面造成了某些物资的严重短缺。在军火、军服等物资方面，政府此时对它们的需求量完全不同，远远超过了正常的供给量。在各种普通民用物资方面，可供应的数量减少，而且劳力被抽调到军队和军需物资的生产中去，使得普通民用物资的供给量大大低于正常水平。以这样或那样的方式产生的这一物资短缺的现象，将主动权转移到了囤积这些短缺物资的人手中，或是转移到那些能够快速生产这些短缺物资的人手中，他们以远超于平时的高价售卖这些商品。如果这些物资的短缺是由于政府的需求量增加所致，不论这些人售卖的商品数量与以前一样多还是比以前更多，他们所收取的高价必定给他们带来巨大的超常利润。如果因供给量减少（例如，因为劳力被抽调到其他行业或因其他原因妨碍了产量）造成物资短缺，那么通过高价销售所获得的收益，可能会与因销售量下跌所造成的损失相抵消，因此便无法获得巨大的超常利润。但是，对大量商品而言，产生需求的条件通常是物资的短缺，比如说，当物资供应短缺达到10%的时候，就会使购买者所能接受的价格上涨幅度达到10%以上。对于这类短缺商品的销售者而言，即使这种短缺由供应紧缩造成，它往往还是会带来超常利润。当然，这些超常利润有一部分只是虚有其名，因为如果价格全盘翻倍，翻倍的货币收益也仅仅只能使商家生产与以前一样多的商品。然而，通常情况下，这些货币收益都远远超过了一般价格的上涨比例。一旦出现这种情况，某些特别受上帝眷顾的人就能直接从战争中获得巨额利润。这种状态自然使人不满，国家应加以干预。

□ 第一次世界大战　19世纪20年代

第一次世界大战（1914—1918年）改变了世界的经济格局。战前，英国是世界的金融中心，战后，英国不仅流失了大量的黄金储备，还从世界最大的债权国沦为净债务国。而这场战争却使美国从中获利，战后欧洲对美国的物资与商品的需求大幅增加，刺激了美国经济的繁荣，改变了其在世界的经济与金融地位。图为第一次世界大战结束之后，伦敦罗汉普顿的受伤军人正在学习使用他们的新假肢。

第3节

这种干预可能采取以下两种方案中的一种。一种是，处于有利地位的销售者如果幸运的话，政府可能会允许他们按市场所能承受的价格收费，这样一来就能

□ 摩根肉店　1916年

19 世纪中后期，西方国家在流行病学、卫生和城市规划的科学研究基础上建立了肉类市场，以便可以轻松监管肉类的屠宰和销售，并将疾病暴发的风险降至最低。图为沃特福德布罗德大街的摩根肉店。

获得上述第一例中的超常利润；但是随后，政府为了国家财政利益，将对销售者征收高额的超常利润税，将他们的大部分利润拿走。另一种是，销售者索要价格的范围可能会受到政府的限制，并以预估他们无法获得超常利润为限。除了技术与管理方面的差别，两种方案对处于有利地位的销售者而言没有任何其他区别。但是，这两种方案对于碰巧需要销售者所出售的特定商品或劳务的人而言，就确实有区别了。然而，在最高限价方案下，他们不会受到影响，但在超常利润方案下，政府实际上会向他们征收特别税以保护广大纳税人的利益。由此可见，如果在政府眼里纳税人本身就是主要购买者，或者如果公众是购买者，他们在纳税人中或多或少占一定比例，那么，从这两个方案中选择哪一个就不那么重要了。但是，如果穷人与富人相比，作为某种短缺物品的购买者（实际上是作为所有食品的买方）所发挥的作用，要比他们作为纳税人发挥的作用大得多，这些穷人在这两个方案中如何选择就变得非常重要了。因为，如果国家采用超常利润方案，而不采用最高限价方案，那就会大大减轻富人的税赋，并通过迂回和半隐秘的方式，将其转嫁到穷人的身上。无论人们如何看待政府要求较贫穷者对战争费用做出更大贡献这一现象，这种方法显然都绝对不会为人们所容忍和接受。因此，大多数情况下，人们实际上都无法使超常利润方案成为阻止那些处于有利地位的幸运的销售者发战争横财的主要工具。这时候就势必借助最高限价方案了。

第4节

政府在制订该方案的实际工作中遭遇了诸多困难，下面我们对这些困难加以说明。第一个困难是对质量等级的界定。同一个名称之下往往涵盖了各种不同质量的物品，很难用任何形式的表格将它们悉数归类。在这种情况下，不可能用一般性的规定来实行价格管制，所以不得不转而借助个体评估这种繁琐的方法。因此，1918年3月颁布的《生可可令》要求，除非按照"公平价格"，否则不得出售未经加工的生可可。公平价格由食品监管部门授权鉴别不同批次的可可等级的专人来负责。1917年底，英国政府采用了一项类似的计划，用动物宰前活重法来控制市场上牛羊的销售价格。然而很显然，这项计划实施起来要消耗大量的劳力，所以不能大规模推行。因此，一般而言，对此计划进行一些修改确有必要，而且为了有据可依，对商品进行等级划分也十分必要，只是这种等级划分给了某些人可乘之机。

在克服了第一个难题之后，随着界定等级的繁多，另一个难题接踵而来。任何权威机构在其成立之初，都不愿意接受为各等级物品定价的工作。如果只有几个等级，在专家的辅助下完成定价工作相对容易；但是，如果等级繁多，一般认为，最好不要采用制订最高限价表的办法来定价，而最理想的办法是颁布一项一般性命令来规定未来将收取的价格与过去已经收取的价格之间的关系。这方面的例子是1916年8月军火部颁布的一项命令。该命令规定，未经军火部部长许可，机床不得以高于1915年7月的价格销售。

当一种商品在许多不同的地方以不同的条件被生产出来时（也许等级界定的困难已经解决），必然面临类似的困难，因为单一的最高限价已经无法公平地对待不同的生产商。在这一点上，由于无法根据具体情况制订一个变化多样的最高限价表，因此迫使市场监管部门不得不转而规定未来价格与过去价格之间的关系，而不是规定未来的价格。因此，1917年5月颁布的一项命令规定，进口软木的销售价格不得高于1917年1月的最后一周（不晚于1月31日）各地规定的价格。该命令随后对从斯堪的纳维亚进口的软木作了修改，但这不属于我们的讨论范围。

到目前为止，我们一直默认，针对某一等级的任一商品所规定的最高价格是单一的。然而，对于某些商品而言，全年统一价格不适合在各种生产和销售条件下采用，这时需要一系列的最高价格。显然，一系列最高价格比一种最高价格更难以确定。因此，这同样迫使市场监管部门不得不采用确定未来价格与过去价格之间的关系来对价格进行调控。因此，1917年7月颁布的命令中规定，今后，每英制加仑（在英国1加仑约合4.546升）牛奶在任何地方的批发价格，最多只能比前一年相应月份的价格高6.5便士；每英制夸脱（在英国1夸脱约合1.137升）牛奶在任何地方的零售价，最多只能比前一年相应月份的价格高2便士。1915年《煤炭价格（限制）令》也有类似的规定，煤矿公司收取的价格最多只能比1913—1914年相应日期内相似销售条件下的价格高4先令（后来提高到6先令6便士）。

显然，所有这些间接、迂回的价格管制方案都给人可乘之机，有可能难以实施。因此，随着市场监管部门对各种行业的条件了解得越来越多，掌握得越来越清楚，他们努力尝试着设计出更加精确的最高限价方案。后来，这一方案逐渐成为主要的价格管制方案。大多数重要食品的厂家价和批发价，直接按这一方案定价，军火部控制的大部分商品的定价也是如此。对于大多数物品而言，制订一种最高限价方案就足够了。但是，有时候，厂家会分区域制订不同的出厂价。以干草为例，厂家在苏格兰规定了一个价格，在英格兰规定了另一个价格。有时候，市场监管部门还根据一年中不同的时间段来制订一系列价格。以马铃薯为例，1917年2月颁布的价格指令分别规定了适用于3月31日前的较低价格和适用于这一时间点之后的较高价格；以豌豆和黄豆为例，1917年5月颁布的价格指令规定了分别适用于6月、7月及其后月份的三个递减的价格。同样地，对于英国出产的小麦、燕麦和大麦，食品监管部门于1917年8月制订了一系列价格，规定从1917年11月至1918年6月，每两个月提高一次价格；在之后的一项价格指令中，对一年内不同时期的牛奶价格作出了不同的规定。显然，如果能制订出令人满意的价格，直接规定最高价格比任何间接的价格管制方案更加有效。

到目前为止，我们只考虑了组织结构简单的产业，在这些产业中，生产商将成品直接销售给最终消费者，没有任何中间商。然而，在大多数产业中，从原材料或劳务到消费者手中的制成品，中间有好几个环节。这一事实进而引发了更多问题。在制成品的需求条件不变的情况下，对制造和销售过程中使用的原材料或劳务人为地限定价格，制成品的价格也不一定会相应地降低。因为，在原材料或劳务供应商与成品销售商之间，有另外一些人有权在其索要的价格中加上销售者因价格管制而被削减的那一部分。因此，如果矿井的煤价因国家干预而降低，而生产商没有采取任何其他措施的话，这一干预措施的唯一结果可能就是煤炭经销商在保留原有销售价格的同时，以更低的成本购买煤炭。同样地，如果国家迫使牛的价格降低，但并未采取其他措施，则零售价格可能保持不变，而屠夫和肉类经销商却因此获得超常利润。同样的道理，如果政府人为地降低进口材料的运输费，则各行各业使用这些进口材料的人将获得全部收益。这不仅仅是可能发生的事情，而是将会发生的事情。一般来说总是如此，除非受到价格管制的生产商因为爱国情怀或对大众不满情绪的恐惧，决定放弃自己的利益。因此，为了防止这种情况发生，在生产过程的前期就应该限定最高价格，并在后期控制生产商和经销商的利润——他们一般是通过加价获得这种利润。控制利润的方法之一就是，设定销售商加价的百分比限制。例如，1917年5月颁布的价格指令规定从当时的俄国进口的木材不得以高于购买价格10%的价格出售；在1917年9月颁布的指令中，制订了一份关于鱼类加工商、批发经销商以及其他销售商（零售商除外）加价幅度的方案，规定鱼类的售价不得高于规定价格的10%。更加普遍的做法是限制加价的金额，而不是限制加价的百分比。例如，1917年8月颁布的奶酪价格指令规定，英国制造的各种奶酪的第一手价格由市场确定，除生产商之外，任何经销商原则上不得在实际发生的运费基础上加价超过每100磅6先令（1磅约合0.454千克）。同年10月，该指令进一步规定，零售商不得在其实际支付的成本之上加价超过每磅2.5便士。随后，政府对各种皮革的价格进行了相似的管制。对于马匹和家禽的价格管制，在1917年11月颁布的指令也有规定，即生产商的每吨售价不得超过原材料成本1英镑10先令；对其他经销商则另行规定：销售600磅以上时，每100磅加价不得超过1先令；销售300～600磅时，每100磅加价不得超过3先令，等等。在肉类方面，考虑到零售商往往会从不同的销售环节赚取不同比例的利润，这一方案经过改良后才加以实施。1917年9月颁布的相关指令规定，任何人对肉类零售价的加价，两周内不得超过事先规定的其实际成本价的百分比（20%或每磅2.5便士，以两者中较低的价格为准）。1917年8月的法令对培根和火腿的零售价也作了相似的规定。

显然，对将商品销售给消费者这一过程的后期所要收取的价格进行管制，与间接管制生产商收取的价格之间，存在着同样的弊端，二者都容易被人钻空子。因此，随着市场监管部门工作的愈发熟练，他们开始寻求更具优势的方法。1917年8月颁布的黄油价格指令便是对这种变革性阶段的证明。该指令规定，零售商销售黄油时的加价幅度在其进价的基础上每磅不得超过2.5便士；同时规定，若当地食品监管委员会按照价格指令的一般性指示（包括有关生产商、进口商和批发商价格的规定）来规定最高零售价格标准，那么，零售商在执行这一标准的同时，并不能免除零售商加价幅度不得超过每磅2.5便士的规定。对煤炭零售价格的管制，则是将这种改进方案应用于略高级阶段的一个例证。规定的一般性原则是，零售商在其实际经营煤炭的成本基础上（包括零售商薪酬以外的办公费用），每吨加价不得超过1先令。这项原则并未虚设。它要求当地的市场监管部门经过磋商和研究之后，应该制订出适用于该地区的确切的零售价格表。如果市场监管部门为从生产到消费的多个环节制订不同的最高价格表，便会达到较之前更加高级的阶段。1917年9月颁布的马铃薯价格指令便是此类例证。该指令为种植者规定了最高销售价格，规定批发商每周的销售利润，在除去购买土豆的总成本费（成本会因各个地区的运输情况不同而存在差异）之后，每吨不得超过7先令6便士；制订了详细的零售价格表，规定了允许零售商销售每磅马铃薯的价格与他从批发商手中购买不同等级的马铃薯所实际支付的成本（包括运输费）之间的关系。如果市场监管部门亲自为销售全程——从生产商、批发商到零售商的整个过程——制订好了各类确切的最高价格表，便进入了最后阶段。这也是国家粮食部稳步推进的方案。英国市场监管部门对洋葱、大部分鱼类、牛羊肉、用于制作果酱的水果、果酱、豆类、干草、燕麦和麦秸的销售全程，都已确定完成了这一步。为了防止因对信息了解不全面而导致在确定价格表的时候忽略了各个地区的特殊情况，地方食品委员会往往会经食品监管部门授权，为其所在地区提供价格保障措施，改变该地区的最高限价。在1918年1月颁布的对兔肉的最高限价令中就有这项规定。而1917年10月颁布的一项指令也规定，如果经食品监管部门或地方食品委员会确认，出于某些特殊原因，面粉或面包在按照官方最高价格零售的情况下，零售商仍不能"赚取合理的利润"，则对地方食品委员会管辖的全部或部分地区颁发许可证，允许以更高价格进行销售。1918年1月颁布的指令，制订了大部分鱼类的最高价格表，并按照地方的情况对零售价格予以相应的修改。1918年3月颁布的牛奶价格指令也作出了类似的修改。根据1917年9月颁布的马铃薯价格指令，粮食监管部门可授权地方食品委员会修改当地马铃薯的零售价格。

□ 鞋厂女工

北安普敦郡一直是制鞋圣地，英国最著名的鞋类品牌马汀博士（Dr Martens）和NPS都产自这里。这里的鞋厂曾经挤满熟练工人，并在第一次和第二次世界大战期间为皇室和盟军专供靴子。图为20世纪中期，北安普敦曼斯菲尔德鞋厂的一名工人正在修剪鞋子。

迄今为止，我们关注的对象仅限于那些从生产者手中进入消费者手中保持着相同形态的商品。当我们必须把原材料加工成精良的成品时，便将遭遇极大的复杂性。此时，原材料在不同种类和不同等级的成品生产中必然发挥各种不同的作用，但是一般而言，我们不大可能为原材料以外的环节制订最高价格表。因此，对于两种重要的物品——靴子和服装，则采取了巧妙迂回的战略，即政府诱使或迫使制造商将相当一部分设备用来制造"标准化物品"，将其以按加工成本为基础计算出来的价格出售，以期这些物品在市场上的竞争力能够间接压低商家对非标准化同类商品所收取的超高价格。就靴子生产而言，生产商被迫将其三分之一的设备投入到"标准靴子"的生产中来。就服装生产而言，生产商虽然没有被迫要求投入固定比例的工厂来生产标准化商品，但政府却用原毛配额等方面的优惠政策来鼓励他们进行标准化商品的生产。就棉织品生产而言，虽然对原棉的价格进行了人为管制，但没有对其成品价格进行相应的管制；其理由是，纱锭和织机数量的减少引发了大量工人失业，而棉花制造商必须为此缴纳一种特别税来向失业的工人进行补贴，所以他们承担了足够大的压力。

第5节

　　前面描述了价格管制中遇到的困难和采用的应急措施，由此引出了一个颇具理论价值的问题。显然，在价格管制的前期阶段，出于实际的考虑，价格管制必须从生产者这里开始，而不是从零售商处开始。因为一般而言，制订零售价格表需要考虑的地方差异要大得多，所以，需要对这些差异进行更加详细、深入的了解后，才有可能制订出公平的零售价格表。然而，正如前面我们已经讲过的那样，随着市场监管部门商务业务能力变得越来越专业，它往往会对从生产者到最终销售者商务各个环节制订相应的价格表。因此，最终往往会规定出最高零售价格。但令人疑惑的一点是，如果确定出了最高零售价格，那么之前对早期阶段的价格管制是否还有必要继续进行呢？最高零售价难道不会从价格线上反射回去，自动终结早期阶段的"暴利"吗？这样的观点似乎对食品部的价格管制工作有一定的指导意义。例如，有关甘蓝的价格指令要求，任何人不得以每磅超过1.5便士的价格销售甘蓝；有关巧克力和糖果价格的指令也要求，任何人不得以每盎司（1盎司约合0.029千克）超过3便士的价格销售巧克力，不得以超过2便士的价格销售糖果。然而一般来说，人们认为最好能在早期阶段就制订好价格标准，这种标准与最高零售价格不同，但是可以根据最高零售价格进行相应的调整。在单纯竞争的世界里，这似乎不大必要。如果最高零售价格设定得合理，它会迫使各环节的商家自动按照能带给他们正常利润率的价格标准来收费。人为限制零售价格就像公众对商品的需求量减少带来的影响一样，足以抵消供给的短缺。然而在现实生活中，这种调整必然遇到一定的摩擦，某些受影响的商家可能会对那些恰巧依赖他们的店主或商家施加某种类似于垄断的压力。因此，如果早期阶段的最高价格表制订出来却弃之不用，而是希望仅凭随后制订的最高零售价格表就能自动达到期望的目的，并非明智之举。

第6节

我们现在需要考虑的是这些战时的缓兵之计所带来的一个亟待分析的大问题。对于当时尝试的那种价格管制方案与国民所得的大小之间的关系，我们究竟应该讨论什么呢？战争的剧变使现有的资源分配方式变得很不经济，我们从那些用于生产某些特别稀缺物品的资源的边际净产量的价值高得离谱就能看出来。撇开外部干扰不谈，超常的边际净产量价值意味着超常的投资收益；而这些超常的投资收益往往会将资源从低生产率行业吸引到高生产率行业中来。如果价格因为法律调控而下降，则任何行业中一定数量的资源所产生的边际净产量的价值也必定随之下降，因为我们已经将其界定为物质边际净产量乘以实际价格。但是很显然，这个定义默认实际销售价格等于需求价格。当这两个价格被人为地割裂开来，我们的定义就必须作出改变。为了增加国民所得，应使资源边际净产量的价值趋于相等。而资源边际净产量的价值等于物质边际净产量乘以需求价格。在了解到这一点之后，我们就会明白，虽然人为降低价格的同时也将降低相关行业的收益，但并不会改变任何数量的投资所产生的边际净产量的实际价值。从国民所得来看，人们对资源转移的期望值没有改变，但它促使资源转移的主要影响力有所减弱。较为通俗的说法就是，通过施加任何外部压力，对在竞争条件下生产的物品（垄断者生产的物品除外）的价格进行限制，都必定会减少人们制造该物品的动力。通常情况下，物资短缺会自发地通过高价格和高利润得到调整。对于获得额外收益的渴望，会将闲置的资源引至出现短缺的行业中来。一旦这种渴望断绝，就会阻碍增加国民所得所需的供给量的增加；而且对"自然"价格削减得越多，阻碍就越严重。

第7节

在第一次世界大战的特殊背景下，限价所产生的不良影响在很大程度上被其他影响所抵消。因为国家本身接管了为各行各业各部门进行资源分配的工作。国家建起了军工厂，控制了造船业，并通过承诺分配土地和拖拉机以及从军队抽调劳力来鼓励农民发展农业生产。因此，尽管价格管制可能会削弱经济动因通常所带来的导向作用，但事实上，这项工作已由另一个更强大的机构接管。毫无疑问的是，如果任何行业的价格都被人为地压得过低，以至于"代表性"企业所获得的利润实际上低于正常利润水平，那么无论政府如何施加压力，资本和劳力仍会流向其他地方。不过，任何行业中的价格都不至于被人为地压低到这种程度。反而经常有人抱怨说规定的价格太高，以至于不仅那些"代表性"的企业获得了超常利润，就连那些效率极低、生命力堪忧（原本一直处于亏损状态并面临倒闭）的小企业同样获得了超常利润。[1]因此，从整体上来看，我们可以推断，由于国家的异常举措，以及应该补充的一点——人们被唤起的爱国主义，在战争这一特殊背景下，价格管制对国民所得造成的损害可能微乎其微。

第8节

然而，如果由此推断，通过长期实行通用的价格管制政策来阻止生产者在市场条件允许的情况下牟取暴利同样没有什么坏处，那就大错特错了。人们在投资时应权衡利润的起伏，只要他们的判断正确，其所投入资源的边际效益从整体和平均水平上来看，不同的产业会大致相等。显然，在这种情况下，当供需关系使某一企业能够获得超常利润时，国家采取任何一种通用性政策来迫使它降低产品的销售价格，实际上相对于供需关系稳定的产业而言，都是对它的一种惩罚。因为，如果在丘陵地区，山峰和山谷的平均高度与高原的高度相同，那么一旦削平山峰的顶部，丘陵的平均高度就会低于高原的高度。这种区别对待不同产业的做法所产生的消极作用无法通过国家直接操纵生产的方式来弥补。因为我们在此必

---

[1] 如果经营状况良好的企业和经营不善的企业结成均势同盟，而且所寻求的目标是整个同盟获得正常利润，那么将价格定在一个相当低的水平上可能是可行的。陶西格教授指出，在这种方案生效之前，必须克服管理方面的极其严重的困难，建立起详细的成本核算制度（《经济学季刊》，1919年2月）。但是，除了这一技术上的反对意见，还有一个更普遍的反对意见，即单个企业的高效管理的积极性将受到极大的阻碍，因为它只能够获得很少的回报。

须讨论的问题，不仅仅是在价格管制制度起作用的时候闲置资源有流向他处的趋势，它还包括另一种趋势，即需要不断采取措施阻断资源的整体流动，否则资源就有可能被用来为受到威胁的行业生产永久性设备。例如，如果国家采取通用政策，禁止农民在全球收成不好的时候以高价出售粮食，便会阻碍农业投资，因为人们总是盼望出现全球性歉收，以期通过收取高价来抵消丰年的低价。因此，一方面，我们的分析并不意味着，在战争这一非正常时期采取的价格管制政策有损于国民所得；另一方面，战争的经验并没有给予我们充分的理由去怀疑，在非垄断行业实施永久性的通用限价政策会产生这种效果。当然，这个结论受前一章给出的特殊因素的限制。它还受以下条件的限制，即如果最高价格设定得很高，但不影响所有的正常销售，仅偶尔保护某个购买能力较弱的人免受无良经销商的剥削，那么它们不会影响资源在不同用途之间的分配，因此也不会损害国民所得。而且，如果国家在景气时期为了防止某一生产者集团获得超常利润而进行干预，与国家在萧条时期为了防止某一生产者集团获得的利润过低而进行干预相互平衡的话，那么，虽然必定造成他们的产量在景气和萧条时期重新分配，但却不一定会缩减他们的生产总量。

第十三章　国家对供给的管制

第1节 战争期间，国家对价格的管制也包括对分配的管制。第2~4节 原材料的供给，根据战争对其需要的急迫性而分配给不同的用途；在非战争时期，很难找到一条令人满意的替代准则。第5节 在原材料的每一种用途中，根据战前企业的购买情况分配给不同的企业；在非战争时期，是不可能这么安排的。第6节 制成品则根据对终端消费者必需配给量的预估进行分配。第7节 这种安排并不直接影响国民所得的大小，尽管如前一章所述，起补充作用的价格管制确实具有这种效果。

第1节

在这场战争中，政府不仅对竞争性行业的价格方面进行干预，而且对商品在不同行业之间、同一行业不同企业之间，以及不同的最终消费者之间的自由分配方面进行广泛干预。实行这种干预是为了克服前一章所说的价格管制带来的困难。通常情况下，当竞争性行业的价格被人为地降低到价格本身所自然呈现的水平之下，用来调节商品在不同购买者之间的分配情况的一般市场影响就会失灵。如果没有价格限制，任何人在任一价位都可以购买任意数量的该价位商品，那么，所有商品就会断货。但是，在竞争性行业中，如果价格被人为地压低，所有购买者一切目的之下的需求总量就会变大，甚至可能远远超出供给量。在美国，小麦全年供给量来自于当年全国的总收成，实行价格限制但不同时进行定量配给的结果是，人们往往在丰年的前期就想得到全年所需的小麦，而到了后期却只能依靠小麦的替代品度日。[1] 简而言之，从长远来看，商品在时间上的分配效果不佳。对于大多数商品而言，生产和消费具有连续性。人们不可能在任何时候都能得到他们想要的所有商品，而是会出现持续的短缺现象。如果对此无所作为，分

---

[1] 参见《美国经济评论》（增刊），1919年3月，第224页。

配将变成一场游戏，胜负取决于机遇、影响力和体能等因素。无论如何，我们都不可能寄希望于通过这些因素获得良好的分配。于是，在战争时期实施价格管制的同时，一般也应该对分配实施管制，并为此建立一些标准来确定不同的购买者所获得的适当份额。当然，并非只在价格管制的情况下才应该对个人的供给进行控制。在某些即使未实施价格管制的情况下也应控制供给，以防止个人为了满足自己的使用需要而超量购买政府为战争准备的亟需品和服务。在这里，控制不仅仅对某一已受限制的个人消费总量的分配进行管制，还对个人消费总量进行限制。然而，对于供给的控制，无论它是否伴随着最高限价，其涉及的技术问题都是一样的。

□ 英国妇女土地军　　第二次世界大战时期

1917—1919年第一次世界大战期间，英国民间成立了妇女土地军（WLA）组织，目的是让妇女从事农业工作，以确保整个国家的粮食供应。1939年第二次世界大战期间，在第一次世界大战后解散的妇女土地军重新组织起来，被安置到需要工人的农场，农民成了她们的雇主。她们种植庄稼，做所有男人做的工作。

第2节

如果所涉及商品是某种具有多种用途的材料，那么从服务于国家战争的观点来看，衡量这些用途的标准显然就是这些用途的相对紧迫性。这一标准最简单的应用方法是，为最不紧迫的用途所需的材料供给制订条规，进行部分或全部削减，以便为更紧急的用途预留更多可供给的材料。采用这种方法的例子如下：

（1）财政部对于投入国外市场的新资本予以限制，对用于国内民用行业的新投资的限制程度相对较轻。

（2）颁布法规，规定凡成本在500英镑以上的建筑项目，或任何需要使用结构钢的建筑项目，必须办理许可证方可施工。

（3）减少有别于军事用途的各种形式的民用铁路服务。

（4）禁止将汽油用于娱乐活动。

（5）将用于非重要领域的有轨和轻轨项目的材料抽调至其他更为重要的国家建设项目。

（6）控制城镇和农场用马，对道路交通实行统一管制。

（7）禁止将纸张用于印刷广告海报，并在某些情况下，禁止将纸张用于印刷商业传单，并废止纸张可以退货的规定。

（8）木材供应部门发布命令，禁止使用木箱和板条箱包装物品。

（9）禁止店面门前使用电灯照明，限制酒店和餐厅使用灯光照明的时间及剧院的开放时间。

这一方法完全只产生了负面影响：通过发布一般性命令或颁发许可证的方式，将最不紧迫的用途明确排除在考虑的范围之外——当然，最不紧迫的用途是不允许颁发许可证的——这是行动的必要条件。

第3节

显然，这种方法的应用范围十分有限。人们忽略了一个事实：那些最不紧迫的用途之外的其他用途的紧迫程度并不完全相同。因此，在排除了最不紧迫的用途之后，如果材料或劳力的供给量仍不能满足其他用途的需求，就有必要为它们制订优先权制度。这种做法的最简单尝试是：材料仍掌握在私人手中，但需要建立优先权凭证制度。也就是说，在满足了持有较高紧迫性凭证的购买者的需求之后，方可允许将材料销售给持有较低紧迫性凭证的购买者。政府项目持一级凭证，具有特殊且重要意义的国家级项目（例如，被认为可以保护国际汇兑的出口项目）持二级凭证，依次类推。钢铁制品按此方法执行，毛石和其他筑路材料的执行方法虽然没有这么细致，但大致还是参照该方法。当政府因为战争或其他特别紧迫的用途造成对某些商品需求量占比非常大时，则优先权凭证制度就不总是奏效了。如果依然采用这一方法，政府的需求有可能就无法得到满足。为了避免这种情况发生，政府可以通过采购或者征用的方式来获得所需要的商品，这样一来，政府就成了这种特别紧迫商品的拥有者（或租借者）。随后，它就可以将所需要的商品转交给从事政府项目或其他特别紧迫项目的企业；但即便如此，政府还是需要按照某种优先权制度将剩余的商品分配给其他企业。进口皮革、亚麻及各种金属的分配，也是大致参照这种方法来进行的。

第4节

在战争时期，在这些不同形式的竞争性用途中应用相对紧迫性标准遇到了相当大的困难；但是，比起在和平时期运用类似标准，它所需克服的困难要小得多。战时，不同用途的相对紧迫性取决于它们各自对国家战争效率的贡献。这就为优先权凭证制度的使用提供了一个明确的标准。显然，食物、弹药和对武装力量的支持等方面的供给必须优先于一切。如同弹药和船舶对钢铁的需求之间的激烈竞争所表明的，虽然两个不同部门的代表很难通过会议制订出一个令人满意的优先权方案，但这也不是不可能的事情。理由是，一切都以一个相对简单的目标为宗旨。在和平年代——当然，除了可能的"关键"行业以外，这些行业常见的扶持方式是奖励金或关税，而不是物资分配——则不存在这样一个目标。我们不再需要满足国家在战争劳务方面的需求，而要满足民众的生活必需品、舒适品和奢侈品方面的不同需求。显然，在战争时代，钢铁输入比纸张输入更重要，生产军用烤箱比生产家用炉灶更重要。但是在和平年代，我们却不能如此简单地下结论。应该生产的那些东西，一定是人们最想得到并能带来最大满意感的东西。不过，政府无法确定这些东西为何物；而且，即使政府可以一时确定它们是什么，但是在确定尚未落实之前，情况也许就已发生改变，这些东西也变成了完全不同的东西。这将阻碍国家在各个行业之间实行的物资分配的长期性政策，并且很难做到令人满意地克服这个障碍。

第5节

根据不同用途对国家的相对紧迫性来进行相应的物资分配，并不能完全解决战时的物资供应问题。在紧迫性等级相同的商品用途中，有许多相互竞争的企业争相购买所需物资，急切地想要把该物资加工成成品。通常情况下，商品价格会

□ 码头工人 1922年

18世纪末期，棉花种子从印度与巴基斯坦流入埃及，至19世纪初期，棉花成为埃及最重要的经济作物，埃及也成为长绒棉的生产和出口大国。图为1922年的亚历山大港，码头工人正把一袋袋埃及棉花装到船上。当时，埃及棉花就像意大利橄榄油和法国葡萄酒一样名扬四海。

确定在这样一个水平上，即每个企业都能按该价格购买到自己所需的商品数量。商品价格受限以后，政府有必要为这些企业之间以及不同紧迫性级别之间的物资分配提供另一种依据。英国政府采用的依据是比照战前某物资的采购量。以下例子可以说明这一点：

（1）棉花控制委员会（1918年）限制各企业可用于美国棉花加工的机器比例；

（2）纸张控制委员会要求进口商必须按照1916—1917年的比例为客户（即制造商）供应纸张。

在组织严密的行业中，如棉花业，实施这种管制，在技术上并没有难度。但是，在各类金属行业中实施这种管制，就必须设立专门机构。显然，这一分配依据并不适用于任何长期性政策。因为，如果某种安排旨在将同一行业的不同企业始终保持在任意选定的年份的相对地位，便将对它们的效率和进步造成不可逾越的障碍。

第6节

如果成品及原材料的价格受到管制，终极消费者之间的物资分配就必然面临着与上述完全相同的问题。显然，只有结合广泛的、规律的和持续的消费来确定物资分配的依据，方能切实可行。此处参照的依据并不是对照战前的购买量，而是对现在的需求所作的一种预测。就煤、天然气和电力而言，其客观的衡量尺度是房间的数量和大小，以及不同家庭中的居住人数。就食品而言，虽然对士兵、水手、重体力劳动者、老弱病残者、儿童通过补充性份额供应来实施差别待遇，但是这一难题真正得到解决，是建立在假定所有民众的身体需求相等，因此实行等量分配的前提之下。这种分配方案与另外两种方案之间存在着本质差别。从战争过渡到和平的进程，并没有推翻或严重破坏此种分配方案所采用的标准。然而很显然，不管是在和平时期还是战争时期，它所具有的粗略性和随意性使其饱受争议。"收入相同的家庭，所需要的'生活必需品'的比例完全不同。平时，他们将自己的支出以自认为最好的方式分配给不同的必需品，有些人购买了更多的面包，有些人购买了更多的肉类和牛奶，等等。等量配给消除了这种差别；按每个家庭的人口数量配给相同数量的同种商品；很难再按年龄、性别、职业的不同进行补贴。"[1] 毋庸置疑，尽管战时英国的食品配给存在这种缺陷，但它比抢购带来的结果令人满意得多，在抢购中，富人将想方设法拉拢商人，获得更多食品。如果粮食价格受到管制，粮食分配放任自流，将必然引起抢购。然而，在和平时期，在其他方案比定量配给更容易令人接受的情况下，后者给人们带来的不方便性和不平等性也相应地更加严重。

第7节

如果我们赞同将上述的方案视为已经决定的价格限制方案的一种补充，那么很显然，尽管它们可能会影响国民所得的大小——例如，钢铁被优先用来制造机器而不是制造汽车——但却不能对国民所得产生直接或根本性影响。它们改变了国民所得中某些元素的分配方式，却无法改变这些元素的数量。这些元素的数量是由前一章所说的价格管制的方式所改变，但它们不会因为分配方面的任何补充性条款而发生进一步的改变。因此，从本编的观点来看，不需要作进一步的分析；不过在第四编考察富人与穷人的分配关系时，关于食品的配给问题将会有更多的讨论。

---

[1] 坎南《经济学杂志》，1917年12月，第468页。

第十四章　垄断的条件

第1节　当前，有必要探究在垄断条件下，不同用途的边际私人净产量价值在多大程度上倾向于相等。在开始准备这一探究之前，必须研究垄断力量出现的先决条件。第2节　当一个行业的总规模既定时，如果某些因素使典型的单个企业规模更大，结构更经济，则它们有利于垄断力量的出现。第3节　对于典型的单个企业管理单位（可能包括许多企业）的规模越大，企业的结构越经济的情况，也是如此。第4节　对于联合可以减少竞争性的广告支出，进而大幅度减少总开支的情况，亦是如此。第5节　当存在着对一种商品的高度无弹性需求，情况仍然如此，因为这意味着如果出现垄断，就有可能产生巨大的收益。这里讨论了决定不同商品需求弹性程度的条件。第6节　另一方面，任何使旨在联合的谈判难以展开的因素，都不利于垄断力量的出现。第7节　因"参股"冲突而产生协议障碍的情况，同样如此。

第 1 节

现在，我们可以回到主要论题中。在本编第十一章中，我们假设利己主义是通过单纯竞争发挥作用。我们证明了，在这些情况下，除了第四章所讨论的那种差别之外，任何行业中的资源的边际私人净产量价值往往等于一般边际净产量的平均值；并探讨了某一行业的资源的边际社会净产量价值在什么情况下将与它的边际私人净产量价值相背离。我们已经知道，单纯竞争的一个基本特点是每个购买者的供给量只占总供给量的很小一部分，因为他愿意"接受市场价格，并不想改变它们"[1]。如果每个销售者的产量占整体产量的相当大一部分，就有可能出现各种垄断行为；只要出现垄断行为，在利己主义的作用下，投入生产的资源所产生的边际私人净产量价值就不会与投入他处的资源所产生的私人净产量的价值相

---

[1] 帕累托《政治经济学教程》，第1章，第20页。

等。在后面的章节中，我会就垄断行为进行详细讨论。但在此之前，为了方便起见，我们应该对垄断力量出现的先决条件进行一定的研究。

第2节

首先，在其他条件相同的情况下，如果某一行业的总规模既定，有些因素会使典型的单个企业规模变大，令其实现结构上的经济性，进而使单个销售者更有机会将所在行业的大部分商品销售出去；其原因是，这些因素一定会使单个企业更有机会将所在行业的大部分商品销售出去。实际上，任何一个企业相对于整个行业而言，是否会扩张到足够大，以至于成为垄断力量的一部分，往往取决于各个相关行业的共性。这样的情况在生产高档、新奇商品的行业中尤为常见，因为这些商品更有可能成为"特制品"。这些行业通常在普通的大市场中有自己的小市场，从某种程度而言，这些小市场之间没有竞争。倘若果真如此，单个企业本身并不需要多大的规模，就可以给自己的小市场提供相当大一部分的供货量。在一些与必需品和必要的劳务相关的特殊行业中，其内部经济的发展前景也可能促使单个企业发展壮大到足以控制整个行业总产量的主要部分的程度。指定线路的铁路运输就是这方面最显著的例子。由于修建一条合适的铁路的成本巨大，因此，修建一条或几条为指定的两个地点之间提供全部运输服务的铁路，相较于修建很多条铁路，且每一条铁路提供的运输服务均只占总服务中极小的比例而言，其成本显然要低得多。为城镇提供水、电、气、电车服务的企业也是如此。许多独立企业的存在，造成大量的主管道、主电

□ "强盗男爵"　19世纪

"强盗男爵"是指在19世纪通过从事不道德垄断行为、利用腐败的政治影响力积累巨额财富的商人，他们几乎不受商业管制。这个词本身并不是在19世纪创造的，而是可以追溯到几个世纪以前。它最初用于中世纪的贵族，这些贵族的职能是封建军阀，其字面意思就是"强盗贵族"。在19世纪70年代，这个词开始被用来形容商业大亨，而且这个用法遍及整个19世纪。人们经常将19世纪末和20世纪前十年称为"强盗大亨时代"。

路和铁路干线铺设工作，然而事实上，任何区域所需的全部服务只需要几条主管道和主线路就能提供。因此，很多独立企业的存在意味着需要在主管道和主线路上投入大量资本，而它们的利用率极低。避免进行这类投资具有明显的经济性。在我们刚刚讨论过的那一类行业中有一种趋势，即几家独立企业的供给量占总供给量的很大一部分，产生这一趋势的最根本原因就是为了追求经济性。这一真相在某种程度上却被这样一个事实所掩盖，即一般来说，直接原因是，除非绝对必要，否则国家和地方政府当局不愿让更多的人行使土地征用权或破坏街道。然而，隐藏在政府当局中这种不情愿背后的真正原因，是上述过程需要支付高昂的额外费用。在与必需品和劳务相关的大部分行业中，没有再出现铁路及其相关产业所特有的条件。在不同的行业内，内部经济性将在不同的点达到其极限，例如，棉花行业达到这个点，钢铁工业达到那个点。通常，在劳动的作用大于资本的作用的行业中，其经济性在较早时期达到极限，在劳动的作用小于资本的作用的行业中，其经济性在较晚时期达到极限；但它们均是在单个企业远未发展到占据整个行业的相当大一部分时，就已经达到极限。[1]如果这种情况发生，内部经济性显然无力成为垄断力量发展的原因。

第3节

其次，在其他条件相同的情况下，当某一行业的总规模和典型的单个企业的规模既定时，使典型的单个企业管理单位——例如，一些企业由管理机构控制——的规模变大，令其实现结构上的经济性，同时使单个销售商更有可能将其行业的总产量的相当大一部分销售出去。这个命题近来已变得格外重要，因此，我们有必要仔细分析不同情况下大规模控制带来的结构的经济性。

许多学者对下面的两种情形作过诸多论述，一种情形是，当多个平行的企

---

[1] 参见范·海斯对美国各重要行业的发展叙述（《集中与控制》，第42页及以下多页），以及查普曼先生对美国棉纺织业各工厂的一般规模的讨论（《皇家统计学会杂志》，1914年4月，第513页）。

业听命于同一个领导时，不同的工厂可以专门进行特定产品的生产；另一种情形是，任何一个地方的订单都可以由最近的工厂来完成，这样便可以节省交叉运费。在某些情况下，特定产品甚至特定流程的高度专业化所节约的成本可能是巨大的，这在战时英国的机械行业中得到了充分的证明。但是，为了追求这种经济性而对多个独立企业实行统一控制管理的必要性，尚未真正显现出来。一旦意识到了经济性的重要性，即使不同的企业保持分立，我们仍然可以想象，产业有机体往往会在经济利益的驱使下逐步实行专业化分工。例如，在美国的造纸业中，每个工厂一般只生产一种质量的纸张；[1]在英国兰开夏郡的棉纺织业中，不仅精纺、粗纺、编织等工艺独立开来，实现区域化，而且各个工厂还常常进行分工，各自只负责纺织很少的几种纱。[2]利用副产品获得经济效益也是如此。一些学者将市场的经济效应归因于大规模控制的结果，但这似乎并不是促成企业联合的主导因素。因为"制造商在购买某种原材料时，该原材料通常会有统一的市场价，所有人必须照此支付。而且任何人只要按惯例购买起订量的商品，就可以以这个价格购买到商品；但是，如果人们需要的只是半成品，且每年购买商品的价值又高达数百英镑，同时采取即期付款的方式，那么一般而言，他便可以以最低优惠价成交。在我看来，大型企业购买原材料的唯一优势似乎是，它们偶有可能将原材料市场中的商品或者剩余的半成品全部买走，而小规模的企业则不具备这样的采购力。然而，这样的操作却带有投机的性质，由此带来的利润也不能称为生产成本的降低，因为不能指望这种特殊的采购机会会经常出现，而且就算出现这种机会，最终获利和亏损的可能性都同时存在"[3]。同样地，我们也不应该过度关注规模化管理的优势。所谓规模化管理，可以概括为"实现办公集中化，由中央货物仓储集中供应商品，实现保险和银行业务集中化，建立统一的会计制度（方便对各分支机构的运行情况进行比较分析），建立统一的成本核算制度，建立中央销

---

[1] 参见查普曼《工作与工资》，第1卷，第237页。
[2] 参见马歇尔《工业与贸易》，第601页。
[3] 霍布森《工业制度》，第187页，转引自W. R. 汉密尔顿《生产成本与产量递增的关系》。

售机构"[1]等等。因为在低级形态的协定价格的卡特尔（该种模式在德国很常见）中，这些经济性几乎难以实现；即使在企业联合体和控股公司中[2]，它们的优势也会因为难以找到管理大型企业的合适人才而抵消。

不过，规模化管理也有某些结构方面的经济性，它们的影响范围更广泛。首先，规模较大意味着财富更多（实际也是如此），能够在实验中投入更多，从而收获更多。英国科学与产业研究委员会的报告称："的确，以我们目前的经验来看，大多数英国工业企业被设计成小规模的企业，这已成为系统化研究道路上的主要障碍，长期而复杂的研究工作对于解决重要行业中的根本问题是十分有必要的。"这显然是一个非常重要的问题；尽管我们尚不清楚一些小企业为什么不愿在其他方面完全保持独立的同时，为促进研究工作而展开合作。其次，将原来的许多家企业整合成一个企业，意味着每个企业不再只是掌握自己研究出来的工艺秘密，而是可以掌握所有企业的工艺秘密。第三，合并后的企业一般可以接触到不同的市场，这些市场的需求波动从某种程度上说是互不影响的。不过，如果某一企业的平均产量A，是由第一年生产$(A+\alpha)$个单位、第二年生产$(A-\alpha)$个单位所形成的平均产量，那么，它的成本必然低于第一年生产$(A+2\alpha)$个单位、第二年生产$(A-2\alpha)$个单位所形成的平均产量的成本。因为在第二种情况下，资本设施必须满足$(A+2\alpha)$个单位的"峰值负载"，而非前一种情况下$(A+\alpha)$个单位的需要。合作社——如奶酪合作社等——急切希望成员能保证其"忠诚"，船运公司则通过延期退税或其他手段来"捆绑"客户等，这些都足以证明这个问题的重要性。[3]不仅如此，即使没有联合体，各成员企业的产量变化的总幅度都已经降至最低，即与总产量的变化幅度相等，联合仍然可能带来经济效益，因为它能使大部分企业稳定运行，并像糖业托拉斯模式那样保留一个企业，使之根据需求的波动来调整自己的产量。[4]第四，由于预测运气对若干联合体的影响

---

[1] 麦克罗斯特《经济学杂志》，1902年9月，第359页。
[2] 参见利夫曼博士《卡特尔与托拉斯》，第114页。
[3] 参见本书第二编，第十九章，第4节。
[4] 参见詹克斯和克拉克合著的《托拉斯问题》，第43页。

比预测运气对单个企业的影响要容易得多，因此从整体上来看，相对于运营各自分立的单个企业，运营由多个企业结合而成的经济体所承受的不确定性更小。由此产生的一般经济性，可能表现在获得贷款的便利性更大，或者为贷款支付的利息更低，或为使股利相等而需要保持的储备基金比例较小，等等。不过关键的一点是，不管经济性如何体现，它都是必然存在的。受控个体的规模越大，这种经济性就越大。的确，随着该个体的规模增大到某一点之后，其经济性的提高就会变得十分缓慢。但是，在这一个体达到非常大的规模之前，经济性一直在快速提高，并形成强大的力量促进大规模个体的发展——但是毫无疑问，在适于划分等级的商品中，会出现投机市场，使一些小型企业在承受某种不确定性的情况下，通过对冲的做法，使自己跻身于与大型联合体同等的地位。还有一点需要提及，进行规模化管理，不仅可以使某些特殊行业通过减少各企业因各自命运的波动而引发的不确定性，从而产生直接的经济性，还可以通过降低命运波动发生的可能性来产生间接的经济性。在公信力具有重要地位且通过投入大量资本来建立公信力的行业，情况便是如此。银行业便满足了这一条件，特别是自银行公开账目这一做法普及以来，更是如此。在这方面，银行之所以与其他企业不同，是因为客户是它的债权人，而不像在大多数行业中那样，客户是它的债务人。[1]

第 4 节

到目前为止，我们只考虑了我所说的结构性经济效应。在某些情形下，还有一种经济效应有利于规模化管理的发展。如果一个行业由多个独立企业构成，这些企业如果要维护各自的市场，就必须承担由此产生的支出。如第九章所述，大部分广告支出和旅行推销支出就属于这种支出。但是，如果在某一行业的任何部分，出现的不是若干企业相互竞争的局面，而是多家企业从属于同一管理机构的局面，那么也如第九章所说，可以节省一大部分支出。如果 A、B 两家企业联合，

---

[1] 关于第2节和第3节中问题的详尽研究，参见马歇尔《工业与贸易》，第2卷，第3~4章。

□ 造纸厂　1859年　木版画

法国造纸业历史悠久，大多数造纸厂已经有数百年的历史。其产品包括薄绢纸、涂布纸、未涂布纸、印刷纸、书写纸、绘图纸等。图为19世纪法国埃松的达布雷造纸厂内景。从图片可以看出，当时使用的是机械化的轴驱动造纸机；工人们各司其职，有的则在休息。

无论哪一方出资，通过旅行推销或其他方式说服人们选择其中一个而不选择另一个，都不再符合任何一方的利益。在1908年英国贸易委员会的会议上，有人就铁路问题指出："众所周知，铁路公司觉得有必要将大笔资金耗费在招揽生意、击败对手上面，而如果明智地选择用联合取代竞争，将节省大部分此类支出。"[1]除非是联合企业，否则竞争性广告支出越大的行业——那些供应各种"高档产品"的行业，而不是供应易于辨识的标准产品的行业——这种经济效应一般也越好。[2]

第5节

接下来，我们可以设想，假如一个行业中单个企业的规模与单个管理单位的规模已根据结构和其他可能的经济性原则进行了调整，而且这样发展而来的管理单位还没有强大到足以行使任何垄断权力。显然，垄断力量的出现并非偶然，它不会毫无征兆地伴随着发展而出现。但是，人们对于垄断可能带来收益这种毫不掩饰的期望，正是促进垄断出现的一个因素。如果发起人有理由相信，投机性团体对某个特定的垄断企业盈利的预期高于其实际水平，那么，这一情况可能会给

---

[1]参见《铁路公司会议纪要》，第26页。
[2]有人建议，企业联合可以减少旅行推销员的数量并提高其素质等，从而节省开支，这一建议并没有因为某些情况下企业联合后支付给推销员的年薪总额增加而被推翻。因为这种年薪的增加，很有可能是因为联合企业试图将市场延伸至其成员以前从未涉足的领域，或扩展至单个企业的业务量还不值得委派推销员的领域。

联合企业的创始人带来更多的收益,因为这使他们能够以高价抛售股票。[1]但是,除了这一特殊考虑因素之外,我们还可以确定,在供给条件既定的情况下,可能收获的垄断收益的大小,取决于所涉及的商品的需求弹性——购买量的百分比变化除以价格的(微小)百分比变化所得到的分数。[2]在其他条件不变的情况下,需求弹性越小,收益可能越大。应该附带说明的是,在这一条件以及下一章将要提到的条件下,都可以促使垄断者将其控制范围扩展到与其产品相竞争的其他产品之上;例如,美国的"五大"肉类包装企业主同时收购了(a)非美国的肉类包装企业和(b)非肉类包装企业。[3]接下来需要说明的是导致低弹性需求的主要条件。

第一个条件是,有关的商品不能轻易找到方便的替代品。羊肉的需求因为牛肉的存在而比较有弹性,石油的需求因为天然气的存在而比较有弹性,电车的需求因为公共汽车的存在而比较有弹性。同样地,英国的铁路运输服务的需求弹性之所以比美洲大陆大,是因为"英国有着漫长但并不连续的海岸线和大量港口",使得水路运输的竞争异常激烈[4];而且整体而言,即使某地不存在水路运输的竞争,由于通往其他市场的水运线路之间存在间接竞争,也会造成当地

---

[1] 在这方面,J. M. 克拉克先生的《间接成本经济学》(第146~147页)中的以下段落值得关注:"联合的经济性有多大?就横向联合而言,杜因对35个联合企业的研究提供了明确的定量数据,所有这些案例均至少联合了5个以前相互竞争的企业,而且截至1914年,所有联合后的企业至少都有10年的历史。第一次世界大战爆发时,动乱使研究者中断了进一步的研究。杜因发现,这些联合的发起人预言,联合可以节省资本,增加净收益,平均而言,将比之前的水平高出约43%。这还只是一个保守估计,并不包括那些明显过于乐观的想象。然而,结果却是另一番景象:联合后的第一年的净收益比各构成企业之前的收益平均低15%,而联合后10年的结果则更糟,比各构成企业之前的收益平均低了约18%,而且尚未考虑在这10年时间里投入了大量新资本的事实。"

[2] 如果 x 为购买量,$\phi(x)$ 为单位需求价格,则需求弹性可以表示为 $\dfrac{\phi(x)}{x\phi'(x)}$。如果对于 x 的所有值,需求弹性都等于1,则需求曲线为一等轴双曲线。只要强调的是文中的"微小"百分比,文本的语言定义便是上述技术定义的近似翻译。但是,当价格下降50%时,如果需求弹性等于1,则消费必然增加100%。当然,当我们谈到,从垄断中得来的收益有赖于需求弹性的时候,我们便是暗中默认,以上定义的弹性在需求曲线相关范围内的各个点上,彼此之间没有很大的差别。达尔顿先生建议(《收入的不平等》,第192页及以下各页),当任何东西的价格以一定百分比增长时,应使用"弧弹性"一词来表示这个百分比变化除以相应的数量上的百分比变化。但是,由于从某一点出发,每一个不同的价格变化量通常都会有一个不同的弧弹性,这个新术语在没有经验的人看来很容易引起混淆。

[3] 参见《联邦贸易委员会报告》,1919年;以及《关于肉类包装行业》,第86页和第89页。

[4] 参见麦克弗森《欧洲的运输》,第231页。

任何特定铁路线的服务需求弹性较大的情况。[1]杰文斯的《煤炭问题》（*Coal Question*）一书从另一领域举出了恰当的例子说明了我们正在讨论的问题："由于意大利垄断了自然硫，因此当两西西里王国政府对硫黄征税过高时，我们的制造商很快就转而使用黄铁矿或硫化铁来提炼硫黄。"至于很容易找到替代品的商品种类，则没有什么普遍的结论可以提供。但是，应该看到，对一个地区或国家的产品而言，其努力的方向若是成为质量的先导而不是在数量上领先，那么与其他产品相比，它受到替代品的竞争冲击就会比较小。例如，英国的上等牛羊肉就没有下等品那样容易受到美澳贸易的冲击。[2]因此，商业领域的一个重要事实是，英国制造商在墙纸、上等纺织品和电缆等产品的质量方面享有极其明显的领导地位，而在电气和化学行业则明显处于劣势。[3]显然，从目前来看，我们应该将其他购买者生产的同类商品包含在那些由销售方行使垄断权而生产出来的商品代替品之中。因此，行使垄断权的销售方为任一市场提供的产品在总产量中所占比例越大，人们对其服务的需求弹性就越小。因此，由于高额运费、高关税和划分市场的国际协议的签订阻碍了一些行业从其他来源进口原材料，这些行业中的垄断商品的需求就会更加缺乏弹性。此外，为了使需求弹性受到替代品的影响，并不一定非得有实际的竞争对手这一供给来源存在。在一些行业中，由购买者制造的产品本身，往往就是供给方面一个可能的竞争来源。因此，家庭工作委员会发现："对于一些物品（婴儿服、女式衬衫和内衣）而言，除非以较低的价格出售给工薪阶层和少数中产阶级人士的妻女，否则她们就有可能购买材料自己在家中制作。"洗衣和清扫服务也是一样，如果条件允许，贫穷的家庭主妇自己就可以完成这些事情。因此，专门从事这类工作的人士所提供的劳务方面的需求就具有很大的弹性。[4]例如，有人在谈到伯明翰时这样说道："在任何经济萧条时期，洗衣女工总是最先遭殃，因为在经济不景气的时候，第一个可以节省开支的方法就

---

[1] 参见约翰逊《美国的铁路运输》，第267~268页。
[2] 参见贝西《英国农业》，第45页和第85页。
[3] 参见莱维《垄断、卡特尔和托拉斯》，第227页、第229页和第237页。
[4] 参见查普曼《兰开夏郡的失业问题》，第87页。

是自己洗衣服，于是当地的小洗衣店很快就无人光顾了。"[1]

造成需求缺乏弹性的第二个条件是，当一种商品用来生产其他商品时，它在这些商品的总成本中只占很小的一部分。当然其原因是，当它所占比例很小时，就算该商品的价格大幅上涨，也只会使由它生产出来的其他商品的价格小幅上涨，因此，其消费需求也只会小幅减少。莱维博士认为，正是这一条件，使得普通工业原材料的需求高度缺乏弹性。[2] 同样地，对消费者而言，零售和运输费用在商品成本中所占比例越大，批发商品的需求弹性就越小。

第三个条件是，由以上提及的商品所生产的其他商品，很难找到替代品。因此，如果其他条件相同，建筑业的原材料应该比机械业的原材料具有更低的弹性需求，因为相对于外国房屋与英国房屋相竞争而言，外国机器与英国机器相竞争更容易取胜。[3]

第四个条件是，在生产某种最终产品的过程中，与我们的商品协作生产的其他商品或服务更易于获得，或者用专业术语来说，就是供给不具有弹性。

马歇尔区分的这四个条件均直接反映了人们对于不同商品的欲望的本质。而

□ 富埃南洗衣妇　1869年

19世纪，法国洗衣工行业比较受人尊重，关于洗衣女工的主题在艺术中也颇受欢迎。图为画家威廉·阿道夫·布格罗在坎佩尔以南的海岸上创作的《富埃南洗衣妇》。前景中的年轻洗衣妇已经洗完衣服往回走，后面年长的洗衣妇则在努力工作着。

---

[1] 参见 凯德伯里《妇女的工作》，第172页。顺便补充的是，从短期来看，某些新耐用品的需求弹性可能比较大，因为，比如半旧的服装和其他类似的服装都可能作为新服装的替代品（参见查普曼《兰开夏郡的棉纺织业》，第120页）。

[2] 参见莱维《垄断、卡特尔和托拉斯》，第280页。

[3] 但应当注意的是，虽然房屋作为整体不能进口，但房屋各个组件的进口却变得越来越容易。在1890—1902年期间，石料、大理石和门窗的进口量翻了一番；而从各郡"出口"到伦敦的此类产品数量的增幅则更大。（迪尔《伦敦的建筑业》，第52页）

另外一种条件则取决于以下事实，即只有当人们在商品上花费的收入比例小到他们所购买的商品数量的变化对所花费的金钱的"边际效应"没有显著影响时，与任何商品的欲望表相对的需求表才会在形式上与欲望表相同。当这种条件无法满足时，下面的考虑变得尤为重要。假设世界上只有一种商品，而且不能存钱，那么，不管人们对这种商品制订的欲望表是什么形式，它的需求表必定是这样的，即无论给定的商品数量是多少，人们在此种商品制订上的花费总量都是相同的。换句话说，就所有可能的消费量而言，需求弹性必然等于1。由此，我们可以概括如下：如果对任何商品的欲望的弹性是给定的，人们通常花费在这种商品上的收入比例越大，对商品的需求弹性将在更大程度上偏离欲望弹性，而且越来越接近于1。因此，吸收人们大部分收入的商品的需求，相较于吸收人们小部分收入的商品的需求而言，既不可能具有那么大的非弹性，也不可能具有那么大的弹性[1]。

第6节

前面的种种讨论表明，即使没有结构性经济效应，也没有广告性经济效应，我们也常常可以发现足以行使垄断权力的控制单位。但是，相互竞争的销售方在达成协议过程中所面临的困难和需要的成本，将妨碍这种垄断权力的形成。这种困难和成本的大小，取决于以下几种一般情形：第一种，销售者人数较少时，比较容易联合；因为人数较少，不仅有利于推进谈判的进程，又能减少协议的某一方违约的可能性。利夫曼曾报道，1883年，德国火柴业关于组建卡特尔的尝试以失败告终，其原因是必须征询不少于245家独立生产商的意见。[2]第二种，各个生产商比邻布局比他们散落各地更容易联合起来。联合模式之所以能在德国煤炭业中流行而不能在英国煤炭业中流行，部分原因是德国的煤炭生产相对集中，英国的煤炭生产则散布于各个不同的地区。[3]同样的道理，或许在很大程度上可以

---

[1] 参见伯克《边际价值理论》，第133~134页。
[2]《企业联合》，第57页。
[3] 参见莱维《垄断、卡特尔和托拉斯》，第172页。

解释为什么联合一般多出现于销售者中而非购买者中。同样地，我们可以看到，拍卖会中，由于购买者被聚集在了一起，所以他们之间联合的情形也并不少见。第三种，当不同企业的产品结构简单，质量稳定，且不随不同消费者的偏好而变化，因此能够被合理地、较为精确地定义时，企业联合比较容易。马歇尔写道："要为地毯或窗帘制订统一的价格表几乎是不可能的，因为它们是由不同质量的羊毛、棉花、麻和其他材料按照不同的比例加工而成，而且它们的面料和式样也在不断变化。像饼干、女式帽子等类型的产品，也没有形成卡特尔的条件，因为它们不仅要求高质量，而且要求多用途。"[1]一位学者认为，英国企业联合的情形之所以少于外国企业，是因为他们往往关注的是如何提高商品质量以及如何增加专业化的商品种类，而不是如何"大规模地生产商品"[2]；另一位学者认为，德国建立焦炭卡特尔之所以比建立煤炭卡特尔更容易，是因为焦炭的质量更稳定。[3]第四种，一般而言，如果国家的传统和习惯有利于企业联合，自然更容易产生联合。如果雇主们已习惯于通过商会来采取共同行动，制订折扣和返利方面的协议条款，或与工会进行谈判，那么他们在达成价格协议过程中遇到的困难，明显少于他们为上述目的第一次达成协议时所遇到的困难。因此，"商会——比如纽约商会——实际上没有垄断权，但是，由于它的社会效应有助于建立一个更强大的组织（如企业联合），因此它的重要性不容小觑"[4]。同样地，新西兰仲裁法"强行规定雇主必须加入工会，因为只有这样，雇主才能在法律之下保护好自己，而这些工会自然也会演变成制约竞争的组织"[5]。因此，毋庸置疑的是，各种形式的联合行动——比如第一次世界大战期间英国的工程公司被迫采取的联合行动——有助于为未来的联合铺平道路。也许，当相关生产商是公司而不是个体商户时，联合的阻力也许会稍微小一些，因为对于个体商户的管理而言，个人意识的作用更大。

[1] 马歇尔《工业与贸易》，第549页。
[2] 莱维《垄断、卡特尔和托拉斯》，第187页。
[3] 沃克《德国煤炭工业中的联合企业》，第43页。
[4] 鲁滨逊《美国的经济学会》，1904年，第126页。
[5] V. S. 克拉克《美国劳工简报》，第43期，第1251页。

第7节

上一节暗示了，只要联合带来的收益超过其成本与繁琐，就会形成联合。然而，这种暗示是没有根据的。虽然可能存在对各方均有利的联合的机会，但这种联合不一定能够达成。因为，嫉妒可能导致 A 和 B 不敢切分共同利益的大西瓜，唯恐对方得到的份额比自己的更大。"参股"应该与各联合企业的生产能力、它们近年来的平均产量、它们对工厂和商誉的投资或其他数据成正比吗？"一位制造商重视专利和专业设备，并因此花费巨额成本。除非能将这些成本补偿给他，否则他不会加入拟议中的企业联合体。另一位制造商可能有很强的生产能力，例如能生产五十个制钉机。他原本可能有一半以上的机器找不到市场，但他认为，在企业联合体中，他的全部生产能力都能发挥出来。因此，他坚持认为，应该以生产能力作为托拉斯分配利润的基础。第三个制造商拥有精良的设备，并善于经营，能完全发挥其工厂的生产能力，而他的竞争对手的生产能力虽然更大，但其工厂的地理位置不佳、下属的能力也较差，只有一半时间能开工生产，他主张将平均销售额作为分配的基础。"[1]如果两家不同的企业之间尝试直接谈判，这些争议很可能会阻碍协议的达成。然而应该注意的是，如果通过兼并逐步实现联合（例如英国银行），或者企业发起人在收购和兼并一些竞争企业时，分别与每个企业达成协议而不告知对方自己与其他企业之间已有协议，那么，这些争议在很大程度上可以得到消除，联合的难度也会随之降低。

---

[1]参见米德《公司财务》，第36页。

第十五章　垄断竞争

第1节　在垄断性竞争下,利己主义往往不会使行业相关资源的边际私人净产量价值等于一般资源的边际私人净产量价值。第2~3节　相反,利己主义使边际私人净产量价值在一定范围内出现不确定性,其不确定性程度取决于简要讨论的某些影响。

第 1 节

如果两个或两个以上销售者各自为与之相连的相当一部分市场供应产品,这时就具备了垄断竞争的条件。这种情况可以看出,它们中任何一方都不可能将边际私人净产量价值,即投入各个产业的资源总额所产生的价值,全部投入到生产中。[1]对于这一命题,如果忽略在第九章中所分析的边际社会和边际私人净产量之间可能存在的差异,则可以用一般性语言阐释如下。

第 2 节

首先,我们暂且忽略以牺牲当下换取未来竞争优势的各种行为。现在,我们只需要讨论"多头垄断"问题。如果只有两个垄断者,这个问题则以最简单的形式呈现出来;一直以来,数理经济学家们都用这种形式对该问题展开广泛的讨论。众所周知,古诺认为,双头垄断条件下,投入生产的资源数量是给定的,它介于单纯竞争条件下的投入数量和单纯垄断条件下的投入数量之间。而埃奇沃思(Edgeworth)却在一篇详尽的评论文章中坚称,该数量是不确定的。在最近的讨论中,明显呈现出了支持古诺观点的某种趋势。该理论认为,如果两位垄断

---

[1]参见米德《公司财务》,第223~224页。

者各自在规范其行为时,都彼此假定对方不会因自己的行为而改变其产量,那么,二者共同投入生产的资源量按古诺计算的数额确定;如果两位垄断者都假定对方不会因自己的行为而改变其价格,那么,在完善的市场条件下,二者共同投入生产的资源量取决于单纯竞争条件下的适当数量。在不完善的市场条件下——市场中某些购买者对其中某一位垄断者的喜爱程度超过另一位——则该量可以确定为小于单纯竞争条件下的一个适当数量,市场越不完善,差额越大。[1]更一般地说,如果每位销售者对于竞争对手的行动都形成并保持某种确切的假定,则由二者投入生产的资源总量似乎以不超过单纯竞争条件下的为宜;在完善市场条件下,以不低于古诺计算的数量为宜;在不完善市场条件下,以不低于单纯垄断下的适当数量为宜。然而在现实生活中,我们认为,任何销售者都不可能对其竞争对手的思维方式持有一致的看法,他所作出的判断将是多变和不确定的。正如下棋的过程中,每位棋手都将根据自己对对方的某种预测而采取行动;不过他据以行动的预测是根据自己的情绪以及对对手心理的解读而进行的,因而可能是这样的结果,也可能是那样的结果。因此,我们可以恰当地说,用于生产的资源总量是不确定的,因为仅仅从对需求状况和影响这两个垄断企业的成本状况——无论成本状况是独立的还是相互关联的——的了解来看,我们根本无法作出任何预测。不确定性的范围在完美市场中的大于不完美市场中的,并且在任何一种市场中,它都随着垄断者的数量增加到两个以上而缩小。在任何情况下,投资总量都不能大于单纯竞争的适当数量。不过,在第十一章中我们已经讨论过,除了使用受制于递增的供给价格的进口原材料的行业以外,投资总量都不可能超过理想投资。由此可见,除了这些行业以外,多头垄断条件下进行的投资不可能超过理想投资。

---

[1] 参见霍特林《竞争中的稳定》,载于《经济学杂志》,1929年3月。

第 3 节

到目前为止，我们已经明确排除了旨在通过将竞争对手驱逐出相关领域，或从竞争对手那里获取优惠协议条款来获得未来收益的价格战的影响。上述不确定性存在于垄断竞争之下，即使垄断者"不希望通过割喉价格摧毁其他竞争者"时也是如此。然而，在许多垄断竞争的情况下，确实发生了价格战或割喉竞争。它包括为了给竞争对手造成伤害而亏本出售的行为。现实中，必须严格区分将价格降至或趋近于直接成本的情况，这经常发生在经济萧条时期。后面这种做法包括价格大幅度降到"正常"水平之下，需求不断变化且直接成本小于辅助成本时，人们一般就会这样做，但它并不涉及严格意义上的"赔本销售"。只有当任何数量的商品的销售价格低于该数量的短期供给价格时，真正的割喉竞争才会发生。当这种情况发生的时候，可能的投资总量的范围不再以单纯竞争下的适当数量作为上限，而是有可能超过这个数量，其超出的程度是由每一位竞争者对其对手的坚忍能力的判断以及其他战略考虑所决定的。它显然不趋于接近理想投资。但是，我们不能再像未考虑割喉竞争时那样，说它有可能低于理想投资。

□ 金融危机 1873年

1873年，由于工业和铁路的过度扩张，以及欧洲对美国农产品需求的下降和欧洲对美国投资的减少，以杰伊·库克公司为代表的几家金融机构宣布倒闭，股票价格随之出现大规模下跌，从而导致了长达五年的经济大萧条。图为1873年金融危机期间，纽约市布罗德大街上疯狂的人群。

第十六章　单纯垄断

第1~5节　在单纯垄断加上相关行业的准入受到限制的情况下，该行业相关资源的边际私人净产量价值，将比单纯竞争条件下的一般资源的边际私人净产量价值更大程度地偏离平均值。第6节　如果垄断行业准入不受限制，则国民所得会以另一种方式蒙受损失。

第1节

单纯垄断的条件是，当仅有一位销售者行使垄断权力——不管市场中的其他销售者是否接受他所确定的价格——并扣除运输成本后，整个市场通行统一的价格。为了明确区分单纯垄断和单纯竞争的影响，我们必须假设二者之下的经济性和技术水平相同。[1]事实上，在现实生活中，它们往往是不一样的，甚至衍生出进一步的问题，这将在第二十一章中予以讨论。单纯垄断有两种不同的运作方式，一种是进入该行业的限制太多，以至于除了已经在该行业被使用的资源以外，再也没有其他资源得以进入；另一种是资源可以自由进入该行业。我们首先研究第一种情况。

---

[1]因此，设某一行业的总产量为 y，某一典型规模企业的产量为 x，该企业产量的总成本用 $F(x, y)$ 表示，则可以通过方程式 $\dfrac{\partial}{\partial x}\left[\dfrac{F(x, y)}{x}\right]=0$ 来确定 x，我们绝不可以假定，垄断的出现是因为引入新技术后，F 变成了 ψ，以至对于 y 的给定值 $\dfrac{\partial}{\partial x}\left[\dfrac{\psi(x, y)}{x}\right]=0$ 大于 $\dfrac{\partial}{\partial x}\left[\dfrac{F(x, y)}{x}\right]=0$ 给出的 x 值，从而使该行业中的企业数目减少，更容易达成价格协议。我们必须假定在这两种情况下，F 是相同的。

第 2 节

第十一章已经证明，第九章中所讨论的边际社会和边际私人净产量之间没有差别的情况下，从社会的观点来看，在遵循供给价格递减规律的行业中，单纯竞争条件下的实际产量将低于理想产量。在这个意义上，在遵循供给价格不变规律的行业中，实际产量将等于理想产量；在这个意义上，在遵循供给价格递增规律的行业中，实际产量将大于理想产量。在单纯垄断的条件下，为了垄断企业的利益，应当规范其产量，使其总收入超过其总成本（包括经营收益等）。由此可知，在其他条件相同的情况下，单纯垄断的产量将总是小于单纯竞争的产量。因此，从社会的观点来看，在遵循供给价格递减规律的行业中，以单纯垄断代替单纯竞争，将导致实际产量更进一步地低于理想产量；在遵循供给价格不变规律的行业中，在这个意义上将导致现在相当于理想产量的实际产量低于理想产量；在遵循供给价格递增的行业中，它将导致现在高于理想产量的实际产量收缩，在某种程度上可能减少至比以前更接近于理想产量。这样做的条件可以通过数学上的方法来确定，但除非引入不寻常的假设，否则不能用简单的术语加以表述。然而，这并不重要。因为实际上，从行业的观点来看，单纯垄断更有可能被引入供给价格不断下降的行业，如第十一章所示，这通常意味着，从社会的观点来看，这些行业也是遵循供给价格递减规律的，因此，结果并非是不确定的。

第 3 节

当销售者联合起来通过价格协议行使垄断权力时，另一种情况可能间接地加强对投资的限制性影响。就一两个以上的服务等级达成协议是不可行的。因此，既然无法为中间等级制订出适当的收费标准，这些服务等级往往就会消失，即使无数的购买者——其中一些人实际上什么也不买——会购买这些等级，如果这些等级可以按比例收费的话。因此，在设计周全的垄断协议之下，那些原本用于生产服务的资源，却因为实际协议的不完善而被排除在外。这种影响主要体现在铁

234 | 福利经济学 The Economics of Welfare

□ 铁路腐败的社论漫画

铁路推动了美国经济的扩张,从1871年到1900年,美国铁路扩张了近四倍。联邦政府资助了一些大型基础设施项目,将超过6000亿平方米的土地出让给铁路公司以增加财政收入。理查德·怀特说:"铁路公司需要垄断专营权和补贴,为此,他们不惜贿赂政府官员。"图为19世纪80年代,托马斯·纳斯特创作的关于铁路影响的社论漫画,画中描绘了一个长着蒸汽火车头的人在国会做生意的情景。

路和航运公司等行业,它们受运费协定的约束,却要在火车、船舶的发运次数、速度和舒适度等方面展开竞争。[1] 因此,轮船公司可能使用头等快船来运输并不十分紧急的货物,因为若用较慢、较便宜的船只来运输,协议则不允许降低运费。因这种方式产生的资源配置不当,是继简单行使垄断权力而导致资源配置不当之外的另一种不当。

第 4 节

在采取临时性低价手段可能导致新需求增加的行业中,对上述结论作出某些限制是有必要的。因为,当存在这种可能性时,特别是在供给价格递减的条件下,如果投资利率较低,则垄断者暂时接受低价也可能是划算的,即使这样做有可能会导致赔本生产,但是为了将来的收益,他依然应该这么做;然而,如果在众多相互竞争的销售者中,只有一个销售者这么做,那他就不划算了,因为他只会得到他这么做所带来的未来收益的很小一部分。然而,重要的是必须注意到,只有当确定所谓的新需求(归功于垄断的作用)确实为新需求时,才是一种社会利益,如果仅仅是破坏一种需求并取而代之的话,就不是一种社会利益。例如,铁路公司采取临时性低价来"发展某地区的运输",是以破坏地理位置同样重要的另一地区的运输为代价,就不是一种社会利

---

[1] 铁路公司之间的协议,除了联营之外,有时会在速度方面作出规定;有些(并非全部)船运联合会成员之间的协议规定了各成员的相对出航次数。(《皇家船运委员会报告》,第23页)

益；如果某些商人利用类似的手段，使那些习惯于从宽裙中获得一定满意感而不能从窄裙中获得相同满意感的客户，变得能够从窄裙中获得一定的满意感而不能从宽裙中获得相同的满意感，那么，这就不是一种社会利益。这一考虑表明，与先前阐释的长期劣势相比，刚刚提到的单纯垄断的过渡性优势通常不是十分重要。

第5节

我们应该进一步考虑一些重要性。一方面，第二编第三章第11节已经证明，为了保持设备现存形式的价值而抑制新发明的行为给公众造成的损害一般大于给设备所有人带来的利益，这就进一步表明，在单纯竞争条件下，不存在这种抑制新发明的趋势。而另一方面，在垄断竞争条件下，则总是存在这样的趋势。因为垄断者个人所关心的是垄断带给自己的利益，而不是与消费者相关的满意感的损失。在那一章也提到，当某类新型最终产品的引进降低了所有者从现有某种类型的最终产品中获得的满意感时，"进步"带来的利益就会被替代性地抵消，因此这种个人垄断的趋势并不一定总是反社会的。但是，当问题涉及生产最终产品的新工具和工艺时，就不可能有这种抵消，而阻止政策就必然具有社会性的伤害。鉴于新发明和新方法的微小改进通常都是快速的，这一点很有实际意义。以下事实就能说明这一点：据估计，在美国的所有行业中，因陈旧过时而造成的资产价值的降低相当于折旧的两倍。[1] 此外，在接受总裁问卷调查的200家代表性企业中，43.6%的企业要求在两年内收回成本，64.1%的要求在三年或更短的时间内收回成本。[2]

---

[1]《大战以来世界经济结构的变化》，第158页。
[2] 参见《最近的经济变化》，第139页。

第6节

在目前的讨论中，我们一直假设，单纯垄断占主导地位的行业准入会受到巨大阻碍与严格限制，除了那些真正得到利用的资源外，没有任何资源可以进入这些行业。通常情况下，这些条件能够得到满足，因为如果它们得不到满足的话，也就不值得克服种种困难来促成垄断协议的达成。然而，准入不受限制的垄断协议有时也会达成。我们很容易看到，如果将同样的垄断价格策略与准入限制结合起来使用，国民所得会比在准入不受限的条件下所遭受的损失更大。从广义上讲，情况是这样的。在垄断行业中实际得到利用的资源的边际社会净产量，与准入受限条件下的情况相同。但除了这些资源之外，还有从别处抽调过来的资源进入该行业。这些额外的资源要么自身全部处于闲置状态，要么使已经进入该行业的相应数量的资源处于闲置状态。因此，国民所得将因资源在生产力方面的差异（即垄断行业中值得用于生产的资源量所产生的生产力，与该行业的收入足以维持正常收益的相应资源量所产生的生产力之间的差异）而降低到准入受限时其应有的水平之下。当然，这一情况并不能证明，从社会利益的观点来看，限制进入垄断占主导地位的行业是符合社会预期的。因为如果不限制进入，很可能会迫使垄断者改变策略并采取近似于竞争的策略。它只是证明了，限制策略对于那些即使取消限制也不会影响其价格策略的垄断企业而言是有利的，而这样的垄断企业或许非常少见。[1]

---

[1] 此处，我们可能要注意到一种特殊的情形。假定可以用相同的方法生产两种联合产品，其中一种受垄断企业控制，另外一种则不受控制。那么，如上所述，如果可以限制资源进入该行业，单纯垄断就会造成两种产品的产量均低于单纯竞争条件下的产量。所生产的全部非垄断的联合产品将被销售一空，但如果垄断产品的需求弹性小于1，并且就最有利可图的产量规模而言，非垄断产品的价格需求超过这两种产品的生产过程的供给价格，则部分垄断产品可能会被扔掉。然而，如果资源进入该行业不受限制，那么与单纯竞争条件下相比，就会有更多的资源流入其中。这意味着，非垄断联合产品的产量和销售量都会大于单纯竞争时的产量和销售量。有可能（尽管不太可能），最终的结果是，消费者的盈余总额将大于单纯竞争条件下的盈余总额。

第十七章　歧视性垄断

第1节 在某些条件下，垄断者可以实行歧视性价格。第2～4节 这些条件的性质主要取决于相关商品的不可转移性。第5～7节 在三种可区分的歧视性垄断中，唯一具有现实意义的是第三级歧视性垄断，在这种垄断形式下，市场之间收取不同的价格，市场的组成不由垄断者自己的选择决定。第8～11节 简要分析另外两种垄断形式。第12～16节 第三级歧视性垄断加上限制进入相关行业的情况下，产量不可能比在单纯垄断条件下更接近于使该行业资源的边际社会净产量的价值与一般资源的边际社会净产量的价值相等，但它不一定比在单纯竞争条件下更接近于这一理想产量。第17节 在歧视性垄断下，即使相关行业的准入不受限制，情况仍然不那么有利。

第1节

到目前为止，我们一直假定，垄断是以单纯形式出现的，并不包括对不同客户实行的价格歧视。现在，我们必须看到，这种垄断并非唯一可能出现的垄断形式。歧视性权力有时会与垄断力量并存，这时候，结果往往也会受到影响。因此，了解垄断者在何种情况下、在多大程度上可以有力地行使这种权力是十分重要的。

第2节

如果某种商品的任一单位的需求价格不受其他单位商品的销售价格的影响，则非常有利于歧视，因为，此时歧视将为垄断者带来最大利益。这意味着，这种商品的任一单位都不可能取代其他商品的任一单位，相应地，这也意味着不可能出现以下两种转移：第一种，商品在某一市场上销售的任一单位，都不能转移到另一市场。第二种，确切地属于某一市场的特有需求的任一单位，都不能转移到另一市场。前一种转移无须赘述，后一种则稍显微妙。如果对A、B两个原产地的煤炭运输执行不同的收费标准，使得有利地区的煤炭产量增加，运输需求也相应增加，而不利地区的产煤量与运输需求遭受损害，这时便会出现第二种转移。要使最有利于歧视的条件占据主导地位，就必须排除这种转移的可能性，同时排除另一种形式的转移。在现实生活中切实可行的垄断性安排下，上述两种转移时有时无，且程度不一。我打算针对以上区分的两种类型各举一些例子加以说明。

第3节

如果所涉及的商品是由销售者直接施加于客户身上的服务，如由医生、律师、教师、牙医、旅店老板等提供的服务，则该商品的各个单位是完全不可转移的。医生对一些人的收费低于另一些人，并不会导致前者成为后者所需服务的中间商。销售者直接施加在交由他们自己处理的商品之上的服务，比如说不同物品的运输服务，也是完全不能转移的。若铁路运输部门对铜矿商每吨每英里运费的报价高于对煤矿商的报价，也并不会导致中间商的产生，因为根本不可能为了低运费而把铜变成煤，然后又把它们变回来。通常，在为购房者的私人住宅提供的相关具体服务中，存在着少许（仅仅是少许）较低程度的不可转移性。私人住宅的煤气、自来水服务就是很好的例子。这些服务并不完全排除可转移性，因为只要有足够的资金，只要不怕麻烦，就可以使商品从分销厂脱离，并被转运至他处。某些商品因为高额运输成本和高关税阻碍了其转移，所以存在着更低程度的不可转移性。显然，在这些情况下，不可转移性的大小，可能取决于把试图实行歧视的两个市场分隔开来的距离远近和关税高低。同样地，也可以通过强行要求购买者签订惩罚转售行为的协议，人为地制造不同程度的不可转移性。例如，在鲁尔煤矿区，（战前）辛迪加与行业采购者达成的协议中规定，"将煤炭转售给铁路公司、煤气厂、砖厂、石灰窑，或从原目的地转运到其他任何地方，都将在原售价的基础上处以每吨加价3马克的惩罚"[1]。如果没有这种协议，没有运费，也没

---

[1] 沃克《德国煤炭工业中的联合企业》，第274页。

有关税，煤炭就将是完全可以转移的。

第4节

如果相关商品被用于消费终端，而且实行价格歧视的市场是根据购买者的富裕程度来进行划分，则这种商品的需求单位几乎完全不可能从一个市场转移到另一个市场。例如，对于穷人与富人而言，医生更愿意向穷人收取较低的费用，但它不会使富人为了享受更便宜的医疗费用而变成穷人。同样地，向煤矿商和铜矿商收取不同运费的做法，也不会使任何铜矿商为了享受廉价的运输服务而变成煤矿商。毫无疑问，在这两个例子中，如果要对需求单位进行些许的转移，或许可以通过欺骗来实现，比如富人假称自己是穷人，铜矿商把铜伪装成煤；但这种做法毫无实际意义。有趣的是，销售者常常试图通过给不同等级的产品贴上不同商标，或将其打造为特殊品牌，或对其进行特殊包装等形式，人为地制造上述那种不可转移性——一切旨在防止高价低成本产品的潜在购买者转而购买售价和利润相对较低的产品。[1] 旅店住宿市场在旺季和淡季之间的不可转移性较小，因为过于严重的歧视可能致使大部分人改变他们的度假时间。在从A地至B地的铁路运输市场内，A地的服务商想将某种商品从A地直接运送至B地，C地的服务商想将该商品由C地经过A地运送至B地，则该铁路运输市场之间的不可转移性更小。因为如果所收取

□ 煤炭运输

图为三名美国男子与中央煤焦公司拥有的1910年快速卡车合影。卡车上载满了煤，卡车侧面印着"中央煤焦公司，电话2430"字样，背面印着"机动卡车——快速，1910年"字样。

---

[1] 然而，必须补充的是，尽管商标有时只是制造垄断权力的手段，但仍应通过法律法规来保护它们的权利免受侵犯，因为"商标会诱使生产商想要生产令人满意的商品，并源源不断地生产它们"。（参见陶西格《美国经济评论增刊》，第6卷，1916年，第177页）

运费的差异较大，本应由比较不利的地方开展的生产活动，就会转移到比较有利的地方。如果用某种无须支付成本的标识对市场进行划分，比如铁路公司向携带铅笔的乘客收取的费用不同于它向未携带铅笔的乘客收取的费用，那么这样的市场就具有高度可转移性。这种歧视的直接结果是，所有需求将从比较不利的市场转移到比较有利的市场，而这种歧视不会为垄断者带来任何利益。

第5节

如果商品单位的不可转移性与需求单位的不可转移性都足以使价格歧视产生丰厚的利润，那么严格说来，销售者与每个购买者之间的关系就是一种双边垄断关系。因此，他们之间出现的合同条款，从理论来说会带有不确定性，须经历"议价"这一过程。关于议价的社会效应，我们在第六章结尾已经作了分析。当铁路公司与少数大承运商协商运输条款时，不确定性因素可能发挥相当大的作用。但是，当歧视价格产生实际收益时，对立双方则往往不再是一个大销售者和几个大购买者，而是一个大销售者和许多小购买者。对垄断性销售者而言，失去某一个小购买者所造成的损失，远远小于失去某一个垄断性购买者所造成的损失。除非这些小购买者能够联合起来，否则他们几乎全都会接受垄断性销售者所定的价格。他们将意识到，无论如何坚持，要想垄断性销售者做出让步只是徒劳，只要所规定的条款仍给他们保留了些许消费者剩余，他们就会予以购买。接下来，我们便假设客户会采取这种行为方式。如此假设之后，我们就能区分出垄断者能够行使的三级歧视性权力。第一级歧视性权力是指，对不同的商品单位收取不同的费用，使每一单位的价格等于它的需求价格，不给购买者留有任何消费者剩余。第二级歧视性权力是指，垄断者制订出 n 种不同的价格，使所有需求价格大于 x 的商品单位可以按照 x 价格出售，所有需求价格小于 x 而大于 y 的商品单位可以按照 y 价格出售，依此类推。第三级歧视性权力是指，垄断者用某种切实可行的标记将客户分成 n 组，并对每组客户按不同的垄断价格收费。值得注意的是，第三级歧视性权力与前面两种有着本质的区别，因为该级别中可能包括用需求价格表示的需求，如在一个市场无法得到满足而在另一个市场能够得到满足的情形，之所以如此，是因为前者的需求价格高于后者。

第6节

虽然从理论上来说，这三种歧视性权力都是可能的，但是从实际而言，它们之间并不具备同等的重要性。在实际生活中，只有第三级歧视性权力存在。毫无疑问，我们可以想象出满足第一级别的条件。如果所有消费者具有完全相似的需求表[1]，那就可以通过一种简单的方法来实现，即拒绝以低于每个消费者单位时间所需的数量销售，并将每份商品的价格固定在一个使消费者值得购买且刚好值得购买的价格上。因此，如果某个已经拥有99个单位商品，并且愿意为第100个单位商品支付1先令的需求者，宁愿支付300先令买100个单位商品，也不愿意一个单位商品也买不到，那么，垄断者便可以将100个实物单位的商品规定为一个销售单位，并将每单位商品的售价定为300先令。如果购买者没有联合，那么，最后销售的单位数量与每单位售价1先令的销售数量相等，而实际上，为满足欲望程度不同的需求而销售的商品单位，将按照不同的价格销售。但是，这种价格歧视的方法，不管是完全采用还是部分采用，几乎都是不可能实行的，因为构成整个市场需求表的个人需求表，常常大相径庭。基于这一原因，对此种方法的分析仅仅具有理论意义。[2] 除了这种方法，还可以通过与每一位客户分别进行详细议价，建立起第一级价格歧视。但是很显然，这种方法的成本颇高，而且非常麻烦。再者，这种方法意味着要与每位客户单独议价，这不仅容易出错，而且容易使代理商走上行贿受贿的腐败之路。凡此种种，使垄断者不愿采用这种方法；而且，即使他们没有因此而不情愿，鉴于这种方法会给"不公平"的竞争提供大行其道的机会，政府也不可能袖手旁观。"根据个体情况收取运费，无论能产生多么大的财政收益，这种收费制度的随意性都意味着太多的不确定性，并且容易造成严重

---

[1] 一个人对任何商品的需求表，是他以不同价格购买的该商品的不同数量的清单。（参见马歇尔《经济学原理》，第96页）

[2] 这类分析请参见本人拙著《垄断与消费者剩余》，载于《经济学杂志》，1904年9月。

的滥用，因此我们不得不予以谴责。"[1]由此可见，一直有一种强大的力量在起作用，说服或迫使垄断者按一般规则行事，根据已公布的收费表收费，并尽可能有效地阻止暗中收受回扣所带来的破坏性影响。这意味着，除了特殊情况，垄断者无法引入第一级或者第二级歧视性权力，所以第三级歧视性权力便具有了特别的重要性。

第 7 节

第三级垄断加歧视性权力不是一个确定的概念。从理论上来说，可以通过无数种不同的方式来划分市场，其中一些方式可能对垄断者有利，一些方式可能对垄断者不利。如果垄断者在此事上有绝对的自由，那么他可能选择的市场划分方式就是，使二级市场 A 的最低需求价格高于二级市场 B 的最高需求价格，以此类推。如果这些市场的总需求弹性始终大于1，则由此生成的体系将与二级歧视性权力的体系相同，因为每个群组的最低需求价格将是该群组意欲产生最大垄断收益的价格。如果这些市场的总需求弹性始终不大于1，则某些群组的最高价格将大于该群组的最低需求价格，因此，由此生成的体系将变得与上述体系有所不同。无论如何，从垄断者的观点来看，依照使第一个市场的最低需求价格高于第二个市场的最高需求价格来划分市场，显然比任何其他形式的划分方式更好。但在实践中，垄断者划分市场的行动自由受到已提及的一般规则的限制。鉴于此，他有必要为自己的二级市场选择一些易于辨识的标记，将不同的群组区分开来。此外，由于敌对的公众舆论可能招致立法干预，故而他的选择一定不能激起大众的反感。因此，他不会重新划分出全新的群组，而是利用已经自然划分好的群组。事情并没有结束。因为在某些环境下，不可转移性并非普遍存在，而只存在于那些

---

[1] 科尔森《政治经济学教程》，第6卷，第211页。如果铁路公司本身是某种商品（比如煤炭）的大生产商，同时又为其竞争对手提供运输服务，这就为有害的歧视提供了特殊的机会。为了防止这种情况可能导致的对歧视性权力的明显滥用，美国于1906年通过了《赫伯恩法案》，其中的"商品条款"规定，任何铁路公司为自己开采或制造的商品提供州际运输服务，均属非法行为。不过，该法律并不禁止铁路公司运输其参股公司生产的商品，因此，它仍然可以不费周折地规避此项规定。（参见琼斯《无烟煤企业的联合》，第190页及以下多页）

不受垄断者控制的市场中。所以，对一国所有边境地区的进口物资征收进口关税或收取高额运输费用——若该国为一岛国，则该条件最容易满足——有可能使购买者在国外以低于国内的价格销售商品，以防止他的商品出口转内销的风险。因此，显而易见的是，垄断者不能寄望于找到一系列完全符合他理想的二级市场，但他可以找到一系列这样的市场，即这些市场中的第一个二级市场只有较少部分的需求价格低于第二个二级市场的最高需求价格，依此类推，全部二级市场的情况都是如此。

□ 马克·汉纳

马克·汉纳（1837—1904年），美国俄亥俄州共和党联邦参议员，靠经商成为百万富翁。1876年，马克·汉纳与当选联邦众议员的律师威廉·麦金莱成为亲密的朋友。马克·汉纳发现麦金莱非常适合政界，便想方设法地扶植他。1896年，马克·汉纳帮助麦金莱赢得大选并声称："要想赢得竞选，需要两件东西：一是金钱，二是什么我不记得了。"

第8节

现在，我将对由此产生的结果进行分析。如前一章所述，我会从准入受限的垄断行业切入。要想进行完整的分析，就需要考虑到现实生活中的一个实际情况，即某个购买者对某一种商品的第r个单位的需求，有时在某种程度上取决于销售者将该商品销售给其他顾客时的价格。[1] 当市场以这种方式相互依存，问题就变得复杂起来，而总体结果虽然变得不那么确定，却似乎没有实质性的改变。因此，我会在下文中假定，每个二级市场的需求量仅仅取决于该市场的市价。这一假定便于我们借助迄今为止一直采用的一般方法。

第9节

如前所述，我们真正的兴趣集中在垄断加第三级歧视上。但是在研究这种歧

---

[1] 参见本编第十一章，第13节。

视之前，我们不妨先探讨一下前两种歧视所提出的更加简单的问题。显然，在垄断加第一级歧视的条件下，在从行业与社会的观点来看，供给价格变化率相同的行业中，垄断者进行理想的投资与生产理想的产量，将总是有利可图的。这意味着，在遵循供给价格不变规律的条件下，垄断加第一级歧视将促使国民所得与单纯竞争下的国民所得相同。在遵循供给价格递减和递增规律的条件下，单纯竞争的结果总是会有所改进。它在多大程度上改进了信息技术，将通过单纯竞争本身的产量与理想产量之间的差异程度来量度。显而易见的是，对于该行业生产的商品的需求弹性越大，同时，该行业从任一方向与不变的供给价格的条件偏离得越明显，改进就越大。最后，应该指出的是，当遵循供给价格递减规律时，垄断加第一级歧视将以更特殊的方式提高国民所得，从而给某一个行业带来相当数量的社会所需要的投资，但在单纯竞争的条件下，可能根本没有人对这一行业进行任何投资。如附录Ⅲ所示，该结论最有可能通过以下两个条件来实现：（1）在其他条件相同的情况下，供给价格急剧递减，致使产量的小幅增加引起每单位的供给价格大幅下降；（2）在其他条件相同的情况下，只要价格下降的程度没有达到最大极限，商品或服务的需求仍有弹性。[1]

第 10 节

再从行业和社会的观点来看，在供给价格的变化率不同的行业中，问题将变得稍微复杂。正如本编第十六章第6～8节所示，我们有理由假定，从社会的观点来看，变化率一般来说是一个略大的负值或略小的正值。由此推断，第一级歧视性垄断的产量将小于理想产量。从行业的观点来看，在遵循供给价格递减规律的行业中，其产量将大于单纯竞争条件下的产量，因此更接近于理想产量。从行业的观点来看，在遵循供给价格递增规律的行业中，其产量将小于单纯竞争条件下的产量；不过在这种情况下，单纯竞争条件下的产量可能大于理想产量。因此，

---

[1] 参见本书附录Ⅲ第26节。

第一级歧视性垄断的产量可能比单纯竞争条件下的产量更加偏离理想产量。然而，正如第十六章第2节所述，垄断行为主要是在供给价格递减条件下的行业中出现的，因此这种可能性并不重要。

第 11 节

显而易见，垄断加第二级歧视所产生的效应，将随着垄断者可能索取的不同价格的数目的增加，变得接近于垄断加第一级歧视所产生的效应；这就好比在圆中画多边形，多边形的边数越多，它的面积就越接近于圆的面积。如果我们将第一级歧视的产量称为理想产量a，则第二级歧视的产量将小于a，但它将随着垄断者可以划分的不同价格的群组数量的增加而越来越接近于a；同样地，群组数量越大，投资于该行业的资源的边际私人净产量的价值，就会越接近于一般边际社会净产量的价值。

第 12 节

对于垄断加第三级歧视的研究，比垄断加前面两种歧视的情况复杂得多。在讨论这些问题时，我们可以利用各种情况下的总产量和我所称的理想产量之间的简单关系。根据实际产量是大于、少于还是等于理想产量的具体情况，我们可能得出这样的结论，即投资于该行业的边际私人净产量价值是少于、大于还是等于一般资源的边际社会净产量的价值。但是，在垄断加第三级歧视的条件下，实际产量和理想产量之间的关系不足以形成一个判定标准。其原因是，当需求价格p代表的需求得到满足，以大于p的需求价格代表的所有需求就不会像之前那样得到满足。相反，垄断者可以在一个市场上满足大于p的需求价格代表的所有需求，而在另一个市场上拒绝满足小于$(p+h)$的需求价格代表的所有需求。由此可见，投资于该行业的资源分成了许多不同的部分，每一部分的边际私人净产量的价值均不相等。因此，我们不必再去探究，投入到该行业的资源的边际私人净产量价值与一般资源的边际社会净产量价值之间的关系如何；我们应该探究的是，投入该

□ 当威廉·麦金莱当上总统后　1896年

1896年，马克·汉纳以共和党全国委员会主席的身份，为威廉·麦金莱竞选总统筹集了巨额资金。最后，麦金莱以700万票获胜，当选美国第25任（第29届）总统。图为1896年北美漫画作者的一幅讽刺漫画，暗示当麦金莱当上总统后，白宫将迎来大富翁。

行业各个市场的资源的边际私人净产量价值与上述标准之间的关系如何。我们的理想产量不再是整个行业的唯一产量，而是在不同市场出售的若干种独立的产量。整个行业的既定产量可能会在这些市场之间以不同的方式进行划分，而边际私人净产量价值体系会因实际划分方式的不同而不同。因此，与研究单纯垄断和单纯竞争分别产生的影响相比，研究垄断加第三级歧视对产量的影响，仅仅是研究它对该行业领域各个部分边际私人净产量价值之间关系的影响的第一步。尽管如此，这样的研究也是很有意义的。为了方便起见，让我们假设，一个行业的产品需求可以被分成两个市场A和B，在这两个市场之间，价格歧视是可行的。那么，我们要问，第三级歧视性垄断下的产量，究竟是绝对大于还是绝对小于单纯垄断和单纯竞争下的产量？

第13节

为了比较歧视性垄断和单纯垄断的产量，我们可能要顺便区分以下三种主要情况：第一种情况是，假设在单纯垄断条件下，我们感兴趣的商品会在市场A、B上销售。在这些条件下，我们没有足够的理由认为，歧视性垄断的产量有可能超过或少于单纯垄断条件下的产量。数理分析表明，其结果是相当不确定的。[1]第二种情况是，假设在单纯垄断条件下，部分商品在市场A销售，但不在市场B销

---

[1] 参见本书附录Ⅲ。

售。在这些条件下，引入歧视性权力不会导致产量减少；相反，如果在市场B存在着实际需求的话，则它一定会导致产量增加。如果B的需求有弹性，且如果商品（单纯地）遵循供给价格递减规律，则产量的增加量将特别大。在国外和其他面临竞争的市场上，以特别低的利率定期销售的卡特尔往往满足这些条件。一个有趣的实际推论是，如果一种商品的生产遵循供给价格递减规律并被垄断，那么政府应该允许垄断企业以低于国内的价格在国外销售，而不是在允许垄断的同时，禁止这种歧视，这将符合生产国消费者的利益。这种推断不能因为讨论对象为以这种商品作为原材料的更先进的行业而受到干扰。因为国外的市场价格——垄断出口在正常情况下不能明显影响的价格——并未使国外的用户以比之前更便宜的价格获得这种商品。第三种情况是，假设在单纯竞争的条件下，市场A或B均无人消费此种商品。在这种情况下，歧视性权力的引入显然不可能导致产量的减少，反而有可能使产量增加。这种情况产生的条件与下一段中提及的条件相同，它可以使第三级歧视性垄断产生一些产量，但在单纯竞争的条件下不会产生任何产量。

第14节

现在我们来比较一下歧视性垄断的产量和单纯竞争的产量。显然，在供给价格不变或递减的条件下，任何种类的歧视性垄断都不可能使产量大于单纯竞争下的水平，第三级歧视性垄断的产量必定小于单纯竞争下的水平。然而，当供给价格递减时，这一问题将更加复杂。前一节已经证明，在这种情况下，垄断加歧视必定使产量高于单纯竞争下的产量。此外，当需求量可被分割的市场数量，接近于现有需求单位的数量时，第三级歧视显然接近于第一级歧视的情况。由此可见，在供给价格递减的条件下，垄断加第三级歧视可能使产量增加至单纯竞争条件下的产量以上，且实行歧视的市场数量越多，这种情况发生的可能性越大。有时候（不过，自然不会像第一级歧视那样频繁），第三级歧视垄断会产生一定产量，但是单纯竞争不会产生任何产量。然而，实际情况会限制可能形成的市场数量，也会限制垄断者的自由，妨碍他以最有利于自身的方式将几个市场联合起来，鉴于这些情况，在随机选择的某一行业中，垄断加第三级歧视总体上不大可能产生与单纯竞争同样多的产量。

第15节

在前几节中，我们分别对第三级歧视性垄断的绝对产量与单纯垄断和单纯竞争的绝对产量进行了比较。下一步将比较在这三种体系下接近于理想产量的近似程度。前面的论述使我们可以得出一个广泛的结论，即无论遵循什么样的供给价格规律，第三级歧视性垄断都有可能比单纯垄断的产量更接近于理想产量，但它不太可能比单纯竞争的产量更接近于理想产量。然而，当条件为：（1）有一理想产量（不是零产量）；（2）单纯竞争没有产量；（3）如果第三级歧视性垄断有一些产量，则这种产量必定比单纯竞争的零产量更接近于理想产量。

第16节

现在，我们回到第11节中提到的那些情况。其中指出，如果存在第三级歧视性垄断时，一个行业的实际总产量与理想产量之间的对应程度的衡量，并不是在其他情况下的决定性指标。例如，假设第三级歧视性垄断的产量比单纯垄断或单纯竞争条件下的产量更接近于理想产量，但我们不能由此推断，投入该行业的资源的边际社会净产量价值，更接近于一般资源的边际社会净产量价值。因为在那里，已不存在任何像行业中所使用的资源的边际社会净产量价值。在行业的不同部分，边际社会净产量的价值不同。满足低价市场需求的资源的边际社会净产量价值，小于满足高价市场的资源的边际社会净产量价值。因此，即使在任何行业中，歧视性垄断的产量比单纯垄断或单纯竞争条件下的产量更接近于理想产量，也不能由此推断，歧视性垄断将使整个行业的边际社会净产量价值更趋于相等。当然，我们也无须停下来深究这一消极的结论。可以更进一步证明，在任何行业中，将给定产量与歧视性价格相联系，相较于将给定产量与统一价格相联系，全部边际社会净产量价值趋于相等的可能性较小。我们假设，一般资源的边际社会净产量价值为P，投资于我们的行业中的资源数量情况如下：如果所有的市场中均以相同的价格销售产品，则供给每一市场的资源的边际社会净产量价值的均值等于p。如果在行业中投入同一数量的资源，但是产品在某些市场的售价高于在另外一些市场的售价，则售价较高的市场所用资源的边际社会净产量价值将大于均值p，而售价较低的市场所用资源的边际社会净产量价值则小于均值p。这意味着，这些不同价值偏离P的均方差（我们衡量不均等性的标准）可能比它们均值为p时更大。因此，第三级歧视性垄断比单纯垄断或单纯竞争更有利于边际社会净产量价值均等化的可能性，小于它比单纯垄断或单纯竞争更有利于实现理想产量的可能性。因此，第三级歧视性垄断有利于国民所得的可能性，也将小于单纯垄断或单纯竞争有利于国民所得的可能性。

第17节

到目前为止，我们一直假定歧视性垄断拥有限制其他企业进入垄断行业的权力。当这个条件不被满足时，便可运用前一章结尾处的推理。资源往往会被吸引到该行业，直到该行业的预期收益与其他行业的收益相等为止。只要垄断价格保持不变，就意味着被吸引而来的资源中的相当大一部分处于闲置状态，不会产生任何净产量。因此，无准入限制的歧视性垄断对国民所得的损害，明显大于限制进入的歧视性垄断对国民所得的损害。但是在这里，歧视性垄断应与单纯垄断一样，禁止限制可能是可取的，因为如果没有限制，垄断力量的根基最终被瓦解的可能性会更大。

第十八章　铁路运费的特殊问题

第1节 前一章的讨论揭示了"劳务成本原则"和"劳务价值原则"倡导者在铁路运费方面的争议。第2节 解释"劳务成本原则"具体形式的含义，这种原则意味着向每吨英里运输服务的采购商收取统一费用，只要出售给不同采购商的每吨英里服务不是"联合供应"的。第3~4节 铁路服务在很大程度上是联合供应的——在给定的一条线路上运输铜器和煤炭，或运输运往A地的煤炭和运往B地的煤炭，都是联合产品——这种普遍观点是不正确的。第5节 然而，某种程度上的联合，比如外出和归家旅行，实际上确实很普遍。第6节 解释"劳务价值原则"具体形式的含义。第7~8节 "劳务成本原则"对应单纯竞争，"劳务价值原则"对应第三种歧视性垄断。一般来说，前者更有利于国民所得；但如前一章所言，可能出现后者更有利于国民所得的情况。第9~10节 然而，这些情况并没有铁路经济学学者通常认为的那样普遍。第11节 此外，"劳务价值原则"等能带来的利益往往可以通过补贴来实现，而且这样更令人满意。第12节 讨论允许歧视性收费的政策，但条件是利润不得高于正常水平。第13节 最后是有关铁路区域收费制度的探讨。

第1节

前一章的讨论多少有些抽象。然而，如果将它与供应给不同的消费者群体或用于不同目的的诸如自来水、煤气、电力等商品的收费问题结合起来考虑，它就具有了非常重要的实际意义。尤其在讨论铁路公司的收费问题中，它具有更大的实际意义。一部分人认为，铁路公司的收费应基于"服务成本原则"，而另一部分人则认为应基于"服务价值原则"，二者各执己见。[1]事实上，"服务成本原

---

[1] 值得注意的是，零售商店应如何为其零售各种商品的行为确定费用的问题，与铁路运费的问题十分相似。不过，零售商店的情况更加复杂，因为零售商有时通过销售零利润的特定知名商品，为其商店获得一般性的广告效应。

则"就是第八章所说的单纯竞争,"服务价值原则"就是第三级歧视性垄断。根据之前的讨论,它们之间的问题可以清楚地予以解决,在本章中,我们将对此进行探讨。我们不关心第十六章讨论过的情况,即在某些条件下,有歧视性权力的铁路公司可能会发现,作为一项临时措施,"在某些地区之间或某些选定的商品之间收取特别低的运输费用,以增加新的需求"是有利可图的;如果所增加的需求确实是一种新的需求,而且该需求不仅仅被用来替代过去的某一需求,那么,这项措施可能比任何单纯竞争——除非单纯竞争被国家补贴所修正——对经济福利(即使不是对国民所得)更有利。[1] 这些问题不需要作进一步考察,我们暂且撇开不谈,先具体说明服务成本原则(或单纯竞争)和"服务价值原则"(或第三级歧视性垄断)的意义,并比较它们各自的结果。

□ 刺杀威廉·麦金莱

1901年9月6日下午4点,在美国纽约州布法罗泛美博览会的音乐圣殿,威廉·麦金莱总统在发表完演说后,出席了盛大的招待会。在招待会上,当他与排着长队的民众一一握手时,一名右手裹着纱布的看似受伤的青年伴装与他握手,随后迅速扣动扳机,朝他的腹部连射两枪。8日后,麦金莱因伤口溃烂而去世,享年58岁。

第 2 节

人们普遍认为,除非出售给一组消费者的运输服务,与出售给另一组消费者的运输服务是"联合供给"的,否则单纯竞争往往会为类似服务形成相同的每吨

---

〔1〕参见本编第三章第4节脚注。

英里运费的制度。[1]对于这些运输服务而言，相同的运费标准会使需求价格与供给价格一致；而且，当铁路运输服务与其他服务（如搬运或包装服务）一同出售时，将适当增加收费。这种一般性分析可以简单地解释如下。

首先，对于任何特定的铁路线路来说，单纯竞争产生的统一的每吨英里的实际运费标准，受该线路的地理环境影响。在其他条件相同的情况下，如果该线路途经山区等工程造价特别高的地区，或者运输量极不稳定的地区，收取特别高的运费便是合情合理的[2]；因为在这些情况下，沿途所有运输量的供给价格都会特别高。同样地，在其他条件相同的情况下，如果铁路线路途经运输量极少的人烟稀少地区，或者在某些因国家道路布局而使得在两个终点站之间，某些种类的商品采用水运比陆运更方便的地区，收取较高的运费也是合情合理的；因为，在这些条件下，需求表上显示需求量特别低，而供应表上却符合供给价格递增的规律；对于运输量少的铁路线路而言，其所需的建设与运营费用都相对较高，而运输量大的铁路线路在这方面的费用却相对较低。毫无疑问，正是因为认识到这些因素，英国议会做出的货运分类规定才会为不同铁路线路制订不同的最高运费标准，然而，所有线路的分类标准本身并无差别。

其次，在单纯竞争中，如果按每吨英里运费标准运输的消费者除此之外还有其他有偿附带服务的需求，则将出现偏离统一收费标准的情况。对此所需作出的调整，完全类似于将纯棉平布运送到不同购买者手中的到岸价会根据他们的居住地与该布料的生产地之间距离的远近所作的调整。因此，如果所采用的包装方式便于铁路运输，则任何种类的货物的运输费用就会相对较低。在其他条件相同的情况下，小件托运比大宗货物托运成本更高。"小件托运对于铁路运输意味着三

---

[1]的确，人们有时会认为，只有在"单纯竞争"被定义为包括在消费者中间销售的物品的完全可转让性时，这种情况才会发生；除此之外，有人指出，竞争已被证明是与航运公司和零售商出售给不同人群的服务的歧视性价格相容的；不同种类的货物以不同的价格运输，不同物品的零售服务的绝对费用也就不同。（参见G. P. 沃特金斯"差别收费理论"，《经济学季刊》，1916年，第693～695页。）然而，只要稍作思考就会明白，当竞争占优势时，销售者A必然努力以略低于销售者B的收费价格向B的优质客户提供服务，从而在价格上打压销售者B，而这一过程最终必然使所有运费持平。导致上述价格歧视的原因，并非商品缺乏完全的可转移性，而是习惯和默契引入了垄断行为这一因素。

[2]参见威廉斯《铁路运输经济学》，第212页。

种高额的附加费用的发生：单独收集与交付费用，在终点站单独搬运、开发票、记账等方面的费用，以及铁路货车装载不当造成的损失方面的费用。"[1]因此，英国议会作出的运费分类规定是比较合理的，即，将货物装载量为4吨时的运费级别列为A级（最便宜的级别），货物装载量在2~4吨时为B级，装载量少于2吨时提升至C级。基于类似的原则，英国铁路公司应该主动制订一些方案，比如，对于以一定数量装载或以一定方式包装的某些货物，应列为一个低于议会分类要求的级别。此外，如果给出了包装方式，每吨货物的运费就应该随着影响装卸成本的条件的改变而进行调整，例如体积大、易碎、液态、易爆、货物结构复杂等；另外，还应该随着货物运输服务所需的速度和规律性而变化。[2]美国铁路委员会的专员们在一项决策中明确提到了这一点。他们宣称："草莓运输服务的特殊性，似乎证明了草莓运费相对较高的合理性。由于草莓具有极其容易腐烂的特性，因此运输要求包括途中制冷、快速运输、特供列车以及到达目的地后迅速交付等，所以必须对此进行特殊服务。此类服务还包括处理在收发地点装卸货物时遇到的困难、改造'钻孔'换气的车厢、减小悬挂车厢数量以确保运行平稳、车厢不能满载、返程放空车，以及可能存在的其他类似的情况的处理。"[3]最后，在运送货物从A地途经B地，再继续运送至C地，与将货物直接从A地运送至C地（消费的目的地）的两种情况中，就从A地到B地的运费而言，前者低于后者通常是合理的。只要装卸费包含在所支付的运费中，这一点就是显而易见的。因为在前一种情况下，完全节省了B地的装卸费。然而，即使除去装卸费，从A到B的运程作为长途运程的一部分，也比相同运程作为一个独立整体的成本低。因为粗略地说，在任何长途运输之后，发动机与设备的闲置成本都可归于此次运输的成本中，且闲置的时间长度并不随着之前运程的长度而变化。因此，"与中途必然存在许多等待间隙的多次短途运输相比，长途运输能从发动机、车厢、乘务员等中获得更多的运输里程；而且不仅发动机与车厢能得到更充分的利用，该线路也能得到持续利

---

〔1〕参见阿克沃思《铁路经济学原理》，第120页。
〔2〕参见海恩斯《限制性铁路法规》，第148页。
〔3〕《经济学季刊》，1910年11月，第47页。

用"[1]。这一考虑表明，除了装卸费之外，实际运输服务中有某种形式的递减运费。英国（战前）商品运费分类规定接受了这一观点。它规定，前20英里以最高运费收费，之后30英里低于最高运费，之后50英里的运费更低，之后大于50英里的更远距离则收取最低运费。该收费标准不包括装卸费，装卸费与距离无关。[2]

再次，必须注意这样一个事实，即虽然服务的本质是一样的，但是在一年中的不同时间或不同季节提供服务的成本却不一定相同。这种情况在电力供应方面具有重要的实际意义。为"负荷高峰期"提供必要电流而必须安装的设备数量，远远超过没有特殊需求时期所需的设备数量。假设在给定时间的 $\frac{1}{5}$ 时间里，每小时需要200万单位的负荷，而在剩余 $\frac{4}{5}$ 的时间里，每小时需要150万单位的负荷，因此，设备成本将是全部时间都需要150万单位负荷时的 $\frac{4}{3}$ 倍。如果负荷高峰期电流的实际成本仅仅取决于设备的成本，则它可以计算如下：提供非高峰期所需单位负荷的设备成本总和为 $\frac{4}{5}$ 乘以总设备成本的 $\frac{3}{4}$（即总成本的 $\frac{3}{5}$）；提供高峰期所需单位负荷的设备成本总和为 $\frac{1}{5}$ 乘以总设备成本的 $\frac{3}{4}$，再加上设备总成本的 $\frac{1}{4}$，即总成本的 $\frac{2}{5}$。也就是说，在高峰期提供200万单位负荷的设备成本，等于在非高峰期提供600万单位成本的 $\frac{2}{3}$；或者换句话说，负荷高峰期服务的每单位设备成本（不包括主要成本）是正常服务时设备成本的2倍。这表明，根据单纯竞争原则或服务成本原则，要求对不同时段提供的电力制订不同的价格。在电话服务与有线电视服务中显然也是如此——更不必说那些专门为季节性游客提供酒店和住宿服务的行业。某些行业可以在淡季的时候将自己的产品储存起来，因此这些行业可以调整自己设备的使用情况，以完成日均产量的方式不断生产产品，满足市场需求。在这些行业，淡季和旺季的成本差额不应超过存储产品的成本及其利息

---

[1] 阿克沃思《铁路经济学原理》，第122~123页脚注。
[2] 参见马里奥特《运费和票价的确定》，第21页。

损失。然而，铁路运输（至少在客运方面），恰好与电力方面的情形类似，其所提供的服务必须是生产与供应同步进行。因此，根据服务成本原则，旺季及一天中高峰时段出行的票价高于其他时段的票价似乎是合理的。当然，具有此种特征的差别定价并未调整得很精确。事实上，由于其他缘故，反而只有当天和当周内最繁忙的时段才会出售最便宜的车票（工人票及周末票）。然而，该类型的差别定价确实以一种隐蔽的形式存在着；因为，一个人在傍晚5点搭乘伦敦地铁时只能拉着吊环站立，而在下午3点搭乘地铁时却可以很享受地坐着，而且二者所支付车费的绝对价格相同。不过显而易见的是，他手拉吊环时享受的是十分低劣的服务，这与他在拥挤时段两次搭乘地铁途中都同样舒适地坐着，却支付了更高的车费一样，实际上存在着差别定价。

□ 加州"淘金热"

1848年，自从第一位淘金者在美国加利福尼亚州的萨克拉门托山谷发现了金箔以后，人们争先恐后地来到这里探索金矿，掀起了一股"淘金热"。当时，通往加利福尼亚州的三条道路都很艰险，于是淘金者们急切地渴望能有一条连接太平洋海岸的安全航路。至1853年，政府确定了建设一条通往西海岸的铁路的可行性，并派遣政府的工程师实地考察路线。

最后，在某些情况下，服务成本原则必然造成对连续购买服务的人收取低于不连续购买服务的人的费用。其中一个原因是，连续购买服务的人不会对负荷高峰造成影响，而不连续购买服务的人在某种程度上则有可能造成负荷高峰。因此，如果在服务的高峰时段与非高峰时段直接进行差别定价行不通的话，有时候可以尝试着将连续性服务与间歇性服务区分开来，变相地收取差别定价。这并非完美之策。因为一个需求为间歇性的但完全在非高峰期的消费者所涉及的成本，低于一个具有连续性需求的消费者所涉及的成本。然而，在实际生活中，这种类型的差别定价仅存在于必须安装特殊设备才能向不同客户提供服务的行业。显然，如果设备使用的次数较少，则每次服务的费用都要高于设备使用频繁的情况。当然，如果需要的话，可以作出调整，对设备安装收取一次性费用或收取年租金，之后对每个获得服务的人按每单位服务收取相等的费用。大体而论，这是电话服务业中流行的办法。但是，如果出于某些原因没有按照这一办法执行，而且全部费用依据服务价格来收取，则服务成本原则必然导致对个人负载因素小的客户实行差别定价。但是该办法与铁路运费毫无关系，因为除了直接收费的特殊侧线外，铁路不提供专门用于特定客户服务的设备。

第3节

迄今得到的结论只有在销售给不同消费者群体的运输服务不是联合供给的情况下才有效。如果他们通过联合供给来获得服务，则单纯竞争或服务成本原则就不再意味着，在上一章规定的条件下，所有每吨英里的运输服务必须以相同的价格出售。就比如1磅牛肉和1磅牛皮的售价不一定必须相同。因为，如果两种及以上商品或服务是某一生产过程中的联合产品，提供其中一种商品或服务时必定方便提供另一种商品或服务，那么单纯竞争导致的不是各种产品每磅（或其他单位）价格相同的情形，而是使价格根据需求进行调整，以便将所有产品全部销售出去。因此，若A与B两种商品的运输，或出于X与Y两种目的进行A商品的运输是联合服务产品，那么单纯竞争可能使这两种运输产生不同的每吨英里运费。因此，确定铁路公司提供的各种服务实际上在多大程度上属于上述定义中的联合产品，就显得尤为重要。

第4节

许多权威学者坚持认为，联合成本在铁路运输行业中占主导地位。他们认为，沿着铁路从任意点A到任意点B的煤炭运输与铜运输，在本质上和根本上都是联合产品；在B地消费的商品从A地到B地的运输，与转运到C地的商品从A地到B地的运输，也是如此。陶西格教授对此论点的阐述如下。首先，他发现，"无论何时，如果不是为了单个目的，而是出于多种目的而使用某大型固定设备时，联合成本的影响就立刻体现出来"[1]。此外，"铁路建造投入的劳力——或者换言之，投入其中的资本——似乎对每一个运输项目的实施都起到了同样的作用……不仅铁路的固定资本，还有运营费用的很大一部分（实际上是最大的部分），都是所有运输项目或大部分运输项目的共同开支，而并非每个运输项目单独的开支"[2]。陶西格教授认为，大量共同附加成本的存在，其本身并不足以形成联合供给。为此，至关重要的是该设备必须用于多种用途。因此，他写道："当某大型设备用于同一类商品——如钢轨或纯棉平布——的生产时，联合成本的特殊影响当然不会出现。"[3]此外，他还倾向于接受这样的观点：在某种意义上，数吨不同的物品从A地运输至B地，与同一物品出于不同目的而从A地运输至B地，确实构成了同一类服务，其原因与纯棉平布的例子完全一样。将"若干吨商品的运输服务"同时提供给铜矿商和煤炭商，并不意味着是在提供两种不同的服务；就如同将纯棉平布部分销售给一位消费者和部分销售给另一位消费者，并不意味着为这两位消费者提供的是两种不同的商品。然而他认为，虽然这些不同的运输在某种意义上属于同一类服务，但"从对当前目的的重要性这一层面来说——即就需求条件而言，它们并不属于同一类服务"[4]。因此，他给出的观点是：如果总体附加成本在生产某些商品时起非常大的作用，而这些商品不是提供给某个统一市场中的不同人，而是提供给许多独立市场中的不同人，那么将服务提供给其中一个市场就意味着同时提供给了另一个市场，因此，可以预期单纯竞争将形成差别定价。

当然，"联合产品"这一术语是否应该用于陶西格教授所探讨的相关服务，只是一个称谓问题；但这些服务是否是联合产品，以至于它们可能使单纯竞争形成差别定价，才是真正的问题所在。在我看来，大量共同附加成本与提供给各个

---

[1]《经济学原理》，第1卷，第221页；以及第2卷，第369页。
[2] 陶西格《铁路运费理论》，见里普利《铁路问题》，第128~129页。
[3]《经济学原理》，第1卷，第221页。
[4]《经济学季刊》，1913年，第381页。

市场之间的独立成本相结合，并不能使铁路服务在这种——唯一重要的——意义上成为联合产品。为了使它们成为联合产品，不仅要使设备等方面的额外投资能够方便对每一个市场的供给，而且这种额外投资在方便某一市场的供给的同时，也方便另一个市场的供给。这一点可以说明如下。将棉布提供给两个完全不同的独立市场时，为它们提供服务所耗费的成本大部分是共同的：因为它们在很大程度上是由棉花行业的附加成本组成，而这些费用不能专门分配给运往不同市场的商品。然而，增加投资并不一定会增加两个市场的产量。如果在增加投资之前，第一个市场获得x单位棉布，第二个市场获得y单位棉布，那么在增加投资之后，二者之间多出来的棉布数量便可以在两个市场之间进行分配，或者可能全部分配给第一个市场，也可能全部分配给第二个市场。然而，如果棉纤维和棉籽通过同一过程提供给两个不同的独立市场，则增加投资的同时，必然增加两个市场的产量。不难看出，在后一种情况下，单纯竞争通常会导致差别定价；前一种情况则不会出现这种结果。因为，如果许多相互竞争的销售者向有单独需求表的若干市场提供运输服务或其他任何服务，并且如果其中一个市场的价格高于另一个市场的价格，那么，销售者将其提供的服务从低价市场转移到高价市场一定符合其各自的利益；而且，这一过程最终必然使不同市场的价格达到一个统一的水平。如果单纯竞争的条件占优势，无论所讨论的商品或服务在其生产中的附加成本是否大于主要成本，这一结论显然都是成立的。因此，我们不能接受陶西格教授的观点。联合供给，从我们在此处使用这一概念的意义上讲，并不像他认为的那样以其根本的方式在铁路运输行业中普遍流行。[1]

---

〔1〕关于联合成本概念与铁路服务之间的关系的一般性问题，参见1913年5月及8月的《经济学季刊》上本人与陶西格教授之间的讨论。这里还应补充两点。

首先，有人认为，基于本文赋予联合成本的意义，其概念适用于只生产一种商品的情况，前提是用于商品制造过程中的单位比商品的单位更大。例如，当生产过程的边际单位生产100个单位的产品时，可以认为100个单位必须产生足以承担一单位生产过程的价格，但是对于供应商而言，这100个单位总价格是如何由单个价格组合形成的，并不重要。然而，该建议以上述一般形式陈述时，忽视了这样一个事实，即要去除100个单位的产品，不仅可以通过从100个单位的生产过程中的每一个成果中抽出一单位，也可以通过取消一个单位的生产过程来实现，并且在自由竞争的市场中，如果任何单位的产品价格并非一单位生产过程的供应价格的$\frac{1}{100}$，那么人们自然会采用后一种去除法。这表明，由同一生产过程同时生产的物理性质相同的产品，通常来说，在任何意义上都不是联合产品，尽（接下页注释）

第5节

同时，我们应该明确地认识到，在铁路公司提供的服务中，联合供给确实起到了一定的作用。从A地到B地的运输与从B地到A地的反向运输之间，联合供给的作用显而易见。铁路公司的体制和轮船公司的体制一样，要求从A地到B地的列车最后应从B地返回到A地。给移动列车增加100万英镑的开支，必然增加列车从A地到B地的运行次数，同时也会增加从B地到A地的运行次数。这就是真正意义上的联合供给。因此，铁路或轮船的竞争性运费制度通常会造成A地到B地与B地到A地的收费不同，需求较高方向的运输将会收取更高的运费。当然，这也是通常情况下，价值相同的商品从英国运往国外比从国外运往英国的价格更低的原因。英国进口的物品主要是食品和原材料，而出口的物品除了煤炭以外，主要是制成品，前者自然对运输服务有更大的需求。如果不是因为英国出口煤炭的话，差距会更大。在美国东西向的货运中——虽然不是客运——也存在类似的关系；因为"向世界供应食品和原材料的国家的出口吨位数，远远超过他们进口的吨位数"[1]。

（接上页注释）管生产过程的边际单位很大。但是，这与我们的问题无关，并且，如果实际提供的生产过程的单位数量是任何实际可以提供的生产过程单位数量的最小值，就不能排除联合供给这一概念。这些情况与本文将最终产品单位视为联合供给的分析，并不存在任何矛盾之处。修建一条穿过所有地区且造价可能最低的铁路，它的成本就是该铁路提供的所有种类的服务项目的联合成本。顺着这一思路，可以得出第8节中通过不同思路所得到的结果。对于所有可建造的铁路中造价最低的铁路这一特殊问题，这两种思路都是可行的（参见《经济学季刊》，1913年8月，第688页）。然而，由于联合供给的分析思路仅适用于单一的特殊类型的问题，而歧视性垄断的分析思路将适用于本文的所有问题，因此，应优先考虑后一种方法。

其次，只要愿意，联合供给的概念可以适用于同一固定设备在不同时段提供的相同服务。例如，可以把铁路公司为夜间旅行和白天旅行所提供的服务称为联合服务，在此基础上收取不同的运费。这一点在电价方面尤其重要。因此也就有理由设计一种差别电费制度，以使全天或全年的电力供给不再等价。如果我们把两个时段提供的服务视为同一服务，但来自不同的需求，便可以通过不同的途径获得相同的结果。与在相同时段运送不同物品的铁路相比，其区别在于，铁路可以调整为运送任何数量的物品，以便在运送A的时候不牵涉运送B的能力；但是，一条在白天运送A的铁路，也有能力在夜间运送A。当然，如果预期资本设备在规定的使用期限内而不是在规定的时间内维持其全部价值，这种区别将失去其大部分意义；因为如此一来，减少夜间的使用，就意味着白天的使用将会增多。但实际上，大部分设备无论使用与否，都会随着时间的推移而耗损；例如，铁轨和枕木就会因为气候原因而变质（参见沃特金斯《电费》，第203页），还会变得陈旧。

[1] 参见约翰逊《美国铁路运输问题》，第138页。应该注意的是，虽然列车中头等舱与三等舱的客运服务之间几乎没有什么联合性，但是在船舶的头等舱与三等舱的客运服务之间可能存在相当大的联合性，因为船舶的结构决定了它必然同时提供舒适和不舒适的舱位。

然而，这种联合供给的重要性相对较小。与铁路经济学者们普遍的意见相反，铁路公司提供的服务大多不是联合供给。因此，我们得出的结论是，根据第2节规定的条件，单纯竞争将形成对所有商品——无论其是在B地消费，还是要从B地"长途"运输到更远的地方——收取相等的每吨英里运费制度。

第6节

"服务价值原则"或第三级歧视性垄断的具体含义更为复杂。上一章已经指出，采用这一原则的垄断者将把他所服务的整体市场划分成若干个小市场，通过在这些市场之间实行差别定价，他可以尽其所能地扩大总体优势。此外前文还表明，为实现这一目标而计算出的最佳分类方式如下，在实际条件允许的情况下，以某种方式对市场进行划分，使得每个定价较高的市场包含尽可能少的需求，而且需求价格低于下一个市场所包含的最高需求价格。一旦划分出小型市场，确定其中应收取的费用，就不存在任何分析方面的困难，并且我们可以用简单的数学公式来表示。[1]诚然，正如有时候人们认为的那样，若采用这一方案，以下观点则是不正确的，即不同市场收取的相关费用仅仅取决于这些市场中需求的相对弹性（就某些未指明的产量而言），或仅仅取决于这些市场的相对需求价格（也是就某些未指明的产量而言）。真正的决定因素，是不同市场的完整需求规律所表达的整体条件。[2]尽管决定因素一般来说很复杂，但是不同市场的结构一旦得以确定，它就会变得很精确。因为受到实际条件的限制，真正的困难在于，铁路公司必须

---

[1] 因此，假设 $(\phi_1)_{x_1}, (\phi_2)_{x_2}, \cdots$ 表示 n 个不同小型市场的需求价格，$f(x)$ 表示供给价格。

在垄断加第三级歧视的条件下，不同小型市场的合适价格由 $(\phi_1)_{x_1}, (\phi_2)_{x_2}, \cdots$ 的值给出，这些值满足如下形式的 n 个方程式：

$$\frac{\partial}{\partial x_r}\{x_r[\phi_r(x_r) - \Sigma x_r f(x_1 + x_2 + \cdots)]\}' = 0$$

n 个方程式足以确定 n 个未知数。

[2] 在表示需求规律的曲线为直线的情况下，该复杂的决定因素便分解为一个简单的决定因素——各个市场中需求最迫切的单位的相对需求价格。在这些条件下，如果供给价格保持不变，则每个市场的垄断价格可以被证明等于供给价格与需求最迫切的单位的需求价格之差的 $\frac{1}{2}$。

在各种可能的子市场体系之间进行选择。从公司的观点来看，探寻最有利体系的过程，实际上已经形成了客运与货运的详细分类方案。为了说明"服务价值原则"在实践中的应用，我们需要对以下方案加以描述。

在客运方面，铁路公司发现，以不同人群的相对财富为基础进行分类的方法，几乎最能满足"服务价值原则"。这种方法假设，相对富有的人对客运的大部分需求所产生的需求价格，高于相对贫穷的人对客运的大部分需求所产生的需求价格。由于直接根据财富差异进行分类是不可行的，因此，通常采用与不同等级的财富相关的各种指数或标志来进行分类。例如在美国，某些铁路公司对移民收取的票价特别低，低于向美国当地人收取的票价，尽管后者愿意乘坐移民专用车厢出行。[1]某些殖民地则根据乘客的不同肤色采取差别收费，比如黑人的票价低于白人，因为普遍认为黑人不那么富裕。[2]同样地在欧洲，在英国，尤其在比利时，铁路公司对工人收取特别低的票价。[3]这种做法与伦敦店主向住在富人区的顾客收取不同于向其他人收取的价格，以及剑桥船夫往往对下午租船的五人团体收取5先令，而对单人租船者只收取1先令的做法相似。然而，仅仅基于财富指数的分类有点粗略，因为同样富有的人在不同的场合对同一段旅程的欲望的

□ "加利福尼亚的诅咒" 1882年

19世纪，美国政府计划修建一条横贯大陆的铁路，并因此补贴两个私人集团——美国联合太平洋铁路公司和中央太平洋铁路公司（现在的南太平洋铁路公司）。联合太平洋铁路的起点站为内布拉斯加州的奥马哈，中央太平洋铁路的起点站为加利福尼亚州的萨克。结果，自此以后，中央太平洋铁路公司几乎每年都不加掩饰地向政府行贿50万美元，使自己在加利福尼亚州垄断了近30年。在这幅政治漫画中，中央太平洋铁路公司被讽刺性地画成一只垄断的章鱼，它的触须就像铁路的铁轨一样延伸到加利福尼亚州，仿佛要抓住该州一切值钱的东西。

---

[1]《经济学季刊》，1910年11月，第38页。
[2] 参见科尔森《政治经济学教程》，第6卷，第230页。
[3] 参见朗特里《土地与劳力》，第289页。

强烈程度十分不同。认识到这一事实,根据诸如旅程中的舒适程度、行驶速度、行驶时间或者是这些旅程预先设定的目的等情况,铁路公司建立了多种交叉分组方式。因此,头等舱或某些特快列车运输服务的定价,均高于次等舱位或低速列车的定价,超过部分远高于提供这些不同服务的成本差额[1];此外,清早出行的票价有时也会格外低。[2]同样,铁路公司还尝试在特别条款下为游客提供周末票和观光票,以此将需求可能较低的假日旅行和必要的商务旅行区分开来。

在货运方面,铁路公司发现,最能满足"服务价值原则"的是根据需要运输的商品的相对价值进行分类,其假定,运输价值较高的一组货物的大部分需求所产生的需求价格,高于运输价值较低的一组货物的大部分需求所产生的需求价格。该假设的理由如下:将任何第n个单位的商品从A地运输到B地的需求价格,可以用假如这第n个单位未经运输,商品在B地的价格超出它在A地的价格的幅度来衡量。然而,根据任何一种分配法则,如果A、B两地之间没有被指定的运输行为连接起来,那么任何商品在两地中任意一地的绝对价格越高,它在两地之间可能存在的价格差异就越大;正如A、B两地之间杨树的高度可能存在的差异大于A、B两地之间卷心菜的高度可能存在的差异。我们没有理由认为,昂贵商品之间的差异的百分比大于廉价商品之间的差异的百分比,但有理由相信,前者的绝对差值大于后者。针对英国铁路公司基于《铁路运费与收费法案》所采用的分类方法,人们进行了一项详细的研究。该研究表明,总体而言,此种分类的依据是有关商品的价值。从广义上讲,商品清单中任何一类商品的级别越低,其中所包含的商品就越便宜。[3]同理,美国铁路委员会的若干决定是建立在以下基础上的,即低价物品不应置于昂贵物品的等级之上,例如,制作椅子的材料的等级不应高于成品椅子的等级,葡萄干的等级不应高于干果的等级,等等。[4]

[1] 科尔森先生建议,所有列车均应接受三等舱的乘客且对快速列车收取附加费。该方案优于目前欧洲大陆所采取的方案,并规定有快速旅行需求的乘客必须支付三等票价与二等票价之间的全部差额。
[2] 参见马汉姆《工人月票》,第12页。
[3] 参见马里奥特《运费及车票的定价问题》,第27页及多处中有关这些分类表的部分。
[4] 参见《经济学季刊》,1910年11月,第13、15及29页。

有时候，公司或管理机构不便直接根据货物价值对其进行分组。这种情况下，我们可以通过指数对它们进行分组，以间接达到类似的目的，而指数的差异可能与价值的差异相一致。由于高品质商品的包装往往比低品质商品的包装好，因此运费有时会随着包装的精致程度而变化。例如，在法国，优质葡萄酒通常用容量为220至230升的桶装，普通葡萄酒则用容量为650至700升的桶装[1]，而前者的运费往往更高。

必须补充说明的是，货运服务与客运服务一样，它完全根据需要运输的商品的价值进行分类的方法，必然也有点粗略。因此，铁路公司也同样采用基于其他因素的交叉分组法。如此一来，对于从 A 地运输到 B 地的给定价值的商品群组，可以再细分为 B 地容易自给自足或很容易从 A 地以外的地区获得的商品，以及 B 地不能自给自足也无法从 A 地以外的地区获得的商品；对后者可以收取相对较高的运费。而且，在由相同商品的单位构成的同质群组之内，也可以再划分小类别。例如，在英国，从德国进口还要几个星期才能成熟的蔬菜，与从德国进口成熟的蔬菜相比，前者的运费往往更高；从法国南部运往北部的蔬菜也是如此。[2] 有时候，企业也会根据同一种商品的不同用途来收取不同的运费，比如建筑用砖、铺路用砖、消防用砖就是如此。不过，应当指出的是，美国州际商业委员会并不承认以此为基础的分类方法的有效性。[3] 相比之下，根据最终目的地进行细分的方法更加重要。例如，从 A 地运往 B 地并在 B 地消费的商品，与从 A 地运往 B 地之后将继续运往 C 地消费的商品将被划分为不同的群组，并收取不同的运费。因为，世界不同地区在性质上的差异并不与它们在距离上的差异成比例。如果因为 A 地位于 B 地的500英里之外而不是100英里之外，就推断 B 地生产某种商品的成本与 A 地生产某种商品的成本之间的差异更大，这是毫无依据的。因此，对第 r 英里的运输需求，长途运输可能少于短途运输。这一方法尤其适用于食品与原材料运输，因

---

[1] 科尔森《政治经济学教程》，第6卷，第227页。
[2] 科尔森《政治经济学教程》，第6卷，第227页。
[3] 里普利《铁路、运费和管制》，第318页。

为这些物品对于温度和气候的适应范围极其广泛。但它也与所有商品存在某种关系，而且它无疑还是英国、法国、德国在货运方面——并非客运——实行递减运费制的原因。[1] 然而，如果A地与C地，既可以通过水运直接连接，也可以先通过铁路从A地到B地，再从B地通过铁路或水路运到C地，这种情况对差别运费的需求就更加强烈。此时，将任何在B地消费的商品从A地运输到B地的许多单位的需求价格，可能远远高于将其从A地运输到B地后又从B地运往C地的任何单位的需求价格。这种分类导致了从柴郡进口经由利物浦运往伦敦的货物的运费，远低于原产于柴郡的相同货物的运费。依据相同的原则，"普鲁士铁路公司已准许将粮食从俄国运往海外国家（瑞典、挪威、英国等）可以收取特别运费并且从边境到德国各港口、哥尼斯堡、但泽等地每吨公里的运费低于德国的粮食在相同两地之间的运费……需要指出的是，准许收取极低的运费是为了确保普鲁士铁路的运输，因为这些粮食不一定要经过普鲁士；如果没有降低运费，它们还可以经里加、雷瓦尔和里堡港运输"[2]。

第7节

现在，我们可以从国民所得的观点来比较服务成本原则与"服务价值原则"。人们普遍认为，依照"服务价值原则"来确定铁路运费，或者说通过需要运输的物品来确定铁路运费，无疑优于服务成本原则。然而，在我看来，这一流行观点主要基于两种混淆视听的观点之上。第一种观点假定，铜的运输与煤的运输，以及从A地到B地的运输（包括需要进一步转运与不需要进一步转运）是联合产品。第4节已经证明这种假设是毫无根据的。它还进一步假设，根据边际需求确定联合产品运费，就是根据"服务价值原则"收费。该假设与前一个假设一样，是毫无根据的。稍微思考一下我们就能发现，以这种方式对联合产品收费，就是遵

---

[1] 马里奥特《运费及车票的定价问题》，第43页。
[2] 《铁路联合会报告》，1909年，第99页。

循服务成本原则，或者说遵循单纯竞争原则。第二种观点纯粹是为了混淆视听。持这种论点的人试图证明，从歧视性垄断的意义来说，"服务价值原则"优于单纯垄断。为此，他们指出，在对铜的运输与煤炭的运输必须收取相同运费的条件下，如果垄断者所能制订的最有利的运输价格可以使他完全停止运输煤炭而继续以高价运输铜，则只要允许对这两种运费进行差别定价，就能使国民所得增加。[1] 显然，这种说法本身是合乎情理的，但它与第三级歧视性垄断是否优于单纯竞争而非优于单纯垄断无关。在否定以上两种观点之后，铁路运费方面的"服务价值原则"与服务成本原则之间的问题，便可以视为前一章所述的第三级歧视性垄断与单纯竞争之间的一般性问题的特例。

□ 修筑太平洋铁路的华工

19世纪60年代，为了修筑横贯美国大陆的太平洋铁路，美国中央太平洋铁路公司招募了大量华工。在修筑铁路的过程中，2万多名华工承担了最艰难的西段工程（长达1 110千米）建设。他们忍受着稀薄的氧气和刺骨的寒冷，穿越海拔2 100米的内华达山脉，修建了50座桥梁和十几条隧道，凭借着中国人特有的吃苦耐劳精神和出色的聪明才智，在该铁路的修筑过程中发挥了关键性的作用。在这个过程中，数千名华工因疾病、工程意外、恶劣环境、种族仇杀而死亡。然而，在通车的庆功演讲中，美方并未提起华工的贡献，后者的修路故事被排除在美国崛起的故事之外。

第 8 节

关于问题讨论的结果是，单纯竞争通常更有利。然而，存在着一组条件，使它的竞争者处于优势地位。这些条件是，尽管无法找到统一的价格（该价格包括生产任何数量的产品所需的费用），但是歧视性价格法切实可行，它将使某些产品利润

---

[1] 参见本书第二编第十四章第12节。

丰厚。哈德利校长已经对此进行过说明，他特别提到了将同一商品从A地运输到B地并在B地消费的运费，与从A地运输到B地后又运往C地的运费之间的区别。他写道："如果在两座大城市之间，除了乡村地区以外，都拥有便利的水运交通，那么试问，有无必要在这些乡村地区修建一条铁路呢？"为了应对水路运输的竞争，将货物从起点A运往中间某地B的运费，必须远远低于从起点A运往中间某地B后再继续运往另一终点C的运费；如果这种极低的运费适用于从A地到B地的所有运输，则这条线路的运输便会无利可图。但是，对于从A地运往B地并在B地消费的货物而言，其需求量极小，无论将这段路途的运费定得是低还是高，都不足以支撑该路段的运营。"换句话说，为了最终能够生存下去，该条线路必须确保两点：一是当地运输的高价运费；二是只有低价运费才能吸引的转运货物的庞大运输量。如果他们要修建铁路，就必须采用差别定价。"[1]显然，可以构建一个完全类似的论点来支持对不同商品每吨英里运费采取歧视性定价的做法，条件是若不采用歧视性定价，就没有任何数量单位的运输可以用销售收益来支付其生产费用。根据同样的原则，有可能出现以下情形，即应当允许对某迂回线路的两个终点之间的运输服务采取极低的收费，从而防止这两个地点之间修建直达线路；其条件可能是，若不采用这一方案，修建任何一条迂回线路都不可能创造利润，因此它服务的中心地区就可能蒙受损失。我不否认，确实可能会出现这种情况。然而，哈德利校长及其追随者并不满足于证明它们是可能的，他们还含蓄地补充到，毫无疑问，它们是整个铁路世界的典型，因此，他们认为自己已经证明了在确定所有铁路运费时应遵循"服务价值原则"。但是，这种毫无根据的推论无疑是不合逻辑的。为了证明"服务价值原则"的有效性，我们有必要仔细研究，在什么条件下有可能将它应用于实践。

---

[1]《铁路运输》，第115页。可以想象，在这种情况下，人们可能会反对修筑铁路，因为这将损害竞争对手——水运行业的利益，从而抵消铁路带来的优势。然而，只要铁路作为一个整体能够盈利，这种反对意见就被证明是不可取的。参见本编第六章第9节。

第9节

从科学分析的观点来看，情况很简单。正如前一章所解释的那样，为使垄断加第一级歧视能够产生单纯竞争无法达到的产量——我们依据最简单的情况，即某一市场的需求独立于另一市场的价格——在需求与供给的一般条件之间，就必须存在我们所描述过的某些关系。这些条件虽然使垄断加第三级歧视带来此结果，但它们却不那么明确。一般来说，使第一级歧视恰好获得成功的条件，无法使第三级歧视获得成功。然而，我们可以得出一个大概的结论，即在第一级歧视能够取得巨大成功的条件下，第三级歧视取得成功的机会将很大——差别定价的市场越多，市场结构从垄断者的观点来看越令人满意，获得成功的机会就越大。我们的问题是确定这种情况在实际生活中发生的概率有多大。

首先，我们已经证明，在供给价格递增作用强烈的投资中，这种情况发生的可能性最大。[1] 我们有理由相信，只有当铁路行业实现了巨大的发展，才能满足这一条件。原因在于，如果铁路公司的运输量低于最小值，它就不可能对铁路的固定设备进行任何投资。每周运送1盎司货物的铁路运输成本几乎与运送数千吨运输的成本相同。因为它们同样都要承担以下各种开销所产生的巨额费用：勘查与法律的费用，山谷、河流间搭建桥梁的费用，开山凿岩建隧道的费用，修建车站与站台的费用，等等。这意味着供给价格递增规律只有在大量投资完成之后才会发挥强大作用，然后慢慢变得不那么强烈。因此迄今为止，相比其他行业，在铁路服务行业中，歧视性垄断优于单纯竞争的情况似乎更有可能发生。

其次，前文已经证明，在产品需求具有弹性的投资形式中，单纯竞争不形成产量而歧视性垄断形成产量的可能性最大。[2] 在铁路服务方面，一旦运费降至一个适当的水平，我们就有理由相信，运费的小幅下降有可能导致需求的大幅增

---

[1] 参见本编第十七章第9节以及附录Ⅲ。
[2] 参见本编第十七章第9节以及附录Ⅲ。

□ 太平洋铁路竣工仪式

1869年5月10日，两辆分别代表美国中央太平洋铁路公司和联合太平洋铁路公司的大型蒸汽机车在美国犹他州的普罗莫托里"东西相向"相会，共同打下了世界第一条横贯大陆铁路的最后一颗钢钉。双方领导人会面并握手。这条铁路不仅使美国，同时也使19世纪的整个人类文明发生了翻天覆地的变化。

加，增加的需求不仅来自于原本由其他机构进行运输的商品，还来自于那些原本不需要运输的商品。换言之，我们有理由相信，需求在一般情况下是有弹性的。所以，此处也可以说，铁路服务行业比其他行业更容易产生适合歧视性垄断的条件。

然而，尽管在达到相当大的运输量之后，供给价格递增规律才会发挥重大作用，尽管对铁路运输服务的需求是具有弹性的，但是仅凭这两个条件根本不足以保证在歧视性垄断下会形成某些产量，而单纯竞争无法做到这一点。此外，小量服务的需求价格与供给价格的实际水平——更为普遍的是，整体的需求表与供给表——应以某一特定方式相互关联。显然，如果小量服务的需求价格高于其供给价格，单纯竞争就会形成某些产量，我们所考虑的条件也不会出现。同样地，如果小量服务的需求价格远低于供给价格，单纯竞争或歧视性垄断均不会形成任何产量，因此这些条件也不会出现。为了上述条件的出现，似乎某种中间状况必须得以确立。因此，受影响的地区一方面不能过于繁华，人口不能过于密集；另一方面不能过于萧条，人口不能过于稀少。经济活动与人口密度需要有一定的中间范围，这一范围与整个可能的范围相比，自然不会很大。因此，对于使歧视性垄断比单纯竞争更有利于国民所得所必要的条件而言，任何时间随机选择的任何一条铁路均具备这些条件的可能性似乎本来就很小。当然，有很多专家认为，这种可能性实际上还是很大的。但是，正如对于这一点极其重视的埃奇沃思教授所认识到的那样，"高级权威人士如果充分认识到并反复强调与他们的证言相反的先验的不可能性，那他们的证言无疑将具有更大的分量"[1]。

第10节

然而，我们必须认识到，任何一个国家随着人口与总财富的增长，其对任何线路的服务需求量也会逐渐增加。因此，虽然在随机选定的任一时刻，对随机选定的任一线路产生影响的那些条件，都不可能使"服务价值原则"下制订的铁路运费制度比服务成本原则下制订的铁路运费制度更有利于国民所得，但是任何随机选定的线路并非没有可能经历具有此类条件的那样一个时期。当财富与人口的增长达到某一点时，这类条件便会出现，而当达到之后的另一点时，该条件又会消失。如果服务成本原则普遍适用，且对铁路公司不给予国家补贴，那么，只有在达到另一点之后，铁路公司才会修建某些线路——如果有可能通过供给经验来"增加"需求，这一点当然就不一定是铁路修建付费的那一刻——然而，事实上，这些线路原本可以在达到前一点之时就修建好，并且造福于社会。由此得出的推论是，当任何线路处于这两个阶段之间的中间阶段时，就应该采用差别定价或"服务价值原则"，而一旦人口与需求增长到足以使其脱离当前阶段时，该原则就应该被单纯竞争或服务成本原则所取代。[2] 对大多数一般的线路而言，适用于"服务价值原则"的时期似乎是一个相对较短的时期。[3]

---

[1]《经济学杂志》，1913年，第223页。
[2] 比克戴克先生（《经济学杂志》，1911年3月，第148页）与克拉克先生（《美国经济协会公报》，1911年9月，第479页）认为，从一种制度向另一种制度的转变，不是发生在不断增加的需求使我们所讨论的铁路脱离之前所述阶段的时候，而是当需求上升到与供给曲线相交于某一点，在该点供给曲线斜率由负变为正的时候。在我看来，这一观点没有足够的证据可以证明。
[3] 有人可能认为，对于与上述情况类似的线路，铁路建成并且根据服务成本原则已达到可盈利的阶段之后，即将迎来另一个阶段，在此阶段，如果回归"服务价值原则"，就会促进第二条铁路的修建并为社会带来福利。虽然在遵循服务成本原则的运费制度下，这种发展对铁路公司来说并不会有利可图。这一论点证明，为仅用于新轨道上的运输建立一套差别运费体系是合理的；同时，对这一论点加以修正便可以证明，为专门用于任何额外增加的火车或车厢的运输建立一套运费体系是合理的，因为只有在差别运费制度下，这些额外增加的火车或车厢才值得运营。然而实际生活中，不可能以这种限制方式来运用"服务价值原则"。如果引入"服务价值原则"并将其应用于第二条线路或新增车厢的运输，则必然将其应用于该线路上的所有运输。上述论点并不能证明这么做是有道理的。

第11节

即使是对该原则进行这种有限的应用，也只有假设在纯粹的"服务价值原则"与纯粹的服务成本原则之间没有第三种方式的情形下才能得到保证。然而事实上，第三种方式是存在的。可以在维持服务成本原则的同时，国家给予补贴。显然，在加快铁路建设方面，由服务成本原则加上补贴的协助，与由"服务价值原则"没有补贴的协助所产生的效果是完全相同的。一个方案是整个社会用税收为铁路公司提供必要的利润，另一方案是从购买运费最高的货运服务的消费者身上收取的运费中抽取利润。由于铁路建设符合大众的利益，总体而言，由纳税人而非特殊类别的商人——或者，最终由这些商人的产品的消费者——提供这笔款项似乎更加公平。鉴于在经历上述的中间阶段之后，对于从差别运费制转变为非差别运费制所面临的一些显著困难，通过暂时性地给予补贴，等到不再需要时再将其撤回，从方便管理这一角度来看，也不失为一个较好的方案。如果考虑到较低的铁路运输费用有利于国家不同地区之间的劳力分配，有利于发展大规模的本地化产业，并有利于完善市场的交通来减少当地价格的波动——以这样或那样的变化使生产受益——认为铁路行业是应该给予永久性补贴的行业，那么，我们显然不需要第二种工具来完成国家补贴机制自己就能完成的事情，"服务价值原则"也就没有了用武之地。

第12节

以上是关于服务成本原则或适合于单纯竞争的价格问题，与"服务价值原则"或适用于歧视性垄断的价格之间的相对优势问题所需要的全部讨论。然而，还有另一种可能实行的方案。可以这样来控制铁路公司：使其只在整体上获得有竞争力的或正常的利润，但是这些利润是低于成本的运费与高于成本的运费结合而来，就如同医生的利润是对穷人的低价收费与对富人的高价收费的结合。在铁路服务的某个领域，这类方案显然是切实可行的。出售廉价的工人票可以产生巨大的社会效益，因为它可以使工人们白天在城区工作，晚上回到乡下居住，这样一来，他们就能够在健康的环境中抚养自己的孩子。[1]如果铁路公司（其利润由于管制而降低到正常的竞争水平）被强制这么做，并被允许可以对其他运输采取"垄断性"收费来补偿自己，就能够出售廉价的工人票。显然，如果用国库收入向铁路公司提供补偿，也可以得到完全相同的效果。似乎没有充分的理由，将这一负担强加在购买铁路服务的人身上而不是全体纳税人身上。因为，虽然铁路服务可能是借以向这些人征税的合理对象，但我们却不能认为，通过这种方法向他们所征收的税款，刚好与向购买铁路服务的穷人提供补贴所需要的资金相等。更没有理由不根据消费者的利益来决定差别运费，而允许铁路公司自己决定差别运费。因此，总的来说，差别运费加利润管制的制度是不合理的。如此一来，就只剩下服务成本原则，必要时可以对其进行修改——要么通过一般性补贴，要么通过对故意以低于成本价格销售的特定服务进行补贴。

第13节

最后，还有一点需要讨论。如第2节所述，要想准确应用这一服务成本原则，就要进行一些细微的调整。因为该原则并不是为每一个人制订的一个统一价格，而是随着每项服务的附加成本以及与负荷高峰期相关的供应时间的变化而变化的价格。在实际操作中，作出这些调整是一项异常艰巨的任务，牵涉到费用高昂的技术问题与会计问题。因此，它能在多大程度上接近于理想标准，以及到哪一点时接近理想标准所带来的困难、麻烦与费用会超过它带来的好处，一直是一个难题。在早期电报业务中，为了收费的简便、轻松，形成了这样一种制度，即对使

---

〔1〕在比利时，已十分完善的廉价工人票制度似乎就是以这种方式发挥作用的（参见朗特里《土地与劳动》，第108页）。马海姆博士在一定程度上证明了这个观点：比利时是一个"大城镇"国家，而不是一个"大都市"国家，其居住在5 000~20 000人的城镇的人口，比法国和德国的多得多（《工人月票》，第149页）。与此同时，马海姆博士承认，廉价票也有不利影响。"起初，去城里或工厂上班的人每天晚上或每个星期六返家，后来，随着对新环境逐渐熟悉起来，他们就在城市里定居下来。"（《工人月票》，第143页。）实际上，廉价票"使人们学会了如何移居到城市"。

用电报设备的消费者收取统一的费用，而不是按照呼叫的次数来收费；水费也常常不是根据人们实际消耗的用水量来收取，而是根据房屋租金对他们可能的用水量进行估计来收取。在电费收取方面，虽然已经设计出了精密的仪表，不仅能记录消耗的电量，还能对高峰时段的用电量赋予较大的权重，但是仪表的成本都很高昂，所以在许多地区对小房屋的用电仍然采取不用电表而收取统一电费的方法。对于包裹的运输，虽然人们一直认为有必要考虑重量差异所产生的服务成本差异，但是对于信件的运输却没有考虑这一点，而且无论是包裹还是信件，都没有按照运送距离的远近（在英国范围内）来收费。同样地，为了简便与实惠，铁路管理部门决定根据服务成本原则来建立定价系统，尽管如此，它必须在相当大的程度内忽略不同乘客携带的行李重量方面的差异。这一情况表明，铁路管理部门如果选择使用区域收费制度，也不一定就是背离了服务成本原则的本质。显然，市内电车系统必须这样做，因为没有比1法寻[1]更小的硬币，所以实际上不可能为每段不同距离的旅程制订不同的票价。只要区域狭小，普通铁路就同样有理由采取区域收费制度。但是，如果区域过大，便不得不违反服务成本原则。在范围宽广的区域，如果对区域内的所有地点收取相同的费用，就会非常有利于离市场较远的企业，而不利于离市场较近的企业。事实上，这种制度是以牺牲竞争一方为代价，给予另一方某种优惠。诚然，有利于某一供给来源而不利于另一供给来源的差别定价，在某些情况下如果以某种方式被引入的话，则可能有益于国民所得。然而，从区域制度中产生的这类差别具有随机性，并非专门为了照顾那些精挑细选出来的一系列企业而设计。因此，总的来说，它类似于优待一些企业而虐待另一些企业的差别待遇。这种差别待遇导致相关商品生产的某些环节（包括运输）的实际成本高于必要成本，因为远离产地生产并将其投入市场的边际实际成本必然大于邻近产地生产并将其投入市场的实际边际成本。[2]有人可能认为，由

---

〔1〕法寻是英国的一种旧货币，1法寻相当于1/4便士。——译者注
〔2〕参见《经济学季刊》，1911年2月，第292～293页，第297～298页，以及第300页；以及《铁路运价部门委员会的报告》，第10页。

此产生的直接损失可以通过区域收费制度所产生的影响来弥补，即这种收费制度将属于某行业的各企业分散，使它们难以联合起来，从而减少采取有害于社会的垄断行动的机会。[1]但是这种观点似乎没有太大的说服力。因为阻止大型生产单位形成是不可取的，因为这些生产单位会带来规模经济效益。正如我们即将讨论的，与采取间接手段阻止企业之间的联合相比，直接克服企业联合或垄断行动带来的不良后果，似乎是更加有效的策略。[2]

---

[1] 参见《经济学季刊》，1911年5月，第493~495页。
[2] 参见本编第二十一章第2节。

第十九章　购买者协会

第1节 前面的章节已经表明，在许多行业中，无论是单纯竞争、垄断竞争，还是单纯垄断、歧视性垄断，都不会使投入这些行业的资源边际社会净产量价值与一般资源的边际社会净产量价值相等。我们接下来要探讨的是，是否可以通过购买者协会来保证这一结果。**第2节** 答案显然是肯定的；但在确定购买者协会和普通商业企业在生产效率方面的相对优势之前，没有对国民所得的影响进行推论。**第3节** 历史案例对这件事情没有太多的启示。**第4~5节** 购买者协会在生产方面有优势，只要它们能节约广告成本，就特别适合在其成员之间传播最优生产方式的知识，而且几乎不需要讨价还价，也不需要防范欺诈。这些优势使它们得以在相当多的领域成功建立起来。**第6节** 但由于种种原因，这一领域受到限制，因此，仍需要探寻普通商业形式不完善之处的其他补救方法。

第1节

前面的章节明确表示，在许多行业中，不论是单纯竞争、垄断竞争，还是单纯垄断或歧视性垄断，都不能使边际社会净产量的价值与一般边际社会净产量的价值相等，因此，它们既不能使国民所得最大化，也不能使经济福利最大化。然而，人们已经注意到，在迄今为止所探究的制度下，商品由一些人生产出来，销售给另一些人。这些制度造成的调整失误全部取决于这一事实。于是有人自然会问，难道不能由自愿的消费者团体通过自行提供所需的商品和服务来避免这些调整失误吗？

第2节

如今，就购买者协会的本质而言，不论它是由购买制成品的消费者构成，还是由未来在进一步生产中利用消费者购买行为的生产者组成，其方针都是在扣除总成本的条件下，使购买者的利益最大化。因此，它必然产生这样一种产量，即该产量虽然会使除了购买者以外的人受到该生产的影响，却能使生产该产量的资源的边际社会净产量的价值等于一般资源的边际社会净产量的价值。也就是说，在其他条件相同的情况下，它必须在很大程度上消除垄断和单纯竞争的不和谐因素。然而，这一初步的、抽象的说明并不能解决我们的问题。因为，它不足以说明，

"阳光牌"肥皂厂 1897年
利华兄弟的"阳光牌"肥皂是工业时代最早将原材料从动物性脂肪转向棕榈油的肥皂品牌之一。图为1897年，在利物浦阳光港的利华兄弟工厂里，工人们正在包装肥皂。

在其他条件相同的情况下，购买者协会将有利于国民所得。在我们从中推断出这些协会在实际生活中的作用之前，我们需要探究一下，在原始经济效率方面，它们如何与普通商业活动相比较；因为人们清楚地知道，如果生产效率低下，购买者协会在价格政策方面可能拥有的优势以及因此而在不同用途业之间的资源分配方面所具有的优势，都容易被抵消。

第3节

在展开这项工作之前，应防止产生某些混淆。首先，我们显然需要排除所有关于购买者协会在某些领域经营时比作为独立个体的协会成员具有更高效率的观点。在这一点上，最明显的就是各种服务。对于某些服务而言，人们只有小批量的需求，但是大批量的生产可能经济得多，例如小农场主小批量生产的各种质量参差不齐的农产品的销售服务。为了更加经济地销售，需要对产品质量进行等级细分，并要求生产者能持续不断地供给每一等级的商品。而一些试图单独销售自己的黄油或鸡蛋的小农场主，由于他们的销售规模不够大，因此无法很好地满足这些要求。莱德·哈格德先生在谈及丹麦时写道："1882年，所谓'农民自产黄

油'的售价比大型农场生产的一级黄油低33%。但是在1894年，联合销售的黄油（当然，大部分来自农民的农场）比大型农场销售的黄油获得了更多的奖项。而且，那些过去被称为二等品和三等品的黄油，已经在丹麦市场上不复存在了。"[1]然而，实际是因为，黄油的生产、培根的熏制以及鸡蛋的销售"为合作原则的应用创造了一个良好的开端"，但这与我们当前讨论的问题无关，因为它们也为商业原则的应用创造了一个良好的开端。[2]的确，在这一领域中，购买者协会的运营成本比个体小农场主的成本低得多。但是，对于答应将市场销售服务出售给这些农民的普通商业公司而言，情况也完全如此。R. H. 鲁爵士提供了两则案例："一则案例是法国的黄油交易。这项交易是由诺曼底和布列塔尼地区的商人们——其中一些是英国人——做起来的。这些人从当地市场的各个农户手中购买黄油，然后在搅拌室加工。另一则案例是萨塞克斯郡希思菲尔德地区的家禽贸易。该地的习惯是，由'催肥者'或者当地人所称的'议价者'从饲养人手中收购鸡仔，把它们养到合适重量的时候进行宰杀并处理好，再由运输商或铁路公司的代理商收购并运往伦敦和其他市场。这两个都不是合作销售的案例，但它们组织有序，有完整的销售流程。"[3]其次，我们必须防止过分强调英国合作商店的历史。因为，如果把购买者协会的策略引入零售业，这种竞争方式是否仍将具有相当大的代表性是值得怀疑的。部分由于不同商铺间的不完全竞争，并非一切可利用的规模经济效应都已得到了利用。[4]甚至从零售商自己的角度来看，"零售商店的整体数量已经远远超过需求数量，而且它们既要想方设法吸引为数不多的

---

[1]《丹麦的农业》，第195～196页。

[2]有人指出，由最终消费者以外的人所构成的各购买者协会，可能对这些最终消费者产生垄断行为，这种指控同样是不着边际的，因为商业企业的建立也会如此。

[3] R. H. 鲁《农业方面的无稽之谈》，第120页。

[4]但是，在零售业中，不能把公众乐于支付的零售业必然涉及的那部分费用视为浪费。"想象一下，每一个打算买一双鞋或一套衣服的人，都被要求提前一到两个星期发出他的购买通知单，对想要购买的东西作一个初步的说明，然后接受规定的购买地点或时间预约。从中很容易看出，零售业的工作是如何系统化的，它是如何维持销售力量的，又是如何将库存保持在最低限度的。现在的情况是，我们为享有自由利用时间的特权、为犹豫不决和挑来选去、为维持足以满足所有偏好和应付所有的紧急情况付出了高昂的代价。人们常讨论竞争导致的浪费；事实上，其中很大一部分是自由必然涉及的浪费。"

顾客，又必须小心翼翼地照料他们，以使他们最终为赊购的商品付款……凡此种种，导致他们不得不花费大量成本。零售业是一个人人可入的行业——马歇尔可能没有将家政和家庭烹饪视为一个行业——其中有巨大的经济效应有待实现"[1]。帕累托教授的观察印证了这一点，他观察到，零售商店很容易被竞争对手所取代，这些对手不仅仅是合作社，还有大商场（就英国而言，还应加上非常重要的连锁商店）。[2]因此，当消费者联合商店出现以后，我们并不能将零售业与这些商店之间的比较，作为这些商店所代表的产业形态的一种结论性检验来证明它们具有相对优势。这就好比将两个种族中的这样两个人作比较，一个人是他人有理由怀疑他的健康不如其他同胞的平均水平，一个人是他人公认的非常健康。如此看来，我们对于历史案例不能过度重视，这就促使我们要进一步地开展分析性研究。[3]

第4节

于是，如果试着从这一角度来评估购买者协会的经济效率，我们可能会发现：首先，这些协会在结构上属于股份制公司形式。与任何其他股份制公司一样，每个购买者协会都为股东所有，并由一位管理者掌控，该管理者由从股东中挑选出来的人员组成的监事会进行监督。购买者协会还能以私营企业和普通商业公司的形式存在。如果试图对购买者协会与这两种形式的企业进行经济效率方面的比较，我们自然就会考虑到企业管理层的结构问题。在这一方面，购买者协会和商业公司一样，都不如私营企业，因为它们的管理者都缺少私营企业中快速行采取行动的机会与个人财产所具有的激励作用。[4]但是，购买者协会有可能向

---

[1] 马歇尔《合作社代表大会上的就职演讲》，1889年，第8页。

[2] 参见科尔森《政治经济学教程》，第274页。

[3] 需要补充的是，即使其他条件相同，合作社以与另一家商店相同的价格进行交易、支付红利，也不能证明其管理效率更高。因为，如果该合作社像通常的做法一样更大力度地推行现金销售制度，不赊账，那么支付的红利也只是支付给较早还债的消费者的利息而已。

[4] 在美国，公司董事长往往拥有公司的巨额股份，因此他似乎会代表公司的利益行事，其行为举止如同私人企业的老板。"一般来说，美国公司的总裁总是潇洒、积极的，他们为公司做事就像为自己做事一样。"（努普《美国的工商企业》，第26页）他们作决策时，只听取董事们的意见。

管理者和监事会灌输说，他们从事的工作可以唤起人们热心公益的精神，从而激发他们的热情，以此从某种程度上弥补这一缺陷。事实上，购买者协会可能同时利用利己和利他的动机来提高产业效率。然而，我们有必要从另外一个角度进行探讨。假如购买者协会由没有经营大工商企业经验的穷人组成，就会存在一种风险，即他们很可能不愿意授予经理人充分的处置权，也可能会在给予经理人薪金方面非常吝啬，从而挫伤经理人的积极性。此外，挑选监事会成员的范围就更加有限，而且与商业公司的董事相比，他们拥有的商业经验较少。当然，这些相互冲突的影响因素在不同境况中具有不同的重要性。

第二，如果国家的任一产业部门均处于垄断性竞争的环境之下，普通商业公司一定会以本编第九章第14节所描述的方式，在广告宣传上浪费性地投入大量经费。在这一方面，购买者协会反而居于更加有利的地位。如果协会提供的服务是农业方面的饲料或肥料之类的生意，或者是做批发销售工作，则他们无须做出任何直接的努力就能切实保证其成员的所有需求。如果协会提供的服务是包装蛋类、培根腌制，或是将牛奶和奶油制作成奶酪和黄油，那么，他们的成员有时可能会被更好的条件所诱惑而转岗到别处去工作，但是协会可以在协会内建立"忠诚度"制度并以此作为入会的条件。这在很大程度上限制了此类行为的发生，且无须借助广告。当他们提供零售或者信贷服务时，强迫会员循规蹈矩地保持忠诚的确不切实际也不可取：但即便如此，"忠诚度"制度实际上在很大程度上也要靠会员用自己商铺的业主权益意识来维护。想要在众多非协会成员中拓展协会的业务，进行各种广告宣传无疑是必需的。然而，购买者协会较之普通的联合股份公司有一个巨大的优势，即它不仅能给会员提供优惠的商品，还可以使他们感到自己就像大公司的股东一样。因此，这样的广告宣传可能会更加有效，并且可以以低于必需成本的代价达到特定的效果。在其他条件不变的前提下，这种方式下的效率远远高于其竞争对手的效率。

第三，"忠诚"除了可以节约广告成本，还以另外一种方式产生经济效益。正如本编第十四章第3节中所述，"忠诚"可以使联合企业平稳地开展工作，不像私人企业那样常常受到大波动的影响，从而导致成本明显地增加。因此，合作性质的火腿厂和乳酪厂坚持把忠诚作为入股的条件之一，使得这些企业能够比私人企业获得更加稳定的原材料供应。[1]同样地，英国和苏格兰的批发商合作社和当地的零售协会将固定需求部分集中给自己的生产部门来完成，而将可变部分留给协会之外的贸易商，从而极大地减小了生产部门所遭受的需求波动。从国家的观点来看，合作社通过这种方式节约出来的开销，无疑应

□ **博登炼乳公司　19世纪**

1856年，美国人博登在一次海上旅行时，亲眼看到同船的几个婴儿因为喝了变质牛奶而丧生的惨状，顿时萌发出研究牛奶保存技术的念头。后来，他经过反复试验和不懈研究，终于发明了采用减压蒸馏法将牛奶浓缩至原体积约三分之一的炼乳技术，并在炼乳中加入大量的糖来抑制细菌生长，最终获得美国加糖炼乳发明专利。图为19世纪的博登炼乳公司。

与增加的需求波动对协会外的公司所造成的损失持平，因此，这些节约出来的开销对国家而言并不是一份净收益。然而，对于合作社本身而言，这就是一份净收益。此外，只要一个市场的总需求或总供给稳定不变，并且市场某些部分的波动也是由其整体波动之外的其他因素造成，则市场某一部分的稳定性就无法增强，但其他部分的波动必定会减小。因此，合作社从忠诚度中获得的相当一部分经济效率可能既代表它们自身效率的增长净额，也代表整个社会的增长净额。

第四，合作社不同成员之间所建立的关系，极大地促进了最优生产方式的相

---

[1]丹麦的合作火腿厂通常通过以下规定来强制其会员保持忠诚：会员在七年之内必须将生猪（某些特殊规定者除外）卖给本厂，除非在此期间，会员迁离了该地区。（R.H.鲁《有关农业的无稽之谈》，第123~124页）爱尔兰的许多乳品合作社以同样的方式规定："任何成员，自加入协会之日起三年内，未经委员会书面同意而向合作社以外的乳品厂出售牛奶，应没收其股份及其贷借给合作社的全部款项。"（《关于合作社的报告》，引自［白皮书，6045］，1912年，第39页）人们应该注意到，这类合作社——只有在这类合作社中，才将忠诚列入强制执行的规章制度中——由于使用了大量设备，保持了稳定的需求，此在节约成本方面，与其他合作社如农产品收购合作社相比，发挥了更重要的作用。

关知识在各成员中间的传播。因此，《爱尔兰农业部门》的作者霍勒斯·普伦基特（Horace Plunkett）爵士点评道："只有把农民适当安排在具有代表性的合作社中，农业部门所必须传授的许多知识才能有效地传达至农民阶级，或者说许多意在指导他们的农业试验才能有效进行。"[1] 费伊先生在谈及问题的根源时说道："合作社和公司都是贸易机构，而且它们支付给农民的报酬都不会超过其牛奶的价格。但是，公司的补救措施是用低价来惩罚农民，而合作社的补救方式则是培训农民，使他们日后可以获得高价。"[2]

第五，如果任何产业领域都存在双边垄断的要素，普通商业公司和它们的客户如果不花钱的话，各自也都被迫消耗精力，并企图按照本编第九章第15～17节所述的方式打败对方。如果有购买者协会，这类支出可能会减少。正如马歇尔所述，在合作的零售商店里，业主自身也是顾客，所以他们缺少在商品中掺假的动机，从而没有必要付出高昂的代价来预防这种掺假行为。[3] 在为其成员提供保险和零售业务贷款服务的合作社里，这种利益同样明显。保险合同是以买方身上发生的某一事件为赔付条件，而贷款合同则以买方的还贷承诺为放贷条件。在前一种情况下，买方可以假装出险甚至自愿促成所需防范的事件发生而获得保费，使卖方受损；在后一种情况下，买方则可能故意违反合同或使自己表现出无法履行合同中的承诺来获益。当然，现在个体购买者确实会通过这种行为来获益，不仅在买卖双方不存在合作的身份关系的情形下会如此，即使的确存在这种关系时也是如此。然而关键在于，在联合股份制的产业组织形式下，某个购买者的欺骗行为或类似欺骗的行为并不会对其他购买者产生重大影响，因此，唯有一套精心设计、不间断的监察制度才能防止这种行为发生。然而，在购买者协会这种组织形式下，其他购买者会因这种行为直接受到伤害，所以他们会有意防止此种行为发生。如果购买者协会是由身边的邻居们组成，那么在日常生活中，所有人都会自发、无偿地担当起监督者一职，彼此监督。这样一来，当地一些提供保险或零售

---

[1]《新世纪的爱尔兰》，第241页。
[2]《国内和国外的合作运动》，第164页。
[3] 参见马歇尔《合作社代表大会上的就职演说》，1889年，第7页。

业贷款的小型购买者协会，实际上不仅可以免除力图提供这些服务的股份公司不得不承担的相当大一部分名义成本，而且还可以免除大部分的实际成本。既然人们不愿意——完全不考虑成功的可能性——欺骗互助协会，而更愿意欺骗商业公司，则互助协会的收益就会增加。

第5节

以上列举的种种优势表明，购买者协会很可能在广泛的产业领域中证明，自己至少与其他任何形式的商贸组织一样高效，而且在许多重要的产业部门已经通过欣欣向荣的发展状态证明了自身的生命力。一般情况下，由农民建立的所谓的供给协会就是如此。也就是说，这些协会会向他们的会员提供来自制造商的营销服务，比如肥料、种子和农业机械等。农业销售协会也是如此，它们会提供蛋类或黄油的分类、分级、销售和包装等服务；还有，在丹麦和爱尔兰非常重要的联合乳制品厂也是如此，它们的服务往往包括生产和销售业务。最后，同样重要的是，以消费者合作商店为基础的广泛组织也一样，它们为拥有固定住所的广大劳动人民提供零售、批发服务，有时甚至为其生产主要的家用产品（包括住房本身）。

第6节

然而，即使在经验充分证明购买者协会可以高效运行并取得成功的部门，也不一定就会产生购买者协会。极度贫穷者可能会缺少成立这种协会所需的主动性和领悟力。在人口流动大的地方，尤其不可能作出这样的尝试——这就是为什么合作商店"似乎避开了大都市和海滨城市"。富人尽管完全有实力成立购买者协会（如果他们愿意的话），但是事实上，他们可能没有这种意愿。就大宗商品而言，人们只是偶尔用收入的极小一部分来购买它们——它们对主体消费者来说是奢侈品——其中可能节约下来的资金数额太小，因此不值得他们花时间去成立购买者协会。或者退一步讲，即便值得花时间做这件事情，也可能会通过其他稍微简单一些的方式来获得相等的利益。例如，英国佃农历来有权在困难时期向地主要求减租，但是他们却难以克服与生俱来的个人主义，不愿为了（对他们而言）

相对较小的利益而与左邻右舍合作提出减租的要求。毋庸置疑，国家可以通过行动给予他们鼓励。例如，在加拿大，"1897年，农业主管部门建立了一种制度，即根据这种制度，向一些承诺将建立黄油生产协会、奶酪生产协会的农民发放贷款。这些农民还承诺将自己生产的产品送交到用这些贷款修建的合作乳制品厂。农业部门则承诺会组织管理这些乳制品厂，并负责生产黄油和以每磅4分（2便士）的固定价格进行销售，另外每磅加收1分钱用于偿还分期贷款"[1]。但是，这一策略的应用范围显然十分有限。此外，有许多非常重要的业务显然也不适合购买者协会的组织形式。只要存在很大的投机性，换言之，只要必须承担很大的风险，购买者协会这一生产要素就不会轻易产生。因为，如果投资需要冒风险的话，那么冒险的人就希望能控制资本，并或多或少按照他们的风险投资比例来获取利润。而购买者协会是以固定利息筹集资本并按照购买量而不是按照投资量来分配盈余，所以这些协会并不能使他们如愿。由股份制公司提供的信用债券、优先股和普通股的分级机制则令人满意得多。因此，在风险行业中，购买者协会是行不通的。为了节约成本，一些商品和服务必须集中在一个固定的地方生产，但是购买者却分散在各个地方，甚至购买的频次也很低，那么就这些商品和服务而言，购买者协会也难以胜任。比如，有人认为，如果目前由棉花产业提供的服务改由购买者协会提供，也同样能够令人满意，这种想法显然是不切实际的。"这种服务的使用者或消费者并不构成一个实际存在的、可以控制和管理的选举区，他们只是公民。国家的铁路服务几乎不可能让那些从终点站涌出的形形色色的旅客通过投票表决来管理；各种独具特色的市政服务也不可能由市政选举人以外的任何其他人来管理。"[2]因此，我们得出结论：购买者协会作为克服一般性竞争和垄断性竞争的弊端的一种手段，无疑可以发挥重要的作用，但它的适用范围是有限的。因此，我们还需探寻更完善的补救措施。[3]

---

[1] 马弗《关于加拿大西北部情况的报告》，第44页。
[2] 韦布《社会主义共同体宪章》，第252页。
[3] 费依对各种合作活动作了详尽的讨论，参见其《国内和国外的合作运动》。此外，他对本章的修订提出了有益的批评和建议，对此我亦不胜感激。

第二十章　政府干预

第1节　本章涉及政府干预产业的一般优势，包括控制和管理，以此来补救私营企业的失败。第2节　由于种种原因，战争中的经验对这件事情的指导作用远远没有一开始预期的那么多。第3节　无论行业运营是否需要诉诸征用权，问题基本上都是一样的。第4节　在不受国家干预的情况下，私营企业不能使国民所得最大化，这本身并不需要干预，因为这可能使情况更糟。第5节　然而，当代的某些发展使政府机构比以往更适合干预。

第1节

在产业的广泛领域内，自发组成的购买者协会不足以克服发生在更普通的商业形式下产业调整方面的失败，如此一来，问题便出现了，国民所得是否会因政府进行某些形式的干预（不是通过对私营企业的管制就是通过直接的政府管理）而有所增加。在本章中，我们关心的不是这两种干预形式的相对优势，而是从整体上讨论干预所覆盖的最广泛的领域。

第2节

一开始，人们会很自然地从战争的经验中寻找这一问题的答案。国家迫切需要扩大军需品、本土粮食、船只和一些其他物品的供给量，这导致了国家对生产的广泛干预。一些国有生产企业随之建立起来，私营企业也处于政府的控制之下，国家有时还会给予它们一些特殊补助金，以此来激励它们拓展自己的业务；而农业部被授权鼓励并在必要时强制扩大土地种植面积，还为士兵和囚犯提供了一些劳动设施，并提供专门的进口机械来帮助农民。诚然，研究这些方面或其他方面取得的成果非常有益，但它对我们目前的研究并没有太大帮助。战争状况与和平状况之间的差距实在太大。在那四年的紧张局势中，政府大部分产业活动的

□ 伦敦市长就职游行上的妇女土地军

在第一次世界大战期间，农业对所有参战国来说发挥了至关重要的作用。让军人与平民百姓吃饱饭，不仅可以让他们保持体力，也是他们保持士气和努力投入战争的关键因素。图为第一次世界大战期间，妇女土地军成员在伦敦市长的就职游行上用马拉着稻草。

根本动机是不惜任何代价，迫使资本、企业和劳动力立刻投入到某些急需品的生产中去。不可否认，当任何物品的供给相对于需求而言出现了供不应求的局面，这种情况本身往往会刺激人们着力去生产这种物品而不会去生产其他物品。但是，人们的这种反应却总是很迟钝，而速度永远是第一次世界大战中最基本的要求。政府援助和强制的主要目的就在于确保速度，在于采取直击目标的方式来立刻解决困难，而在一般情况下，这些困难只能慢慢去克服。当然，这种行动的必要性尤其体现在某些产业中，在这些产业中，政府人为地压低价格，从而消除了正常情况下理应在增产后对私营企业产生重要刺激作用的因素。战争一结束，一切都发生了改变。国民经济的问题已经不再是即刻从一种生产体制向另一种生产体制的转型，而是要长期维持最佳的生产体制。证明政府适合（或不适合）完成某两项任务的前一项，并不表明它适合（或不适合）完成后一项。此外，大战中所需要的生产体制，要求生产大量相同类型的大宗物品供政府直接使用。证明政府适合（或不适合）控制或管理专用于此类计划的行业，并不证明政府也适合（或不适合）控制和管理平时所推行的较为多变的体制。并且，大战期间的政府管制，必然是在异常艰难和备受压力的情况下仓促制订的。有人认为，政府在这些情况下进行干预是一种浪费，可以说没有作用；但是我们没有证据可以证明，在正常生活中如果有更加有利的条件，政府干预是否也会表现出相同的缺点。因此，战时经验基本不能提供真正的指导，所以我们的问题必须通过其他方式寻找突破口。

第3节

有人认为，解决这一问题的道路受到某种观点的阻碍，即某些行业，比如铁路服务（包括全国铁路和市区有轨电车）、煤气照明、电力供应、自来水供应等需要利用征用权的行业，适合政府干预，而其他无须利用征用权的行业，则不适合政府干预。这种观点是错误的。事实上，行使征用权意味着垄断，因为无论是国家机关还是市政机构，都绝不可能允许对街道和公路进行双重并行干预。但是，这种情况只会把此类公共事业服务归入垄断型服务的一般类别中去，并不能使它们在任何关键环节有别于那些以完全不同的方式归入该类别中的服务——比如美国的石油和钢铁工业。因此，无论是政府直接管理还是通过发放许可证来进行管制，征用权都绝不是一个先决条件。公共屠宰场、特许卖酒商店以及伦敦持证驾驶的出租车制度，都真实地阐释了这一情形。广义的政策问题因我们所关注的行业到底是垄断性行业还是非垄断性行业而有所不同；同样地，在垄断性行业内，所对应的政策也会因差别定价是否可行而有所不同。但是，在其他条件相同的情况下，相关行业不管会不会要求使用征用权，其政策问题都是相同的。毫无疑问，如目前所见，一开始就行使这一权利的企业必定一开始就去与政府当局打交道，因此在既得利益集团还没有发展壮大之时，它们就立刻被置于当局的掌控之下，所以比其他行业更容易受到政府的干预。这种实际的差别非常重要，但它不是、也不应该被视为一种原则性的区别。

第4节

在任何行业中，如果有理由相信利己主义做法的自由发挥将造成投入该行业的资源数量与要获得有利于国民所得所需的资源数量不相等，那么，政府干预就有了它初步的理由。然而，这也只不过是一个初步的理由而已，我们还得考虑政府部门有无进行有益干预的资格。自由发展的私营企业的不完全调整方案尚不足以与经济学家在研究中所能构想的最佳调整方案相比。因为，我们不能期望任何政府部门会达到或者会全心全意地追求这一理想。为了一己私利，这些部门很容易出现愚昧无知、屈从部门压力、贪污腐败等问题。如果把其选民中那些嗓门大的人集中起来投票，他们的反对之声可能会轻松地压过全体选民的声音。这种反对政府干预行业的声音，既体现在政府通过管制对私营企业进行的干预上，也体现在政府对国有企业的直接干预上。一方面，公司很可能会采取贿赂手段，尤其是政府对其有持续监管权的情况——它们不仅在获取特许经营权时如此，在执行特许经营权的过程中也是如此。"政府的管制并不会因为制订并正式通过了一份令人满意的合同就会结束，它是一项庞大的工程……与宪法、法令、宪章一样，对特许经营权的管制也是如此。事实证明，这样一种协议并不会自动执行，而必须通过几年的时间，像当初拟订并通过时那样积极地为之斗争才能得以执行。一个怀有敌意的、掉以轻心的或愚昧无知的市议会，甚至是国家立法机构，都有可能大面积地修改协议的条款，严重削弱或完全损害协议的约束力。"[1]为此，公司方面对政府只好保持持续游说的方式。"政客们正是从他们那儿获得了竞选资金。"[2]这种弊端有一种叠加效应，它会将正直之士拒之门外，阻止他们进入政府部门工作，从而使腐败更加肆无忌惮。另一方面，假如政府部门自己办企业，腐败可能只会在形式上发生变化。市政官员提议建立的新企业可能会与商人、建筑商、建筑师等之间进行多达数百万美元的交易，从而增加数百个重要的办公室，额外雇用成百上千名公务员。党政领导人可能会从增加的受惠者中得到他们应有的那部分利益。每一位政府官员都有可能以某种形式的利己主义损害国家的共同利益。[3]

第5节

这种主张政府不干预企业管理的观点所具有的推动力，显然不会在任何时间和地点都一样。因为，任何特定类型的政府部门的行事效率和社会责任感，都

---

[1]《公用事业中的市政经营与私人经营》（呈交全美公民联合会的报告），第1卷，第39页。
[2] 比米斯《市政垄断》，第174页。
[3]《公用事业中的市经政营与私人经营》，第1卷，第429页。

会随着时代大环境的变化而发生改变。因此，在过去一个世纪里，英国在"廉洁度、执行力、公正度及政府资源等方面都有了很大提升……并且人们如今有能力影响他们的统治者，能够阻止上层阶级滥用职权和特权，这种情况在教育得到普及、人们养家糊口之余尚有余力的时代没有到来之前，是不可能发生的"[1]。这一重要事实表明，与以往相比，任何政府部门现在的任何干预行为都更有可能对社会有利。这还不是全部。除了对现有形式下的政府部门的运作方式进行改进之外，我们还必须考虑创建一些新形式的政府部门。可以说，市政和国家代表大会作为管理或经营企业的机构，主要有四个缺陷：第一，在英国——尽管这种说明基本上不适合德国的情况——选择这些机构完全不是出于干预产业的目的。因此，没有理由期望它们的成员有任何特殊的才能来胜任这项任务。第二，国民政府或市议会的组成人员不稳定是一个严重的缺陷。W. 普里斯爵士曾写道："关于电力照明方面的经验，我的脑海里留有印象。各大城市市政机构解决这一难题的方法是，组建小而精干的市政委员会，并推选出一名委员会主席，以保持政策的连续性。小城市则一开始就组建规模较大的委员会，这些委员会的成员经常变动，结果就是，他们要么在使用何种电力照明系统上无法达成共识，要么在采用何种方法来完成电力照明服务上无法形成统一意见，总之，麻烦不断，争吵不休。"[2]而且，成员变动可能会导致他们行动时目光短浅、缺乏远见——把目光紧盯在下一轮选举上——不会着眼于社会的长远利益。第三，平时分配给政府部门各自执守的领域是由非商业因素所决定，这些领域中任何行业的运营可能都不适于任何形式的政府干预。比如，众所周知的是，一些市政机构试图对街道交通服务和电力供应进行监管，而另外一些市政机构则试图经营它们，结果都遭遇了巨大的困难，因为自从有了一些现代的发明创造以后，这些服务就能以最经济的方式大规模地提供，提供的数量远远超过任何一个市政机构所限定的数量。第四，如上所述，由选举产生的正规的政府机构，必然也容易被选举的压力所伤

---

[1] 马歇尔《经济领域的骑士精神》，载于《经济学杂志》，第18~19页。
[2] H. 迈耶《英国的市政所有权》，第258页。

害。这四个缺陷都非常严重。但是，它们在很大程度上都是可以消除的，比如在德国实行的市政制度下，它们就已经被消除了。在德国，市长和市政委员会委员（相当于英国各委员会的主席）都是领取薪水的全职专家，并享有终身任期。近期发展起来的"委员会"（或称为"特别委员会"），即为实现行业经营或管制而任命的人员机构，就可以克服这四个缺陷，也许更有效。例如，英国的新南威尔士铁路局或伦敦港务局，是为行业经营而建立的专门机构；美国的州际铁路委员会则是为了管制行业而建立的专门机构。对于这类专业委员会的成员，可以专门挑选合适的人来胜任，其任期可以很长，分配给他们的工作领域也可以适当作出调整，他们的任命条件可以使他们基本上免除选举的压力。"委员会"这种体制，进一步避免遭遇类似于市议会的机构对于行业干预的强烈反对。正如梅杰·达尔文（Major Darwin）所言，其反对理由是，这种干预"减少了这些机构用于履行其首要的和基本的职责的时间，并且忙碌的人们越来越不愿意在公共事务上投入时间，从而削弱地方政府机构的行政管理能力"[1]。如果各行各业都由政府的特别委员会经营和管理，这种反对就是无效的。由此得出的结论是，政府机构当前在组织结构和运行方式上的改进，已经使其能够对行业进行有益的干预，这在以前是不可能做到的事情。

---

[1] 梅杰·达尔文《城市贸易》，第102页。

第二十一章　垄断的公共管制

第1节　本章涉及国家为控制私人垄断所做的努力，即供给应该根据需求进行调整，因此，国民所得应该与单纯竞争下的一样多。第2节　讨论通过不使竞争对手联合来维持实际竞争的政策。第3节　第二种间接控制的方法体现在维持潜在竞争的政策上。这一点通过惩罚激烈竞争中的"联合"手段和抵制中的毁灭性倾销来实现。第4~5节　阐释这些"联合"手段的本质和影响。第6节　尽管困难重重，但如果认真制定专门的法令，无论如何都有可能减少使用这些手段的范围。第7节　但是，即使这样的立法在直接目标上取得成功，也不能完全维持潜在的竞争。第8节　仅仅是间接控制方法还不够，有必要用直接方法进行补充。第9节　讨论鼓励同样具有垄断力量的购买者——为对抗垄断型购买者——形成联合体的政策。第10节　宣传政策。第11节　对垄断性行业销售条款的控制在收益递减而非收益递增的情况下，会造成一种特殊的困难。第12节　战争经验的指导作用微乎其微。第13节　管制在禁止"不合理的"价格方面可能是一种消极方法，在确定最高价格方面可能是一种积极方法。第14~15节　讨论"制裁"问题。第16~20节　确定价格合理性的依据是一个非常棘手的问题。第21~25节　探讨几种旨在防止或限制价格管制机构出现错误的方法，包括浮动制。第26节　在旧的垄断企业中，价格限制也很难扰乱"合理预期"。第27节　此外，管制必然难以操作、代价高昂。

第1节

在第九至第十一章中，当利己主义通过单纯竞争未能使国民所得达到最大化时，常提到国家干预法。如果适当的资源数量无法进入一些行业，可以由政府来经营这些行业，而且可以在极端的情况下运用刑法，除此特殊情况外，上面所说的方法都是财政手段，即给予补贴或征税。如果利己主义通过垄断竞争而非单纯竞争发挥作用，财政干预显然就不再奏效。实际上，设立补贴的目的可能是防止对低于社会期待值的产量进行限制，但其代价却是使垄断者在早已获得超额利润的基础上再从政府那里获得一大笔新增的赎金。因此，在本章中，我们将考虑在垄断情况下有哪些方法可供选择。为了使阐述简洁明了，我会忽略第十一章中列出的限定条件，就像古典经济学家的忠实信徒一样，仍相信单纯竞争可能使国民所得最大化。因此，国家在考虑垄断或垄断的可能性时，可能应将其垄断下的国民所得与单纯竞争下的国民所得进行对比。国家要解决的问题不是让事情变得完美，而是让事情在垄断力不起作用的情况下尽可能地好。

第2节

在那些可能通过企业联合而产生垄断力量的行业中，政府可以设法阻止垄断力量的形成，或者在其形成后将其铲除。美国早期的联邦反托拉斯法，即通常所说的《谢尔曼法》（1890年），明确指出"限制各州之间的贸易或商业行为"，但最高法院在之前的判决中，将该法令解释为禁止所有拥有实质性垄断力量的大规模企业联合。因此，哈兰（Harlan）法官在1904年的北方证券案的判决中宣称，"为使依据《国会法案》所指控的企业联合无效，无须证明这一企业联合实际上导致了或将导致贸易完全受到遏制或完全被垄断，只需证明，该企业联合趋向于限制各州之间或国际商贸活动，或趋向于在此类商贸活动中造成贸易垄断，并剥夺公众从自由竞争中获得的各种利益。"[1] 1914年的《克莱顿法》

□ 谢尔曼

约翰·谢尔曼（1823—1900年），美国内战期间和19世纪后期美国俄亥俄州的政治家。他曾在美国国会"两院"任职，还担任过财政部长和国务卿。1890年，美国国会制订的第一部也是最基本的一部《谢尔曼反托拉斯法》（简称为《谢尔曼法》）正是当时的参议员约翰·谢尔曼提出的，这也是美国历史上第一个授权联邦政府控制和干预经济的法案，其全称为《保护贸易和商业不受非法限制与垄断之害法》。该法案规定：凡是以托拉斯形式订立契约、实行合并或阴谋限制贸易的行为，凡是旨在垄断各州间商业和贸易的任何一部分的垄断或试图垄断、联合或共谋犯罪的行为，均属违法。违反该法的个人或组织，将受到民事的或刑事的制裁。

---

[1] 詹克斯和克拉克合著的《托拉斯问题》，第295页。

虽然没有对已经形成的企业联合作出进一步规定，但在未来形成新的企业联合方面沿用了上述解释。它规定，不仅任何人不得担任一家以上大银行或大公司的董事，而且任何公司不得收购（已经收购的不受影响）任何其他公司的全部或部分股票，因为这种收购产生的效果可能会大幅度减少竞争，或限制社会各个方面的商业活动，或在任一商业领域形成垄断。然而，这项总决策——即禁止和摧毁托拉斯——似乎面临三种严重的反对意见。

第一，很难有效执行这项政策。立法机关和法院可能会成功消除某些形式的企业联合，但结果通常只会导致其他的联合形式的出现——如果非正式的定价协议取代了完全的企业联合，牺牲了企业联合的优点却没有消除联合之前的缺点，那么，其他企业联合形式就有可能出现。美国最高法院宣布：多家公司向共同的受托人授予委托书是越权行为，它将导致，在一些行业中此类受托人购买了每家公司大部分的股票，在另一些行业中控股公司取代了托拉斯。政府对控股公司的打击，可以采取完全联合（如果不违法的话）或将其解散为独立的公司（使每家公司都受制于相同的股权控制者）的形式。奥地利法律对有可能损害财政收入的卡特尔予以打击，解散了拥有中央控制机构的卡特尔，但最终结果却是用非正式协议代替了卡特尔。最近成立的英国铁路协议与联合委员会就此作出了如下总结："虽然议会可以颁布法律，规定做什么，禁止做什么，但过去的经验表明，议会似乎也无力阻止双方通过签订协议或不签订正式协议来不做什么，即双方不主动竞争。当然，国会可以对授权两家或两家以上的铁路公司联合或形成联盟的法案予以否决，而且可以规定某些类型的协议是无效甚至违法的。但是，它不能阻止铁路公司（当然，对于实业公司也一样）相互间达成共识，采取共同行动，或停止主动竞争。"[1]美国政府和法院最近的政策是强行解散垄断公司，令其恢复到原来的组织结构，同时制订各种规章制度，以防止这些公司受制于同一个控制者。在一段时间内，这项政策的效率确实更高，而且虽然它不能成功促进原来的同行之间真正进行竞争，但是在它的干扰作用下，新的联合体变得不再那么具有吸引力。例

---

[1]《铁路协议与联合委员会》，1911年，第18页。

如，1914年杜兰德（Durand）教授声称，自政府开始依据《谢尔曼法》提出诉讼以来，再也没有产生过新的企业联合。[1]然而，情况已经发生了改变。1927年，英国贸易委员会在向工业和贸易委员会提交的关于《美国企业联合问题的备忘录》中给出了如下结论："在防止联合体增长或减少竞争方面，仅仅取得有限的成功。1890—1914年执行《谢尔曼法》的经历，似乎一直在重演。当一种形式的联合遭到批判并被宣布为非法时，律师就会建议企业采取另一种新的形式，即使这种新形式最终将遭到联邦贸易委员会的否决，但它需要相当长的时间才能被解散。"[2]因此，作为全部经验的传授，仍然可以说，旨在"维持竞争"的法律很难成功。

对这项政策还有第二种强烈的反对意见。即该政策背后的根本观点是，竞争意味着会出现以下情形：相关企业中投资的边际社会净产量价值约等于其他企业中投资的边际社会净产量价值。不过，根据第九章和第十一章中所说的限定条件，我们必然可以预期，上述竞争的良好结果是"单纯竞争"，而法律反对的企业联合所导致的竞争很可能是垄断竞争，即少数竞争者之间的竞争。铁路公司之间的联合，必然是这样的结果。因为在任何两个特定地点之间运营的铁路公司的数量一定非常少。从产业联合来说，这个问题乍一看似乎更令人疑惑，因为在任何特定行业中，公司的数量并非一定会受到此类限制。然而，我们发现，除非在龙头企业真正较少的行业，企业联合体很少能够组建起来，鉴于此，这种反对意见的力量就大大减弱了。在企业联合以及铁路公司的联合中，解体导致垄断竞争的可能性比单纯竞争大得多。但是，第十五章已经表明，垄断竞争往往不会导致这样一种产量，即它使相关企业中投资的边际净产量价值等于其他产业的普遍情形。相反，该产量具有不确定性。如果各竞争者想要消灭或兼并彼此，我们可能会看到一场"割喉式竞争"（有时称为"毁灭性倾销"），在这种竞争中，生产会受

---

[1]参见《美国经济评论增刊》，1914年3月，第176页。关于美国反托拉斯法和案例的描述，参见戴维斯《托拉斯法与不公平竞争》。

[2]《产业和商业效率中的诸因素》，1927年，第107页。

到巨大的影响，遭受绝对的损失；如果一家大企业希望赢得哪怕是毫无意义的胜利，则这种损失出现的概率会因此而变得更大。简而言之，即使以"维持竞争"为前提的法律能够真正防止企业联合，它们仍然无法确保在这种意义上产生的竞争，能够使最有利于国民所得的价格水平和收费标准出现。

然而，即便到了此时，对这项政策的反对意见仍然未尽。现在讲第三种反对意见。联合不仅是垄断产生的根源，它往往带来附加利益。因此，正如第十一章所述，如果一项联合相对于与其交易的市场而言规模较大，它往往比个体小买主更加积极地在潜在客户中采取扩大需求的策略，因为它可能对这一目标进行投资，而且期望从这些投资中获得较大比例的收益。此外，一个大型的企业联合体通常会在生产上享有一定的经济效应，如果政府采取维护主动竞争的政策，就不会出现这种效应。毫无疑问，某些形式的卡特尔协议保证了每个成员都拥有部分市场份额，因为这些协议往往保护那些会被竞争"自然"消灭的弱势企业，所以这些协议不仅无法产生规模经济效应，甚至还会产生规模不经济。[1]但是，人们应该注意到，联营协议不一定要以这种方式运作。比如，英国托拉斯委员会（1919年）的报告指出，许多协会都有这样的协议：产量低于生产配额的企业，将从企业联盟的储备中获得其不足量5%的价值。一些作证人指出，这种协议可以用补贴这种比较经济的方式，而不是用打击这种成本较高的方式，将弱势企业逐出它们所在的行业。[2]对此，我们需要指出的是，上述补助金必须通过对产量超过生产配额的企业征收某种税款所获得的资金来提供——这必然挫伤这些企业的积极性。此外，在某些形式的联营中，个人的利润由全体成员的效率来决定，这可能会导致个体成员工作懈怠，越来越缺少干劲和进取心。但是，另一方面，对于所有企业联合体，只要涉及任何程度的共同管理，必定或多或少产生第十一章所

---

[1] 参见沃克《德国煤炭工业中的联合企业》，第322页。然而，沃克先生指出，在鲁尔地区的所有卡特尔中，这种趋势比乍一看的要小，因为大煤矿通过开采更多竖井和收购小型矿井，可以增加它们的"参与份额"（该文第94页）。摩根罗斯在他的《卡特尔出口政策》中强调，这一点适合所有卡特尔。他还进一步指出，卡特尔的规模不经济效应，会因其有导致建立"混合型工厂"的倾向而减轻，这些工厂不允许他们对原材料的加工有任何限制。因此，在这些重要的混合型工厂中，竞争的选择性影响不受协议的限制（该文第72页）。

[2]《托拉斯委员会的报告》，1919年，第3页。

提到的节约成本的效应。[1] 就像在电话类的特殊行业中，如果实际提供给A的服务，会因B也从同一机构获得该服务而有所改善的话，则这种利益将会更大。在更为普通的行业中，这种利益也可能很大。除其他情况外，实力薄弱或地理位置差的工厂的倒闭速度，往往比在竞争条件下更迅速；而在那些尚未倒闭的工厂中，"比较成本会计"的目标明确，其力量远比市场竞争这种非理性的力量更能激发管理者的热情，使其干劲更大。[2]

事实上，我们必须防止夸大这些经济体的重要性。因为，如果我们所说的企业联合是指现有的联合，则必须记住，由于控制单位的规模由垄断因素、结构因素和其他经济因素决定，因此该单位往往大于最高效率单位。如果我们所说的企业联合是指重新实行的可以获利的联合，则完全排除行使垄断权力，企业联合的确会演变成最大的即时效率单位，但是如果不仅仅考虑到最终的直接影响，还考虑到其间接影响，则该单位很可能会变得太过庞大。为此，有两点考虑。第一，控制任一产业主体的生产商在权衡对所使用的机械进行某种改进是否明智时，都必然考虑投资于这种改进的资本所带来的直接的正收益，以及对其现有的工厂收益有所削减的间接的负收益。但是，这样一来，就如本编第九章第12节所示，该生产商将不愿意采取本应为增加国民所得的利益而应该采取的改进措施。垄断集团不会合理利用——总是诱惑之下的不充分利用——作为无价的进步推手的被解雇人群。[3] 第二，如第七章所述，大规模的联合将减少企业家职能锻炼的机会——如果人们在某一公司表现出色，有能力胜任另一公司的更高岗位，则可以获得锻炼的机会；可以削弱公司之间的竞争对热情和效率的刺激作用，从而间接地阻碍企业家的平均业务能力提高到原本可能达到的水平。

这些考虑事项所暗示的限制条件非常重要。它们对克拉克教授提出的主张有强烈的限制作用，克拉克说道："一种近乎理想的状态是，每个行业部门都应该

---

[1] 参见利夫曼《卡特尔和托拉斯组织》，第61~62页。
[2] 参见麦格雷戈《企业联合》，第34页。这一策略在美国钢铁公司运用广泛（范·海斯《集中与管制》，第136页）。詹克斯在《美国劳工简报》中对此作了详尽的叙述（1900年，第675页）。
[3] 参见克拉克《托拉斯的管控制度》（修订版），第14页。

有一个大公司，可以不受阻碍地高速运行，并被迫向公众提供该经济体的全部利益。"[1]然而毋庸置疑的是，在某些情况下，即使从长远的观点来看，将竞争企业联合为可以主导市场的托拉斯，确实会产生大量的净经济效益。[2]这些经济效益的规模或许非常大，以至于它们对国民所得产生的有利影响超过因行使垄断权力而产生的不利影响。在任意联合体形成前后，无论实际情况是否如此，试图通过比较联合前后的价格或原材料价格与价格之间的差额来做决定，都将不可避免地受到阻碍，因为我们无法考虑到制造方法和副产品利用的变化，也无法准确衡量联合体形成之前的——可能是不正常的——价格状况。[3]然而，通过分析，我们可以说，企业联合总体上很可能减少受其影响的商品的产量并提高其价格，除非相关的经济效益十分巨大，在没有垄断的情况下引进它们，能将产量提高至原来的两倍左右。[4]毫无疑问，不可能有如此巨大的经济效益，因此，我不认为，阻止任何行业部门的联合会使该部门的产量低于它可能达到的水平。但最关键的一点是，联合对受其影响的商品产量的效应与其对国民所得的效应并不相同。因为，假设联合所产生的经济效应能够达到使用以前一半的生产资源生产出与以前相同的产量的效果；并假设由于垄断行为，实际上生产的产量不超过原来的产量。一般来说，释放的生产资源不会闲置，而是用于增加其他商品的产量。因此，在这种情况下，任何商品的产量都不会减少，某些商品的产量反而会有所增加，这显然意味着国民所得的总量将增加。由此可见，阻止企业联合有时会损害国民所得，即使它使直接受到影响的商品的产量比原来更大。然而，这一点无须作进一步的探讨。因为无论在什么情况下，可以肯定的是，当企业联合具有任

---

[1] 参见克拉克《托拉斯的管控制度》（修订版），第29页。

[2] 杜兰德教授支持解散托拉斯组织的政策。他指出，一般来说，联合之外的企业单位已经发展到足够大，足以保证实现适合于托拉斯的所有生产上的结构性经济效益和其他经济效益（《经济学季刊》，1914年，第677页及以下诸页）。然而，值得注意的是，即便如此，解散托拉斯组织的政策也不会被证明优于剥夺托拉斯垄断权力的政策。因为这两项政策都将导致建立规模最大、效率最高的企业单位。然而事实上，并非所有的行业都是如此；而且，如果不是这样的话，这种解散会导致建立的单位太小，无法产生最大的效率。

[3] 由于这些原因，詹克斯在其《托拉斯问题》一书中对价格所作的令人折服的研究，几乎不足以支持他对联合效应的有利判断。

[4] 在假定需求曲线与供给曲线是直线的情况下，这一命题完全正确。

何净经济效益时，阻止联合必然比允许联合但禁止其行使垄断权力，对国民所得造成的损害更大。

第3节

政府可以采取的第二项政策如下。与其试图通过阻止联合来防止工业企业拥有垄断权力，不如通过保护潜在的而非实际的竞争，以工业企业自身的利益促使其不行使垄断权力；当然，工业企业的想法是，如果在限制产量的同时，将价格抬高至足以产生超额利润，就会吸引新的竞争者进入该领域，他们将没有理由收取高过"合理"价格的费用。这种思路下产生的政策是，运用可能赶走潜在竞争者的"联合"手段施以惩罚。其中主要有两种措施，即割喉式竞争（如第十二章所述）与各种形式的抵制，也就是对第三方施加压力，使不得以与自己提供给竞争者相同的优惠条件，向竞争者购买服务或销售服务。[1]

□ 美国标准石油公司总部　20世纪

标准石油公司是由约翰·D. 洛克菲勒及其合伙人于1870年在美国俄亥俄州成立的有限公司，是一间大型的综合石油生产、提炼、运输与营销的公司，也是当时世界上最大的石油提炼公司。1911年，在美国最高法院裁定标准石油公司为非法垄断组织之后，这家世界上出现最早、规模最大的跨国公司的争议史才得以结束，它最终被拆分为多家石油公司。

第4节

显然，当"割喉式竞争"这个武器被一家规模已经大到足以垄断任何行业部

---

[1] 抵制的武器还可以用来迫使零售商达成一项协议，将其销售的特定商品的价格维持在制造商规定的水平。制造商似乎并不希望把优质的商品以过低的价格出售给消费者，以免它们"失去了等级"。但是，他们的主要动机可能是，如果这些商品变成特价商品，零售商几乎不能从中获得任何直接利润，而仅用来为其他商品做广告，那么他们就不会卖力地推销它们（陶西格《美国经济评论增刊》，1916年，第6卷，第1期，第172～173页）。

门的企业所使用时，它必然对新对手具有压倒性威力。垄断者必须拥有巨大的资源，这些资源几乎可以不受限制地源源不断地输出，以击败那些不那么富有的新兴入侵者。当一个经营多个市场或多个商品线的垄断者，与只经营少数几种商品的对手相竞争时，这一点就显得尤其明显；因为在这种情况下，竞争者可以被公开降价销售或虚假独立公司[1]的降价销售打败，而这只会对垄断者造成很小的影响。一些反对美孚石油托拉斯的人，给出了此类降价销售的极端例子，"雇用人员去跟踪竞争者，了解他们的客户是谁，然后向客户提供更低的报价；据说有时还会贿赂竞争者办公室的员工，令其把公司机密透露给美孚石油托拉斯"[2]。这种武器的巨大威力无需强调。有人曾两次试图与杰伊·古尔德（Jay Gould）公司就从纽约到费城的电报线路业务展开竞争，结果均由于该公司的电报费率降低到有名无实的地步而宣告失败，这一可怕武器的威名阻止了进一步的竞争。[3]

第5节

抵制的武器比割喉式竞争的武器的应用范围要小。它的运作方式是，拒绝与任何在其他地方也有交易的人进行交易，除非是在特别苛刻的条件下。当一个占支配地位的购买者为其交易所附加的苛刻条件给客户带来的损害，大于该客户失去其他交易所受到的损害，则垄断者可以迫使客户抵制他的竞争者。为了能够做到这一点，他所出售的商品或服务在本质或技术上必须不可转让[4]；因为，如果客户能够通过中间商购买到垄断者拒绝出售给他的商品，垄断者就不可能通过拒绝出售商品给客户来对他造成伤害。因此，在商品属性不会导致不可转让的前提下，垄断者与任意中间商（如果有的话）之间的合约转售必须有严格的条件，因为中间商会在垄断者与最终消费者之间进行干预。但是，仅不可转让是不够的。必

---

[1] 据说，美孚石油公司就采用了这种方法。当然，这样做的目的是为了避免来自其他市场的客户对他们提出类似的削价要求（参见戴维斯《托拉斯法与不公平竞争》，第319页）。
[2]《美国工业委员会》，第1章第1节，第20页。
[3] 霍布森《近现代资本主义的演变》，第219页。
[4] 参见本人拙著《垄断与消费者盈余》，载于《经济学杂志》，1904年9月，第392页。

须进一步具备的条件是，竞争的生产商以当前价格向一个顽固的消费者提供的数量应该非常小。当然，通常情况下，尽管任何一个销售者的产量相对于市场的总消费量可能很小，但它却是任何有代表性的单一消费者的消费量的许多倍。在这种情况下，顽固不化的消费者可以从外部竞争者那里购买他们想要的一切，并把垄断者的全部商品留给不那么顽固的消费者，从而成功抵制垄断者拒绝销售的行为。然而，这种考虑因素对抵制的武器并不完全具有致命的作用，因为在许多行业中，尽管不是在所有行业中[1]，生产商是通过批发商、其他制造商或运输商间接与客户打交道的。当这类中间商存在时，有效的抵制可能变得切实可行。

第一，如果垄断者提供的商品或服务不在单一的商品中，而在多种不同商品中，而且在这多种不同商品中，人们对于其中一种或多种商品的需求非常迫切，而垄断者通过专利或商誉（比如烟草品牌）等其他方式获得独家控制权，则可以强制实行抵制。鞋靴业就是一个很好的例证。部分鞋靴公司掌控了该行业的重要专利，他们对一些有专利权的设备不予出售，却以租赁方式出租，"条件是，除非制造商与专利权所有者提供的其他设备一起使用这些设备，否则禁止制造商租用这些设备……尤其是，最新的机器设备不得用于生产在其他生产过程中接触过其他制造商所提供设备的商品"[2]。此外，廉价专卖品的制造者有时与零售商签订的"代理商"协议也体现了这类抵制。

第二，如果购买者——与前面一样，通常是制造商——必须在需要的时候能够立即获得所需的服务，而普通供应商提供的服务总量虽然大于任何单一购买者的需求，但在某一特定时刻，他们所提供的服务无法满足这类购买者的需求时，则垄断者可以强制实行抵制。这种情况出现在易腐烂变质或需求紧迫的商品运输中，一旦有运输需求，必须立刻接替可供使用的运输工具。正是在这类商品的海上运输中，强制实行抵制得到了最充分的运用。有些商品的运输需求相当稳定，

---

[1] 例如詹克斯指出："据说，大约一半的联合企业直接向消费者销售。"（《美国劳工简报》，1900年，第679页）

[2] 《泰晤士报》，1903年2月8日，参见《（英国）托拉斯委员会报告·附录》（1919年，第27页）。根据1903年的《专利法》，此类行为在澳大利亚被明令禁止（参见戴维斯《托拉斯法与不公平竞争》，第247页）。1907年的英国《专利法》允许承租人租用专利机器而无须接受"合理的"（当然不是平等的）约束条款。

不需要迅速交货，如果购买者愿意，完全可以用不定期的流动货船来运输；但需求紧急的货物就不能这样安排，因为流动货船和小航线无法保证定期航行。[1]因此，航运集团便可以对独立航线强制实行抵制。他们常常通过"延期回扣"来实现抵制。[2]"延期回扣"有两个等级。皇家航运集团委员会发表其报告时（1909年），西非班轮公会和所有与印度及远东进行贸易的航运公会，只向出口商支付回扣，条件是这些出口商对公会竞争者一直都不感兴趣，且不再为他们的运输进行代理，而必须将其他客户的货物交由航运集团运输。[3]然而，在南美公会上，"对于由运输代理商运输的货物，回扣申请单须由该代理商和委托人共同签字，如果运输代理商在为其所有客户进行的一切运输中未能遵守回扣申请单中的条件，回扣申请单则无效"[4]。

第三，如果垄断者希望用作工具的中间商不是制造商或购买竞争者商品的批发商，而是运输竞争者商品的铁路公司，便可以强制实行抵制。如果有另一条线路运输自己的货物，垄断者便可以威胁铁路公司不再照顾它生意，以此迫使

---

[1] 参见《皇家航运集团委员会报告》，1909年，第13页。委员会指出，正是出于这个原因，延期回扣制度既不适用于英国的煤炭出口贸易，也不适用于英国大部分的原材料进口贸易，而只适用于那些需要高级轮船定期服务的货物（参见《皇家航运集团委员会报告》，第77页）。

[2] 1909年，皇家航运集团委员会对这种方法作了说明："航运公司向托运商们发出通告，如果在某一时期（通常是四个月或六个月）结束时，他们未使用班轮公会会员以外的船只运送，则他们将贷其总运费的一部分（通常为10%）的款项；如果在下一时期（通常是四个月或六个月）结束时，他们继续用班轮公会会员的船只运送，则这笔款项将支付给他们。以这种方式支付的款项就是'延期回扣'。在南非贸易中，目前的回扣额等于托运人所付运费的5%。该项回扣在两个为期6个月的时期结束时予以计算，截止日期分别为6月30日和12月31日，但是支付给托运商的金额要等到下一个6个月结束时才到期，也就是说，1月1日至6月30日期间的货物的回扣，要等到来年的1月1日才能缴付，而7月1日至12月31日期间的货物的回扣，要等到翌年的7月1日支付。因此，在这种情况下，所有特定货物的回扣将由船东扣留至少6个月；若货物是在1月1日或7月1日装船，则扣留12个月。如果托运人在任一时间段内通过公会航线以外的船只运送任何数量的货物，无论数量多么小，他们在这一时期和前一时期对所有货物收取回扣的权利，都将被剥夺。"（《皇家航运集团委员会报告》，第9~10页）自皇家航运集团委员会的报告发布以来，一种新的约束托运人的方法，即协议制度开始流行。1911年，南非立法"迫使与南非从事贸易的班轮公司放弃回扣制度，此后，经由南非贸易协会和南非运公会商议，达成一项协议……签署协议的托运人同意积极支持航运公会中的定期班轮。作为回报，班轮公司承诺按照公布的日期发船，无论满载与否，而且保持协议中明确规定的运费的稳定性，以及大小托运人的费率平等"（《皇家航运集团委员会报告》，1923年，第1802号指令，第20~21页）。

[3]《皇家航运集团委员会报告》，第29~30页。

[4]《皇家航运集团委员会报告》，第30页。1892年，上议院在"莫卧儿蒸汽船公司"一案中所作裁决的依据是，受这种措施伤害的一方，没有理由为其遭受的伤害要求赔偿，但这似乎并不一定意味着，被起诉的联合企业本身是合法的（戴维斯《托拉斯法与不公平竞争》，第234页）。在德国皇家法庭（1901年）一个类似案件中，通过了一项禁止差别待遇的法令（《皇家航运集团委员会报告》，第262页）。

它向竞争者收取差别运费。在石油托拉斯发起的抵制行动中，甚至有人断言，铁路公司被迫将自己从竞争者那里收取的一部分附加费用交给了托拉斯的经理。[1] 当实施抵制的公司实际拥有运输机构时，它在这件事情上的权力必然变得更大。[2] 这种抵制形式也可能通过银行来开展，即向银行施加压力，使其拒绝向作为竞争者的生产商提供贷款。

第6节

试图通过立法来阻止采用割喉式竞争的尝试，遇到了刻意逃避处罚这一难题。美国工业委员会建议，"为破坏当地竞争而随意把价格降至普遍价格水平之下"的行为，都应视作违法行为。任何受害者都有权提起诉讼，要求对违法者予以惩罚，而政府官员必须依法对其进行惩处。[3] 然而显而易见的是，即使有可能像对待公共服务公司那样，坚决要求定期公布收费价格，但是违法者仍可以通过私下给予特定顾客折扣或回扣来逃避惩罚；而且，由于这种行为难以察觉，因此对违法行为处以重罚也并不一定就能确保人们遵纪守法。[4] 如果对毁灭性倾销造成威胁的不是公共服务公司，而是在不同领域从事多种商品生产的实业家，要求他们定期公布收费价格就是不切实际的。因此，立法者面临的问题是，如何将缠得更紧的结解开。如果毁灭性倾销是针对某一个特定竞争者或某一群竞争者而在当地市场上削价销售，违法行为至少是明明白白的，但是，尤其当它是通过独立的虚设公司来操作的时候，人们是很难发现这种违法行为的。为了应对外国人操作毁灭性倾销，加拿大政府（1904年）和南非政府（1914年）竭力通过制订反

---

[1] 参见《大石油集团》，第40页；以及里普利《铁路、运费和管制》，第200页。

[2] 当实行抵制的公司和五大肉类包装公司一样，拥有竞争对手必须使用的牲畜围场和冷藏库，而实施抵制的公司可以对竞争对手收取差别使用费时，情况正是如此。1919年，联邦贸易委员会在其有关肉类包装业的报告中提出，政府应该接管这些牲畜围场和冷藏设备，以避免发生这种情况。

[3] 《美国工业委员会》，第18卷，第154页。

[4] 科尔森先生在《政治经济学教程》中指出，滥用差别待遇"在英国似乎比在美国少见。英国政府的影响力较小，惩罚力度也较小，因为英国法律允许公司之间达成协议。相比之下，美国政府当局试图阻止任何阻碍竞争的协议。这是造成不平等的主要原因，因此差别待遇尚未根除"（科尔森《政治经济学教程》，第6卷，第398页）。

倾销法来保护本国公民，其法律规定，如果进口商品的价格远远低于国内规定的现行价格，则需缴纳特殊进口税，税额等于国内价格与国外价格之间的差额。[1]但是，这项立法要打击的不仅是这里定义的毁灭性倾销，它还包括：（1）在萧条时期以低于国内价格在国外市场上抛售剩余存货；（2）外国垄断生产商以国际价格永久性地向国外销售他能够在国内收取的垄断价格的商品。这项措施是否能阻碍前一种做法仍有待商榷，但它显然没有任何理由阻止后者——除非确实能说出一星半点站得住脚的理由来支持全面保护。美国政府为了将立法打击的矛头完全对准毁灭性倾销，1916年在《联邦税收法案》中加入了加拿大反倾销法的某些修订版。比如该税收法的第801条规定："从任何国家输入或帮助他人输入任何商品到美国的人，如果经常有计划地将此类商品输入或帮助他人输入到美国后销售或帮助他人销售该商品，而销售价格在加上运费、关税，以及输入美国与在此地销售必须收取的各种其他费用和开支之后，远远低于该商品出口到美国时在原产国或商品商出口的其他国家的主要市场上销售的实际市场价或批发价，其目的都是摧毁或损害美国的某一产业，或阻止在美国建立某一产业，或限制或垄断此类商品在美国的任何环节的贸易或商业活动，这类行为便属于违法行为。"违反本条款的，一律处以罚款或监禁，而不是像加拿大那样缴纳特别税。1921年的《紧急关税法》和1922年的《最终法案》省略了对目的的描述，如果有人以低于出口国的国内市场价格加离岸价格的成本价格进口某种商品，而使美国某一高效运作的行业因此而受到或可能受到损害时，授权政府即可对其征收特别关税。英国1921年的《产业保障法》规定，对于任何从国外进口的商品，刨除运费以后，以低于向该国消费者收取的批发价格的95%在英国销售，则应征收特别关税；其前提是，由于进口的原因，英国所有行业的就业均受到或可能受到严重影响。1921年，美国同样通过了一般性质的法案，但是该法规定，根据行政当局的意愿，也可酌情不采取行动。在此，我们无须关注这类立法给政府官员所出的难题，一些

---

〔1〕有关这些法律，参见戴维斯《托拉斯法与不公平竞争》，第550~551页。澳大利亚（1906年）颁布了一项更为复杂的法律，在不公平竞争下，它谴责加拿大意义上的倾销以及某些其他形式的进口，并对其处以惩罚，而不是征收特殊税。

政府官员必须负责查明有关事实——根据美国1916年《联邦税收法案》，还须查明外国销售者的真正动机——另一些则必须发现并阻止为逃避惩罚而利用名义上独立的代理商的行为，通过他们，商品可以全价进口，随后低于付款价出售。对于我们现在的目的而言，关键的一点是，如果像本立法所考虑的情况那样，毁灭性倾销是通过地方间的差别定价来进行，要防止出现这种情况则很容易做到，因为有某个明确的东西可以作为法律依据。但是，如果像在国内贸易中经常发生的情形一样，即我们面对的是某一特定系列的商品全部削价销售，这种违法行为就是不明确的。因为很明显，不是所有的削价都是毁灭性倾销，但是要在它们中间区分出无罪削价和有罪削价是件难事。一位权威学者提供了一项检验方法，"如果对某特定等级的商品，先降价销售再提高价格，在此期间竞争者被挤垮，则表明本次降价的意图是不合法的"[1]。1910年美国《曼-埃尔金斯铁路法》就曾尝试过这种检验方法，它规定："如果某铁路公司在两个竞争地点之间降低运费，则不得在竞争结束时提高运费，除非它能令铁路委员会相信，条件发生了改变，而改变的原因并不仅仅是消除了水运竞争。"[2]在1916年的《美国航运法》中，也有关于州际贸易运费的类似规定。但这一检验方法在实施过程中不能过于严苛；因为如果过于严苛的话，任何在萧条时期或为试验目的而降价的公司可能会发现，当同一行业中的另一公司在此期间倒闭了，自己却无法再提高价格。

在针对抵制进行有效立法的进程中，也遭遇了类似困难。的确，各地已广泛尝试此类立法。美国（根据《克莱顿法》）、澳大利亚和新西兰禁止任何人以购买者不得使用或交易任何竞争者的商品为条件来销售商品，否则应予以惩罚。同样，1916年9月颁布的《美国联邦税收法案》规定："如果进口商或其他人只能使用协议中规定的进口商品，则对这类进口商品征收双倍关税。"[3]1916年的《美

---

[1] 克拉克《对托拉斯的管制》，第69页。

[2] 《经济学人》，1910年1月25日，第1412页；参见里普利《铁路、运费和管制》，第566页。

[3] 1907年《英国专利与设计修正法案》禁止这种独家交易协议，除非销售者、出租者或被许可人证明，当签订协议时，其竞争对手可以选择以合理的条件获得专利货物，而不附带排他性条件。（戴维斯《托拉斯法与不公平竞争》，第539页）

国航运法》再次规定"递延回扣"属于违法行为。但是很显然，这种让彼此受益的条件或协议在制造商和经销商之间一经达成，阻止规避行为的难度必然很大。如果抵制不是通过批发商而是通过铁路公司起作用，困难将更大。美国法律一直在努力阻止铁路公司采取有益于大型托拉斯的差别定价。但是，"托拉斯的一名坚定支持者对我说：'宾夕法尼亚铁路公司无法抵制美孚石油公司的竞争者的列车，但是没有法律禁止将这些列车转入侧线。'"[1]

"托运单确认收到70桶面粉；但是仅仅装运了65桶，铁路公司则需要为那丢失了的、根本不存在的5桶面粉的损失作出赔偿。"除非法律规定，如果要改变运费，必须提前很长一段时间就发出通知，否则铁路公司可以突然改变运费，并秘密

□ 格兰奇运动 1873年

大量的铁路建成之后，公众发现，这些铁路的利益与自己并不一致，于是群起抵制。1867年，民间创建了农民协进会（Grange），又称格兰奇，旨在限制与规范铁路运输与仓储企业联合起来对农民的压迫与剥削。1873年，金融危机爆发，伴随着农作物价格下跌，运输农作物的铁路费用增加，以及国会减少纸币以支持黄金和白银，农民的生计被摧毁，导致格兰奇成员激增，人们奋起反抗谷物运输垄断，这就是"格兰奇运动"。图为一位格兰奇成员试图唤起"沉睡者"们对铁路的管制。

通知受优待的托运人，而其他人则得不到任何信息；诸如此类的做法还有许多。的确，1903年，美国司法部长在《曼-埃尔金斯铁路法》通过后宣布："该法律禁止给予或收取铁路公司的回扣，它对企业和个人具有同等效力。"[2]然而，这种观点似乎过于乐观。针对1908年的情况，州际商业委员会报告称，许多托运人依然享有非法优惠。"因此，回扣是运输中的弊端，甚至自1906—1910年修改法律以来，它虽然有所控制，却仍然没有消除殆尽。优惠隐藏在每一个秘密角落中，以各种各样的形式伪装起来。一些做法表面看似必要而且合法，但事实证明，其

---

[1] 转引自伊利《垄断集团与托拉斯》，第97页。
[2] 《经济学人》，1903年2月28日。

中隐藏着某种实实在在的特殊优惠。"[1]因此,通过铁路公司实施的抵制极其顽固,难以消除。不过,据说美国1920年的《运输法案》创制了一套由联邦政府监督铁路公司的制度,才将通过铁路公司实行的抵制最终根除。[2]

上述考虑清楚地表明,一项禁止使用联合手段的法律政策,无法轻易防止规避行为。但是,不应忘记,虽然人们如果不惜一切代价去规避法律的话,法律是能够被规避的,但事实上,法律并未被真正规避。因为,法律一经通过,便会对公众舆论产生影响,法律所支持的做法也会深受人们"尊重",并成为一股强大的惯性力量。因此,我们可以认为,如果在制订这种性质的法律时多费心思,无论如何都会在一定程度上达到法律的直接目的。值得注意的是,1914年《美国联邦劳资协商委员会法案》中的第五条规定,"特此判定,在商业竞争中采取不公平手段属于违法行为",并建立了联邦劳资协商委员会,只要该组织认为符合公众利益,它就可以采取行动,强制执行该声明。《克莱顿法》第14条进一步规定,无论何时,任何公司只要违反反托拉斯法的任何处罚条例,"此类违法行为应追究该公司的每一位董事、高级职员或代理商的责任,视其授权、下令或实施行为全部或部分构成违法行为"。一经定罪,依据法院的判决,应对每一位董事、高级职员或代理商处以5 000美元以下的罚款或一年及以下的监禁,或两者并罚。

第7节

假定联合手段在一定程度上是能够防止的,我们便可以转向进一步的讨论,即这种防止在多大程度上有助于维护潜在的竞争。克拉克教授似乎认为,它完全可以达到这个目的。他写道:"就生产中的合法竞争而言,建立一个新工厂是完全安全的。"然而实际上,即便不包括联合手段,全面维护竞争的其他障碍依然

---

[1]里普利《铁路、运费和管制》,第209页。
[2]P.鲁西尔斯《卡特尔与托拉斯及其发展》(国际联盟经济与金融部,1927年),第9页。

存在。第一，如果任何行业中普通企业的单位规模都很大，创办一家新公司便需要巨额资金，这将使有志之士的热情受挫。而且，值得注意的是，近来，许多行业中普通公司的生产规模一直在扩大。比如，1841—1903年间，英国造纸业的产量从43 000吨增长到了773 080吨，而公司的数量却从500家减少至282家；[1]生铁行业的发展也出现了类似的情形。第二，垄断购买者集中生产所产生的富有成效的经济效应越大，对新竞争者产生的诱惑就越小；因为，如果集中生产带来了巨大的经济效应，潜在竞争者就会知道，垄断性销售者只要放弃一部分垄断收入，就可以在不遭受任何实际损失的情况下，轻松地以低于他的价格出售商品。第三，新竞争的障碍进一步扩大，因为对成本和利润的保密策略使外人很难猜出，垄断性销售者若满足于竞争行业的正常收益，他能以什么价格出售其商品。第四，联合企业通过大规模的广告宣传或品牌的知名度，可能已经为垄断建立了某种声誉，任何潜在的竞争者要想打破这种垄断，都需要花费巨额的广告费。的确，也许有人会说，即便如此，联合企业也会由于担心新成立的竞争企业会迫使自己将其收购而受到阻碍。但是，这种可能性远不如初看起来那么大。因为，如果竞争者确实在这一策略上取得了成功，联合企业的资本便可以快速增加，那么，每单位资本可产生的利润率就非常小，不值得竞争者冒这样的风险。[2]自然，这些考虑因素往往会严重阻碍竞争者的发展。因此，试图靠阻止使用联合手段来维护潜在竞争，充其量只能取得部分成功，它根本不是阻止拥有垄断权的企业使用其垄断权的万全之计；即使对于产业本身而言，也是如此。在某些生产部门——基本上由公共事业康采恩所控制——竞争引致的浪费显而易见，因此我们几乎可以断定，政府部门不会允许这样的事情发生，不会对垄断者采取任何制约手段，因为他们担心对垄断者进行制约可能会产生这种浪费。

---

[1] 莱维《垄断集团、卡特尔和托拉斯》，第197页。
[2] 参见詹克斯和克拉克合著的《托拉斯问题》，第69～70页。

第8节

阻止联合（意味着维护实际的竞争）和反对联合的立法（意味着维护潜在竞争者）作为一种控制手段的不足，自然导致提出直接控制的方法。1911年，英国铁路协议部门委员会与联合部际委员会提出了直接控制的方法，充分表明了对铁路垄断及行业垄断的态度。他们说："总之，我们坚持认为，如果要避免铁路公司合作可能带来的一切后果，就需要保护垄断，不论这些后果是否因协议而产生，这种保护都应主要由处理此类后果的一般立法机构来提供。与协议管制相比，这种方法会产生更加广泛的保护作用。它会在达成共识、签订协议的情况下保护公众……它不会让人分不清楚以下两种情形：根据协议，公司做什么是合理的；如果抛开协议，公司做什么是合理的。"[1] 如果可以完全准确地使用这种方法，当然就不再需要运用任何我们迄今讨论过的那些间接方法了。然而事实上，直接处理垄断权力所致后果的策略，目前来看还面临着巨大的困难。此外，在大多数情况下，它几乎必须建立在某种合理收益标准的基础上，这种标准是从存在竞争的其他行业的情况中推演出来的，如果完全不尝试维护潜在竞争的方法而普遍采用直接控制的方法，这些困难就会变得巨大无比。因此，似乎应该在所有地方都大力推行维护潜在竞争的方法，而用来处理垄断权力所致后果的直接控制法不应取代它，而应作为它的补充。

第9节

乍一看，直接处理垄断权力所致后果显然意味着，而且只能意味着，政府部门对销售条款的某种直接干预。当然，真实情况也基本如此。但是，我们应该注意到，皇家航运集团委员会在航运方面提倡另一种可能的备选策略。该委员会建议，为对抗垄断性销售者，国家应鼓励同样具有垄断实力的购买者也组成联合企

---

[1]《铁路协议与联合委员会报告》，第21页。

业，从而打消垄断性销售者想收取垄断价格的企图。他们鼓吹这项计划能够在一定程度上弥补班轮公会制度产生的弊端。仔细分析便可知道，该计划并无多大用处，因为创立第二个垄断企业的目的不是使价格回落到正常点或竞争点，而是使价格在包含正常点或竞争点的较大范围内变得不确定。毫无疑问，购买者的处境较之不存在联合时要好很多；我们有理由相信，从国民所得的观点来看，价格和产量也会比不存在联合时更接近于理想水平。但是，如果说两个联合企业之间的协商价格与它们在单纯竞争环境下的情况相近，这种可能性不是很大。尽管为对抗销售者而创建的垄断企业是最终消费者的垄断企业，这种困难依旧存在。然而，实际上，最终消费者几乎不可能以这种方式联合起来。唯一可以联合起来的人是最终消费者与垄断销售者之间的中间商，他们不会特别用心地为消费者谋福利。[1]如果中间商联合起来，则他们交易的商品必须经过两个而非一个垄断联合企业之手，才能到达最终消费者手中。从经济层面来看，这对消费者最终必须支付的价格所产生的影响是不确定的。该价格可能低于中间商未联合时的价格，也可能高于这个价格。无论如何，价格很可能是极不稳定的。[2]这些考虑因素清楚地表明，委员们制定的政策存在着严重的缺陷。[3]

□ 利物浦码头　19世纪

工业革命时期，位于英格兰西北部的利物浦以其优越的地理位置，成为了奴隶贸易和欧洲向美洲移民的中转站，而随之发展起来的造船业、航运业以及运输业技术的革新，使它成为了世界海运行业的技术提供者。作为18—19世纪英国境内人口流动最繁忙的港口，利物浦成为该时期世界上最主要的贸易中心之一。

---

[1] 参见马歇尔《工业与贸易》，第628页。
[2] 参见马歇尔《经济学原理》，第5卷，第14章，第9节。
[3] 1923年，皇家航运集团委员会在推行该政策时说，（就航运业而言）"只有两个重要团体是遵循本委员会的建议而建立起来的，而且本委员会自成立以来，也只注意到了这样两个团体"（[白皮书，第1802号]，第23页）。

第10节

政府的干预不一定代表对销售条件的规定，它很可能只是通过公开某些大公司的反社会行径，使其行动受到约束。美国联邦贸易委员会所承担的一项重要任务就是进行调查并发布公告。英国托拉斯委员会（1919年）建议，贸易委员会应以年度报告的形式获取并发布有关信息，说明为达到通过建立垄断企业或限制贸易以管制价格或产量的目的的组织的发展情况，并调查对该组织行为的相关投诉。当然，有必要行使权力，迫使相关组织的官员提交账册并接受询问。由于担心公众信任的调查机构会发布不利报告，他们往往将有所收敛，不至于过分滥用垄断权力。总之，毋庸置疑的是，"公之于众"这一武器能够完成某些重要的事情，但它不可能完成所有的任务。

第11节

因此，我们转而讨论政府对于销售条件的干预——当事实证明，迄今为止所考虑的"补救办法"不足以解决问题时，即使对于工业企业而言，这种方法也可能是必要的方法，而且，除非公共事业康采恩由政府来经营，否则这也是它们唯一可能采用的办法。从理论上说，这个问题可以陈述如下：假定适合于单纯竞争条件的产量（当然，要考虑引入联合企业后在生产中可能产生的任何经济效应）也是最有利于国民所得的产量，则实行管制的目的就是确保这一产量的出现。在遵循供给价格递增规律的行业中，单靠价格控制机制无法实现这种管制。因为，如果国家把价格确定在竞争条件下特有的价格水平上，即若竞争条件占上风，产量会被调整到适合产生正常收益的水平上，那么垄断者生产的产量低于这一产量就会划算一些。在供给价格递增的规律下，即使减少产量，垄断者也能降低供给价格，进而获取一笔垄断收益。其值等于由受管制的销售价格乘以产量的值与供给价格乘以产量的值之间的差额。以这种方式控制产量，使这种垄断收益尽可能大，将符合垄断者的利益。根据需求曲线与供给曲线的形状来看，总产量可能高于垄断未受控制时的产量，也可能低于该产量；但无论如何，它肯定低于竞争条件下特有的产量，也就是低于政府力求的产量。然而，这种情况只存在于遵循供给价格递增规律的行业中。当供给价格不变或递减，价格被限定在竞争水平上时，垄断企业并不会把产量减少到竞争产量以下，因为这样做并不能使他实现任何成本上的节约。因此，如果政府能够成功地将价格固定在竞争水平上，也将间接地确保竞争性产量。[1]实际上，由于趋向于垄断而有必要予以管制的企业（无论是工业联合企业还是公用事业公司），很少是我们预期的会受到供给价格递增影响的那些企业。因此，大体上来说，控制便意味着对价格进行控制。

第12节

说到这一点，我们自然会想到第一次世界大战期间对价格的管制，第十二章对此作了描述。然而重要的是，我们应该意识到，我们现在所讨论的价格管制与那时的价格管制有着根本性差别。控制垄断时，必须防止垄断者收取高价，因为他会靠收取高价来减少产量，将其降至他能以正常利润进行生产的水平之下。如上所述，在收益不变或收益递增的情况下，把最高价格固定在与"竞争性"产量相匹配的价格水平上，实际上竞争性产量就会出现。如果公众愿意支付的需求价格超过了最高价格，那么就不存在最高价格的问题。[2]但是在战时问题上，干预的一切目的在于，将最高限价设定在公众在需要时愿意为即将到来的商品数量所支付的需求价格之下，这在第十二章中已经明确讨论过。这就是在最高价格下，需求量总是大于供给量的原因；也是有必要对消费者实行配给制，使许多人购买的商品数量少于他们想要购买的数量，从而防止随之而来的不平等分配的原因；这还是仅给生产商一方确定价格并不够的原因。由于需求价格高于政府想要允许的价格，如果只限定航运运费，而不限制以受限定的运费购进的货物的价格，就

---

[1] 参见本书附录Ⅲ。
[2] 如果用专业术语来讲，对垄断价格的控制，将使交易指数沿着需求曲线向右移动；而对竞争价格的控制，则使交易指数位于需求曲线之下。

只会使居于运输商与消费者之间的中间商独享全部利益。因此，政府不仅有必要为原生产商确定最高价格，而且必须为随后经手这些商品的各类经营者（无论是后来的制造商还是零售商）确定在这些价格基础上可能增加的最高限额。当然，在控制垄断价格方面，这些辅助措施全都没有必要。

第13节

现在，我们可以直接探讨这种形式的价格管制。实施这种价格管制，可以说是消极的。它可以采取一般性条款的形式，禁止"不合理"行为，而何谓不合理行为，这一问题交给委员会或法院去裁定。实际上，英国人在提议修改运费价格时，就采用过这种形式，而在《赫伯恩法案》出台以前，美国铁路委员会在管制铁路运费方面也是这么做的。委员会成员必须明确任何有关提高运费问题的提议是否合理，相应地就允许还是禁止提价作出决断。因此，他们的任务比较轻松。他们不必一直管制所有价格，只需对特别不合理的价格进行干预；此外，人们知道他们的存在这一点，可能就间接起到了阻止设定不合理价格的作用。[1] 在某些特许经营权方面也采用了这种消极的管制方式。如果某一特许公司未能"按照政府的合理要求经营和发展公司"[2]，特许经营权就允许市政机构以适当的价格——模棱两可的表述——接管该公司的业务。《加拿大联合企业调查法》（1910年）也采用了这种方式。该法条文规定，如果有人就某物品提出投诉，相关政府部门有权确定"是否有任何联合企业定价过高，过分提高了生产商或经销商的利益，不惜损害消费者利益"；一旦投诉属实，必须予以惩罚。新西兰1910年的法案也采用了同样的检验方式。其中规定，"任何人，无论是作为委托人或代理人，只要以不合理的高价出售或供给任何商品，或承诺出售或供给任何商品，如果某一商业托拉斯曾以任何直接或间接方式决定、控制或影响过该价格，而上述代理人或委托人（如有）是或曾经是该托拉斯的成员，其行为便构成

---

[1] 参见范·海斯《集中与管制》，第261页。
[2] 全美公民联合会《公用事业的市政经营与私人经营》，第1卷，第41页。

犯罪。"1903年的《俄罗斯刑法》中也有类似规定："任何商人或制造商，若与伙同经营同一物品的其他商人或制造商大幅度提高食品或其他必需品的价格，则应处以监禁。"[1]这些条例都禁止以过高价格收费，但实际上并没有试图通过法令来确定价格。另一种可以用来管制价格的积极方式是，由政府确定最高收费价格或最低服务供给量。这种方式可以从以下两个方面得到说明：一是通常授予经营公用事业服务公司的特许条款；二是1906年《赫伯恩法案》授予州际商业委员会 "确定和规定"铁路、电话和其他通信服务的最高价格的的权力。

□ 巴拿马运河的水闸 1912年

巴拿马运河位于中美洲的巴拿马，横穿巴拿马地峡，连接太平洋与大西洋，为重要的航运要道，被誉为"世界桥梁"，也是世界七大工程奇迹之一。巴拿马运河由美国建造完成，于1914年开始通航。它属于水闸式运河，并非水平连通两大洋，船只需要通过一级水闸才能通过运河。巴拿马运河允许从汽车到粮食等商业货物的运输，为大西洋与太平洋之间的货物运输节省了时间和金钱。图为一个男人站在巴拿马运河的水闸前。

第14节

无论运用消极还是积极的管制方式，显然都必须提供某种法律制裁手段。这一点可以通过多种方式来实现。有时候，对违法行为的惩罚是直接罚款。在被保护国，如巴西[2]，有时是取消与之竞争的外国商品的关税。1910年的《加拿大联合企业调查法》规定了两种处罚。如果法定委员会"发现存在联合企业，政府即可降低或撤销关税，除此之外，如果在委员会正式宣布裁决结果之后，仍继续其罪恶行径者，可判处每日1 000加元的罚款"[3]。另一种有趣的裁决形式是《巴拿马运河法案》中的一项条款，即如有船

---

[1]这些法律文本出现在詹克斯和克拉克合著的《托拉斯问题》一书中的附录G中。
[2]参见戴维斯《托拉斯法与不公平竞争》，第294页。
[3]《经济学人》，1910年3月26日，第665页；参见《美国科学院年鉴》，1912年6月，第152页。

主违反美国任何一项反托拉斯法,将禁止其船只使用巴拿马运河。[1]有时候,制裁是采取威胁手段,宣称政府要参与竞争。例如,根据1892年的相关协议,邮局接管了国家电话公司的中继线,当时英国财政大臣便暗示,国家虽然获得了竞争权利,但是只要该公司采取合理行动,国家将不会行使该权利。[2]有时候,制裁是进行收购威胁,宣称国家要根据事先确定或仲裁决定的条款收购被管制企业的全部厂房设备。还有的时候——实际上,这似乎是美国最高法院在美孚石油公司案(1911年)中对《谢尔曼法》作出的权威解释——政府如果发现某些联合企业的价格(和其他)策略是合理的,可能不会去干涉它们,但是对于那些利用自己的权力去损害公众利益的联合企业,则可能将由法院下令将其解散。[3]

第15节

然而,尽管有多种制裁方式可以采用,且其中有些方式作用很大,但有必要补充的是,当发现违法行为时,无论采用消极还是积极的管制方式,都很难阻止人们采取规避行为来逃避这些方式的制裁。例如在战前,英国铁路公司实际上未经铁路委员会的批准就提高了运费。一些铁路公司靠出租侧线来创收;除非提供令人满意的包装,否则货主承担关于铁路公司拒绝运输的风险的物品种类增多;回扣被取消;同时铁路公司采用了其他此类性质的手段。最难对付的规避行为是靠操控质量来对付价格管制。为了防止这种情况的出现,必须将最高价格规则与最低质量规则进一步结合起来。但是在某些事情上,比如电车服务的准时性和舒适度,或者屠宰场与下水道的卫生状况,很难规定最低质量的标准。如果出现许多不同等级的质量,必须将这些等级区分开来——不管是茶类等简单商品的不同等级,还是帽子类较为复杂商品的不同等级——并各自受到最高价格的限制。要

---

[1]参见约翰逊和许布纳合著的《远洋运输法则》,第386页。
[2]H.迈耶《公有制与电话业》,第56页与第199页。
[3]参见首席法官怀特先生的裁决,他在该案中规定了现在所谓的"理性原则",以解释这个法案(转引自詹克斯和克拉克合著的《托拉斯问题》,第299页)。

在以上这种情况下有效规定最低质量的标准尤其困难，很容易以较高等级的价格出售较低等级的商品。在其他事情上，比如供水、供气、供给牛奶和住房等，虽然质量检查可为等级区分提供依据，但很难发现产品质量是否偏离了最低质量标准。毫无疑问，通过严格制订的检查制度可以做到这一点，比如为支持《食品药品掺假法》而制订的检查制度，但无论如何，规避的漏洞都是非常大的。

第16节

然而，即使能够完全克服这一困难，直接控制方面的最大障碍仍然存在。必须确定哪些价格应被视为不合理，以及当采用规定最高价格的积极控制方法时，必须确定最高价格的水平。正如本章开头所解释的，目标是获得竞争性价格，即在其他条件不变的情况下，将促使适合单纯竞争的产量而非适合垄断的产量的形成。管制当局以什么方式确定这个价格？一些读者根据最近的经验，认为可以直接根据所记录的原材料转化为制成品的成本数据来确定竞争性价格。但显而易见的是，要计算出全部转换成本，我们必须明确，对于我们正在研究的物品，应该在其材料和劳力成本上，增加多少企业固定成本的份额。一旦明确了这一点，我们便可以通过转换成本会计——该技术在战争期间突飞猛进——来确定某种产品或某一组联合产品的适当价格；[1]但是要朝着相反的方向推算是不可能的。转换成本的计算是实现任何实际价格管制的必要步骤，但并非最重要的步骤。

第17节

显然，我们的问题只能借助于"正常"的投资收益率来解决。我们知道，如果进行适合竞争的投资，则在当时有利可图的产量下，能够获得正常的收益，这就是我们需要的价格。然而遗憾的是，实际进行的投资不可能等于竞争下的投

---

[1] 当然，对于联合产品来说，要将各种生产成本区分开来是不可能的，并且每一种产品的"适当的"价格将分别取决于对它们各自的相对需求，以及它们共同的生产成本，这一事实使得任何可能的价格管制工作变得更加复杂。

资。如果垄断在一开始就形成，则可以说，实际进行的投资比竞争条件下特有的投资更少；而且，如果垄断是众多企业参与激烈竞争后联合的结果，那么实际进行的投资就比竞争条件下特有的投资更多。显然，我们所要求的价格，并不是在有利可图的产量下可以使实际投资产生正常收益的价格，除非该价格恰好等于原本可以使适合竞争的投资量产生正常收益的价格。这种情况意味着，从长期来看，我们所关注的商品是在供给价格不变的情况下生产的。对于一个一开始就存在的垄断集团来说，如果商品是在供给价格递增的条件下生产的，则能够产生正常投资收益的价格将会过高；如果商品是在供给价格递减的条件下生产的，则能够产生正常投资收益的价格将会过低。事实上，正如已经指出的那样，受供给价格递增制约的商品，几乎不可能受到垄断集团的控制。如果我们出于管制的目的而计算出我们的"合理价格"，即计算出什么样的价格相对于该价格下最有利可图的产量将产生正常收益[1]，那么在垄断一开始便形成的条件下，这个价格可能过高。另一方面，对于过度投资和激烈竞争下产生的垄断集团来说，这个价格则可能过低。然而据我所知，没有任何其他方法来计算这一价格。[2]

第18节

如果我们在别无他法的情况下决定采用这种方式，就有必要确定，在任何特定的企业中，假定必须对其产品的价格进行管制的话，何种利润率可被视为正常的。乍一看，有人可能认为，这个问题很好解决。扣除管理的收入之后（正如联合股份公司自动所做的那样），剩下的能够按照一般利率为企业资本支付利息的，难道不正是正常利润吗？然而，这个看似合理的观点很容易被证明是不完全正确的。首先，让我们假设所有企业的普通利率确实都与正常利润相符。我们还有待

---

[1] 细心的读者可能会注意到，如果垄断者拥有的设备多于竞争条件下所需的设备，那么根据上述确定的价格，便不可能为有利可图下生产的全部产量找到市场。不过，这一事实丝毫不会影响文中的分析。

[2] 前面提到的困难，在我早期的版本中未曾关注到。奈特教授在他发人深省的《投资管制与收益管制》（《经济学季刊》，1930年2月）一文中第一次提出了这个问题。

确定，这个普通的利率所支付的资本究竟是什么样的。显然，我们不能将其理解为企业的市场价值。因为，企业的市场价值仅仅是预期收益的现值，而考虑到其中涉及的特定风险，这些收益必须产生正常的利率，无论它们的总额是多少。事实上，如果我们以现有的市场价值为基础，那么由于它取决于人们对于利率管制体系的判断，我们就危险地接近于循环论证的深渊。因此，以利率管制为目的的资本价值，与以税收为目的的资本价值截然不同。从某种意义上来说，这必然指的是过去一直投资于企业的资本。但这一点也不容易计算。当投入任何企业的金额包括支付给发起联盟（该联盟有获得向公众收取垄断费的权力）的创始人的佣金时，这一佣金似乎不应该被计算在内，除非联盟的创立带来了更高的生产效率。当我们从美国一些行业组织中的高级官员那里了解到"组织的成本，包括发起人和金融家的薪酬，经常达到股票发行总量的20%~40%"[1]时，便可知道，上述这一点非常重要。一部分资本支出也将面临同样的困难。这部分资本支出被用于以更高的价格收购现有的企业，进而希望通过企业联合的方式使垄断行为变得可行。除了这些困难项目，我们想要确定的是无论用于实体建设、议会成本、购买专利权，还是用于广告宣传的原始资本支出，以及为保持原始资本完整而用于维修和更新的尚未从收益中提取出来的支出。此外，我们还要考虑各种投资的不同日期。[2] 对于未来建立的新企业来说，通过法律很容易获得所有这些项目的信息。但是对于建立已久的企业来说，很可能无法获得这些信息。例如，用于商誉等方面的相同支出，一个企业可能作为资本性支出，另一个企业可能作为流动性支出，这就造成实际上很难区分两者。鉴于这些困难，我们可能不得不采用一些迂回的方法来接近事实。显然，名义资本在这方面毫无用处。它可能被注水或操纵，真实情况无迹可寻。我们已经证明的资本的市值是不合适的。因此，通常利用企业的设备估计"再生产成本"（如果自原始资本投入以来，相关的价格发生显著的变化，"再生产成本"可能会引起人们的误解），或者根据企业的实物直接估计价值

---

[1] 詹克斯和克拉克合著的《托拉斯问题》，第90页。
[2] 参见海尔曼的《公用事业估价原理》，载于《经济学季刊》，1914年2月，第281~290页。

（当然，它取决于所采用的估价原则），然后对创立和推广成本、用于商誉建设和购买专利权的投资等进行或多或少的补偿。我们并非需要这些数据本身，而是在对实际资本投资难以确定的时候，可以通过这些数据作出粗略的估计。分析这一过程中所包含的困难，已经超出了我们的讨论范围。[1]

第19节

还有一个更加难以解决的基本问题。到目前为止，我们一直暗中假定，投资于任何企业的资本，实际上可以明白无误地用投入其中的货币量来表示。然而事实上，实际投入的1 000个工作日的劳动，在这一年有可能用200英镑来衡量，在那一年则用400英镑来衡量，如果可能，甚至在另一年用40 000英镑来衡量。在货币剧烈波动的时期，如战后的俄罗斯和德国，这种困难不可避免地变得十分突出。显然，重要的是实际投资，而非货币投资，因此严格说来，当一般价格变化时，就我们当前的目的而言，货币投资应该作上下的调整，以反映这一实际情况。这意味着应该修正过去几年的所有记录，并将每一年的货币投资额乘以当年的一般物价指数。由于人们公认现有指数都有缺陷，因此并不指望这种方法能获得大众的接受和应用。由于企业的很大一部分投资是以债券的形式进行的，而无论价格发生什么变化，这些债券按照合约都负担着固定的货币利息，此时人们对这种方法加倍反对。允许用总货币收益翻番来抵消物价翻番，将导致对股票持有人与债券持有人的损失，只给予股票持有人的损失以补偿，而让债券持有人承担自己的损失。[2] 然而，如果完全忽视一般物价的巨大而迅速的变化，例如世界大战导致的变化，那将是对事实的严重歪曲行为予以默认，并基于这种歪曲采取行动。这些考虑，连同上一节所述的考虑足以表明，何种企业资本应被支付以"一般"利率，并不是一件容易的事。

[1] 参见巴克《公用事业之费率》，第5章和第6章。
[2] 参见鲍尔的《有效费控制的公平价值》，载于《美国经济评论》，1924年12月，第664～666页。

第20节

但是，这还没有解决所有问题。任何企业正常的"竞争性"利润并不是实际投资于该企业的资本产生"一般"利率的利润。因为不同企业既存在建立时的不同程度的风险，也存在不同的发展初期，在此期间可能根本不会有任何收益；因此，国家必须对企业发展顺利的投资者——国家唯一能与之打交道的人——给予适当的补偿，必须付给他们足够的报酬，以抵消那些失败的投资者所造成的损失。[1]实际上，在生产或多或少已走上正轨的行业中，这种情况不一定会对其造成很大的实际困难，但是对所有处于试验阶段的行业来说，这种情况能造成重大的影响。[2]此外，即便没有风险，我们也不能把一切会产生一般利率的价格视为合适的价格，只有用"一般"能力管理和真正组织好原始投资之后产生一般利率的价格，才能视为合适的价格；但这是一个模糊又难以把握的概念。正如陶西格教授贴切的评论一样，"人人都知道，财富是在竞争激烈的行业中创造出来的，并归因于不寻常的经营能力……当垄断或半垄断获取高额收益时，我们如何将归因于垄断与归功于卓越管理的那部分利润分开呢？"[3]如果允许浪费资本的公司与投资良好的公司获得相同的收益率，这显然不利于经济型生产。顺便提一下，如果要对付的是两个相互竞争的联合企业，合理的做法是迫使管理较好的企业收取的价格低于另一企业，这种方案目前不仅会产生尴尬的后果，实际上还会挫伤管理良好的企业的积极性。鉴于此，应该注意的是，进一步扩大联合企业的规模，只要这种扩大能产生经济效应，就是一种良好的管理形式，但是如果价格受到控制，不允许给扩大规模的企业带来好处，这种管理形式就会遭遇阻力。

---

[1] 参见格林《公司财务》，第134页。

[2] 如果一家企业在成功通过投机冒险的第一阶段后被另一家公司接管，那么收购价格可能包括高于成本的一大笔款项。就所承担的风险和不确定性而言，这可能是合理的报酬。但很明显，在获得付款后，如果容许新公司赚取利润，而且这些利润既根据行业的风险而调整，又根据包括上述款项在内的资本计算，则会强迫公众对其不负责的冒险行为给予报酬，并对此作出赔偿。关于善意的一般性讨论，参见莱克《善意、善意的本质与如何重视善意》。

[3]《美国经济评论增刊》，1913年3月，第132页。

□ 华盛顿特区的有轨电车　1890年

从1862年到1962年，华盛顿特区的有轨电车运送人们穿越城市和郊区。华盛顿特区的第一辆有轨电车由马匹牵引，在平坦的地形上进行短距离的载人服务；随后，该区引入能够攀登陡峭斜坡的更清洁、更快速的有轨电车，开辟了老城北部和阿纳科斯蒂亚的丘陵郊区的线路。直到1962年，有轨电车被城市公共汽车所取代。

最后，如果为了满足预期的远远超出现有需求的未来需求而建立一家工厂，则很显然，准允的费率高到在这种未来的需求实现之前，全部投资就已经得到了充分的收益，则是不合理的。[1]鉴于这些错综复杂的情况以及政府对这些情况的了解存在必要的局限性——因为，一般来说，控制者在技术经验方面必定远远落后于受控者——几乎可以肯定的是，政府要么对它加以控制的公司管理过于宽松，使它们拥有单纯垄断的权力，要么对它们管理过于苛刻；虽然不允许它们实行垄断，但也会阻碍它们的行业发展到适合单纯竞争的水平。1870年的《英国有轨电车法》似乎就属于后一种情况，它致使英国电力牵引的发展十分缓慢。

第21节

显然，在确定某一特定生产企业的收益规模应该是什么样的才算正常这一点上，存在许多困难，这些困难使消极管制方式和积极管制方式变得同等复杂；在消极管制方式下，立法机关只是谴责不合理的价格，而让法院裁定某一特定的价格方案是否真的不合理；积极的管制方式则会确定明确的最高价格。然而很显然，这些困难使积极管制方式变得更加复杂。普通的工业企业在生产大量不同种

---

[1] 参见哈特曼《公平价值》，第130页及以下多页。

类的产品时，原材料成本在不断变化，成品的不同特性也在不断改变。对任何外部权力机构而言，要为这类公司制订一份价格表，规定其可以收取的价格，将是一项无法完成的工作。一方面，对训练有素的委员会或具备全面调查能力的司法机构而言，如美国联邦劳资协商委员会，完全有可能大体上确定，一种产品相对于另一种产品，或一个时期相对于另一个时期，某一大型联合企业——如美孚石油公司、美国钢铁公司或其他公司——是否收取了高价，使其产生高于合理价格的收益。政府对和平时期的工业企业从未试图超越这种消极控制的界限，而且，无论如何，就经济知识和管理能力的现状而言，似乎不能、也不应该作出任何这类尝试。虽然在消极控制方式下可以期待的结果不尽如人意，但它们要胜过在慌乱情况下采取另一种控制方式所产生的效果。另一方面，对公共事业公司而言，与消极控制方式相比，积极控制方式的难度只是稍稍大了一点。一般情况下，这些企业提供的服务（气、水、电和客运服务）既单一又简单。因此，不需要确定许多不同的价格——当然，铁路运费非常重要，是一个例外。此外，这些服务的需求一般不受潮流的影响，设备费用在成本中占有很大的比例，因此原材料价格的变化并不是特别重要。最后，即使情况并非如此，从所售商品的特性和方便顾客这两点来说，都要求收取的价格不应该经常变动。因此，政府对这些公司普遍采用了确定最高价格的积极管制方式。

第22节

作完以上分析之后，就必须寻找最佳方法来防范控制过度宽松和过分严苛这两种相反的偏差，正如第17节所分析的，所有形式的管制实际上都有可能产生这两种偏差。为了达到这一目的，有时建议对某些公共事业服务的特许经营权进行拍卖。该方案将吸引最感兴趣的人对他们认为可以获利的条件作出估计。因此，有人称："根据现在时兴的最佳方案，市政府将建造市政工程的特许经营权出售给竞标成功的公司，该公司要在明确规定的条件下以最低的价格供水，这种特许经营权有时是永久性的，但是往往又在未来某个时间给予市政府收购这些市政工程的机会。"然而，由于在许多城市，有能力竞标的公司很少，而且它们自己所作的估计在很大程度上是尝试性的,因此,采用这种方法并不排除存在巨大的误差。由于大多数行业的情况都在不断变化,适合此时的价格管制方案未必适合彼时,这一情况增加了产生误差的可能性。

第23节

为限制误差范围所作的进一步的努力是,对于实施的价格管制方案进行定期的修订。"由于情况变化迅速,特许经营权不能永远固定不变。"[1]随着各种改善措施普遍得到完善、其他事物普遍得到发展,旨在模拟竞争条件的最高价格在一段时间之后很可能会高于不受限制的垄断者认为可以获利的价格,因此,这一最高价格很可能将完全失去作用。"公众在任何情况下都应该对未来的增长和利润保有一份兴趣。"[2]然而,对定期修订特许经营权作出规定可能会带来风险,从而在一定程度上限制对相关行业的投资,使之有损于国民所得。此外,如果每隔一段时间修订一次,可能会诱使公司在临近某段时间结束时,将重要的发展投资推迟到修订完成后再进行,以防它们的大部分成果以降价的形式被人拿走[3];对不时从其他地方引入技术改进而制订各种条款,并不能完全解决这一问题。应对这些风险的一个方法是,用保护公司利益的条件去限制特许经营权的修订机构。比如,1844年的《铁路法》规定,如果铁路运输线在获批21年后,其红利超过已缴资本的10%,则财政大臣可以修改通行费和运费等,但条件是他们保证在下一个21年能获得10%的红利。另一个方法是,尽量拉大修订日与项目启动日之间的时间间距,使它对投资产生的影响极小。显然,采用其中任何一种保护措施,都可以使修订经营特权法这一作为缩小实际管制与理想管制之间差距的手段的效力减小。但显而易见的是,如果终究要尝试管控的话,国家绝对有必要保留某种形式的修订权。如果政府对修订原则有明确规定,人们对这一原则也

---

[1] 参见比米斯《市政垄断企业》,第32页。
[2] 参见《公用事业的市政经营与私人经营》,第1卷,第24页。
[3] 参见惠顿《大不列颠公共服务公司的管理》,第224页。

完全理解，这一点似乎可以实现，而且它既不会对投资也不会对企业经营产生严重的抑制作用。因此，政府可能要告诉修订者，在每一个修订期都必须确定一个价格——或者，当他们要处理的是联合产品时，必须确定若干个调整价格——要定得够高，足以使公司的实际总投资继续享有合理的利润率。不过应该考虑的是，资本首次变作投资时可能会遭受巨大的风险，而随后增加的投资在这种情况下需要获得的收益就较少。政府可能还需要告诉他们在决定什么是合理收益时，要综合考虑企业所展示出来的管理水平，然后确定价格，以便管理到位之时比疏忽管理或管理不善之时的收益更高。毫无疑问，作这种修订的技术难度非常大，但不会像最初开始管控时那么大。有人推测，最终可能会出现一批政府官员，如果他们通过比较，在充足的统计数据基础上就这些问题作出决定，那他们值得、也会立即赢得准投资者的信任。这种推测不无道理。这些准投资者知道，虽然自己一方面有可能要被迫降低产品价格；但另一方面，如果材料和劳动力成本对他们不利，产品价格也可能提高到有利于他们的水平，他们会因此而感到欣慰。

第24节

还有另一种限制误差范围的手段。在所有普通行业中，许多需求变化都在连续的修订期之内出现。如果按照单纯竞争的路线行事，这类变化应伴随着所收取价格的变化。毫无疑问，就像在铁路运输等行业中一样，不断变化的价格在技术上会带来很大的不便，总的来说，最好不要遵循这种短期的引导，但这种情况很可能是极为少见的。管制当局有时试图通过某种自我调节的方案来促使价格变动。一种尚不完善的方法已经被应用于英国煤气公司，即规定一个最高红利。如果管理人员的能力保持不变，这就意味着，当成本降到某一水平之下时，向消费者收取的价格也必须下降。然而，这种方法有一个严重的缺陷，即一经采用，就有可能使人们的管理技能止步不前，并于强化责任心和防止浪费方面不利。一种比较完善的方法是，规定一个收益标准，总是允许价格高到足以形成这个标准，并进一步规定，当超出这个标准时，一定比例的差额被用于降低价格，而剩下的则用来增加收益。在1920年的《南方都市煤气公司法案》中就采用了这样的安

□ 澳大利亚燃气照明公司 19世纪

澳大利亚燃气照明公司成立于1841年，是澳洲最早的能源公司，也是澳洲最大的证券交易所有者。它位于达令港的米勒斯角边缘，即现在的巴兰加鲁。1912年，这里被卖给了州政府；1922年，这里的建筑全部被拆除。图为该公司19世纪的照片。

排，规定超过标准的无论多少收益，都应该将其四分之三分配给消费者。目前，英国的铁路运费在某种程度上仍采用类似的方法来进行管制。1921年的"铁路法"以1913年的收益为基础，为新的投资提供补贴，并对每一家联合公司规定了标准收益。如果经验证明，由运费法庭规定的运费率，或通过经济有效的管理，产生了高于标准收入的收入，则指导运费法庭降低收费率，"使公司在未来数年的净收入减少至相当于超额收入的80%"；而且，如果实际产生的净收入加上对新资本的适当补贴低于标准收入，则法庭应提高收费率，使其达到这一数额，但前提是低效率并非由管理不善或浪费而造成。显然，这种方法对管理技能和经济性的打击，小于达到最高收入之后规定最高红利的方法；但是，由于任何法庭在管理技能和经济性方面必然遭遇困难，因此可以认定，这种方法带来的打击将大于前一种方法。此外，还有第三种方法，它通过机动调整，将任何特许经营期内支付给股东的红利的变化，与物价的变化相联系。这方面的例子是，英国法案对于煤气公司的处理。例如，战前的一项法案规定，每1 000立方米煤气的标准价格为3先令9便士，并规定，该价格每降低1便士，公司便可以将红利增加0.25%，当价格每上涨1便士，公司则必须将红利减少0.25%。兰开夏电力公司法案提供了另一个例子，该公司主营电力批发。该法案规定红利为8%，超出8%以后，每增加0.25%，价格就必须降低5%，如果价格上涨至法案规定的最高价格，则必须再降低1.25%。[1] 要使这种机动管理机制行之有效，还必须与政府对有关

---

[1] H. 迈耶《英国的市政所有权》，第281页。

公司发行新股票的管制相结合——就像对工资的机动调整一样，并不是替代，而是补充有关特许经营权定期修订的制度。如果要永久实施该方案，则无论是公司自身还是其他公司，所作出降低生产成本的所有改进和发明，都会稳定而持续地增加利润。对于新成立的公司来说，这种调整就不那么容易了。因为只有当公司在运作上获得了一些经验之后，才能确定适当的价格和红利标准。但是，正如大战之前贸易委员会对煤气公司所做的那样，可以先规定一个简单的最高价格，并保留了在一段时间之后改用机动价格的权力。[1] 正如前面所讨论的其他方法一样，这种机动调整法也会遭到质疑，即它不仅在原材料和劳动力增加的时候会推高价格，在公司因管理不善导致利润下降时也是如此。然而，尽管存在这些困难，机动调整方法——标准收益方法——在经过谨慎细致的制订之后，可能比任何其他在两个修订时期之间硬性限定价格的方法，更加接近于单纯竞争条件下的价格体系。

第 25 节

应该补充的是，上述各种方法说明，尽管它们可能作出了合理的规定，在修订期内根据原材料等的变化调整费用，但它们非常不适合应付需求的变化；因为，如果在单纯竞争条件下，需求的上移趋势——当然，这里我们只关注短期波动——应该与价格的上移联系起来，但如果采用上述各种方法，就会使它们与价格的下移联系在一起。此外，需求的变化可能是非常重要的，而且可能引发相关价格的大幅度变化。当行业的辅助成本——该项成本并不随着产量的减少而作相同比例的下降——作用大于主要成本的作用，而需求发生变化时，价格的变化幅度将非常大。事实上，对于大多数行业来说，辅助成本是极其重要的。通过某种比例将所限定价格的变化，不是与收益的变化，而是与所提供的服务供给量的变化联系在一起，就有可能将需求的变化与成本的变化都考虑进去。但据我所知，

---

[1] 惠顿《对英国公用事业公司的管理》，第129页。

目前没有任何地方建立了这种自动调整的制度。

第26节

然而，还有另一个不同层次的困难。到目前为止，我们所阐述的主要部分默认了一点，即在制订管制政策时，我们首先要公平公正。对于在我们政策的总方针制订后才出现的行业垄断，以及在获得原始特许经营权时被施加各种条件的公共事业公司，情况当然是这样的。但是，对于现在根本不受管制或管制方式不完善的垄断公司而言，情况就不一样了。如果要把这些公司置于我们所考虑的那种价格管制之下，那么在许多情况下，这些公司的收入及其股票的资本价值就会大大缩水。对于原始股东或这些股东的继承者而言，这并不重要。这些人过去曾赚取过超额利润，这不能成为允许他们将来这样做的理由。但是对于近期购买股票的人来说，情况则不同。他们的购买价格受到了实施管制之前的条件或此处所考虑的严格管制形式的条件的制约。这些人现在可能获得比如8%的资金，实施管制之后可能这一比例降低到5%，最后，他们的资本价值会减少三分之一甚至二分之一。制订规章制度，对随意选定的完全无辜的群体进行残酷严厉的打击，并非一件可以轻松做到的事情。国家肆意践踏合法预期的权力是有限度的。然而，如果我们因为以前疏忽职守，没有尽到管制之职，现在就不去对应该管制之事实行管制，无异于将错就错。向"孤儿寡母"投降的论调实质上意味着放弃改革。这一冲突不可能指望得到完美的解决。但是，如果突然按上述原则全面引入价格管制策略会大大降低价值，那么这种管制策略应该只能在管制消息发布一段时间后引入，然后逐步推行。这似乎是一种合理的折中办法，也是对既得利益的各方给予了充分考虑的办法。

第27节

然而，即使不考虑这个有些特殊的困难，前面的一般性综述也表明，在国家对私人垄断实施管制的任何形式下——而且应该注意到，尽管所引用的事例仅涉及特殊类型的私人垄断，但这一论点却包含了私人垄断的所有类型——理想与实际之间仍可能存在巨大的差距。简而言之，无论是积极的还是消极的管制方法，都是一种极不完善的手段，它只能使产业向适合单纯竞争的价格水平和产量靠近。而且事实往往证明，政府管制是一种代价高昂的管制方法。正如杜兰德教授指出的那样："政府对私营企业的价格和利润的管制总是会产生诸多浪费，并重复消耗大量的能源和成本。这就是两拨人做同一项工作。在确定价格方针时，公司的管理层和员工必须研究成本会计和需求情况。而政府官员与雇员又必须跟进并反复加以研究。此外，两拨人工作的动机不同，于是就会产生摩擦和法律纠纷，而这些又会产生更多的开支。将庞大的政府机构叠加在庞大的私企之上是一种浪费，如果可能，应该避免这种浪费。"[1] 这一因素不容忽视。在将垄断企业中的私人企业制度的实际效率，与竞争的公营企业制度的实际效率对照比较之前，应该把政府监督管理所产生的费用计入私人企业制度的收益中。

---

[1]《经济学季刊》，1914年，第674～675页；以及《托拉斯问题》，第57页。

第二十二章　行业的公营

第1~3节　实现令人满意的国家控制所面临的困难表明，如果在生产活动中没有出现严重的经济损失，那么特定行业的公共经营（与公有制不同）可能会增加国民所得。第4节　战争的经验不能给予我们全面的指导。第5节　不能通过数字统计对行业公共经营的经济效率与行业股份经营的经济效率进行比较。第6~9节　行业的公共经营有着不同的形式，从技术效率的角度看，它不必低于私人经营，尤其是不必低于受管制的私营。第10节　但是，首先，在公共经营下存在着一种危险，即经营机构可能倾向于通过使用不公平的商业以外的方法来维持其企业，代价是竞争企业能够以更低的成本满足同样的需求。第11节　其次，在公共运营条件下，经济效率很可能会因为不愿意冒险和进行试验而受到影响。第12~13节　再次，通过建立规模不经济的管理单位，可能会导致效率的大幅下降；但是，在正常状态为垄断竞争的行业中，公共运营在这方面优于股份运营。第14节　总的来说，除了一些特殊的例外情况，仅在垄断行业中，公共经营的建议备受关注；在这里，它的情况与公共控制的情况相反，在不同的行业情况会有所不同。第15节　当一个私人经营的企业决定改为公共经营以后，在确定适当的收购价格方面面临困难。第16节　但是，即使必须向既得利益者支付巨额赔偿，政府当局为了遏制人为限制产量而买断一家私人垄断企业，仍可能有益于公众利益。

第1节

本书的前几章已经表明，在简单的竞争条件下，自主发展的私营企业在资源分配上往往不如其他一些可能的分配那样，有利于国民所得。在某些行业中，所使用资源的边际私人净产量的价值低于边际社会净产量的价值，结果造成投资太少；在其他行业，边际私人净产量的价值大于边际社会净产量的价值，结果造成投资过多。在另一些国家，垄断权力的行使导致产量减少，使投资远远低于公共利益的要求。当竞争占据优势且社会净产量和私人净产量的价值不相等时，理论上可以通过征税或给予补贴来进行纠正；当垄断占据优势时，理论上可以通过价格管制——在某些情况下与对产量的管制相结合——使垄断变得无害。但是，前面的讨论清楚地表明，要消除私人利益在这些方面的偏差，实践起来极为艰难，往往不能贯彻到底。因此，问题由此产生：在其他条件相同的情况下，政府可以自行运营某些类别的企业，而不是试图控制私营企业的经营。

第2节

必须清楚地认识到，这里提出的问题涉及的是公营，而不是公有。除去任何分配上的变化以外，公有制本身在没有支付全部补偿的情况下获得所有权的意义微乎其微。例如，假设市政府筹集100万英镑的贷款，以建立一个电力供给工厂，利息按5%支付，本金在50年内通过偿债基金偿付。其中，它的法律地位是，从这项工程建成的那一刻起它就归市政府所有，只不过是把电厂抵押给了公债持有人。如果是私人辛迪加投入资金建造这项工程，并以与市政府相同的条件将其租借给市政府，然后规定电厂在50年后归市政府所有，那么在这50年间，辛迪加就是该电厂的所有者。但是，如果市政府有权处置电厂的一切事务，不管是对它改建还是完善，那么在该方案中，市政府真正的地位将与其在另一项方案中的完全相同。公有和私有之间的区别，只在于没有实际意义的术语上的不同。同样地，如果市政府按5%的永久性利息借给私人企业100万英镑，使其能够建造一个电力工厂，那么市政府真正的地位，与它自己建造这项工程，然后以相同的永久性利息租借给私人企业是一样的。但是，在前一项方案中，电厂的所有者是私人企业，在后一项方案中，电厂的所有者是市政府。二者形式上有所差别，实质上却是相同的。不过，公营与私营在根本上始终存在着实质差别。

第3节

鉴于前一章已经指出的，对私营企业实行有效的政府管制在技术上存在着诸多困难，因此，从国家资源在不同行业之间适当分配的观点来看，在任何有垄断倾向的行业中实行公营，无论如何都是非常重要的。在某些民主制国家，尽管政

□ 埃尔丁三相交流发电厂　1892年

1891年在美因河畔法兰克福举行的"国际电工技术展览会"是一次实际证明三相交流电可以传输更远距离的机会。第二年，西门子-哈尔斯克公司接到订单，要在上巴伐利亚的埃尔丁镇建造一座用于照明的三相发电厂。埃尔丁三相交流发电厂是德国的第一家此类工厂，它花费了整整两年时间，才使大约100盏白炽灯和6盏弧光灯得以稳定供电。

府铁路的用途可能已经扭曲，即被用来满足地方和部门，甚至满足个人的目的，但实行公营仍然是十分必要的。[1]正如本编第二十章中所介绍的，超议会"委员会"的成立已经大大缓解了公有企业运营所产生的危机。但是，公共控制与公共运营对国家资源在不同行业间的合理分配的不同效应，并不是我们在选择它们时必须考虑的唯一因素。除此之外，还涉及其他方面，正如我们在比较自主型购买者协会和普通商业企业时也涉及其他方面一样。我们无权不经论证地假定公营与私营的生产效率相同。即使私营企业受到政府控制，公营也可能不如私营经济实惠。如果真是这样，公营在经济效率方面的弊端，必须与其在不同用途之间配置资源的优势相抵。因此，在尝试对我们的问题找出任何真正的答案之前，有必要从生产效率的角度对公营与私营进行一番比较。

第4节

我们最好在一开始就清除掉来自战争经验的两个论点，这两个论点的基础是对"效率"一词的滥用，因此并不真正与我们的讨论相关。

首先，有人认为："如果个人主义原则是正确的，那么政府在战争时期做过的事情显然是荒谬的，例如接管铁路。如果分散的铁路控制是有效的，为什

---

[1]参见阿克沃思《铁路的国有化》，第103页。

要干预它？为什么不让它照常进行呢？在运送列车和旅客方面又有哪些并不是铁路公司应有的业务呢？如果在战争年代动员铁路运送数十万或数百万人是必要的，那么为什么在和平时代不动员铁路每年运送3亿吨左右的煤呢，煤不正是英国工业的命脉吗？"[1]这种推理方式假定，政府在战时接管铁路是为了提高技术效率。事实上，政府接管铁路，是为了确保对铁路线路和设备拥有充分的控制权，避免因为与私人权力发生冲突时，得不到必要的服务。通常情况下，铁路如同所有其他为了盈利而出售产品的企业一样，会根据不同客户的有效的即时需求来分配产品。在战争时期，显然有必要取消按有效的即时需求在竞争客户中间分配铁路服务的指导原则。事实上，虽然这一做法得到了普遍认同，但它并不能证明，人们都认为私人管理下的铁路比政府管理下的铁路在技术上具有更高的效率，即私营比公营需要付出更大的实际成本才能获得某一结果。

□ **费城电力公司的特拉华发电站**

20世纪初，随着电力的使用变得越来越明确，费城电力公司（PECO）寻求扩大其在该地区的电力输出，同时营销电力的各种新用途。该公司加强了对电力工业的控制，购买了为小型市场（如街道照明）提供电力的当地小型发电机。在将国家电力公司纳入其麾下之后，该公司先后于1901年和1918年收购了肯辛顿电力公司和特拉华电力公司。图为当时特拉华电力公司在切斯特刚建成的一座发电站：高耸的格鲁吉亚红砖立面和白色的柱子沐浴在白炽灯下，展现出崭新的设计理念。

其次，有人提出了类似的论点，以证明建立国有军工厂可以使政府用远远低于私营企业的价格来获得供给。但是在战争背景下，面对无限大的政府需求，弹药的私人销售者所确定的销售价格将大大超过其生产成本。事实上，这种情况确实为国家行动提供了强有力的理由，但是，国有军工厂的生产成本能够低于私人

[1]齐奥·扎莫尼《国有化的胜利》，第86~87页。

工厂迫使政府支付的价格，并不能证明它的技术效率更高。技术效率关乎实际的生产成本，而不是短缺或垄断条件下确定的销售价格。事实上，国有军工厂的生产成本是否比私人工厂更低，并不是我此处讨论的重点。不管是否如此，通过对比国有军工厂的生产成本与私人工厂的售价，肯定无法证明这一点。因此，这个论点与前面的论点一样，是站不住脚的。

第5节

我们还可以提出另外一个一般性的否定命题。那就是，如果试图用统计数字作这种比较，将注定遭遇失败。毫无疑问，如果可以证明，在其他条件相同的情况下，某一既定产量在公营下比私营下以更高或更低的实际成本获得，则可以得到这两种管理形式的相对效率的切实证据。但是在现实生活中，这是不切实际的。首先，名称上相同的服务的质量存在巨大差异，要充分考虑这些差异几乎是不可能的。"我国的城市有轨电车"，美国公民联合会的记者说，"比其他任何国家的公营或私营的有轨电车的速度更快，运载的乘客更多，但是与此同时，也会有更多的人因此而受伤或死亡。我们的国人似乎喜欢如此，但英国人却不喜欢。"[1] 如何才能顾及这种差异呢？此外，不同地方的生产条件也完全不同。"在锡拉丘兹（美国），水靠地球引力的作用流入城市；在印第安纳波利斯，水必须用水泵抽。"[2] 根据每单位电能所需的供给量和劳动力的相对数量，对大城市的某私营电力公司与郊区城镇的市营发电厂进行比较，显然对互为竞争对手的二者而言都不公平，因为前者所在的大城市的供电量非常大，并且能够满足相毗邻的两家公司或企业的产权不受侵犯的特殊条件。同样，对于年发电量大致相等的两家照明发电站而言，如果它们在地理位置上类似于毗邻关系，却分置于南北两端，以此种方式对二者进行比较的做法也不可取，因为这两个地区的日常服

---

[1]《公用事业的市政经营与私人经营》，第1卷，第287页。
[2] 同上，第1卷，第21页。

务时间将随着夜晚时长的不同而变化。出于相同的原因，我们也不能将一家发电站的夏季照明服务与另一家发电站的冬季照明服务进行比较，即便我们试图通过掌握每单位电力所消耗的人力大小，努力将二者调整至同一基础之上。[1]简而言之，在这一领域，即便不考虑粗心大意的研究者在解释市政账目时遭遇的种种陷阱[2]，通过统计资料得出的论据也几乎毫无价值。该观点具有普遍适用性。但是，鉴于战争时期特殊的心理状况，而且当时政府临时雇用了大批能人，他们平时就职于私营企业；再者，战争期间，政府运营的工厂所生产的商品只供国家使用而不面向市场，上述观点则与从战时的经验中得出的观点之间存在着非常特殊的关联性。

第6节

因此，既然统计证据不适用，我们就应该像对自发性购买者协会的研究一样，以一般性的分析方法进行比较。让我们从比较公营企业与不受管制的私营企业开始。总的来说，如果条件允许私营企业进行小规模生产，企业主在其成功过程中的长期利益将对效率产生刺激，这既适用于私人联合企业，也适用于公营企业。然而，在行业的很大范围内，实际的选择对象不是在私营企业和公营企业之间，而是在联合企业与公营企业之间。在这种情况下，行业中的资本家在经营自己的相对较小的企业过程中所拥有的主动性、自由和对切身利益的关注，都是不存在的。这是一个不同的、更加公平和均衡的问题。关于这个问题，不妨援引美国公民联合会的一段声明："如果条件相同，就没有特殊的理由期望私营或公营的财务状况有所不同。"[3]当然，得出这一结论的理由是，无论某种服务是由私营企业还是公营企业提供，其实际运营必然是相同的。必须任命一个进行总体控制的专家班子，该专家班子要么是由股东们推举的董事会来任命，要么是由代表

---

[1] 比米斯《公用事业垄断集团》，第289~290页。
[2] 特别参见努普《城市贸易的原理与方法》，第5章。
[3] 《公用事业的市政经营与私人经营》，第1卷，第23页。

□ "大东方号"上的大西洋电报电缆断裂

1865年7月，"大东方号"——一艘比任何其他船只大的巨轮，此时被改装为一艘电缆敷设船——从爱尔兰西南部的瓦伦西亚岛驶出，拖着电缆驶向纽芬兰。轮船驶出一千多英里后，电缆突然断裂，沉到水下。第二年，另一组船员出发了，这一次是从纽芬兰的哈茨康滕特小渔村驶出，拖着电缆驶向瓦伦西亚，这次的目标是敷设一条经过较大改进的电缆，最终成功了。

公众利益的委员会、理事会、部级部门、市政部门，或类似伦敦港务局那样的特设机构来任命。总的来说，管理权实际由选举人、董事会或者委员会，或者任何控制机构，或者全体员工所授予。似乎没有先验的依据，在不考虑控制机构所具有的特殊性质的情况下，便可以判定公营和私营哪个在技术上更有效率。

第7节

在一些微不足道但不可忽视的问题上，重要的经验表明政府机构具有优势。这种优势类似于在生产性合作中所发现的优势。这是因为，利用一定数额的薪酬，政府机构与私人公司相比，能够聘请到更有效率的工程师或经理，因为公务员的职位本身就很有吸引力，同时还要受利他主义动机的吸引；或者可以说，比起私营企业，政府将用较低的薪酬聘请到效率相同的工程师或经理。这种优势，必须清楚地理解为是真正的优势，而不是一种以工程师或管理者的损失为代价的奖励；因为他们在其中创造了一种新的价值，这是工程师或经理从为公众服务中获得的一种超额的满意感。具有一定能力的人愿意在私营企业工作与在政府机构工作的差别，实际上是由于采用行业组织的公共形式而产生的额外产品。当然，这种差别并不等同于一个政府部门的主管和一个私营企业的主管之间的收入差别，因为在后者的收入中，通常包括"等待"和"承担不稳定风险"的报酬——这些服务在政府部门中由纳税人提供。如果把战前美国铁路大王的收入超过普鲁士国家铁路行政长官收入的部分，作为衡量私营企业相对浪费的标准，无疑是荒谬的。不过，公营仍有一个优势，即它聘请优秀技术专家所需的成本更低。

第8节

　　一个更重要的问题是，在技术性管理人员之上的决定一般政策的权威人士的管理能力究竟如何。在市政机构中，其通常是市议会的一个委员会——该机构的成员是因其政治能力而非商业能力而当选的，也比公司董事更容易在短时间内失去其席位。另一个更大的困难是，市政企业的雇员在选举议员方面可能发挥重要的作用。这可能导致一些议员出于政治原因而干预高层官员的处分权和自由决定权。甚至在一些城市，市议会阻挠城市工程师采用节约劳动的装置，从而威胁到一些议员的选民的就业。[1] 在由政府部门经营的国有企业中，高层机构从属于对议会负责的某一政治领袖带领的公务员团体。通过这位政治领袖带领，能够对该团体的运作形成各种各样的压力（其中一些可能是反社会性质的），并将其施加于企业的运行之上。但是，即使这种情况没有发生，这个公务员团体无疑也会阻碍效率。当必须作出重要决定时，政府部门的传统做法会造成拖延、犹豫不决和无法行动。[2] 因此，贾斯蒂斯·桑基（Justice Sankey）先生在他关于采矿业的报告中提到："现在的公务员制度是根据服务年限、公务员等级，从一位公务员向另一位公务员精确地复述或报告薪水和年金等条件中进行人员的选用与晋升的。"在单纯的日常工作中，这种制度可能没有什么坏处，但是，当必须进行企业的决策或快速决策时，就无法证明在为一定的工作选择合适之人方面，以及在实际的工作中，它不会起阻碍作用。应该指出的是，这种考虑对于专门为政府生产的企业，特别是战时专门为政府生产的某些企业，就没有那么重要了；因为这类工作必须按部就班地进行，不需要对市场进行预测。通常认为，在市场预测

---

〔1〕《公用事业的市政经营与私人经营》，第1卷，第23页。

〔2〕莱费尔特教授写道："如果用一个商人替代一个官员，他将发现他被禁止做任何他无法解释或无法向上级辩解的事情……实际的判断在某种程度上是潜意识的，他的心理过程也不能用语言表达出来。甚至用语言表达决策，这本身就是一项艰难的工作。用语言来表明决策，通常在心理学和文学写作上都是极为艰巨的。有一种趋向是，任何官方的等级制度都局限于实施那些可以很容易用语言从一个官员传达到另一个官员的决策。一个开明的无神论者会想尽一切办法摆脱这种致人瘫痪的局限，并尽可能地下放权力。但这种限制是制度固有的，不能完全避免。"（《经济问题》，第339~340页）

方面，政府部门不如私营企业或联合股份公司。为此，莱费尔特（Lehfeldt）教授一语中的："任何人——政府、公司或个人——如果能够收购一个工厂的全部产量，就有充分的资格为自己建立一个工厂；但是，普通工厂不得不出售产品，寻找客户：这完全是另一回事。"[1]在这一方面，电报通信的早期历史是极为有趣的。18世纪末发明的光学电报机信号系统被法国政府购买，仅用于军事用途，完全由政府经营。1845年，法国政府出于同样的目的，开始经营电报。"政府当局意识到了自己的需求，但同时发现没有其他人为自己提供相关服务，于是决定自给自足。从严格意义上来讲，电报公有化最初并不是企业精神的体现。这只是政府行政部门不得不施行的一项行政措施，是由于缺乏私营企业为其提供这项服务。"[2]当一个行业主要生产供大众消费的物品时，人们当然需要作大量预见性和建设性的投机，因此，行政机构的工作方式的缺陷也相应地更加明显。

然而，越来越多的人认识到，国有企业的公营并不一定意味着，这些企业是由按照行政管理原则组织起来的政府部门所经营。伦敦港务局就是一个与政府部门完全不同的特别机构。加拿大已经创建的加拿大国家铁路公司，政府是其唯一的股东，但企业董事的任命与普通董事一样，并且董事被赋予了完全的自由管理权。[3]桑基委员会的建议旨在建立一个采煤业的管理机构，它虽然是政府机构，但其运营机制却是非官僚化、非政治化的，消费者代表将进入管理机构，正如瑞士国家的电话服务已经实行的那样。[4]将这类机构与股份公司的董事会进行比较，比将邮政局的管理机构与此类董事会进行比较，可能更加合适。显然，除非对国有企业的体组织形式有详细的了解，否则便无法对经营能力有任何概括性结论。

---

[1]《战争经济学》，第26页。

[2] 参见霍尔姆博《欧洲大陆电话业的公有》，第21页。

[3] 阿克沃思《铁路的国有化》，第12页。不过，这些董事只获得一年的任期，因此，政府实际上可以通过挑选绝对服从自己的董事，使管理政治化。

[4] 参见霍尔姆博《欧洲大陆电话业的公有》，第252页。

第9节

到目前为止，我们一直在对政府经营和不受管制的私人或联合股份经营进行比较。事实上，正如已经明确指出的那样，如果公营确实是一个实际问题，那么可以作另一种选择，即对私人或联合股份制公司进行管制。管制必然妨碍私人企业的主动性，而这正是私人企业的主要优势，而且管制的力度越大，对它的妨碍程度也越高。如果管制深入到规定生产的物品和生产方法，那么它对主动性的妨碍必然更大。另一方面，如果管制的程度并未超出所限定的最高价格，或者只是规定利润和价格联合浮动的比例，就像某些煤气公司所规定的那样，那么，管制对于主动性的妨碍就小得多。因此，不可能笼统地比较政府运营和受管制的私人运营的技术效率，因为受管制的私人运营可能是许多种当中的一种——实际上，正如在前面章节中所显示的那样，公营本身也是如此。我们唯一可以得出的一般性推论是，将公营与受管制的私营之间的技术效率进行比较，比将公营与不受管制的私营之间的技术效率进行比较，可能更加有利于公营的技术效率。

第10节

然而，这一看似空泛的结论并没有使讨论就此结束。当我们的考察延伸到单纯的技术能力之外，还有三个重要的考虑因素趋向于表明，从国民所得的观点来看，公营很可能次于政府控制——当然，并非总是，而是作为一般规则。其中一个因素与以下事实有关，即不仅同一行业内的不同生产者，而且看似不相干的行业内的不同生产者，实际上往往是竞争对手。毫无疑问，我们可以从最大可能性这一角度将某行业设想为垄断性行业，不仅该行业中不存在相互竞争的公司，而且该行业之外也不存在与其竞争的其他行业。我们有理由认为，现代化城市中的供水服务就是这种意义上的垄断性行业。如果把目前不相干的多个行业联合起来，就有可能创造出这个意义上的其他类似的垄断性行业。例如各种交通工具，如公共汽车、有轨电车、汽车和马车，也许可以设想将其全部合并为一体并由一家企业来控制。同样，我们也可以想象，通过一切手段来提供人工照明或电力，以此实现其行业的垄断。但是，这种想象与实际情况极不相符。鉴于当前的情况，我不确定除供水服务业以外，是否还有任何其他行业从广义上看可视为垄断性行业。现在，从国民所得的利益出发，无论是在同一行业还是在不同行业中，如果大量机构都争相满足某种公共需求，那么，能够最有效地满足此种需求的企业，就应该将其他企业驱逐出该行业。但是，当某一企业由政府机构经营时，即便它在效率方面不及它的竞争对手，也仍然有可能通过人为的支持而继续维持下去。因为，控制任何政府企业的人，自然渴望该企业能够取得成功，他们往往认为整体利益就等同于自己部门的利益。因此，当政府部门从事经营，如果经营能力差的话，我们几乎可以肯定，它会从其非商业武器库中调用不正当的武器，通过运用这种不正当的手段，或长或短地维持自己的企业一段时间，尽管该企业的生产方式的成本高过竞争对手的成本。这些不正当手段可以分为两类，一类主要是保护政府企业，另一类则侧重于阻碍其竞争对手。

保护性非商业手段主要是运用有意识或无意识手段，以确保从普通公众手中获得差别性补贴。当某个政府机构一边经营企业，一边提供一般性的无偿服务，就能从后者那里收取费用，然后将其真正置于自己企业的名下。非常引人注目的一个例子是，伦敦郡议会将为工人建造住宅所购土地的价值，降低为专门依据此特定目的而指定的价值，而不是参照一般的市场价格。同样，城市有轨电车公司可能会把本该归入自己账下的道路开支，转记到普通公路的账目上，以此粉饰繁荣。[1]如果某市政机构未能拨出专项资金，用以平衡其相对于私营企业而言所具有的低利率借贷优势，它可能就会以更温和的方式采用与上述类似的方法。"该城镇的全部可征税财产通常可用于支付利息和本金，而企业只能以其厂房设备作为担保，因此市政机构可以以低于私营企业的利率发行债券。"[2]市政机构之所以有这种能力，主要是因为即使它经营的企业破产，它也能把偿还债券持有人

---

[1]《公用事业的市政经营与私人经营》，第1卷，第469页。
[2]比米斯《市政垄断》，第45页。

债务的责任强加给纳税人去承担，而私营企业则不得不给予债券持有人更高的回报，以确保他们做好万一企业破产便将赔钱的准备。公众对关于私营企业方面的信息缺乏了解，相比之下，市政机构相关的信息更容易使人了解[1]——这样一来，市政机构经营的企业只会影响到实际储蓄的一小部分——因此，债权持有人将担心私营企业破产，从而要求额外的补偿。除开这种担心和额外补偿，私营企业的高息贷款与市政机构的低息贷款的社会成本相同。如果这两家企业要公平竞争，市政机构就应该将自身从较好的信誉中获得的大部分收益转移到地方税上，然后再核算企业的账目。如果不这样做，市政机构实际上就是在利用普通公众所贡献的资金来资助自己开办的企业。市政机构之所以能够以较低的工资条件聘请经理和工程师，是因为纳税人承担的风险可保护他们免受其雇主可能破产之忧，市政机构如果不将从中获得的收益转移到地方税上，它就是又在利用公众的资金来资助自己的企业。当然，如果市政机构管理企业的效率更高，因此而比同类型的私营企业蒙受损失的可能性更小，则会产生真正的收益。但是，无论如何，因为有了纳税人这一极为稳定、可靠的保证，这种收益不应反映在市政机构借款的优惠条件上。

  侵略性的非商业手段之所以成为可能，是因为政府机构除了经营自己的企业外，往往还拥有对其他企业的控制权。如果它们处于这种地位，就存在极大的风险，可能会受到诱惑，用自己手中的控制权来阻碍和伤害竞争对手。例如，教育局既经营自己的学校，又为其他学校的经营制订规章，就会受到强烈的诱惑。而对于修建房屋的同时又制订房屋建造细则的某政府机构也是如此；经营燃气照明或有轨电车同时又控制电力照明或电动公共汽车的市政机构也不例外。在政府机构可以采用的各种侵略性方法中，最简单的方法可能是将偿债资金的相关条件规定得比租赁到期时强加给私营企业的购买条件更优厚，它们自身的企业就在这种

---

  [1] 如此一来，便暗示了市政企业的优势依照以下情况而定，即如果人们通过中介机构向任何企业投资，他们必然承担该中介机构可能不愿意或无法履行其义务的风险。以此方式产生的不确定性是成本消耗中的一个实际因素。如果国家充当该中介机构，其诚信度及财政实力一般说来广为人知，则该因素的影响实际上可排除不计。

□ 工厂学校　19世纪

维多利亚时代，英格兰的教育主要面向来自上层阶级的儿童。大多数平民家的儿童没有上学就出去工作为家庭挣钱。18世纪初期的英格兰，人们大量涌入工厂，儿童就业也随之增加，这就导致很多儿童无法正常上学。为了适应工业化的需要，政府颁布法令，要求工厂设置学校，将工厂的儿童从工作中解放出来，接受教育。

优厚的条件下运营的。如果某一政府机构提供偿债资金来消除企业的资本债务，并提供资金来支付折旧及更新费用，它实际上就是在为子孙后代的利益而向现在的公民征税。[1] 同样，某一政府机构如果授予某私营公司特许经营权，条件是该公司的厂房设备应在租赁期满时免费或以"重置成本"的方式移交给政府，它就是在征收类似的税款。显然，提供偿债资金及特许经营权的条件可以分别照此进行规定，从而减轻偿债资金方面的负担，因此，相对于公营企业而言，私营公司将受到区别性对待，并因此遭到损害。

然而，还有比上述侵略性手段更恶劣的形式。那些自己经营煤气厂的市政机构，运用自己手中的否决权和其他方式，阻止电力照明公司的发展。再有，"自1898年以来，为了保护当地市政经营的照明发电厂，市政机构一直阻碍大规模的发电公司、配电公司的发展"。[2] 同样，国家政府为维护自身电报业的垄断地位，对其他电力通信方式设置了行政障碍。1884年，邮政大臣不允许国家电话公司在其任何局所接收或传送书面讯息，并为此辩解道："如果允许发送书面信息，我担心会造成电报收益严重亏损"。[3] 同样，在挪威，当（1881年）一家公

---

〔1〕在农业委员会制定的新政策中，不要求郡议会向小佃农收取费用，因为小佃农以非常高的租金从郡议会那里租用土地，足以提供此类偿债资金。（〔白皮书，第4245号〕，第12页）

〔2〕H. 迈耶《公有制与电话业》，第351页。

〔3〕H. 迈耶《公有制与电话业》，第18页。

司为其在德拉门和克里斯蒂安尼亚之间开发一项长途电话业务而申请执照时，政府规定，该公司应保证补偿"在这两个城市之间（政府的）电报线路可能由此遭受的所有损失"；政府对其他电话公司的创始人也提出了相同的赔偿要求。[1]最后，1906年颁发给马可尼无线电报有限公司的特许状，允许在英国和北美之间通过无线传输信息，并特别规定：为了保护英国及欧洲大陆各政府所拥有的海底有线电话公司的利益，不得与意大利之外的任何欧洲国家传送和接收信息。[2]

正如前文所解释的那样，虽然政府机构在经营企业时使用"不公正"、非商业性质的防御性及侵略性武器来成功地扶持了自己的企业，但是其竞争对手其实可以使用更经济的方式来实现同样的目的。最后必须指出的是，使用这些方法往往比初看之下的效果更好，能有效击败经济上处于优势地位的竞争对手。这是因为，该做法不仅可以直接发挥作用，而且可以通过预期间接产生影响；不仅可以赶走市场上现有的竞争对手，而且可以阻止新的竞争对手进入市场。如果让某位打算创办慈善事业的人士知道，他的尝试若是成功的话，政府机构就会进驻他已经证实富有成效的领域，他一定会——或者说应该——感到欣喜。但是，如果让某位已经在经营一家企业的人士知道了这一点，他所追求的目标就不会像慈善家的目标那样蒸蒸日上。相反，他追求的目标会遭遇阻力，因此，他也会将精力从该企业中转移出来。据说，在市政住房建设的试验中已经产生了这种影响。这些因素如果相互关联，政府经营企业的行为对生产效率造成损害的可能性会因此而明显增加；但是，如果它们不是处于最广泛意义上的垄断性行业中，则这些企业必定存在某种程度的关联性。

第11节

接下来，我们将进入第二个因素的讨论。它与这样一个事实相关，即任何行业都涉及一定程度的不确定性。使资金承担不确定性必然是一种生产要素，它将

---

[1] 参见霍尔姆博《欧洲大陆电话业的公有》，第375页和第377页。
[2] H. 迈耶《公有制与电话业》，第341~342页。

使产量大于没有它时的水平，这些会在附录Ⅰ中进行详细阐述。从长远来看，投入100英镑必然增加国民所得，因为它将获得160英镑或50英镑的收益，而两种结果的概率是相同的。如果企业控制者使资金承担不确定性的意愿受到"人为"限制，那么促进行业发展进而促进生产的进取心和冒险精神就会遭到遏制。而且，由此造成的伤害比初看之下严重得多。这是因为，任何未经检验的实验都可能遭遇失败，而使资金承担不确定性的意愿的减弱，则意味着实验受到限制，有创造精神的人士进行有益的发明创造的动力也会因此而减弱。毫无疑问，我们有理由相信，随着行业对非商业性科学的依赖程度越来越高，该因素已不如以往那么重要。默茨（Mertz）博士说得好："过去几个时代的伟大发明都是诞生于实际生活，以及工商业最为先进的国家。但是，过去五十年间，化学、电力及热学等方面的伟大发明都是在科学实验室中诞生，前者在实际需要的刺激下诞生；后者本身则创造出了全新的功能性需求，开创了新型的劳力、工业及商业领域。"[1]尽管如此，仍存在以下事实，即虽然在发明还未得到经验的检验的较早时期，这些基础性的新发现往往是非商业的，但是后期通过"发明"将它们加以应用时，则通常需要商业的刺激。因此，对各行业内愿意使资金承担不确定性的投资者进行过度限制的任何做法，都必然存在造成重大损失的风险。在此我必须强调，经营企业的政府机构很可能会过度限制这种意愿。

该观点有以下几个依据：第一，政府机构认识到，人民对政府的仇视是祸害；它们还认识到，国家进行的投机活动如果失败，"如果它使未来若干年内赋税流失或加重，则必然引起公众对政府各分支机构的普遍不满和对政府本身的极度不信任"。第二，对于随时掌控政府当局的人而言，如果该政府机构依赖政党制度，他们不可能不知道"失败会给他们的政治对手提供夺取政权的大好机会"[2]。第三，这些人能在一定程度上意识到，如果强迫人们按其房屋应该纳税的价值的一定比例，使其资金承担不确定性所作出的牺牲，则大于按照预期利

---

[1] 默茨《欧洲思想史》，第I卷，第92页。
[2] H. 迈耶《公有制与电话业》，第349页。

润对各投资者产生吸引力并使其通过自愿出资而使相同总量的资金承担不确定性所作出的牺牲更大。最后且最基本的一点是，如果发明者必须求助于政府官员，则他们所接触的是社会中具有平均冒险精神的人；而如果发明者可以自主地求助于私营企业，那么他们就能够从高于平均冒险精神的人中挑选出一些追随者。正如勒罗伊·比利（Leroy Beaulieu）所说的："有首创精神的人会发现，在一个拥有4 000万名居民的国家中，总有一些敢作敢为的人会相信他，跟随他，要么与他一道发财致富，要么与他一同一败涂地。对他而言，要说服那些统治集团的官僚机构——尽管这些官僚机构是一个国家最重要也最必要的思想和行动机构——只是浪费时间。"[1]由此推断出，总体而言，盈利的愿望对私营企业而言，比对政府机构产生的作用更大，而担心受损这一点则对政府机构造成的影响更大。当然，战争时期并非如此。正如最近的经验所表明的，政府会授权在新型破坏性武器上进行试验而不考虑成本。但是，不能因为战争时期并非如此，就说明它和平时的情况也一样。正如经验表明战争时期并非如此，经验也表明正常情况下却是如此。一般来说，政府机构不会和私营企业一样愿意承担不确定性，或者从专业的角度来说，政府机构不那么愿意提供承担不确定性的要素。1892年，在英国邮局接管英国政府的电话干线的运营工作之后，英国政府所实施的举措就很好地说明了这种趋势。"财政部强迫邮政局采取拒不拓展任何可能承担不确定性业务的政策，除非个人或地方机构等有意者保证'每年可以产生一笔特定的收入，而收入的大小参照铺设和维护一定里程数的电话干线所需的预估费用'。"[2]不妨引用乔治·吉布（George Gibb）爵士的观点，以此证明这一情况代表政府机构的基本态度。他写道："无论人们如何看待私有制与公有制各自所具有的优点，不可否认的是，如果除开军需品给政府带来的压力，私营企业所承担的不确定性确实大于任何政府机构可能承担的不确定性。"[3]马歇尔十分清晰地揭示了因政府机构不

---

[1]《现代国家》，第55页和第208页。
[2] H. 迈耶《公有制与电话业》，第65页。
[3]《铁路的国有化》，第9页。

愿承担不确定性而对发明创造所带来的影响:"众所周知,虽然国家内阁及市政府为工程和其他先进行业高薪聘请了数千名公务员,但他们所创造的重要发明却寥寥无几;而且这寥寥无几的发明也几乎都是W. H. 普里斯(W. H. Preece)爵士这样的人士创造的成果,他们在进入政府任职前都曾在自由企业中接受过全面培训。政府几乎没有任何发明创造……政府可以印制出莎士比亚作品的精装版,但无法创作出这些作品……市政电力工程的构架之事属于政府官员,而天才则只为自由企业所拥有。"〔1〕美国城市联盟的通信员也写道:"劳资协商委员会助理秘书佩勒姆(Pelham)先生告诉（公民联合）委员会,他们不鼓励市政机构试用新发明或任何试验型系统。他们等待私营企业对这些发明和系统进行验证。所有的进步都由这些私营企业来完成。"〔2〕而且,目前由政府经营的企业相对较少,它们处于以私人企业为主,且大多数管理者都在私人企业工作的环境之中。在这种情况下,公营企业不可能受到激励而变得敢于承担巨大的不确定性。〔3〕

显而易见,对承担不确定性的意愿进行限制,以及由此导致对促进发明创造的激励举措进行限制,都会对生产中的经济效益产生影响。在不同的行业中,这种影响的重要性会因所涉及的投机因素的大小不同而有所变化。因此,我们可

□ 福特T型车首次出售　1908年

20世纪初期,飞机、汽车和收音机尚处于起步阶段,这些发明以其新颖性使人眼花缭乱。比如利奥·贝克兰发明了第一种合成塑料——酚醛塑料,奥古斯特和路易·卢米埃尔发明了彩色摄影术,保罗·科努发明了第一架载人直升机,埃尔默·A. 斯佩里发明了陀螺罗盘,雅克·勃兰登伯格发明了玻璃纸,盖革和米勒发明了盖革-米勒计数器,等等。图为1908年10月1日,福特T型车首次出售。

---

〔1〕《经济学杂志》,1907年,第21~22页;并参见瑞恩《论分配的公正性》,第165页。
〔2〕《公用事业的市政经营与私人经营》,第1卷,第437页。
〔3〕参见阿夫塔林《社会主义的基础》,第233~234页。

以推断出，相对于私营而言，公营在投机性强的项目中的经营效率极其低下，而在那些几乎不存在投机因素的项目中，二者的差距逐渐缩小为零。有时，为了使该观点明确，人们试图参照受托人区分投机证券和投资证券的方式对行业进行分类，将其分为投机性行业和非投机性行业两大类。有人建议这种分类方法有时可以通过以下两种方式适当展开：一种是以试验阶段所开设的新行业为对象来展开；另一种是以已经在试行阶段的知名行业为对象来展开。比如，最近就有一位学者将"飞艇制造、无线电报、装饰品与奢侈品贸易、单一用途专用机器的制造以及专用运输设备制造、巨型复杂的建筑物的修建等等"归为前一种，而将"煤炭开采、钢铁制造和水泥、火车、电话、电缆、汽车的生产等等"归为后一种。因此，乔治·吉布爵士从这一角度将早期的铁路业与成熟期的铁路业区别开来。"提到修建铁路的阶段，无论如何，一直都是私营企业修筑了英国的铁路系统，这一事实使它获得了不可估量的利益。但是我承认，铁路系统建成后的经营问题，在本质上完全不同于修建铁路的问题。"[1]同样，康芒斯（Commons）教授在1904年写作的时候，虽然赞许建立市营电力照明厂，但他认为，"提前八年或十年就进入市营电力照明时代，是会遭到批评的"。他说："应该鼓励私人团体在那些无人涉足的领域大显身手。"[2]因此，坚持实施上述分类无疑具有相当重要的意义。但是有两点值得注意：第一点，一个在某地已有悠久历史的企业，如果需要在其他地方重新建设，则该建设条件中仍然可能包含极大的投机因素。例如，虽然供水业是一个古老的行业，但是由于不同城镇的水源供给地各不相同，且输送路线特征各异，因此对于某一城镇而言，其他城镇的供水经验对它的指导作用微乎其微。第二点，迄今为止，不可能有任何行业发展成熟到不需要试验改进生产方法——包括投机因素——的程度。在某种程度上，如果要进行更多的发明创造，则所有仍有发展可能的行业都需要做好冒险的准备，因此，任何阻碍该准备的因素都会妨碍这些行业的发展。因此，如果根据本节所讨论的情况，

---

[1]《铁路的国有化》，第11页。
[2] 比米斯《市政垄断》，第56页。

假设公营相对私营而言所具有的非经济特性仅对新兴产业意义重大，将是错误的。它对几乎所有行业都具有重大的意义，当然，它对处于试验阶段的行业来说意义最重大。

第12节

下面，我将进入第三个因素的讨论。公营的相对劣势源自政府对不同生产要素间最经济的组合方式所进行的干预——实际上，它阻碍了人们承担不确定性或勇于面对不确定性因素的意愿——与之类似的情况是，政府对最经济的企业规模进行干预，致使公营在许多行业中的劣势更加突出。诚然，政府经营企业只能由组成某种政治组织形式的人们来经营。但是，对于任何行业的经营而言，最经济的控制区域在规模上极不可能与某个现代国家的政府当局现有的管辖区域一致，因为政府设立这些管辖区域，除了出于行业的高效运营的考虑，还有很多其他原因。因此，一般情况下，必然出现下面的情形，即要么设立特别的政府机构来专门经营某些行业，要么调整这些行业中控制单位的规模来适应政府当局现有的管辖范围。经验表明，对于规模介于中央政府和相关地方当局管辖范围之间的大型企业，可以设立（有些企业已经设立）适合这一规模的特殊政府机构，例如我们熟悉的各种港口托拉斯和码头托拉斯，以及伦敦水务局和伦敦港务局。另一个方法是成立代表两个或多个地方政府机构的联合管理委员会。"1907年至1908年，在英格兰和威尔士，一共有25个负责水源供应的联合委员会，2个负责水源及天然气供应的委员会，1个负责供电和有轨电车服务的委员会。"[1]然而，对大型企业而言，虽然成立政府特别机构无疑是一项切实可行的政策，但并不可能经常采用这种政策。在政府经营的情况下，管辖区域内有限的地方政府机构有成为该种经营方式的代理商的风险，而对于最初的规模与这些地方政府机构所管辖的区域相

---

[1]努普《城市贸易的原理与方法》，第117页。正如努普先生进一步指出的那样，市政机构经常与小市政当局达成协议，将其电车轨道、供水或天然气系统扩展到自己的边界以外，以便也包括邻近地区。

匹配的行业而言，这种风险尤其大；而在后期受到新发明的影响，这种风险将在更大范围的管辖区域内出现。在过去，最适合水源供应、燃气照明和电力供应的行业的管理范围，大致与各个城市的管辖范围相同。但是，自从某些现代新发明问世以来，在经济方面可能被证明是最有效的管理区域在规模上通常远远大于城市的管辖范围。因此，"在使用马车的时代，每个地方政府机构的辖区范围大致等于商业经营区域的范围。在使用电车的时代，一个综合系统的范围可能会扩展到整个郡，而该地方行政辖区只占这一系统的一小部分而已"[1]。同样，随着大规模配电方法的改进，最经济的供电区域已经延伸到数千平方英里之外的地方。即使在供水方面，大型城镇的需求也可以通过开发较远的湖泊来满足，因此由一家联合供水机构向水管铺设沿线的各个城市同时供水，显然更加经济。实际上，在所有市政公用事业中，燃气照明目前似乎是唯一一个管理范围最小、没有超过城市辖区范围的行业。然而，一般而言，管理范围特有的这些变化尚未使公用事业因此而转交给专门设立的新政府部门管理；因为取代市政机构的工作会遭遇巨大的阻力，所以成功推进此项工作几乎不可能。这样一来，在实际生活中，公营往往意味着，一些行业最经济的管理范围介于国家政府与地方政府的管辖范围之间，它们实际上将由地方政府进行经营；当然，这意味着将管理单位的范围缩减至最经济的管理范围水平线之下。[2] 对于某些行业而言，如果它们最经济的管理范围小于政府机构当前的最小管辖范围，则为达到经营这些企业这一特殊目的而设立新的机构甚至可以说是不切实际的做法。如果这些行业要由任一政府机构接管，那么该机构也只可能是为了其他目的而已经建立起来的政府机构中的一个。因此，在这些行业中，公营不仅一般说来意味着，而且几乎总是意味着，引入的管理规模将超过经济效益最大的管理规模。

---

〔1〕波特《市政所有制的危险》，第245页。

〔2〕有人可能会反对说，市政运营通常被市政控制所取代，而当城市范围过小时，这种控制可能会使私营企业与市政企业一样效率低下。但是，将控制权移交给规模大于市政当局的机构，比转移经营权容易得多。1906年，《轻轨铁路法》以轻轨铁路委员会的形式建立了一个规模较大的管理机构（参见H.迈耶《英国的市政所有权》，第69页）。同样，"就像在马萨诸塞州那样，当有轨电车公司一次性从10~19个不同城镇获得特许经营权，便根本不可能进行独立的市政控制。国家铁路委员会就是由此而根据法律建立起来的"（罗韦《美国研究院年报》，1900年）。

第13节

现在，如果在私人企业制度下，所有行业都会逐步发展成最经济的管理单位，那么由此可以得出结论：公营在这方面可能不会优于私营，而且一般而言会远远落后于私营。对于通常处于单纯竞争条件下的行业，例如烘焙、供奶、房屋建筑或农耕等行业，我们完全可以认为，私人企业在很大程度上会发展成为最有效的单位规模。但是，在存在垄断因素的情况下，我们绝不可以这么认为。最经济的单位，会由于摩擦，或由于公众反感大规模联合行为或其他类似行为，或由于其他原因，无法实现自身目标。通常处于垄断性竞争而非单纯垄断条件下的某一行业，极有可能遭遇这类阻碍。这样一来，如第六章所指出的那样，就会因为竞争性广告等产生巨大的浪费，而管理权集中于一个管理机构之下的做法可能会避免这种巨大的浪费。以铁路为例，乔治·吉布爵士几年前曾写道："每家铁路公司都各自经营自己的线路，结果是，火车不必要地多跑了很多路途，而其装载量却减少了……如果那些负责调配装卸和运输货物的人能够在工作中专注于经济效益，总是能用能够产生最佳效益的运营线路来运输货物，则无疑会产生最大的经济性。"[1] 英国各铁路在战争期间联合运营的经验证实了这一说法。然而我们必须记住，战时铁路交通的特点在于运输大量的军火和军队，这特别有利于高效运营。同样，高效的运营有时也可以通过企业联合来实现，这种联合有时候并非从事相同行业的不同企业之间的联合，而是不同行业之间的联合。使用马路的各行各业在统一领导之下协调合作，这可能会产生某种经济性。"在铺路之前，可先铺设主水管道，从而避免为铺设水管而破坏已铺设好的道路以及由此造成的损失和费用。"[2] 同样，我们有理由认为，如果治疗疾病的工作可以通过国家医疗服务与当前由公共卫生部门承担的疾病防治工作直接联系起来，则会产生重大的经济

---

[1]《铁路的国有化》，第21页。
[2] 比米斯《市政垄断》，第46页。

性。因此，虽然可能出现本编第十章第4节中所讨论的间接的不良后果，而且尽管某些纵向联合——例如某些特定的煤矿和炼铁厂之间的联合——所产生的结构经济性可能遭到破坏，但至少可以说，在此类企业中，政府经营不但不会阻碍，实际上还可能促进最经济的管理单位的发展。

第14节

迄今为止前面各节所进行的都是一般性探讨。当人们问到，要使某特定类别的企业能增加国民所得，应该由政府控制还是政府运营呢？为了得出令人满意的结论，我们必须考虑这两种管理形式可能对生产效率造成的不同影响，同时还必须考虑公众利益可能需要的任何规章制度适用于这两种管理形式时的难易程度差异。对于与公共卫生密切相关的行业而言，质量可靠是至关重要的，但是全面检查又不易进行，因此，政府经营仍然可能是理想的管理形式，尽管它的替代方法很可能是竞争性而非垄断性生产。为此，政府有充足的理由经营屠宰场——比如在德国，所有屠夫都必须借助这些屠宰场宰杀牲畜；政府也有充足的理由为婴幼儿提供牛奶。美国公民联合会的发言人指出："以卫生安全为主要目的的企业应该由政府来经营。"[1]但是，从广义上说，竞争条件下经营的行业通常不能由政府机构进行有效的大规模管理。除少数特殊情形之外，政府经营是具有生命力的方案，仅适用于具有垄断倾向的行业。与政府控制相比，对于经营活动或多或少已变成日常工作、进行大胆冒险的空间相对较小的行业而言，采取政府经营方式的理由最充分。在那些与其他私营行业竞争激烈，或者它们的正常管理单位与现有政府机构的管辖范围大相径庭的行业，采取政府经营的理由相对来说就不那么充分了。对于任何特定的垄断性行业应该由政府经营还是由政府控制，无法采用一般的方法来决定。在做出选择之前，必须对该行业进行详细的调查，并辅之以公平、公正的评估，即评估相关政府机构的能力，评估新任务对该机构实现最初的

---

[1]《公用事业的市政经营与私人经营》，第1卷，第23页。

348 | 福利经济学 The Economics of Welfare

□ 护送伤员

1914年第一次世界大战期间，英国政府下令，各大铁路公司在战时铁路执行委员会的指导下统一运营，包括组织人员与物资的运输。与此同时，政府保证各个铁路公司的纯收入维持在1913年的水平。图为战争中的伤亡人员正由英国米德兰铁路救护列车护送回国。

非商业职责这一目的时的效率产生的影响。

第15节

如果基于上述或其他考虑因素，决定将现已存在且由私人经营的企业交由政府机构接管，则必须确定这么做的条件。为方便起见，我们假设条件为：在政府经营下，生产的技术效率将保持不变。企业之所以需要公有制，是因为如果它不为国家所有，垄断性企业或半垄断性企业就可以违背公众的意愿抬高价格，从而阻碍由它掌控的行业的发展。在这些情况下，如果某政府机构以市场价值来收购该公司，那么该机构不得不按私人企业的收费价格对自身提供的服务收取相同的费用，否则就只能亏本经营。换言之，如果政府机构依照市场价值收购该企业，则该企业的所有者进行垄断式勒索的权利就已经由公众为其买单；因为市场价值在某种程度上可以说是人们认可所有者拥有这种权利的结果。因此，很自然地，支付价格不应该等于实际的市场价值，而应该等于这种危害社会的权利被消灭之后的市场价值。但是此时，上一章结尾处所述的考虑因素使我们犹豫不决。一些人近期以现有高价诚意购买了该企业的股份，为了他们的利益，似乎必须作出一定的让步。应做出多大的让步？当然，对此不可笼统地作出规定。对于每个单独的实例，必须细致审核它的所有相关情况，包括已经建立的"合理预期"，而且，在此基础上必须调动直觉的判断力作出"合理"的妥协。当然，购买价格一旦确定，一般就会以发行有固定利息的政府或市政债券或"政府机构"（例如伦敦港务局）的债券来进行支付，而不是真正通过现金转账来支付。

文化伟人代表作图释书系

第16节

购买价格的问题，引出了一个与此部分内容可能存在一定关联且至关重要的因素。乍一看，如果公众必须为某垄断性企业支付该企业的全部市场价值，而该企业目前为自身产品所收取的费用又高得出奇，那么这就不可能给国家带来任何利益。垄断者只不过一次性拿到了全部收入，否则他将以年收益的形式得到。然而，这种看待问题的方式是错误的。垄断的危害性不仅仅是，或者主要不是，它允许一部分人压榨另一部分人。垄断的真正危害在于，它会阻止资源作这样一种投资，在这种投资中，边际社会净产量价值大于其他投资方式产生的价值，从而减少国民所得。消除这种垄断手段，将提高产量并惠及整个国家，但是为了消除它，社会中的一部分人需要向另一部分人缴纳一笔罚款。因此，最好是由政府支付垄断者所要求的赎金，注销部分收购价格，使其在不需要赎金的情况下产生正常的收益，而不是任由私人垄断者通过收取高额费用来继续阻挠生产和流通，限制资源进入企业。诚然，如果这样做，政府将不得不向公众借入收购价格，然后通过征税来支付利息，而且这种征税的数额将大致相当于垄断性企业本来会提出的赎金。然而，我们可以假设，所征收的税款是直接税；即使是间接税，也会分摊到各种商品上，因此，几乎不会像垄断者的勒索那样，使行业努力偏离正常轨道。当然，绝不能允许那些不得不为公众讨价还价的人出于这种考虑而过分顺从于有利害关系的购买者的压力。但这也是一个重要的考虑方面。当新股东的垄断利益使政府——由于不愿意通过控制政策来迫使价格降到适当的水平，这就构成了购买政策的有力论据。如果实施购买策略，其结果自然有可能是政府亲自来经营该企业。但是，如果政府出于任何原因不愿意这么做，而愿意将其出售或租赁给个人，由其自己承担金钱上的损失，但会为该企业提供一个合适的价格标准，则垄断性企业对产量的限制方面的危害还是会消除，同时间接地增加了国民所得。

第三编　国民所得与劳动力

1877年铁路大罢工

第一章　劳资和谐

劳资和谐显然与国民所得的大小有关，必须研究旨在维护劳资和谐而建立的机制。

当一个行业的全部或部分劳动力和设备由于罢工或停工而闲置，国民所得必然受到损害，从而损害经济福利。此外，这些纠纷所造成的产量损失，一般远远超出行业自身直接受到的影响。1912年3月的煤炭罢工期间，英国所有工会会员的总失业率不低于11%，而1903—1912年3月的平均失业率为5%。大家必然记得1921年罢工——发生在明显的工业萧条时期，相应的失业率高达23%。产生这种情况的原因是，某一重要行业的罢工会以两种方式来阻碍其他行业的生产活动。其一，罢工会使实际参与者陷入贫困，从而造成其他行业所生产的商品的需求量减少；其二，如果发生罢工的行业所提供的商品或服务主要用于其他行业的生产环节，那么，罢工将造成其他行业生产所需的原材料或设备方面的供给量减少。当然，所有罢工和停工所产生的这种次生效应，并不都是相同的。某一行业所覆盖的范围越广，提供的商品或服务越基础，它造成的影响就越深远。例如，煤炭和运输服务是几乎所有行业的基础，因此，煤矿或铁路工人的罢工与棉业工人的罢工相比，在同等规模及同等时长下，前者所产生的直接影响会更大。但是，在某种程度上，所有生产线上的罢工不仅会对其自身造成直接损害，而且会对其他行业产生影响，从而对国民所得造成间接损失。毫无疑问，由劳资纠纷引起的产量净缩减，通常小于它的即时缩减；因为，一个地方的停工既可能导致互为竞争对手的企业在第一时间增加工作量，也可能导致发生过停工的企业随后增加工作量（去履行被延误的订单）。同时必须承认，在某些情况下，罢工和停工造成的直接损失可通过改良机器设备、完善工作安排等间接刺激手段得到部分补偿。内史密斯（Nasmyth）先生在1868年向工会委员会作证时，着重强调了这一点。"我相

□ 1912年煤炭工人罢工

1912年的全国煤炭罢工是英国煤矿工人的第一次全国性罢工，它的主要目标是确保最低工资。37天后，政府通过《煤矿法》进行干预并结束了罢工，首次确立了最低工资标准。图为此次罢工期间，本泰兰挖煤工人在海港广场开会。

信，"他说，"如果有一个由债务人和债权人构成的账目，专门用来记录罢工和停工带来的社会利益，我们会发现，从一定程度上来说是赢利的。罢工和停工带来的烦恼令人不堪忍受，因此成为一种刺激因素，促进了创造力的发挥，进而极大地推动了各方面的发展，尤其突出的是自动化设备的改进，这些设备可以为人们生产出高精度的窗框或蒸汽机的活塞杆，就算欧几里得看了也会垂涎欲滴。正是罢工的烦恼刺激着人们的发明创造，使这类产品大量涌现。这种独创性并不是受某些遥不可及的重大奖励所诱骗而得以发挥，我认为，在背后踢一脚有时就如在前面拉一把一样有用。"[1]劳资冲突的这些反射效应无疑是很重要的。但是如果坚持说，工业有机体对威胁它的灾祸的反应能力通常超过这些灾祸本身，无疑是荒谬至极的。产业组织确实可以使自身适应环境的不良变化来减少灾祸对自身的损害，但不能完全消除它。一个国家对另一个国家的港口实施封锁所造成的影响，就是这方面最好的例子。该举措对被封锁国及中立国产生的直接影响明显是一种损害，有时甚至会是相当大的损害。通过改变贸易方向和性质，这些国家可以减少损失。甚至可以想象，寻求新的贸易机会可能会使其发现原本发现不了的新契机，而该新契机所具有的极大优势足以超过封锁期间产生的所有危害。然而，这

---

[1]《取证记录》，第71页。据克利福德（《农业停工》，第179页）描述，1874年的纠纷刺激农民改进了他们的生产结构，使他们在人力减少后也能完成等量的工作。同样，1902年美国无烟煤矿发生的工人大罢工，促使人们找到了各种利用其他燃料的节约方法，在罢工平息后，人们继续使用这些方法。

种情况出现的可能性极小，更没有人会凭此断言，封锁对世界的好处总体上大于害处。各类劳资纠纷也是如此。可以想象，一场劳资纠纷可能会催人奋进，促使某个原本寂寂无名的发明者行动起来；但是，这场劳资纠纷完全不可能有更大的作用，充其量使发明者的发现稍稍提前了一些。从长远来看，直接受影响的产业及一些原材料断供或产品生产无法进行到最后阶段的相关产业在生产方面的损失，完全超过了预期收益。此外，一场劳资纠纷可能对职业生涯被中断的产业工人产生持久的伤害，他们可能会为了应付临时的紧急情况而欠下大量债务，其子女的健康也可能会受到永久性损害——在艰难时期，孩子们往往营养不良。当然，它们的危害程度，部分因为贫穷阶层所消费的商品已停止生产而有所不同，部分因为其对生命、健康、安全和秩序的重要性不同而有所变化。但是，无论如何，当劳资纠纷危及国民所得时，由此造成的整体损害非常大。为此，有人提出："如果相关的机械设备一定会周期性地发生故障，并在修理完成之前不可避免地处于闲置状态，那么，是否会有任何管理委员会愿意用它们去运营一条铁路、开办一家电力照明厂、经营一家磨坊或工厂或派遣一艘班轮出海？所有这类企业的劳动条件状况几乎完全相似。"[1]任何可以使这类事件发生概率降低的事物，都必然被证明对国民所得极其有利。因此，社会改革家们渴望建立和加强劳资和谐机制。他们真实地感受到，在和谈工作中，各项章程及协议无法发挥太大的作用。产业领域的和谈就好比国际谈判，制度的完善远不如诚意及友好重要。因此，在谈判中必须注意不要过分强调单纯的技术问题。尽管如此，谈判中所遵循的制度肯定会产生某种影响，而且还可能产生相当大的影响，或者是直接影响，或者是雇主和雇员对待彼此的一般态度所产生的重大影响。因此，就当前的目的而言，重点在于仔细研究在建立制度方面必须面对的主要问题，希望借助这些规章制度，使产业间的劳资和睦得以维持。

[1] 参见戈林《工程杂志》，第20卷，第922页。

第二章　劳资纠纷的分类

第1～5节 比较和讨论各种可能的分类方法。

第1节

分析之前，必须对劳资纠纷进行分类。人们首先自然而然想到的分类方式是，根据纠纷事项的性质进行分类。这种分类方式之下又细分出两类，每一类之下相应地又包含更多的类别。这两类分别是关于"工资级别"的纠纷和关于"职能划分"的纠纷。工资级别方面的纠纷可以细分为以下两类：

（1）与劳动报酬相关的纠纷通常会引发关于货币工资率的争议，但有时也会涉及车间罚款，或以现金或实物计算的特别补贴的数额等事宜；

（2）与员工的劳动及业绩相关的纠纷，通常涉及工时问题。

至于职能划分的纠纷，除了大家熟悉但相对而言又不那么重要的同类行业之间的"界限纠纷"之外，所有纠纷都是因为工人要求更多地参与管理工作所引发的。它们通常与以下三种情形之任意一种有关：

（1）在不同级别的工人与不同机床之间分配工作的方式；

（2）雇主聘用雇员的来源；

（3）设置工作条件时给予工人的话语权。

这些细则中的第二条还包括歧视工会会员、偏爱工会会员或专门聘用工会会员等问题。

第2节

遵循上述分类法是实现许多目的的最简便的方法。但是对于建立劳资和谐机制这一工作而言，这种方法并没有太大的价值，因为在实践中，这一机制从来都不是依据工资纠纷、工时纠纷或工作界限的纠纷之间的差异而建立的。因此，我们必须寻求更适合于当前这一目的的分类方式。在这个探索过程中，我们务必遵循两条思路，尽管这两条思路都未能提供精确或清晰的区分方式，但正如下面将要呈现的那样，二者会以某种方式结合到一起，从而产生一种复合分类法。这两条思路分别以存在纠纷的当事双方所享有的自给程度和他们共享的理论基础的范围为依据。

第3节

对于这两大依据中的前者而言，决定因素是控制谈判的团体与直接受谈判结果影响的团体之间的关系。参与谈判的雇主和员工既有可能完全独立，也有可能身处大型组织的下属分支机构；或者雇主可能是独立的个体，而员工隶属于某分支机构；又或者雇主隶属于某分支机构，而工人是独立的个体。然而，这一区分方式实际上有些含混不清，因为隶属于某更大组织的分支机构并不等同于它对影响自己利益的谈判没有控制权。在这一问题上，地方组织隶属于全国工会时的依附程度在不同时期和不同地方有巨大的差别。这些地方组织可能享有完全的自由；它们可以自由订立协议，但不可以自由废止协议；上级组织可向这些地方组织提建议或剥夺它们的罢工补贴；或者这些地方组织可能只是分支机构，它们被迫执行上级的指示。因此，这种分类方式之下很难划分清晰的界线。

第4节

同样的说法适用于上述两大依据中的后者。在每一起劳资纠纷中，当事双方之间都存在某个共同点。即使他们之间的分歧非常大，双方也会同意作出的决定应当"公平公正"。有时候，协议中的最大限制就是用"公平公正"来表达。举个恰当的例子，在1893年发生的煤炭罢工中，雇主们对公平的理解是按效率支付工资，而工人们则笼统地理解为按需求支付工资。矛盾双方无论是正式还是非正式地达成一致意见，只要他们都认为公正应该恰当地理解为工资水平应与公认的

□ 1893年煤矿工人罢工

1893年夏天，由于煤炭价格持续下跌，矿主要求削减工人工资。矿工们在英国矿工联合会的组织下，在约克郡、兰开郡、诺丁汉郡、北威尔士等地区发动罢工，参与者达25万人，历时约4个月。后来，在政府出面调解下，矿主最终同意在1894年2月1日前按旧制发放工资。1893年11月17日，矿工重返工作岗位。1894年2月，煤炭价格上涨，矿主与矿工双方商定，从7月开始减薪10%，此后不再减薪。图为达诺尔罢工的矿工通过独立开采他们发现的煤层来维持生计。

客观指标的总体运动方向一致，这一共同基础就会更为广泛。如果讨论的是一小部分工人的工资，上述阶段往往就可以达到，因为人们普遍认识到，一般情况下他们的工资水平不应该和附近地区从事类似工作的其他人的平均工资水平相差太多。就大部分工人的工资而言，如果人们接受在其他条件相同的情况下工资在某种意义上应该随物价而变化的理论，那么上述阶段同样可以达到。因此，普赖斯（Price）先生在研究了英格兰北部炼铁业的整个一系列仲裁后，说道："人们普遍认为，裁决的基础主要是工资与商品销售价格的关系。"[1]然而，与以上内容相关的共同点仅仅是工资随物价的涨跌而起伏。而关于工资和物价这二者在变化时应保持多大比例的问题，或者二者中的一方"对应"另一方的特定变化会发生什么变化的问题，仍然没有答案。一旦矛盾双方就工资变化与物价指数的某一特定变化这二者之间的确切比例达成共识，就进入了第二阶段。如果任何地方或公司的雇主和雇员（如纺织业）接受行业或地区的平均效率工资作为他们自身的工资标准，或者，如果工资与物价的关系是二者按某一特定的比例变化，那么这项工作就完成了。因此，从理论上讲，矛盾双方是完全存在共同点的，双方只会在实际问题上产生分歧。

---

[1] L. L. 普赖斯《劳资和谐》，第62页。

第5节

前面两节的讨论表明，沿着已讨论过的两条分类思路，我们均未发现明显差异。然而，这并不是该问题的最后结论。就像其他问题一样，在这个问题上，学者们为了切实的目的，可能仍有必要稍稍背离大自然伟大的连续性，竖立自己临时的地标。这一地标的竖立有可能就是劳资纠纷的通用分类法，即将其划分为"与现有就业条款的解释有关的纠纷"和"与未来就业方面的一般性条款有关的纠纷"[1]。这种区分方式就好像是某个熟悉的法学理论。"这类常见问题的解决可比作一项立法行为；普通合同的解释和适用可比作一项司法行为。"[2]任何具体纠纷的地位的确定，主要取决于该纠纷是否受当事双方之间的正式协议约束的问题。最后达成某项协议的一切纠纷都被称为"解释性纠纷"，它与"由于建议聘用条款或服务合同在未来一段时间内继续生效所导致的纠纷"不同。[3]此外，这些纠纷往往与代表地方分支机构的上级组织所承诺解决的纠纷相同；它们"大部分仅限于某些特殊机构，这些机构通常只是不重要的私人机构"[4]；这可能是处理有关数量或质量，或者如何以双方都能接受的模式更加精确地定义质量本身等方面的争议。另一方面，"一般问题"在很大程度上等同于那些与独立组织直接相关的问题；它们"通常会引起人们的广泛关注，并对许多人造成影响，而且还是引发大规模罢工和停工最常见的原因"[5]。当然，这并不是说，上述意义上的解释性纠纷的重要性一定不大。如判例法那样，不仅解释的行为可能会不知不觉地变成更改法律的行为，而且所谓的解释也可能涵盖同样广泛的领域，并提出与普通协议中所处理的问题一样的基本问题。例如，每吨煤价值多少英镑或者工人必须在每辆车上装载多"高"的货物之类的问题，与每吨煤或每辆车的装运

---

[1]《美国工业委员会》，第17卷，第76页。
[2]《美国工业委员会》，第17卷，第76页。
[3]《英国皇家劳工委员会报告》，第49页。
[4]《英国皇家劳工委员会报告》，第49页。
[5]《英国皇家劳工委员会报告》，第49页。

工作的酬劳问题之间不存在差别。此外，有时还会出现以下情形：有人为了讨论何为显而易见的解释性纠纷，故意提交一些常见的问题。例如，在1871年陶器业繁荣时期，按照计划，该行业的每个分支机构都应该挑选一个独特的案例进行仲裁，而且整个分支机构都应该依照裁决结果行事。[1]寻常类别的一般性仲裁也在随后的场合中产生了完全相同的结果。同样，人们并不认为，因为一份未来合同的条款问题而产生的纠纷，如果不依照某种隐蔽性协议的解释方法来进行处理，就必然会影响到许多人。如果组织无方的行业中的本地分支机构不得不为了自身利益去商谈新合同事宜而不参照和依据这类协议，那么受可能出现的任何纠纷影响的人数一定不多。然而，上述引自美国工业委员会和英国皇家劳工委员会的言论充分反映出了那些实际情况，并为大致的、实际的分类提供了依据。

---

[1]参见欧文《陶器》，第142页。

第三章 调解与仲裁的自愿协议

第1节 英国是以自愿方式处理关于广泛的一般性问题纠纷的典型国家。第2节 常设仲裁机构比专门召开处理纠纷的会议更有效。第3~4节 讨论仲裁机构的章程和办事程序。第5节 仅就调解协议与最后也诉诸仲裁的协议相比较。第6节 讨论仲裁机构人员所需的素质、数量以及任命他们的最佳方式。第7~8节 对公共投票和货币担保问题的讨论。

第 1 节

众所周知,随着各行业的组织性日益加强,以及雇主与雇员协会的力量日益壮大,常见问题之外的事务纠纷越来越容易得到解决。为小事进行争斗,不符合较大的组织机构的利益,当然,一般情况下,控制该组织机构成员中的小团体属于(但并不总是属于)他们的权力范围。各种解决方式——也许最完善的是兰开夏郡棉花产业中著名的"职业专家"制度——都是为了及时、有效地解决各种小纠纷。我们不必停下来对它们进行探讨,因为我们发现,真正需要面对的问题,是那些与常见的大纠纷有关,并以完全自愿的方式成功处理了的问题,而英国完全可以称自己提供了这一方面的经典案例。

第 2 节

对于为此目标而建立的不同类型的机制,在针对其优势而进行的任何对比研究中,首先要决定的问题是,是满足于签订一项简单的协议——当然,该协议必须不时地更新或废除——以便在发生冲突时运用明确的和解程序更好,还是设立一个组织正规的谈判机构并长期维护它更好。关于这一问题的正确答案,人们有着相当普遍的共识。除非已经建立某种机制,否则在发生激烈争论时就有必要委派谈判人员,而这不仅可能导致延误,还可能产生阻碍和摩擦。概而言之,正如

□ 兰开夏郡棉纺织厂

兰开夏郡是英国工业革命的发源地。18世纪90年代，棉纺织工业从这里发展起来。兰开夏郡潮湿的气候非常适合织造，因为它有助于纤维粘在一起，减少织造机械对它们施加的压力。此外，这里的土地和劳动力非常便宜，煤炭和（漂白所必需的）软水也很充足。到19世纪，兰开夏郡的棉纺织业已经成为英国的主要财富来源。然而，第一次世界大战之后，世界上很多国家都开始自己种植棉花，兰开夏的棉纺织业开始走下坡路。1959年之后，兰开夏的大多数工厂逐渐倒闭，时至今日，曾经繁荣的兰开夏郡棉花产业已经成为记忆。

许多年前福克斯威尔（Foxwell）教授所言："事实上，人类如果要建立人际关系，并要道德力量发挥作用，某种持久性条件似乎是必不可少的。利他主义与社会同情心恰好是社会结构的黏合剂，会极大地减少工作中的烦恼与行业间的摩擦，但这两者似乎需要时间来提高粘合度，而且常常无法充分发挥自身的作用，除非某个组织将它们作为自己的信条。"[1]毫无疑问，如果双方的协会实力都特别强大，而且彼此之间的关系也格外融洽，那么这种因素就不是那么重要了。然而，总体而言，通过设立由雇主和雇员代表组成的常设委员会并定期召开会议，劳资和谐的可能性无疑会大大提高。正如惠特利（Whitley）在为每个主要行业的全国工业委员会、地区工业委员会和地方工业委员会制定的计划中所设想的那样，如果这些委员会受到的委托职责不只是解决纠纷，而且还要在确定工作条件、薪酬方法、技术教育、行业研究、工艺改进等方面进行全面合作，那么劳资和谐的前景会更加明朗。因为，在这些主要问题上共同努力之后，雇主与雇员代表会逐渐将自己更多地视为合作伙伴，而不是交易中的对手，因此，当彼此之间产生分歧时，不仅协商的总体氛围会很好，而且双方的脑海中都会产生这样一种想法：必须不惜一切代价避免采取极端行动，以免破坏这个对双方都极其有利的组织。

[1]《劳工的权利》，第190页。

第3节

其次要考虑的是委员会或理事会的制度问题。关键在于，双方的代表，尤其是工人代表，应得到其委托人的信任。获得信任的最佳保障机制在一定程度上会因这两个组织的性质不同而有所变化。在钢铁行业的某些委员会和根据1914年协议而成立的铁路调解委员会中，代表经由不同公司或地区的雇主和雇员选举后任命。然而，当协会的力量强大时，就没有必要这样做。不采取这种方法，代表们也能获得基层会员的信任，重要的是获得协会主要官员们的信任。如果能够得到他们的信任，也就可以得到其他人的信任；如果得不到他们的信任，则委员会的权威性就一文不值。因此，虽然来自不同工种的代表可能还是专注于提供信息，但委员会本质上应该代表协会本身。旧的委员会形式可能会被保留下来，同时新的调解委员会也可能成立，它在形式上效仿旧的委员会。但是，委员会的代表必须始终由协会的官员进行管制，在许多情况下，也可以由他们有效地任命。

第4节

接下来将涉及程序问题。"一般问题"很重要，直接关系到与之相关的各方的长远利益，这一现实情况使委员会本身，以及受其决策约束的人对这些问题的讨论变得特别微妙。因此，即使当事双方之间关系融洽，重点还是应该将可能激怒对方的一切事物排除在劳资和谐机制之外。

根据这一原则，得出第一个推论，即技术人员和律师应被排除在委员会之外。这项政策——除了节约费用和时间之外——往往会将当事双方表现出对抗的可能性降至最低限度，从而间接地将双方之间对抗爆发的可能性降至最低限度。由于较少为争取胜利而发生争斗，因此不必太担心双方会"感情用事"。根据英国主要委员会的惯例和劳工委员会的报告，排除法律代表以及可能随他们产生的法律形式的政策得到了充分的认可。最后，不同于诉讼，谈判的调解性质通常会通过某种约定进一步得到重视，根据此约定，主席（代表雇主）和副主席（工人代表）并肩而坐，从而保证有机会在讨论中对关键性问题进行商谈。[1]

第二个推论是，委员会不应该以简单多数票规则来进行裁定。当然，如果双方的意见统一，则不大可能出现投票不一致或票数不平均划分的局面。但是，如果组织不够完善，则总有可能会出现任何一方的一两个代表变节的情况。任由这种情况来左右讨论的结果，将招致极度的危险。这可能会引起极大的不满，致使整个调解机构立即被推翻。不过，英国似乎没有经历过这样的困境。当然，在许多实例中，调解条例对简单多数票规则进行了规定，其具体条件是，如果出席的雇主和雇员恰好数量相同，则双方必须以相同人数进行投票。然而在美国，工会的不力加大了交叉投票的可能性，情况也就有所不同。因此，美国工业委员会秘书杜兰德先生断言，简单多数票规则并不奏效，而全体一致同意规则已成为惯例。[2]

第三个也是最后一个推论为，通常情况下，调解委员会的会议不应该像美国州际烟煤大会理事会那样公开举行。事实上，有人可能认为，这样的公开会议具有教育优势；但另一方面，英国普遍采用的秘密商议的方式可能有望促进双方在讨论时更加坦诚，并使之心悦诚服地接受所作出的决策。

第5节

接下来，我们有必要对处理纠纷的两种方案进行比较：一种是接受调解；一种是把诉诸仲裁作为最后的解决方案。长期以来，这两种方案的相对优点成为激烈争论的焦点。一部分权威人士支持前者，而兰开夏郡的棉纺业、英国工程业以及大多数"美国重要集体谈判系统"[3]都在实践中遵循着这一观点行事。一部分权威人士则刚好相反，他们支持克朗普顿（Crompton）的观点，认为所有调解协议都应该包含一项条款，规定"保留一些权利，用以避免罢工再次发生"[4]，而英

---

[1] 正如在米德兰钢铁委员会的情形（阿什利《英国产业》，第57页）。
[2] 《劳资调解会议》，第43页。或许有人会认为，由绝大多数人，即7/8的与会者来作出决定将是一个更好的方案，因为这样将消除狂热跟风者采取阻挠战术的可能性。
[3] 《工业委员会》，第17章，第100页。
[4] 《劳资调解》，第134页。

国某些最繁荣的行业也纷纷照此章程行事。因此，在采煤、采铁、制靴与制鞋等行业的重要调解方案中，都以这样或那样的方式制定了关于仲裁的参考条例。

在讨论这两种方案的相对优点之前，我们可能要留意一下其各自的拥护者已达成共识的某个基本问题。即人人都认为，在处理"一般问题"这样的纠纷中，仲裁这一解决方案几乎总是会激起相当大的愤怒和不良情绪；相比之下，双方通过调解委员会来共同协商解决问题就会缓和得多。因此，除非迫不得已，绝对不要借助仲裁的方式解决问题，而应当促进调解，并将仲裁的概率降低到最小程度。在英国，可以肯定地说，如果不这样做，没有哪个行业的雇主与雇员的关系可以很和睦。在美国，政策的正确方向会更加明确；因为，正如二十年前所强烈呼吁的那样，工人们对允许局外人决定他们的工作条件的做法特别反感，除非会议协商失败而且无计可施，否则他们绝不会同意这样做。[1]因此，在一般性问题上，即使保留仲裁这种方式，也可以暂缓执行，以期在随后的协商中能更加冷静地解决问题。联邦地区煤炭委员会充分意识到，当他们未能达成协议时，就必须再次举行会议，但要提前21天发布公告。在第二次会议上，保持中立的委员会主席将出场，但是只有在再次努力仍未找到使双方接受的解决方案之后，他才会投出决定性的一票。

□ 贝塞麦炼钢法

截至19世纪初期，美国荒野中大量的铁矿石尚未被开发。1850年，美国的钢铁产量仅占英国的五分之一。直到1865年美国内战结束之后，工业家们才开始将注意力转向贝塞麦转炉炼钢工艺，从而掀起了钢铁工业的高潮，并产生了比1849年加州淘金热更多的财富。贝塞麦炼钢法是第一种从生铁水中批量生产钢铁的廉价工业方法。这一工艺以其发明者亨利·贝塞麦的名字而命名，他于1855年获得了这一工艺的专利。

---

[1] 参见奥尔德里奇《美国劳工联合会》，1898年，第253页。

然而，就算仲裁只是权宜之计，问题也仍然存在。此即，是否应该规定将诉诸仲裁作为最后的方案。之所以支持在劳资协议中加入这方面条款，是因为由此可以产生明显的直接利益。如果没有这方面的条款，纠纷可能导致罢工和停工，进而造成物质上的损失以及相互间的愤怒情绪。而且，即使就眼前问题找到某种临时性解决办法，我们也无法确定争论会平息而不会在不经意间破坏已有的调解制度。[1]但是，如果事先制定了仲裁条款，则双方在心态平和的时候就已经有了警惕，都会努力克制情绪，尽量不激动、不愤怒。他们的策略就好比一个人不相信自己会在神志清醒时自愿走进戒酒所。力量总是偏向于和平的一方，因为除非坚决退出委员会，否则只剩友好解决这一条路。

相反的论点取决于某些间接的不利因素，据说，这种情况由纳入仲裁条款的做法所引起。首先，双方代表不会认真、努力地达成共识。他们可能不愿意作出让步，以免自己所提出的建议会在随后的仲裁中被人用来反驳自己[2]；又或者，出于对自己的推选人的忠诚，他们可能"认为（如果可能的话）有必要通过手握决定性一票的人来赢得仲裁"。其次，停工的风险超过取胜的可能性，而且往往使人相互猜忌，产生分歧。如果发生此类情况，仲裁虽然避免了一两次罢工，但达到仲裁级别的纠纷数量将大大增加，从而产生大量摩擦，结果就是，不久之后整个协议变成一纸空文。事实上，如果双方之间关系融洽，彼此都受过良好的教育，能正确认识到自己的最终利益，这种风险就会相对较小。假如制定规则，允许仲裁员自由裁决，要求败诉方支付仲裁的全部费用，从而制止投机性上诉，则通过此项规定也可以在某种程度上消除这种风险。不过，要完全消除这种风险显然是不可能的。

在这两组相互冲突的论据之间，我们无法得出一般性的先验的决定。对于每个特定行业中当事双方的脾气秉性，以及他们对"针锋相对策略"的好恶、双

---

[1] 这一结果出现在1896年的联邦煤业区（麦克弗森《美国劳工简报》，1900年，第478页）。

[2] 参见1893年仲裁前的鞋靴贸易会议上的讨论。雇主们态度谨慎，坚持认为如果有必要进行仲裁，他们所作出的让步不能作为对其不利的证据。另参见V. S. 克拉克先生《关于新西兰劳动条件的报告》（载于麦克弗森《美国劳工简报》，第49号，第1192～1193页）。

方组织的实力、领导人在群众中的威望、双方遵守裁定结果的可能性等各方面，我们在没有了解之前根本无法判断，如果调解失败仲裁条款是否能够安全地纳入劳资协议。在某些情况下，第三种方式有可能是最好的。例如，东北海岸的铸铁业、莱斯特的印染业和苏格兰的煤炭业签订的许多调解协议中，虽然没有包含正规的仲裁条款，但是都已规定通过"一致同意"规则进行仲裁，当时机成熟，只要双方都有此愿望即可。当然，在该方法下，某一棘手的纠纷更有可能以罢工告终，而以仲裁条款为支撑的方法则不同。但是，只要我们无法判断这两种方法下各自出现棘手纠纷的可能性，这个结论就不是决定性结论。不过很显然，如果纳入仲裁条款后并不存在引发间接性不良后果的风险，由此产生的直接利益就会使人们毫不犹豫地采纳这种方法。

第6节

如果采纳这种方法，就必须确定仲裁机构的构建问题。我们必须探讨机构组成人员应有的品质、数量，以及任命他们的最佳方式。我们可以依照上述的顺序，对这几点展开讨论。

成功的仲裁小组成员必备的品质显然是刚正不阿、能力超群的。然而，要满足这全部要求是不那么容易的。在某行业中成长起来的人，无论是雇主还是工人，往往认为缺乏"实践知识"的人不可能对行业问题作出明智的判断，并因此断定，应遵循米德兰钢铁委员会[1]的规定——要求设置独立的主席，通过他来与该行业建立个人联系。但是，除了曾经从事或者现在正在从事该职业的雇主或工人之外，几乎很难发现有人具备实践知识，既拥有实践知识又可以使矛盾双方都相信他们会公平公正的专家更是难得一见。因此一般而言，人们似乎不得不放弃对具备"实践知识"的要求。事实上，要具备"实践知识"很容易，因为就工资和工时等问题的主要纠纷所作出的裁决，主要需要"掌握相关行业的基本经济

---

[1]《工业委员会》，第17章，第500页。

□ 霍姆斯特德钢铁厂　20世纪

霍姆斯特德钢铁厂始建于1881年，是一家位于美国莫农加希拉河边的大型钢铁厂。1883年，安德鲁·卡内基（苏格兰移民）购买了已有两年历史的霍姆斯特德钢铁厂，并将其并入他的卡内基钢铁公司。多年来，霍姆斯特德钢铁厂是世界上最大的钢铁厂，也是众多钢铁厂中产量最高的。但是，该工厂也是美国历史上最严重的劳工纠纷发生地之一，其中最著名的是1892年霍姆斯特德罢工。图为1914年12月31日，霍姆斯特德钢铁厂的工人看着钢水从钢包中被浇铸出来。

学知识，以及要求熟悉该行业在国内的整体行情，因为所有行业都是互相联系的"[1]。如果需要技术知识，与代表双方的仲裁员顾问取得联系就可以获得这一知识，而顾问的职责是给仲裁员提供所需要的任何帮助，但不参与决策。然而，即便如此，仲裁员的挑选范围仍将受到限制。例如，雇主并不会支持下议院的政客，因为他们想要赢取的是工人的选票，而工人们往往认为，任何职业阶层的成员出于其自身特定的生活习性和教育背景，必定会无意识地偏向于资本家。因此，虽然法官或上议院成员可能得到雇主的满意，但雇员眼中理想的仲裁员几乎不可能是他们中的任何成员。因此，除非碰巧出现像大卫·戴尔（David Dale）爵士或阿斯克维斯（Askwith）勋爵那样为双方所了解和信任的人，否则他们挑选只能是一种妥协。[2]在这种情况下，解决困难的最好办法就是挑选一个德高望重的权威人士，他的任何有意识的行为都不会招致怀疑，因为人们相信那是他下意识做出来的。此外，如果一个人像赫里福德郡已故的詹姆斯（James）勋爵或爱德华·弗莱（Edward Fry）爵士那样经常提供无偿服务，他可能会逐渐在整个行业赢得极大的尊重与信任。此外，还可以在政府培养的专业仲裁员当中找到合适的人选。当工业委员会成立正式仲裁小组时，就曾试

---

[1] 参见舒尔茨·盖瓦里茨《社会和谐》，第165页。
[2] 即使是得到人民代表完全信任的大卫·戴尔爵士，据说有一次似乎也遭到了对他不太了解的普通老百姓的怀疑。（参见普莱斯《劳资和谐》，第50页）

图朝着这个方向发展。根据1919年法案为劳资纠纷设立的常设法庭，则是朝同一方向又迈进了一步。

　　上述内容间接决定了仲裁小组的成员人数。仲裁小组不可能拥有大量知名的外部人士。事实上，要想确保服务得到完全展开，该仲裁小组只包含一个人即可，这个人有可能同时担任调解委员会的中立主席。然而，这并不是反对集体仲裁的唯一理由。普遍性的结论是：这样的方案即使可行，也会遭到强烈反对。该集体组织最具吸引力的组合方式是双方各派一名代表，再加上一名公断人，公断人由这两位代表或由他们的负责人选定，以便双方意见不一时一切交由他仲裁。赞成这一方案的理由在于，这样做有可能使两位代表意见一致。芒代拉（Mundella）爵士和威廉姆斯（Williams）爵士曾经成功实施了该方案，在卢瓦尔的矿工罢工活动中，M. 若勒斯（M. Jaures）先生及那些雇主代表又效仿了他们。以此方式作出的决定可能比单个仲裁员强加给当事双方的决定更能博得较多的信任。另一方面，代表之间不大可能意见一致，真正的决策通常取决于公断人。当这种情况发生时，集体仲裁就像一台精心设计的机器，其中的三分之二都是装饰。但问题还不仅于此。在此类裁决中常出现不同意见，从而削弱了其决定的权威性。的确，分歧可以用类似斯塔福德郡陶器协议中曾经采取过的措施来加以掩饰。"在这样的总结性仲裁中，所得出的裁决结果应由公断人和仲裁员签字，然后作为他们的联合裁决书公开发布，随之附上他们的个人签名以示真实，任何参与者不得透露任何内幕，不得在这一裁决书的封面上显示有关公断人和仲裁员的决定是否一致，以及该裁决结果是否为大多数人的意见等内容。"[1]然而，对于此类权宜之计是否真的大有好处，尚有疑问。因为尽管部分好处或许应该归咎于这类权宜之计，但是人们极有可能因此而认为仲裁委员会内部意见不一，而且这才是重点。因此，除非双方强烈支持由多人组成仲裁小组，否则很显然，仲裁小组最好由一个人单独组成。

---

〔1〕《罢工与停工》，1892年，第217页。1901年，美国新闻出版协会与国际印刷业联盟就国家仲裁委员会达成了同样的规则（《工业委员会》，第17期，第367页）。

我们还要考虑仲裁员的委任方式。挑选仲裁员的方式有很多种。[1]最令人满意的方式也许是达勒姆薪酬委员会的选举方式，即每年在首次委员会会议上选出仲裁员。虽然这种每年一次的选举与延长任期并不矛盾，但是它避免了终身制或较长任期存在的一些风险。因为在后一种情况下，如果其中一方一开始就认定仲裁员偏袒另一方，则有可能产生重大摩擦。此外，定期选举优于临时选举，因为经双方同意选出的仲裁员才最有可能获得信任，如果将选举延迟至纠纷发生之后，则很难选出仲裁员。尽管存在这些考虑因素，但是如果人们更倾向于临时委任，最科学的方式就是当事双方首先应尽力在仲裁员人选上取得一致意见，如果不成功，就应该接受某位公正的外部人士所提名的仲裁员。但是，这就存在一种风险，即这个人可能是当事双方曾经想要接受却无法达成一致的人；或者是他们曾经极力反对外界提名的一个人。因此，最理想的做法就是提名一位公正无私的人士，比如下议院议长，他的职责应该是在必要的情况下任命一名仲裁员，但是调解委员会此前并未商讨过这一人选。

第7节

无论最后是否需要仲裁，都应该注意以下问题。总的来说，任何允许将投票的权利从指定的谈判代表手中转移到主体成员（雇主或雇员）身上的做法似乎都是不明智的，应该尽量避免。毫无根据的讨论必然引起民众参与，并且极有可能会为激起民愤而埋下冲突的种子。当调解委员会不能达成一致意见，而且没有仲裁条款的时候，乍一看，代表们将其选民发出的呼吁当作避免冲突的希望似乎值得一试。然而实际上，这样的条款往往弊大于利。如果工人代表——唯有站在工人的立场，公众投票才具有某种实际意义——认为某一点值得争取，那么完全可以肯定的是，他们的选民至少会和他们一样努力争取。如果代表们认为不值得争

---

[1]北美窗玻璃切割商联盟的选举方式十分有趣："如果仲裁员不能就公断人人选达成一致意见，则每名仲裁员都在纸条上写出两个与玻璃行业无利益关系的人名，并将所有名字放入一个袋子中，第一个被抽中的纸条上的名字将当选为'公断人'"（《工业委员会》，第365页，第18条规则）。"

取，在没有公众投票的情况下，他们会选择调停解决；如果举行了公众投票，代表们可能会软弱退缩，推卸责任，而工人们则可能选择斗争。此外，对于雇主而言，当未达成协议并非意味着罢工会绝对发生而只是一种可能性时，极端乐观主义可能会使他们低估了事态的严重性，从而对调解仅作有限的努力。[1]因此，达成协议的概率非但没有增加，反而减少了。如果存在仲裁规定，在调解失败后，中途将问题提交给调解委员的选民来决定，具有同样的风险。因为，如果领导人好战，工人肯定会支持他，如果他们一致投票反对的条款正好是仲裁人后来认为自己有义务进行裁决的条款，那将很难使人平静或感到愉快。但是对于举行公众投票的理由，避免仲裁的可能性比避免发生罢工的可能性更蹩脚。

当然，在调解委员会未能达成一致意见的各种争论中提出的反对该政策的说法，在调解委员会达成一致意见的争论中也发挥了更大的作用。如果不存在仲裁条款，公共投票在这些情况下极有可能以斗争取代和谐。如果存在这样的条款，则公共投票将是徒劳无益的。因为只要任何一方反对调解委员会的决议，就需要请出仲裁员。如果面对不满意一方的反对，仲裁员的态度没有更加强硬，他实际上必然重申这项决议。

当然，对待这些结果必须小心谨慎，看似最理想的并不总是实际可行的。如果工人组织的力量薄弱或者其领导人的权威不高，那么通过公共投票达成共识有时可能成为确保接受决议的唯一形式。在1902年格里姆斯比的渔业纠纷中，煤气工人协会的官员们甚至发现，有必要通过投票来决定是否应该接受由当事双方申请、定期任命的工业委员会仲裁员所公布的决议，而不是由调解委员会公布的决议。我们必须清楚地认识到这些困难。但它们并不会妨碍我们得出结论，即谈判代表应该尽可能地避免号召其选民进行全体投票。

---

[1]如果公共投票成为美国钢铁与锡矿劳工联合工会章程中的规定，这个论点将更加有力，而前一个论点则相当缺乏说服力。在此，当雇主和雇员之间的协议未能达成时，"它要求获得该组织全体成员三分之二的投票，才能保留那个曾经引起纠纷的要求"（《工业委员会》，第17章，第340页）。

第8节

最后，还有担保问题——要么为遵守双方直接缔结的协议作担保，要么在双方同意将争论提交给仲裁员的前提下为接受该仲裁员的裁决作担保。在某些协议中，双方都以可没收的保证金这一形式来提供担保。因此，在1895年大罢工运动之后，英国制鞋业全国协会同意各受托人存放1 000英镑作为保证金，如果任意一方"被认为违反了某项协议、裁决或决策"，其中一部分保证金将被没收；然而，"如果任何制造商或隶属于联合会或全国工会的工人团体违反了本协议的某项规定或裁决、协议、决策；而且该联合会或全国工会未能在十天内劝导这些成员遵守该协议、决策或裁决，也未将其驱逐出该组织，那么该联合会或全国工会则被视为违反了该协议、裁决或决策"[1]，可没收其部分或全部保证金。毫无疑问，如果某协会在自身成员中维持纪律的职权存在不确定性，那么该协会就有能力向那些不遵守规章制度的成员表明，他们的行为将导致协会被罚款，而此种能力会有助于协会在反对这类成员时稳固自身地位。然而，除了这一情况外——对于实力强大的工会而言这一点并非重要——货币担保的价值值得怀疑。工业委员会（1912年）就其相关利弊报告如下："关于货币担保的效力，似乎存在若干不同意见。如果打算用这笔资金支付罚款，对所造成的损失给予等量补偿的话，显然，为了应付涉及大量人员的情况就需要存入大笔资金，金额之大使许多较小组织，或者无法获得用作该用途的款项。另一方面，如果需要支付的罚金仅具有罚金性质，采用该原则似乎并未给遵守协议的道德义务所发挥的制约作用增色几分……因此我们认为，普遍采用保证金形式的货币担保制度不能被视为确保协议得以履行的一种切实可行的有效手段。同时，如果是自愿提供货币担保，那么我们没有理由反对这个方法。"[2]该结论也许会获得普遍认可。

---

[1]《关于集体协议的报告》中协议第9条，[白皮书，第5366号]，1910年，第231页。如果工会未能开除1899年伦敦罢工者，那么赫里福德郡的詹姆斯勋爵要从工会押金中判给雇主300英镑的赔偿金（[白皮书，第5366号]，第505页）。对于拒绝补充罚款后所缺的款项而逃避罚款的问题，可制定一项规定来解决，即在此情况下，应没收全部保证金。在1909年续签协议时，删除了从组织中开除的规定。

[2]《关于集体协议的报告》，第11页。

第四章　调解

第1~5节　如果某一行业的雇主和工人未能达成协议，可以由知名的外部人士、非政府委员会或政府机构进行调解。但需要注意的是，不应该使这一机制的存在制约了双方之间直接自愿协议的发展。

第1节

英国和美国的经验提供了大量的证据，充分证明雇主和工人在友好精神下达成的纯粹自愿约定，对促进劳资和睦起到了非常大的作用。但是这些约定却不能抑制各种条件下的罢工或停工。即使是在执行过程中，纯粹的调解方案也可能被冲突所破坏；而为仲裁制定条款的机制在其执行期即将结束时或许无法得到及时更新。在这种情况下，当某个行业缺乏自愿机制，或是自愿机制不足以应对冲突时，有必要采取进一步的措施来避免未来的行业战争。于是，自然衍生出一种解决方式，即友好的调解。支持这一解决方式的一般性论点直接而有力。一旦出现某种纠纷，更甚是纠纷升级为公开的冲突，则双方往往会在纷争中尽力争取"优势"，以达到某个特殊的目标。他们无惧毁弃尊严与付出金钱，其结果是他们将变得无比固执，且固执程度将远远大于金钱本身所能证明的。事实上，就连当事人双方也往往知道这一点。他们会经常考虑一些值得冒决裂风险的事情，而不会考虑必定使他们决裂的事情。因此，一旦决裂真正发

□ 韦斯科特主教

布鲁克·福斯·韦斯科特（1825—1901年），英国主教、圣经学者和神学家，从1890年起担任英国达勒姆的圣公会主教直到去世。他最著名的是1881年与霍尔特合作出版的韦斯科特-霍尔特希腊语《新约全书》，这是他努力30年的结果。该版本成为同年出版的《圣经》英译修订本的主要参照版本。

生了，可能需要的就是找到办法，以便不过分丧失尊严地从一个以虚张声势为目的而设置的职位上全身而退。即使在冲突发生之初，似乎也没有什么解决办法是可取的。只要其中一方以保留尊严为条件而愿意让步，则双方迟早会达成一致。于是，调解员就有了"斡旋"的机会。调解员的出现凸显了一个事实，即公众及直接相关的各方都希望谈和，这一点在激烈的争论中容易被忽视。在某些情况下，调解员仅仅建议召开一次会议就足以使双方制订出解决方案；而且，如果不能获得这方面的成功，一次别有深意的、气氛融洽的会餐也可能间接促进和睦的前景[1]。因为在有调解员在场时，"适当的骄傲"和"永不屈服和让步的勇气"之类的东西将消失殆尽，调解被认为是对朋友的善意，而不是对对手的让步。此外，即使斡旋无法产生行之有效的解决方案，它也保证可以通过寻求仲裁而不是展开行业间的斗争来消除彼此之间的纠纷。或许，调解员能提出的最有效的方法是：帮助矛盾双方找到一个他们都能接受的人员在他们之间作出裁定。在这件事情上，在英国工业委员会的职责还没有移交给劳工部时，人们常常寻求它的帮助。

第 2 节

由于存在调解斡旋的空间，因此对实施调解斡旋工作的不同机构进行研究就显得尤为重要了。调解员分为三类——知名的局外人士、非政府委员会以及与该国政府机构的某些部门相关的委员会。这三种调解员之间并无矛盾，如果利用得当，他们往往能够优势互补。第一种调解员的最大优势在于，大主教韦斯科特（Westcott）[2]、罗斯伯里（Rosebery）勋爵[3]、詹姆斯（James）勋爵[4]、阿斯奎斯（Asquith）先生[5]或者时任首相等人物参与调解，往往会使矛盾双方觉

---

[1] 参见韦布夫妇关于罗斯伯里勋爵为调解1893年煤矿纠纷而举行午餐会的有效性方面的评价（《行业民主》，第242页）。
[2] 达勒姆煤矿工人罢工中的调解人，1892年。
[3] 煤炭工人联盟大罢工中的调解人，1893年。
[4] 克莱德和贝尔法斯特工程行业纠纷中的调解人，1895年。
[5] 伦敦山租车工人大罢工中的调解人。

得自己受到了重视，从而在某种程度上缓和事态发展。常见的调解委员会，无论是自愿组织还是官方设立，一般说来都没有如此显赫的人物参与，并且到目前为止，都是级别较低的人员参与。因此，对某一个特定类别的矛盾而言，知名的局外人士是不可或缺的。

第3节

非政府机构的委员会的作用较少为公众所认可。它拥有的优势确实超过知名的局外人士，虽然它不是为调解特别设立的机构，但是在罢工和停工真正开始之前，即调解最有可能成功之时，它的呼吁更容易让人们听见。然而一直以来，尽管在全国不同地方，在人们的强烈要求下，商会和各地的贸易委员成立了不少调解委员会，但是除了伦敦委员会，其他组织皆未发挥过丝毫的调解作用。总之，根据这一观点，人们经过尝试后得出结论：非政府机构下的调解委员会毫无用处。但引用的证据不足以支撑如此绝对的结论。一直以来，那些没有发挥作用的调解委员会，无一例外都是市级调解机构，而对于英国这样的劳工组织来说，即便是对纯粹的地方性纠纷，也不太可能完全交给地方委员会来调解。那么，是否可以公平地说，这些调解委员会的失败不是由于其非政府性质，而是由于其所涉及领域的狭隘性？伦敦委员会的相对成功是否为这一观点的正确性增添了分量？然而，如果这些事实能够如此去解释的话，我们就没有理由认为，在欧洲大陆工会化程度较低的地区设立地方非政府委员会注定会失败；更无法证明非政府机构下的全国性委员会注定会失败。事实上，以全国公民联合会行业部的名义成立的这种委员会在美国取得了相当大的成功。

第4节

但是，尽管忽视非政府委员会取得成功的可能性是一种错误，但是它们确实缺乏某些优势，而国家政府机构下辖的调解委员会无疑能够轻易拥有这些优势。首先，后者拥有极其便利的条件——仅次于某些特殊行业的自愿调解委员会所享有的那些便利条件——如果可能，他们可以在第一时间查明纠纷的存在。无论什么时候出现罢工或停工，或者此类严重威胁，他们可以要求行政官员提供实时信息。其次，他们拥有更强大的智力和财政资源，并且能够更自由地支配这些资源。因此，劳工部（以前为商务部）能够拥有这种经训练而成的才智之士，有可能与某个小区域发生纠纷的双方对后者的信赖——相对于地方委员会而言——密不可分。最后，当像英国采用的方法那样，调解员由国家政府部门直接指派，而不像法国那样，只有地方官员才能被授予调解权力，则调解员只需要运用自己的一点儿声誉，就会对他们的调解工作有很大帮助。因此不难发现，近年来，行业争端中的大多数调解工作已经移交给隶属于政府部门的机构。在一些国家，只有纠纷双方中的一方提出调解要求时，调解机构才会进行调解。因此，1887年比利时颁布了一部法规，批准设立地方行业委员会和劳工委员会，其下再设代表不同行业的不同部门，并规定："无论何时，只要形势需要或是纠纷双方中的一方提出调解要求，省长、市长或发生纠纷的行业所在部门的主管，都必须召集该部门开会，协商解决方案，努力进行调解"[1]。然而，更为常见的是，无论调解要求是否由纠纷双方中的一方提出，调解工作都将在政府机构的授权之下进行。该项规定于1892年写入法国法律，于1896年写入英国调解法案。后者在法案中规定："当雇主或任一雇主阶层与工人之间已经发生纠纷，或即将发生纠纷，工业委员会在其认为适当的情况下，可以行使以下一切权利或任意一项权利：（1）调查纠纷发生的起因与环境；（2）采取措施——这些措施可能是工业委员会的权宜之计——使纠纷双方会面谈判，参与谈判者可以是纠纷当事人或者双方代表，谈判由双方共同选定的负责人，或由工业委员会或者其他个人、团体提名的负责人主持，其目的是友好地解决双方之间的纠纷；（3）应相关雇主或工人的要求，在考虑了在纠纷发生的地区或行业进行调解的可行性与充分性之后，指定一人或多人担任调解员或组成调解委员会。"随着1919年《工业法庭法案》的制定，劳工

---

[1] 麦克弗森《美国劳工简报》，第60期，第421页。

部的地位得以稳固，并从贸易委员会手中接过这些权力。经验表明：按照这些方法，怀着一份同情心巧妙地进行调解，往往能使原本很可能导致罢工或停工的纠纷得到化解。

第5节

因此，我们可以得出结论：一般说来，知名的局外人士、非政府性调解委员会以及官方调解机构在各自的领域内都具有自身的价值。然而，不应该忘记的是，这三者同时也都具有危险性。作为运用它们的间接后果是，可能使不同行业内促进劳资和谐机制的发展——该机制是一种调和剂，能够比"斡旋"更加有效地化解纠纷——受到阻碍。为了防止这一后果发生，调解机构审慎行事至关重要。它绝不能将自己的作用称为"过渡性"的，并且应该鼓励——就像英国贸易委员会及其继任者劳工部依据1896年法案所一直追求的目标那样——建立行业共同委员会，并与之保持联系。

第五章　强制性干预

第1节 在争执双方愿意的情况下，强制干预可以规定争议进入强制仲裁法院。第2节 "延长"雇主协会与雇员协会之间的协议，可使之对外界的雇主和工人具有约束力。第3节 也可以遵循《加拿大劳资纠纷调查法》的模式。第4节 还可以采取澳大拉西亚人所理解的强制仲裁形式。

第1节

　　事实证明，当自愿调解机制在解决纠纷上很难奏效时，纠纷双方可能会无视调解人做出的努力。由于可能出现这种情况，或者更确切地说，除了在劳资和谐已经达到高级阶段的某些国家的某些发达行业之外，这些棘手的纠纷时有发生，因此我们有必要清楚地了解，是否以及在多大程度上应诉诸国家强制力量的干预。这种干预可能主要以四种方式进行。其中最简单最温和的方式是，针对纠纷制定条例，以供当事双方在希望寻求强制性裁决手段时可以随时寻求干预，照章行事。这类例子数不胜数。新南威尔士1901年颁布的《行业仲裁法案》赋予每一个工会权力，使其有权与其他工会或雇主就行业相关事宜签订协议，该协议"如果规定了期限并且明确不超过三年，并且如果其副本已呈交登记员处存档，则它对双方当事人和作为协议任意一方的所有工会会员都具有约束力"；同时，该法案宣称"所有此类协议，在受其约束的各方之间应具有同等效力，并可以采用与仲裁法庭的裁决相同的方式执行"[1]。新西兰法律规定，行业协议可以采用与国家仲裁法庭的裁决相同的方式执行。由芒代拉先生起草，但已废止的三个法令，即《1872英国法》、《马萨诸塞条款》（其中规定如果双方将纠纷提交到州级调解委

---

[1]《劳工宪报》，1902年2月，第39页。

员会，该委员会的决定自动产生约束力）、《1898年联邦铁路法》（允许州际运输公司自愿设立具有强制性干预权的仲裁委员会）[1]，也有着相似的特点和目的。事实证明，1872年英国法案只是一纸空文，已于1896年废止，但是美国马萨诸塞州和新西兰的那些法律却取得了巨大成功。

与此相反，有些人可能会认为：第一，一旦同意仲裁，双方对公平的理解和对

□ **工会运动　1884年**

美国工会的历史可以追溯到19世纪的工业革命初期。工业革命导致工厂迅速扩张，工人从农场工作转移到工厂、矿山和其他艰苦的劳动中，他们同时面临着工作时间长、工资低和健康风险等恶劣的工作条件。工人们普遍要求更满意的工资和工作条件，从而促使全国各地的工会运动迅速发展起来。图为1884年，在俄亥俄州布克特尔的工会运动中，平克顿警卫兵正在维持秩序。

公众舆论的尊重已经提供了充分的保障，促使裁决得到服从；第二，到目前为止，采取法律制裁只会打击值得尊重的一方——缴付罚金被认为违法行为得到了谅解[2]——导致最后的裁决可能与之前一样不力；第三，把大众脑海中的强制观和仲裁观联系在一起，"为各种目的诉诸于调解委员会的自由就不像现在这么多"[3]。对此，我们可以予以回复：不管情况多么糟糕，喜欢采用非强制性仲裁方式的人仍然可以继续沿用这种方式。所以，几乎没有理由相信，除了带来以上变化，原本矛盾加剧的纠纷能够得到和平的解决。而且，在阻止矛盾双方向执行强制性裁决的法院救助时，这种裁决方式产生的影响远比大家普遍认为的要小。实际上，在某些情况下，它们可能会产生相反的作用。如果纠纷双方都认为自己

---

[1]《美国工业委员会》，第17卷，第423页。
[2] 参见《工业委员会关于劳资协议的报告》，1912年，第7页。
[3]《英国皇家劳工委员会报告》，第99页。当然，全面强制接受制裁，而不同时全面强制提交仲裁，将产生更加显著的影响。

更强，而且认定对方也认为自己更强，那么在仲裁机制不力的情况下，这种纠纷不可能得到解决，因为任何一方都不会认为在这种情况下放弃是有利的。因此，为了规避这种无效制裁的风险，双方可能会拒绝仲裁。然而，如果实施的制裁很严厉，情况就会不同。一系列可行的解决方案将被提出来，一经裁定，任意一方违反裁决都不会为自身带来好处；双方都愿意承担风险，因为失败所带来的额外损失将被成功所带来的额外收益所抵消。最后，借助法律制裁的力量可能会增强双方领导人的控制力，便于对付那些对他们不满的追随者。如果像美国工会那样，对各成员的直接控制权相对薄弱，这一考虑就会变得十分重要。然而，即使在英国，我们也不能忽视这一考虑。因为，虽然我们的工会力量更加强大，出现无视国家政府权威而违反裁决的情况比较少见，但是在低技能的行业中，这种现象依然非常普遍。因此，从整体来看，该情形似乎是为了某种制度而提出的，在这种制度下，将纠纷呈交给一个具有强制权力的法庭的机会，将被留给那些希望这样做的人。

第 2 节

国家干预的第二种方式是，允许雇主与雇员组织向政府寻求帮助，从而将代表雇主及工人的主要团体签订的协议推广至一个地区或国家的某一行业中。1910 年南澳大利亚的一项法案规定，在未设立薪酬委员会的行业中，劳资双方有五分之三的人数通过即可达成一项协议，并要求政府颁布该协议，使其对整个行业具有约束力。1917 年的《英国军需品法案》中有一个类似的条例。支持该立法的主要观点是，如果没有此类立法，某一行业的大多数人所签订的协议就容易遭受少数"无良"雇主的竞争性破坏。因为通常情况下，如果所有的竞争者都支付更高的工资或缩短工作时间，某一雇主或雇主组织这样做，并不会造成任何损失；但是，如果某一雇主或雇主组织这样做而别人不这样做，他将会因蒙受较大的损失，从而拒绝这样做。因此有人说，"伦敦第二次灾难性的运输业罢工的诱因之一就是，卡特尔集团的一家公司为了与其他公司竞争而支付更低的工资，从而退出已签署的协议"[1]。但是另一方面，还有若干问题需要考虑。首先，我们设想的这种国家行为将带来危险，它会加速帮派和联盟的形成，进而危及消费者。其次，要将扩大这一协议的适用范围的时长确定下来，有时会面临很大的实际困难。因为，一个行业的产品在不同区域间的相似性，看起来往往比实际更明显，而如果真是这样的话，维持各地工资率之间的平行变动，可能有损而非有助于劳资和谐。英国曾经流行的某些自愿约定就可以说明这个困难。因此，早在1874年，就针对中部地区和英格兰北部地区的钢铁业建立了联合工资等级制度。但是，北部的主要产品仍然是铁轨，而米德兰兹的制造商已经开始生产钢筋、钢板和角钢。前者的市场在下滑，后者的市场在回升，因此，尽管北部雇主的主要产品的价格在下滑，但是其在第一次工资调整时被迫将工资提高了3便士。结果就是，联合工资等级制度在一年内就流产了。同样地，有一段时期，在兰开夏郡的许多地方也曾达成过这种共识，即棉纺工人工资的升降随奥尔德姆（Oldham）地区棉纺工人工资的升降而变化。但是"各地区在纱线生产方面日益专业化，使得之前虽然不够理想但至少勉强可行的方案变得不可行。大体而论，曾经只有一个纱线市场，现在已经变成了若干个纱线市场，而且不同种类和质量的纱线价格开始各自发生变化，使得各种产品之间的价格调整难以尽如人意。"[2]毫无疑问，扩大政策实施的范围并没有完全排除不同地区在不同条件下作出的调整。但是毋庸置疑，在进行这一调整工作时，更多的是需要灵活性，而不是只需有关官员投入耐心与智慧即可。再次，可以这么认为：在工人组织强大的情况下，政府不必扩大政策实施的范围，因为私营企业就足以保证做到这一点。雇主们急于将对立的竞争者拉到自己的队伍中来，工人们也同样急切地帮助雇主实现这一点。因此，"工会将协助雇主协会强迫雇主服从他们未签字的协议"，并且"集体谈判的范围会因此扩展到工会制度所覆盖的范围之外"[3]。例如，美国工业委员会发现，

---

[1] 拉姆齐·麦克唐纳《社会动荡》，第109页。
[2] 查普曼《经济学杂志》，1899年，第598页。
[3] 吉尔曼《劳资和谐的方法》，第116～117页。

奥尔德姆棉纺织厂

在历史上，奥尔德姆曾属于兰开夏郡。随着工业革命的开始，兰开夏郡的新兴棉毛纺织业发展异常迅猛，奥尔德姆、博尔顿等城镇的棉纺织业也随之快速发展起来。图为1926年，奥尔德姆一家棉纺织厂外景。

在伊利诺伊州，为了使反对的雇主服从条例，期望矿工联合协会进行罢工或以罢工相威胁，往往也能达成目标。[1]但是，最后的这个考虑因素显然与那些工人组织薄弱的行业无关。总之，尽管可能会给消费者带来风险，尽管还存在上文中提及的种种实际困难，同时还有另一种危险，即把组织的利益扩展到无组织的行业，可能使劳工所奉行的无工会主义与资本家所奉行的无联合主义蔓延，从组织中获取利益，却拒绝支付相应的费用[2]，但英国的民意似乎还是倾向于在行业纠纷中采取这种有严格限制的强制性干预措施。《工业委员会报告》（1912年）对此给予了绝对的支持，但条件是，工业委员会不得受理任何扩大协议适用范围的申请，除非这一申请来自协议双方。1920年的《煤炭行业法案》规定，由地方委员会、区域委员会或全国委员会提出的决议，在征得贸易委员会的同意之后，应对该行业的从业人员作出强制性执行；1921年的《谷物产量法案》因被三年后的农业工资委员会制度所取代而废除规定，在征得该委员会同意并得到农业部确认后，自愿调解委员会关于最低工资标准的决定，可以在其所在地区作为一项法律强制执行。

第3节

国家干预的第三种方法是，使用法律迫使行业的劳资纠纷在法律允许任何罢

---

[1] 参见《工业委员会》，第17卷，第329页。
[2] 柯尔《劳工世界》，第314页。

工或停工之前，提交给某个特别法庭处理。1907年的《加拿大劳资纠纷调查法》最能诠释这一制度。该法案已被南非以及其他地区效仿，并被视为美国为解决覆盖多个州的劳资纠纷的立法典范。[1] 1925年1月，该法案在施行了18年之后，被枢密院司法委员会以侵犯地方政府的权力为由宣告越权。针对这一判决，一项修正法案被通过，该法案在一定程度上限制了上述的适用范围，但实质不变。[2] 该法律并不具有普遍适用性，只适用于我们有理由相信停工将对整个社会造成极大损害的行业。这些行业包括采矿业、运输业，以及各种形式的铁路服务业、电力及其他动力供应业、轮船业、电报与电话服务业、煤气及自来水供应业。实际上，如果受到严重的停工威胁，并且劳资双方均拒绝援用该法案，这些行业便无法成功地避免停工，该法案就会产生作用。该法案的主要规定如下：如果雇主与雇员之间签订的合同条款有任何更改，须提前30天发出通知。如果提出的更改遭到对方反对，政府机构任命的劳资委员就会对该纠纷进行调查并提出报告，建议适当的解决办法，并在劳工部公布消息之前，禁止由此引发的罢工或停工，违者予以惩罚。报告公开之后，任何一方都没有义务接受报告中的建议，并且可以合法停工。但是，报告公开之前，法律禁止停工，而且任何参与停工者都要缴纳罚款；关厂停工的雇主每日罚款100~1 000美元，参与罢工的工人每天罚款10~50美元。

值得注意的是，该法律有三个不同的方面：第一，它能有效确保双方之间进行正式讨论——这实际上与工业委员会的调查有关——并试图在公正无私的政府的指导和帮助下解决双方的纠纷。第二，该法律赋予政府指定的特别法庭以充分的权力，使其去"调查纠纷相关事宜，并在询问证人、起草文件以及调查案件等方面，具有与民事案件中相似的权利，以期在调解失败的时候，能给出可视为公平条件的建议"[3]。第三，法律规定，在工业委员会完成纠纷调查与报告撰写

---

[1] 参见蒙德《劳资与政治》，第131页。
[2] 参见工商业委员会出版的《劳资关系调查》，1926年，第355页及以下多页。
[3] 乔治·阿斯克维斯爵士所作的报告，引自［白皮书，第6603号］，第17页。

之前，停工属于违法行为。对该法律的实施方式进行过研究的权威人士认为，在实践中，以上三方面中的第一个方面最有价值。报告员在给美国劳工局的报告中写道："委员会的主要工作就是召集争执的双方进行友好谈判，并引导谈判双方达成共识，自愿化解纠纷。"[1] 报告员继而又写道："政府在任命委员会时，以及最成功的委员会在开展工作时，都将该法律诠释为用非正式手段进行调解的法规，其目的是促使劳资双方自愿达成协议。"[2] 同样，1913年乔治·阿斯克维斯（Askwith）爵士在提交给英国贸易委员会的报告中表达了这样一个观点："进取的精神和调解的意愿是《加拿大法案》中更具价值的部分。"[3] 无论如何，对于在必要时公开权威报告并提出建议的规定，有时也可能产生良好的效果。的确，对公众利益影响不大的小纠纷几乎不会引发公众舆论方面的压力，而冲突激化的大纠纷一旦被挑起，再强大的舆论压力也有可能被忽略。但是，当问题严重到影响整个社会，使某一行业（如铁路服务或煤炭供应）面临解散的威胁，舆论便成为了不容忽视的力量。我们会发现一个有趣的现象，在很多情况下，纠纷双方的某一方一开始会拒绝接受工业委员会的建议，并进行罢工或停工，但纠纷最终几乎还是在该委员会建议的基础上得以解决。该法律在第三个方面的规定，即发生在工业委员会向上级报告纠纷情况之前的罢工或停工是违法的，尤其遭到人们的质疑。一种反对意见是，假如劳资双方坚决反对这一法律，该法律实际上无法得以执行；[4] 还有一种反对意见是，罢工的成功往往在于其突发性，因此强制延迟罢工的任何举措都必然对工人不利。尽管在某些行业中，比如运输业，罢工这一武器的威力不会因为延迟使用而有明显减弱，但这些反对意见无疑都是极其重要的。此外还应该注意的是，劳资大战一旦爆发，纠纷中的主要问题很可能会在双方争夺掌控权的过程中变得不再重要，唯有双方都筋疲力尽之后，这场纷争才能

---

[1]《美国劳工简报》，1910年，第86期，第17页。

[2]《美国劳工简报》，1910年，第76期，第666页。

[3]［白皮书，第6603号］，第17页。

[4] 在加拿大，存在许多非法停工，但很少有人试图对他们实施处罚。劳工部副部长已公开声明："这并非历任部长的政策；不过该法令包含在他们执政时的法律中。"（《美国劳工简报》1918年，第233期，第139页）另参见《考察加拿大和美国行业情况的代表团的报告》，引自［白皮书，第2833号］，第80页。

结束。因此一般情况下，虽然该法律无法阻止劳资大战的爆发，但它有时仍然能够成功地避免劳资大战对社会造成严重的危害，从而对社会混乱起到充分的预防作用。显然，在这个问题上，政府不可能作出一般性决策。事实上，应该做什么事情主要取决于工人和雇主认为必须做些什么，因此准备支持什么。然而，现在人们普遍认为，依照《加拿大法案》模式，在工业委员会提出的建议公布之前，对罢工与停工不予惩罚，并且尽可能附上保障措施以防止罢工与停工对自愿调解和仲裁机制的发展造成不良影响，用阿斯克维斯勋爵的话来说，就是"适合英国且切实可行的"。1919年《劳资法庭法》第二部实际上就属于这种法律模式。该法案授权劳工部长，当纠纷发生或即将发生之时，其有权任命一个调查法庭，并有权强制要求起誓者提供证据，其职责是就纠纷双方的是非事实作出公正的报告——如果他认为合适，可以将该报告公之于众。目前，该法案不能安全地包含严格的惩罚条例。不过，惩罚条例还存在许多需要讨论的地方；而且，如果国际联盟证明有能力强制推迟政治战争的爆发，则公众舆论可能会在行业战争爆发时接受类似的限制性条款。

第4节

国家干预的第四种也是最后一种方式，就是广义上常称为强制性裁决的方式。根据《加拿大法案》，如果双方在调解和劝说后仍然冥顽不化，那么罢工和停工最终会在不触犯任何法律的情况下发生。这种情况已使澳大拉西亚[1]殖民地引进了一项立法，该立法公开任命的工业委员会不仅会就制定解决纠纷的条款提出建议，而且在其建议之下制定的这些条款具有法律约束力，违反条款进行罢工或停工属违法行为，将受到惩罚。该立法充分完善后，可以填补《加拿大法案》在停工事项上留下的漏洞。一般说来，不宜过分地劝阻通过商讨和调解来解决纠纷，而重点是在不可调停的冲突中，当一般的折中措施失败时，应竭力避免

---

[1] 澳大利亚、新西兰及其邻近的南太平洋诸岛的总称。——编者注

发生罢工或停工。实际上，在新西兰仍然存在一个漏洞，即该殖民地的强制仲裁法只适用于根据仲裁法登记注册的工会，其他工人仍然受1913年的修正法案——加拿大类型法律的一种变体——所管辖。[1]但是，在新南威尔士法律（在1918年的修正法案被修正之前）和西澳大利亚法律中，并没有这样的保留。这一说法也适用于英联邦关于行业纠纷的法律，联邦法律不止在一个国家施行。在所有这些法律中，仲裁裁决通过金钱罚款进行"惩处"。在新西兰，违反法律的雇主个人和工会将被处以500英镑的罚款，若工会无法支付，则其成员被处以每人10英镑的罚款——可能通过下发扣押工资令来收取。西澳大利亚像新西兰一样，也完全依靠罚款进行处罚，但新南威尔士的法律还规定对未缴纳罚金者处以监禁，《联邦法律》也规定，对再次违法者不再处以罚款，而是直接处以监禁。1923年，德国根据政府调解委员会的自由裁量权，实施了实际上的强制性仲裁。调解委员会有权根据一方当事人的请求或主动干预行业纠纷。"如果仲裁委员会未能确保双方达成协议，则可提出拟议裁决，如果拟议裁决未被双方接受，则拟议裁决应具有书面集体协议的效力；如果裁定书考虑到双方利益，并显得公正合理，或者裁定书合乎经济和社会准则，则可宣布其具有约束力。该地区的调解员，或在某些情况下是联邦部长，是有法定资格宣布裁定书具有约束力的人。"[2]1927年鲁尔煤矿的一次重大纠纷就是通过这个规定来解决的。1926年意大利通过一项普通法，用以在劳资纠纷中进行强制性仲裁，并以罚款和监禁作为对不服从者的制裁。[3]当然，没有法律禁令与惩罚条款能够确保被禁止的行为永远不会有人再犯。因此，在澳大拉西亚殖民地，尽管存在强制性法律条文，但实际上仍存在因劳资纠纷而停工的情况，对此无须感到惊讶。这完全是意料之中的事情。强制性仲裁的支持者并不否认这一点。他们也没有忽视因合谋逃避此法律或因个人拒绝缴纳罚金所产生的种种实际困难。他们不认为，这些法律可以创造一个"没有罢

---

[1]该修正案承认，如果罢工者（1）不是根据裁决书或劳工协议工作，或是通过秘密投票决定该裁决不再约束他们，以及（2）提前14天通知劳工部长将要开始罢工，则罢工可以是合法的。（《经济学人》，1921年，第309页）
[2]《最低固定工资的方法》，国际劳工局出版，1927年，第56页。
[3]《最低固定工资的方法》，国际劳工局出版，1927年，第85~87页。

工的国家",他们认为,这些法律与毫无组织的舆论(这是加拿大法律的最终手段)相比,可以产生更直接、更强大的压力,借助它们,可以使停工发生的频率比没有借助它们时更低。对于这一观点在新西兰和澳大利亚各州的实践中取得了多大的成就,仍然饱受争议,只有在进行了长期的实地考察之后,才能给出令人满意的答案。但是,从目前英国政治家的实际立场来看,这项研究是没有必要的。人们普遍的观点是,大部分群众强烈反对的立法有可能很快就会被证明实施起来有难度,而且会有损人们对法律普遍的尊重,而维护这份尊重符合每一个群体的利益。新西兰法律的起草者彭伯·里维斯(Pember Reeves)先生称:"试图将这样一项条例强加给不情愿接受的人,注定会引发灾难。"[1]在英国——美国似乎也是如此——具有强制仲裁性质的制度,不同于商务部在组织不健全的行业所建立的制度,目前在雇主和雇员看来都极其不可信。面对这种普遍情绪,迅速引入此法律既不实际,也不明智。毫无疑问,公众的观点有可能改变,而且他们将来可能会接受现在抗拒的事物,但是从目前来看,无论人们如何看待法律所具有的抽象优点,强制仲裁在英国任何行业的任何部门都不是一项切实可行的政策。就一定程度而言,在战争期间不得不依靠它,并不意味着它可以为避免罢工提供一种令人满意的方法——战时曾经实施的《军火法案》在33个月中大约被150万工人破坏[2],并且在和平时期,当国民需求的压力较小时,接受该法案的人可能更少,因此,其成功率也会更小。[3]

---

[1]《澳大利亚的国家实验》,第168页。
[2] 参见蒙哥马利《英国与欧洲大陆的劳工政策》,第345页。
[3] 参见向重建部提交的《调解与仲裁的报告》,引自[白皮书,第9099号],1918年,第2款。

第六章 分析地看劳资和谐

第1节 雇主协会与雇员协会之间的纠纷在某些方面与国家之间的纠纷相似。第2节 在一定范围内，两个组织之间协商出来的工资率是不确定的。第3~11节 研究决定不确定性范围和切实可行协商范围的影响因素。第12节 阐释这项研究在各种情况下对劳资和谐前景的影响。第13节 对仲裁员职能的普遍看法的意义。

第1节

前面章节的讨论足以满足实践中的总体目标。但是对于经济学家而言，进行更为深入的探索，并以不同形式提出更为广泛的问题，实属趣事。从分析的角度来看，工会与雇主协会之间的纠纷与两个国家之间的纠纷非常相似。如果纠纷涉及诸如工作的一般条件、工资的支付方式、劳动时间以及工作划分等问题，相似性将更大。但是当纠纷涉及工资时，就会存在重大差异。政府之间的纠纷一般不涉及两种东西之间的交换率，也不涉及具体指明的准备交换的数量，但工资问题却常常涉及它们。[1] 在这类谈判中，一方如果通过强迫另一方接受越来越不利的条款，并不会使自己受益。相反，因为超过某一点之后，针对对方来进一步提高此比率的任何行为，都将致使对方减少该商品的购买量，用模棱两可的话来说，一方争取到的比率越高，其处境反而越糟。因此，如果双方协商的是有关比率的问题，就会存在一个确切的上限与下限，凡是超过上限与下限范围的比率，都不值得任何一方去争取，但是如果协商的是一件事情，就不存在这种界限。

第2节

无论是站在工人还是雇主的立场，若在完全自由的情况下进行竞争，工资率

---

[1] 参见本书第二编第九章第14节。

的协商结果会确定在某一明确的比率上，该比率由双方相互的需求情况来决定。若某个工人向某一雇主勒索高于这一工资率的工资，雇主就会拒绝雇用该工人而去雇用其他工人；如果某一雇主提供的工资低于这一工资率，工人就会拒绝为他工作而去为其他雇主工作。但是，如果工资率不是由自由竞争条件下的行为所决定，而是经过工会与雇主协会双方的协商来决定，工资率就不再是明确的。相反，它会出现一个不确定的范围。工会倾向于更具竞争力且高于上述比率的工资，而雇主协会则倾向于低于上述比率的工资。由于工资率上涨会减少可获得的工作机会，工会也不希望工资率超过一定比率，如此一来，就会出现最高工资率；同样，由于工资率下降会减少可雇用的劳工数量，而雇主协会也不希望工资率低于某一比率，则最低工资率应运而生。这一不确定范围是由这两个极限值中的所有比率组成。假定两个极限值分别是30先令和40先令。对于任何处于此范围之外的比率，促使其向同一方向的变动都符合双方的利益。因此，要在一个超出该范围的工资率上达成协议是不可能。如果能在工资率上达成协议，商定的工资率一定落在该范围内的某个点上。雇主对劳动的需求弹性越小，该范围就越大；同样，或工人为这些雇主工作的需求弹性越小，该范围就越大。

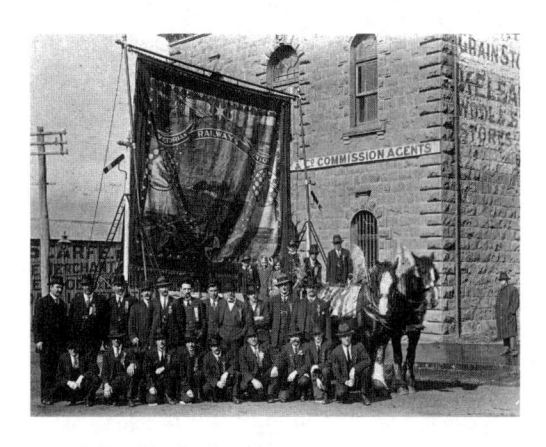

□ 工会成员的集会　1913年

从1830年开始，澳大利亚的工会遍布全国。1850—1869年，澳大利亚成立了大约400个工会。这些早期工会代表了以手工业为基础的工人，如石匠、木匠、工匠和其他工人（店员、劳工和矿工等）的非正式组合。许多工会的成立是为了在疾病、死亡和失业方面帮助工会成员，此外也为了帮助工人们争取八小时工作制而集会。图为澳大利亚维多利亚铁路联盟巴拉瑞特分会的成员在八小时工作制集会上。

第3节

在考虑其策略时，工会将认识到，如果他们选择通过争斗来争取工资，成本可能非常高，而争斗之后获得的补偿条件可能也不过如此。在权衡利弊后，他们会确定一个比争斗更值得他们去接受的最低工资。这一最低工资似乎就是他们的容忍点。如果他们认为争斗的代价太高，且最终得到的补偿条件也会不如人意，就会降低容忍点。此容忍点可能会大大低于我们之前假定的不确定范围的下限，即30先令。另一方面，如果他们认为争斗的代价很小（或者，甚至如果他们认为争斗的实际过程会对他们有利），而且最终会获得不错的补偿条件，那么他们的容忍点就会变高，可能会高至不确定范围的上限，即40先令，但不可能比这个价格更高。因此，根据不同情况，工人的容忍点可能是低于40先令的任何工资水平。同理可证，在不同情况下，雇主的容忍点可能是高于30先令的任何工资水平。那么，如果工人的容忍点低于雇主的容忍点，则两个容忍点之间的工资范围构成可行的谈判范围，但需满足我们即将讨论的限定条件。因此，如果工人愿意接受32先令的工资来取代展开争斗，而雇主愿意支付37先令的工资来取代这一争斗，则可行协商范围就由32~37先令的所有工资率构成。然而，如果工人的容忍点高于雇主的容忍点，比如工人的容忍点最低可降至35先令，而雇主的容忍点最高为33先令，就不存在任何可行的协商范围；这时候除了争斗便不会有其他的方法能够解决这一问题。

第4节

如果双方对争斗结束的方式以及由此产生的工资率有相同的预期，并且双方都认为这一争斗的过程将产生积极成本，则工人的容忍点必定低于雇主的容忍点，因此必然存在某种可行的协商范围。但是，如果工人预期通过争斗争取到的工资率高于雇主的预期，那么即便双方都预期这一争斗会产生积极成本，也没有必要进行协商。另外，如果一方预期争斗将为其带来实际的好处——也就是说会产生消极成本——那么，即便工人与雇主预期通过争斗得到的结果一样，也没有必要进行协商。

第5节

对于这方面应该补充说明的是，消极成本绝不是人们乍看起来的那样而只是数学假象。就雇主而言，如果他们所售商品的需求弹性很小，而且如果在争斗期间他们手里有大量积货的话，就很容易实现负成本。因此，经常有人说，争斗使得煤矿主能够"以荒年的价格清除库存，同时推迟履行罢工条款下的合同"[1]。如果他们有理由相信，在生意萧条时期快速引发冲突，可以确保自己不受生意好转时引发冲突的阻碍，那么他们也可能期待出现负成本。[2] 对于工人来说，在行业组织的早期阶段出现负成本很正常。因为在那一阶段，工人的真正目的并不是令雇主让步，支付给他们更高的工资，而是为他们的工会赢得尊重，从而使雇主在未来更愿意平等地对待他们。再或者，引发冲突的真正目的可能是为了巩固工会自身，吸引非工会会员加入其中。就以此为目的的冲突而言，期待从这些目的中获得的利益，均需要将人们预期劳资纠纷会带来的重大损失扣除，扣除之后的结果可能就是一个负值。在这些情形下，即使工人预期在争斗过程中双方都会遭受打击，而且会经历巨大的痛苦，他们可能还是会选择争斗。不过，消极成本总是例外。一般说来，双方必定会预料到争斗实际会使彼此蒙受损失。

第6节

现在不得不引出第3节中已经一带而过的限定条件。由于工人的容忍点可以是位于不确定范围上限以下的任何值，那它也可能低于不确定范围的下限。同样，雇主的容忍点也可能高于不确定范围的上限。因此，由于不确定范围是在30先令到40先令之间，我们可以假设工人的容忍点为25先令，雇主的容忍点为48先令。在这两种情况下，可行协商范围将不会扩大至这两个容忍点；因为，在不确定范

---

[1]《政治科学季刊》，第12卷，第426页。
[2] 参见查普曼《兰开夏郡的棉纺织业》，第211页。

围以外，协商是行不通的。即便一方愿意接受该工资水平而不愿意接受争斗，另一方也不会接受。因此，任何高于工人容忍点的工资率或低于雇主容忍点的工资率，均处于不确定范围之外，也都完全无效。可行协商范围，就是相比展开争斗，双方更愿意接受的一系列工资率，构成该范围的工资率（如果存在的话）均高于工人的容忍点、低于雇主的容忍点，且处于不确定范围之内。这一解释对于我们即将得出的实际推论至关重要。

第 7 节

正如第2节中所指出的那样，不确定范围的大小取决于劳资双方的需求弹性的大小。因此，目前看来，我们可以认为该范围是固定不变的。在任何情况下，可行协商范围都不会扩大至由此确定的界限之外。在这个界限内，任何降低工人容忍点或是提高雇主容忍点的因素都可能扩大可行协商范围。所有增加工人在争斗中预期要遭受损失的因素都会降低工人的容忍点；而所有增加雇主在争斗中预期要遭受损失的因素都会使雇主的容忍点上升。工人组织力量单方面的增强可能既会降低工人的预期成本，又会增加雇主的预期成本。因此，这可能会使两个容忍点都上升，但不能说会增加两个容忍点之间的差距。同样，雇主协会力量的增强会使两个容忍点都下降。但是实际上，双方中一方组织的发展，势必促进另一方组织的发展，因此最有可能增强组织力量的形式是双方力量都增强，从而使双方的预期成本都增加。这意味着，工人容忍点的下降会伴随着雇主容忍点的上升。因此，在不确定范围设置的界限内，如果可行协商范围已经存在，可能会使该范围向两个方向扩大；如果这种范围不存在，它可以使其存在。这种趋势在国际谈判和行业谈判中都有所体现。如果通过争斗解决政治纠纷，意味着通过双方拥有强大联盟的世界大战来解决的话，则战争中可能存在的巨大成本将使人们确信，除非所涉及的利害关系至关重要，否则就有必要协商解决。同样，如果某些行业中的工会和雇主协会不仅仅局限于当地，而是扩大到整个国家，则一旦发生罢工或停工，便是全国性事件，比如，对于影响某一小区域的工资支付问题，之前可能不存在可行协商范围，但是现在似乎变得有协商的余地了。大体而言，就目前的情况来看，由于各国与各行业协会都拥有巨大实力，因此我们可以肯定地推断出，几乎所有无关痛痒的小事以及理解性纠纷都存在很大的可行协商范围。比如，对于非洲某偏远村庄的政治地位问题，或是煤矿主与煤矿工人之间所要达成的一项固定工资协议的落实问题，矛盾双方均有若干解决方法，其中任何一种方法带来的好处都胜过争斗带来的好处。如果引发纠纷的问题十分重要，比如广阔富饶的领土的归属问题，或某行业一般工资标准的确定问题，我们自然无法确定必然存在可行协商范围。

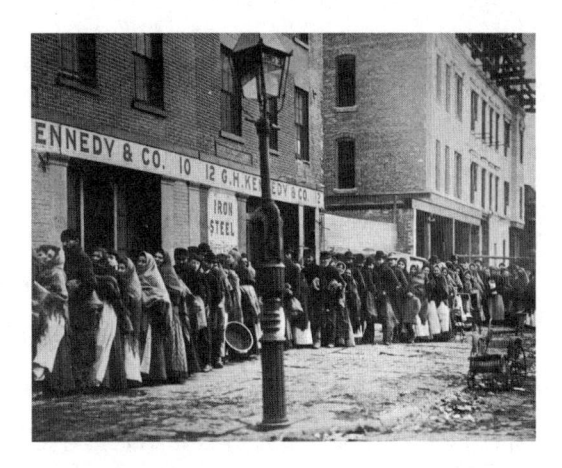

□ 1902年煤炭罢工

1902年5月开始的煤炭罢工又称为无烟煤罢工，是美国矿工联合会在宾夕法尼亚州东部的无烟煤矿区发动的一次罢工。矿工们之所以罢工，是因为他们在极其危险的条件下工作，却经常被拖欠薪资，导致他们负债累累。他们此次罢工，是为了要求更高的工资和更短的工作时间，并要求煤矿主承认他们的工会，否则就要中断美国主要城市的冬季燃料的供应。当时，住宅通常是用无烟煤加热的，它能够比烟煤产生更高的热值和更少的烟。这也是美国联邦政府和西奥多·罗斯福总统作为中立仲裁员介入的第一次劳资纠纷。图为1902年煤炭罢工期间，男男女女排队领取煤炭。

第8节

如果两个国家之间，或分别代表雇主和雇员的两个协会之间已经达成协议，那么不通过争斗而是通过仲裁来解决纠纷，则任何一方有违反该协议的，都会造成实际损失——部分是精神损失，部分是物质损失（因为可能会失去外界的支持）。无论是否存在仲裁协议，都会增加争斗带来的直接损失。因此，达成此类协议会扩大双方的争斗成本，这样一来，在不确定范围设置的界限内就会产生一个可行协商范围，在已经存在可行协商范围的界限内则会扩大该范围。未签署该协议的工人，原本可能宁愿争斗也不愿接受32先令的工资，但是根据此协议，即使裁定的工资只有31先令，他们也会继续工作；而雇主们原本在工资达到35先令时就会关厂停工，如今却可以升至36先令。

第9节

如果仲裁是自愿进行，那么在上述情况下，进入仲裁意味着双方都将承担一定的风险，彼此必须接受某工资率水平，该工资率甚至低于他们不接受仲裁也不发起争斗时所要接受的最低利率。如果双方都认为接受仲裁的风险所带来的损失会与相应的可能收益大体相抵，这一考虑因素就不会妨碍双方接受仲裁。但是，这种抵消的情况并不一定存在。比如，如果可行协商范围的下限已经和不确定范围的下限持平，那么接受仲裁并不能在对雇主有利的情况下扩大可行协商范围，相反，它会扩大对其不利的范围。在这些情况下，他们将不愿接受仲裁协议。反之，对于工人们也是一样。但是，如果接受仲裁协议使得可行协商范围的两端都处于不确定范围的上下限以内，而且对于双方来说，产生的盈余或亏损能相互抵消，那么就算双方接受协议所要蒙受的损失大于发起争斗所带来的损失，他们仍然会愿意接受仲裁协议。

第10节

但是，这并不是问题的全部。如果我们可以通过一种方式来形成一份自愿的仲裁协议，而且它能够防止仲裁员作出的裁决超出总体状况和协议情况下所确定的可行协商范围，那就的确无须再进行讨论了。但是，任何可行的方案要包括此类条款都不是一件简单的事情。即使是就当前某一起单独的纠纷作出仲裁，双方也不可能把自己的底牌亮出来，提前将各自的容忍点告知仲裁员，以此约束他不得超出容忍点。如果一般仲裁条款涉及的是未来纠纷，困难就会更大。然而，如果不包含此类条款，任何一方都担心仲裁员会作出对自己不利的裁决结果，因此尽管存在此协议，他们仍会觉得有必要与仲裁委员会作争斗，从而使他们自己的名誉受到净损失。面对这一风险，即使他们知道对手可能会因为相反性质的裁决结果而被置于相似的境地，也仍然于事无补。因此，他们都愿意将仲裁协议限定在几种纠纷类型中，根据他们的判断，几乎可以确定的是，仲裁员不会作出超出他们各自容忍点的裁决。所以，在国际条约中，各国往往会保留"重要利益"和"国家荣誉问题"方面的仲裁权力；国际联盟的若干方案中均对"可裁决"纠纷和"不可裁决"纠纷进行了区分，"可裁决"纠纷提交法院，法院的裁决结果由国际联盟强制执行，"不可裁决纠纷"提交仲裁委员会，而该委员会被授予的权力只是提出一些不具有约束力的建议。同样，在劳资纠纷中，虽然雇主和雇员通常愿意对他们之间的小小矛盾和理解上的分歧进行仲裁，但他们往往不愿意用此方法来处理工资率这一普遍性问题。

第11节

双方不愿签订范围广泛的仲裁协议，已经成为决定政府机构如何进行干预的重要因素。正如《加拿大劳资纠纷调查法》一样，强制性将纠纷提交给有权给出建议但不强制执行裁决的机构，往往会在符合上述条件的情况下，扩大可行协商范围，因为违抗公正无私的政府机构提出的解决方案将带来损失，而负面的公众舆论会加重这一损失。因此，在某些情况下，这可能产生相反情形下不可能出现的范围。根据某一协议，国际纠纷要在国际联盟允许各国发起相关战争之前就提交给调解委员会，加拿大的法律制度和这一协议完全一致。法律不仅规定要将纠纷提交仲裁委员会处理，而且双方必须接受仲裁员作出的裁决，违者必须受到法律制裁。这增加了顽固方的争斗成本，也使他们获得成功的概率更小；因此，这些法律会更具强制性地创造一个可行协商范围，并且将这一范围不断朝向两个方向扩展。

第12节

现在，我们必须分析这些结论对劳资和谐前景的影响。前文已经说明，如果没有确定可行协商范围，就不可能会有不引发冲突的解决办法。但是，如果认为只要存在可行协商范围，就必定有和平的解决办法，那也是错误的。事实绝非如此。存在可行协商范围意味着存在许多可行的调解办法，不管是关于领土、工资

□ 西奥多·罗斯福总统任期的最后一天

1901年9月，在威廉·麦金莱总统被暗杀身亡以后，42岁的西奥多·罗斯福就任总统，成为美国历史上最年轻的在任总统。罗斯福在总统任期内对国内的主要贡献是制定资源保护政策，保护了森林、矿物、石油等资源；通过公平交易法案，推动劳工与资本家和解。连任两届总统之后，罗斯福于1909年卸任。

问题还是其他纠纷，矛盾双方都会更愿意接受上述的调解方案而不愿进行争斗。但是，他们双方自然都希望能尽自己所能地争取到最有利于自己的条件，而且一定都会忽视对方愿意让步而不愿意争斗的空间有多大。因此，我们可以假设，某工会决定进行争斗而不愿接受低于30先令的工资，相应地，雇主协会决定进行争斗而不愿支付高于35先令的工资。那么，这就出现了一个可协商范围，包括30～35先令的所有工资率。但是，即便工人知道35先令是雇主的容忍点，而雇主也知道30先令是工人的容忍点，但是对于工资率应该落在30～35先令范围内的哪个确切点上，仍然会有不同意见。任何一方都尽力逼迫对方接近其容忍点。雇主可能会觉得，如果自己坚持"比31先令多一便士也不行"，工人就会让步；而工人可能会想，如果自己毫不动摇地坚持"比34先令少一便士也不行"，雇主就会让步。结果，双方都成为虚张声势未果的受害者，他们可能会发现，双方都不值得去争斗。显然，在各种情况下，工人与雇主之间的关系总体上越亲近，促成友好协商的机构越完善，避免冲突的机会就越大。因此，当某常设调解委员会准备着手处理双方之间的纠纷，或者在常设调解委员会处理之前，有一个双方都接受的调解员来进行干预，那么，和平解决的概率就会因此而提高。如果最后还能借助仲裁员之力，和平解决的可能性将会进一步提高。因为，一旦仲裁的裁决结果处于可行协商范围内，矛盾双方都会接受该裁决结果而不会卷入纷争。事实上，其中一方可能会认为虚张声势乃必要之举，因为他们希望通过后续的协商来修改裁决结果。但是，裁决背后有一定的道德约束力，在自愿仲裁中尤为如此。除非该裁决结果超出了一方的容忍点，即超出了可行协商范围，否则它不大可能引发争斗。但是，可行协商范围越大，仲裁员在某地成功执行其裁决的概率就越大。因此，如果解决方法是经仲裁获得的，那么当可行协商范围比较大时，进行和平调解的概率将大于可行协商范围较小时的概率。然而，若解决方案是由协商产生的，则该结论不成立。相反，由于可协商范围越大，双方虚张声势的机会也更多，因此得出相反的结论似乎更合情合理。

第13节

从上述讨论的全过程很容易看出，对仲裁员的需要，并不像我们有时所设想的那样，出于矛盾双方对纠纷的无知，而且仲裁员的职能不仅仅是"简单地发现价格原本会自然地变成什么样"[1]。舒尔茨·格雷费尼茨（Schultze Gaevernitz）博士阐明了这一观点，他表示，"相对力量的测定，原本是靠竞争来实现的，但是也可以通过智慧来实现，就好比我们可以用特殊的仪器来测量蒸汽压力而不是通过锅炉爆炸来测量"[2]。这一论点的含义在于，如果一切情况都为双方所了解，可行协商范围必然会是单个的某一点，即它是通过争斗确定下来的工资。但是正如我们所见，情况并非如此。的确，如果一名仲裁员想要仲裁成功，就必须成为经济趋势的解说者而不是控制者，在某种意义上，他必须使裁决结果居于可行协商范围内——务必记住，在任命仲裁员的同时，可能就在一定程度上扩大了该范围。同样，如果一切情况都为双方所了解，那么通过争斗确定的工资率必定是该范围内的某一点。但是，这一工资率并不是仲裁员可作出的裁决中诉讼当事人唯一愿意服从的结果。该可行协商范围并不局限于这一点，除非双方了解所有情况，而且争斗预期带来的损失对于双方来说皆不值一提。[3]

---

[1] 舒尔茨·格雷费尼茨博士《劳资和睦》，第192页。
[2] 舒尔茨·格雷费尼茨博士《劳资和睦》，第136页。
[3] 对于本章所讨论的问题的数学处理方法，参见本人拙著《劳资和谐的原则与方法》。

第七章　劳动时间

第1节 每个行业的各类工作人员都有一定的工作时长，不同职业情况有所不同，超过一定的工作时长不利于国民所得。第2节 有证据表明，实际上这个限定的工作时长经常被延长。第3节 解释这种情况可能和确实发生的方式。第4节 对国民福利而言，最有利于国民所得的工作日长度也许过长。第5节 显然，对于不适当的过长的工作时间而言，国家干预有着正当的理由。第6节 讨论在这方面的加班问题。

第1节

接下来，我们必须讨论的问题是，国民所得的多少与工人的工作时间之间的关系。在此，关于改进后的轮班制的影响我们不作讨论，在这种制度下，工人既定的工作时间和雇主机器的工作时间都会延长，因此，维持某既定产量所需的机器数量会相应减少。显然，在超过某个临界点之后，增加任何行业的正常工作时间都会使工人筋疲力尽，最终将会减少而不是增加国民所得。生理学告诉我们，在一定强度下工作一段时间之后，身体需要休息一段时间来恢复到初始状态，而且这种间隔时间增长的速度比工作时间增长的速度更快。如果没有足够的休息时间，我们的官能就会逐渐迟钝。将增加的收入用于增加额外的营养，会由于得不到适当的消化而收效甚微。"疲劳将身体的各个通道紧紧封闭起来，使得教育无法施教，娱乐无法娱人，休闲无法修身。"[1]此外，除了这种对效率的直接损害之外，疲劳还会产生间接损害，即它会诱发兴奋剂的使用或促使人们采取不健康的兴奋方式。[2]结果导致，人们上班更懒散，因不守时而造成时间上的浪费，

---

[1] 戈德马克《疲劳与效率》，第284页。
[2] 查普曼《劳动时间》，载于《经济学杂志》，1909年，第360页。

在上班期间精力逐渐减弱，从而使投入实质工作中的时间越来越少，最终影响产量。当然，工作日的确切长度会根据气候而变动，超过这一规定时长的工时的增加，将减少国民所得。在气候炎热的国家，低强度的长时间工作可能会使工作效率更高；在寒冷的国家，由于食物的特殊性，则以高强度短工时工作为佳。[1]效率还因工人特质的不同而不同。一般说来，儿童与妇女能接受的工作时长比成年男性短，尤其是妇女，她们除了从事行业劳动以外，还要承担照顾家庭的重担。对妇女和儿童来说，休息时间更多会带来更大的回报——为儿童提供健康的睡眠与玩耍的时间，同时也为妇女提供更多的时间来照顾家庭。[2]另外一个重要因素是工作类型。长时间的体力劳动，以及处于内心或神经高度紧张的状态下，显然比无须过于集中精力的长时间工作对效率的损害大得多。再者，相比非常贫穷的工人来说，收入丰厚的工人会补充更多营养，因而能够承受更长的工作时间。然而，工人休闲方式的不同，比如纯粹地放纵自己，或是在自家花园里辛勤劳作，或是真正的休闲娱乐，对效率的影响也是不同的。效率还将根据工作时间缩短对工作时段内的劳动强度的影响而变化，并因随之而来的压力的增大而变化——这个问题一部分取决于支付酬劳的方式是计件还是计时，一部分取决于该工作是否可以通过改进工作方法来提速，或者是否只能靠投入更多时间和精力来提速，还有一部分取决于休息时间的长短与开始工作的时间点是否为经过仔细测试后得出的最能提高工作效率的时间点。[3]鉴于这些因素，我们显然不能对工作时间与国民所得之间的关系给出总体说明。两者之间的关系会因工人和工作的种类不同而不同。"如果主要由机械控制产量，那么（长时间工作所造成的）损失可能很小。如果产量主要取决于工人，损失就会很大。有时，疲劳困倦的工人也完全可以完成纯粹机械化的工作。而那些需要判断力与审慎行事的技术型工作则需要精力充沛。"[4]事实上，我们必须记住，即便是全自动化机器，其进给量的规律性和

---

[1] 参见吉尼《对国际联盟作原料和食物的报告》，1922年，第41页。
[2] 马歇尔《英国皇家劳工委员会》（季刊，第4253号）。
[3]《关于早餐前开始工作对产量的影响的报告》，引自［白皮书，第8511号］，第58页及以下多页。该报告的结论是，在某些类型的军需工作中，可以取消早餐之前开始工作的规定，这将有利于产量。
[4]《关于行业疲劳的第二次临时报告》，引自［白皮书，第8335号］，第50页。

完整性也会有大有小,而且不疲劳的工人能够操作的机器数量,将高于疲劳的工人所能操作的机器数量。[1]然而,最重要的一点是,在任何一个行业中,每一类工人的工作时长都是一定的,一旦超过该时长就会对国民所得不利。1916年,在一项关于军需工人工作情况的详细官方调查中,调查人员得出以下结论:对于"工作极度繁重"的男性来说,能够提供最大产出量的工作时数约为每周56小时,对于"工作繁重"的男性来说约为每周60小时,对于"工作轻松"的男性来说约为每周70小时,而对于"工作繁重程度适中"的女性来说约为每周56小时,对于"工作轻松"的女性来说约为每周60小时。[2]然而,正如调查人员所指出的那样,这些数据可能来源于那些从事军需品生产的工人,这些人至今未从压力中抽身出来。不仅如此,在和平时期,工人可能会很自然地想要保存一部分体力,以便在业余时间发展自己的兴趣爱好,或者进行休闲娱乐;而战时则不同,工人可能会竭尽全力地工作。这说明,如果他们在和平时期进行长时间的工作,可能会比战时的状态松懈得多。[3]"因此,适合于和平时期的最佳工作时间,在任何情况下都比上面提到的工作时间要短得多。"[4]

第2节

从表面上看,人们可能认为,这一结论只具有学术意义而不具有实际价值,因为雇主和工人的利己主义思想必然会使他们避免工作时间过长。然而,与这一乐观的观点相矛盾的大量经验表明,在这个问题上,利己主义者通常都会惨败。对此,无须提及早期工厂制度中可怕的历史。最近,蔡司(Zeiss)工厂的阿贝(Abbe)博士依据自己的实验证明,在所有行业的工人中,至少有四分之三的工人预计,他们每天正常工作8~9个小时所生产的绝对产量——不是每小时的产

---

[1]参见莱弗休姆《六小时工作日》,第21页。
[2]《军需行业工人的健康状况》,第12号,引自[白皮书,第8344号],第9页。
[3]《关于工作时长与产量之间关系的报告》(国际社会进步协会英国分会),1927年,第6页。
[4]《军需行业工人的健康状况》,第12号,引自[白皮书,第8344号],第10页。

量——高于更长的正常工作时间所生产的绝对产量。[1]他通过研究发现，"在253种不同类型的工作中，在使用完全相同的机器的情况下，工作9小时获得的产量（比10小时）多4%"[2]。他还记录了其他地方在战前和战时的许多类似情况。[3]诚然，即便是该领域中最严密的实验，也很难得出令人信服的结论。因为，实验的结果可能被误解，原因在于：（1）也许每小时获得的额外产量只是因为工人们一时的干劲十足，而不是他们的效率真正得到了提高；（2）也许行业一般组织形式的改进伴随着工作时间的缩短——尤其是当企业引入三班倒制取代两班倒制——比如每天使用机器的时间从15小时增加到24小时；（3）也许尝试缩短工作时间的工厂吸引了比之前雇用的工人更优秀的工人。然而，尽管存在这样或那样的困难[4]，但有相当确凿的证据表明，实际上，企业往往采用超过最有利于国民所得所需的劳动时间。当我们考虑到，在这些实验中无法显示更短的工作时间可能对延长工人劳动寿命产生的任何长远影响时，该结论就更具有说服力了。

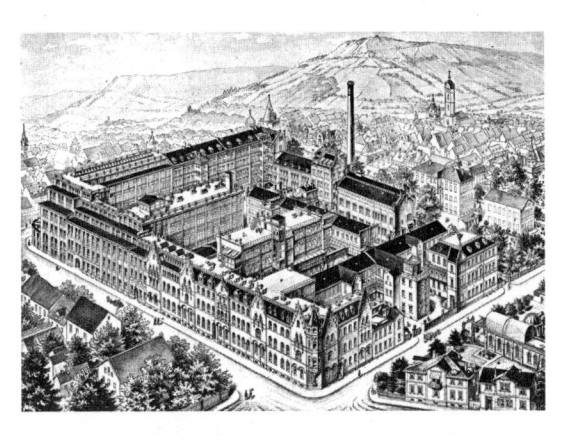

□ 蔡司工厂　1908年

蔡司集团是卡尔·蔡司于1846年在德国耶拿成立的一家光学工作室。至1847年，该集团专门制造显微镜；至1861年，蔡司集团被认为是德国最好的科学仪器制造商之一；至1866年，蔡司集团售出了他们的第1000台显微镜；1900年，蔡司公司的雇员已经超1000人，数十年的时间使这家公司成长为名副其实的光学巨头；到第一次世界大战时期，蔡司集团成为世界上最大的相机生产公司。图为1908年，蔡司集团位于耶拿市中心的主要工厂。

---

[1]康拉德《政治学手册》，第1卷，第1214页。
[2]连续性行业中有关劳动时间的特别委员会《劳工协会报告》，第10页。
[3]连续性行业中有关劳动时间的特别委员会《劳工协会报告》，第10~11页。
[4]关于如何避免关于工作时间与工作效率之间关系的具体研究的陷阱的更详细讨论，参见萨金特·弗洛伦斯《工厂统计数据在行业疲劳研究中的应用》。

第3节

乍一看，很难理解这种情况是如何发生的，因为使工作时间超过那些能达到最大产量的时间，似乎违背了工人和雇主的利益。然而，这个显而易见的矛盾很容易解释。首先，工人会考虑他们能够接受的每日工作时长，而往往不会考虑工作时间过长可能对他们的效率造成的影响。他们在这件事上缺乏洞见，就好比人们普遍对于自己将来会做什么，或者会遭遇什么，完全无法预见一样。其次，雇主们也常常没有意识到，缩短工作时间可以提高工人的工作效率，从而提高他们自身的利益。第三，对于雇主来说，这是至为关键的。除了行业中一些具有垄断地位的雇主期望与部分工作能手保持长久的雇佣关系以外，另外的雇主往往与他们的工人之间缺乏持久的联系，这就使得他们经常不顾自己的长远利益，只以延长工人的工作时间来满足眼前的利益。对此，一位雇主曾经给予了很好的说明，他本人成功地施行了对其雇员的福利计划。"这样的雇主，"他说，"对保持劳动力的优势不感兴趣。他所需要的是保持充足的高效率劳动力，以满足眼前的需求，而不管这种供给最终将会减少。除非国家能够对这种减少给予补偿，以刺激效率的进一步提高，否则在我们目前的竞争体系下，他将不可能有长远的眼光。他可能与别人合作，但不可能比别人先行一步。到目前为止，由于他追求的是直接和有限的利益，而不是最终和普遍的利益，他的经济观念必然与整个国家的经济观念形成鲜明的对比。"[1] 考虑到以下原因，将雇主的利益定位于短期产量而不是长期产量，显得极为重要。当人员流动和工会组织不完善时，正如我们在讨论"不公平工资"时所说的那样，在雇主和工人之间的交易中存在某种范围的不确定性，相对于工人而言，雇主的议价能力在劳动时间问题上比在工资问题上更强。因为，工人争取到更高的工资，无异于增加了自己的负担。一般而言，出于技术上的原因，雇主不可能做出任何关于劳动时间的非常规性质的让步。此外，

---

[1] 参见普劳德《福利工作》，第50~51页。

如果雇主成功地在工资问题上剥削工人，则由此给工人造成的贫穷往往会使他们愿意工作更长的时间。因此，当剥削存在时，剥削的形式很有可能表现为延长工作时间，使国家的利益最大化。这种不利影响将表现在任何地方，但受影响最严重的是妇女和儿童，儿童青年时期的过度压力可能影响他们一生的效率。

第4节

此外，在这一问题上将注意力局限于对国民所得产生的影响是具有误导性的。因为，从经济福利的角度来看，考虑到工人与其他人之间现有的财富分配情况，工作日的长度是为了在长期内实现产量最大化而调整的，但总的来说，它并非就是最合理的工作时间。根据经济福利的要求，工人每天的工作时间应该是这样的：最后一小时的工资——出于对每多工作一小时就会减少享受其工资可能带来的任何购买机会的考虑——正好补偿他们因工作时间延长而产生的不愉快。可以推断，满足这一条件的工作日将比从长远来看能实现产量最大化的工作日短得多。如果确实如此，正如我们已经阐明的那样，正常经济力量的作用可能会使工作日过长，超过最有利于国民所得的时间长度，更不用说超过最有利于经济福利的时间长度了。

第5节

上面所说的足以构成国家干预的初步理由。然而，即使是在组织不健全、雇主进行剥削的威胁没有得到工会强有力的抵制的行业，在考虑规避法律的可能性之前，这个理由不能被认为是成立的。正如即将说明的那样，在有关工资的法律中，这一点是非常重要的。例如，如果有人提议强制提高工资率，其理由是工资的增长会快速地促进效率的相应提升，则可以这样反驳：由于对效率的影响不会立竿见影，雇主将受到强制增加工资率的刺激，解雇那些已经不值得支付更高薪水的工人。但是对于反对减少工时的建议，这类反对理由不能成立。如果不提高小时工资率，那么除机器设备减少之外，缩短工时无论如何都不能促使雇主在雇用比以前更少的工人的情况下获得更高的收益。这样一来，将会获批一个充足的休息时间，如果工资率提高，则不总是允许该时间段的存在，因为由此带来的效率的提高往往可以自己实现。这就意味着，当被解雇的潜在风险变为现实时，效率往往会得到改善，以降低并消除被解雇的风险。这一考虑非常重要，但显然不是决定性的。仍有必要考虑的是，政府当局有多大能力制定研究所证实的周密的调整法规。迄今为止，制定政策所依据的系统性基础知识还比较有限，还有着广阔的研究空间。与此同时，我们可以认为，限制行业工作时间的立法的一般基础是健全的。自1919年初以来，除某些特殊情况以外，所有行业实行每天工作八小时制在许多国家取得了惊人的进展，它在广泛社会基础上得到赞同与支持。但是必须认识到，不同阶层的工人的需求是不同的，一般最长工时不应变成一般最短工时。

第6节

必须进一步考虑这个问题的另一个方面。显然，无论施加何种限制，都不能使其完全死板；因为如果太死板的话，在对生产的迫切需要胜过任何间接性后果的情况下，它会阻碍生产。例如，某些材料仅适宜短时间内使用，如果不加以利用，就会完全浪费掉。水果罐头行业中使用的水果就是一个鲜明的例子。在该行业中，如果不允许偶尔性加班的话，可能会造成高价值的农产品的完全损失。[1]某些类型的修理工作也是一样，如果情况紧急，他们必须立即进行修理，以防造成严重的损失。很明显，当这种情况普遍存在时，应该将严格的规则稍微放宽。换言之，有时应允许超出规定的正常工作时间的加班。但是，非常重要的一点便是，不应该滥用这种让步。必须清楚地认识到，即使加班后会得到等长的休息时间，加班仍然是有害的。"由于加班，休闲和休息的时间减少，同时人的机体将承

---

[1] 然而，正如戈德马克女士所指出的那样，这种考虑并不能成为加班的借口，事实上，在美国罐头厂，在专门给密封后的罐头贴标签和加印章的工人中加班盛行（《疲劳与效率》，第187页）。

受更沉重和更长时间的劳动。而几乎无法避免的是，身体的代谢会失去平衡……当我们的弹性承载力被过度拉伸，我们的身体便不会恢复或恢复得极慢。女工要弥补这一新陈代谢的消耗可能需要更多的时间来休息与恢复。补偿措施——停工休息——来得太晚……在完成一项双倍的任务以后，肌肉需要的不是双倍而是四倍的休息时间才能恢复，而在过度工作之后，同样需要增加一定比例的休息时间，我们身体的其他组织与整个机体也是一样。"[1] "当一个人在正常工作时间结束后已经感到了一定程度的疲劳，这时候如果不作必要的休息来消除疲劳而继续工作（加班）的话，那么比起在不疲劳的情况下进行等量的工作，这种加班会产生更大的有害的生理影响，对机体也会造成更大的损耗。"[2] 不论加班的理由有多充分，这些有害影响都是加班所致。因此，始终应该对给出的加班理由进行仔细的审查。在进行这种审查时，必须牢记，禁止加班所带来的直接损失实际上往往比表面看起来的小得多。因为，当某行业中的一些公司处于压力之中，而其他公司处于轻松状态时，禁止加班不一定会妨碍他们完成工作，他们有可能以委托或直接订购的方式转让给其他公司做。在制成品可以进行储存的行业中，经济景气时期，禁止加班的确会直接减少这期间的工作时间，但也会间接增加先前经济不景气时期加工产品的工作时间。此外，在这方面，"生产库存"这一概念应被赋予比平时更广泛的意义。必须按单个订单生产的产品，不能

□ 英国女佣　20世纪初

资料显示，1900年英国女佣占所有在职女性的三分之一。她们每天的工作时间很长，一般在早上5点30分或6点就得起床，然后点燃房子里所有的灯……在忙碌了一整天后，她们要等到雇主吃完晚饭才能上床睡觉，这时候往往已经是深夜10点钟左右。这份工作十分艰巨和繁重，而且她们每周只能休息半天。

---

[1] 参见戈德马克《疲劳与效率》，第88页。
[2] 《关于行业疲劳的第二次临时报告》，引自［白皮书，第8335号］，1916年，第16页。

按传统意义的库存来生产。但是，只要它们能够在被消费者需要之前储存起来，就应该按当前观点看待。当济贫法委员会的少数派在讨论下述问题时，所考虑的就是这类商品"通过法律限制工作时间，可以使消费者需求的变化所带来的压力不那么极端。当棉纺业的工作时间由个别棉纺厂主决定时，棉纺业就是在进行典型的季节性交易；而且制造商无法拒绝客户即时交货的要求。既然最长工作时间由法律规定，购买者也就知道了自己的需求应该更加规范。如果绝对阻止裁缝超过固定的最长工作时间工作，伦敦服装行业极端的季节性波动无疑会得到缓解。客户也根本无法坚持要求在不合理的短时间内交货"[1]。因此，前期的产量会增加，从而部分抵消了在经济景气时期减少加班直接导致的产量的下降。对于某些产品而言，无论能否在任何意义上作为储存品而生产，对其的需求都可以推迟一段时间。消费用途单一的商品和服务通常不属于这一类。如果现在对面包、啤酒、医生服务或铁路运输的渴望没有得到满足，那么这一事实相较于这些渴望已经得到满足的情况而言，并不会引起人们对这些事物在未来将存在的更大的渴望。事实上，某些商品和服务即使是即时消费的类型，也可能会受需求推迟的影响。例如，某个人可能希望在有生之年进行一次欧洲大陆的观光旅行，如果他今年无法完成，他会希望明年去做。大部分可推迟需求的重要物品是耐久品，如靴子、衣服、钢琴、机器和房子。对这些物品的渴望基于它们能在相当长的一段时间内提供服务。例如，假设我想购买一辆正常寿命为7年的自行车，如果我现在买了，明年我将不会想要再买一辆；但是如果我现在没有买，其后果是将需求转至明年，而那时的需求强度至少会是现在的 $\frac{6}{7}$。在所有生产这类商品的行业中，经济景气时期禁止加班对工作的阻碍，部分地被随后经济不景气时期对工作的刺激所抵消。鉴于这些考虑，的确有必要从另一方面重新作出规定。如果禁止加班，雇主可能会发现，通过提供更高工资，雇用比可以加班时他们原本认为必要的更多工人作为储备，比较符合其自身利益。因为工人储备越多，就越不可能因为不

---

[1]《皇家济贫法委员会报告》，第1185页脚注。

能加班而妨碍他们完成订单。[1]然而，如果工人储备量很大，处于储备边缘的工人实际上只有在经济景气时期才会被雇用；在经济不景气时期，他们要么在需要其提供服务的行业里无所事事地等待，要么被叫去干些杂活儿，否则，他们只能受雇于其他行业。就这点而言，禁止加班使得直接受影响的行业完成的工作量在景气时期和不景气时期基本保持不变，但是也使得整个行业在这两个时期的工作量都少于以往。这种形式特别容易出现在以雇用临时工的方式为主的行业。当呈现出这种趋势而无法改变时，支持对加班实行严格限制的情况就减少了。

---

[1] 在服装定制行业中女工加班比男工少的事实就间接说明了这一点。男工都是熟练工，人数不易补充。女工一般不是技术工人，而且"男工的妻子和女儿作为半熟练工是可用的储备劳动力，随时可以接受工作，她们往往可以减轻技术较低或女工部门的季节性压力"（韦布《季节性行业》，第87页）。

第八章　行业支付薪酬的方法

第1节 从广义上讲，工人的产量越大，其工资的调整就越接近所提供的服务，这更有利于国民所得。第2节 调整是复杂的，因为一个人对公司的付出不仅仅只有及时的物质产量。第3节 因为产量在质量和数量上都有可能发生变化。第4节 还因为在某些职业中，即使是产量的数量也不能衡量。第5节 讨论计时工资情况下的调整问题。第6~7节 在计件工资情况下，如果不是因为"削减"工资所造成的困难，调整可能更密切。第8~9节 比较保费计划和计件工资计划。第10节 "削减"工资的困难可以通过集体谈判来解决。第11~12节 讨论任务工资制度。第13节 得出的结论是，在集体谈判控制的计件工资制度下，国民所得的利益会有最大的提升。

第1节

有一种影响因素，虽然它的重要性的确不及工作时间，但仍然十分重要，它采用支付行业报酬的方法对国民所得产生影响。无论各行各业采用何种薪酬支付方法，经济力量的总体趋势会使得提供给每一类工人的工资在总体上的平均值接近于该类工人的边际私人净产量价值。如果这样的话，初步看起来，无论支付报酬的通行方法是什么，解决问题的方式都必然相同。但事实并非如此。因为尽管在所有薪酬制度下，付给一个工人一年的薪酬就是他一年的工作所创造的价值，但在某些薪酬制度下，通过完成更多的工作来创造更大的价值，并超过其他薪酬制度下的价值，更符合他的利益。所以，报酬可以与工人在任何时候所完成的工作无关，是报酬支付方式下，预期该工人会完成的平均工作业绩，并根据这一经验所显示的结果来进行调整；或者不仅仅根据平均工作业绩，而是根据连续的、具体的工作业绩来进行调整；也可以在这些方案中采取某种折中的方案。从广义上讲，对时兴的支付报酬的方式调整得越全面，工人的产出就越大，对国民所得就越有利。毫无疑问，事实并非总是如此。在某些工作中，对工作本身，或是对最终工作业绩表现出来的兴趣会促使工人尽其所能地努力工作，而不考虑支付劳务报酬的方式。这可能适用于大多数原始艺术创作类工作、政府部门高级行政工作乃至某些私营企业的工作。在这些职业中，如果采用支付固定年薪或时薪的方式，而不考虑工人在某一特定时期实际完成的工作，国民所得就不会受到任何损害。甚至还可能存在另一种情况：工作足够稳定，进而不再需要频繁的人员流动，则完全可以实行终身薪酬并使其逐年递增的方法，即薪酬主要不是按照对雇员在工作中创造的价值的假定变化进行调整，而是根据他在国内地位的假定变化而调整，也就是按照他的"需求"变化进行调整。然而，大多数普通体力劳动者需要完成的工作都是常规工作，并且——由于劳动分工不同——他们的工作与最终的任何成品都不沾边，很难期待工人对工作的兴趣足以唤起他们的工作热情，使其持续、自发、无私地将自己的努力投入其中。毫无疑问，尽管如

□ 美国冶金厂的黑人妇女　1919年

　　1863年，《奴隶解放宣言》宣告了美国南方400万黑奴的自由。然而，黑人妇女却没有获得真正的自由，而是开始了一种自由下的被奴役生活。至19世纪80年代，农村的黑人妇女都要到地头干活，充当家里的主劳动力；城市里的黑人妇女几乎都外出从事家庭服务业，但是报酬比白人妇女低得多。由于种族隔离与种族歧视，直到第一次世界大战期间和第一次世界大战之后，黑人妇女才得以进入工厂和白人一起工作。图为20世纪初期美国冶金厂的黑人妇女。

此，人们仍会发现，出于追求卓越本身的热情或是出于强烈的社会责任感，一些人会尽其所能地努力工作，不求回报；如果劳动合作制已成功唤起工人们的主人翁意识，唤起他们对自己所服务的企业那份热爱的情感，上述情况就极有可能发生。然而，目前在从事体力劳动的普通工人群体身上还未发现这种情感。如果支付给工人的薪酬随他们完成的工作量的变化而变化，那么，与薪酬不随工作量变化的情况相比，工人每小时、每周、每年完成的工作量会更大。为工人所增加的努力而支付的薪酬，与他们的努力所带来的总产量增加的差额越接近，国民所得就越大；在这个问题上，任何由改善的调整带来的国民所得的增加，无疑都会带

来经济福利的增加。[1]当然，这并不意味着工资应该等于我们通常理解的工人产量的价值；因为这种产量部分地借助于机器和设备，如果它们不协助他，就会去协助其他的工人增加其产量。这也不意味着工资应该与工人产量的价值恰好成比例。在工厂里当一个工人——当然不是在家劳动的工人——缓慢工作时，他"占用"雇主的机器或工作空间的时间就会比快速工作时"占用"雇主的机器或工作空间的时间更长；在此期间，他人就无法使用该机器或工作空间。因此，为了完整地调整工资和边际净产量价值之间的关系，我们需要的不是与工人产量成比例地变动的工资，而是与工人产量累进变动的工资；当工厂设备的价值相对于工资支出的比重越大，这一点就越重要。[2]然而，这还只是次要问题。从目前的观点来看，薪酬应该与我们通常理解的产量成比例（以某一可计算的比率进行，该比率因行业不同而不同）。换句话说，在条件不变的情况下，薪酬应该与任何工人实际取得的工作业绩相对应。

第2节

如果要建立一种薪酬制度，使工人的薪酬直接、立即按照他们的产量来支付，我们就必须采取准确度不一的方法来确定不同时期这一产量的实际大小。这中间存在许多困难，而且这些困难的重要性在不同职业中各不相同。其中，第一个困难（但这不是最主要的困难）是：如果严格解释起来，某工人的产量除了他通过劳动和使用机器生产的产品外，可能还包括其他的附加要素。正如杰文斯很久以前就观察到的那样，因为"在每一项工作中，工人都有无数次机会使企业受益或受损，而且如果能使工人真正感觉到自己的利益与其雇主的利益相一致，则毫无疑问，在许多情形下，该行业的利润可能会得到极大的提高"[3]。在这些附加

---

[1] 参见本章第13节。

[2] 有时候，它被用来作为反对向从事与男工相同工作的女工支付相等的计件工资的理由。例如，在某些工程作业中，雇主声称女工比男工工作更慢，她们所需的间接费用比例更高（《战时内阁委员会关于行业女工的报告》，第84页）。显然，这种观点应该认定，所有动作慢的工人——无论男工还是女工——都比动作快的工人的计件工资低，而不仅仅是指女工。

[3] 杰文斯《社会改革的方法》，第123页。

要素中，工人最重要的贡献可能是，他们可以提供更有效或更经济的关于工作方法的建议，以及可以利用自己的影响力，为所在车间营造一种和谐融洽的氛围。实际上，对于这些要素，可以用粗略的方式来考虑，并且可以向工人提供货币奖励来激励他们提建议、做贡献；但是，对这二者的价值进行任何性质的近似量度都是不可能的。[1]

第3节

第二个困难是，由个别工人生产的实际产量，不仅在数量上而且在质量上也可能发生变化。因此，仅具备计量数量的能力是不够的，除非能够防止工人以降低质量为代价来增加数量。某些情况下，可以采用精心设计的检查和监督手段来做到这一点。在某些类型的工作中，也可以使用机械式的"测量仪器"。有人说，"在军需工业中，精确性至关重要，从事产品质量检测的工人与实际从事生产的工人在人数上几乎相等，而每一单位的产量——不仅仅是样品——都需要经过检测过程"[2]。然而，这些方法既不能有效地应用于工人必须在分散地区完成的工作，也不能有效地应用于工作业绩——如铺设管道和下水道——被迅速掩盖的工作。在这些工作中，产品质量的缺陷会严重威胁到人们的身体健康，一般认为，最好不要试图根据产量或数量来支付薪酬。

第4节

即使可以实行恰当的质量标准，并可以消除对质量的有害影响，要单独计量产量的数量往往仍存在困难。如果这项工作包括一般的监督与关注，而不是具体

---

[1] 在美国和英国，开明的公司经常采取一些措施，鼓励工人向企业的领导阶层提出他们能够想到的建议，同时防止他们受到因嫉妒心驱使的监工和工头的干预；并对建议被采纳者颁发奖品和奖金。参见（吉尔曼《给劳工的红利》，第230页；朗特里《行业的改进》，第31页；米金《示范工厂与村庄》，第322页）范·马尔肯公司设立了对"友好合作行为"的奖励，"从而鼓励那些行为有助于企业顺利经营的人"（参见米金《示范工厂与村庄》，第315页）。

[2] 萨金特·弗洛伦斯《工厂统计数据在行业疲劳研究中的应用》，第72页。

的机械操作，则更是如此。海员、电报和电话接线员、驾驶员和铁路信号员所做的工作都属于这一类。许多农业方面的工作同样如此。因此，M.贝西（M. Besse）曾经写道："可测量物品的本质是其同质性与它们自身的同一性。比如收割和除草可以采用计件工资制，因为同样的工作要持续数天或数周，这种情况下，只能通过清点积累的草捆数量或计算除草面积来测量工作效率。大部分耕种工作也都与此相似。但是另一方面，照料和管理牲畜的工人每天的工作都在时刻发生变化，并且每天早晨又以同样的方式重新开始，因此，这项工作不可能做概括或汇总。它包括看守牧场、照料牲畜、清扫畜舍等，所有工作本身都很复杂，没有统一的计量标准，这些工作全部都需要在有限的、固定的时间内完成，而且采用任何额外的激励措施往往都会无济于事。这就是计件工资制在英格兰东部和东南部的农耕地区十分普及，而在专门从事畜牧业的地区却比较罕见的原因。"[1] 在机械作业中，大量工人生产的总产品数量一般说来是一定的，而且可以计量。但即便如此，有时也很难区分并分别计量单个工人为此作出的贡献，尤其是在需要大量收割者或工人协作才能完成的工作中。在售货员的工作中，这一点也具有一定的重要性，因为他们的工作不仅仅是服务顾客，当他们自己开店的时候，还需要熟练地将业务移交给其他店员。

第5节

现在，让我们假设，在我们所研究的职业中，上述困难已经在某种程度上得以克服，这样就可以对单个工人在日复一日或周复一周的工作中所做的贡献进行粗略的计量或估算。这就需要根据计量结果来调整工资。在某种程度上——比通常认为的程度要高得多——它的确可以通过普通计时工资制度得以完成。虽然无法根据工人每天、每周完成工作的变动来调整工人的计时工资，但是可以采取一般措施，即以工人合理预期的一个大概的较高工资率作为对他们的出色工作的奖

---

[1]《英国农业的危机与发展》，第99~100页。

励。而且，在没有这种机会的情况下，也要采取措施保证他们在经济不景气的时候不会离职，或者安抚他们等待晋升到工资较高的工作岗位，以改善他们未来的生活。[1]

第6节

然而很显然，计件工资制度下作出的调整可以更加贴近工作效率。在该薪酬制度下，工人在既定条件下使用既定机器进行工作，其薪酬与他们的实际产量成正比。当然，也可以这样认为，"如果制造商通过提供改进的机器、钻模和夹具，或者高速切钢工具——最初使用的是碳钢工具——直接缩短工作时间，那么降低设定的工作时间就完全是合理和公平的"，这意味着，实际上要降低计件工资。如果不这样做，任何行业的改进所带来的好处都会被那些从事该行业的工人所获取——为了保持这种优势，他们必须将自己组成一个封闭的圈子，不让新来者进入——而不会像通常那样，惠及一般的消费者群体。然而，从目前的观点来看，在给定条件下，工人在简单的计件工资制度下得到的薪酬与其产量成正比，工人每单位劳务的实际薪酬约等于他操作机器实现这一产量的劳务（边际）价值。[2] 的确，如本章第1节结束时所指出的那样，这种调整并不是十分精确的。即使是在计件工资制度下，也并未对工人的更大贡献支付与其所创造价值完全成比例的薪酬。然而，考虑到这方面的事实，即在计件工资制度下（计时工资制度也一样），工人工作越出色，他的正规就业就越有保障，从而我们可以公正地说，调整已近乎准确。因此，乍一看，这种制度好像除了可能给工人带来我们即将提及的过大压力之外，只要适当调整工资率水平，就必然能获得最大的实际产量。[3]

---

[1] 参考本编第十五章第2节。

[2] 当然，这一说法并不适用于"集体计件工资"，即每个人的工资都取决于其所在的整个集体的产量。当集体规模很小的时候，这种计件工资的形式会刺激工人努力工作，但是当集体规模很大时，就不会有这种效果。

[3] 人们可能注意到，如果整个行业都用计件工资代替计时工资，致使工人付出的劳动大大增加，则工人付出的每单位劳动的价值就会因这一事实而略微贬值，因此，支付给一定量的劳动与产量的工资必然略少于以前。如此一来，如果计时工资为每小时1先令，通常每小时生产两件产品，则每件产品薪酬为6便士，在一般的计件工资制度下，调整工资的基础必须为每件产品略低于6便士。然而，如果仅有一个行业完成了计时工资向计件工资的转变，那么这方面的效果（在不同行业之间对工人的分配予以调整之后）往往很小。

长期以来，在英国煤矿、纺织、鞋靴等多个行业，早已确立了该制度，而且推行得非常成功。

第7节

然而经验表明，在许多行业中，计件工资失败了。如果在计件工资制度下，工人们增加了产量，而雇主认为工人赚的钱太多，有时就会"削减"其工资率。当工人们意识到，他们额外付出的劳动虽然即时增加了收入，但随之而来的可能还有计件工资的减少，因此，如果他们要想获得与之前一样多的薪酬，就必须付出比之前更多的劳动。为了防止这种情况发生，他们往往会刻意限定自己的产量（通过正式或非正式的协议），这就使得相对于计时工资制度而言，计件工资制度为国民所得带来的益处（如果有的话）微乎其微。

第8节

显然，这一困难的解决办法是，雇主在任何情况下都应极力避免降低工资率。因此，在美国，"1902年春季，制模工工会正式与雇主保护协会达成了协议，其中规定，在调整计件工资的价格时不考虑单个制模工的收入，因此石模制作部门不应作出任何（产量）限制"[1]。然而，由于工作性质的微小变化就会引起工资率的大幅波动，从而导致工资率被间接地削减，雇主便千方百计以不光彩的手段规避作出这样的保证；而且，一开始就将工资率确定在合理的水平上的极端困难，使得最公平正直的雇主也不敢贸然作出这样的保证。因为他们担心，自己在很长一段时间内必须为一项工作支付的薪酬，是他们在自由市场上为同等工作量所支付薪酬的4~5倍。因此，一些雇主要求，如果协议中要求他们保证不得"削减"工人工资率，他们也必须得到不因这一保证而付出过高代价的保证。这就是名为奖励制度所包含的各种不同薪酬支付方式的起源。这些方式的本质特征

---

[1] 麦凯布《美国工会的标准工资率》，第224~225页。

是，工资的增长与高于标准水平的产量增长相对应，其增长幅度成比例地小于产量的增幅，但作为补偿，只要保持现有生产方法不变，工人——至少在理论上——将得到保证，其工资率将不会被削减。奖金数额与超额完成的产量之间的具体关系，因工资制度的不同而不同。在著名的哈尔西（Halsey）计划中，产量超过标准之后，每增加1%，薪酬就会按1%的固定比率增长。根据同样著名的罗恩（Rowan）计划，产量超过标准之后，每增加1%，薪酬就按1%的固定的递减比率增长。[1] 支持这些计划的人认为，与简单的计件工资制度相比，较低的奖金以及伴随而来的对雇主义务的限制，有可能为不削减工资率提供了一种真正的保证，因此，总体而言，这些计划将使薪酬调整得比在简单的计件工资制度下更接近于产量。实际上，除了在所有工人的能力都差不多的工厂外，奖金

□ 罐头厂工人　约1905年

图为20世纪早期的一家罐头厂。女工们正用手拣水果，工作台下面和旁边都是成箱的罐头。已经装满的罐头由一个小传送带传出工作区。图片中的景象展示了工厂机械化的开端。

---

[1] 这些计划可以用下列公式简单表示，这些公式可以转换为施洛斯先生在1915年12月《皇家经济协会期刊》上所发表的公式。

设 W 为标准工资，P 为标准产量，w 为工人获得的实际工资，p 为该工人的实际产量；则哈尔西计划的一般方程式为：

$$w = W\left(1 + \frac{1}{n} \cdot \frac{p-P}{P}\right)$$

其中 n 为任意整数。在哈尔西先生的作品中，相对于这一计划的具体形式，n 值为2。

罗恩计划的一般方程式为：

$$w = W\left[1 + \frac{p-P}{P}f(p)\right]，式中 f(p) 为负数。$$

在罗恩的作品中，相对于这一计划的具体形式，$f(p)$ 值为 $\frac{P}{p}$，得到的方程是抛物线，因此 w 可以达到的最大值为 $2W$。在英国（不是在德国），这种类型的计划通常与保证提供不考虑产量的最低计时工资率的计划联合使用；即当 $p<P$ 时，不采用这个方程式，而是支付标准工资 W。

计划确实存在相当大的困难。因为，如果工人的能力相差很大，一个强壮工人的产量比一个虚弱工人的产量多一倍，而他的报酬却不会多一倍；在这种情况下，摩擦就是不可避免的。但是，如果由于技术原因，个体之间的产量差异不是很大，就不会出现这种问题，并且可以认为，奖金制度是一种刺激生产的有效手段。[1]

第9节

现在，如果能使工人认为上述计划是公平的，并且相信不削减工资的保证，则这些计划会比令人担心存在削减工资行为的计件工资制更加有效。但是事实上，它是不公平的。在其他条件相同的情况下，如果一个工人生产的产量翻了一番，而他对生产某一特定产品的机器所占用的时间又比较短，那么他为雇主提供的劳动就会大于之前的两倍。就像所有的奖金制度一样，雇主支付给他的工资远少于之前的两倍，而且如果该工人意识到了这一点，就会觉得这是对他的一种剥削。希望通过保留部分收益来激励雇主，使其为工人提供诸多便利与帮助——"辅助设施、小型工具、更多的动力支持、改进的照明设施、更好的组织管理等等"——并不是恰当的解释，因为这些本身就是工人增加产量的部分保障。[2]雇主可以提供这些东西，也可以不提供。如果提供，工资率就应该依据它们作出调整。但是奖金制度并不会作出任何承诺；它们所坚持的是，即使条件完全不变，而且全部超额产量均来自于该工人的努力，双倍产量也将意味着该工人的薪酬会远远低于双倍的工资。这种不公平迟早会被察觉，而工人们一旦察觉到这一点，自然会感到不满，这种情绪可能会造成产量的下降，并削弱奖金制度最初对国民所得所产生的正面影响。在任何情况下，奖金制度相对于计件工资制的唯一优势是可以有效保证不削减工资。因此很明显，它们必定不如组织严密、可解决削减问题的计件工资制。真正的问题并不是要逃避困难，不去制定一个本质上与奖金

---

[1] 参见查普曼《工作与工资》，第2卷，第184~185页。
[2] 参见罗恩·汤普森《罗恩奖金补助制度》，第12页。

制度一样的制度，而是如果在某些行业中，这一困难依旧巨大、难以处理，就要勇敢地面对和克服它，就像纺织业和煤矿业已经解决的那样。

第10节

经验表明，当某一特定工资率远远高于一般工资率的时候，诚实的雇主将企图削减工资；而不诚实的雇主企图削减工资则纯粹是为了剥削，试图对工人支付低于其边际价值的报酬。很明显，在所有令人满意的工资制度中，都应该对第一种削减作出规定，正如应该对提高无意中设定得过低的工资率有所规定一样。应详细制订预防措施，确保这些错误极少发生，但是如果它们确实发生了，则应该提供纠正错误的制度。如果工人们对该制度充满信心，则对于这类削减的恐惧将不会造成危害。另一方面，必须绝对制止剥削性削减。计件工资是由单个劳动者与其雇主通过谈判来确定的，所以上述两种削减都不会发生。此外，如果无良的雇主在这种方案下成功地削减了工人的工资，就会促使其竞争对手纷纷效仿他，进而很容易进入恶性循环。但是，计件工资制没有必要通过个别谈判来确定。这样一来，我们就可以找到解决问题的办法。因为集体谈判为防止这种实为剥削的削减行为提供了一种保障，并且很容易建立起一种机构——无论是联合委员会还是联合任命的工资制定者——以便对一开始就已经存在错误的特定工资率进行调整。在这方面值得注意的一个有趣现象是，工程行业中的计件工资迅速增加，这种情况出现在战争时期——无疑，这是因为战时对相同产品的大量需求而引起——"导致集体谈判出现多种形式。在某些企业中，每件产品的新价格会在与个别工人谈判之前先提交给工人委员会。在其他企业中成立了仲裁委员会，来考虑对管理层确定的计件价格或奖金发放次数方面的投诉问题，并提出申诉。还有一些企业……已经就价格问题与该工人和他的两三个从事相似工作的同事讨论过，而不是单独与他讨论"[1]。当然，有关具体工作的集体谈判并非相互独立。

---

[1]《关于工作委员会的报告》，1918年，第11页。

他们的目的是根据工作的特殊条件对工资率进行调整，使其符合雇主代表协会与雇员之间通过集体谈判而为整个行业制定的标准条件。[1] 在某些行业中，如纺织业、煤矿开采业、鞋靴制造业等，计件工资制被工人们欣然接受，该制度一直以来都是通过集体谈判来解决问题。在另外一些行业，如工程、木工和建筑行业等，计件工资制遭到工人的反对，一直难以施行，其原因在于，不同车间投入使用的机器在质量和细节上的细微差别，以及在数量和种类上的巨大差异，使统一形式的计件工资制不再适用，从而阻碍集体谈判的顺利进行。在这些情况下，以计件工资制取代计时工资制往往意味着放弃集体谈判，支持实际上由雇主或雇主代表通过与个别工人进行谈判而独自决定的工资率。为了使计件工资制及其对生产的刺激具有更加广泛的基础，必须在这些难度较大的行业中建立一个合适的机构，以便监管计件工资，使其完全处于集体谈判的控制之下，就像纺织业中的计件工资制那样。[2]

第11节

这里必须对另一种工资制度进行说明，它不同于计时工资制与计件工资制，而是与"科学管理"的发展有关，被称为任务工资制。这种制度有几种不同的形式，其实质如下：通过试验来确定在一定时间内，第一等级的工人在特定的工作条件下，在不过度疲劳且充分发挥自身能力的情况下，能生产多大的产量。由此确定的产量定为标准任务量。根据这种方法挑选雇佣工人并进行培训，因此实行这种制度的企业所雇用的工人，都是第一等级的工人（在条件相同的情况下，如果他

---

[1]《关于工作委员会的报告》，1918年，第37~38页。

[2] 有关这一问题的进一步讨论参见韦布《当代生产管理者》，第6章；以及D. H. 柯尔《工资的支付》全书多处。一些证据表明，"在德国，有组织的劳工在德意志共和国早期表现出的对计件工资制的强烈反对，已经逐渐转变为欢迎计件工资制的趋势，其中包括以前对计件工资制十足反对但不完全排斥的石材切割和金属器皿等行业。赖克斯-阿伯特斯布拉特认为，这种态度的转变主要归因于这样一个事实：工人（根据德国联邦宪法第165条）在工资条件管理条例下与雇主平等合作；1920年《劳工委员会法》第78条特别授予劳资协商会（或劳工委员会，视情况而定）监督集体协议实施的权利，或在不存在集体协议的情况下，与雇主合作确定计件工资率或其标准的权利。因此，工人既有法律保证，许多情况下还有合同保证，这就使得他们接受的计件工资制不会以有利于雇主的单方面方式实施，而任何增加的产量的收益也应由他们共同分享"（《劳工公报》，1922年11月，第440页）。

们是其他等级的工人，该工资制度同样能发挥良好的作用）；而工资制度的调整方式是，如果他们成功地完成了标准任务量，他们的工资就会比没有完成标准任务量时的工资高得多。[1]对于该方法的描述如下："在这一工资制度下，雇主以任务的形式给每个工人分配工作，令其用规定的方法、特定的机器，在规定的时间内完成。该任务量建立在训练有素的专家对完成此项工作的最佳方法进行详细调查的基础之上；任务量的制订者或其助手担任指导者，指导工人在规定时间内按规定的方式完成此项工作。如果工作在专家规定的时间内完成，且质量达标，则除了当日的工资之外，工人还会获得额外的补偿（通常是规定工时内工资的20%~50%）。如果没有在规定时间内完成，或质量不达标，则工人只能获得当天的工资。"[2]根据这种方法的甘特（Gannt）形式，支付给完成了标准任务量的工人的报酬是正常的计时工资加一大笔奖金；而在这种方法的泰勒形式下，支付的则是正常的计件工资，但是完成标准任务量之后，计件工资率会大幅提高。

□ 19世纪的建筑工人

建筑行业的兴起与17世纪以来的现代科学的兴起不谋而合。科学突破使建筑师和工程师能够尝试更广泛的材料和形式。结合19世纪工业革命期间取得的技术进步，这些创新引发了建筑变革的浪潮。随着铸铁、预制、钢铁等技术的层层发展，更是为建筑的现代演变奠定了基础。图为19世纪的建筑工人。

[1] 应该注意到，就工作人员每天工作的小时数而言，该方法实际上采用了非常严格的形式；因为，如果某个工人不愿意按规定的正常工作日工作，将不会有人雇用他，他也不会得到工资。当然，原因可以在工厂管理的技术性考量中找到。让不同的工人在工厂里每天工作不同的时间，比让他们在不同的工作强度下工作更加麻烦。
[2] 戈因《工业工程学原理》，第135页。

第12节

这项计划已经在美国实施至今，其标准由雇主不经过集体谈判来确定。如果工人愿意接受它，如果雇主开明豁达，则无疑会有不错的结果。但是显然存在一种风险，即不良雇主可能会利用自己的权力来制定标准，以此作为剥削的手段；[1] 并且可以肯定，在工会力量强大的英国，工人们绝不会同意将这一权力交到雇主的手中。只有当相关标准是通过集体谈判的，工人才愿意接受它，如果确定的标准是合理的，则最好的结果可能仅相当于顺利实施的计件工资制。而且，要实现这个结果，就必须使应用该标准的工人的能力与性情完全相同。除非这一不可能实现的条件得到满足，任务工资制度下的调整必然不如合理设计的计件工资制下的调整那么完善。因此，总体而论，由于想象不出能做到恰当地设定任务量而做不到合理地制定简单计件工资制，因此几乎没有理由将任务工资制引入英国。

第13节

本章推理得出的实际结论是，如果将直接报酬尽可能地调整到与劳动成果相接近，国民所得及其所产生的经济福利将得到最大程度的提高，而且通常可以通过集体谈判来确定计件工资率，以最有效的方式实现这一目标。有人可能会反驳说，在计件工资制度下，这一条件并不能得到满足，但工人们是以消耗大量体力而过早损害健康为代价来生产巨大的产量的，因此从长远来看，这会降低他们的

---

[1] 在对泰勒制的影响的调查中，根据受雇于该制度之下的几个女工的情况来看，并未出现这种邪恶的可能性（《经济学季刊》，1914年，第549页）。但霍克西先生对此的态度并不乐观。他写道："事实上，在科学管理的工厂中，可以找到为设定任务量而进行的时间研究和所涉及的所有可能的方法与结果。在某些工厂中，对所列举的有关因素保持了最高标准——所有或大部分工人都有规定的时间；规定最可行的读数；在时间研究人员与工人之间建立密切的关系，并嘱附工人不要在规定的时间内加速工作，如果仍然存在疑问，可以留出余地来弥补所有可能的错误。工作的主旨是自由。在其他工厂中，总是寻求任务量最大化，因而该方法被扭曲。挑选那些工作最快的人进行计时，他们在特殊的诱惑或恐惧下工作，二到三次读数就已足够，不考虑留出余地或将其削减到最低限度。以100%效率完成的任务量，基本上就是凭借判断能够强迫工人完成的任务量。定时间研究的主要用途是，该任务能够在规定的时间内完成（《科学管理与劳动力》，第44页及以下多页）。"

工作效率与产量。如果这些代价千真万确,那么事实将证明,我一直提倡的计件工资制的优点至少在一定程度上是不切实际的。必须承认,如果计件工资制最早在以前不适应它的工人中实施时,它有时会带来能量的迸发,而这种能量不可能维持很长时间而不产生不良后果。但是,当从事这些工作的工人一旦在一定程度上适应新条件时,经验并未表明,它将使工人过度劳累的情况更加严重。此外,必须记住的是,工作强度更大通常意味着需要更多的思考、细心与兴趣——这并不意味着更加疲倦与劳累——而不是需要付出更多体力或精神上的努力。[1]因此,对这个反对意见无须过于重视,而且我们可以认为上面得出的结论是正确的。

---

〔1〕因此,凯德伯里先生在谈论计件工资时写道:"如果工人受过适当的训练,他们会努力找到一种最快速且最省力的工作方法;有人发现,当计件工资率确立在以前有计时工资基础的地区,如果产量翻了一番却并不使工人们过度劳累,则主要是由于采用了更好的方法。这种情况尤其适用于手工制作。"(《行业组织中的实验》,第142页)

第九章　不同职业和地区的劳动分配

第1节 总的来说，国民所得受到阻碍劳动分配的原因的损害，以至于在不同的地区和职业中，对于任何素质的劳动的需求价格和工资都是不相等的。第2~3节 这里有一个重要的限定条件。第4节 上述的主要原因是无知、转移成本和对移动的限制。第5~6节 无知起作用的最根本方式是，损害新一代工人进入行业时的初始分配。第7节 无知也妨碍了通过后续的移动来纠正劳动初始分配中的偏离。第8节 无知的妨碍程度取决于工资合同的订立形式。第9~10节 研究"作为劳动分配障碍的转移成本"的影响。第11节 家庭在地域上的团聚所涉及的特殊成本因素。第12节 外部限制的最重要的例子是，传统和习俗将女性工人排除在某些职业之外。第13节 上述所谓的阻碍劳动理想分配的原因可以（1）从内部予以排除，（2）以公共成本予以消除，或（3）逾越它。第14节 当从内部排除障碍时，国民所得实际上必然会增加。第15节 当以公共成本消除障碍时，有一种假设认为它会损害国民所得，但这种假设可能被推翻。第16节 当障碍被逾越时，如果障碍是无知的，那么对国民所得的影响必然是有益的，但如果障碍是转移成本，则对国民所得的影响是有害的。

第1节

本章的主题是劳动在不同职业和地区之间的分配。在这里，我们假定不同素质的劳工的供给是给定的；关于对其进行教育和培训的资金分配以及不同素质的劳工的分配问题，留到第四编第九章去讨论。第二编的分析表明，要使国民所得完全达到最大值，所有用途的各种资源的边际社会净产量价值必须相等。除此之外还进一步说明，在许多职业中，边际社会净产量并不同于边际私人净产量。因此，国民所得最大化并不要求所有用途中的资源的边际私人净产量价值彼此相等。相反，普遍相等的条件与国民所得最大化并不相容。但是尽管如此，我们的论点表明，在任何时候出现的任何偏离均等的情况，若不是为了改善国民所得而刻意计划，都可能意味着国民所得会低于其本来可达到的水平。该普遍性结论也适用于劳动问题。如果各种素质的劳工的边际私人净产量价值——该值总是等于需求价格，且通常等于在不同地区按每一有效单位支付的工资——彼此不相等，可能意味着劳动将在各地区之间进行分配，而不是以最有利于国民所得的方式进行分配。因此，总的来说，造成各地对于特定素质的劳工的需求价格以及工资率不相等的原因，也是损害国民所得的原因。这些原因可以分为三大类——无知或信息了解不全面、转移成本，以及来自外部对转移的限制。

□ **1926年英国矿工大罢工**

1926年5月3日，英国工会呼吁矿工举行总罢工，以应对恶劣的工作条件和被降低的工资（被取消了战后补贴）。这是英国历史上发生的最大的劳资纠纷之一，数百万人参加了为期9天的罢工，显示出工人之间的团结，并传递出工人对工资的共同呼声。图为1926年游行队伍通过伦敦街道时警察（右）阻止罢工者靠近拖运着卷纸的蒸汽机。

第2节

然而，必须对这一概括加上一个重要的条件。某些职业和地域的优势或劣势（不包括工资率），并非所有职业和场所的共性。因此，在某些职业中，工作必须在非常不愉快的环境中进行，比如黑暗和肮脏的环境；或者在一种备受歧视的环境中进行，比如刽子手的工作。有些职业还非常危险、不卫生，或者劳工长期处于失业状态。有的劳工在工作几年后，体力和精力就枯竭了，有的劳工则可以轻易工作到年长。就不同的地域而言，一些地区的房屋租金或其他费用占据生活费用的比例高于其他地区；一些地区的气候条件优越；一些地区的社会便利设施多于其他地区。只要择业工人能充分认识并考虑到不同职业和地域的各种附带条件的利弊，它们就会像工资率一样，导致劳动在用途与地域之间调整配置。那些附带利益较小的职业或地区，将只有较少量劳工被分配到那里；而大量工人将被分配到附带利益较多的职业或地区。在这种情况下，工人的边际净产量的价值——

一般而言，可以说成他们的工资率——往往是不相等的，并以相关附带利益和不利因素的差异值来区分。基于各种职业和地域彼此存在着不同的附带利弊这一事实，国民所得并没有受到损害，相反地，它有所增加，因为劳工的分配偏离了上述所说的边际净产量价值均等的类型。当这些利弊可以轻易地与货币联系起来时，这个论点就显现出来了。如果它包括生活福利设施，比如在干净的地方工作比在肮脏的地方工作会使心情更愉快时，我们就有必要在某种程度上扩展我们对国民所得的定义，从而使我们的论证更加有力。然而，对于我们来说，既然国民所得只是作为一种影响经济福利的媒介而引起了我们的关注，对于这种扩展，我们无须再犹豫不定；这里所说的那种边际净产量的价值的不均等，或者更确切地说，意味着价值不均等的劳动分配，都会增加经济福利总额。

第3节

这一点可以看出，当进入就业的工人没有充分认识并考虑到不同职业和地域所附带的利弊时，这一事实所导致的劳动分配方式，使得边际净产量的价值的均等程度超过有利于国民所得时的均等水平。毫无疑问，以出卖劳动来养家糊口的人，往往低估了危险、不卫生和不稳定的职业相对于安全、卫生和稳定的职业的劣势；另一方面，他们高估了产生较高即时工资而不具有培训机会的职业，相对于产生较低的即时工资但具有较多培训机会的职业的优势。这两方面的错误估计，大体上出于一个共同的原因，即人们能够更轻易地发现并抓住明显的事实，而难以发现和抓住遥远的事实。在这个意义上，任何地区支付的工资率都是显而易见的；然而，对于事故或失业的机会，以及通过提高专业技能来获得未来收益的前景，如果不进行深入考察和考量，是难以发现的。再者，工人往往对危险的、不卫生的和不稳定的职业的优势具有夸大意识——关于是否进行培训的问题，我将在第四编进行讨论——他们中的大多数固执地认为，自己比同一环境下的其他工人更"优秀"。他们不需要用栅栏将机器围起来；他们的体魄强健，以致在缺乏光线、空气和卫生设施较差的工作场所，也不会受到伤害；他们不是那种"知难而退"的人。简而言之，用亚当·斯密的话来说，工人们被赋予了"那种每个人或多或少不仅在自己的能力方面，而且在自己的好运气方面都拥有的超然的自信"。这种对与个人直接相关的事物所持有的乐观心态，导致了他们很难把握事物本质的问题，对此，他们与他们的父母都有相似的经历。一旦在这些问题上作出错误的判断，就会促使工人从事危险的、不卫生的和不稳定的职业，直到其边际净产量的价值低于它们应有的价值，而这是由于这些职业超出了它们的实际优势所造成的。只要纠正了错误的判断，边际净产量的价值失衡才会相应减少。针对这些错误的判断，可以采取具体的纠正措施。这类具体办法由《工人赔偿法》和国家强制保险提供，并由几个行业——这些行业相对于一般行业来说更加危险、不卫生和不稳定——分别提供资金予以实施，专门针对工业事故、工业疾病（包括因持续过度紧张而使人的体力过早耗尽的一般疾病）和失业问题。这些办法以这样或那样的形式，将伤害、患病或失业的遥远且微乎其微的可能性，通过降薪或从工资中立即支付的直接手段揭示出来。因此，这就可以减少工人进入危险的、不卫生的和不稳定的职业的人数比例，从而使这些职业中的劳动的边际净产量价值不再接近于一般的边际净产量的价值，实际上，就是使之在总体上更接近于其应该达到的水平。实施这些办法的国家，说服人们花费更多的钱在保险服务上，也是为了促进实现同样的目标，虽然收效甚微。此外，这些国家还提供意外保险、工业疾病保险和失业保险，不论是税收出资，还是社会保险费出资，也不论提供的是全部金额还是部分金额，都有利于减少危险的、不卫生的和不稳定的职业的差异，以吸引更多的人进入这些行业。

第4节

正如我们在前面两节中已经讨论的，由于不同的劳动分配导致了边际净产量价值不均等，而正如已经明确指出的那样，这种不均等对国民所得造成损害，并由此损害到经济福利。在实际生活中，分配失调的原因大致可以分为三大类：无知、劳动转移成本和外界对劳动转移的限制。

第5节

　　无知作为这些原因中的第一个，它最基本的运作方式是，在新一代工人进入工业界时减少其初始分配。那些指导青年男女选择职业的人，对于这些年轻人未来的生活，既不知道在不同行业中提供某种素质的某一数量的劳动的需求价格如何，也不知道届时他们在不同行业中所能提供的劳动数量。当然，在变化无穷的世界中，这种无知在很大程度上无法避免。尽管我们的观点随最新的经验不断地修正，但新的经验必然推翻最佳预测。但是，除了不可避免的无知之外，还有由于个人思想的脆弱与缺乏全面的信息而造成的无知。人们对于职业的无知可能比对资本配置的无知更广泛；出于同样的原因，对不同消费形式的比较优势的无知比对投资选择的无知更加广泛。那些必须指导子女选择职业的人，并未因为竞争的选择性影响而提高效率。那些无偿投资子女的一切活动的父亲，永远不会丧失父亲这一职业，而是在就业问题上继续充当企业家的职能，不论他们这方面的能力如何。众所周知，这造成了严重错误。"许多父母让他们的孩子进入办公室或做电报投递员，因为这些工作看起来很体面，但他们从未考虑过，也可能无法知道，这些工作是否具有前景。在技术工人委员会的报告中讨论过这方面的问题。如果父亲本身不能帮助他的孩子进入很好的行业，那么在很多情况下他会不知所措。"[1] H.卢埃林·史密斯爵士几年前的观察很好地说明了这一点。即在克雷德利·希思手工制钉业中，"尽管该行业已经衰退了半个多世纪，但孩子们仍不断地进入其父母从事的行业，而且进入的人数越来越多。"再强调一遍："很多家长都不知道不同职业间的比较优势……孩子们总是跟随年长的伙伴进入同一厂房或工厂，或者至少会从事同类职业；而且，主要都是低级行业……孩子们通常会选择那些阻力最小的路线。"[2] 当然，可以通过传播不同行业前景的可获取信

---

〔1〕杰克逊《皇家济贫法委员会关于童工的报告》（附录），第20卷，第9~10页。
〔2〕杰克逊《皇家济贫法委员会关于童工的报告》（附录），第20卷，第161页。由查普曼教授和艾博特先生在曼彻斯特附近进行的一项非常有趣的特别调查，展示出孩子进入其父母所在行业的普遍趋势。（《统计杂志》，1913年5月，第599页及以下多页）

息，以及教育的改善来使父母能够更好地利用对他们开放的信息，在一定程度上克服这种无知。如果那些自己没有能力好好钻研劳动市场的父母，能够在这方面获得有能力人士的建议，则可能会进一步克服这一问题。然而，最好的情况是，由于相关的前景是现在寻求工作的孩子们未来几年的前景，这种无知必然很广泛。

第6节

但是，这种无知并不是阻止不同素质的劳动的需求价格或边际净产量价值在不同用途之间以均等的方式对劳动进行分配的唯一原因。对于任何一个前途未卜的男孩或女孩所具有的劳动的无知，也会产生同样的后果。因为不同的孩子生来就有不同的能力和才能。如果某种素质的孩子进入了更适合另一种素质的孩子所进入的职业，则他的边际净产量价值将低于后者。因此，对不同智力的孩子进行合理分类，并引导他们进入适合其素质的职业是十分重要的。"对于毕业的孩子们来说，职业介绍所在确保所有更聪明、更能干的孩子有机会获得良好的就业机会方面具有重大价值。正是孩子的无知导致他们总是从事不适合自己的岗位。"[1]关于这种组织形式，有或者曾经有一个很好的例子。那就是，在斯特拉斯堡，职业介绍所与市政学校的教师有明确的联系。英国1910年《教育（就业选择）法》致力于促进这种联系的形成。但是，要使这类组织完全有效，就不能仅凭粗略的总体印象来判断不同孩子是否适合从事不同的职业。一

□ 等待工作的男童

1905年，在英格兰德比郡的奥尔弗里顿矿区，一群"坑童"正等着去工作。虽然童工是一个比较有争议的话题，但在当时，童工却是经济不可分割的一部分。自19世纪中期以来，男童（有时不超过10岁）矿工非常常见。

---

[1] 杰克逊《皇家济贫法委员会关于童工的报告》（附录），第20卷，第31页。

方面，需要对不同职业所要求的素质进行科学分析；另一方面，需要对不同孩子所具有的素质进行科学分析。芒斯特伯格（Munsterberg）教授以非常有趣的方式讨论了这方面的实际问题。他列举了一家自行车工厂，该工厂科学地测算了不同工人的反应时间，并用其结果来测试工人是否适合从事检查自行车轴承钢球的工作；[1] 他还介绍了自己发明的用于测试汽车工人是否适合本职工作的某些方法。最近，军事部门利用目的大致相同的测试方法来协助挑选皇家空军新兵。相对于通常的粗略、混乱的尝试与错误手段，这些方法往往能在某人第一次从事某项职业——或者第一次从孩子的职业转变为成人的职业时，[2] 指导他作出更有效的、不盲目的就业选择。如果可以不仅测试当前的能力，还可以测试通过培训提升的能力，这些方法将更加有效。因此，令人感兴趣的是，我们了解到，"检测个体独立的先天特质——心理机能的适应性——的实验实际上已经开始了"[3]。

第7节

当对新一代工人开放的各种职业的最初分配哪怕出现很短时间的失调，整个现有劳工群体的总体分配也必定是失调的。当然，这种错误可以通过引导新的劳

---

[1] 芒斯特伯格《行业效率心理学》，第54～55页。

[2] 参见查普曼教授的发现："对于某些职业而言，只有体力旺盛者才能胜任。例如，铁路、航海和码头搬运等体力劳动者的职业，以及建筑行业中的某些职业。这就意味着，其他行业必须雇用比他们能够永久接纳的更多的年轻人，除非任由一些正在寻找工作的年轻人在市场上无所事事。不过，让每个行业都做到加倍的自给自足来降低这种趋势并非明智之举，因为，让一个成年人做孩子的工作，或者让一个孩子做成年人的工作都是不经济的，而且，生产效率正是产生于从社会劳动力中挑选一定数量的人从事作业的过程之中……可能部分人陷入就业绝境也是一个高度发达的工业体系必不可少的一部分。如果是这样的话，对于那些被某些行业拒绝的人来说，建立劳动培训机构就变得十分必要，而为他们提供服务的职业介绍所则更加重要，对于这些人，必须在他们士气低落或精神变得萎靡不振之前给予帮助。"（见《行业聘用与劳动转移》，载于《曼彻斯特统计学报告》，1913—1914年，第122～123页）

[3] 芒斯特伯格《行业效率心理学》，第126页。对于大型多样化的企业开始其职业生涯的工人来说，对能力的初步测试也许并不重要，因为在这样的企业里，如果雇员发现自己不适合最初选择的工作，则可以迅速调动到其他工作岗位上。对于遵循泰勒科学管理理论的企业来说，"通过对各部门中某一群体中每一个人进行仔细研究，可能发现许多人在体能或个性上并不适合该部门的特定岗位，而适合其他部门的某些岗位。随后各部门之间就会重新分配人员，其结果是，在不额外消耗总人力的情况下，总生产率得到了提高。这是一种将手段与目的相适应的科学方法"（见《塔克学院会议纪要》，载于《科学管理》，第6页）。但是，在规模相对较小和性质单一的企业——这些企业雇用了劳动力市场上相当大一部分工人——"无法胜任当前工作的工人，通常没有机会在同一工厂展示自己的优势，或者至少无法掩饰其自身弱点带来的影响。如果他的工作成果在质量或数量上均存在不足，他通常会失去工作，并有可能进入另一家类似的工厂开始新的尝试，从而没有机会深入了解自己的心理特征以及这些心理特征与特定行业活动的关系"（芒斯特伯格《行业效率心理学》，第121页）。

工改变其从业方向来纠正，而不需要在现有的工人中进行任何实际的调动。在年度聘用人数占总人数比例较大的行业，这种纠正比在比例较小的行业更为迅速。因此，它在妇女行业中尤其如此，因为婚姻的义务使妇女在行业中的平均停留时间特别短。然而，虽然对劳动的最初分配失调造成的错误，可以在不需要劳动转移的情况下得到纠正，但显而易见的是，它也可以在劳动转移的帮助下得到纠正。而且，即使最初的分配没有错误，也可能导致不平衡状态，因为如果一个人在刚进入某一个职业时就适合担任某个职务，那么他要么变得更优秀，晋升到一个更高级别的岗位，要么止步不前或落后于人，降职到一个更低级别的岗位。同样地，劳动的分配不仅局限于职业之间的分配，还涉及地域之间的分配，这方面的分配有时可能会因为对不同事物的需求和供给的暂时波动而出现错误，尽管给予新一代工人的最初分配是以完美智慧为指导的。因此，在一个广泛的范围里，总有机会通过指导劳动在不同地域和不同职业之间进行正确的转移，使劳动的分配变得更科学。[1]我们现在必须考虑的一点是，除了上述伤害之外，无知也会阻碍劳动的转移，使之偏离正确的方向，进一步损害国民所得。

第8节

毫无疑问，某地区或职业的工人，对于其劳动在当地与其他地区的相对需求价格——边际净产量价值——普遍存在很大的无知。出于季节性和其他原因，某些职业的工作不如其他职业有规律，每天或每周的工资率本身并不能作为衡量整体相对需求价格的标准，这使得上述问题的讨论变得复杂起来。只有在考虑到充分就业的工资率以及失业前景的情况下，才能采取这种衡量方式。显然，相对于相对工资率来说，工人们更难收集到有关不同职业的失业预期的信息。然而，不必在此谈论这一点，可将注意力集中在工资上。人们对所有地域或职业工资水平的无知程度在很大程度上取决于工资合同的订立形式。有些形式的合同使得未来

---

[1] 这样的考虑使我们看到，当劳动在地区或职业之间的分配正确时，大规模的劳动转移是一种社会浪费，但是当劳动分配失调时，劳动转移可能成为一种消除浪费的手段。

将支付给工人的工资比其他形式的合同更难计算。事实上，在几乎所有形式的合同中都存在很多模糊不清的地方。因为从最广泛的意义上说，真正的工资包括劳工在卫生设施、安全设备等方面的工作条件；而所有工人在真正进入这些工作环境之前，并不能完全了解这些情况。但是，如果隐晦地规定对工作的损失收取罚款，并用某些虚假定价的商品支付部分工资时，模糊的程度将大大增加。因此十分重要的是，在现在的大多数国家，包含这些模糊因素的工资合同都受到限制。为应对直接隐瞒相关信息的问题，英国1901年《工厂与工场法》中添加的特别条款对此进行了干预。"该条款规定，在国务大臣命令适用的行业中，凡是被分配了工作任务的工人，均应从雇主处得到需要完成的工作任务以及完成相应工作任务将获得的工资明细，以便于工人自己计算出工资总额。这项规定由工厂督查员执行，旨在确保外包工人事先获得所做工作的价格信息，并在工作开始后保护其工资率不被任意改变或减少。该条款已由国务大臣下令向多个行业的外包工人进行推广。"[1]为应对用价值不明的物品支付部分工资来间接隐瞒信息的情况，英国法律已广泛采用一项禁止采取以实物支付工资的政策，尽管这样做可能会同时破坏一些有用的制度。[2]1831年《工资实物支付禁止法》的基本规定是："工资只能用本国的流通货币支付"，并且不论在任何地方，也不论对谁，都不得以任何理由对工资的任何一部分进行实物支付。[3]根据1887年的法令，这项规定适用于已经与雇主订立了明示或默示合同的所有体力劳动者；它不适用于以产量而非劳动量订立合同的外包工人。法院所判定的扣除机器、厂房租金等支出，与该法案并不矛盾，因为工资是支付这些开支后的剩余部分。罚款也被认为不与该法案相矛盾。然而，根据1896年的法令，"对于因不良生产行为或损坏产品和原材料等给雇主造成的损失进行的罚款，以及向工人提供的材料、工具和其他便利设施

---

[1]《关于家庭工作的小型特别委员会报告》，1908年，第8页。

[2] 参见C. D. 怀特对于美国公司售货部制度的描述，该制度要求公司售货部只能设立在远离普通商店的地方（《美国的工业发展》，第282页及以下多页）。

[3]《特别委员会关于禁止实物工资法的报告》，第6页。公司可以通过设立一个供应商店，变相地向员工施压，迫使他们在该商店消费，以此来规避这一条款。法国1910年的法律通过禁止任何雇主"开设商店以便直接或间接地向雇员及其家庭成员出售任何种类的食物或商品"来防止这种情况发生（《劳动宪报》，1910年5月，第156页）。

部分等支出，在工资中予以扣除，应符合旨在保护工人免受雇主的粗暴或不公平对待的条件"[1]。关于这方面的一些实际问题仍有待解决，1908年，委员会对此进行了详细的讨论。

第9节

到目前为止，我们关于无知作为造成劳动分配失调原因的研究已经结束。接下来，我们讨论在第1节中区分出的第二个原因，即转移成本。当这种成本不存在时，劳动的转移可能会纠正所出现的分配失调；而当这种成本存在时，则会阻碍纠正分配失调。当然，当这种成本以下面这种情况存在时，不一定会出现劳动分配的失调，即除去本章第2节和第3节所考虑的因素之外，两个职业或地域之间的劳动的边际净产量价值的差额，与两者之间进行劳动转移时所产生的成本相等。该差额不能超出转移成本，但是也没有理由说明它就不能低于这一成本。[2]我们接下来要注意的是，大多数转移成本都是单次转移的总成本，在对这些成本进行详细研究之前，需要对某些一般性的问题进行说明。正如本书第二编第五章第3节脚注中所指出的，转移成本可以最为便捷地看作分摊在已经转移的工人在新的地区或职业中所期望获得的一项年薪（或日薪）的总额。很难计算这个数额。首先，对于每个可能转移的工人来说，转移成本是不同的。例如，与未婚的年轻工人相比，已婚的老年工人更不愿意离开家庭，更倾向于稳定。初步看来，这一事实似乎的确与我们没有多大关系，因为我们感兴趣的流动是那些转移成本最低的工人的流动——不是一般意义上的流动，而是边缘流动。但成本最低的工人们的转移成本取决于流动的人数。因此，为了更加精确，我们不应该把这些成本视为流动人数的一个常数，而应该视为它的一个函数。然而，为了取近似值，我们通常只需要取可以列出不同的固定转移成本的大致且不连续的组即可。因此，无论 A 与 B 代表的是不同的地区还是不同的职业，无论流动是指空间上的流动还是进入新的

---

[1]《特别委员会关于禁止实物工资法的报告》，第9页。
[2]《特别委员会关于禁止实物工资法的报告》，第138页。

□ 鞋店　1813年

这是19世纪一家自产自销的鞋店，店里的商品包括男人和女人的鞋靴，都是店主亲手制作的。图中一位女士把脚放在售货员的膝盖上休息，一旁穿骑马服的是她的朋友，后者正在试穿靴子。窗户外，一位路人正朝店里张望着。

行业，我们通常——第一次世界大战后期的情况自然会不同——均可以将没有家庭负担的年轻人的转移成本视为我们所研究的成本。诚然，应当指出，随着某行业或地区的衰落，以及年轻工人的逐渐离开，由于人口的年龄分布将发生变化，相关的转移成本将趋于上升。统计调查显示，在衰落的行业中，老年工人的比例高出正常水平，而且随着持续化衰退，该比例将越来越大。[1]但是，这一复杂情况只是一个局部问题，而不是原则问题。第二，当资本的转移成本给定时，我们必须使其相等的每年（或每天）的成本是不固定的，而工人们预期在新地区获得利润的时间越短，这一成本就越大。例如，对于一个考虑是否从需求疲软的地区转移到别处的工人来说，如果需求的疲软期很短，是季节性的，并且可能很快就会消失，则该成本就会大于需求的疲软期很长的情况。第三，从目前的观点来看，任何两个地区或职业之间的转移成本 A 和 B 不一定是实际成本，它有可能小于实际数额，我们可以称之为"虚拟"成本，是 A 与 B 之间的每个不同阶段的转移成本之和。当我们所考虑的成本仅仅是实物运输的费用时，这一点实际上可能并不重要。因为，一般说来，长途运输每英里费用比短途运输更便宜，所以不会存在低于实际成本的虚拟成本。

---

[1] 参见布斯《生命、劳动与工业》，第5卷，第43页和第49页。同样，邓瑞文勋爵观察到，"爱尔兰的老龄人口比英国其他附属国多"（《爱尔兰前景》，第21页）。然而，必须指出的是，我们不能完全根据这一点就推断当地衰败或繁荣，因为在某些行业中，正常的年龄分布与平均值相差很大。从事邮政投递工作的一般是年轻人，他们往往期待从事其他职业，而驳船工人一般都是退休的水手。此外，在某些行业中，老年人的比例非常高，仅仅是因为他们非常健康，或是这些行业吸引了身体非常健康的老人。

但是，如果我们所考虑的成本是由于学习特定技能的需要而产生的，这就非常重要了。从这个意义上来说，农业劳动者这一职业与总制造商这一职业之间的转移成本可能是巨大的；但农业劳动者与小店主之间、小店主与大店主之间、大店主与部门经理之间、部门经理与总经理之间、总经理与总制造商之间的转移成本可能都是比较低的。这一考虑因素同样适用于那些离开家到别处定居的个人负担的成本。就一次一千英里的转移而言，其费用可能大大超过200次5英里的转移所产生的费用。对中世纪法国的描述就很好地说明了这一点，"如果里昂需要劳工，它就向索恩河畔的沙隆求助。而沙隆的职位空缺被来自欧塞尔的劳工填补了。欧塞尔的劳工发现工作岗位供不应求，便向桑斯求助，桑斯在需要时又求助于巴黎……就这样，无论相距多么遥远的地方，只一种劳动的需求，便一下子把所有的地区都调动起来，就像士兵列队前行，不管行军的路途多么遥远，都不过是向前迈进了几步"[1]。这方面的考虑是十分重要的。

第10节

现在，我们即将进入对转移成本细节的研究。我们可能意识到，在两个既定的地区之间，对于一个计划进行转移的工人来说，转移成本不仅包括转移过程中产生的纯粹的货币成本，还包括与熟悉的雇主的友好关系的丢失，以及离开亲朋好友和熟悉地方所带来的麻烦。当然，在任何一个国家，随着交通工具的发展和交通费用的降低，货币成本也随之减少。同样，随着运输速度的提高，构成移动总成本的其他因素也相应减少，这样一来，工人们在不需要搬家的同时，就可以更轻易地改变自己的工作地点。在两种既定的职业之间，工业的进步使得它们所需的操作方法越来越接近，转移成本也随之降低。随着劳动分工的细化，这种同

---

[1] 参见德·福维尔《交通工具的变迁》，第396页。在国家间的资本流动中的确存在完全类似的现象。美国人可以将给定量的资本转移到中美洲或南美洲，与此同时，英国人可以将等量资本转移到美国，后者所需要的不确定性的总成本——由于对地区了解的差异——小于英国人将这一资本直接转移至中美洲或南美洲的成本。因此，实际上存在这种迂回式的投资行为。（参见C.K.霍布森《资本的出口》，第29~32页）

化的趋势将越来越明显。因为分工意味着把之前作为整体执行的复杂的操作分解成一个个单独的基本操作，当以不同方式组合时，它们又成为一个整体。因此，对于有助于生产任何给定产品的工人所开放的转移范围，虽然"一般说来，就他们本行业内相互交换的能力变小了，与其他相关行业之间的相互交换的能力则是变大了"[1]。如鲁西耶（M. de Rousiers）先生所言："机器应用的不断发展，正在使技术工人的工作性质变得与商店售货员相接近。售货员很容易从一个商业领域转移到另一个领域，比如从布料店转到食品店、从小商品店转到家具店，等等，以至于现在，拥有卓越能力的人不再局限于开设一两家分店，而是开设大型的百货商店。制造业还不能自诩与之旗鼓相当，但是，正如店员可以轻易地从一个柜台转到另一个柜台工作，工人也可以轻易地从一台机器的操作转到另一机器的工作，比如从织布机到制靴机，从造纸机到纺织机，等等。"[2]同样，一个人在不同的时间可以糊火柴盒、搬运、清扫楼梯和当小贩；而济贫法委员会的调查人员发现，"一名女裁缝在做装帧工作，一名果酱女工在生产螺丝，一名机械师以1先令时薪教授钢琴"[3]。有证据表明，这些事态的发展具有很强的通用性。相对于一般能力而言，专业技能在工业作业中的重要性比之前更小；这意味着，使工人从一种职业转移到另一种职业所需要的新培训费用正在减少。应当补充的是，只要人们对新培训费用的估计大于实际费用，它就是与流动性相关的费用；因此，如果他们意识到估计成本过高，流动性就会增强。我们有理由认为，战争的经验表明，人们可以比想象中更容易和快速地获得专业技能。[4]

迄今为止，我们已经分别讨论了职业与地域之间的转移。当然，在具体情况下，从一种职业转移到另一种职业很可能需要同时从一个地区转移到另一个地区。因此，如果类似的职业之间的转移发生在相邻地区，且这些职业的劳动需求的波动或多或少可以相互抵消，则从一种职业转移到另一种职业的总成本会保持

---

〔1〕参见H. 卢埃林·史密斯《劳工的流动性》，第19页。
〔2〕《世界工人问题》，第394页；同时参见马歇尔《经济学原理》，第207页与第258页。
〔3〕《皇家济贫法委员会报告》，第406页。
〔4〕参见坎南《工业的重组》（巴斯金学院），第3系列，第11页。

在较低水平。这就是印度乡村地区家庭手工业的优势之一，在那里，一年有三个月的农闲时间[1]；同时，这也是最近发展的小规模的农场和菜园的优势之一，工人在其主业暂时失业期间，还可以靠它们生活。当同一企业中存在互补职业时，成本下降的幅度会更大。因此，贸易委员会在大战前不久发布的一份报告让人深感有趣："有能力、有远见的雇主会设法通过更优秀的组织来克服季节性的波动。他们把果酱和橘子酱，以及糖果和肉类罐头的生产结合起来。因此，他们可以合理利用雇员的大多数时间。一位人造花卉商雇用了200多名女孩和妇女，每年的生产工期为六个月，于是他们又引入第二项业务，即加工帽子的羽毛饰物，现在，这些女孩和妇女全年都有工作可以做。草帽编织业是卢顿地区的支柱产业，但是一年中总有半年的生产淡季，于是当地引入了毡帽制造。现在，人们经常看到，同一家工厂雇用相同的工人，在一年中的不同时期从事两种生产活动。"[2] 毫无疑问，这种安排有时是出于善意，但是纯粹的利己主义的强大动机也会产生同样的作用。相对于两间工厂在一年中的不同时间分别进行生产，一间工厂全年进行生产显然更经济；尤其当工厂和设备都非常昂贵的时候，将节约更多的成本。因此，在可行的情况下，出于最符合自身利益的要求，雇主将安排工厂——如果工厂从事季节性生产的话——生产各种不同的产品，以使工厂全年都在运转。任何有助于雇主作这种安排的措施，都必然降低劳动转移的有效成本。

第11节

在以上几节中，我们进行了某种细致的分析。现在回到较为概括的层面上，我们可以得出如下的一般性结论，即工人从当前职业向其他职业——这种职业能提供更高工资，进而可能产生更大的边际净产量价值——转移，往往受到较高成本的阻碍；工人从原来地区向其他遥远的地区转移，尤其是当新的地区有种族、宗教和语言等的严重障碍时，通常也会受到同样的阻碍。但是，就迄今所讨论的

---

[1] 参见马克吉《印度经济学基础》，第323页。
[2] 《工人阶级的生活成本》，引自[白皮书，第3864号]，第284页。

成本形式而言，在一个像英国这样的国家，工人向本国其他地区转移，在任何情况下一般都只会受到较小成本的阻碍。然而，仍然存在一种特殊的成本形式，阻碍着工人们从一个地区向另一个地区转移，即使是在英国这样的国家，这一成本也可能会很大。这一成本的产生出于丈夫、妻子和子女通常住在一起的事实。因此，家庭中某一个成员的流动，便意味着其他成员的流动，而其他成员的流动可能会造成巨大的损失，因为他们有可能失去此前的工作，进而失去工资。这一损失实际上是受更高工资诱惑而转移到其他地区的家庭成员的转移成本的一部分。例如，在其妻子有工作机会的地区，当地的男性也许知道，自己在其他地区可以获得更多收入的同时，自己的妻子可能没有工作赚钱的机会。但是，在计算转移的利弊时，他必须将自己妻子在工资方面的预期损失记为实际成本。这个成本可能非常大，并且形成边际净产量价值之间的巨大差别，从而导致在一个小国家的两个地区，相同素质的劳工的工资也可能存在很大的差异。正如马歇尔观察到的："总的来说，就地区移居而言，家庭是单一单位；因此，在钢铁或其他重工业为主的地区，男性的工资相对较高，妇女和儿童的工资相对较低，而在其他地区，父亲挣的收入不到家庭收入的一半，男性的工资相对较低。"[1]显然，交通工具的速度的提高和成本的降低（在上一节讨论过），使一个家庭的各个成员既能够生活在一起，又能够在彼此相距较远的地区工作，这将减轻上述状况对劳动分配进而对国民所得造成的损害。

第12节

除了无知和转移成本之外，造成劳动分配失调的第三个原因就是第1节中已进行区分的，外部对劳动移动的限制。这些限制可以存在各种不同的形式。例如，直到18世纪末，"地区流动"仍受到《居住法》的严重阻碍，目的是为了防止在国内一个地区出生的人获得另一个地区的工资，从而在另一个地区缴纳地

---

[1] 参见马歇尔《经济学原理》，第715页脚注。

方税。该法律极大地限制了人们移居的权利。亚当·斯密说道："对于一个穷人来说,要越过人为制定的行政边界,往往比通过一条海湾或翻过一座高山的巅峰更加困难。"另外,目前在某些行业,职业之间的流动受到工会管辖范围划分的严重阻碍——这种划分的目的是保护工人在某一行业的特定岗位,避免受到罢工的威胁以及其他行业的工人从事这些

□ 弹壳女工　1917年

18世纪末至19世纪初,由于性别歧视,妇女大多只能从事家庭服务业,很少有机会从事生产工作。从1910年起,妇女的从业结构发生了巨大的变化,她们得以像男性一样进入工厂工作。图为1917年,在默西塞德郡布托尔丘纳德蚬壳厂里,女工正在制造弹壳。

工作。例如,砖瓦匠要想从事石匠的工作,制模工要想从事细木工的工作,都是不为工会所允许的。工人也无法仅仅通过改变工会的隶属来摆脱这种阻碍。因为,除了相似工会间的彼此约定之外,如果他试图转移工会,他将遭受失业和即刻损失其他福利的惩罚,并且在一段时间内,他将没有资格享受他重新转入的工会中的福利。[1]这个问题可以通过发展行业工会来解决,例如国家铁路工人总工会,还可以通过发展行业工会本身以及在行业工会与非熟练工人工会之间的联合体制来解决。然而,当前最严重的人为限制可能是某些传统和习俗,它们阻碍并且几乎阻止了特殊类型的劳工流入其他领域,在这些其他领域,其他类型的劳工生产的边际净产量价值高于所有劳动可以自由进入的领域的边际净产量价值。在一些国家,有关行业中不同职业的习俗与习惯是面向各种族和肤色的劳工开放的。但是,它们最重要的作用——无论如何,至少在欧洲——就是对妇女工作的

---

[1]《皇家济贫法委员会报告》,第398页。

影响。许多职业如果允许妇女从事的话,则妇女生产的边际净产量价值和由此产生的工资率,将比她们原来从事的工作更高;但是,传统和习俗将她们排除在这些职业之外。而新兴职业,例如打字员与电话接线员,以及受新机器的引入而有所改变的旧职业,实际上给妇女提供了可以自由进入的机会。然而,在男性长期以来习惯于将其视为属于自己的职业中,尽管在当前条件下,妇女的能力完全可以胜任甚至超过男性,传统和习俗却往往对其产生强大的排斥作用。事实上(如果不是形式上),这种排斥作用最明显的职业是律师。直到一两年前,这方面最显著的例子是餐厅侍者和铁路职工。正如坎南先生观察到的,在1914年以前,对于妇女进入这些行业受到的阻碍,"与其说是因为法律,倒不如说是因为雇主的保守以及担心遭到当前雇用的男工的积极抵抗而带来麻烦"[1]。这种抵抗可能会因为世界大战那样震惊世界的大事件而消除,但是在1915—1916年间,克服这一抵抗的困难也说明了它的坚不可摧,即使在军需行业也是如此。如果不是因为以下原因,雇主可能会异常激烈地与这类习俗作斗争,那就是,女工一旦结婚,不久之后就会离开工作岗位。正如一位雇主所说:"可以训练女工做很多工作,但似乎并不值得冒着与男工发生冲突的风险,而且,越是聪慧的女孩,越有可能在她刚开始被派上用场的时候就离职结婚去了。"[2]确实,对于男工的反对意见可以通过男女工同工同酬这一严格的规定加以缓解,因为一旦有了这种规定,男工就不会那么害怕失业。但是另一方面,存在这样的规则有时候使雇主聘用女工不像没有这样的规则时那么害怕。[3]

第13节

目前,我们已经详细讨论了不同素质的劳动分配偏离理想分配的主要原因。所有类似的原因都将损害国民所得——从第2节延伸意义上来讲——因此,初步看

---

[1] 坎南《财富》,第206页。
[2]《圆桌会议》,1916年3月,第275页。
[3] 参见本编第十三章,第9节。

来，如果造成劳动分配失调的这些原因得以克服，必然增加国民所得。然而，这个结论忽略了一个事实，那就是这种偏离可以通过三种不同的方法来克服。在实现所谓理想分配方式的道路上存在的障碍，可以从内部予以排除、通过公共消费予以消除，或者任其搁浅，努力去逾越它。这三种方法的效果各不相同，需要分别探讨。

第14节

当我们说从内部消除实现理想分配道路上的障碍时，这意味着，通过观点的进步、在流动机制中引入大规模组织或是其他类似的方式，减少提供给劳工的信息以及转移方式的成本，或者削弱不利于劳动移动的传统观念。问题的实质是，全社会提供信息和运输的实际成本有所减少，而这些成本不仅仅是向购买这些劳动的特定工人收取的费用。如果发生这种情况，劳动的实际分配一般说来将更接近于理想分配。诚然，如果被排除的障碍只涉及转移成本和传统观念，则上述情况不一定发生。正如本书第二编第五章所指出的，当信息不完善时，增加工人流动的自由性可能导致工人向错误的方向转移。因此，仅仅降低工人的转移成本而不作其他任何改变是否会产生有益效果，始终是一个尚待解决的问题；当然，如果转移成本的降低明确指向特定的空缺职位，无疑将产生有利的效果。以下事实表明，这一点已得到普遍认同。首先，在英国，最初由工会一视同仁地向所有求职者发放转移补贴；现在，补贴主要用于帮助实际上已经找到工作的公会成员抵达工作地点；英国《劳工交换法》的一项条款规定，英国职业介绍所经财政部批准，有权通过贷款的方式为工人预付前往特定地点的费用；最后，德国职业介绍所不会给所有求职者提供廉价火车票，而只为那些已经找到具体工作的人提供。[1]如此举例说明的这个问题是十分重要的。然而，经济学家一致认为，随着现代文明国家有关行业状况的信息机构的发展、转移成本的降低，以及传统观点

---

[1]《皇家济贫法委员会报告》，第401页。

的改变，劳动分配从总体上更接近于理想分配。只要它产生这种效果，就必然增加国民所得。

第15节

当我们说通过公共消费来消除实现理想分配的障碍时，就意味着提供给工人的信息或流动方式的费用的减少，这不是因为实际成本降低了，而是因为这些成本的一部分已经转移到了纳税人的头上。这种形式的费用的减少与上一节所讨论的减少以不同的方式对国民所得产生影响。因为这种减少意味着要比平常投入更多的资源到获取信息和实现工人转移的工作上。事实上，它意味着通过提供补贴的方式来刺激一种特定形式的投资，并且一般假设该项补贴将损害国民所得。然而，正如第二编第九章和第十一章所示，如果有明确的理由相信，在没有补贴的情况下，对某一行业的投资不足以使其中使用的资源的边际社会净产量的价值下降到一般水平，则这一推定就可以推翻。促进工人转移的行业——部分原因在于，其生产的产品很难以令人满意的价格销售——是一个有明确理由使我们相信它就属于上述特定的行业。因此，从一定程度上说，国家将公共消费用于促进劳动转移可能会提高国民所得。但是国家有必要仔细控制这笔支出；因为，如果支出过多，边际成本将超过边际收益。

第16节

当我们说逾越实现理想分配道路上的障碍时，就意味着无知、转移成本和传统习俗的因素没有任何改变，但是即便它们依然存在，劳动的分配在某种程度上依旧被迫朝着如同它们不存在的方向发展。这可以通过强制解雇工人来实现，或者更有可能像本编第十四章第5节中说明的那样，通过对工资率进行某种形式的干预。然而，实现的方式对于我们目前的问题来说并不重要。我们希望确定的是，即便这些障碍存在，改善劳动分配对国民所得将产生什么样的影响。障碍不同，产生的影响也不同。在不考虑对无知和传统观念的抵抗的情况下，更接近于理想分配的劳动再分配必然增加国民所得。因为无视这些障碍不需要花费任何成本，所以最终结果与从内部消除这些障碍的结果完全相同，但是，由此导致与不考虑转移成本造成的再分配的结果不同。因为，在由这些成本造成的移动障碍被消除的过程中，成本本身也由此而产生。所以，这样忽略障碍确实会产生成本，而且将得到与通过公共消费消除障碍相同的结果。也就是说，有一种假设——当然，在某些情况下，这种假设可能被推翻——它会损害国民所得。[1]

---

[1] 这一结论包含着不便用语言表达的内容，即劳动的理想分配在以某种形式出现时，并不是理想分配。然而，如果在第2节的限定条件下，所谓的理想分配就是使各处的劳动边际净产量的价值相等，这才是绝对意义上的理想分配，便可以避免含义上的混淆。如果一个人在所有相关环境下都拥有无限的权利，而且能够随意消除转移成本，那么对他来说就得到了理想分配。但是，对于那些必须接受存在转移成本这一残酷现实，并且要在限定的条件下实现国民所得最大化的人来说，这并不是理想分配。参见本书第二编，第五章，第6节。

第十章　职业介绍所

第1节 工人不但会从不同职业中分配到不好的工作，有时甚至会失去工作。第2节 对于这种情况以及与此相关的国民所得的损失，可以通过开办职业介绍所来减轻。第3节 也可以利用职业介绍所作为雇佣中心来减轻。第4~5节 对这些介绍所的效率所依赖的一些主要影响进行讨论。

第1节

我们上一章讨论的劳动转移，是指从一个地方或职业到另一个地方或职业的有利于国民所得的转移。然而，在实际生活中，人们发现，自己不但进入的是需求相对较低的职业，而且常常处于失业状态。我们现在不是要探究造成这种情况的原因，也不是要探究失业量与工会工资政策之间的关系。从我们目前的观点来看，在这种工资政策下，劳工有可能发现，自己在一个地方或在一个职业中处于失业状态，但是在其他可以满足自己工资率的地方或职业中，劳动需求却是供过于求。而他们之所以未能进入这些地方或职业，并非因为转移成本，而是因为不了解事实。很明显，这种情况对国民所得造成了损害，当劳工在高需求的工作需要他们的时候，他们却在低需求的工作中被无知所困。接下来，我们将简单地研究一下造成这种伤害的无知形式以及打击这种无知的手段。

第2节

如果失业的工人完全不知道现有的职位空缺，他们唯一的办法就是完全随意地、无指导地寻找工作。他们只能漫无目的地在那些没有空缺或有空缺的工厂附近徘徊，让自己疲倦地"从一家工厂游荡到另一家工厂，试图通过一次又一次的岗位申请来寻找需要工人的工厂"[1]。一般说来，无知还不会严重到这种程度。关于不同地方和不同职业的劳动需求的比较状况，形成了一些一般性信息。这些信息可以通过报纸广告、朋友的聊天和工会收集的关于当地情况的报告来获得。迪尔（Dearle）先生曾经就此对伦敦建筑业的发展作了有趣的描述："由个人及其同伴相互提供就业互助的制度规模不断扩大，并通过工会的求职簿以更系统的方式进行推广，予以实施。每个失业的人都可以在当地分支机构或会议室的求职簿上登记自己的名字；然后，该工会支部的所有其他成员——人数一般从20名到400名或500名不等——都在为他寻找工作，或者更准确地说，支部的全体成员都在寻找空缺，以清除空缺。当任何地方需要工人时，所有成员都有义务通知支部书记；而且，在一些工会中——例如木工和装配工联合工会——对协助失业工人找到工作的成员，将给予小额奖励，一般是6便士；而对于那些把工作优先权给予本支部以外人的，将处以重罚。通常的做法是，人们通知书记什么地方需要或可能需要工人，然后书记必须通知失业人员最好去那里寻找工作。"[2]自1893年以来，英国把更多的此类信息，通过《劳工公报》以更广泛的形式进行公布。当前，职业介绍所也是强有力的信息通报机构。他们扩大了工会开展的调查工作，并"使工人只需通过打电话到他所在地区的一个办事处，就能查明整个伦敦对他那种类型的劳工进行了哪些调查"[3]。当不同城镇的职业介绍所相互连接时，工人就能接触到更广泛的信息。因此，在德国，"为了确保劳工的流动性，人们认为最重要的做法是，不同地区的就业机构应建立起相互交流的制度。这种制度是由职业介绍所联合会建立的。在巴登大公领地，所有的人都是通过电话进行交流的，当一个地方缺乏或有多余的劳工，其他地方立即就会知道"[4]。在巴伐利亚，由于没有职业介绍所，这种制度也是通过电话公布空缺职位清单来扩大影响范围。在英国，1910年的《劳动介绍所法案》完成了从孤军作战到联合行动的发

---

[1]《皇家济贫法委员会少数派报告》，第1125页。
[2]《伦敦建筑业的失业问题》，第133页。
[3]《皇家济贫法委员会少数派报告》，第1125页。
[4]［白皮书，第2304号］，第65页。

展。显然，这种有组织的制度可以成为一个有力的工具，便于失业工人转移到有需要的空缺职位。

第3节

乍一看，一旦建立了这种制度，似乎就不再需要进一步的行动。然而，这个看法是错误的。如果当前在某一特定公司有两个空缺职位，它并不意味着，当获得信息的人赶到那里时，空缺仍然存在。因此，如果在不同的企业或不同的企业部门，有可以确定为它们雇用到相关劳工的联合机构，就可以进一步减少妨碍移动的无知。这样做之后，当工人们得到相关通知时，不仅知道现在某些地方有多少空缺，而且知道这些空缺在他们到达时仍将为他们保留着。由于情况不同，各地形成这种联合机构的可能性也不同。当分散的机构属于同一家公司，当它们的位置相对固定，而且它们彼此接触密切时，形成联合的阻碍因素最少——这就成了一个支持托拉斯的理由。因此，伦敦和印度造船厂的联合在多年前就形成了。[1] 当不同的机构虽然属于同一个企业或属于同一个人，却相距遥远，经常变动，就像伦敦建筑业一样，则这些障碍将略微严重。毫无疑问，就算在这种情况下，有时候也会形成联合机构。一位证人在就业不足问题委员会面前提到建筑业时说："一位雇主曾说，他不像一般雇主那样，把雇佣工人的工作交给工头来做，他选择自己来做。他这样做的一个特殊目的是为了长期留用工人，并且能够保证所雇用的工人可以从一个职位转移到另一个职位，而工头是做不到这样的，因为他没有能力安排工人到别的工头所负责的地方工作。尽管人们知道如何采用其他做法，但这一雇主的做法似乎值得被更广泛地采用。"[2] 不过一般情况下，

---

[1] 关于1889年大罢工后各港口实行新政策的说明，参见《皇家贫困法委员会的报告》，第356页。威廉·贝弗里奇爵士对此总结道："以前公司47个部门的每一个部门都是各自独立的，且每个部门皆由具有正式编制的正式员工（为核心）和大量的临时员工所组成；80%的工作是由非正式编制的员工来完成。现在，随着公司业务的发展，整个港口系统在用人上成为一个单位；80%的工作由中心办公室直接指挥不同部门的员工完成，并对这些员工进行统一管理，实行周薪制。"（贝弗里奇《经济学杂志》，1907年，第73页）

[2]《关于就业不足问题委员会的报告》，艾维斯的证言，Q.IO, 917。

伦敦的建筑工人都是由雇用他们的公司的不同工头独立雇用的。当分散的机构不属于同一个公司或个人，而是属于不同的公司或个人，形成联合机构的障碍就更加严重了；因此，为了实现联合，必须由公司本身或由某些外部机构建立一个雇佣工人的专门组织，并且必须为此目的而提供服务。这显然需要克服巨大的困难。

第4节

显然，如果克服了这些困难，减少无知和增大流动性的范围将会更大，因此对于任何地方出现的空缺，通过作为聘用代理机构的职业介绍所谈判达成的聘约来进行填补的比例也会越高。在自愿参与的原则下，这个比例越大，职业介绍所对雇主就越具有吸引力。经验似乎表明，职业介绍所要赢得广泛的客户，就应该做到经营公开——而不是作为可能存在欺诈的个人投机者而经营——由雇主代表和雇工共同管理。他们无须理会罢工和停工，只需允许双方在职业介绍所张贴一份公告，说明在这样或那样的机构中存在停工的情况；他们应该完全脱离慈善救济，因为一旦与这种救济联系在一起，即使最优秀的工人也会由于自尊心受损而离开，并使雇主对职业介绍所失去信心；他们应该获得市政或国家的授权书以树立威望，并在可行的情况下，通过成为政府部门招募工作人员的专门机构来作广泛的宣传。至于是否应该向使用它们的工人收取费用的问题，一直存在争议。1904年，法国法律规定禁止向工人收费，即使是私人介绍所。但南非的德兰士瓦省济贫委员会指出，"收费是目前最有效的方法，可以把那些实际上并不在找工作的人排除在外"[1]；而且，如果这些人被赶走，职业介绍所无疑对雇主更具吸引力。如果国家同意收费，它还可以通过某种法律劝告措施来增加通过职业介绍所填补的空缺比例。比如规定所有失业工人必须在职业介绍所登记，并朝着这个方向迈进；因为如果这样做，介绍所对于雇主的诱惑力就会更大。济贫法委员会指出，"正如以下的提议那样，国家如果向每一位工会会员提供失业救济金的

---

[1]《德兰士瓦济贫委员会报告》，第135页。

□ 劳工骑士团

劳工骑士团原是美国的一个秘密裁缝协会，是由尤利亚·斯蒂芬斯等七个裁缝协会会员于1869年在费城建立的美国工人组织。在美国劳工运动的早期，也就是19世纪中后期，它的规模和声望都在不断增长，并在铁路工人大罢工中发挥了关键性作用。图为1882年，劳工骑士团的第一次年度野餐。

话，国家完全可以提出一个条件，即工会会员在失业时，除了将自己的姓名及情况登记在工会的求职登记簿上（如果工会有这样的要求），还应到当地职业介绍所作登记和报告。如果国家支持和鼓励工会，那么工会通过支持国家和国家所需的职业介绍所来协助国家似乎是合情合理的。"[1]根据1920年实行的普遍失业保险制度，上述建议实际上已经在实施了。当被保险人失业时，他们被要求把自己的保险账簿交给职业介绍所。已经有人强烈主张，应采取进一步措施，迫使雇主在需要工人时通知职业介绍所。在德国，根据1922年的一项法令，联邦政府可以要求雇主必须向缴纳强制疾病保险的工人发出有关职位空缺的通知。[2]然而很显然，如果雇主表现出顽固不化的态度，此类法令就一定很难执行。[3]还有一种更激进的政策，即通过法律规定雇主和工人必须通过职业介绍所签订工作合同。这一政策在英国商船船队海员的招聘工作中已经实施。威廉·贝弗里奇爵士曾建议短期雇佣应普遍实行这一政策。"工厂法规中的新条款规定，除非征得相关职业介绍所的同意，否则雇主雇用工人不得少于一个星期或一个月，这将是对公认原则的合法且无可非议的延伸，即国家可能而且必须禁止会对

---

[1]《皇家济贫法委员会多数派报告》，第403页。
[2] 国际劳工局《失业救济的报告》，1922年，第70页。
[3] 参见《职业介绍所工作委员会报告》，1920年，第13页。

公民的精神和身体造成灾难性后果的雇用条件。"[1]1911年，英国的《国民保险法案》并没有对此作出太多规定，而是为了诱使雇主对其工人投保疾病险和失业险而略微降低了这些险种的费用。[2]1923年11月，俄国法律规定，所有工人，除了某些特定的例外情况，必须由劳工委员会的当地支部进行雇用。[3]

第5节

所有这些措施，目的都在于促进更广泛地使用职业介绍所——如果民众对此持反对意见，则他们当然不会这样做——（往往在其他条件不变的情况下）来打破对劳工需求的无知，从而减少失业，增加国民所得。当其他机构接触空缺和失业工人的范围越小，职业介绍所做该项工作的范围自然就越大。因此，在战前的德国，由于工会相对不发达，职业介绍所在为技术工人与非技术工人寻找工作机会方面同样有效；在英国，职业介绍所的成功主要体现在为非技术工人在邻近地区寻找工作，它们没有强有力的工会组织。[4]

---

[1]贝弗里奇《当代评论》，1908年4月，第392页。
[2]参见《国民保险法》，第99节（1）。
[3]《劳动报》，1923年5月，第161页。
[4]参见施洛斯《经济学杂志》，1907年，第78页；以及《消灭失业协会公报》，1913年9月，第839页；以及《职业介绍所工作委员会报告》，1920年，第13页。

第十一章　失业与缩短工时

第1节 这一章的分析是比较雇主应对经济不景气时期的三种主要方式，即：（1）全天工作并部分裁员；（2）全天工作和全体员工采取轮班制；（3）缩短工时并使员工全体上岗。第2节 讨论决定选择缩短工时法还是其他两种方法的原因。第3~4节 讨论决定选择裁员法还是其他两种方法的原因。第5节 讨论决定选择轮班制还是其他两种方法的原因。第6节 缩短工时法与裁员法最常见。第7节 从表面上看，裁员法无疑会对国民所得造成更严重的损害，因为它所导致的失业会对工人的身心产生有害影响。第8节 但与其他两种方法不同的是，在国民所得的利益要求工人转移到其他职业或地方时，裁员法可以防止他们这样做。第9节 讨论了将体力劳动者与永久性受薪雇员放在相同位置的建议。

第1节

上一章的总体分析对一个初看上去似乎毫无联系的问题有着重要的意义，这个问题决定了雇主应对经济不景气时期所采取的主要方法对国民所得产生的影响。由于消费者对产品的需求减少，雇主发现，如果按原有规模继续生产产品将造成亏损，于是，他可以通过以下三种方法中的任意一种来进行必要的减产：（1）全天开工并裁减部分员工；（2）全天开工并保留全体员工，但采用轮班制，这样一来，在任何时候实际上只有部分（比如 $\frac{2}{3}$）员工在工作；（3）缩短工时并使员工在整个开工期间全体上岗。

第2节

至于在缩短工时与另外两种方法之间的选择，相关的影响因素主要体现在技术层面。如果缩短成本最高时段的工作时间可以明显获利，例如，在生产将产生额外的照明与暖气费的时间段，采取缩短工时法最为简便。但是，如果在一段短时间的完全停工之后，再复工将产生巨额费用的时候——比如重新点燃已经冷却的鼓风炉——使用缩短工时以外的其他两种方法中的任一种都是有利的。

第3节

至于在裁员与另外两种方法之间的选择，很大程度上取决于对于雇主而言，保留长期为其工作的工人的劳务留置权有多重要。如果要完成的工作是技术性强、专业程度高的工作，持有留置权对雇主来说往往十分重要。实际上，具有特殊才能的工人对于那些雇用他们的特定公司而言，不论雇佣时间长短如何，总是有着特殊的价值。部分原因是不同工厂的具体运作方式有所差异，对于某些特殊类型的工厂而言，已经适应了他的工人比其他类似的工人更有价值，如果这些工人完成的是综合性极强的工作，则尤其如此。部分原因是熟练工人经常处理成本昂贵的材料或操作结构复杂的机器，雇主自然愿意将这些物品托付给自己长期接触并了解其品性的工人。最后，部分原因在于，工人如果在生产某些专利产品的企业工作过一段时间，就会对公司的生产秘密略知一二，因此该企业不愿意让他们到竞争对手的公司去服务。[1]所以，"在金器和珠宝行业中，涉及生产机密与特殊款式的工作，老板都会分配给固定的员工来做，有时候还会用短时期的加班来调整生产"[2]。雇主同样迫切地希望能保留汽车司机、家庭佣人以及有专业技术的农业劳动者的劳务留置权。[3]即便要完成的工作很寻常，以前在某企业工作过的员工并不会比未曾受雇于该企业的工人明显具有更高的价值，在经济不景气的时候仍然坚信或希望情况会有所好转的雇主，仍然愿意与更多的老员工保持联系，以确保后期需要人的时候能够雇用到足够的人手，虽然他现在还不需要工人。这种考虑对于季节性波动较大的行业雇主来说，影响非常大，因为这些行业一般会在短期内需要再次满员雇人。有人提出，缩短工时的方法之所以盛行于煤

---

[1] 参见费伊《行业合作制》，第90页。
[2] 韦布《季节性行业》，第43页。
[3] 韦布《季节性行业》，第23页。

炭开采业与农业中，就是受这种季节性波动的影响。此外，如果让雇主决定，他们往往会选择裁员法，不过工会并不会赞成这种做法，因为那会给工会带来更大的失业救济压力，所以工会有时会在另外两种方法中摇摆不定。

□ 经济危机下的失业者

1929—1933年世界经济危机对美国经济的影响十分深重，它导致数百万人失去了工作。到1930年，有430万人失业；到1931年，失业人数达800万人；到1932年，该数字上升到1 200万人；到1933年初，将近1 300万人失业，失业率达到惊人的25%。而那些设法保住了工作的人，通常同意减薪三分之一或更多。在此期间，街头随处可见失业的美国人排着长队领救济，乞讨食物，或在街角卖苹果。图为1931年，人们在芝加哥排队等候免费汤、咖啡和甜甜圈。

第4节

在裁员法与其他两种方法之间进行选择时，另一个重要的影响因素是工资与工作效率匹配的精准度。如果支付给效率较低的工人的正常工资高于效率较高的工人的正常工资，就会促使雇主在经济不景气的时期，选择解雇为其盈利最少的那一部分员工。因此，我们自然地发现：与实行计件工资制的行业相比，裁员法在实行计时工资制的行业中更加普遍。在讨论英国应对需求疲软的主要方法时，H. 卢埃林·史密斯爵士曾指出："从广义上来看，我们可以把这一问题分为两种主要的方法。第一种是对受雇的所有或大部分员工采用缩短工时或减少工作量的方法。采矿业就是一个很好的例子。在需求疲软时期，该行业一般不会大幅裁员，而是减少矿工每周工作的天数。这方面的另外一个例子可能是鞋靴行业（我目前指的不是使用机械的大型工厂，而是普通计件工资制度下的工厂），在经济不景气时期，该行业并不会出现太多工人完全失业的现象，而是大部分工人的工作量有所减少。第二种方法适用于其他行业，这种方法不是缩短工时，而是解雇一定比例的工人，这部分工人构成了失业人数的波动范围。此类行业的例子有建筑业、工程业和造船业。我并不是说在所有这些行业中都不存在缩短工时的情况，也不是说在通货膨胀时期加班工作不起作用；我只是说，这些行业适应需求变化的主要方式要么是解雇部分工人，要么是雇用更多工人。"[1]对文中提及的行业所展开的研究表明，H.卢埃林·史密斯爵士将其归类为采用缩短工时法的行业主要实行计件工资制，而那些被归类为采用裁员法的行业则主要实行计时工资制。诚然，乍看之下，人们会认为，工程业似乎不符合这一规律。然而，虽然该行业包含了大量的计件工作，但是到目前为止，它仍然是以计时工资为主的行业，并不算是例外。[2]同样，我们发现，在第一次世界大战之前，德国的工会力量之所以相对薄弱，部分原因在于，在采用计时工资制的行业中，严格的标准工资率的实施效果其实远远低于英国，因此德国应对经济不景气时期的惯常做法是缩短工时，而不是裁员。"德国的一些政府机构声称，某些行业采用缩短工时的做法会减少工人一年中$\frac{1}{4}$或$\frac{1}{3}$的收入。可以肯定的是，虽然英国的某些行业，尤其是煤炭开采业与棉花产业采用了缩短工时的方法，但这种方法对降低英国失业工人人数方面的作用远不及德国。"[3]我不想过分强调这些事实。但是，它们似乎说明了本节开头部分提出的一般趋势。

第5节

至于轮班制与另外两种方法之间的选择，主要的问题在于轮班制的安排非常麻烦，需要与工人进行大量的组织与协作。轮班制似乎盛行于"经常在萨里码头的河边搬运谷物的工人之中"[4]；在英格兰北部的铸铁工人中，也一定程度地实行了这种方法；棉纺织业在1918年的部分时间里也曾尝试同时采取轮班制与缩短工时法。另外，在与缝纫业工会谈判之后，缝纫师协会宣布："我们充分认识到，在需求疲软的季节（以解释性说明为条件），应该公平、合理地分配工作，我们敦请全国各地的协会成员将这些原则付诸实践。"[5]但是一般而言，轮班制操

---

[1]《关于就业不足问题委员会第三次报告》证词，Q.第4540号。
[2]《关于就业不足问题委员会第三次报告》，证词，Q.第4541号及其后部分。
[3]《关于德国城镇生活成本的报告》，引自〔白皮书，第4032号〕，第522页。
[4]《皇家委员会关于济贫法的报告》，第1156页脚注。
[5]《关于集体协议的报告》，1910年，第28页。

作上的不便根本无法使其得到广泛应用。

第6节

总的来说，大部分行业应对不景气的方法要么是缩短工时，要么是裁员，要么是将二者结合起来。查普曼教授给出的一些有趣数据，显示出采取相同工资支付形式（即计件工资）的各纺织行业在使用缩短工时和裁员法上各自表现出来的频率差异。我们调查了1907年11月至1908年11月的行业情况：棉纺织行业的总产量减少了13.3%，其中实行裁员法的企业一共减少了5%，实行缩短工时法的企业一共减少了8.3%；丝绸业的总产量减少了8.1%，其中实行裁员法的企业一共减少了6.0%，实行缩短工时法的企业一共减少了2.1%。[1]众所周知，在经济不景气时期，煤矿开采业主要采用缩短工时法，具体方式就是减少每周的轮班次数；而裁员法则盛行于建筑业、造船业及工程行业中。[2]1921年提交意大利国会的一份法案建议，"（在任何企业中）如果不得不裁减员工，在裁员之前，工人的工作时长必须降到最低限度——每周36小时，工资随之按比例减少"[3]。

第7节

从国民所得的观点来看，解雇或裁减部分员工的方法从表面看来，似乎必然比缩短工时的方法更加不利。不仅因为担心失业而使工人有意拖延他们的工作，

---

〔1〕参见查普曼《兰开夏郡的失业问题》，第51页。当一家公司同时雇用了工厂工人与家庭佣工时，在经济不景气时期，选择解雇家庭佣工而不是解雇同等数量的工厂工人与家庭佣工，自然是最符合其利益的，因为这样可以保持机器继续运转。应该补充的是，雇主所拥有的以这种方式对待家庭佣工的权力，间接地阻止他们完全用工厂生产取代家务劳动的行为，这就使得他们在周期性的景气时期，无须扩大企业的规模。（参见维西利茨基《家庭佣工》，第3页）

〔2〕当然，这并不意味着，在这些行业中不使用缩短工时的方法。相反，即使在产量缩减到低于正常水平时一般采用裁员法，但是实际上，当产减少但仍处于正常水平以上时，在某种程度上仍会采用缩短工时法。因此，在工程业中，尽管正式采用缩短工时法的平均数非常小，但会在工人的工作时间以外，平均增加3.75%的加班时间（[白皮书，第2337号]，第100页），这样一来，相对于加班而言，正常的工作时间就真正成为了缩短工时。所有这一切都意味着，"这些行业调整自身以适应需求变化的主要方法是解雇工人或雇用更多的工人"（H. 卢埃林·史密斯《关于就业不足问题委员会第三次报告》，证词，Q. 4540）。

〔3〕《外国媒体的经济评论》，1921年7月22日，第190页。

长期或短期失业还会对工人的身心造成不良影响。与缩短工时相比，失业将造成个人收入更大、更集中的损失，这正是造成上述后果最明显的表现方式。它不仅对直接受影响的工人产生威胁，同时也会对其妻儿的生活产生威胁，使他们有可能面临食物、衣物以及燃料方面的严重匮乏。如果失业时间拖延得比较长，这种匮乏就容易造成永久性的体质下降。这还不是全部。它还可能使失业工人采用不良手段来满足自身的需求，但这些手段会造成他们的道德品质永久性下降。尤其是，它可能导致人们对《济贫法》的依赖，因为众所周知，英国的贫困曲线大致落后于失业曲线一年左右。[1]然而，根据一些人的观点，依赖《济贫法》或者选择流浪标志着进入道德品质明显下降的阶段。用拼搏和独立去战胜的贫穷与接受救济的贫穷之间有着明确的界限。"通常，靠救济度日的穷人并非不快乐。他们没有羞耻之心；他们不渴望独立；他们没有痛苦，也没有不满。他们已经跨过了两种贫穷之间的界限。"[2]此外，"那些走进济贫院或选择流浪的人，将其家人留给《济贫法》去照顾，无疑他们通常是逆境与自身弱点相结合的产物，已经变得不再身强体壮、可敬可爱。一旦走上了这条路，他们几乎不会重返工作岗位。"[3]对此，H.卢埃林·史密斯爵士总结道："我认为，这是从历史与观察的角度得出的明确推论，如果风险的大小与可预见性超出一定的限度，换句话说，如果它变成我可能称之为赌徒的冒险似的东西，随之接触的冒险不仅不再是令人振奋的强心剂，而且会造成非常严重的后果。"[4]同样，勒罗伊·博连也宣称（他的说法一定是正确的）："除特殊情形外，一般而言，造就当今社会罪恶的不是工资的不足，而是就业的不稳定。"[5]造成危害的原因并非只是缺乏安全感。懒惰本身，在完全排除通常与之相随的贫困之外，就可能对受其影响的经济及总

---

[1]这一时间间隔可能部分由于储蓄、家私典当、子女的收入等造成的阻碍；部分由于以下事实，即阻止外来贫民的流入并不会减少贫民的数量，除非贫民的流入量低于死亡量以及其他原因造成的流出量。（参见贝弗里奇《失业》，第49页）

[2]亨特《贫困》，第3页。

[3]贝弗里奇《失业》，第50页。

[4]《经济学杂志》，1910年，第518页。

[5]《财富的分配》，第612页。

体效率产生严重影响和恶化作用——这种影响随懒惰程度的增长而迅速滋长——除非在自己拥有或租用的土地上劳动,以此来减轻懒惰的程度[1]。皇家济贫法委员会的专员有证据表明:"工人们完成工作后往往变得无所事事,绝大多数人会混迹于附近的酒馆。勤勤恳恳工作与完全无所事事之间的频繁切换,自然地导致这些人的道德品质逐渐败坏,身体日渐衰弱,以至于当工作机会来临时,他们往往变得有心而无力。"[2]据报道,一位雇用大量劳工的雇主说:"我所雇用的技术工人中,有5%~6%的人是刚刚失业。在长期无所事事的状态中,这些人无一不开始堕落。在某些情况下,堕落的情况非常明显。这些人的工作熟练程度降低,能力变差,在与大量的此类工人的必要交集中,我的感悟是,没有什么比长期无所事事对工人的能力产生的影响更坏了。"[3]德兰士瓦贫困委员会的报告称:"失业是造成永久性的、无望的贫穷最主要的原因。无论工人的技术多么高超,在长期失业的过程中,他必定走向堕落。他的手不再那么灵巧,他甚至还染上了游手好闲的恶习。这种趋势会使失业者的能力下降到无法去应聘的水平。"[4]有证据表明,一旦这些人成为了临时工,他们就不愿意再安心正规地上班了。[5]我们还可以参考美国的一项最新调查结果:"如果工人被强制性休闲一段时间是休养生息的大好机会,则对于难以就业这一问题会有其有利的一面。然而,强制性休闲并不会带来休养生息的效果。找工作远比做工作劳心劳力。一位正坐在慈善机构办公室里等待经纪人到来的求职者,讲述了他的求职经历。当他听说三四英里外的某个地方有工作机会,他就会在清晨5点起床,因为他付不起车

---

[1] 在比利时,铁路公司推出的廉价工人票使得大量工人能够住在带有农田的农舍中,他们下班以后还可以耕种农田。(参见朗特里《失业》,第267页)

[2]《皇家济贫法委员会少数派的报告》,第1138页。然而,有充分的证据表明,在英国就业情况良好的时期,饮料的总消费量最大,这无疑与良好的就业通常与一般人的高消费能力有关。可参见 A. D. 韦布《英国酒类消费情况》(《统计学杂志》,1913年1月)和卡特《酿酒业的管制》,第90~94页。但是,这些统计数据并不能证明,与就业情况良好时期相比,人们在失业时期对酒类的消费就一定很少。

[3] 参见奥尔登《失业,一个全国性的问题》,第6页。

[4]《德兰士瓦济贫委员会报告》,第120页。

[5] 向慈善组织协会非技术工人委员会提交的一些证据表明,由于工人拒绝规律性的工作,从而使得将临时码头工人转为正式工人的尝试以失败而告终。(《报告》,第183页)

费，只能步行去那里，提前出发是为了赶在别人之前到达。在第一个地方没有得到工作，他会失望地拖着沉重的步伐，去到数英里外的另一地方，结果迎接他的依旧是失望……当他讲述自己故事的同时，也告诉了我们一个道理：失业不仅仅意味着金钱的损失；它还意味着无法用金钱衡量的生命的消耗。"[1]此外，在不景气时期遭受的损失，并不会因为景气时期获得的利益而抵消。的确，正如经常发生的情形一样，景气时期很可能意味着长时间的加班，如此一来，不但不会产生任何有利影响以抵消不景气时期产生的不良影响，反而会进一步加重这种不良影响。

□ 格林威治街的穷人地下住所　1869年

19世纪30年代和50年代的经济衰退，导致许多美国人失去工作和住房。成千上万无家可归的人晚上住在警察局，白天露宿街头。当青春期的男孩离开家去寻找工作，以减轻家庭的经济负担时，街头又多了无家可归的青年。当时有一种地下住所，相当于无家可归者的收容所。通常由当地社区组织为最需要帮助的人提供食物和住所。图为格林威治街的穷人地下住所。

第8节

正是这一点，使本章与前两章的分析变得相互关联。通过分析，我们得出的结论是，缩短工时法在应对经济不景气方面，总是比裁员法更加有利于国民所得，但是对于这个结论，我们没有必要全盘接受。另一方面，还有一个重要因素值得我们慎重考虑。在上述提及的分析中，我们在讨论转移成本时心照不宣地假定，可以抵消转移成本的流动收益一定是由经济形势决定的，而且无须对它们进行专门的研究。然而事实上，这一假设并不完全合理。如果某企业（或行业）雇用

---

[1]《美国劳动局公报》，第79号，第906～907页。

100个人，需求下降导致工作量比之前减少了 $\frac{1}{100}$，那么按目前的工资率——假设工资率保持不变——该企业可以通过全面缩短正常工时的 $\frac{1}{100}$，或通过解雇一个工人来应对需求下降。显然，在按照本编第九章第9节描述的方式将转移成本转变成日工资形式的条件下，如果转移成本低于日工资，工人流动到它处工作则符合国民所得的利益。如果采用裁员法，假定某个人——业已被解雇——了解了必要的信息，一旦觉得满足对方的条件，他就会转移到其他地方去工作。但是，如果采用缩短工时（或轮班制）的方法，除非转移成本按照上面所说的进行转变后低于日工资的 $\frac{1}{100}$，否则就不会有任何的工人移动。因此，在这一方面，缩短工时法——可能要附带说一句，以年薪聘用员工的方法更不利于劳动移动，它的影响更大——对国民所得的危害必然大于裁员法。如果转移成本很大（例如，从一个技术型行业转移到另一个技术型行业的时候），或者如果人们预计需求疲软只会持续一段很短的时间，那么采取任何一种方法都不会发生工人移动，事实上也就没有任何东西可以用来抵消缩短工时带来的直接和即时的利益。但是，如果采取裁员法而发生了工人移动，但采取缩短工时法不会发生这一情形，那么这种情况下国民所得将遭受损失。如果一家企业采取缩短工时来应对自身独此一家的不景气——而该行业的其他企业的需求十分旺盛——则比它采取缩短工时来应对其他企业共同面临不景气的情况，更有可能对国民所得造成损害；因为阻碍企业之间移动的成本比阻碍行业之间移动的成本低。上述对于缩短工时的反对意见值得重视，但它自然不是决定性的。值得关注的是，有人反对棉纺织业的战时政策，即所有工作由工人轮流完成，并向"轮空者"支付工资，这笔资金向生产时间超过与机器运转时间成正常比率的雇主征收。[1] 它可以在某种程度上用来反对所有的失业保

---

[1] 关于战时棉花控制委员会的工作论述，参见 H. D. 亨德森《棉花控制委员会》。1918年8月，轮班制度（建立于1917年9月）被废除，并决定特别征收的税款仅用于支付给被明确且长久解雇的失业者的救济款。1918年3月，黄麻控制委员会出台了一项计划，对那些为了减少10%的黄麻消费量而停掉一部分机器所导致失业的工人进行补偿。但是，补偿仅限于此类失业者中找不到其他工作的工人，而因任何不正当理由拒绝适当工作的工人将不予进行补偿。（参见《劳动公报》，1918年，第135页）大约在同一时期，德国也出台了类似的计划，即规定对那些对因煤炭短缺而遭受失业的工人进行补偿（参见《劳工公报》，1918年，第141页）。

险计划；因为这些计划减少了工人如果转移到一个新行业可能会获得的收入。[1] 无疑，这种反对也不是决定性的。转移造成的差别一般会很小，而另一方面，如果没有任何规定反对转移，则许多人可能将免于遭受失业造成的严重伤害。尽管如此，不应忽视它的确存在异议。在英国1921—1923年的极其特殊时期，就像我们看到的，由于战争需要，人员的大量流入使得工程和造船业拥挤不堪[2]，当公众的利益要求大批劳工离开这些行业时，其重要性就不言而喻了。

第9节

在前面的分析中，我们的关注限定在应如何对待体力劳动者的办法上，这一群体在当前的生产中发挥着重要的作用。然而，不可忽视的是，这些办法并不适用于那些在企业或其他机构担任高级职务的领取薪水的雇员。他们被长期雇用，领取工资，而不用考虑随时需要他们做的工作量有多少。在诉讼较少的时期，法官既不会被解职，也不会受到降薪的处罚。公务员、大学教授、陆军和海军（不论是军官还是士兵），以及不论是私营还是股份联合企业的高级职员，均属于这种情况。有人会问，为什么不能以相同的办法对待体力劳动者？他们就业之后，为什么不能根据他们在工作中显示出的能力而被当作永久雇员来对待？为什么他们在工作期间不能领取全额工资，无论在什么时间，有多少工作可做，或者根本没有工作可做？我们必须立即认识到，在对劳动的需求非常稳定的企业里，采用永久性薪金法将使国民所得不受影响。如果这些工人的工资水平被予以正确的调整，那么他们无论如何都将继续被全薪受雇。然而，在对劳动的需求有可能发生变化的地方，情况则有所不同。由于工人在不工作时仍然会得到工资这一事实，工资率的平均水平会下降，以使普通工人的年收入能够大约保持在原来的水平之上。如果劳动变成固定成本，就像资本设备支付的利息和高级职员的工资一样；

---

[1] 根据1927年《英国保险法》，申请领取救济金的失业者，可被要求在适当条件下，接受其原有工作以外的其他性质的工作；当然，这可能只是最后的选择。

[2] 参见鲍利博士《失业的第三个冬天》，第24~25页。

那么，雇主在景气与不景气时期所支付的工资总额，将与当前支付的工资总额完全相同。因此，从表面上看，这种假设中的安排与目前的安排相比，似乎在记账上而不是在实质上有所不同。然而，事实并非如此。就像在不景气时期缩短工时一样，但比之程度更强烈，它将阻止工人从暂时或永久不景气的企业转移到其他有劳动需求的企业中去。对于职位较高的雇员来说，他们无论如何都会留在企业，这就不是什么问题了。将他"捆绑"在他的位置上，并不会造成什么损害。但是，对于普通体力劳动者来说，这就是个大问题了。因此，在不损害国民所得的情况下，这一办法可能适用于企业雇用的一定比例的普通工人，但不能适用于所有工人；在实践中，将其应用于某些人而不应用于另一些人将是困难的。对于最近提出的一项修正方案，我再说几句。这项方案就是，体力劳动者应该成为领取薪酬的雇员，不仅在一个企业如此，在其所属的整个行业也应如此。体力劳动者一旦在该行业登记，就应领取全额工资，前提条件是他必须服从被调配到该行业内任何需要劳动力的企业的安排。这项修正方案——实际上相当于一个按行业划分的失业保险制度，其福利相当于全部工资率——将不会妨碍在同一行业内从一个企业到另一个企业的转移。然而，这将不亚于未修正方案对从一个行业转移到另一个行业的阻碍效应。此外，在界定一个人在特定行业登记的条件及其应该停止登记的条件方面，也会存在一些技术上的困难。然而，我们在此无法对这些问题进行充分的讨论。

第十二章　对提高工资进行干预的可行性

第1节 "工资的自然过程"是指在不受相关工人与雇主以外的个人或团体的干预下普遍使用的工资率制度。第2节 干预可能是购买者协会或政府机构试图施加的。第3节 在某些情况下，干预可能被未被察觉的逃避行为所干扰；但这种干预在工人群众组织起来时是不可行的。第4节 当管制机构只能确定"普通"工人的最低日工资时，就有特殊的规避机会。第5节 如果未被察觉的逃避行为不切实际，则有各种制裁措施可以使干预生效。

第1节

本编余下部分的目的，是探究旨在将某行业或某行业一部分的工资率提高到"自然工资率"水平之上的干预手段，是否可以以及在什么情况下（如果可以的话）可以增加国民所得。这里所说的自然工资率指普遍存在且不受个人或团体（直接相关的工人与雇主除外）干预的工资率。无论是雇主还是雇员的垄断性行为，都属于"事物的自然过程"，因此，我们必须考虑的干预只有消费者实施的干预与政府机构作为管理者而非消费者实施的干预。

第2节

消费者干预是指，顾客通过承诺自己只去那些给予工人的工资待遇达到了人们认为是合理工资标准的企业消费，试图以此强迫雇主为工人提供更好的工作条件。这一干预方法的使用范围在不同行业中的差异很大。该方法比较容易应用于顾客能亲眼看见其（比如零售商店里的店员）工作时间的长短的工人身上，而较不容易应用于工厂工人或家庭佣工这些他们看不见其工作时间的长短的人身上。[1]

---

[1] 参见梅尼《家务劳动》，第173页。

顾客信息了解不全面，而且许多物品在被销售给消费者之前，会经历一系列的生产环节，这两点往往极大地限制了这种方法的使用范围。然而，个体购买者协会仍试图通过白名单和工会标志等手段来采用该方法。[1] 政府机构有大量订货合同可以提供给商家，所以他们采用该方法可以取得更加显著的效果。1893年，英国下议院的《公平工资决议法案》敦促政府部门采用这一干预方法，要求雇主应参照政府合同，"支付给工人的工资不得低于现行工资率（当地标准）"。伦敦郡议会提供了一份工资表，所有参与合同招标的公司都必须承诺按照该工资表支付工人的工资。此外，部分市政机构坚持，如果公司不按"公平"工资率支付员工工资，政府将不得与之签订任何合同。"公平"工资率的范围不仅包括合同中的项目，还包括该公司的所有项目。因此，"贝尔法斯特和曼彻斯特有长期适用的议事规程，根据这些规程参与项目投标或履行合同的合同订立者，必须按工资率支付工人工资，并遵照劳资双方组织商定的劳动时间支付酬劳，而且不得阻止工人加入工会；而在布拉德福德，合同订立者需保证，在其投标前的三个月，均按雇主协会与工会商定的工资率完成对其工人工资的支付"[2]。由于有了澳大拉西亚的经验，英国政府机构——作为管理者而非消费者行使自己的权利——实施的干预已为人们所熟知，如今在国内也起到了非常重要的作用。要确定这些不同类型的干预可能以何种方式对国民所得产生影响，是一个纷繁复杂的问题，必须逐步去解决。在本章中，我将提出一个初步问题，即这种干预实际上是否可行，如果可行，它是否能够真正影响国民所得。

第3节

以上问题的答案，部分取决于更深层次的问题，即雇主和工人是否有可能规

---

[1] 1905年《澳大利亚商标法》规定，所有出售的商品必须贴有标签，表明其制造商是否完全雇用工会的劳工，但这被高等法院裁定为违宪，理由是联邦关于商标的立法只允许对旨在为制造商利益而设计的商标进行立法。（《经济学人》，1908年9月19日，第532页）

[2]《公平工资委员会的报告》，第50页。除非要求订立合同者支付的标准工资适用于他的所有工作，而不仅仅是特定合同中的工作，否则无良的订立合同者将规避这个条件，对合同规定的时间内所做的那部分工作支付全额工资，对在其他时间所做的那部分工作给予特别低的工资。

避干预机构的建议或法令而未被发现。由于雇主与其雇员订立的服务合同十分复杂,除了现金工资,还包括各种显性或隐性条件,比如工作速度、工作期间为工人提供舒适环境的安排,以及有时也会提供某些实物支付,以上种种都使得我们很难发现雇主的规避行为。如果雇主愿意,他可以通过对其中一项或几项进行操作,以抵消货币工资中明显增加的部分。[1] 但是,他不仅仅是以这种方式进行规避。因为穷人往往宁愿接受低廉的工资也不愿意失去工作,所以雇主和雇员之间可能会串通一气,而且正如人人皆知的在维多利亚的中国工厂,其所实际支付给工人的工资低于名义上的工资。如果没有把工人组织好——如果他们非常贫穷或者分别在自己的家中工作[2]——即便是一个强大的政府,在执行其意志时也必然存在巨大的困难,且更不用说购买者协会了。这一事实可以由英国关于卫生设施、安全及妇女儿童的工作时间方面的法律经验来进行说明。一直以来,人们发现,很难对行业中规模较小且不那么有名气的单位进行有效控制——特别是工作时间方面——因为相对于"家庭作坊"和独立工作的工人来说,家庭工作与车间工作很容易发

□ 西弗吉尼亚州矿工

在美国内战期间,西弗吉尼亚州仅有几个煤矿,整个州的矿工不到1 600名。然而,1880—1900年间,在铁路公司开辟了穿越阿巴拉契亚山脉的路线后,煤炭开采开始蓬勃发展。西弗吉尼亚州在1869年生产了48.9万吨煤,1889年生产了488.2万吨煤,1917年生产了8 938.4万吨煤。与此同时,在1890—1912年间,西弗吉尼亚州的矿山是全国矿工死亡率最高的。第一次世界大战期间,西弗吉尼亚州矿工的死亡率甚至高于美国远征军在欧洲作战的士兵。

---

[1] 关于这一点,我们应该注意到,政府授予加利福尼亚、俄勒冈、华盛顿和威斯康星州工资委员会的管理权十分有趣,它不仅包括干预工资率的权力,还包括干预该州妇女的工作时间以及"工作环境"的权力。(《国际劳动法》,1914年2月,第78页)

[2] 劳埃德先生写道:"谢菲尔德和索林根的磨床工之所以比铸刀工更容易组织起来,是因为他们主要以聚集工作为主"。(《经济学杂志》,1908年,第379页)

生混淆。[1]在现如今英国的任何地方，雇主从外面雇用工人到自己家里进行生产，便被称为"工场"，只要是工场，就必须遵守《工厂法》的一般规定。在雇主自己家里工作，且只雇用自己的家庭成员进行生产，则称之为"家庭作坊"，其卫生设施及年轻人与儿童的工作时间都受到管制，但受管制的程度不及一般工场。但是，当某家庭妇女独自在家为外面的某个企业工作时，以上这些将不受管制。即便是在工场和家庭作坊里，我们也怀疑现有检查员是否能够成功执行这些规定。[2]由于在整个过程中，检查员的任务非常繁重，因此在英国，对检查员的需求正不断扩大。然而，如果我们刚才讨论的，监管如此困难的话，工资监管问题则会更难。正如我们已经了解到的情况一样，工资率不像卫生设施、工作时间等，可以轻易通过眼睛或鼻子来发现。[3]因此，几乎无法发现雇主的违规行为，除非工人公然采取行动；然而，如果没有人将工人组织起来，单个工人因为害怕招致厄运，往往不会采取行动。这一困难严重阻碍了《英国劳资协商委员会法案》的实施，尤其是在与家庭工人相关的问题上。[4]然而，如果存在一个有效的工人协会，就可以克服这一困难。因为可以依赖失业救济金，所以工人不会出于害怕失去工作便接受低于工会规定的最低工资率，而是向工会提起申诉；而且，即使个别工人不这样做，工会领导也会承担起眼神犀利的义务检查员的职责。因此，令人振奋的是，英国为提高低迷行业（如链条制造业）的工资所采取的行动，已多次使得工人的组织情况得到改善。"在这种情况下（与劳资协商委员会的建立联系在一起），一个特别令人鼓舞的场景是，受影响行业的女工满怀信心地加入工会，使一些工会增获了大批会员。经常有人反对工资管制，认为它对本应最需要管制的无组织行业毫无用处。实际情况似乎是，工资管制的前景正在鼓励贫穷的

---

[1]人们有时候建议，如果让家庭作坊中摊派工作的人，甚至地主以及雇主，对破坏法律的行为承担法律责任，则法律执行起来会更加容易。（参见韦布在皇家劳工委员会上的证词，[白皮书，第7063-1号]，Q.3740）在马萨诸塞州，法律责任有时候会被推卸给摊派工作的人。

[2]参照新西兰与维多利亚州在执行限制店员工时的法律方面遇到的困难。在新南威尔士，不管是否雇用店员，只要遵循规定所有商店营业时间的普通法律，都可以在一定程度上避免这些困难。（参见阿维斯《关于商店店员工作时间的报告》，第12页）

[3]麦克唐纳夫人《经济学杂志》，1908年，第142页。

[4]参见维西利茨基《家庭佣工》，第7章。

工人建立起自己的组织，因为他们感觉到了来自政府的支持。"[1]当然，与此同时，给他们更多的钱，让他们可以更轻松地支付工会的会费。这些考虑因素表明，尽管干预行为有时可能受到未被发现的规避行为的阻碍，但一般情况下阻碍不会太大。

第4节

然而，这一宽泛的论述并未完全公允地说明建立真正无懈可击的管制体系可能遇到的困难。如果管控机构本身能够制定并推行一套规模完整的计件工资制度，便不存在其他困难。但是这种方法只在有限的范围内适用，因为各个行业中存在着机械设备、工厂设施、产品质量标准（例如锁扣眼工厂）等方面的差异，使得适合不同企业的计件工资率各不相同；而劳资协商委员会或其他政府部门很少具备应对这些差异所需的知识。[2]英国劳资协商法委任的委员会发现，他们唯一能做的就是制定一个所谓的最低日工资标准，并要求雇主草拟一份计件工资表，保证所规定的计件工资率能使其所在行业的普通工人获得的计件工资相当于日工资。鉴于这样一个事实，即计件工资比计时工资更能促进工人努力工作，1918年，在劳资协商法的授权下，为计件工人制定了一个更高的最低日工资标准。该标准高于为实际按日工资所雇用的工人所规定的最低日工资，而且劳资协商委员会管辖内的大多数实行计件工资制的企业，都采用了这一标准。然而，还有另一个困难。除非作出进一步的规定，否则由于"普通"一词的涵义不明，将使规避行为乘虚而入。为堵住这一漏洞，我们必须给该术语下一个定义。劳资协商委员会对纸盒制造业所作的工资规定为：任何企业所雇用的至少85%的计件工人所获得的工资，不得低于最低日工资。因此，按能力排序，从上往下数，第85位工人（按工人总数为100人计）代表能力最差的"普通"工人。但是，即便是这种数字化的定义，也不可能完全消除规避行为。雇主实际上仍有权力解雇能力最差的

---

[1]哈钦斯和哈里森合著的《工厂立法史》，第269页。关于劳资协商委员会对缝纫业组织表示称许的证据，参见托尼《缝纫业的最低工资》，第90～94页。
[2]为了说明这个困难，可参见蒂利亚德《工人与国家》，第58页。

工人，并聘用能力更强的工人来代替他们，然后将计件工资率定得低于原本要求的标准，使85%的原有工人能够挣到标准日工资，从而强制性地降低一般工资标准。为了避免这一危险，劳资协商委员会在缝纫业规定了"普通"工人的最低计时工资标准，并表明，如果某企业有85%的员工收入达到该最低标准，就能从表面上证明该行业制定的最低工资率是合乎需要的。但是，在特定工资率下，低效率工人受雇数量的大幅减少，却驳斥了上述看似合理的论证。只有当公司没有对工人进行特定选拔时，100人中的第85个人才会被认为是最差的"普通"工人。[1]劳资协商委员会对纸盒制造业的规定与此类似。[2]这样的规定显然会导致一些棘手的、细节上的问题，作为最后的问题，不得不将其呈递给某个劳资联合委员会。因此，根据《最低工资（煤矿）法》，将由雇主与雇员组成的劳资联合委员会裁定，雇主希望将其认定为低于普通水平的工人，是否得到了公正的待遇。在这种方式之下，规避行为即便不能完全被阻止，但无论如何也能得到有效控制。

第5节

然而，如果认为没有察觉到公然违法就不会发生规避行为，那么这一事实本身并不会使工资的自然进程中的干预行为真正起作用。因为可能发生的情况是，即使规避行为被人察觉，也没有制裁方案可以制止它。不过，制裁方案事实上是真实存在的。就连购买者协会也掌握着联合抵制规避行为的利器，而且它一旦获得工会的支持，就可以号召工会利用罢工来维护自己的利益。政府机构掌握着各种制裁措施。其中最温和的是仅仅诉诸公众舆论，《加拿大劳资纠纷调查法》中所采取的就是这一措施。在这一模式下，马萨诸塞州最新通过的一项法律要求建立了一个委员会，该委员会有权调查——通过工资委员会——任何行业，只要它有充分理由相信该行业支付给女工的工资"不足以维持必要的生活开支和保证工人的身体健康"。在一次听证会之后，该委员会对工资率的实施提出了建议，并

---

[1] 参见托尼：《缝纫业的最低工资》，第50~51页。
[2] 参见巴尔克利《纸盒制造业的最低工资》，第21~22页。

"发布了一项裁决令,附以未接受或拒绝接受该裁决令的雇主名单。该名单随后被刊登在至少四家报纸上,但并未实施进一步的处罚"[1]。低估这种制裁的威力将是一种错误。毫无疑问,支付给低级别工人的工资率"若没有传统或惯常的工资标准的强制作用,就会低于现有的实际水平"[2]。战前女工每周的工资率一般接近于10先令,这在某种程度上也可能是公众舆论起到了制裁作用。1909年的《英国劳资协商委员会法案》出于某一特定的目的,出台了更严格的制裁措施。该法案规定,在委员会强制执行之前的预备阶段,政府只能与按委员会提议的工资率支付工人工资的企业签订合同。1906年的《澳大利亚消费税法》提出了更为严厉的制裁方式,随后最高法院宣布该法令违宪。[3]对于按低于"公平合理的工资率"支付工人工资的本地制造商,政府将征收差别消费税。在澳大利亚立法的某些方面,与这项法令类似的政策也已经实施。"1907年的《津贴法》、1908年的《制造商奖励法》和1910年的《页岩油奖励法》,均规定对其本国产业给予鼓励措施,同时还规定,如果在商品生产过程中,雇主未支付给生产工人公平合理的工资率,将不予发放或减少发放奖励金。"[4]如果这些较轻的制裁不起作用,就必须采取罚金制裁,这种制裁不仅出现在维多利亚和其他澳大利亚殖民地的重要法案,以及英国商务部的法案中,还出现在1913年美国俄勒冈州和华盛顿州通过的更近时期的法案中,但只适用于妇女和少数民族。[5]在这其中一些法案中,还增加了监禁制裁。不仅如此,还有比罚金及监禁更有力的处罚措施。对于在雇主因怨恨而宁愿选择暂时停工来进行抵制的工资率与迫使雇主完全放弃该行业的工资率之间所存在的一定差距,国家或其他政府机构可通过两种不同的方式加以利用。首先,在某些形势特别的行业中,它可以威胁雇主,若不同意按它规

---

[1]《国际劳动法》,1913年2月,第49页。马尔孔奇尼在《家庭工业工资》一书中,对该法律和美国其他州的类似法律进行了概述(第546页及以下多页)。

[2]《皇家济贫法委员会的报告》,第17卷,附录第377页。

[3]圣·莱杰先生在《澳大利亚社会主义》一书中录有最高法院的判决(第394页及以下多页)。

[4]《联邦手册》,第476页。参见布赖斯《现代民主》,第2卷,第245页。

[5]参见《美国劳工统计局公报》,1913年1月,第204页。至1923年底,美国有几个州通过了某种最低工资立法,但从那时起,法院便判定其中的大多数条款是违反宪法的。仅依靠舆论制裁的新法律在马萨诸塞州和威斯康星州得已通过(参见劳工中介局《最低工资率设定机制》,1927年,第113页及以下多页)。

定的工资率支付工人工资，就会被逐出该行业。例如，在普通铁路或市内铁路行业中，如果企业依赖于政府授予的特许经营权，则该特许权的条款可以作相关规定，即任何拒绝接受政府关于工资率决定的行为都将导致丧失特许权。[1] 其次，在一般的行业中，如果某些顽固的雇主执意支付给工人低于规定水平的工资，国家可以对那些因此而罢工抗议的工人进行补偿，甚至可以强制关闭这些雇主的企业。通过这些手段，政府迫使雇主只有两条路走，要么妥协，要么永远转行，而且也不可能转而采取那些执行过程中可能因混乱而无法实施的办法。不能将其视为行政部门与对抗的雇主协会之间无休止的冲突而一笑置之。因为雇主一旦了解了政府采取这些措施的决心，抵抗行为就永远不会发生，这样一来，这些方法就确定无疑会成功了。如果出现最糟糕的情况，展示一次政府的力量就足够了：

门口那台强大的双臂发动机伺机而动随时准备一招制敌。

这种形式的制裁是所有制裁方法中最有力的。[2] 当然，它和其他制裁一样，不是在任何情况下都绝对有效、令人信服的。批判者可以轻易反驳说，如果雇主顽固不化，提高工资的干预手段就无法成功实施。但这一情况与实际问题不相干。当问到，如何才能迫使雇主在亏本的情况下继续待在某一特定行业时，答案是：雇主不可能就这样俯首就范的。但是，正如在讨论强制性仲裁那一章所指出的那样，要证明某一法律有时无法实现其目的与要证明该法律无效是完全不同的两码事。杀人犯和纵火犯明明犯了法，却仍然逃脱法律的惩罚不是不可能的。法官可以命令一位母亲将其子女交给其他人来监护；但是，她若选择离开，或者最后选择一招，即毁掉孩子或自己，法官则不能强迫她服从。然而，没有人会引用这些显著事实来证明我们的法律主体缺少强有力的制裁措施。同样，任何人应该都不会把政府决策关于工资方面的制裁方法尚不完善的事实，作为不存在制裁措施的证据。[3] 它们是真实存在且切实有效的。在它们的帮助下，用以提高工资的干预手段可以发挥实际作用。

---

[1] 参见米切尔《有组织的劳动》，第345页。
[2] 参见本人拙著《行业秩序的原则与方法》，第191~192页。
[3] 参见本人拙著《行业秩序的原则与方法》，第185页。

第十三章　雇用劳工的方法

第1节 区分随机法、偏好优先法和等级特权法这三种方法。第2节 举例说明。第3节 说明支持采用这些方法中的一种或多种的有利影响。第4节 说明随机法和短期雇佣之间的关系。第5节 讨论国家应该为鼓励长期雇佣而进行干预的建议。

第1节

在考察干预对提高工资的影响之前，有必要对劳工的雇佣方式作一个初步调查，因为干预的效果在某种程度上取决于具体的劳工雇佣方式。产生这种联系的原因在于，当任何一个行业或职位提高工人的工资时，我们假定是某一因素在起作用，根据不同情况，该因素可能会把别的行业或职位的工人吸引到这个行业或者职位上来；反之，也可能会使原有的工人离开该行业或者该职位。工资的变动在劳工身上会产生行业吸引力的变化，上述因素就是通过这种变化来起作用的。劳工一方面是指本行业或者职位之外的人，另一方面也指已经属于本行业的人。但是对于这两类人的吸引力的变化，不仅取决于工资变化率的大小和行业对劳工的相对需求的类别，还取决于与时下流行的劳工雇佣方式相关的某些其他条件。这一点接下来会得到证明。任何一个职位或行业的收入期望值是指，具备该职位或行业所要求的

□ 饼干厂的女工　1926年

1830年，利物浦–曼彻斯特铁路开通以后，利物浦的两地人口迅速增长，并吸引来大量的爱尔兰移民；到1851年，该市四分之一的人口是爱尔兰裔。随着经济的持续发展，这座城市被称为"大英帝国的第二大城市"，也被称为"欧洲的纽约"。图为1926年，在利物浦的一家工厂里，女工正在给饼干涂上彩色糖衣。

素质的全部员工年度总收入除以员工总人数的值。如果雇用方法是具有本行业或职位所要求的素质的人，无论其是已经在从事该行业工作的人，还是目前在其他行业工作的人，且他们在该行业或职位中都享有平等的就业机会，那么行业内人员和行业外人员对该行业产生的吸引力则与这个期望值一致，而且从这两类人的观点来看，期望值的变化应当与吸引力的变化大体一致。事实上，二者并不完全对应。因为对于很多人来说，由较高的名义工资和较差的就业前景组成的"收入预期值"，比由较低的名义工资和较好的就业前景组成的相等的"收入预期"更具吸引力。因此，英国济贫法委员会报告说："在利物浦，有人坦诚道，名义上的高工资吸引着本地和爱尔兰的劳工，他们认为在这一工资水平下可以找到正常工作。"[1] 迪尔里先生曾经指出，在伦敦建筑行业存在着同样的影响。[2] 贝弗里奇先生也强调了这一现象，"人们可能宁愿接受一份日薪为5先令、每两周上四次班的工作，也不屑于接受一份每周15或18先令的正常工作"[3]。但是在这里，无须过多地讨论这种情况。在考虑所需条件的情况下，我们可以得出结论：收入期望值的变化与行业吸引力在业内和业外劳工身上发生的变化大体一致。然而，如果只雇佣具有既定素质并且已经从事过该行业的劳工，而不雇佣行业外的新人，则无论上述变化如何影响收入期望值，即使工资水平被迫上升且可雇佣工人数量减少，该行业对于行业外劳工的吸引力也必定为零。再者，如果雇佣方式是，用人单位总在具备既定素质且已经从事过该行业的求职者中，根据正式或非正式的优先录用名单来挑选工人，则该职位或行业对于处在录用名单底部的本行业工人而言，工资率的强制性上升必然导致其吸引力下降为零。当然，在那些很早就提前考虑子女应该接受何种职业培训的家长们看来，雇佣方式的差异多少有些模糊。但是，这并不影响他们对旨在提高工资的干预手段所产生的影响的关注。面对强制提薪，此处有三种可能性：（1）对于行业内人员和行业外人员来说，受到影

---

[1]《皇家济贫法委员会的报告》，第353页。
[2]《伦敦建筑业的失业问题》，第127页。
[3]《伦敦建筑业的失业问题》，第197页。

响的行业或职位的吸引力变化与收入期望值一致；（2）对于所有行业内人员来说，这种吸引力与收入期望值一致，但是对于行业外人员来说，期望值数值可能接近于零；（3）对于被解雇的行业内人员和所有的行业外人员来说，这个数值等于零。如果劳工雇佣方式完全具有偶然性，而且雇佣时间短暂的话，第一种可能性可以实现；如果所有的行业内人员比行业外人员更受用人单位青睐，但他们之间地位平等，则第二种可能性可以实现；如果某行业都是以聘用员工为目的，有意、无意地根据喜好量表来安排所有对该行业感兴趣的求职者，那么第三种可能性可以实现。因此，这三种劳工雇佣方式可以用明显不同的名称来区分，第一种叫做随机法，第三种叫做偏好优序法。至于第二种方式则没有令人满意的名称可用，如果非要为它命名的话，我将它命名为等级特权法。

第2节

可以通过实例来清楚地区分这三种雇佣方式。如果凡是具有给定素质（不一定具有不同素质）的求职者，雇主都会全盘接受，则随机法占据主导地位。该方式的一般性质显而易见。人们往往认为，多个公司通过某中介机构进行雇佣的情况，必然不属于随机法。但这种观点是错误的。职业介绍所的雇佣就像独立公司的雇佣一样，随机法都是适用的；而且它们的一些条款规定它们必须这样做。因此，在隶属于法国工会组织的许多职业介绍所中，"严格按照求职者的申请顺序分配职位"[1]。"安特卫普劳动局的做法是，按照求职者到劳动局提交应聘申请的顺序派遣工作——这种方式招致多方反对。"柏林酿酒业劳工局规定："求职者在登记时会拿到一个号码，必须等到他前面的号码持有者被分配好了工作，才会轮到他。也就是说，在得到工作之前，他必须一直等待。"[2]以上关于雇佣方式的所有规定，都是采用的随机法。等级特权法是依据1912年的利物浦码头方案正式确定下来的。所有从事过码头工人的求职者，都会在指定日期拿到一个标签，

---

[1] 参见《美国劳工简报》，第72期，第761页。
[2] 施洛斯《关于对待失业者的机构与方法的报告》，第84页。

拥有标签的求职者将比没有标签的求职者有更多机会获得工作，标签持有者之间不存在等级差异。[1]无论是正式还是非正式的偏好优先法，其应用范围都比较广泛。这意味着，在具备给定素质的不同求职者中，用人单位不会进行无差别聘用，而是或多或少以某种确定的顺序来选择录用。因此，无论什么类型的工作，往往都倾向于集中在某些特定的求职者身上，其他人则什么工作也得不到。从目前的观点来看，如果真正使用偏好优先法来挑选工人，则制订优先录用名单的依据是什么并不重要。按照求职者在该行业中服务的时间长短来进行名字排序——对于夕阳产业来说，这种方法特别有用——或者按姓氏的字母进行排序，都可以达到这个目的。实际上，当素质相同的求职者之间存在优先录用名单时，按照求职者的能力差异（假定他们的能力大小不同）进行的排序才是主要参考依据，优先录用名单只作为次要参考。因此，伦敦中央（就业）机构的示范性规定建议："管理人员应当根据求职者与工作的适配度进行岗位推荐，但雇主可以从登记的申请人中随意挑选他们认为适合的人选。"[2]总的来说，这一政策经柏林中央劳动登记局贯彻执行。[3]就它所涉及的相同能力者以一定顺序优先安排工作来看，意味着它属于上述讨论中的偏好优序法。

第3节

无须说，在不同的职位和行业中，雇佣方式并不能明确界定为上述讨论的三种类型中的一种。相反，实际上，现有的雇佣方式总体而言是折中性质的，往往倾向于这一种或那一种，但又不完全符合。在第十章中，我们讨论过在应对经济不景气的不同方法中作出选择的决定性因素；而此处在三种雇佣方式之中作出选择的决定因素与之十分相似。雇主们有许多顾虑，这使得他们不愿意在不景气时期裁员——比如害怕失去那些对他们而言有特殊价值（无论是哪方面的价值）的员

---

[1] 参见威廉姆斯《利物浦码头方案第一年执行情况》，第1章。
[2]《美国劳工简报》，第72号，第803页。
[3] 参见施洛斯《关于对待失业者的机构与方法的报告》，第87页。

工等——也使他们对随机法怀有敌意，不愿采用。因此，随机法很可能只适用于以下情形：工人的技术不成熟、特定设备或者工厂的具体情况非常相似，以至于工人对雇主的价值不会因为他曾被该雇主聘用过而明显增大。而偏好优先法可能适用于以下情形：同一个雇员如果在他的岗位上继续工作下去，对于他的雇主来说将是非常重要的。等级特权法可能适合的情形是：在不景气时期，雇主采取缩短工时而保留超过需求的劳工人数将是昂贵或有害的。显然，在"静止状态"下，后两种方法将得到相同的结果。

□ 利物浦的登船平台和船坞　20世纪

从20世纪中叶开始，利物浦的码头和传统制造业急剧衰落，集装箱化的出现使该市的码头变得过时。利物浦的失业率也一度居高不下。直到21世纪，利物浦的经济才再度复苏，其中部分原因是旅游业的兴起和对重建计划的大量投资。

第4节

有趣的是，随机法和短期雇佣习惯有关。的确，长期雇佣与一定程度的随机性并非不相容，因为即使公司每年都要招聘新员工，但是如果公司不定期地终止与不同员工之间的雇佣关系，便经常会有一定数量的岗位空缺；相反，如果公司同时终止与不同员工之间的雇佣关系，就可以把所有工作岗位空出来。而在短期雇佣的条件下，实际上存在着持续不断的所有的就业机会。只有提供给求职者的工作才有可能具有随机性，因此当长期雇佣方式占主导地位时，随机法就不能像短期雇佣法占主导地位时那样，得到非常全面的发展与完善。或者进一步地说，在普遍以随机法为主要雇佣方法的行业中，正常雇佣时间每延长一点就会在一定程度上削弱这种方法的效力。在很大程度上，长期雇佣是导致雇主们更喜欢采用偏好优先法或等级特权法而不是随机法的某些原因的副产品，其本身并不是原因。然而有时候，长期雇佣是由这些原因以外的原因造成的。长期雇用，或者更严格地说，导致长期雇佣的原因通过它们起作用，被适当地看作与随机法对立的附加因素。对某些行业而言，为公众提供持续性服务非常重要，这些行业有时候会引入长期雇佣这一方式作为避免技术熟练的体力劳动者罢工的一种手段。南方大都会燃气公司与其"合作伙伴"的协议就是一个明证。"该协议从我们的利益出发，明确规定，为每个员工提供3至12个月不等的工作机会，我们的大部分员工都是参照该协议行事。大家也许听说过，之所以制订该协议，就是为了防止大量员工同时递交辞工报告。1889年工人罢工的时候，所有的司炉工都在同一时间递交辞工报告。为了避免这种情况发生，我们制订了一系列的协议书，每星期有许多协议满期。这不是强制性协议。工人可以根据自己的意愿决定签字与否，但是签字的员工可以享受公司的红利。目前，签署了协议的员工可以另外获得工资的10%作为红利。所以你会发现，让大多数人签字不是什么难事。"[1]在非技术工人中，这种长期雇佣方式的积极作用通常很微弱。因为一旦发生罢工事件，他们的工作很容易被人取代，而且有时候反而会有一种引向反面的消极影响起作用。其原因在于，技术工人本身的聪明才智加上工会组织的支持，使得约束机制对他们而言失去了它的重要性。然而，在人数更多的非技术工人中，工头可能发现，如果缺乏随时可以解雇工人的法宝，要想强制他们做好一天的工作是不大可能的事情。[2]此外，我们必须记住，正如第1节中所说的那样，在所有的工人阶级中，短期雇佣方式可能更受人们的青睐，因为短期雇用提供了大量的临时工作的机会。济贫法委员会的主题报告中写道："所谓的'码头工人的浪漫生活'，只适合所有的技术性工人，他们可以在自己喜欢的时候休息几天，不用担心因此而遭受惩罚……在南安普顿码头，有几个案例受到了人们的关注。在那里，长期工要求做临时性工作。"[3]沃什先生也以同样的方式写到，大部分男性选择了

---

[1]《慈善组织协会关于非技术劳工的报告》，1908年，第170页。
[2] 参见普林格尔与杰克逊《呈交济贫法委员会的报告》（附录），第19卷，第15页。
[3]《皇家济贫法委员会的报告》，第335页和第354页。

码头的工作,"那里的工作是断断续续的,因此比需要定期出勤的工作更适合他们"[1]。

第5节

政府有可能直接采取行动,鼓励那些雇佣期刚结束的工人重新就业,而不是引导新人就业,以与建立长期雇佣制度的相同方式来对抗随机雇佣。因此,济贫法委员会的报告中写道:"打击临时工的办法就是强制征收我们称之为'终止雇佣税'的费用。也就是说,对于由雇主或工人造成的终止雇佣关系,都应该支付一小笔费用,由雇主和工人共同承担,作为罚款或者向国家缴纳印花税。至于这项税款,或者说这项'终止雇佣税'的征缴,是比较容易的。具体方法是,在'终止雇佣税'表格上附加印花,并且规定每个工人在登记应聘信息时,必须向职业介绍所出示该表格。调查结果显示,如果这种制度能够得到采用,它会有三点好处。第一,它能够阻止雇主或工人随意终止雇佣关系。第二,它能够限制雇用临时工,因为一个公司内雇用的临时工越多,这个公司需要支付的'终止雇佣税'的金额就越大。第三,在没有限制任何一种做法的情况下,它将提供一种收入来源,而这种收入可以用于支付我们提出的这项或那项提案的费用。"[2]毫无疑问,如果采用了这种办法,必定使雇主尽可能让同一个工人长久工作的愿望增强,从而进一步激励他们采用除了随机雇佣法以外的任何雇佣方法。1911年的《国民保险法》就具有这种性质,它大致规定(1920年保险法不再使用这一条款):"当雇主连续雇佣一名工人12个月后,他可以收回为该工人支付的 $\frac{1}{3}$ 的保险费用"[3]。然而,我们不能忘记,所有这些手段不仅鼓励雇主不断用同一个人填补其在任何情况下都决定要用人的岗位,而且还在某种程度上鼓励雇主把许多工人

---

[1]《关于码头工人的报告》,第19页。
[2]《皇家济贫法委员会的报告》,第410~411页。
[3]《辩解备忘录》,引自[白皮书,第8911号],第5页。

继续留在岗位上，否则他们本来会暂时取消这些职位。实际上，这样做的结果是抑制劳动力从需求下降中心到需求上升中心的自由流动，从而阻碍他们选择最有利可图的就业。这些手段以此种方式对国民所得造成的直接损害，必须与它们可能给国民所得带来的任何间接利益相抵消。

第十四章　在工资不公平的地区与职业中为提高工资进行的干预

第1节 定义公平工资。第2节 具体来讲，几种不公平因素可能包含于一种不公平的工资中，但这种复杂性在我们的分析中会被忽略不计。第3节 不公平工资可以分为两类：一类虽然不公平，但与其所在地区或行业中的劳动边际净产量价值相等；另一类包含剥削因素，且低于所在地区或行业中的劳动边际净产量价值。第4节 就前者而言，干预将对国民所得的大小产生影响，这种影响与在工资低至不公平程度的任何地方使劳工需求的一般条件保持不变的原因无关，而完全取决于阻止劳工分配自我调整以适应这些条件的原因的性质。第5节 当工资率低至不公平水平时，由于转移成本阻碍了可以使工资率变得公平的劳工再分配，干预将损害国民所得。第6节 当工资率低至不公平水平时，由于无知阻碍了预期的劳工再分配，干预的效果在不同情况下将有所不同，这在一定程度上取决于普遍存在的雇用劳工的方法。第7节 解释在第3节中区分的后一类不公平工资（即工资低于劳动的边际净产量价值）的产生方式。第8节 有证据表明，对这类不公平工资的干预，一般来说，很可能有利于国民所得。第9节 在任何职业中，如果女工的工资率相对于其他职业的女工来说是公平的，但相对于同一职业的男工来说却低至不公平水平，则旨在使其相对于男工工资达到公平水平的干预一般会损害国民所得。第10节 实际上，前面讨论的干预的详细而有区别的形式，可能需要代之以较为粗略的方法。

第1节

在广义上使用"货币工资"这一术语无疑是方便的，它包括任何以实物支付的货币估计值。因此，在所记录的实际工资之上，还应加上为农业劳动者提供的食物和酒、为煤矿工人提供的煤、为家庭佣人提供的住房和食物，等等。在本章中，工资是指通过这种方式修正后的货币工资。假如支付给所有地区和职业的工人的工资等于他们工作的边际净产量的价值——出于当前的目的，暂时忽略私人和社会净产量之间可能出现的差异——并且假如不同等级的工人在不同的地区和职业之间的分配（如本编第九章第2节所述），使广义上的国民所得值最大，就会在不同工人的工资之间建立起某种关系。我将它定义为公平的关系。[1] 在相类似的工人之间，经过对本编第九章第2节中所描述的附带的利弊的差异进行调整之后，它趋向于均等。因此，这一定义符合马歇尔的定义，后者曾经写到，在任何特定的行业中，工资相当于一般工资的水平就是公平工资。一般而言，如果考虑到对劳动力需求稳定性的差异，"这些工资与其他行业中难度和麻烦程度相当且需要同等的劳动力与同样昂贵的培训费的工作的工资大致相当"[2]。在不完全相类似的工人之间，公平意味着在调整了附带的利弊之后，工资与"效率"成比例，以及工人的效率被认为是边际净产量[3] 乘以其产量的价格。然而，虽然它暗示了这一点，但它并不仅仅意味着这一点。[4] 在上述基础上，结合第九章给出的结论，我要问：旨在提高不公平的低工资率的干预行为——例如，以法律形式强制执行，使整个地区或行业的实际计件工资率等于当地信誉良好的公司的工资率——是否以及在什么情况下（如果是）有益于国民所得；其次，旨在提高已经达到公平水平的工资率的干预行为是否以及在什么情况下（如果是）有益于国民所得。在本章及本编之后的章节中，我将致力于解决这些问题，前提是假定工人的收入对其效率产生的影响可以忽略不计，并在第十八章中讨论当该假设不存在时应如何修

---

〔1〕如果我们考虑到社会各阶层的相对收入，则很容易认定这种关系是公平的。这种关系不但满足正文中规定的条件，而且消除了本编第九章第1节中提到的受教育和培训机会的不平等。关于何时对这种广义的不公平进行干预对社会有利的讨论，将遵循与正文中相同的讨论思路，然而在这里，我们关注的是工薪阶层内部的公平性，而机会的不平等在这里发挥了相对不重要的作用。

〔2〕参见马歇尔为L.L.普赖斯的《劳资和谐》所写的序言，第13页。我冒昧地用"平等"一词代替马歇尔的"同样珍贵"的天然才能，后者似乎不十分确切（参见本编第十六章）。

〔3〕参见第二编第二章第4节，可以作出如下解释：正如目前所见，这里设想的效率不仅仅是工人个人素质的功能，也是周围环境的功能。但是，无论如何，在其他条件相同的情况下，体力、精神和道德力量的增强通常会导致效率的提高。有必要将该用法与其他两种用法区分开来。我们所说的效率不同于工程师所说的效率，它指的是能量输出与燃料输入的比率，或者换句话说，指的是工人产量的价值与其工资的比率。我们所说的效率也不同于埃默森先生所说的概率，它指的是一个人的实际产量与任务制订者认为他在没有过度压力下能够生产的产量的比率，一个具有百分之百效率的人就是刚好完成所分配任务的人。

〔4〕参见本编第十六章。

改我们的结论。接下来，让我们进入本章的主题——对不公平的工资率进行干预将产生的除了工人工作效率以外的影响。

第2节

在现实生活中，如果任何时候的工资率都低到不公平的程度，则这种不公可能是由不同原因产生的两个或两个以上不公平因素共同作用或反向作用的结果。在对这类情况的实际处理中，我们可能需要对各个不同的不公平因素进行干预的结果分别进行研究，因为可能出现这样一种情况，即干预行为适用于其中一个因素而不适用于另一个因素。但是，尽管这一情况会给实践带来困难，但它并不会使我们的分析方法产生任何差异。因此，为了方便分析，我们有理由忽略这类情况，只关注仅由单一因素形成的不公平工资。这就是在接下来的讨论中我建议采用的方法。

第3节

区分两类主要的不公平工资至关重要。其中一类是，造成某些地区或行业的不公平工资的原因可能是，虽然工资等于聚集于此的工人生产的边际净产量价值，但并不等于其他地区工人生产的边际净产量价值，因此也就不会等于其他地区的工资率。造成另一类不公平工资的原因可能是，由于对工人的剥削，使得他们的工资低于他们为企业生产的边际净产量价值。对这两种不公平工资进行干预所产生的影响绝不会相同，因此对它们的讨论必须完全分开进行。在接下来的三节中，我将专门讨论虽然干预的工资是不公平的，但它等于直接相关的工人的边际净产量价值，其中并不存在剥削的情况，即第一类情况。

第4节

首先作一般性质的初步讨论。假如在某一特定地区或行业中聚集的劳工数量众多，使得在现有需求条件下劳动的边际净产量价值以及由此带来的工资率低至

皇家交易保险公司雇主责任部　19世纪末期

19世纪，办公室岗位为成千上万的年轻人提供了稳定的工作和可支配的收入。他们中的大多数人都属于中下层阶级（尽管他们的工资有时低于其工人邻居的收入），因为他们的工作性质是"体面的"。图为1890年的皇家交易保险公司雇主责任部。

不公平的水平，则干预行为对国民所得可能产生的影响与造成当地现实的需求情况的因素完全无关。这是仔细思考就能得出的结论。但是在通常的讨论中，人们往往会忽略它。因此，偏僻地区的制造商经常辩称，落后的机器及其昂贵的运费（降低了他们对劳工的需求）正是他们支付给劳工的工资低于其竞争对手的原因。在美国伊利诺伊、印第安纳、俄亥俄和宾夕法尼亚四州的煤炭业签订的协议中，这一借口的合理性得到了正式的认同，"对工资等级进行适当的调整，使煤炭质量相对更高、铁路费用相对更低地区的工资率高于其他地区，以抵消其优越的自然优势"[1]。关于此类借口（或"理由"）是否合理的问题，我们已经探讨过很多次了。事实是，它既不是合理也不是不合理的，因为它们并不相干。无论什么时候，对低到不公平的水平的实际工资率进行干预都会对国民所得产生或好或坏的影响，这取决于不同地区、不同职业（包括自由职业）之间的劳工分配对干预行为产生的反应。这一反应的性质并不会因为对当地受影响的劳工的现有需求状况所产生影响因素的不同而有所不同。它完全取决于某些因素，这些因素阻碍了大量劳工根据其所在地区目前的需求状况进行自我调整，从而使得劳动的边际净产量价值与其他地区不相等。因此，我们必须对可能导致调整失败的主要原因加以区分，并依次对由这些原因造成的各种不同类型的不公平工资进行干预将带来的影响展开讨论。

---

[1] 协议第8条款，《美国劳工简报》，1897年1月，第173页。

第5节

首先，某些地区或职业的工资率之所以可能低到不公平的水平，是因为转移成本阻止该地的劳工转移到工资率较高的其他地区或职业中去。在这类较低的不公平工资中，包括那些可能盛行于下列地区或职业的异常低的工资：（1）与其他工资率较高的地区相距遥远，并且在种族、语言和宗教方面也与这些地区不同；（2）在某些职业中，从原来的职业转移到其他职业将导致大量的技术损失；（3）在一些主要由低级非技术工人从事的职业中，这些工人曾努力尝试一些技术性工作或为某些特定企业提供保密性服务，但最终转型失败，既未能成为高级的非技术性工人，也未能成为其他类型的技术性工人；（4）在某些地区，工人如果转移到其他地区工作的话，将失去该地区为其配偶提供的特殊工作机会；（5）相对于只考虑经济因素的高度发达的工厂制造业，在某种类型的工作如家庭工作中，很多人——大部分是已婚妇女或寡妇[1]——更多的是考虑照顾家庭这一非经济因素。总的来说，旨在提高任何这些形式的不公平的低工资所进行的干预，除了对效率产生影响之外，将对国民所得造成损害。看似唯一有利的影响是使某些劳工从工资率低的地区移动到工资率高的地区；因为如果这些工人没有离开原来的地区，他们的工作将会减少，从而给他们带来损失。但是，第九章的讨论已经表明，劳工移动虽然看似有利，但实际上并非如此。因为工资率的改变并不能改变转移成本；它只会促使人们逾越或克服转移成本的障碍。然而，只要转移成本始终存在，则仅仅因为这些成本才与绝对理想的劳工分配有所区别的分配方式，经第九章证明，就是相对于真实存在的转移成本而言的理想分配方式。[2]因此，只要这些成本不变，任何分配方式的改变，必定使国民所得低于从前。因此，根

---

[1] 参见维西利茨基《家庭佣工》，第13页。
[2] 然而应该注意到，随着老员工的死亡，这些成本将会消失；对于年轻人来说，在我们所考虑的以及其他人所考虑的职业之间做出选择是没有成本的。因此，如果多年后工资仍然不公平的低下，便不能归咎于成本，而且上述反对干预行为的论点将不再适用。

本就不存在任何获利的机会。[1]

第6节

其次，某些地区或职业的工资率之所以可能低到不公平的水平，是因为工人不了解情况而滞留在了那里，如果只考虑转移成本，他们便会发现移动是有好处的。要确定这些情况下干预行为产生的影响，无疑比上一节的那种情况更难。正如第九章所表明的，虽然克服转移成本所带来的障碍会造成收入上的损失，但是克服无知所带来的障碍会带来收入上的增加，因此，只要提高低工资职业或地区工资的影响是使该职业或地区的劳工转移到其他职业或地区，这种情况就会增加国民所得。在发生劳工移动的地区，移动带来的表面上的好处就是它真正的好处。然而，在得出任何有关干预行为的净效应的结论之前，我们需要探究的是，在多大程度上以及在何种情况下提高工资，才能将过剩的劳工转移到其他地方。

显然，当雇用劳工普遍采用偏好优先法时，无论对劳工的需求是弹性的还是非弹性的，都不会吸引更多的新雇员移动到工资率得到了提高的地区或职业，而被迫离开岗位的劳工也知道，自己是被永远地逐出了这些地区和职业。因为在这种雇用方法下，一部分人总是比其他人更加受到雇主的青睐，而且大家都知道，无论出现何种工作岗位的闲置，最后都会完全集中地留给那些备受青睐的人。在这种情况下，其他人如果不另谋他职，就会面临失去收入的境地，他们处于移动的强烈的引诱之下。因此，提高工资产生的整体影响，是使一部分劳工从就业机会较少的地方移动到就业机会较多的地方。除了移动过程中的突发性事件以外，任何地方都不会通过制造失业或半就业机会来抵消这一好处。因此，旨在迫使工资达到公平水平的干预行为必定有益于国民所得。

当雇用劳工普遍采用等级特权法或随机法时，在提高工资率的地区或职业，

---

[1]因此，只要家庭工人的工资等于他们的边际价值——这通常很低，因为他们需要与高效的机器进行直接竞争——并且由于家庭的需要而无法转移到工厂工作，任何强行提高他们工资率的行为除了对其效率产生潜在影响以外，还会损害国民所得。

对劳工的需求弹性大于1和小于1的这两种情况对国民所得的影响不同。当需求弹性小于1时，收入期望值将得到提高，该地区或职业对已经汇聚于此的劳工的吸引力就会增加。因此，无论是使用等级特权法还是随机法，都没有理由预期工人将移动至别的地区或职业；在随机雇用法中，还可能出现劳工的转入现象。但是可以肯定，该地区或职业的空缺岗位将会减少。因此，国民所得必然受损。当需求弹性大于1时，在使用等级特权法和随机法的情况下，提高该地区或职业的工资对已经汇聚于此的工人以及外来工人的吸引力将会减弱。因此，显然有部分工人可能会离开；不过应当记住的是，由于劳工对名义工资比对持续就业的前景更了解并且更重视，因此他们的移动可能遭遇巨大的阻碍。对于那些最容易移动的劳工来说，即不像一般劳工那样容易受失业冲击的年轻人来说，这种阻碍的力量将更大。当这种移动切实发生的时候，国民所得将会增加。可是另一方面，一些以前从事全日制工作的人，极有可能留在该地区或职位上从事非全日制工作（至少在一段时间内是这样）。由于这一原因，国民所得受到的损害可能超过或者低于其他劳工的移动所带来的好处。我们不能笼统地说其最终结果是好是坏。在不同的情况下，结果会有所不同。然而，在某种情况下，我们可以得到明确的答案。当需求弹性非常大，以至于将工资率提高到公平水平将使对劳工的需求降低为零，而该地区或职业对所有劳工的吸引力也将降低为零时，则汇聚于此的劳工必定会移动至别处。当个别雇主极度无能，或者个别工厂或矿场的环境极度恶劣，以至于强制实行公平工资将导致他们在与对手竞争之前就完全倒闭时，则上述条件将得到满足。当这些条件得到满足时——请记住，在我们这里讨论的情况中，劳工的移动受到阻碍，完全不是由于成本（例如学习一门新技术的成本），而是由于无知——国民所得必然会因旨在实行公平的工资率的干预行为而得到提高。

第7节

我们接下讨论第3节中区分的第二类不公平工资率，即该不公平工资率的产生不是因为实行地的劳工的边际净产量价值不足以产生与其他地方工资相等的实际工资，而是因为雇主的剥削使得劳工获得的工资低于他们为雇主提供的服务所产

□ 收作物

第一次世界大战爆发后不久，由于男性劳动力缺失，大量女性不得不从事以前受到限制的工作。尽管一些官员、工厂经理和工会犹豫不决，但是军需供应委员会在1915年专门对从事军需工作的妇女的就业和报酬提出了建议，并对军需女工的就业条件达成一致。此外，战争办公室还出版了几本关于女性就业的指南，记录了第一次世界大战期间女性在英国本土前线的贡献。图为第一次世界大战期间，一名妇女正忙着收作物。

生的边际净产量价值。事实上，对这个问题的陈述的确存在一些不切实际的成分。因为，如果某雇主或雇主团体剥削其工人的话，一般而言，他能雇用到的劳工就不如不剥削情形下的那么多，而他雇用的劳工的边际净产量价值将间接得到提高。因此，一般而言，如果雇主每周支付给工人的工资比工人的边际净产量价值少5先令，那么以这种方法对其员工进行剥削并不意味着这些工人比其他地方从事类似工作的人每周可获得的公平工资少5先令，也许仅仅是4先令或3先令。[1] 在对此有了了解之后，我们可以继续研究剥削导致的不公平的低工资的形式。

如果各地盛行完全的自由竞争，那么任何行业中的雇主支付给工人的工资率都将确定为一个明确的值，这在第六章曾作过解释。给定素质的劳工的边际净产量价值对于所有雇主而言都是相同的——为了便于说明，我们暂时忽略不同地区生活成本方面的差异——并且如果雇主给某个工人的工资低于其他雇主，该工人就会知道他可以立刻从其他雇主那儿获得与他的边际净产量价值等价的工资。然而，如果阻碍劳工移动的仅仅是缺乏就业信息与昂贵的转移成本，我们就可以在工资谈判时引入垄断因素。这样一来，一个不确定值的取值范围将就此诞生，其中实际支付给各个工人的工资可能会受到个人"议价"能力的影响。该范围的上限是工资等于工人为其雇主生产的边际净产量价值，我们已经知道，该价值不是由外部因素决定，而是在一定程度

---

[1] 参见本书附录Ⅲ。

上取决于该雇主决定雇用的工人数量。该范围的下限是工资等于工人认为自己转移到他处可以获得的工资减去用于抵消转移成本的费用。工人的上限与雇主的下限之间的差距,在不同情况下有所不同。如果某地的雇主之间私底下或公开达成协议,不通过竞标抢夺工人,则这一差值就会扩大,因为在此情况下,工人们如果不接受雇主的条件,就需要另谋他职,而且不是在附近,而有可能是在某个未知的地方。例如,第一次世界大战前,某些地区支付给农业劳动者的工资率就是约定俗成的。即使现在的条件已经与该传统形成时大不相同,但没有人试图冒险打破这一传统。《土地调查委员会报告》中说道:"农场主已经习惯于支付某一固定的工资率,并且认为农耕条件可能不允许他所支付的工资超过这一限度,而且我们发现,他们宁愿在一段时间内没有工人为其工作,也不愿意增加工人的工资……由于彼此之间利益一致,这极大地巩固了他们的防线。如果镇上的某一位雇主愿意大幅提高工资,他就必须心理强大到能够承受住其他雇主的不满(如果存在的话)。但是事实上,农场主之间的私人关系非常密切,且最优秀的雇主对来自社会的排斥很敏感。我们似乎听说过,如果不是害怕当地舆论,英国许多地方的农场主都愿意提高工资。因此,一位农场主告诉我们,为避免出现自己支付的工资高于邻近农场主支付的工资的情况,他实际上使了一个手段,即采用奖金制度来提高工人的工资。"[1]雇主越是使用这些手段——这些手段已经受到本编第九章第8节所讨论的"特殊条款"、《禁止实物工资法案》以及其他形式的保护性立法的反对——便越有可能使工人更加不了解自己的实际收入,差距的宽度也就越大。只要存在差距,对工人进行的剥削就可能达到这一差距的上限。[2]

如果上述差距存在时,剥削是否发生?如果发生,剥削的程度有多大?其

---

[1]《土地调查委员会的报告》,1914年,第1卷,第40页。
[2] 人们有时认为,相对于计件工资制度,雇主的剥削能力在计时工资制度下总是更大一些。但事实并非如此。如果工人的工作速度取决于雇主所拥有的机器数量,那他们通常更倾向于计件工资制度;因为在此制度下,他们由于加快工作速度而过度劳累的情况比在计时工资制度下出现此类情况的概率更低。尤其是在棉纺业与鞋靴业中大量使用机器的部门,工人们似乎更认同这一观点(参见劳埃德《工会主义》,第92~94页)。

答案一方面取决于雇主与相关工人的相对"议价"能力，一方面取决于强势一方行使其能力的意愿。即使差距很大，剥削也不一定就会出现。而且，如果某些行业的工人有能力自行组织起来，成立以储备基金为基础的力量强大的工会，则该工会就能作为独立的团体为自己的工资率进行集体谈判，在这种情况下，剥削甚至不可能发生。但是在那些工人没有组织起来的行业——无论是因为工人们完全分散在各处，还是因为他们贫穷与无知，或者因为她们是打算婚后就离开职业岗位的女工，或者任何其他原因——我们都有理由担心剥削会频繁发生。其中主要的原因是，如果工人无法联合起来，雇主通常就比他们拥有更大的战略实力。首先，"议价"这件事儿对于雇主来说早已是习以为常，并且他还受过一定程度的相关训练，但是对于大多数工人来说刚好相反。尤其对于女工与童工来说，实际上处于极度弱势。其次，一方面雇主往往更加富有，另一方面雇主通常会雇用大量工人，所以，如果他与某个工人未能达成协议，则他在利益上所遭受的相应损失将小于该工人的损失。因此，当雇主处于优势地位时，就能将事情推向极端。而雇主在家庭劳务的"议价"中处于相对弱势，这表明雇佣人数的重要性。"对于富有的女士来说，如果一天没有仆人，可能就像仆人丢掉了工作一样痛苦；而且对她而言，重新找一个仆人就如同仆人重新找一份工作，将有无尽的忧虑与不便。"[1]第三，在某些情况下，工人如果拒绝雇主的条件，除了会造成收入的损失之外，还会遭遇更多的不幸。如果他不仅是雇主的雇员，还是其租客，那么他就很有可能被雇主从房子里赶出去。鉴于这些考虑因素，如果某个雇主手下的工人没有组织起来，他就有可能通过自己的议价能力，最终支付给工人更接近于工人可接受的最低工资，而非他本人可接受的最高工资。如果雇主计划长期雇用同一名工人，出于对影响工人未来工作效率的担心，他可能会为了自身利益而提供比工人需要的更加优厚的条件。此外，可以想象，慷慨与善良这两种情感往往也会妨碍雇主充分发挥自身优势。但是，如果他自己非常窘困，就没有什么慷慨的余地了；而且，即便他没有达到穷困潦倒的地步，如果他雇用工头或分包商以计

---

[1]参见韦布《工业民主》，第675页。

件制进行生产，也将没有慷慨待人的机会。[1]由此可见，在无法进行集体议价的无组织的工人中，许多男工、女工得到的工资会非常接近于可能工资率范围的下限而非上限。这些工资一般低于其他地方同类工作的工资，因此也是"不公平的"[2]。

第8节

在任何地方订立此类不公平工资，无论如何都不会直接造成实际的劳工分配与最有利的劳工分配之间的任何差异。它直接造成，在某些地区，某些原本无论如何都会被雇用的工人，可能被谈判对手以更加强大的战略实力榨取可能收入中的一部分。因此从表面上看，尽管废除这种不公平的工资制度有可能防止相对富有者从相对贫穷者那里获利，从而造福整体经济福利，但它不会对国民所得产生任何影响。然而，这个从表面得出的结论忽略了某些重要的间接影响。而所谓的间接影响有三种，接下来我们将分别进行讨论。

第一，强制降低特定地区或职业的工资率，虽然不至于减少劳工供给到足以迫使雇主不再降低工资的地步，但它的确会通过赶走一部分劳工而在一定程度上减少劳工供给。如果发生这种情况，当地的雇主会减少已雇用的劳工数量，从而使当地劳工的边际净产量价值大于其他地方。这将对国民所得造成损害。因此，从其他边际收益较小的职业引进劳工来强制性提高工资率，将有利于国民所得。例如，在战前，农场主之间心照不宣的协定压低了农业劳动者的工资，但是如果运用法律强制实行更高的工资率，便将以明显有利于国民所得的方式增加农业劳

---

[1]我们有理由相信，在旧工厂制度下，童工遭受过度压力，部分因为监工领取计件工资（参见吉尔曼《给劳工的红利》，第32页）。同样，有时在分包商的雇员中发现有人领取"血汗工资"，它可能不是因为分包制度本身，而是因为分包商通常都是领取计件利润的小得益者。

[2]反驳上述分析的人们可能认为，雇主虽然可以通过议价迫使工人接受低于其边际净产量价值的工资，但是这只能针对对他来说最宝贵的员工以外的人，否则他这样做就是得不偿失。因为，继续雇用新员工直到他们的工资与对他来说最宝贵的工人的边际净产量价值相等，才最符合他的利益。因此，任何向所有工人支付相同工资率的雇主，不可能支付给每一位员工低于他们生产的边际净产量价值的工资。然而，这一观点隐含地假定，雇主可以无限制地以剥削性的工资率向新雇员支付工资。但是，这样的假设是不能成立的。

动者的数量。[1]

第二，第二编第九章第16节提道："如果雇主可以压榨顾客，无论这些顾客是他的消费者还是雇员，他都会不遗余力地去压榨，而不是想方设法完善工厂的组织结构。"防止他们通过谈判能力来谋取利润，将间接地促使他们借助技术的改进来谋取利润。为此，马伦先生写道："在劳资委员会制定的最低工资制度下，某雇主被强制要求对其工厂进行一番检查后发现，松懈的组织使得工人们一直在等待工作安排，这给工人及他本人都造成了相当大的损失。于是，在雇主致力于消除造成这种浪费的原因之后，他便很快就能为工人提供稳定且长期的工作，其结果是为工人带来了巨大的利益，同时也给他自己带来了至少是同等程度的巨额利益。类似的事例不胜枚举。在许多工厂和作坊中，一开始并不支持该制度的雇主被迫第一次对其生产方法和机器设备进行了全面检查，结果令他们感到十分高兴和震惊。"[2]这一段话可以与布莱克女士相似的评论相互印证："事实再一次表明，当雇主雇用廉价劳工或提供恶劣的环境进行经营的做法遭到阻止以后，他们转而寻求通过改进生产方法等措施来进行经营，这种改进往往通过增加产量和降低价格来完成。"[3]当然，这种观点的正确性无可置疑，但是我们务必明白，它不同于另一种观点，即如果某个国家的普通劳工充足而便宜，雇主将不愿使用机器。因为机器本身就是劳动的产品，所以说这后一种观点是错误的。[4]然而，如果在某一特定地区或职业中，雇主能够剥削某一等级的劳工，那么他们将不倾向于使用机器，因为机器包含了其他等级劳工的劳动，这是雇主无法剥削的，使用它们相对于它们的效率来说过于昂贵。

---

[1]因此，将自19世纪70年代以来英国从耕地向草地的转化，部分归因于低工资率迫使劳动者离开土地是完全正确的。（霍尔《战后农业》，第121页）然而，另一个更主要的原因是进口食品的降价，这使得相对于其他行业来说，雇用英国的劳力资源进行粮食生产所获得的收益低于过去。用草地代替耕地是减少该国从事粮食生产的劳力资源的唯一办法，以此来增加其他产品的生产，以便从国外购买食品；正如霍尔爵士所说，"土地（当然，特殊种类的土地除外）用于耕作所生产的食物约为用作草地所生产食物的3倍，而雇用人数却是用作草地时的10倍"（霍尔《战后农业》，第127页）。

[2]《劳资纠纷与生活工资》，第155页。

[3]布莱克《我们衣服的制作者》，第185页和192页。

[4]参见海斯《工资率和机器的使用》，载于《美国经济评论》，1923年9月，第461页及以下多页。

第三，如果某些雇主在谈判中赢过雇员，从而迫使部分或全部工人接受低于其边际净产量价值的工资，则这些雇主的收入必然超过与其能力相当的竞争对手的正常收入；鉴于各个职业之间雇用能力的不完善流动性，这种状态可能会持续一段时间。如果进行剥削的雇主在其同行中能力平平，那么强迫他们将支付给工人的工资提高到公平水平的干预行为，只会迫使他们将以前以压倒性力量从工人那里榨取的利益退还给工人，除此并无其他影响。然而事实上，相对于有能力且地理位置优越的雇主，往往是那些能力不足或地理位置不佳的雇主才会进行此类剥削，因为如果不进行剥削，他们将无法维持自己的经营。一直以来，小型雇主都是最贪婪的剥削者。因此，剥削主要是以工人的利益为代价，对相对无能且地理位置不佳的雇主给予补偿；而阻止剥削往往会加速他们的破产，败给效率更高的竞争对手。这个因素连同之前的其他考虑因素均表明，出于国民所得的利益以及其他角度来看，利用外部干预来防止我所描述过的因剥削而造成的不公平工资是可取的。

第9节

迄今为止，已经讨论了两种不公平工资，即等于边际净产量价值的不公平工资和因剥削而低于边际净产量价值的不公平工资，所有讨论的应用范围都广泛地适用于男工和女工的工资；当然，由于女工在较差的组织中，所以她们被剥削的风险特别大。任何人如果提出在任何地区或职业中的工人（无论男工还是女工）领取不公平工资，都应该根据上述讨论接受审查。然而，仍然存在一个我们没有分析过的特殊问题，它涉及男工和女工的工资关系。也就是说，有可能发生这样一种情况，即女工在某些地区或职业的工资，相对于其他地区或职业的工资而言是公平的，但相对于该地区或职业中的男工工资而言却是不公平的。当然，这一现象与女工平均日工资远低于男工这一众所周知的事实无关。事实上，女工更倾心于婚姻与家庭生活，她们不像男工那样接受职业培训，也不会将她们精力最旺盛、能力最强的时期奉献给事业。因此，在18~20岁和25~35岁这两个年龄段的女工中，工作挣钱的比例大幅下降，这无疑是由于她们中的大多数人都离开岗

□ 弹壳厂工人

图为1917年第一次世界大战期间，英国诺丁汉郡奇尔韦尔国家制壳厂第六号弹壳仓库里的弹药工人正在忙碌着。这是该国最大的弹药工厂之一，工人们制造的炮弹将被源源不断地供应到战场上。

位走入婚姻。萨金特·弗罗伦斯教授写道："纺织女工的正常结婚年龄是21~25岁，她们的职业生涯一般为8年。"[1]在这种情况下，即使女工在脑力与体力上的天资与男工无异（但一般来说并非如此），女工的日工资如果不低于男工，那才是令人匪夷所思的。因此，就不公平这一术语在本文中的意义而言，女工日工资较低的情况其实不存在任何的不公平。但是在某些地区或职业中，可能发生以下情况，即不仅女工的日工资，还有女工的计件工资，或者更确切地说女工的效率工资，均低于男工。之所以发生这种情况，可能是女工在这些地区或职业的工资相对于她们在其他地方的工资来说是不公平的。如果是这样，也不足为奇，我们在前面的几节中已经进行了相关的分析。但是，也有可能是由于在那些地区或职业中，女工的工资相对于当地男工的工资而言是不公平的，但相对于其他地方女工的工资而言却是公平的。这便是我们目前要讨论的问题。

为了正确理解这个问题，我们有必要进行深入的探讨。一般人的观点是，女工通常应该获得低于男工的工资，因为男工的工资一般都要用来养家糊口，而女工的工资只需要用来养活自己。这种观点非常肤浅。正确的理解方式似乎应该是：在生产效率方面，典型女工相对于典型男工在不同职业中将有所不同，在某

---

[1]《经济学杂志》，1931年3月，第20页。可以从后一年龄段中发现，其中不但包括了正常的不断加入工作行列的妇女，也包括一定数量的因丈夫去世而回到工作中的妇女。西德尼·查普曼爵士在提到家庭工作时指出，这种工作所需要的技能，是任何人在其一生的任何时候都能够掌握的技能，可以由"突然发觉有必要做点事情或挣点钱的未受过训练的人来从事"（《家庭工作》，曼彻斯特统计社出版，1910年1月，第93页）。

些职业，比如在看护和照看婴儿中，女工的效率远高于男工；在其他职业，例如煤炭开采、挖土作业，女工的效率则远低于男工。如果我们对事实情况了解得足够多，就可以为所有职业列一个表格，给出每种职业中正常女工一天或一周的工作量，以及相对应的正常男工的一天或一周的工作量。对于男工和女工工作的需求表之间的关系，由该表格中体现的内容以及对几种不同职业的产品的一般需求情况来确定。而对男工和女工工作的供给之间的关系，一部分由生理方面的现实情况来确定，即无论男工和女工的相对工资率如何，男童与女童的存活数量大致相等；一部分由经济情况确定，即为该职业提供服务的现有男工和女工的比例，不仅取决于向两性雇员提供的不同工资，而且取决于家庭共同收入的总额，因为丈夫赚钱越多，妻子就越不可能外出工作。这两组影响因素共同制约并决定每日支付给两性典型成员工资的一般水平之间的关系。[1] 在均衡状态下，典型男工与典型女工各自的普遍日工资率孰高孰低，取决于劳工的供给状况以及大众所需商品主要更适合由男工还是女工来制造。[2] 当男工和女工的效率之比超过二者的日

---

[1] 该分析过程可用数学公式表述如下：假设 w_1 为女工的日工资率，w_2 为男工的日工资率；由于在任何既定工资下，行业中女工的劳动供给量部分取决于男工的工资率——一般男工的工资率越大，女工的供给量就越小。女工的劳动供给量可以记为 $f_1(w_1, w_2)$，同样地，男工的供给量可以记为 $f_2(w_1, w_2)$。

我们知道，$\dfrac{\delta f_1(w_1, w_2)}{\delta w_1}$ 与 $\dfrac{\delta f_2(w_1, w_2)}{\delta w_2}$ 为正，而 $\dfrac{\delta f_1(w_1, w_2)}{\delta w_2}$ 与 $\dfrac{\delta f_2(w_1, w_2)}{\delta w_1}$ 为负。由于在任何既定工资下，行业中女工的劳动需求量取决于男工的工资率——一般男工的工资率越小，女工的需求量越小。女工的劳动需求量可以记为 $\phi_1(w_1, w_2)$，男工的劳动需求量可以记为 $\phi_2(w_1, w_2)$。

我们知道，$\dfrac{\delta \phi_1(w_1, w_2)}{\delta w_1}$ 与 $\dfrac{\delta \phi_2(w_1, w_2)}{\delta w_2}$ 为负，而 $\dfrac{\delta \phi_1(w_1, w_2)}{\delta w_2}$ 与 $\dfrac{\delta \phi_2(w_1, w_2)}{\delta w_1}$ 为正。两个未知数的方程式可以确定如下：

(1) $f_1(w_1, w_2) = \phi_1(w_1, w_2)$

(2) $f_2(w_1, w_2) = \phi_2(w_1, w_2)$

还要补充一点，如果行业中的男女工人的比例完全取决于现有的男女比例，我们就必须直面联合供给这一问题；显然，男女的相对数量是由经济影响因素之外的生理因素决定的。因此，在这些情况下，女工与男工的供给量都将是某个变量的函数，这个变量代表正常家庭的收入，例如 (w_1+w_2)。对于 $f_1(w_1, w_2)$ 和 $f_2(w_1, w_2)$，我们应将其记为 $f(w_1+w_2)$ 和 $kf(w_1+w_2)$：在男、女性现存人口数量相等的国家，k 等于1。

[2] 值得注意的是，在欧洲陷入第一次世界大战期间，虽然男工从其行业中退出转而进入军队以后，其工资相对于女工的工资有所提高，但是，公众所需求的商品的性质却发生了反向的变化。普通的成人业与军需品制造业的需求大大增加，而且似乎比一般行业更适合女性。英国购买者协会大会关于战后劳工的出路的报告中指出，总的来说，政府的战时特殊需求是"对某一类商品的需求，在此商品的生产中，雇用女工与男工相比，在和平时期的效益更高、更经济实惠"（《报告》，1915年，第8页）。

工资之比时，所有职业都将只雇用男工；反之，则只雇用女工；在男工和女工的效率之比等于他们的日工资之比的边际职业中，二者的雇用情况没有差别。也就是说，在这些边际职业中，两性的效率工资相等。这就意味着，在给予一定补偿的情况下，二者的计件工资是相等的。主要的补偿包括，首先给予男工的少量额外工资，因为在需要的时候，雇主可以安排他们上夜班，而且可以更加肆无忌惮地责骂他们，所以雇用他们更方便；其次，给予更熟练的工人少量额外工资，因为无论男工还是女工，他们在完成某特定工作时占用机器的时间比不熟练的工人短。有了这些限制，均衡状态下支付给这两性雇员在边际职业中的计件工资就是相等的。[1]这一般是经济力量发挥作用所形成的状态；而且，就实际情况而言，不可能出现以下情况，即女工在任何地区或职业的工资，相对于其他地方的女工工资而言是公平的，而相对于当地男工的工资而言却是不公平的。[2]

---

[1]事实上——确实有可能只是一种推断——在英国，这些边际职业的范围十分有限。济贫法委员会报告说："大约五分之四的在职男性所从事的职业为男性所垄断的职业，或者是并不将女性视为竞争对手的职业，如农业、采矿业、渔业、建筑业、运输业、伐木业、天然气和自来水业，以及大宗金属及机器制造业，等等。所有这些几乎都是为男性特设的岗位。在有五分之一男性进入的行业中，妇女进入其中的人数达到职业妇女总数的1%"（《报告》，第324页）。韦布夫妇亲历了相同的现象："只有在极少数情况下，男工与女工之间会就一个操作过程完全相同的行业进行直接的相互竞争"。（韦布《工业民主》，第506页。另参见斯马特《经济研究》，第118页）当一种性别的工人似乎正在挤占另一性别的工人的工作领域时，事实通常就是生产方式以及工人在发生变动。因此，机械与男工开始进入编织与洗衣业；机械与女工开始进入鞋靴与缝纫行业。济贫法委员会报告说："在鞋靴业中——这显然是属于男工的行业——由于分工制而提供了某些适合于女工的较轻松的工作（这些工作曾经是男鞋匠日常工作的一部分），因此女工在该行业中获得了较强的竞争力。例如，拖鞋的生产现在完全由女工进行"。（《皇家济贫委员会的报告》，第324页）此外，根据劳资协商委员会对工人阶级的生活成本的权威调查："其他领域也存在同样的现象；例如，在谢菲尔德，过去主要由外包女工进行的锉削工作——一项需要灵巧而非力量的工作——现在由需要男工参与操控的重型机械完成"（《皇家济贫法委员会的报告》，第324页）。委员们总结道："结论是，虽然现在女工和童工得以从事一些机械专业化的行业，但是在任何以前由男工从事的行业或加工业中，她们都不可能取代男工。似乎只有在新兴行业，或者男工从未涉入的行业，女工数量急剧增多。我们必须明白，即使女工受雇于过去雇用男工的行业，主要还是因为男工进入了工资更高的行业。近年来，采矿业、机械制造业和建筑业吸引了大量男工与男童工"。（《皇家济贫法委员会的报告》，第325页）欧洲爆发第一次世界大战期间发生的情况完全证实了这一观点。1915年，英国商会在关于未来战后劳工的出路的报告中指出："即使在当前的紧急情况下，当女工在某种程度上从事通常由男工完成的工作时，如本报告中关于不同行业的详细说明部分所示，该项工作无论从过程还是条件方面都与以前不太一样。随着女工的招入，这些工作通常不得不加以细分，通常来说，这无疑会增加男工工作的难度，与此同时，经常性的加班和夜班以及更大的工作量将给男工带来更大的压力。在最近为女工建造的工厂中，已经为她们配备了机器，这些机器不同于管理部门在能够雇用到训练有素的男工的情况下所需要安装的机器。"（《皇家济贫法委员会的报告》，第15页；另参见《战时内阁委员会关于行业中女性就业情况的报告》，1919年，第21~22页）

[2]正文中采用的分析方法也适用于下面的情况，即某一等级的工人在任何行业中的效率，相比另一等级工人的效率都不会更高，但在某些行业中效率相等。如果在二者效率相等的行业中，该等级工人的数量超过行业的需求，则他们的工资率（在均衡时）将低于其他等级工人的工资率；但是，如果他们的数量没有超过行业的（接下页注释）

然而，事实证明，这样的经济平衡在现实生活中是无法实现的。在特定职业中，雇主支付给女工的效率工资，虽然可能相对于其他地方的女工而言是公平的，但却有可能低于他们支付给男工的效率工资，但他们仍然雇用一定的男工。他们可能只是在短时间内这样做，此时他们正处于逐渐用女工来代替男工的过程；他们也有可能在很长一段时期内都这样做，因为来自工会的压力或传统将迫使一些男工留任，或者限制女工进入该职业的人数。在这种情况下，要求"相同效率的工人实行相同的工资率"合理吗？为提高女工的效率工资至男工的水平进行何种干预，将影响国民所得？

如果传统、习惯或工会的压力产生的影响是，无论允许雇主向工人支付较低的工资率还是强迫他们支付更高的工资率，我们所研究的职业中的女工人数和受雇于该职业的女工人数都不会发生变化，则国民所得将完全不受影响。然而，这是极其不可能发生的事情。因为，即使能够严格限制受雇于该职业的女工人数，但是较高的工资率也可能吸引来更多接受过培训并向往该职业的女工；而且，如果发生这种情况，国民所得显然会因为大量女工向往该职业却没有被雇用而受到不利影响。此外，如果现实生活允许雇主实行较低的工资率，则对于受雇于那里并代替了男工职位的女工而言，一定会对其数量产生影响。例如，"在特伦特河畔斯托克，妇女与女童大多受雇于陶瓷业。她们更加受到该行业的一些分支行业的青睐，越来越多地加入到这个几年前几乎完全由男工进行的工作当中；如今，她们正在与男工竞争；由于她们能够以较低的工资完成相同的工作，因此男工渐渐被排挤出去"[1]。这种考虑证实了坎南教授的观点，即"如果不允许妇女以更低的工资就业，便丧失了增加妇女就业机会的最有力手段"[2]。因此，一般

（接上页注释）需求，则他们的工资率（在均衡时）将与其他等级的工人相等。关于这个问题，亨利·福特在他的《我的生活和工作》一书中有这么一段有趣的话："行业细分开发了实际上能由任何人胜任的岗位。在细分的行业中，有比盲人数量更多的岗位可由盲人胜任，有比跛足者数量更多的岗位可由跛足者胜任。目光短浅者将大部分这些岗位中的从业者看作慈善事业救济的对象，尽管后者能挣得与动作最敏捷和身体素质最好的人同样多的生活费用。把一个身心健康的人安置在一个跛足者同样能胜任的职位上无疑是一种浪费。"（《我的生活和工作》，第209页）

[1]《皇家济贫法委员会的报告》，第323页。
[2]《财富》，第206页。

而言，如果强制性地要求支付给妇女的效率工资与她们正力图进入的行业支付给男性的效率工资相等，而且如果采用的工资率将使她们的收入高于其他地方的女工，则雇主将不再愿意努力去打破那些阻止妇女进入此类行业的传统习俗与规则，如此一来，必然直接或间接地阻碍妇女进入该行业。但是按照假设，相对于两性工作效率相等的边际职业，如果妇女的工作效率高于男性，则妇女的进入必然有利于国民所得。因此一般来说，强制性地将支付给女工的工资提高至"公平"工资（相对于支付给男工的工资而言），造成其相对于其他地方的女工工资而言是一种不公平的高工资，则出于此种目的的任何干预行为都将损害国民所得。[1] 可以想象，仍然有人提倡干预，他们可能会借助一般性的社会依据，希望尽量将妇女排除在行业之外。然而，为此进行的这种辩解是不可信的，因为我们讨论的这类干预，不仅减少了工业生产中的妇女数量，而且还以低工资率将她们分配到了不同的职业中。将妇女排除在工业之外的社会理由一般是站不住脚的，一般来说，它并不能作为支持具有此种效果的政策的理由。

第10节

鉴于本章研究过程中已经发现的不同形式的不公平工资之间的区别，显然，对所有形式的不公平工资不加区别地进行干预必然会有利也有弊。最有利于国民所得的做法（如果切实可行的话）应该是，对于有理由相信根据上文的研究在任何意义上存在不公平工资的每个地区或职业进行仔细的考察和处理。然而，有人可能认为这种方法是不切实际的，而认为有必要通过广泛适用的一般性规定对不公平工资进行干预，或者根本就不进行干预。因此可以说，通过并实行一项类似于法国1915年的法律是可行的，该法律规定了支付给外包女工的计件工资标准，并

---

[1] 在某些不同的意义上，我们可以用"不公平"一词来形容女工的工资，以表示女工工资总体上低到了不公平的水平，因为它们未能达到它们应有的水平，这主要是因为传统习俗永久地将女工排除在适合于其能力的某些行业之外，从而迫使她们中的一些人从事相对不适合的工作。正如第9章所示，消除所有这种人为的阻碍将有利于国民所得。但是，只要阻碍未被消除，采用与本章第6节中类似的推理可以证明，任何试图强行将女工工资提高到阻碍被消除时的水平的行为，都将损害国民所得。

使其平均收入与工厂工人的平均收入相等。但是，如果因为家庭关系而限制家庭佣工进入工厂工作，则允许实行低于该水平的工资标准；如果因为剥削而出现低于该水平的工资标准，则应该加以禁止。当出现这种类型的问题时，政策的制定必须以平衡各种相互冲突的情况为基础。

第十五章　特定行业内的公平工资

第1节 在任何行业内部，不同的人从事同一类工作时，工资的公平程度与效率成比例。第2节 从这个意义上讲，计时工资有时能够比人们想象中完成更多工作。第3节 计件工资制度下的困难较少，但必须考虑到几个问题。第4节 第一，不同工人在工作中从机器和自然条件上得到的补偿之间的差异，可以精确地计算出来。第5~6节 第二，对不同工人所做的工作的确切性质的差异所作的补偿，也可以借助"基本计件工资率"进行精确计算。第7节 第三，对于工人们从管理部门的合作中得到的支持的差异所进行的补偿，计算起来困难得多；但是，在建立计件工资率的同时，制订最低日工资率表将对计算有所帮助。

第1节

第八章从激励单个工人生产活动的作用角度讨论了行业工资的方法。现在我们必须从不同劳工之间的公平角度来考虑这些问题。为了公平起见，正如我们已经说明的，任何行业中从事同一类工作的不同工人的工资，必须像本编第十四章第1节所界定的那样，与其工作效率成比例。我建议探究一下，在行业工资的两种主要方法，即计时工资和计件工资之下，我们可以预期这一条件能够在多大程度上得到满足。

第2节

在计时工资制度下，在这个意义上能够完成的工作往往比人们预期的多得多。通过仔细记录和相应的调整，工资率可以根据不同的水平来制订，以适合每个工人的不同效率。[1]事实上，人们经常敦促，在确定一般工人的标准费率时，

---

〔1〕关于这些方面的精心尝试，参见甘特《工作、工资和利润》，第4章。在伯明翰的黄铜行业中，"全国黄铜工人联合会的执行人员对每个工人的能力进行评级，并将他们划分为七个不同的等级，每个等级的最（接下页注释）

无论是通过劳资双方的组织之间的谈判，还是通过国家方面的权威干预，调整必然是非常不完善的，低于平均能力的工人和高于平均能力的工人均是如此。然而，经验并不能完全证明这一观点。

对于能力低于平均水平的工人而言，如果他们的相对劣势是某些明确的生理原因如衰老引起的，则工资率可以自由地作出调整。工会经常有专门的规定，允许60岁以上的工人接受低于标准的（计时）工资率。贝弗里奇先生说，这类规定"在若干家具行业，以及印刷业、皮革业和建筑业的工会的规定中都出现过。事实上，工会不仅允许56岁以上的会员接受低于标准水平的工资率，而且其分支机构还会强迫这些工人接受这样的工资率（以便清算失业基金）"[1]。他补充说，"当然，在某些情况下，很少就例外情况作出正式规定，或者分支机构拒绝接受更低的工资率。另一方面，完全可以肯定的是，许多工会事实上为年老会员做了许多特殊的安排，只不过并没有就这个问题作出正式的规定。木工与细木工联合工会，或者从更小的层面来说，工程师联合工会采取的就是这种做法。诚然，该问题在很大程度上与相关分支机构的能力和想法有关。如果标准工资率已经确定下来了，那么对年长工人制定特殊规则似乎没有什么坏处。"[2] 然而，在各

□ 威廉·贝弗里奇

威廉·贝弗里奇（1879—1963年），英国经济学家和社会改革家，福利国家的理论建构者之一。他以1942年著作的《社会保险报告书》（也称为《贝弗里奇报告》）而闻名，该报告提出建立"社会权利"新制度，提出失业和无生活能力者的公民权、退休金、教育及健康保障等理念。他早年是失业保险领域的权威，先后在英国贸易部新设立的劳工介绍所和粮食部担任要职。他在失业和社会保障领域还著有《工业的难题》《自由社会的全面就业》等。

（接上页注释）低工资由集体商议决定。如果雇主对任何工人的能力产生质疑，市黄铜学校的管理者将对该工人进行行业技能操作方面的实际考核"（古德里奇《控制的领域》，第165页），然而，这是一种不同寻常的做法。

〔1〕《失业》，第124页脚注。

〔2〕《失业》，第124页。巴恩斯先生在呈递给济贫法委员会的证词中提到了这些措施的特殊性和不确定性："在工程师联合工会中，我们不要求工人在50岁以后还从一个城市转移到另一个城市，而且一般来说，我们也不要求他们在55岁之后仍然获得标准工资率——依据处理此事的委员会的决定。"但是，利用这一点的工人（接下页注释）

行业中存在许多效率相对较低的工人——甚至连一些在加入工会时接受了相当严格的能力测试的工会成员也是如此——其工作效率的低下并不一定与年老或疾病等客观因素有关。针对这些人作出工资率调整比较困难。所涉及困难的本质可以由《新西兰仲裁法》来加以说明，其中关于动作缓慢的工人的工资率备受争议。关于"最低工资"的裁定，仲裁法庭通常会为动作缓慢的工人制定一项低于标准水平的工资率作为仲裁的依据。[1]在实行这项法案之初，需要从相关工会的主席或秘书处获得批准，才能实行低于标准水平的工资率。但是人们发现，与明显受年龄、事故或疾病困扰的工人不同，官员们不愿意对动作缓慢的工人给予批准。因此，在修订后的法案中，根据工会代表的意见，将相关批准权授予地方调解委员会主席。在澳大利亚的维多利亚，批准权掌握在首席工厂督察手中，但条件是任何工厂中获得批准的工人数量不得超过该厂以最低工资率雇用的成年工人数量的五分之一。[2]工会之所以不愿意给予批准，是因为他们担心批准后该行业中普通工人要求的标准可能会提高，而最低标准也会不知不觉地降低。[3]当然，如果工会有义务向失业工人提供大量的失业补偿，则这种不愿意的倾向往往会得到遏制。但是在任何情况下，这种不愿意的倾向都可能在某种程度上发挥作用。英国劳资协商委员会法案对于动作缓慢的工人根本不予批准——只对生理或心理不健全的人给予批准。因此，认为对低工资率的工人进行调整是一件完全顺利而且简单的事情是毫无根据的。然而即便如此，不少调整工作也已完成。

当然，对于能力高于平均水平的工人来说，从来不会有任何正式规定禁止向

（接上页注释）却很少。"实际上，虽然我们允许55岁的工人在低于标准水平的工资率下继续工作，但55岁甚至60岁的工人却没有利用这一机会。工会的纪律性以及对同事的高度忠诚，使工人在大多数情况下，宁愿完全放弃工作，也不愿接受较低的工资率。因此，工会并非阻碍工人接受低于标准水平的工资率，事实恰好相反，工会反而鼓励工人这样做"。（《议员G. N. 巴恩斯先生的证词》，引自《委员会报告》，第313页脚注）

[1] 参见布罗德黑德《新西兰的国家劳动条例》，第66页。
[2] 参见艾维斯《工资委员会报告》，第61页；也可参见雷诺《论最低工资》，第96页。
[3] 该法案的制定者清楚地看到，允许支付低于标准水平的工资率有可能成为逃避支付合理工资的手段。"在予以批准时，首席检察员主要考虑的是某些个人的残疾情况，而不是某行业或特定企业的急迫需要。如果情况发生变化，使得后一种情况下的申请变得更加紧迫，人们一致认为，届时将出现有关委员会重新考虑其决定的情况。在这些决定生效时，应保持工资条件与决定相符合，并且有人认为未来会证明，其阻止或延迟降低工资的做法将来会显示出最大的价值。希望如此，但他们还未进行过这种形式的测试。在此必须强调的一点是，在这样一个时期，批准并未被视为一种适当的降低工资的工具"。（参见艾维斯《工资委员会报告》，第63页）

他们支付超过工资率的工资。但是，经常有人认为，雇主实际上会拒绝支付超过工资率的工资，因为他们担心工会会将此行为当做提高工资标准的借口。[1]毫无疑问，统一工资率的便利确实可以有效防止针对个人差异进行工资率的调整，在大雇主中尤其如此。"复合屋顶工工会秘书预计，在纽约市的工会会员中，收入高于最低工资的人数不超过2%。蒸汽过滤器工会的一名官员预计，其纽约市的工会会员的这一比例大于5%，但不会超过10%。"[2]不过总体来说，最低工资率转变为最高工资率的趋势似乎并不像通常所认为的那样明显。因此，1902年，维多利亚州的工厂督察指出，在服装业中，男女工人的最低工资分别为45先令和20先令，平均工资为53先令6便士和22先令3便士。[3]此外，1909年的劳动局报告中指出："在奥克兰市不包括低于标准工资率的工人与青少年的2 451名劳工中，有949人领取最低工资，有1 504人即总人数的约61%领取高于最低工资率的工资。在惠灵顿，所得工资高于最低工资率的人数比例为57%，在克赖斯特彻奇为47%，在达尼丁市为46%。"[4]某些美国工会的政策大致说明了同一点，这些工会与雇主就标准工资和最低工资达成了协议。在诺福克和罗阿诺克的西部铁路工厂，最低工资率是每小时20美分，而大多数工人得到的标准工资率是每小时24美分。另外，1903年苏氏铁路公司和国际机械师协会签订的一项协议规定："铁路公司的机械厂的最低工资率应为每小时30美分，标准工资率应为每小时34美分。"[5]1915年，美国劳动局的通讯员对整个问题进行了很好的总结："雇主们经常对我说，他们认为自己的工厂存在着一种从最低工资转变为最高工资的趋势，但他们很少能够找到这种变化的依据。有时候，我在调查中发现，在他们的工厂里，没有一

---

[1]应该指出的是，当某一工人的工资超过标准计时工资时，计时工资制度下的工会便无法诉诸集体协商，因此，相对于标准本身来说，雇主的议价能力更有可能高于工人。（参见麦凯布《美国工会标准工资率》，第114页）

[2]参见麦凯布《美国工会标准工资率》，第188页。

[3]参见韦布《社会主义与国民最低工资率》，第73页。

[4]《经济学季刊》，1910年，第678页。当然，在某些情况下，最低工资率变为最高工资率的趋势比其他情况下更强。因此，布罗德黑德先生这样描述新西兰："在那些与外界没有竞争的行业中，许多工人根据其熟练程度获得的工资高于法院规定的最低工资，但在其他与进口商品存在竞争的行业，我相信，将最低工资定位为最高工资的做法非常普遍。在后一种情况下，雇主辩称他们无法支付给任何工人高于法律规定的工资。"（《新西兰的国家劳动条例》，第72页）

[5]霍兰德与巴尼特合著的《美国工会主义研究》，第118页。

个人领取最低工资。雇主的观点似乎更多的是先验推理的结果，而不是由经验得出的结果。也没有事实能够使人们看出来，为什么最低工资会变成最高工资……似乎没有理由解释，为什么在这一制度下，雇主之间不存在类似于旧制度下为得到高效率和高技能的工人而展开的竞争，以及为什么工人不能凭借自己的高效率获取工资。在维多利亚州，这方面的统计数据非常匮乏，但是在仲裁法院确定最低工资率的新西兰，1909年劳动局制成的工资统计数据表显示，在多米宁的四个主要工业中心存在法定最低工资率的行业中，工资高于最低工资标准的工人比例，从达尼丁市的51%到奥克兰市的61%不等。我们没有理由认为，维多利亚州的统计调查会显示出多么不同的情况。"[1] 即使由于冲突和嫉妒而无法公开支付高水平的计时工资来奖励高效率的工人，有时也可以采取秘密支付的方式来达到目的。[2] 还应当记住，如果计时工资被精确地确定下来，并且不存在支付高于标准工资率的制度，不同行业中心的标准工资率水平通常会有所不同，而素质相近的工人大多集中在各个中心地区。因此，当一个工作效率特别高的工人无法在自己的居住地通过努力地工作来增加收入，他就会选择通过转移到一个对高产量支付高工资的地区努力地工作来增加收入。

然而，即使额外的高效率没有得到任何额外的工资作为奖励，也可以通过其他途径得到补偿。比如，在经济不景气时期得以继续留用而获得补偿；可以去往工人以不同等级享受不同工资率的行业就业，比如铁路服务行业；通过享有提升的机会而获得回报。其中第一种回报尤其重要。这一点可通过工程师协会在该行业处于计时工资制时期所作的记录予以说明。该协会经过数年（有丰年也有荒年）的研究，将其"空缺岗位簿"取平均值后，得出了以下由于缺岗而失业的日

---

[1]《最低工资法》，载于《美国劳工统计公报》，1915年，第136页和第167页。

[2] 例如，一位新西兰雇主告诉艾维斯先生："我了解严苛的工资等级的风险，而且每天都会向自己雇用的几个工人支付'额外工资'。但这是在私下里完成的。支付给这些工人的是纸币和金属货币，将零钱包在纸币中。这些封口的小袋子需要经我亲自过目。所有工资都迅速支付，没有人知道其他人的工资是多少。"（《工资委员会报告》，引自〔白皮书，第4167号〕，第109页。）同样，一位英国雇主告诉非技术性工人慈善组织委员会："如果某个工人比另一个工人优秀，我们会在一周结束时额外给他1～2先令。我们必须注意不让其他工人知道，否则他们会耿耿于怀。他们不能理解这是因为这名工人对我们的贡献很大。我们更不能公开地说，'我要多给你2先令'，否则该工人将会寝食难安。"（《报告》，第109页）

数表：

每年失业少于3天	占工会总人数的70.4%
每年失业3天～4周	占工会总人数的13%
每年失业4～8周	占工会总人数的4.6%
每年失业8～12周	占工会总人数的2.8%
每年失业超过12周	占工会总人数的9%

因此，失业很大一部分集中发生在相对较少的工人身上。以下附录表显示了1895年（中等水平的一年）领取失业救济金的工人的年龄分布情况，它说明这种分布与低效率有关。[1]

	一年内平均失业的天数
15～25岁的会员	8.8天
25～35岁的会员	13.1天
35～45岁的会员	12.3天
45～55岁的会员	20.1天
55～65岁的会员	33.1天
65岁及以上的会员（不包括退休会员）	26.9天

以上表格没有考虑因"缩短工时"、疾病、不守时或贸易纠纷而失业的时间，也没有考虑因加班而增加的时间。显然，那些年龄较大和效率较低的工人失业的时间最长。此外，"将1890年与1893年进行比较，我们可以得出相当惊人的结果，即在经济发展最好的一年中，工会会员的失业率（21.4%）与最糟糕的一年中的失业率（26.4%）差不多。"[2] 1926年，劳工部调查大量根据《失业保险法》投保的投保者的情况发现，似乎仅在两年半的时间内（从1923年10月至1926年

---

[1] 参见《英国和外国的贸易与工业》第2部，第99页。
[2] 参见贝弗里奇《失业》，第72页。

4月），抽样中63%的男工和66.2%的女工根本没有领取救济金，而在领取救济金的工人中，有近一半的人领取救济金的时间不及那段时期的10%。[1]该报告补充说，尽管有一些复杂的考虑，"显而易见的是，年龄一直是造成45岁以上男工和35岁以上女工失业问题的一个因素"[2]。德兰士瓦贫困委员会明确强调了这些数据的含义。"除了在两份职业之间移动的短暂失业外，真正高效率的人很少失业，或者说他将是最后一个被解雇的人，而且他通常有足够的资金储备支持自己移动到需要他服务的地方中去。"[3]

第3节

从表面上看，在计件工资制度下，实现公平的难度似乎小得多。因为这些制度经过精心设计，使工资与产量成为比例——它刚好符合本编第九章第1节所提出的要求条件下的公平所必须具备的性质。然而，稍微思考一下就能发现，只有当不同工人在相同的条件下工作时，工资与产量成为比例才是公平的。除此之外，与产量成正比的工资和与效率成正比的工资不是一回事。[4]因此，为了使计件工资制度能够产生公平的工资，必须根据该制度为不同的工作条件提供不同的补偿。

第4节

首先，必须考虑到，对不同工人在工作中从机器或自然条件中得到的便利的差异给予相应的补助。因此，对于使用陈旧机器的人，或者在最容易采掘的煤层已经采尽的矿井中工作的人，其计件工资率必须高于使用现代化机器设备，或者在易于采掘的煤层工作的采煤者。这类补偿经常在重要行业的工资协议中出现。例如，在挖煤业中，支付给挖煤工的吨位工资率几乎是无限变化的，不仅从一个

---

[1]《关于英国从失业保险者样本中调查就业与保险历史的报告》，1927年，第46~47页。
[2]《关于英国从失业保险者样本中调查就业与保险历史的报告》，1927年，第38页。
[3]《德兰士瓦贫困委员会报告》，第121页。
[4]《德兰士瓦贫困委员会报告》，第121页。

煤矿到另一个煤矿，而且从同一矿井内的一个煤层到另一个煤层，都会根据煤的性质和每个挖掘处的条件制订不同的工资率；然而，在一些地区（例如诺森伯兰和达勒姆），关于工资的协议要求是，整个郡的吨位工资率必须是确定的，以使每个矿井的工人都能获得一定的协议收益，即获得全郡的平均工资。[1] 有充分的证据表明，有当地经验和行业经验的人，往往能够极为准确地计算出这种补偿在不同环境中应该是多少。

□ 采煤　1843年

在采矿区，家庭人数多、子女年龄小的矿工往往比家境较好的矿工更早地带子女到矿井工作，而家境较好的矿工大多已经有几个年龄较大的子女在矿井工作，对家庭收入有所贡献。图为1843年，两个儿童在伦敦一个矿井中用板车运送煤炭。

第5节

其次，必须对同一行业中从事不同生产的工人按其产品性质的确切差异作出补偿。在一些重要行业的计件工资表中，通常对这种补偿作了规定。在劳工部的报告中，对补偿措施的一般方法详细说明如下："仔细检查后会发现，尽管这些表格所体现的细节各不相同，但至少就它们中比较重要的部分而言，其构成与布局方面仍存在一些显著的共同特征。这些共同特征中最值得注意的是'标准'物品或工序的定义，以及分别为这些物品或工序制定出相应的计件工资。在此基础上，制定出整个工资等级表，再根据表格中明确规定的额外费用、扣除额及补偿，相应地根据该标准明确定义的各种变化确定所有其他物品或工序的价格。通过这种方法，就可以在一份价格表下列出众多具有细微差异的工序价格。对于

---

[1]《标准工资率报告》，1900年，第14页。

标准单位,我们可以以伦敦印刷业中排字工人的书籍印刷等级基点为例来加以说明:

对于所有英文作品的普通排版(包括14磅活字和8磅活字)的排字工资率,每千字为7.5便士,7磅活字为7.75便士,6磅活字为8.5便士,5.5磅活字为9便士,5磅活字为9.5便士,4.5磅活字为11.5便士(标题与间隔均包含在内)。

由此,我们得出了形式最简单的英文作品的计件工资;如果作品的语言不是英语,如果该作品的排字工作特别困难,如果有任何其他变更及附加要求,我们可以找到为这种情况提供的等级标准,并详细说明要求排字工人完成的工作与标准工作之间存在的特定偏离所产生的额外补偿金额。"[1] 经验表明,对于一些"仅生产有限的几种主要产品;产品的性质大致相同;年复一年地通过相同或十分相似的工序进行大规模的生产"的行业[2],技术专家可以非常准确地计算出各项补偿应该是多少。

第6节

对于经常使用但尚未标准化的操作方法,例如大量的修理工作,以及所有的新操作方法,由于在出现之初人们缺乏这类操作经验,因此要正确计算出这些补偿自然要困难得多。但是近年来,随着"基本固定工资率"方法的出现,计算补助的工作就变得比较容易了。大部分行业的操作方法是由一些相对较少的基本动作结合而成,在此基础上产生了基本固定工资率的方法。基于这一情况,可以凭借经验确定每个基本操作所需要的合理时长,以此来提前估算之前从未开展过的复杂新工作需要的合理时长。当然,在任何一套基本操作流程相结合的过程中,由经常从事该项操作的工人来完成会比较快,而较少进行该项操作的工人则比较慢。因此,我们估算适合任何工作的计件工资率时,都应该根据该项工作是否频

---

[1]《标准价格工资率报告》,1900年,第16页。
[2] 施洛斯《收益分享报告》,第113页。关于美国的计件标准根据产品的大小和形式,以及所用原材料和工作的自然环境变化的调整方案的具体说明,可参见麦凯布《美国工会的标准工资率》的第1章。

繁进行而使劳工变得更加专业而有所不同。但是，这个困难相对来说不是很重要。基本固定工资率法的一般性特征可以描述如下："假设我们的工作是刨平铸铁的表面。在一般计件工资制度下，工资率核算者会仔细检查刨床工作的记录情况，直到找到一块与所要求产品规格相近的产品，然后估算完成这一新刨件需要的时间。然而，根据基本工资率制，他将进行以下分析：

人工完成的工作	所需时间（按分钟计）
将铸件从地面升至加工平台	……
将铸件放平并摆正	……
安装卡具与插销	……
拆卸卡具与插销	……
把铸件移到地面	……
清理机器	……

机器完成的工作	所需时间（按分钟计）
粗刨 $\frac{1}{4}$ 英寸（1英寸合0.0254米）厚、4英尺长、$2\frac{1}{2}$ 英寸宽的工件	……
粗刨 $\frac{1}{8}$ 英寸厚、3英尺长、12英寸宽的工件，等等	……
精刨4英尺长、$2\frac{1}{2}$ 英寸宽的铸铁部件	……
精刨3英尺长、12英寸宽的铸铁部件，等等	……
总计	……
附加——不可抗力的延迟时间的百分比	……

显然，这项工作由各项基本操作组合而成，通过观察很容易确定每项操作所需的时间，而且虽然可能不会再出现与此相同的操作组合，但是同一工厂中几乎每天都有与上面所说的那些基本操作类似的不同组合。工资核算者很快就会掌握各项基本操作的完成时间，并能够凭借记忆将其记录下来。对于机器完成的那部

分工作，他会参考为每台机器制作的时间表，该表给出了各种宽度、高度和长度组合的刨件所需的时间。"[1]当然，这个方法并非完美，它在确定从某个基本工序到另一基本工序之间应该容许的时间间隔方面，仍然多少有点儿武断。[2]尽管如此，该方法无疑可以帮助我们确定在若干工作岗位中哪一种工资率是公平工资率，除此之外，则无法做到这一点。

第7节

第三，必须对不同工人从管理部门的合作中得到支持的差异给予补偿。如果某工厂在安排上存在不合理，结果导致工人们被迫一直等待原材料，则给定效率的工人的产量将会减少，这样一来，应该支付的计件工资率就高于安排合理时。一位经验丰富的观察员在以下评论中指出了这一点的重要性："不同地方的工作方法与工作分配存在惊人的差异，工人获得的实际工资因管理人员恰巧具备的组织与管理能力而受到极大影响。对于受雇于同一工厂不同车间的工人群体而言，他们在相同的外部条件下以相同的计件工资率从事完全相同工作，却经常出现一个车间的周平均工资一直稳稳地高于另一车间的情况。"[3]显而易见，想要精确地计算出这种情况下应该给予多少补偿，必然遭遇巨大的困难——最大的困难是企业管理人员的素质随时都有可能发生变化。根本无法完全克服这些困难。但是，当这些困难看起来十分巨大时，可以确定一项最低计时工资率，以此作为计件工资制的附加部分，普通工人在任何情况下都不得低于这一工资水平。从一定程度而言，这种方法可以应对那些困难。力量强大的工会的目的通常就是为了确保这一点。[4]《（煤矿工人）最低工资法案》更是依法强制执行这个方案。实际上，这一方案可以弥补管理极端不力造成的后果，也可以弥补管理能力方面的偶然波动

---

〔1〕《工程学杂志》，1901年，第624页。
〔2〕参见霍克西《科学管理与劳动》，第51页。
〔3〕布莱克《我们的服装生产者》，第145页。
〔4〕参见柯尔《工资的支付》，第4页。

造成的后果。在管理能力总体上处于平均水平的工厂或矿井中,提供给单个工人进行作业的设备有时会出现意想不到的变化。"假定工人正在以每吨若干工资给煤车卸煤,而调车组没有按时调走空车使载煤车调入,致使工人们在相当长一段时间无事可做,或者假定在调入新的载煤车时,由于停车位置不当,增加了工人卸煤的距离,造成了工作的不便。这些都可能导致工人们即使在工作中不出错也无法获得公平工资。或者假定,由工头带队组建一个工作团队,将生手与熟手混在一起,结果由于新手笨手笨脚,拉低了整个团队的产量。此时,如果仍以计件工资率计酬,他们工作中没有出错的工人的收入则会减少。"[1] 毫无疑问,从长期的平均水平来看,这类情况将极其均匀地分布到所有受雇工人身上,所以总体

□ 矿工和家人

图为1931年,南威尔士朗达谷的一名矿工与他的家人在一起。在这个煤矿村,男孩子们普遍都非常渴望和他们的父亲一起下矿井,所以一到可以工作的年龄他们就马上下井了。

上每个人都会得到近似的公平工资。然而,工人的普通周工资偶然发生大幅度波动是有害的,应该尽量避免。增加一项结构合理的最低计时工资率就可以防止这些波动。为了使其可以防止管理不当的极端情况与这些偶然变动,同时又不带来其他意想不到的后果,必须注意以下几点。第一,如果引入最低计时工资率,应该略微调低现行计件工资率的总体水平,如果不这样做的话,实际上该行业支付的平均效率工资就被提高了,而这不是雇主想要的结果。由此推导出来的一个必然结果是:如果某地总体的平均计件工资率发生变化,最低计时工资率也应作出改变。第二,最低计时工资率应该是这样的:一个正常效率的工人所得日收入应

---

[1] 参见戈因《工业工程学原理》,第123页。

略低于他在运气一般时可能期望按计件工资率获得的日收入。因为若非如此，用计件工资来激励工人努力工作的激励机制在很大程度上就会遭到破坏，因此，产量可能会大大减少，这也是雇主不想要的结果。第三，为确保最低计时工资仅支付给具有正常工作效率的工人，应作出某种规定。如果该工资是完全普及的最低工资，它意味着这又是一个雇主不想要的结果，即将能力不足的工人的效率工资强行提高到一般水平之上。因此，需要制定一项如《英国（煤矿工人）最低工资法案》那样的规定，即如果工人的生产没有受到意外情况、疾病或工作场所的异常状况的影响，却总是在正常一周内不能完成规定的工作任务，则他应该被排除在最低计时工资的范围之外。

第十六章　作为可变关系的公平

第1节 具有特定特征的不同个体之间的公平，不仅取决于这些特征是什么，还取决于周围的环境。第2~3节 这是根据个人具有的不同大小的同一种能力来确定的。第4节 以及根据个人掌握的不同类型的能力来确定。第5节 说明这一分析具有重大的现实意义。

第1节

根据前一章第1节所述，在给定素质的工人之间，公平工资指平等工资，但需要根据所享有的附带优势的差异进行调整；不管在什么情况下，公平工资的含义都是如此。在不同素质的工人之间，公平工资指的是在任何特定情况下与效率成正比的工资，因此，它们彼此之间具有某种数量关系。从表面上看，这种定量关系也许就如同给定素质的人之间为求得公平而存在的平等关系一样，在任何情况下都是相同的。然而，事实并非如此；因为拥有特定素质和能力的不同工人的相对效率，在任何情况下都不相同。本章的任务就是要明确这一点。在此目的之上，为了方便起见，我们可以把工人中的差异区分为两类：一是某种能力的大小上的差异；二是各自拥有的能力种类上的差异。我们先忽略第二类，假定只有一种能力，并在不同程度上为不同的工人所拥有。

第2节

马歇尔在对土地肥力的讨论中提出了这个关键性的论点。他说，不应该忘记，即使我们认为一种作物只享有一种肥力——这与我们此处所讨论的"一种能力"相对应——两块不同土地的肥力并不相互产生在任何情况下都相同的单一的数字关系。相反，这种关系作为一种变量关系，会在不同的需求状态、不同的资本供给条件等方面产生差异；甚至可能发生的情况是，在一种情况下，一块土地

508 | 福利经济学 The Economics of Welfare

□ 女军工

第一次世界大战爆发后，英国军工业工厂主为女性提供了大量的工作岗位，而她们也快速地适应了多个工种，成为战时英国的主要劳动力。图为1914年的伦敦皇家公园检验大楼，清一色的女工正在给机枪腰带装子弹。

比另一块土地更具肥力，而在另一种情况下，它却比另一块土地更贫瘠。同样地，我们现在发现，工人A的净产量（设想为边际的）及其产生的效率，可能与工人B的净产量（同样设想为边际的）具有一定的数字关系，并随着提供给他们的工具等方面的变化而变化。因此，虽然在任何给定的条件下，两个工人的公平工资之间确实存在着某种确定的数字关系，但是这种关系并不单纯地取决于他们的个人素质，而很有可能随着外部环境的变化而变化。

第3节

马歇尔对肥力的分析进一步表明，进步的总体趋势是相对提高能力较低的工人的效率，使之上升到与能力较高的工人效率的同一水平上，从而使他们的工资之间的公平率更接近于统一。他写道："不考虑特殊土地现有作物和种植方法的适应性的任何变化，不同土地的价值一直存在平等的趋势。相反，在没有任何特殊因素的情况下，人口和财富的增长将使贫瘠土地的收获接近于富饶土地的收获。"[1]如果是这样，一个类似的命题就应该适用于那些具有不同能力而从事相同生产的工人中。马歇尔的主张可以被有力地证明，在这里，第一块土地上投资的第r个单位的产量，超出另一块土地投资第r个单位的产量，差额便为r所有价值

---

[1] 马歇尔《经济学原理》，第162页。

的一个恒量。马歇尔用图表说明了这种情况。[1]当然，两块土地不必以这种方式相互关联。可能会出现的情况是，在投资第R个单位以前，之于土地A的每一次投资所获得的产量都比土地B的少，但是在第R个单位之后，土地A的产量越来越多。在此情况下，当投资（R+k）个单位时，土地B的产量较低，但当对其产品的需求不断上升以至于投资量超过（R+k）时，它的收益性——一种衡量土地肥力的指标——可能远远不如土地A。因此，生产特定农作物的具有不同生产能力的土地的收益性，是否随着需求的增加而趋于平等，将取决于马歇尔所谓的随机选择的不同土地的产量曲线（即不同投资下的产量表）之间存在的一般性关系。根据我的判断，一般（可能的）的关系足以证明马歇尔的结论。[2]如果是这样，通过推理，我们可以补充说明，在具有同种类型和不同大小的相同能力的劳工之间所支付的公平工资，将随着人口和财富的增加而趋于平等。

第4节

接下来要考虑的事实是，人类天生具有各种不同类型的能力，而且每种能力都有大小之分。无疑，两个人或两块土地之间是如此不同，以至于当资本价格处于某一特定水平时，它们的能力之间的比率在所有的目的之上都是相同的。然而，这种情况不可能经常发生。当资本价格固定不变时，一个人与另一个人在某些方面可能存在不同的联系，比如说，在体力方面存在一种联系，在数学才能方面存在另一种联系。这就好比一块土地在种植大麦时可能优于另一块地10%，在种植小麦时可能优于后者20%。的确，两个人之间的优劣排序会因目的的不同而不同，这是很容易出现的情形。滕尼先生在拳击场上比爱因斯坦厉害，但是在实验室里却不如爱因斯坦。因此，当公众对不同能力所能提供的服务的需求发生相对

---

[1]马歇尔《经济学原理》，第162页脚注。
[2]如果两块土地的产量曲线相互平行，那么，正如马歇尔指出的，不管这些曲线的形状如何，对产量（比如小麦）需求的增加使得劣质土地的收益性增加，并大于优质土地收益性的增加。如果两条曲线皆为直线，且一条直线位于另一条直线的上方，则即使曲线不平行，结果也是一样。如果两条曲线皆为直线，但彼此相交，情况就会有所不同。如果它们是两条直线并且最初重合在一起（即第一次投资时），在任何需求状态下，这两块土地的收益性比率将是相同的。如果它们既不平行，也不是直线，则不能得出一般性结论。这些结果很容易用简单的图表来证明。

变化（无论是由于偏好的变化，还是由于不同偏好者之间收入分配的变化），或者当技术的发展改变了不同能力在生产劳务和产品中的相对重要性时，（1）改变对不同类型的人才进行培训所投入的资本的相对数量将是有益的，（2）不同类型的人才的相对效率，无论是净效率还是总效率（即包括资本的利息在内），以及这些类型之间的"公平"的相对收入，都将发生变化。因此，当战争极大地提高了对普通士兵服役的需求时，非技术工人的效率和收入提高了，而音乐家的效率和收入却下降了；而且如果战争永远持续下去，那些天生就具有专门的当兵才能的孩子，将有一个相对较高的预期收入，而那些天生就有专门的音乐天赋的孩子，则会有一个相对较低的预期收入。另一方面，技术的发展使许多工业操作能够通过高技能人才操作精密机械来完成，于是与那些生来就有牛一般的气质和体格的孩子相比，天生聪明的孩子的收入相对更高。同样地，如果一项发明使盲人在从事某些行业时不如以前那么困难，那么盲人就会倾向于进入这些行业，而其他人则会离开该行业，直到最后，盲人的相对效率上升，他们相对于其他人的收入总是比以前在任何地方都略高。贝特森写道："当英国的伟大工业开始发展时，家族或个人声名要么显赫一时，要么默默无闻，但这并不能证明他们的世系在以前和在不同的环境下应该处于不同的相对地位。在不同的情况下，不同的成功需要不同的素质。"[1]因此，不同人群的效率不仅仅是由他们自身的本性所决定，也不仅仅是由他们自身的性质与资本的供给价格共同决定，而是由这些因素与各种劳务的需求状况，以及各种职业的工业技术状况共同决定。我们认为，这并不能说明未来人们的偏好和技术的发展可能导致相对效率发生什么样的变化，或由此产生的相对收入发生什么样的变化——是趋于更加离散还是更加均等。

第5节

当问到某一行业的工资率相对于另一行业的工资率是否公平时，上述分析的

---

[1]《生物事实与社会结构》，第32页。

意义就会变得明显。当然，这里主要探讨的是关于不同行业中普通工人的工资之间的关系。因为，当知道一个行业的普通工人相对于另一个行业的普通工人的工资是公平的时候，要确定对高于或低于平均水平的人应该给予多少补偿就是一个相对简单的问题。如果我们通过直接判断或其他方式知道这些普通工人在所有方面都是完全相同的，那么我们就应该知道，根据本编第十四章第1节所述，相等的工资就是公平的工资。但是，如果我们不知道我们所比较的行业中的工人是否在所有方面完全相同，那么问题就会复杂得多。如上文所述，的确，如果工资与效率不成正比——用边际净产量乘以价格来量度——它们之间就不可能存在公平的关系。但是，如果工资在这个意义上与效率成正比，便说它们必须处于一种公平的关系中，这是不正确的。只有在满足了第二个条件的情况下，它们才会处于公平的关系中；也就是说，如果行业之间的劳动分配较为理想，就能使本编第九章第2节所说的广义上的国民所得最大化。[1] 在这种情况下，如何才能确定一个行业的工资率相对于其他行业是否公平呢？在某些条件下，可以找到可行的方法。有可能找到某一个典型年份或标准年份，在这个年份中，一个企业的雇主和雇员就该企业的工资相对于其他行业来说相对公平达成了普遍一致。这个工资率将是我们讨论的出发点。确定了这一点后，我们试图通过统计调查发现自我们的标准年份以来，其他行业的工资率发生了怎样的变化。假设它们上涨了20%。那么，如果该行业和其他行业的工人的相对平均素质没有发生明显的变化，我们就可以得出这样的结论：当前该行业的公平工资应该是在标准年份的工资率基础上上涨了20%。在战前时期，煤炭行业的调解委员会实际上就一直采用这种方法，并且通过它往往能够精确地得出公平工资。然而，根据本章的分析表明，它只适用于在对于该行业和其他行业所使用的这一类型和程度的技能的相对总需求没有发生任何变化的情况。如果自标准年份以来，人们对赛马的偏好大大增强，而对诉讼的偏好大大减弱，那么相对于成为一名律师的能力来说，成为一名优秀骑师的能

---

[1] 参见本编第十四章，第1节。

力就会变得比过去更有价值。而骑师的公平工资也将比标准年份高得多。当然，到目前为止，这两种能力的相对供给并不取决于自然天赋，而是取决于为了培训初始能力相近的人而投入的资金数量的差异。我们可以预期，进入需求增长的行业的人数将相对增加，一段时间之后，新旧公平关系之间的差异将逐渐减小。因此，从长远来看，与非技术工人相比，对技术工人的相对需求下降，将在较小程度上改变这两类工人工资之间的公平关系。如果我们可以假定，与对拥有律师天赋者的劳务需求相比，对拥有骑师天赋者的劳务需求的相对增长，将使后者养育相对更多的子女来分享他们的天赋——我们不妨假定天赋可以分享——则最终形成的新的公平关系与旧的公平关系之间的差异将进一步缩小。

第十七章　在工资已经公平的地区和职业为提高工资所进行的干预

第1~2节　对于已经公平的工资进行干预，如果能激励雇主改进其组织和技术，则可能有利于国民所得。第3~4节　可能出现一种总体趋势，它将使所有工资率的变化都有利于国民所得；因此，工资率是否公平不能被视为反对变化的决定性理由。第5节　当总价格因为通货变化而突然发生大幅度变化时，这种考虑显得尤为重要。第6节　人们有时主张，即使一个行业的工资是公平的，如果它低于"最低生活工资"，就应该提高它。第7~10节　具体解释这种主张；得出的一般结论是，对此采取有效行动会损害国民所得。第11节　讨论"家庭工资"制度。

第 1 节

在第十四章的分析中，干预的目的在于强制将那些工资率水平低至不公平的职位或职业的工资，提高至与其他地方类似劳工相当的水平，而人们的注意力大多集中在干预所产生的影响上。然而，人们有时会提出，那些低而公平的工资以及低而不公平的工资往往可以强制提高，以促进国民所得的增加。现在，我们必须深入研究，这一观点在多大程度上以及在何种情况下是成立的。

第 2 节

罗（Rowe）先生在他妙趣横生的《实际工资与理论工资》（*Wages in Practice and Theory*）一书中强烈敦促，强行提高工资率可能会刺激雇主改进其组织和技术方法，这不仅适用于本编第十四章第8节谈到的剥削情况，而且适用于整个工业系统。[1] 这种反应必然取决于在不同的行业中，最佳措施在多大程度上已经被那

---

[1]《实际工资与理论工资》，第204~214页。

里的雇主团体所采用，以及改进这种措施的最佳时机。但是，我们经常发现会产生某种有利的影响。其结果是，能力一定的具有某种素质的劳工的边际净产量将被间接地提高，而国民所得也将增加，正如工资率的增加导致工人的生产能力以下一章所描述的方式提高一样。这种考虑支持逐渐地、小幅度地提高工资率的政策，该政策即使在工资已经很公平，且对劳工能力不产生影响的地方推行也是十分有利的。然而，本章不考虑这种影响，并且我们研究这个问题的假设条件是，雇主的技术和组织方法没有明显受到工资政策的影响。

第3节

第一，正如本编第十四章第2节中所说，特定地区的公平工资有时可能是两个或两个以上不公平因素之间的斗争或者妥协的结果。因此，在某些地区或职业中，劳工的边际净产量价值可能会高得离谱，因为那里的劳工数量由于习俗或高昂的进入成本而减少。如果这种情况单独发生，工资率将高到不公平的程度。但是也可能出现相反的情况，即这些工人被其雇主剥夺了谈判权，从而被迫接受低于其工作的边际净产量价值的工资。如果这种情况单独发生，工资率则会低到不公平的程度，也有可能出现两种对立趋势刚好抵消的情况，这使得随之获得的工资恰好达到公平要求。但是这种公平包含两种不公平的因素。干预其中一种因素将不利于国民所得，而干预另一种因素将有利于国民所得。国民所得不要求工资标准是公平的，而应该设定于两种相互抵消的不公平因素中的前者的水平上。因此，尽管工资是公平的，但是干预还是可取的。然而很明显，在很大程度上不可能完全消除起反面作用的不公平因素。因此，除非在特殊情况下，否则就总体而言，人们很难相信公平的工资标准包含着不公平的因素。因此，虽然本节所提出的各种考虑指出了某些不公平工资的复杂性，但它们对于公平工资来说只有学术研究上的意义。

第4节

第二，在任何特定的地区或职业的工资相对于其他行业或企业的工资来说是公平工资的情况下，为了使该工资率从国民所得的观点来看也是适当的，则必须满足一个条件。这一条件是，在地区或职业中，工人所得工资数额等于其工作的边际净产量价值。但是，如果他们得到的工资低于该价值，那么在缺乏正常动机的情况下，他们就不会付出相应的工作量。如果将他们的工资提高到与需求价格和供给价格相等的水平，则会增加国民所得，而这也足以补偿他们额外牺牲的休闲时间。现在，当事情平息到或多或少稳定的情况时，经济实力的作用在于确保在一般行业中，工资普遍与劳工的边际净产量价值相对应。但是，由于发明新机器、积累资本、开放对外贸易，或作为货币使用的物品的供给增加的影响，情况往往容易发生变化。一般来说，这其中任何一项变化都必然提高所有劳工的边际净产量价值（以货币量度）。因此，尽管过去的工资分配很公平，但还是太低了。提高所有工资率符合国民所得的利益。然而，如果个人工资率的公平性皆被认为是反对其改变的决定性理由，那么工资率就永远不会发生变化。比如，假定无论是完全自发地还是部分地由政府机构控制，整个行业的工资率均由调节和仲裁委员会决定，这些委员会遵循的原则是使自己的工资率等于其他行业类似工作的工资率。那么，在面对这些多变的情况时，往往会陷入僵局。同样地，即使状况稳定，人们也很容易设想，工人的工资可能在各处都受到相同程度的"剥削"，因此，各处的工人工资也都低于其边际净产量价值。在此，一条反对干预公平的工资率的硬性规定将使滥用做法无法得到纠正。所以，工资率的公平性不应该被视为反对干预提高工资率的决定性原因。

□ 佩尔城纺纱女工　1912年

20世纪初期，许多年轻女孩被工厂的工作所吸引。对于她们中的许多人来说，长期在家庭农场工作并不是一个理想的职业，最主要是工厂的工资更高。不过，尽管女孩们在工厂里能赚到更多的钱，但她们的工作时间往往很长，而且有些工作极其危险，甚至可能致命。图为佩尔城棉纺厂的一些纺纱女工。

第 5 节

如果上述为事实，则就整个工业系统而言，要么行业中工人的工资受到剥削，要么工人工资由联合委员会决定，其唯一的行动原则就是确保公平，那么前一章的讨论结果将具有重大的现实意义。将有一个广泛的领域，在该领域内，提高已经公平的工资将有利于国民所得。然而事实上，整个行业并非由奉行单一公平原则的联合委员会控制，而且我们绝对有理由相信，工人受到剥削的地区或职业仅占整个行业的一小部分。因此，对某些工资已经公平的特定行业进行干预的理由，并不具有广泛的适应性。但是，我们不得不承认，当生活成本发生了重大且突然的转变，例如货币大量流通时，工资一般不会立刻受到影响，因此，在一段时间内，各地的实际工资往往较低。因此，仅仅通过干预来提高不公平工资的政策必将丧失及时进行必要调整的时机。如果一个外部权威机构能够迫使某个或某些行业的工资从目前仍然"公平"的旧水平，强行提高到短期内"公平"的新水平，则将有利于国民所得。当然，当生活成本发生巨大而且突然的变化时，对工资方面的影响（由政府机构负责加快进度）并非在所有情况下都是一样的。如果生活成本增加一部分是因为银行或货币变动所引起的同等价格上涨，那么合理的应对措施就是提高工资，使实际工资达到之前的工资水平。如果生活成本增加一部分是因为生产设施减少所引起的同等价格上涨，比如，在战争中，破坏实际资本可能造成价格上涨，那么合理措施要么是不提高工资，要么是无论在什么情况下都将工资的涨幅控制在旧的实际工资水平之下，因为政府对劳工的实际需求将会下降。如果生活成本增加是由于生活主要物资的实际生产成本增加，而与其他类似商品的生产成本增加无关，那么合理的应对措施就是提高工资，使其虽不足以达到之前的工资水平，但几乎足以应对由于普遍的物资短缺而导致的高物价。然而，人们并不总是能够清楚地分辨出这些差别。还存在另外一种不同性质的复杂性。"生活的成本"并不是一成不变的，它会随着各个阶层人口数量的变化而变化。其中的道理很简单，因为富人比穷人更习惯于多样化的购买，而且更有能力大量购买涨价幅度较小的商品来代替涨价幅度较大的商品。因此，战时所造成的物价上涨使人们的生活成本提高的比例越大，低收入者的生活成本就被提高得越多。这种考虑揭示出战争期间以及战后短期内所采用的生活成本浮动费率——除低收入者之外——均相对地低于商务部的生活成本指数的主要原因。如果对于所有的工资收入者来说，工资上涨的幅度完全相同，则可以认定，与收入较低的工人相比，收入较高的工人的相对状况不是保持不变，而是得到了改善。

第6节

现在，我们需要考虑一个更加广泛的要求。即在任何低工资的职业里，不管工资公平与否（相对于工人的效率高低而言），都应该得到增加，使普通工人能过上体面的生活；对于普通男工和普通女工的"最低生活成本"是这样来解释的，即男人要负担一个家庭的生计而女人不必负担。与1909年的《英国劳资协商委员会法案》不同，1918年的《修改法案》承认了这一主张。1909年法案制定于行业内建立劳资协商委员会之初，当时的行业工资极低；而制定《修改法案》时，行业中已经出现了无组织贸易，所以工资只是偏低。而其他行业也明确承认了这一主张。因此，南澳大利亚《1912年工业仲裁法》规定："法院无权制定或指定不能保障雇员最低生活的工资。'最低生活工资'意味着一笔足以满足雇员在以前或者现在工作的所在地生活所必需的收入。"[1]《西澳大利亚法案》规定："不得制定使工人无法凭借它舒适生活的最低工资率或者报酬，这是对普通工人应尽的义务。"1918年的《新威尔士法案》用数字解释了这些一般性规定。在公众对生活费用提出要求后，劳资协商委员会经公开调查后，每年公布全国或者特定地区成年男性与女性雇工（效率极低者除外）的最低生活工资，任何行业协议所制定的工资都不得低于这一标准。澳大利亚州立仲裁法庭贾斯蒂斯·希金斯（Justice Higgins）先生（针对非技术工人）根据同一原则提出建议，（假定）以男性负担一

---

[1]《美国劳工统计局公报》，第167期，第165~166页。

个五口之家、女性仅维持自身生活为样本制定最低生活工资。[1]在美国的大部分地区都针对女性制定了《最低工资法案》，规定最低工资是足够支付必需的生活成本和维持雇员健康的工资。[2]

第 7 节

人们普遍认为，这些提议所抛射出来的问题有时会因为一种模糊的概念而混淆——对任何行业中效率正常的工人来说，最低生活工资意味着一份"最低生活收入"。当然，事实并非如此。人们通常认为，对于男工而言，最低生活工资是能够养活他的家庭并且能让其家人在生病时能够接受治疗，从而过上舒适生活的工资。但是，如果家庭人数超过平均水平或者家人频繁患病时，该工资就会显得不足。[3]显然，能够在这些条件下达到这一目的的最低生活工资，并不能帮助那种超越一般水平或者拥有罕见疾病的家庭。同时，它也不能顾及另一些情况，即一些工人需赡养已经退休的父母，或者一些工人的妻子对于家庭收入没有任何贡献，而一些工人的妻子贡献很大。此外，尽管养家糊口者的工资在某一阶段内可以维持"生计"，但是在另一个阶段却会变得完全不够。这一考虑非常重要。例如，鲍利博士基于其1912年对雷丁地区穷人的生活状况的调查，估算出维持正常家庭生活所需的最低开支是每周16先令，如果四个孩子全部活下来，则将在五年内逐渐增加到25先令左右，十年后增加到28先令左右，此后五年将保持在28先令，然后随着孩子们开始独立，它将再次跌回至16先令。[4]对于女工而言，由于所处的环境各不相同，有的靠丈夫供养，有的自给自足，有的自身就是家庭的经

---

[1] 参见贾斯蒂斯·希金斯有趣的著作《法律与秩序的新领域》。对于技术工人，他的目标是在基本工资上增加"二级工资"，二级工资的确定最主要的是考虑行业能够负担的部分。由此可见，在作者的原则中，支付给非技术工人的实际工资率根本不变动。

[2] 参见《美国劳工统计局公报》，第285期。这些法律就它们对未成年人的影响而言，并未规定应该满足最低生活需要的工资率，仅仅规定一个"适当的"且"并非不合理的低工资率"。

[3] 朗特里先生曾指出，在约克郡，如果建立以养育5个孩子家庭为基础的最低工资制度，那么至少有20%的儿童在五年甚或更长的时间内得不到足够的抚养。（《人类对劳动的需求》，第41页）

[4] 参见《社会现象的估量》，第179~180页。

济支柱,因此她们的最低生活工资与最低生活收入之间的关系并不密切。这些不同的考虑因素表明,就任何看似合理的意义来看,在任何行业强制实行的最低生活工资对于那些按时领取这笔收入的人来说,它都很难确保"最低生活收入"。因此,我们本质上所希望的每个行业都能确保的"最低生活工资",事实上与"最低生活收入"并无联系。按照第十四章的定义,对于某些低等级的工人来说,其公平工资率低于最低生活工资率——不管我们对此选择何种定义——因此在这些行业执行强制提高工资率时,必须根据其本身的特性单独考虑。

□ 贫穷罪　20世纪

《进步与贫困》的作者亨利·乔治曾在一次题为"贫穷罪"的演讲中探讨了19世纪美国贫困的社会根源。他说:"一个贫穷的人,在我看来,与其说他本身是一个罪犯,不如说他是一个罪行的受害者,而对于这种罪行,也许其他人和他自己都负有责任……贫穷带来的诅咒不仅限于穷人,它贯穿所有阶级,就连极其富有的人也受到影响。恶习、罪恶、无知,以及因贫穷而生的卑鄙,可以说是毒药,它们充斥在富人和穷人都必须呼吸的空气里。"图为20世纪东欧艺术家的绘画作品《贫穷罪》:一个衣不蔽体的贫穷小孩意欲在肉店行窃而被抓住,遭到人们的围观和漫骂。

第8节

一个得到广泛认可的观点如下:"一个行业若是耗尽了人力资本却又无法进行补充时,该行业将难以维持且危害社会。因此,如果一个妇女部分地依靠其他来源维持生活,比如依靠她的父亲、丈夫等,则雇用她的行业正是从这些其他来源中得到了补偿。从某种程度来说,这是因为她的工资不足以维持正常生活"[1]。换句话说,如果允许这种使补偿成为必要的低工资继续存在,就相当于允许一种使生产能力日渐下降的过程继续存在,而未来的国民所得也将因此逐渐被蚕食。然而,这一论点是站不住脚的,因为"耗尽"一词是有歧义的。如果工人在某些企业工

---

[1]《新政治家》(女性增刊),1914年2月21日。

作会破坏甚至耗尽他们的生产能力，则如果他们没有在那些企业工作，就有可能增加国民所得，而这种生产能力的破坏必须严格地记入这些企业的借方。正因如此，才导致其社会净产量远远少于其私人净产量。但是，没有人相信，一个雇用低等级工人并付给他们等同于其他地方工资的企业，正在消耗这种意义上的人力资本。因为，如果这个企业不雇用他们，他们也会被别的企业以同样的工资挖走或者完全失业。但不论是在哪种情况下，人们都没有理由相信他们的生产能力将在不久之后被耗尽。因此，企业只是在使用或者雇用的意义上用尽了他们的生产能力，而不是在消耗的意义上用尽了他们的生产能力。也就是说，对于所完成的工作的边际社会净产量和边际私人净产量之间没有差异，而国民所得也不会因为这种情况的继续存在而遭受任何损害。这一结论也不会受到该行业的工人从其他来源获得"补偿"的事实（如果这是事实的话）的任何影响。因为，就算这些工人没有从事这一行业，他们至少在很大程度上仍然必须获得等量的"补偿"。第十四章中有详细描述：如果一个职业或者一个职业的某一部分维持下去的方式是通过支付低于一定等级的工人应得的工资，以及在除了这个职业或者这个职业的某一部分之外的其他地方可能赚取的工资，那么这个职业或者职业的一部分的存在只会浪费社会资源。这是真正的寄生现象。然而，问题的本质在于支付给工人的工资少于他们应该得到的和在别处可以得到的数目。当这一现象不再发生时，也就没有了寄生，即使工人们获得的工资远远少于维持他们独立生活所需要的成本。这个论点——法律应该规定禁止行业支付给工人的工资少于"公平工资"，即使这项禁令会导致这些行业破产——与禁止支付给自身价值低于"最低生活工资"（其实他们值得）的工人低于"最低生活工资"有很大区别。因此，这种普遍认识是站不住脚的，我们在研究过程中将不再予以考虑。

第9节

我们假定一特定的行业正在招收低等级工人，并且他们的工资相较于他们的低效率，相对于其他行业已经算是公平的了；并且我们进一步假定在这个行业和其他行业的效率工资相等的同时，那里和其他地方的边际净产量价值也是相等的，而且工资和这些价值之间也是普遍相等的。在这种情况下，如果该行业的工资率被强行提高，雇主就会有强烈的引诱力将能力较差的工人调离他们所在的岗位，从而完全使能力较强的人来从事这些岗位。例如，不同城市中不同工会工资率的建立，主要是将能力较强的工人吸引到了实际工资率较高的城市。正如1889年"码头工人6便士工资制"的建立，吸引从乡村来的体质强壮的外来者部分取代了原来码头工人中体质较弱的工人。如果出现这类现象，不可能所有这些外来者的工资都会比以前高得多。所以，工会所要做的就是在不同职业之间重新分配不同等级的工人。因此，最终对国民所得的大小不会产生有利或不利的影响。事实上，试图对某些工人进行干预的企图都会被规避。然而，如果我们假定，由于某些原因使得工会无法重新分配工人，当然，除非对劳工的需求是完全为零，否则一定会有某些劳工在工资提高了的行业中被解雇，结果就是，根据情况的不同，这些劳动工要么完全不就业，要么到别处择业，而他们中大部分人如今的净产量价值低于过去。这是从第十四章的分析中得出的必然结果。因此，一个必然的推论是，在公平工资低于最低生活工资的行业中，雇主为了将工资强制提高到"最低生活工资"标准而采取的手段，除了对劳工的生产能力产生影响以外，必定损害国民所得。

第10节

一开始，人们很自然地认为国民所得受到的损害与干预涉及的职业数量大致成正比关系，以至于最低生活工资在三个类似行业中推广时，如果公平工资均低于最低生活工资，则国民所得将会减少3倍，就如同只涉及其中一个行业一样。然而，这个数据被低估了。因此，当劳动及资本被逐出一个职业时，正常情况下会转移到其他职业中。尽管它们的产量比之前少，但还是生产了不少产品。因此，如果只有少量的劳动和资本被派往寻找新的家园，而且有一大片土地向它们开放，则每个单位的新贡献将与旧贡献价值相当。但是，如果某一领域对它们开放，更多的劳动和资本被派去寻找工作，它们将不得不被推入生产率较低的用途，每个单位所做的新贡献也将减少。因此，如果将干预的数额增加2倍或3倍，从而使劳动和资本的数量增加2倍或3倍以上，那么对国民所得造成的损害也会增加2倍或3倍以上。而当澳大利亚人试图从澳大利亚的经验中揣摩出提高这个国家低薪行业的工资可能会造成的影响时，这一点必须要铭记于心。因为"澳大利亚殖民地的行业制度，相对来说形式简单、范围局限。农业占主导地位，且不受仲裁法的影响，所以自然就成为了被行业排除在外的劳动和资本的投靠"[1]。所以，在英国，农业所占的比例要小得多。如果试图采取一种具有广泛影响的政策来提高行业工资，可以利用的投靠规模就很小。此外，事实上可以肯定，在英国这一政策如果不适用于农业，则有可能也不适用于其他行业。因此，它对国民所得的危险将远远大于澳大利亚的经验所提到的程度。

第 *11* 节

到目前为止，我们一直默认传统的分析方法，即在确定工资率时不将配偶和家庭状况考虑在内。然而近年来，人们开始密切关注以家庭为基础来确定工资的提案。这些提案的主张，将使实际工资与理想的公平工资的差异巨大，甚至超过了上述"最低生活工资"的差异程度。因为他们要求，应根据子女的数量来为相同素质的不同工人制定不同的工资率。在第一次世界大战期间，支付给士兵的工资（工资和扶养补偿一起计算）实际上就是根据这一原则来确定的；由于生活成本的增加，警务人员的战争补偿也是以家庭为基础来发放的。人们早就清楚，如果政府当局愿意，它可以自由地通过这样一种方案来支付工资给自己的公务员，但人们认为，如果这种方案进入一般行业中，必然造成任何时候的失业都集中在有大家庭的男性身上。然而，在过去的几年里，一些国家出现了所谓的"家庭工资制度"运动。在德国，由于实际工资的严重下降，一些家庭无法在一般的工资水平下生活。因此，"按照家庭人口发给额外补偿的制度当下非常流行。为此，德

---

[1] 查普曼《劳动与工资》，第2卷，第263页。自1918年的《工业仲裁法案》通过以来，对于南威尔士而言，仲裁法已经不再是完全与农业无关了。

国劳工部最近对现行集体协定的条款进行了分析。分析表明，几乎所有行业都在某种程度上采用了家庭工资原则，它还得到了许多重要行业，如煤矿业、机械工程、纺织业以及造纸和纸板制造业等的普遍认可。"[1] 在法国，这一制度最早于1916年开始发挥重要作用，此后发展迅速，到1923年，有数百万工人受到该制度的影响。不同的行业设立了"补偿基金"，由各雇主按照其工资表的一定比例向其缴款，然后利用所有这些基金支付全部家庭补偿。[2] 由于雇主对其雇用的每个工人支付相同的总额，并不考虑家庭规模的因素，因此这并不使他倾向于雇用单身工人而非已婚工人。在比利时、荷兰和奥地利，这种制度也有一定程度的流行。[3]

显然，相对于普通的最低生活工资制度，给定的总工资支付将产生更大的社会收益。但是，无论何种形式的工资制度，都可能遭到严重反对。因为如果要给有大家庭的工人提

□ 母亲和她的孩子们　1915年

家庭工资是指，在一个家庭中只有丈夫一个人在挣钱，而妻子则待在家里抚养孩子。因此，男人的工资应该能够养活他的妻子和孩子。然而，20世纪初期，一位男性要挣到足以养活一个家庭的工资并非易事，尤其是在有很多子女的家庭。图为1915年纽约下东区的一个家庭，一位母亲和她的三个孩子在家中窄小的厨房里，从家中的环境和孩子的穿着可以看出，他们的生活条件十分艰难。鉴于这些情况，从第一次世界大战时期开始，一些国家提出了"家庭工资制度"，即对工人家庭实行家庭额外补偿，以保证一个家庭的最低工资。

供补偿——一种对父母身份的补偿——则必然意味着对单身者征税。我现在并非要评价这是好还是坏。但可以顺便指出的是，那些单身者在将来结婚之后，也可以获得同样的补偿，这将弥补他们婚前的损失。然而很显然，具有相同能力的不同的单身者应平等地纳税。但是，如果采用家庭工资计划，那些碰巧在单身者所

---

[1]《劳动公报》，1923年3月，第86~87页。
[2]《劳动公报》，1923年3月，第86页。
[3] 参见拉思伯恩《经济学杂志》，1920年，第551页。

占比例比已婚男性小的行业工作的人,所受的打击将比在单身者比例大的行业工作的人大得多。如果提高税收是为了给大家庭的家长发放补偿,那么最好的办法似乎是通过普通的税收机制而不是这种隐蔽而不均衡的方式。这一考虑适用于以国家法令的形式向所有行业推行家庭工资制度的情况。对于这种只限于特定行业的制度,我有更多的反对意见,那就是,在实行这种制度的行业里,必定充满了有着大家庭的已婚男性,从而出现了没有单身者为他们的利益纳税的局面。[1] 1927年,新南威尔士州通过了一项《家庭资助法案》,该法案规定,对于单身母亲的家庭,如果其收入低于一位男性和一位女性组合的家庭的官方收入标准,则政府每周向她的每个子女提供5先令的补偿,同时每年每名子女再补偿13英镑,由雇主根据各自支付的工资总额占全行业工资总额的比例出资,以筹集必要的收入。[2]

---

[1] 参见海曼《关于德国家庭工资制度的争论》,载于《经济学杂志》,1923年12月,第513页。关于法国"家庭工资"的说明,参见道格拉斯《法国的家庭补助和清算基金》,载于《经济学季刊》,1924年2月。拉斯伯恩在其《剥夺继承权的家庭》一书中,对家庭工资和家庭补偿的各种形式进行了有趣的讨论;并可参见科恩《家庭收入增加》。

[2] 关于该法案的论述,参见《经济学季刊》,1928年5月,第500页及以下多页。

第十八章　工资率与生产能力

第1节　如果工人因为效率低而得到很低的工资，那么国民所得很有可能通过迫使工资提高到先前考虑的水平而间接受益；因为较高的工资可能提高生产能力。第2节　通过统计进行的比较，对这一问题没有太多启示。第3节　如果工资低是由剥削造成的，那么提高工资不会使相关工人失业，因此对生产能力有极大的影响。第4节　除剥削以外，这些影响在劳工需求没有弹性的职业中可能更加有利。第5节　如果对工资（不是剥削工资）的干预从其对生产能力的影响上表明是正确的，那么这基本上是一种临时干预。

第1节

在前三章的分析中，并没有提到对提高工资率的干预可能有利于工人的体质、智力和精神方面的改善，从而对工人的效率产生影响。但是，正如我们看到的，在某些几乎或者完全不需要技术就能经营的行业，即使是所谓身体健全的普通工人，他们的效率也是极低的。在这类行业中——如简单的家庭缝纫——即使是公平的工资率，也是很低的工资，更不用说不公平的工资率。初步看来，在此类行业中采取提高工资率的干预手段可能会影响工人的生产能力，因此可能会间接地增加国民所得，尽管直接影响可能与之相反。这种预期的影响一部分作用在身体上，这是由于更好的食物和更好的生活条件增强了力量。这种影响还有一部分作用在心理上——人们感受到了公平的对待、看到了更多的希望，也逐渐意识到随着工资上涨，消极怠工很有可能会导致失业。因此，在雇用低等级工人的职业中，似乎能提出比前几章中由他们自己提出的论点更能支持通过干预来提高工资的理由，雇用高等级工人的职业中也有类似的例子可以对此证明，只不过说服力相对较小。现在需对这一建议加以检验。

第2节

有人认为，上述问题可以通过比较工资不同的企业或职业中的工人的生产能力来解决。然而，他们发现工资高的人往往比工资低的人的能力更高，并且他们推断，如果两者的工资一样多，那么后者也会把能力提高至与前者等同的档次。但这一推论存在不足。一般来说，高工资地区的工人比低工资地区的工人更有能力，这一事实并不能证明高工资导致高能力。因为正确的解释与之相反，即高能力成就高工资。从低工资地区转到高工资地区的工人很快就能获得和后者一样的工资水平的这一事实，也不能证明这一点。因为，愿意进行远距离转移的工人刚好就是相信自己的能力强于他人，并且自认为值得获得比他人更高的工资。上述类型的所有统计论点都值得怀疑。为了探究实验中增加的工资是如何影响生产能力的，我们需要调查一下，同一位工人在相同环境中分别处于高工资和低工资条件下的产量。只有这样，我们才能确定增加的工资对不同收入层次的工人产生多大的影响。遗憾的是，此类调查并不可行。第一次世界大战期间，在新兵招募和训练方面所呈现出来的迅速改进都确切表明，无论如何，在青年时期，人的素质具有比我们过去习惯认为的更为迅速和完全的可塑性。正如研究者的报告所述，劳资委员对成衣业和制盒业增加工资所带来的影响是相同的。[1]这些报告带来了希望，但是仍然无法帮助我们得出任何确切的结论。因此，我们最终又回到了所谓"常识"的含糊猜想的工作上来。这表明，极度贫穷的工人受到的影响最显著，他们会由于得到更好的食物、服装、住房而改善自己的身体素质，改善的程度将根据他们的年龄及初始状况而有所不同。这表明，较之就业"随意"且断断续续工作的人，就业较规律的人受到增加工资的影响会比较大，并可以因此建立起一种确定的生活标准。这还表明，收入变化持续得越久，生产能力在一定程度

---

[1]参见托尼《缝纫业的最低工资》，第121~134页；以及巴尔克利《纸盒制造业的最低工资》，第51页。在纸盒制造业中，工人的效率在间接提升，因为工资标准的提高促使雇主在工人的训练方面花费更多心思。"不管他们之前能赚多少，必须训练每一位工人都能够赚取最低工资"。（《纸盒制造业的最低工资》，第51页）

上提高的概率就越大。

第3节

在工资低的地区或职位，工资率低是由于低等级工人受到雇主剥削造成的，雇主所支付给他们的工资少于他们应得的量。因此，没有理由认为，将工资率强行提高到公平水平将导致任何受影响的人在任何一段时间内失业；因为雇主并没有支付高于他们劳动价值的工资。因此，我们只需要考虑获得更高工资的工人的生产能力所受到的直接影响。实际上我们可以肯定，这会给国民所得带来一些净收益。此外，人们有理由相信这种收益是可以累积的。如果剥削得到允许，工人被迫接受不利于他们的谈判结果，将导致他们的生产能力的下降以及边际净产量价值的降低，并形成他们下一轮谈判的一个更低的工资基础；如果他们的谈判结果再次稍微不利，他们就会变得更加弱势——这正是他们当前的状况——他们的工资将一而再再而三地被迫降低。如此一来，他们的工作能力，如同他们的工资率一样，将会逐步降低，而国民所得也会因此遭受严重损害。然而，如果剥削受到制止，工资也强行上涨到了公平的程度，则生产能力将会呈现出与下降趋势完全类似的上升趋势。而高收入将产生高能力，高能力又增加了获得更多收入的能力。这样的过程也是不断累积的。认识到这一点对于极其贫穷的工人来说特别重要，因为，如果他们继续贫穷，在谈判能力超强的雇主面前，他们就越容易成为受害者。所以，在这种情况下，第十四章所提到的结论，即强行提高因剥削而形成的不公平的低工资，将会增加国民所得，如果再加上对

□ 工头与童工　1911年

18世纪末期以来，随着大规模制造业的快速发展，在采矿等工业行业中，剥削儿童成为普遍现象。虽然1802年的第一部法律提出禁止贫困儿童到棉纺厂充当学徒，但是由于规定没有强制执行，因此可以视同无效。直到20世纪上半叶，欧洲、北美、澳大利亚和新西兰的相关法律才得到了有效执行。例如，美国1938年的《公平劳动标准法》规定，在校外从事非制造业工作的最低年龄为14岁，在上学时间从事州际贸易的最低年龄为16岁，从事被公认为危险职业的最低年龄为18岁。图为1911年的密西西比州亚祖市纱线厂，一名工头正在监督一个女孩（约13岁）操作绕线机。

生产能力所产生的作用的话，这个结论就会得到进一步的肯定。

第4节

第十四章和十七章指出，强行提高已经公平的或者并非由于剥削而造成的不公平的工资率，除了对生产能力产生作用外，还有利于国民所得的增加。正如上述相关研究所表明的那样，当存在任何这些条件时，强行提高工资率很有可能对工人整体的生产能力产生有效的作用，并且不会对它产生任何损害。因此，通过工人生产能力对国民所得产生的间接作用，与通过强行提高工资率对国民所得产生的直接作用相一致。然而，当条件是那样，即当工资率上调，除了影响生产能力之外，还会损害国民所得时，则这些影响还会产生什么作用就很难确定了。因为在这种情况下，工资上涨的企业或职位必然会裁员，而那些工人要么面临失业，要么至多就是移动到比之前净产量价值少的地方工作。因为除非出现这种情况，否则国民所得不会遭到损害。我们现在假定，工资率上调除了在生产能力方面的作用以外，还会使国民所得遭到损害。但是，如果一些工人的情况较之前发生了恶化，那么上调工资率对生产能力的最终影响将不仅仅是使一部分人获得了更高的工资率，更会使另外一部分人受到伤害。从表面来看，人们似乎有理由相信，在某一行业的工资率上调之后，如果整个行业的工资总额比之前更少，则这个行业工人的整体能力就不会有所提高。在第四编中，我们将详细讨论某一特定行业的工资增长可能会增加作为整体的工薪阶层的实际收入，尽管这样会损害国民所得。显然，在工资率强行上调的职业中，当对劳动力的需求非常缺乏弹性时，其前景是最好的。从短期观点（仅对生产能力产生作用的话）来看，造成非弹性需求的原因远比长期观点的原因更强大。例如，即使每一个企业都强行增加工人工资，但是只要雇主手里还存有订单，他们一般就不会大批量解雇工人。因此，如果工资对生产能力的"反应时间"相当快，那么无论如何，当受到工资上涨影响的商品并非主要由工人购买时，可能会出现有利的影响，而且这是合理的。如果任何企业工人的固定工资率没有突然远高于现有比率——即使可能发生大量解雇——而只是通过小阶段逐步提升时，情况尤其如此。因此，经常发生的情况是，不考虑对生产能力产生的影响，强制提高工资率将对国民所得造成损害，不过，这种损害将被对生产能力产生的影响抵消一部分。当政府可以帮助那些意外失业的人时，政府的额外帮助——这对工资率上调有间接影响——将使这种抵消作用稍微大于没有这种帮助。而抵消的作用是否能够超过对国民所得的直接损害（二者必须加以平衡），一般是无法确定的，需要具体问题具体分析。

第5节

值得补充的是，正如前一章所得出的结论，无论在什么情况下，这种增加收益的干预手段从本质来说只是临时性的。计件工资从形式上和本质上都只是临时的。因为，尽管一份有所增加的计件工资通过提供大量收入，可能会提高一位工人的生产能力，使他能在一天之内生产更多的产品件数，从而永远能够从计件工资率中获得更多的收入，但是这样一来，它就无法使劳工自己的价值与新的计件工资率相匹配。因此，没有理由在对工作能力已经产生影响的基础上，将这一计件工资率保留更长时间——至少从国民所得的观点来看，是完全没有必要的。因为，如果它的维持时间比必需的还要长，那么它不但不会提高能力，反而会阻碍劳工以最有利的方式分配到不同用途中去，从而损害国民所得。当工资按时间支付时，所需的干预形式将不再是临时性的，并且也没有理由再降低已经提高的计时工资率。但它在实质上只是临时性的。也因为过一段时间之后，工人们会由于生产能力的提高而获得新的计件工资。所以，这一工资将成为"自然工资"，这是不需要进行任何干预的。

第十九章　全国最低计时工资

第1节 在本章，我们必须考虑法律规定的全国最低计时工资的影响。第2节 这在全国范围内普遍适用，不能通过不同职业中不同素质的工人的任何再分配来规避。第3节 顺便提一句，它将防止一定程度的剥削，而且到目前为止是有利的。第4节 但是，其主要后果是将许多低等级工人逐出私营企业。第5节 如果国家不针对这些人采取进一步的行动，那么国民所得必定受到影响；即使国家承诺为他们组织培训，但是将无法受训的老人和无行为能力的人驱逐出去仍然是一件坏事。

第1节

在第十七章中，我们考虑了将低工资行业的全部或部分工资率提高至"公平"水平的干预手段所带来的影响。问题的根本在于普通工人的工资。人们默认高于和低于平均水平工人的工资标准将根据他们的相对能力进行调整。我们现在必须考虑另一种直接针对个人而非企业的干预手段。假定普通工人在所有行业或者大多数行业中都能获得合理的工资，而那些低等级及效率低下的工人通常只能获得少到令人难以置信的工资。人们普遍认为，应该通过法律规定全国最低日薪来防止这种情况的发生，任何行业以低于该最低标准的工资雇用工人都属于不合法行为。必须认识到的一点是，这一政策在实质上不同于本编第十五章第7节所描述的那种（除低等级工人以外）全国最低日工资，它的范围更广。可以用澳大利亚的《劳动法案》对此予以说明——但该法案并不完善，因为除了能力极低的学徒以外，该《法案》所规定的最低工资远远低于任何工人的自身价值。澳大利亚的某些劳动法律对此有所说明，虽然这种政策不尽完美，因为它所确定的最低日工资低于除了能力异常低下的学徒以外的任何工人的价值。维多利亚州和南澳大利亚州的议会"已经决定任何人不得以低于每周2先令6便士（维多利亚州最低工资）或4先令（南澳大利亚州最低工资）的工资在已注册的工厂工作"[1]。无独有偶，1908年的《新南威尔士州最低工资法》规定：除去加班工资，不得以低于每周4先令的工资雇用任何工人或店员[2]；新西兰的《工厂法》也规定：在工厂里以任意职位就职的所有人都有权按照约定的工资率获得工资。在这个行业就职的第一年里，无论在何种情况下，人们的工资不得少于每周5先令，此后，工资年均涨幅不得低于

□ 玻璃厂夜班工人

图为1908年8月美国印第安纳州一家玻璃厂的夜班工人。在当时，当该玻璃厂全面运转的时候，工人正常情况下每周工作50～55小时，其中星期一至星期五为工作日，每天工作9～10小时，星期六工作半天。直到20世纪40年代，才引入了每周工作40小时及加班另计加班费（1.5倍）的政策。

3先令，直到工资涨至每周20先令为止。[3]这一条款最初的形式——上面给出的形式是1907年的修正案稍加修改后的形式——是为了防止人们在没有"公平的货币报酬"的情况下受雇于工厂。工资的多少与加班无关，并且禁止发放奖金。[4] 1913年美国犹他州制定的法律也体现了同样的精神，其中规定所有"经验丰富"的成年妇女每天的最低工资为1.25美元，即使是残疾工人也不允许低于这一最低工资标准。[5] 1917年美国亚利桑那州颁布的《固定工资率法》也体现了这一最低工资标准。[6]

---

[1] 艾维斯《工资委员会的报告》，第88页。
[2] 《劳工宪报》，1909年3月，第103页。
[3] 参见艾维斯《工资委员会的报告》，第88页；以及雷诺《论最低工资》，第335页。
[4] 参见艾维斯《工资委员会的报告》，第88页。
[5] 《国际劳动法》，1914年2月，第77页。
[6] 参见道格拉斯《美国经济评论》，1919年12月，第709页；以及《美国劳动局公报》，第22页。

第2节

正如本编第十七章第8节所示，任何试图把低等级工人的工资率提高至"公平"水平以上的行为，只要实行的范围不大，便完全可以通过某种合法的方式阻止其实施，那就是，将该地区或职业中与其他地区或职业中的不同等级的劳工进行再分配。然而，当国家通过干预建立全国性最低工资率时，受该行动影响的范围不会很狭窄。相反，这或多或少会在全国范围内出现，没有哪个领域可以迫使低等级工人获得少得可怜的工资。所以，以在不同等级的工人之间重新分配工作为借口的做法是完全行不通的。因此，这种干预对国民所得产生的影响可能是严重且巨大的。

第3节

全国最低计时工资率的制定可能间接防止了某些支付非公平低工资行为的发生，因为这种情况要么是上等阶层的剥削导致的，要么就是雇主付给工人的工资少于他们劳动的价值。正如第十四章所解释的那样，通过加强有能力的雇主同较弱的竞争对手之间的竞争，强制提高这类低工资将对国民所得产生有利影响。但并非只在这一方面占据优势。即使低工资是公平工资，即工人的工资率与生产效率成正比，也不一定意味着提高的工资就是不公平的。因为正如前面的章节所讨论的，只要一位能力较差的工人也能过上一段时间的高薪生活，那么他或她目前的生产能力就有可能提高到与其薪水相对应的水平。只要这种情况发生，就会有利于国民所得。但是，这样的情况显然只是极少数，它是建立全国最低工资附带的副产品而非主要后果。

第4节

其主要后果是一些低等级工人被驱逐出私营企业——这个数字越大，全国最低工资的水平就越高。一旦制定出这一最低工资标准，低等级的工人得到的工资就不会像现在这么低，这必然导致他们中的一些人将不再值得受雇佣。当然，并不是所有人都会因此受到影响，因为一些工人离开私营企业将提高剩下工人的价值。然而，即使制定出了全国最低工资政策，那些原本就不值得所获得工资的人依然不值得拥有这笔钱。而整体的工资比例分配或多或少取决于劳动需求的弹性。一些人认为，这种需求是完全没有弹性的，因为在某些特定的行业里，比如在制链业中，就有统计数据证明劳动需求完全没有弹性。但是，当涉及一般最低工资问题时，对于劳动的需求就不仅仅是针对相关的个别行业，而是针对所有行业而言，这一点非常重要。并且无论是从短期还是长期来看，毫无疑问，所有行业的总需求弹性比制链业的特定需求的弹性大得多。[1] 因此，由于全国最低工资远高于低等级工人目前的工资水平，这就使得低等级工人不再值得被私营企业雇用，而且这类工人的数量可能相当大。毋庸置疑，对其中一些低等级工人，雇主可能仍会保留一些善意或顾念旧交情。但大部分人将面临失业，没有机会从提高收入中来提升生产能力。因此，就这些人而言，他们对未来的国民所得没有任何间接收益，因为他们将退出私营企业的生产，所以明显对国民所得有直接损害。毫无疑问，他们中的某些人可能会被分配到由国家管制的机构工作。但是，机构中接受援助的人的强制性劳动总是生产很少的产量，因此无论如何，他们的主要生产能力将会遭到浪费。

第5节

在国家完全隔绝和被动的制度下，这种影响将占主导地位，毫无疑问，国民所得将受到损害。然而，在现实生活中，人们必须牢记，一个组织良好的穷人保障体系可能重振那些经历过失业、需要社会救济的人，也可以在农业殖民地或其他地方给予他们经济知识的训练，以供他们日后谋生使用。因此，在未来一段时间内，尽管全国最低计时工资会导致一些人退出实际生产，但是从长远来说，即

---

[1] 参见本书第四编，第三章，第8节。

使是从那些人的角度来看，这样也不会损害国民所得。因为它与国家对穷人实施的良好的保障体系有关，所以对于这一体系将会在本书第四编中进行介绍。

然而，只要稍加思考就会发现，这一点所能带来的好处有名无实——创建一个国家最低计时工资标准与没有这项标准所能完成的事情差不多。如果没有一个组织良好的穷人保障体系，就没有理由假定，由于引入国家最低工资标准而被私营企业辞退的工人会受到培训和得到其他发展。而且，即使存在这样一种良好的保障体系，也只有那些受到培训与得到安置的人可以感受到这种体系的影响，并从中获益，这些人在没有国家帮扶的情况下，并没有能力和意愿赡养他们的家庭。但是，如果不执行国家最低工资标准，那些由于引入最低工资标准而被私营企业辞退的大部分人，就会想方设法从国家组织的对穷人实行的保障体系中分得一杯羹，因为国家最低工资标准本身大概会低于重要生存条件所要求的水平。因此，该组织将有许多机会——与执行国家最低工资标准的机会相同——给那些从私营企业中被辞退并且适合培训的人或者需要治病的人提供帮助。

这还不是全部。必须记住，并不是所有因为国家最低工资标准而失业的人都能在国家培训中获益。对于那些迄今为止几乎没做过什么工作且已经从家人和朋友那里获得多余支持的老人来说，这是不适用的。因为他们基本上无法给行业分担部分或临时的工作，即使他们愿意这样做。年长的家庭女工和年轻的工厂女工，由于生产能力低下，而且可以依靠丈夫和父亲生活，她们也属于和老人一样的情况。领取年金的人也是一样，如果允许的话他们愿意继续工作来养活自己。随着这些人的陆续失业，国民所得也将遭受一定程度的、无法挽回的损害。因此，要想不造成损害，就得在任何有关国家最低计时工资的法律中，对上述类型的工人以及无法通过训练而提高能力的工人作出规定。但是，要想对这一点做出满意的安排并不容易，因为它往往会同时产生一些反作用的东西。而在这一安排出现之前，我们暂且得出一个简单的结论：就整体而言，一项有效的国家最低计时工资标准（有效指的是远远超过了当前大多数人的收益）很有可能损害国民所得，而不是使其获益。毫无疑问，如果没有这样一个最低标准，许多低等级工人，特别是低等级的家庭女工都将留在私营企业里，其收入不足以勉强糊口。就像第四编强调的那样，必须消除这种弊病。但是，解决这一问题的办法并不是建立一项会将低等级女工驱逐出私营企业的国家最低计时工资标准，而是由国家直接采取行动，必要时辅以国家基金的援助，以确保全体公民家庭的方方面面都能享受到最低生活保障。

第二十章　特定行业的固定工资率和浮动工资率

第1节 仍需评估由硬性规定确定的工资率与根据情况暂时变化而制定的在标准上下浮动的工资率对国民所得的相对影响。第2节 可以证明，因需求的暂时变化而浮动的（或易受影响的）工资率比固定工资率更直接有利于国民所得。第3节 当间接影响也考虑在内时，直接影响的比较结果很少受到干扰。第4节 但出于实际原因，工资的变动不能在少于两三个月的间隔内进行。第5～9节 当任何职业中劳动供求弹性给定时，与需求表的任何特定波动相适应的工资波动越大，该需求表的波动也越大。同时讨论了这个论点的实际含义。第10～11节 当任何职业的劳工需求表发生了一定的浮动时，与这种浮动相对应的工资浮动就会变小，职业中劳工的供给就越有弹性。另外讨论了这个论点的实际含义，并指出对此进行估价的后果。第12节 通过浮动标尺提供调节劳工需求浮动的自动方法。第13～18节 对这些可能出现的各种形式以及与之相关的问题进行详细研究。第19节 当双方之间的关系足够良好时，通过安排联合委员会每隔两三个月调整工资而不是仅仅根据机械的指数，同时考虑其他可能没有考虑到的因素，可以取得更好的结果。

第1节

当实践中任何地方因为工资"不公平"或者其他原因决定要进行干预时，就会立刻产生新的问题。有效的干预包括政府制定新的工资率或鼓励雇主和雇员协议一种新的工资率。不管是政府制定的工资标准还是协商的工资标准，如果总是一成不变的话，都是不合理的。一般而言，整个行业的形势与特定行业的形势一样，总是处于一种不停变化的状态。因此，规定和协议的每一个工资标准都必须明确或含蓄地限定在较短的一段时间内。在规定和协议需要修订之前，这段时间应该多长，完全取决于修订其必须面临的实际困难。除此之外，从表面上看，由于条件随时可能从根本上发生改变，则任何一方希望修改时都应该得到准许。然而，实际上，仅仅出于方便考虑也必须为工资标准的修改规定一个最短的时间间隔；同时还有其他因素需要考虑。除非雇主与雇员之间的关系非常融洽，否则反复就根本性的工资问题争论不休必然存在风险。鉴于这种情形，通常出现的情况是，在指导性决定中规定一个通用时间，要求自决定执行之日起不少于两年。为了方便讨论，我们假定人们普遍采取这种做法。

但是，我们不能由此推断：工资标准一旦经指导性规定或协议得以确定，自此之后至少两年内必须完全不变。因为人们有可能设计出一些方法，而指导性规定或协议参照这些方法后，应规定工资标准在规定期内需根据临时情况的变化而作出调整。因此，我们必须在硬性规定和弹性规定之间作出选择，也只有了解清楚这两种规定所产生的影响之后，我们的调查才算完整。

□ 啤酒花采摘者

16世纪，啤酒花由荷兰农民从欧洲大陆传入英国，很快成为肯特郡地区最重要的作物。几个世纪以来，人们一直使用啤酒花来酿造啤酒。图为1907年，一家啤酒花采摘者到达肯特郡沃汀伯里啤酒花田。

第2节

让我们假定一种处于一般均衡状态的行业，这种行业从整体上来说既不扩张也不衰退；但其中劳动的需求——我们暂且不考虑劳动供给的波动——有时低于平均水平，有时高于平均水平。第十四至十七章的论点已经表明，鉴于某些障碍及其对生产能力的影响，最有利于国民所得的工资率（如本编第十六章第1节所述）应当等于该时期内其他地方支付给同等级劳工的工资率。那么，符合国民所得利益的工资率应该是固定不变的还是围绕着一个平均数上下浮动呢？

首先，让我们考虑一下劳动需求增长的情况。如果采用固定工资制度，这便意味着，表面工资率保持不变。那么，我们应该预期所提供的劳动量也不会改变，因此所完成的工作总量将低于工资波动时的工作总量。需要记住的是，尽管人均工资保持不变,但实际上新员工每单位劳动效率的工资也会提高。雇主用以前雇用能力较强的员工的工资来雇用能力较差的员工[1],或按特殊的工资率安排加班来实现调整。在这两种情况下,新劳动单位的工资均高于旧劳动单位的工资。可以想象,在需求增长很小的情况下,如果一般工资率按同等比例提高,所雇用的劳动总量也会得到同样的增加。不同之处在于,雇主通过给新劳动单位和旧劳动单位确定两种实际不同的价格,为自己保留了一笔钱,而在单一价格制度下,这笔钱本来可以增加到后者的工资里。加班费的计算方法很好地说明了这一结论。假设正常情况下工人每天工作六小时,每小时工资6先令——额外支付1先令相当于第六个小时的工作对工人造成的不愉快的补偿。进一步假设,对一个已经工作了六个小时且收到了6先令工资的人来说,以同样的工作效率额外工作一小时所造成的不愉快可以用15便士来补偿。这时候,雇主可以通过两种方案获得工人7个小时的工作量。第一种是将每小时工资提高至15便士,第二种是前六小时支付的工资和以前一样,只为最后一个小时的"加班"支付15便士的补偿。这两种方案中完成的工作量完全一样[2],唯一的区别是,雇主在前一种方案中额外支付给工人的18便士,在后一种方案中就可以完全节省下来。这一点十分重要。不过一般情况下,特别是在劳动需求大幅增长的情况下,并不是雇主们希望拥有的所有额外劳动都可以通过加班或雇用能力较低的工人就能获得。因此,虽然国民所得在固定工资制度下会有所增加,但增幅不太可能像浮动工资制度下那么大。

　　其次,我们再考虑一下劳动需求减少的情况。如果工资率维持在原来的水平上,继续为雇主工作的劳动数量就会减少;如果工资率降低,这个数量仍会减少,但减少的程度不会如此之高。战前英国劳资委员会对英国和德国情况进行比较的报告就充分说明了这一点。德国工会的标准工资率并不像在英国那样普遍流

---

〔1〕人们认为,在计件工资制度下,这个方法是不可行的;因为在这种制度下,不管工人是谁,其工资水平与产量直接挂钩。但是,(1)相同的产品并不总是拥有相同的质量,并且在获取该产品时对雇主财产的损害程度也并不总是一样(如在煤矿开采中,过度开采1吨煤,可能对附近矿山的总体情况造成损害);(2)两件在各方面都相似的产品,一个工人生产该产品所占用雇主固定设备的时间可能比别的工人长。

〔2〕由于工人通过加班得到的工资比较少,并且其相对于货币的边际效用略高,因此在加班办法下获得的工作量应该比使用其他办法获得的工作量略大。

行。因此，特别是在经济不景气时期，工人有更大的自由去接受低于他们以前工资的工作。由此可以更快地以某种形式恢复就业，从而降低工会成员失业率。[1]总的结论是，在经济不景气时期，采用浮动工资制度的工作比采用固定工资制度的工作更多。

从这些结果综合来看，不管是经济景气时期还是不景气时期，根据劳动需求的短期变动，围绕平均水平上下波动的工资制度将带来更多的工作机会，所以比永久固定在某一水平的工资制度能够产生更多的国民所得。这种收益直接来自于需求与供给之间的最优调整。它是组织改进的成果，类似于机器改进所产生的收益。它并不作为某个首先获得它的行业的专门财产而长期保留，而是分布在整个社会，结果是建立了比旧的均衡更有利的新的一般均衡。因此，为符合国民所得的利益，不应将工资维持在平均水平上长达两年，而应在这个水平上进行短期调整，这样才能使劳动的需求和供给互相适应。

第3节

有人对该结论持有异议，需要针对其有效范围仔细考察。有人竭力主张，个人工资的波动会间接地损害他们的道德品质和经济效益。因而，查普曼教授（现今的西德尼爵士）写道："可以认为，相对于常常大幅度变化的工资，获得某种稳定工资的可能性要大得多，这种偶尔小幅波动的工资，有助于建立适宜的、精心安排的生活标准。"[2]如果真是如此，那么随着需求波动而波动的工资率的直接优势可能更多地被间接劣势所抵消。因为，虽然国民所得在目前看来确实有所增加，但最终可能会因为对本国一些工人的素质造成伤害而在很大程度上减少。

在研究这个论点时，我们立即注意到"工资"一词理应摒弃，用"收入"一词来代替。是稳定的收入，而不是稳定的工资，能够使人们能够建立一个精心安排的生活标准。因此，如果暂时不考虑不同个体之间分配的相关问题，我们可以

---

[1]《关于德国城镇生活成本的报告》，引自[白皮书，第4032号]，第521页。
[2]《经济学杂志》，1903年，第194页。

□ 贝文青年

1943年，随着第二次世界大战的深入，煤炭供应锐减，英国迫切需要更多的燃料——但许多矿工被征召入伍。为了应急，一些拥有各种技能和背景的年轻人被派往煤矿工作而无需服兵役，人们将他们称为"贝文青年"（Bevin Boys）。图为英国约克郡马卡姆煤矿的贝文青年。

不受查普曼教授论点的影响，撇开那些浮动工资制度下的收入水平不会被降到像固定工资制度下那么低的职业不谈。由此排除的职业包括所有劳动需求弹性大于1的职业。事实上，有人可能会反对说，虽然采用浮动工资制度能使这些职业的工人们在不景气时期的整体收入相对更多，但技术娴熟且总能获得就业机会的那部分工人却赚得更少了。他们收入的稳定性，而不是其他人收入的稳定性，才是格外重要的。然而，由于这些技术娴熟的工人们可能比技术较差的工人们更富有，因此后一种说法存在很大争议。毫无疑问，对于性格相似的穷人和富人来说，相同程度的收入波动对穷人所造成的痛苦更多，从而对生产能力造成的损害也更大。因此，该反对论断不成立。如果有关劳动需求的部分弹性大于1，查普曼教授的论证对于浮动的工资就没有任何效用。

从短期来看，在需求极度缺乏弹性的职业中，可能出现另一种结果。在浮动工资制度下，这种职业的工人的总收入会在经济不景气时期降低到较低水平。如果能够在景气时期经常为不景气时期做好充分的准备，那么对生产能力的负面影响及由此产生的对国民所得的损害也不至于很大。但是，众所周知，普通工人并不会"设法将自己的支出和储蓄与标准工资保持一致，不会将高于标准的工资作为低于标准时的保险金"[1]。在这种情况下，生产能力可能会受到相当大的负面影响。然而与此相反，必须确定的事实是，在固定工资制度下，除非需求没有任

---

[1] 这是斯马特给查普曼教授的建议，参见《浮动制》，第13页；应该注意到，典当行以及信用贷款为短期失业者提供了部分储蓄的替代品，虽然它们有时候可能是有害的。

何弹性，否则不景气时期的就业机会将更少，更多工人可能会完全丢掉工作。当然，这不一定会发生。在某些行业——最引人关注的是棉纺业——就业收缩可能通过全面缩短工作时间，而不是通过减少员工人数来实现，但另一些行业则是通过或多或少轮流分担工作来实现。但是，一般而言，相较于浮动工资制度，在固定工资制度下，不景气时期的实际失业人数会更多；而完全失业者的生产能力很可能会受到特别的影响。因此，即使是在劳动需求极度缺乏弹性的职业中，只要不是绝对无弹性，浮动工资导致的对生产能力的不利影响与固定工资对生产能力的不利影响就是相当的。当然，这并不代表浮动工资总体上比固定工资对生产能力造成的损害更大，或因此对国民所得造成更大的间接伤害。然而，这确实将举证的责任推给了那些坚持认为在特定条件下已经出现这些状况的人。因为上面提到的两种不利影响是如此模糊和不确定，以至于实际上不可能相互权衡。在没有特别翔实的信息的情况下，我们决定必须以一个已知的事实为基础，即工资随劳动需求波动而波动将对国民所得产生更好的直接影响。因此，总体而言，不得不将本部分所阐述的对固定工资率的辩护判定为不成立。

第4节

如果认同随劳动需求变化而浮动的工资是必要的，就必须确定调整的频率。从理论上讲，相关调整似乎应该每日进行，甚至每时每刻进行。但是事实上，这种调整的进行存在着难以逾越的障碍。调整必须基于相关参考数据进行，而这些数据的收集和整理需要花费大量的时间。应在综合考虑了记账和日常经营的便利性后，制定一个下限，尽量使两次连续调整之间的间隔不短于该下限。当然，这个限制并不是一成不变的。例如，在一个小型的地方性企业中，这个限制很可能比大型的国家性质的企业更低。但每一个行业的限制，都必须远远超出纯理论所推荐的无穷小水平。目前，从已经确定了调整间隔的行业的实际情况来看，仅仅出于方便考虑，浮动工资制度下的间隔似乎不应少于2～3个月。[1]

---

[1] 相关例子参见L. L. 普赖斯《劳资和谐》，第80页。

第5节

如此一来，我们就满足了国民所得利益所要求的工资制度在协议或规定的正常期限内浮动；在确定了连续调整的间隔时间之后，我们接下来将要探究以什么样的方式进行调整的问题。显然，在其他情况相同的情况下，需求变动越大，相关的工资变动也应该越大。现在，有必要明确进行调整的具体原则，并为此目的而分析需求量变动的主要影响要素。这些要素来自于两个方面：（1）雇主对我们所关注的劳动所生产的商品的需求表的变动；（2）在生产过程中与劳动合作的其他生产要素的供给表的变动。接下来，就让我们分析一下这两个方面的影响。

第6节

雇主对劳动生产的商品的需求发生变化，直接源于公众对该商品的需求发生改变。当然，对于不同种类的商品，这种需求的波动趋势是有差别的。最明显的区别在于，一类商品是为了满足个人的即时使用需求，即为了"方便自己"；另一类商品则是作为炫耀的手段，以彰显个人的与众不同。对前一种商品的需求可能更加稳定，因为正如杰文斯所说，人们对它们的渴望通常会持续较长的时间。例如，我们可能会注意到围裙行业的稳定性："没有任何服装贸易（在伯明翰）可以在短时间内受到如此之少的影响。"[1]另一方面，炫耀性商品倾向于成为需求波动型商品，因为公众所认定的能够彰显特质、用于炫耀目的的商品总是在发生转换。因此，相较于奢侈品的需求，广泛消费的普通商品的需求波动似乎要小得多。除了这些特殊考虑之外，还应加上一个更为普遍的考虑因素，即一个供应由若干独立部分组成的广大市场的行业可能比供应狭小市场的行业拥有更稳定的需求。这仅仅是统计学家们所熟悉的宽泛命题的一个具体应用，即"平均值的精度与其所包含的项数的平方根成比例"[2]。M. 拉扎德（M. Lazard）的《失业和就

---

[1] 凯德伯里《妇女的工作与工资》，第93页。
[2] 鲍利《统计学原理》，第305页。

业》（*Le Chŏmage et la Proession*）里的一个有趣的研究就很好地说明了这一点。他根据1901年法国人口普查数据，将其中记录的一些行业的失业率与这几个行业的每家企业的平均人数相比（实际平均值），并根据自己的方法发现两者之间存在着反比关系。通过将大量失业与可变需求联系在一起，他解释了广泛的实际平均值和商机扩展之间存在的关系。"后一种现象与人员规模之间的联系十分明显。大型企业只有在所服务的市场规模足够大时才会存在。现在看来，大型市场也必须是一个相对稳定的市场；因为在大型市场中，一些客户消费的大幅减少有可能通过其他客户消费的增加来平衡；而这种稳定性同样意味着生产的稳定性，同时还代表着失业现象的减少甚至消失。"[1]他以同样的方式提出：如果失业率随着我们从初级产业向精加工产业的发展似乎有所上升，那么这种情况可以解释为，规模越大的行业专业性也越强，市场也越狭小。另一方面，原材料处理行业由于提供许多其他行业所需的材料，因此享受到了多渠道所赋予的优势。[2]当然，相似的原理也可以用来解释，相较于煤炭、糖或铁等物品的需求，铁路运输需求更具稳定性的原因。类似地，在其他条件相同的情况下，一个同时在国内外市场大量销售产品的行业的需求，可能比只在国内市场销售产品的行业的需求更稳定——除非其产品所征收的关税税率的变化受到其国外重要客户的干扰。

第7节

当公众对任一商品需求发生一定的变化时，人们自然就会认为雇主对该商品的需求也发生了同样的变化。然而事实上，雇主的需求通常只会小幅度波动，原因是他们通常需要保持一定量的库存。在淡季的时候，雇主愿意获得并储存的货

---

[1] M. 拉扎德《失业与就业》，第336~337页。他还补充道："大型企业的第一个优势是指，作为商业组织，其生产机制更加有效。当行业的管理集中在少量领先的企业时，这些企业知道，在自己的领域中，中小型企业或其他行业分支机构所供给的市场较之它们更劣势，它们也知道自己能根据消费相应地调控生产……。我们的假设还需要进一步验证，因为出现了例外的情况。就农业而言，我们注意到，虽然农业企业的平均人数很少，但失业情况也比较少，这是比工业优越的地方。由此总结出：农业的就业机会比工业更加稳定；此外，农业企业的数量还受到自然种植范围不可拓展的限制。"（M. 拉扎德《失业与就业》，第337~338页）

[2] M. 拉扎德《失业与就业》，第337页。

物，暂时比他希望售出的货物多；而在旺季的时候，由于他有这些库存货物可供倚赖，他对新货物需求的增加将少于他所供应的消费者。简而言之，他本月的需求来自于相当长一段时间以来预期的公众需求，并使他自身在一定程度上摆脱了短期的波动。当然，不同行业的库存情况大不相同。雇主们对这种做法并没有多大的兴趣，他们真正感兴趣的是不同时间段对单位商品的成本的影响。当然，这个成本还部分地取决于一个对所有商品都有着同等影响的因素，那就是利率。因为所有的存货都意味着商品未售出雇主们承受的利息损失。库存成本还受商品自身情况的影响，这一点主要体现在储存成本上。决定储存成本的一个重要因素是商品在储存过程中抵抗物理损耗的能力，或者更广泛地说，在腐蚀和意外损坏方面的耐久性。具有这种属性的贵金属和硬质材料如木材，尤其如此。正如人们所知道的那样，从地球上提取出来的东西往往比地球上生长的东西更具有耐久性。值得我们注意的是，近年来，冷藏和其他保存工艺的发展使许多商品——主要是食品——比过去更具有耐久性。例如，啤酒花委员会在1908年写道："在1856年进行的调查中，人们注意到这样一个事实，即'啤酒花在保存过程中发生了变质，使丰年年份无法为歉收年份供货'。冷藏的出现，使人们可以对丰收年份和歉收年份进行调整，从而影响价格。"[1]可以补充的是，诸如传教士、医生、教师、火车司机和出租车司机提供的直接服务是完全无法储存的，而类似汽油和电气之类的商品在很大程度上也无法储存。决定储存成本的第二个重要因素是，商品在一段时间的存储过程中，抵抗心理损耗的能力，或者更广义地说，它的价值稳定性。我所看到的是需求稳定的大宗商品——查尔斯·布思曾引用科学、光学仪器作为这类商品的实例[2]——与需求不稳定的流行商品之间的对比。显然，流行商品可能过了一周就没有人想要了，相较于有稳定市场的商品，它的运输成本更高，储存诱因也更少。因此，无论流行哪种类型的车架，自行车的转向和冲压部件都大同小异，非常适合储存，而自行车整车却不适合储存，因为它的款式容

---

[1]《德国城市生活成本的报告》，第10页。
[2]《产业》，第253页。

易随着潮流发生变化。一个不适合储存的极端例子是舞会礼服之类的商品，它的每个购买者都希望按照自己的特殊订单来订制，而"现成"的礼服对他们几乎没有任何吸引力。也有可能在某一时期需要个别定制的东西，后来却变成了普遍使用的东西，也有正好与此相反的情况。房屋有时按照私人订单来建筑，有时则作为一种投机商品。制靴业已经从早期阶段的以私人订单为主，发展到目前的大多数靴子皆为成品。另一方面，在某些纺织品行业中，则有反向发展的迹象。最近的一份关于费城失业问题的报告指出："二十年前，制造商生产地毯、袜子或布料，然后将它们拿出去销售。今天是有特定设计的订单送上门来，制造商按照订单所规定的每一种纱线或丝线，每英寸包含的特定的股数，生产出特定的商品。以前，制造商根据他的特定生产线生产标准件，到了淡季，就将商品储存在仓库里……今天的制造商很少准备库存，他们主要按订单来进行生产。"[1]显然，产品标准化的每一次发展都会使库存变得更加可行，而偏离标准化的每一次发展都会使库存变得更加困难。

第 *8* 节

在这方面，还有另外一点需要说明。假定库存的行为导致雇主对商品的需求波动低于公众需求的波动，读者匆忙之间可能会认为，这两个波动之间的关系可以在不同行业用不同的、恒定的分数来表达，但不管波动的幅度如何，同一个行业的分数始终是一样的。这个想法是错误的。当公众需求以特定比例增加或减少，对应的雇主需求以 $\frac{5}{6}$ 的比例升高或降低，则不能预期公众需求变动较大时这一比例仍然成立。通常情况下，库存是因为一个很小的诱因而达到某一个特定的点，在这之后，再继续增加库存就会非常勉强。因此，适当的公众需求是产生轻微的波动而不会对雇主需求产生任何明显的影响。但是，公众需求的波动超过特定的点后，更大的波动往往伴随着雇主需求的进一步波动，并且这种波动的幅度

---

[1]《稳定就业》，载于《美国政治科学学院年鉴》，1916年5月，第6~7页。

□ 伦敦码头　20世纪初期

伦敦港是英国主要的港口，也是英国最繁忙的港口，它的水路交通与码头等相关设施一应俱全。1802年，伦敦港第一个从狗岛运营的码头——西印度码头开放。接下来，整个19世纪的发展见证了从塔桥到埃塞克斯郡蒂尔伯里的各个码头的开放。最后一个开放的码头是1921年的乔治五世国王码头，它是以皇室成员的名字来命名的。时至今日，这些码头大部分已经关闭，仍在运营的码头寥寥无几。

迅速接近与其同等的程度。这些考虑证明了，大多数浮动工资制中的规定是合理的，即商品价格的变化必须超过特定的程度，工资才会随之发生变化。[1]这也是实践中普遍适用规则的基础，即在浮动工资制度下，当工资与价格相结合时，工资变化的比例应小于它所对应的价格变化的比例。[2]

第9节

现在让我们来看看行业中劳动需求波动的第二个决定因素，这一点在第5节中有所区分。在合作生产的要素中，行业中使用的原材料供给价格表的变化最为显著。在煤矿开采等采掘业中，原材料的供给变化影响不大；但在大多数行业中，原材料的供给变化是非常重要的。很明显，如第11节中所示，当原材料是通过大量的独立来源获得时，供给的波动很可能小于必须依赖于单一来源的情况。为此，对原材料征收高额保护税来驱逐国外销售者，可能会导致波动的加剧。除了原材料，合作要素还包括辅助劳动服务和机器服务。例如，机械的改进实际上引起受其影响的行业资本所提供服务的供给价格表的降低。此外，在一些行业中，以太阳的光和热为代表的大自然本身是生产中非常重要的合作要素。所以，建筑业的劳动需求存在高度的季节性差异，由于冬季出现霜冻，严重阻碍了砌砖、砌石、抹灰等工作，而随着白昼时间的缩短，不得不借助人工照明手段，这在增加成本的同时进一步造成了工作障碍。毫无疑问，最近的发展，如用水泥

---

[1]参见普赖斯《劳资和谐》，第97页。
[2]参见马歇尔《工业经济学》，第381页脚注。

代替砂浆，在一定程度上减轻了气候变化对该行业的影响[1]，但气候的影响仍然很大。同样的说法也适用于容易受到霜冻和雾气严重干扰的伦敦码头的卸货业。另一方面，室内工作的行业和很少依赖天气条件的行业，如工程业和造船业——这里显然与服装业无关——表现出了相对较低的季节性差异。因此，根据H.卢埃林·史密斯爵士数年的研究，建筑业失业率最高的月份和最低的月份之间的平均差异为3.25%，而同样的数据在工程和造船业中仅为1.33%。[2]

第10节

当然，当任何职业的劳动需求在一定程度上发生波动时，随之而来的工资率的适当波动并不仅仅由需求波动的大小决定。它还取决于该行业中劳动的需求弹性和供给弹性的大小。需求的弹性越大，工资率的变化就越大；供给的弹性越大（从短期的角度来看），工资率的变化就越小。前一个论点不需要特别评论，但是对于后者在实践中的应用，还应该说些什么。一些职业的劳动供给在其所处的职业中是有弹性的，而工资率的微小变化就足以使相当数量的劳动在该职业与其他职业之间进行转移。因此，总体而言，以下的结论也是成立的：第一，就像苏格兰的采岩和采煤业[3]，当一个小型企业与一个同类的大型企业相邻时，给定需求波动的工资变化，其幅度应该小于一个孤立的企业。第二，证明特定行业或地区的工人工资发生一定变化是合理的条件，进而证明那些缺乏技术的工人、缺乏才能的管理者的工资发生小幅变动也是合理的，因为他们的流动性更大。[4]第三，在接受过特定工作培训的工人中，当有其他行业需要他们的服务时，与雇用他们

---

〔1〕参见迪尔《经济学杂志》，1908年，第103页。
〔2〕参见《关于就业不足问题委员会的报告》，Q.4580。
〔3〕参见谢里夫·詹姆森在页岩矿工仲裁中的裁决（《经济学杂志》，1904年，第309页）。
〔4〕如果行业或地方专业化程度非常高，对于工资的大幅变化，劳动力供给将保持不变。工人可能知道他的技能在其他地区或行业中毫无用处，因此在离职前，他可能会被迫接受工资的大幅下降，但是并不会因此削弱他的能力（除了挖土工和其他需要强壮体格进行工作的劳动者，他们的工作特别依赖于营养）。因此，供给可能完全是非弹性的，也可能由于受影响工人的保守思想而缺乏弹性。例如，克拉彭博士曾就手工织布机行业的衰落写道："年老织布工的自恃心和职业自豪感使他们无比厌恶工厂，他们顽固地坚持家庭作业，从长远来看，这对他们并没有什么好处。"（《布拉德福德纺织协会》，1905年6月，第43页）

的行业的需求变化相对应的工资波动应该较小。因此，在煤炭行业的景气时期或不景气时期，该行业中雇用的技术工人的工资波动应小于采煤工人的工资波动。第四，相对于按时间支付工资的情况，当工资是计件支付时，给定需求变动所产生的工资波动较小。因为在计时工资制度下，工资的提高并不能诱导工人在每小时内增加劳动投入，所以效率单位的供给弹性较小。第五，任何一般性的变化，如信息的传播、通讯的改善，或工人到离家很远的地方工作的意愿的增加，都会增加劳动供给的弹性，从而减少任何给定需求波动所对应的工资变化。最后，在经常出现季节性波动的行业中，许多工人会通过获得某种形式的技能来为自己的空闲时期做好准备，而这些技能的需求往往在空闲时期会有所增加。所以，在季节性波动的正常波动范围内，劳动的供给将具有较大的弹性，季节性需求变化不会严重地改变工资水平。因此，尽管夏季和冬季对煤气锅炉工的需求有很大的波动，工资的浮动却不会太大，因为这些工人通常也从事制砖工作，而制砖的需求在夏季将有所增加。

第11节

到目前为止，我们的讨论仅限于需求变化与工资变化之间的关系的一般性质。我们仍然需要研究的是，无论劳动需求变化的方向和幅度如何，给定的劳动需求变化与其所对应的工资浮动之间的相关性都是一致的。答案必然是否定的，因为劳动供给不会对所有数量都具有相同的弹性。事实上，我们可以假定，当需求变化相当靠近平均值时，这种弹性不会有很大的变化。大多数行业的进入和离开都是开放的。例如，在英国北部矿区，"流动的矿工包括大量熟练的技工，他们把时间分配在采矿和其他手工业之间，因为这些行业都能提供较好的获利机会"[1]。因此，需求的适度上升与需求的同等程度的下降一般都是通过工资以大致相同的比例的变化来实现的。但是，如果有大幅的上升和下降出现时，这种对称性就不

---

[1]《统计学杂志》，1904年12月，第635页。

复存在了。当劳动需求大幅下降时,工资的下降就有了一个限度;超过这个限度,如果不将有关劳动的可用数量减少到零,工资就不可能再下降。[1] 对非技术工人来说,这条界限由他们完全失业并依赖失业保险维持生计时的生活条件决定;而对于技术工人来说,将根据他们在非技术职业中的收入来决定。所以,如果劳动需求的下降幅度超过中等程度,随着该指标进一步下降,工资也应以低于相应比例的幅度减少,并最终停止减少。这些考虑因素证明,为同处于浮动工资制度下的技术性工作和非技术性工作制定一个没有相应最高工资补偿的最低工资是合理的。另一方面,当劳动需求大幅上升时,对非技术工人工资的影响应该与劳动需求小幅上涨时所产生的影响成一定比例。对技术工人来说,工资增加的比例应该更大。因为,虽然已经在某行业工作的工人有能力在额外的时间加班,与此同时,可能存在的流动失业人员可以轻易地适度增加劳动供给,但是当劳动需求大幅增长的时候,这些资源将起不到任何作用。[2]

第12节

根据这种一般性分析,我们现在要探究的是,根据规定或协议的条款,在多大程度上能够建立起一种随着条款有效期间发生的需求变化来调整工资标准的自动机制。为此目的制定的最典型的措施——曾经广泛运用于煤矿业,至今仍流行于钢铁行业[3]——是一种将行业的工资率与其产品的价格联系在一起的浮动工资制度。该制度将产品价格的变化作为生产这种产品的劳动需求变化的指标,从而建立起一种将产品价格的变化与工资的变化相连接的具体方案。这种方案以本章前7节的讨论为基础,自然随着不同行业的具体情况而有所变化。我们希望,这种设计巧妙的方案能够使工资率按照这些讨论所确定的它应当变化的方式进行调整。

---

〔1〕基于这些考虑,有理由根据浮动工资制度对技术工作和非技术工作制定最低工资标准,但没有任何相应最高工资作为补偿。

〔2〕这种考虑给出了某种证据,支持到达某一点后使用"双倍提高"的策略,该策略在南威尔士煤矿业的早期浮动计算法中以及某些英国浮动计算法中都出现过。

〔3〕参见为工会代表大会而出版的《劳资谈判与协议》,1922年,第46页以下多页。

第13节

对于那些以挑剔的眼光看待这一机制的人士来说，他们倾向于指出的一点是，这种调整是根据过去的价格变化——例如上一季度的价格变化——而不是当时的价格变化而对工资率进行的，因此，它必然不是正确的。但是情况并非如此。因为对于任何商品来说，雇主需求与公众需求之间的联系总是存在着时间差。雇主需求的波动滞后于最初产生的价格波动。通常情况下，只有在价格上涨持续了一段时间之后，雇主才会认真考虑扩大业务，而当行情不景气时期，他们同样会对减产犹豫不决。无论任何时候，雇主对劳动的需求总是来自于此前公众对商品的需求。由此可见，所谓浮动工资制的缺陷，即用过去的价格决定未来的工资[1]，其实是一种优势。事实上，还有人提出了不同见解，即在事情发生之前对其进行明智预测，这正在对行业的经营方式产生越来越大的影响；而且，一旦这种趋势流行起来，以过去价格作为未来需求指标的恰当性必然受到质疑。"那么，当行业领导放眼未来，宣称需要扩大产量和需要更多人手时，工资为什么会自动下降呢？又或者，当雇主看到经济衰退，并准备观望一段时间时，工资为什么会上涨呢？"[2]这一论点的答案可以通过对"公众需求"这一短语的进一步分析得出。目前情况下的需求指的不是最终消费者的需求，而是那些从制造商那里购买商品的中间商的需求，他们的行动是导致批发价格变化的直接原因。如果有这种人存在，当行业领导的预期比较乐观时，价格极有可能不会下跌，或者当行业领袖的预期比较悲观时，价格也极有可能不会上涨。因为经销商通常也会作出相同的预判，如果是这样，这种预期将反映在他们目前的需求以及当前的价格中。所以，上述异议只适用于制造商和经销商预测有差异的情况下。然而，由于前者的预测主要基于后者的预测，这种情况十分少见。

---

[1] 参见阿什利《工资的调整》，第56~57页。
[2] 查普曼《对浮动制的几种理论上的质疑》，载于《经济学杂志》，1903年，第188页。

第14节

此外，还有人对浮动工资制提出了更加严厉的批判。将产品价格的变化作为对生产这种产品的劳动的需求变化的指标，必须是在其他条件相同的条件下方可成立。但是在实际生活中，其他条件往往不总是相同的。因为这里所指的其他条件，包括原材料的供给、为辅助劳工所提供的服务的供给，以及为维护机器设备所提供的服务的供给等情况，而所有这些供给情况都是易于变化的。显然，其中任何一种要素的供给价格表朝着某一方向的特定波动，都会导致雇主对劳动（其工资为我们的讨论重点）的需求以与其成品需求价格表完全相同的方式进行反向波动。因此，为了能从雇主商品需求波动中推导出劳动需求波动，我们需要从雇主商品需求波动中减去其他生产要素的供给价格表中发生的波动。在以下这些情况下，不必为纠正作任何规定：（1）当生产的其他要素的供给价格表肯定不发生波动时；（2）当它们在商品成本中所起的作用极小，即使忽略它们的波动也不会造成严重的差错时。我们难以想象存在前一种情况的行业；但后一种情况在采掘业中可以找到，比如煤矿开采，其生产成本几乎全部是劳动成本。除了这些行业以外，价格变化作为一种指数存在严重缺陷。价格下跌有可能是因为商品需求下降，也有可能是因为原材料供给变得更便宜。因此，有两种方式将价格的变化和劳动需求的变化联系起来：一种方式引起的价格变化是下降；一种方式引起的价格变化是上涨。例如，如果铁的价格上涨是因为公众对铁的需求增加，那么对

□ 黑奴采棉工人

美国独立战争取得胜利以后，以棉纺织业为代表的第一次工业革命兴起，带动了北美棉花经济的发展。为了推动全球棉花工业化，成千上万的黑奴被强迫重新训练，并被赋予了一项新的任务——种植和采摘棉花。到19世纪初期，美国南部形成了一个以奴隶制为基础的棉花帝国。图为19世纪初期，黑人奴隶在弗吉尼亚州称量棉花。

制铁工人服务的需求也会增加；但是，如果铁的价格上涨是因为煤炭行业的罢工导致生产铁的某种要素变得更加昂贵，则对制铁工人服务的需求就会下跌。很明显，在后一种情况下，工资不应该和价格同向运动，而应该反向运动。

第15节

为了避开这些困难，有人指出，指数不应该是制成品的价格，而应该是制成品价格与用于制造产品的原材料价格之间的差额。棉纺工人工会的官员在采用"差额"作为指数后，取得了明显的成效；他们通过"从纱线（11种）或棉布（23种）的价格中减去原棉（按5种主要品种计算）的价格"得到差额，并命令以此数作为工资谈判的标准。[1]这一指数的优势在于，随着对商品需求的下降和获得原材料的成本的增加，该指数也以同样的方式变化。然而，这一解决方案并非就是完美的。原材料只是产品生产过程中的众多贡献要素中的一种。辅助劳动和机器服务的供给条件也有可能发生变化，但这些变化并没有反映在"差额"的变化里。例如，机械的改进实际上意味着机器起到的作用变得更加便宜。当这种改进发生时，差额可能会像原始价格统计数据一样造成误导，只是误导的程度没有那么大。此外，差额和原始价格一样，而价格又进入有关差额的计算过程中，这实际上会造成严重的不便。在所生产商品的一般精细程度容易发生变化的行业里，它们不太可能充当合适的指数。在这些行业中，价格的明显变化实际上只能说明生产商品种类的变化。当价格通过出口的数量和价值推断出来时，就特别可能出现这种困难。因为有理由预期，在国际市场上，较便宜的商品种类将逐渐被更精美、更有价值的商品种类所取代。

第16节

然而，还有另外一项避免上述困难的方案，即建立在"利润"之上而非价格

---

[1] 舒尔茨·盖瓦里茨《社会和谐》，第160页。

或差额的基础之上的浮动计算法。1900年棉纺业工资谈判的报告表明，无论在什么情况下，要对"代表性"的利润或总利润作出令人满意的估计是非常困难的。[1]例如，对于已经完全倒闭和消失的企业，应该如何作出计算？然而，值得注意的是，1921年为解决煤炭大罢工问题而达成的协议中，实际上提供了一种基于利润的浮动计算法，即针对每个地区制定标准工资和标准利润（总计为标准工资成本的17%）；而且，每个月的收入扣除工资以外的成本之后，将余额以17：83的比例在利润与工资之间进行分配。在众多行业中，煤炭行业或许是最适合这种方案的。

第17节

前面的讨论，虽然或明确或含蓄地揭示了建立有效的浮动制度的诸多困难，但是清楚地表明，充分考虑了劳动需求表所有变化的浮动制在理论上是可行的。在有利的情况下，例如在煤矿中，迄今为止劳动是生产成本中最重要的因素，因此没有理由不采取相当接近于理论上理想化的方法。显然，当这样做的时候，在整个实施期间，含有浮动的规定远远优于含有单一固定工资的规定。但是，尽管如此，我们必须认识到，即使是完美构建的浮动制也会存在严重缺陷。浮动制所涵盖的商品价格在一定程度的上升或下降，可能是由商品的实际需求变化所引起，也可能是由货币或信贷的扩张或收缩所引起，它影响货币价格的一般水平，但不会使实际情况发生变化。很显然，如果煤炭价格上涨50%是由于纯粹货币原因造成的，则煤矿工人工资的适当反应是同样上涨50%。但是，如果煤炭价格上涨50%是由于煤炭实际需求的增长，那么正如第8节所示，适当的工资反应将远远低于50%的涨幅。由此可知，如果煤炭价格的变化是出于自身的特殊原因，则这种情况下任何浮动制都可以推动正确的工资调整，而当煤炭价格的变化是出于一

---

[1] 在讨论这些谈判时，L. L. 普赖斯先生提到，棉纺业的"利润"尺度是"比普通的浮动计算法更加接近利润分享概念"（《经济学杂志》，1901年，第244页）。这种观点似乎是错误的，因为它是把代表性企业的利润作为指数。当然，个别企业根据自己的特定"利润"来支付工资，则另当别论。

般货币原因时，浮动制只会造成错误的调整。为此，可以采取一些措施来弥补这个缺陷，使工资变化既取决于煤炭价格的变化，也取决于一般价格的变化。[1]因此，可能存在前几节所描述类型的浮动制，但不是指煤炭价格的绝对变化，而是指煤炭价格变化和一般价格变化之间的差异；在此基础上，可能会出现第二个使工资与一般价格同比变化的浮动制。因此，如果煤炭价格上涨50%，而一般价格上涨20%，那么工资应该上涨20%再加上特殊煤炭浮动制所规定的30%（煤炭特有的上涨比例）。然而，这种安排虽然在一般价格变化是出于货币或信贷原因时可以相当满意地加以运用，但是当一般价格变化是完全或部分地归因于类似于战争中资本的破坏、收成不好、运输方式的改进等原因时，则正如本编第十七章第4节所说的，将不会产生正确的方案。

第18节

任何形式的浮动制都存在着另一种难以补救的缺陷。所有的浮动制都旨在将工资率的变动与它所覆盖的特定行业中的劳动需求的变化联系起来，实际上并不能识别或者无论如何也考虑不到这些行业的劳动供给的变化。例如，由于雇用同类型劳动的一些其他行业的发展或衰退可能引起的劳动供给的变化。简而言之，为了适用于劳动供给的变化而进行的工资率调整，应当同样适用于劳动需求的变化。某些浮动制做不到这一点，有时甚至会造成明显不合理的结果，即浮动制协议的一方必须自愿放弃比浮动制所规定的条款更优惠的其他条款。

第19节

从这些考虑因素来看，尽管我们可以期待从浮动制规定中获得比固定工资制规定更好的调整，但如果雇主和雇员之间的关系足够好，容许在指导性协议

---

[1]正如某些战后的浮动计算法那样，仅依据"生活费用"指数为基础的计算法是不妥当的，因为这样做忽视了需求的变动。这种计算法在1922年应用于毛织、纺织品、制绳、造纸和其他几个行业（《工业谈判与协议》，为工会代表大会而出版，1922年，第22页）。

或规定的通用期内，每两个月或每季度调整一次工资率，使工资率不完全以价格或利润指数的变化为基础，还以可能出现的任何其他相关考虑因素为基础，则仍然可以获得更好的调整。关于此类解决方法有几个例子。1902年苏格兰煤炭协议中，有部分内容直到1907年仍保持不变，其中规定"在确定目前矿工最高工资和最低工资时，应结合煤炭行业的状况及其前景，考虑坑口煤炭净平均实际价值；在当前一般情况下，煤炭价值每吨上涨或下跌4.5便士，工资在1888年的基础上增加或减少6.25%是合理的"[1]。同样，1906年联邦地区达成的协议规定，"煤炭销售价格的变化不应成为委员会作决定的唯一因素，任何一方均有权提出任何理由，针对其中任何一个因素，说明销售价格变化而工资率却不变化的原因"[2]。这种方案要求，每2~3个月就要采取合理且获得一致同意的调整，而不是自发的行动；因此，只有在雇主和雇员之间关系融洽的行业引进这种方案才是切实可行的。

---

[1]《关于集体协议的报告》（第5366号英国政府命令），1910年，第32页。
[2]《关于集体协议的报告》（第5366号英国政府命令），1910年，第27页。

第四编 国民所得的分配情况

□ 镀金时代　（美）约瑟夫·凯普勒

第一章 不协调的一般问题

本编旨在探讨是否可以区分出任何重要的原因,能够在不同意义上影响整个国民所得的大小以及整个国民所得给予穷人的那部分的大小;并研究这些问题的存在所暗示的实际问题。

在前面三编中,我们已经考察了某些重要社会力量影响国民所得大小的方式。当然,这并不是假设所有相关的影响因素都已被纳入研究范围。相反,许多相关度较低的因素,例如决定人们对工作和储蓄的总体态度的因素,以及许多相关度不高但影响机械发明进展和车间管理改进的因素,均有意未加考虑。我不打算弥补这处不足。然而,还有另一个不足之处,因此不能轻易地置之不理。根据第一编第七章和第八章的论点,除了某些特殊情况以外,任何能够增加国民所得而不损害穷人绝对份额或增加穷人绝对份额而又不损害国民所得的行为[1],都一定能够增加经济福利,但任何增加其中一个数量同时又减少另一个数量的行为,对经济福利的影响是模棱两可的。显然,当存在这种不和谐时,任何造成这种不和谐的原因对经济福利产生的总体影响只能通过仔细权衡总体国民所得的损失(或利益)与较贫困阶层的实际收入的利益(或损失)来确定。没有这类问题的一般解决方案。因此,重要的是确定它们在现实生活中出现的可能性有多大;换言之,要查明导致整体国民所得和穷人绝对份额不协调的原因是频繁发生还是鲜少发生。

如果发现不和谐的情况,就必须考虑某些由此而来的一些实际问题。

---

[1]也就是说,不论从发生变化之前的观点还是从发生变化之后的观点来看,都不会对国民所得造成损害。(参见本书第一编第七章)

第二章　帕累托法则

第1节 乍一看，帕累托教授的某些统计调查似乎表明，国民所得的大小和分配情况紧密结合在一起，因此，整个国民所得和穷人的实际收入不可能不朝着同一个方向移动。**第2节** 但是，所列举的统计数据不足以支撑这个结论。**第3～5节** 其逻辑基础也不健全。**第6节** 因此，必须仔细研究可能出现的不和谐因素。

第1节

仅仅是陈述这个问题就会让我们接触到一个有趣的论点，如果这个论点有效，就能立即解决该问题。该论点认为，在国民所得总额和穷人绝对份额的基础上，不可能存在相反意义上的原因。这一点得到了归纳证明法的支持。归纳的数据来源于帕累托教授所做的一些非常有名的调查，并由他在其著作《政治经济学教程》(Cours d'économie Politique)中发表。该著作将一些国家的收入统计（主要是19世纪的收入统计）汇集在一起。数据显示，假设 x 表示给定收入，N 表示收入超过 x 的人数，如果绘制曲线，纵坐标是 x 的对数，横坐标是 N 的对数，那么对所有研究的国家而言，该曲线接近于一条与 X 轴成 56°的直线，偏差在 3°～4°。这意味着（正切 56°=1.5），如果收入高于 x 的人数等于 N，那么无论 m 的值是多少，收入大于 mx 的人数均等于 $N/(m)^{1.5}$。因此，收入分配方案在任何地方都一样。"和之前一样，我们面对的是有着相同化学成分的大量晶体。虽然这些晶体在尺寸上有着大、中、小号之分，但种类相同。"这些事实是帕累托教授的发现。他在他的前述著作中得出的推论包含两部分。因此，他明确了收入不平等现象是如何减少的："收入可以以两种完全不同的方式趋于平等，即要么是因为较高收入减少，要么是因为较低收入增加。让我们重视后者在减少收入不平等现象中的作用，这样一来，如果与收入高于 x 的个体人数相比，收入低于 x 的人数减少了，则收入不平等现象就会减少。"[1]在此基础上他发现：第一，"一般来说，财富相对于人口的增加会使最低收入增加，或收入不平等现象减少，或使两者同时发生"[2]。第二，"要想提高最低收入水平或减少收入不平等现象，财富增长的速度有必要比人口增长的速度更快。因此，我们认为，改善穷人状况的问题首先是创造财富的问题"[3]。如今，按照帕累托教授的定义，"增加最低收入，或减少收入不均等程度，或两者同时发生"，实质上等同于"增加了国民所得中穷人的绝对份额"。因此，这一论点实际上意味着，一方面，任何增加国民所得的因素，通常也必定增加穷人的绝对份额；另一方面——这也是与此相关的方面——任何不同时增加国民所得总额的原因都不可能增加穷人的绝对份额。因此，不存在上一章所述的那种不和谐的情况；也就是说，我们不可能遇到任何建议，即如果采用它，就会在增加国民所得的同时减少穷人的绝对份额，以及在减少国民所得的同时增加穷人的绝对份额。

□ 帕累托

维尔弗雷多·费德里科·达马索·帕累托（1848—1923年），意大利实业家、经济学家、社会学家和哲学家。他对经济学做出了几项重要贡献，特别是在收入分配和个人选择分析方面。他引入了帕累托效率的概念，并帮助发展了微观经济学领域。帕累托法则是一个幂律概率分布，它建立在帕累托的观察之上，例如意大利80%的财富属于大约20%的人口。

第 2 节

现在，很显然，在归纳论证的基础上，我们需要非常谨慎地考虑这种笼统的观点。因此，有必要一开始就注意到其统计基础上的某些缺陷。必须指出的是，

---

[1]帕累托《政治经济学教程》，第371页。
[2]帕累托《政治经济学教程》，第324页。
[3]帕累托《政治经济学教程》，第408页。

尽管所研究的各种分布在形式上是相似的，但它们之间的相似绝不是完全相同。在所有这些数据中，确实，对数收入曲线——至少对中等规模的收入来说——几乎是一条直线；然而，对于已经研究的不同类别的统计数据，这条曲线的倾斜度虽然没有很大的差异，但仍存在明显的差异。例如，帕累托根据适当数据求出垂直轴的角度正切的最小值为1.24（贝尔，1887年），最大值为1.89（普鲁士，1852年）。这还不是全部。正如鲍利博士指出的那样，在长期研究的最重要的一组数据（普鲁士的数据）中，曲线的斜率随着时间的推移而减小。鲍利博士给出的数据与帕累托教授的数据有细微不同，但总体效果在两组中都是一样的。然而，帕累托教授认为，曲线的斜率越小，就意味着收入分配中的均等程度越高——务必记住，这一观点的适当性仍具有争议。[1]因此，鲍利博士自然会解释普鲁士的数据：在普鲁士，收入分配越来越均匀，因此，从这些数据来看，普鲁士人的收入与英国人的收入分配正变得更加统一。[2]因此，尽管帕累托教授的比较很有趣，但在此基础上建立任何精密的定量的分配规律显然都是不合理的。

第3节

但是，如果要全面了解这一情况，就应该放弃这个观点。让我们假设帕累托教授推理的数据基础不像先前指出的那样有缺陷；但即便这样，仍有许多批评的观点。让我们考虑这种分配的方案或形式到底是什么，因为有它的存在，一种神秘的必然性似乎已经被发现了。

如果我们不同于帕累托教授的做法，而是以比较简单的形式绘出一条曲线，使横坐标表示收入量，纵坐标表示接受这些金额的人数，那么曲线会快速上升到最高点，然后不断回落。这样一张图将表达一个众所周知的事实，即大多数人的收入远远低于平均收入，而相对来说，只有少数人的收入高于平均收入。简而言

---

[1]帕累托《政治经济学教程》，第58页。
[2]所得税特别委员会《证词》，1906年，第81页。

之，当前收入分配的基本特征是大部分收入集中在收入较低的地方。这一事实具有重要意义，原因如下。有明确的证据表明，人类的生理特征——以及大量证据表明心理特征——是以完全不同的方式呈现的。例如，如果绘制一条代表一大群人身高的曲线图，得到的曲线不会像收入曲线那样多多少少有点像双曲线，而是一条对称的曲线，形状就像一顶竖起的帽子。简单来说——用专业术语表示——这将是一条典型的高斯曲线或误差曲线，该曲线以其平均值为对称轴，在这条曲线的最高点和最低点没有交点，但到平均值以上和平均值以下的高度是相等的，而且随着与任意方向的平均距离的增大，每一高度上的人数也会减少。现在从表面上来看，我们有理由认为，如果人们的能力按照这种安排分配，那他们的收入也会以同样的方式分配。为什么这种期望没有实现呢？对这一问题的部分回答也许可以在对"能力"一词的进一步分析中找到。就我们的目的而言，这必定意味着获取收入的能力。但人们是通过几种不同的能力来获取收入的，它主要区分为体力能力和脑力能力。因此，从赚取收入的角度来看，如果假定面对的是单一同性质的人群，则是不恰当的。如果我们同时考察一所大学和一所初级中学学生的身高，则由这两组数据合并所得的身高表，将不符合正常的曲线。如果大学的人数比初级中学少得多，那么超过这两组平均身高的人数将不会太多。也许脑力劳动者可以构成一个同质群体，而体力劳动者可以构成另一个同质群体，但是，出于获取收入的目的，他们并不共同构成同质群体。正常法则是分而治之，如果把大学和初级中学合并在一起，则是行不通的。在这些阐述之上，可以部分地解释收入分配曲线的特殊形式。然而，有一个更重要和更肯定的解释，即收入不仅仅取决于体力或脑力，它还是能力与所继承财产相综合的产物。财产的继承不按照能力比例分配，而是集中在少数人身上。即使暂时不考虑拥有巨额财产能够使其享有者通过培训提高自身的能力这一事实，这种情况也必然使收入分配曲线偏离"正常"形式。从我们当前问题的角度来看，这一事实的重要性是显而易见的。如果收入分配的形式在一定程度上由遗赠和继承的事实来决定，那么完全没有必要在当前情况下采用处于主导地位的特定形式，除非我们假定现在普遍盛行的一般继承方案继续有效。因此，把任何形式说成是绝对意义上必然的所谓的法则，显然与这种无可反驳的推理背道而驰。[1]

第4节

帕累托教授提供的统计数据没有为任何反驳提供依据。因为，从逻辑上来讲，很明显，如果他的统计所指的不同群体除了都有收入这个事实之外，还有其他任何共同特征的话，那么任何基于统计数据所作的关于收入分配的一般性推论，都不能推广到没有这些特征的群体身上。事实上，所有这些群体都是享有当代欧洲《继承法》的团体。[2]因此，如果废除或从根本上改变这些法律，就无法立即推断收入分配的形式将受到怎样的影响。帕累托教授在《政治经济学教程》问世数年后出版的《政治经济学手册》（*Manuale di Economia Political*）中明白无误地认可了这一点。他写道："如果社会结构发生根本性的变化，那么我们不能断言曲线的形式不会发生变化；例如，集体主义取代私有财产制度。"[3]

第5节

没有必要为了使收入曲线受到巨大影响而想象着去制造一些大变动，比如破坏《继承法》。我们有理由相信，任何明显影响"赚取的"收入与投资所得的收入之间比例的因素，都会产生类似的结果。提出这种观点的理由有两个。第一，经验表明，来自财产的收入在分配上比脑力劳动和体力劳动更加不均衡。沃特金斯先生在其《巨额财富的增长》（*Growth of Large Fortunes*）一书中，给出了一个有趣的图表，并作了如下评论："如果要用这个表格进行比较，那么标准必须是相对的，而不是绝对的。便于使用的相对数字是上十分位数或上百分位数与中位

---

[1] 参见贝尼尼《统计学原理》，第310页。
[2] 当然，并非所有现代欧洲国家的继承法都是完全一样的，各国法律在细节上大相径庭。例如，与英国相比，法国的继承法要求对子女之间的财产分配应该更均等，并取消长子特权。将这一事实与贝尼尼（《统计学原理》，第191页）的观点联系起来是十分有趣的，他发现，法国的财产分配比英国更均等（同时参见伊利《财产与契约》，第1卷，第89页）。
[3] 参见帕累托《政治经济学教程》，第二编，第370~371页。

数的比率。可以看出，在工资的统计数据中，上十分位数总是略低于中位数的两倍，而在九个职业中的某个职业中，这一数字略高于$\frac{1}{4}$。在工资的分配中，上十分位数大约是中位数的2倍，因此，这种不平等与工资收入之间普遍存在的不平等没有太大的差别，但它与财产收入的普遍分配存在很大的差别。在马萨诸塞州的遗嘱认证统计中，上十分位数是中位数的8～9倍，而这一误差无疑是被低估了。因为这些数字不是净值，所以应该从较小的财产中扣除大量的债务；而且许多非常小的财产不通过法院进行判决。在法国的财产中，上十分位数是中位数的13倍。"[1]英国现有的统计数据也明确显示，财富有着比收入更加显著的集中。这一点在克莱（Clay）教授本人将自己对1912年英国的资本分配的估计，与鲍利博士对1910年英国收入分配的估计所进行的比较中得到了充分的说明。他写道："94.5%的人口占有56%的国民所得，而96.2%的人口却仅占有17.22%的国民资本；98.9%的人口占有71%的国民所得，而相同百分比的人口仅占有13%的国民资本。"[2]第二，收入分配本身可能更不均衡，如果是这样，投资所得的收入分配不均的重要性就越大。产生这一结果的原因是，投资收入的差异使不同程度的教育培训成为可能，并为人们进入利润丰厚的行业提供

□ 诉讼人与家庭律师　19世纪

家庭律师为各种各样的问题提供专业的建议、帮助和支持，包括分居、离婚、子女抚养、收养和财产，以及经济和解。家庭律师还就其他纠纷解决方案、婚前协议、退休金分配和配偶赡养费等财务协议提供建议。在19—20世纪的美国，一般上层社会家庭都有自己的家庭律师。图为诉讼人将案件资料提交给家庭律师。

[1]《巨额财富增长论》，第18页。
[2]《曼彻斯特统计协会公报》，1924—1926年，第64～65页。关于收入与资本分配方面的统计资料的有用概述，参见卡尔·桑德斯和琼斯合著的《英格兰和威尔士的社会结构》，1927年，第9～10章。

了不同的机会。贝尼尼在一个表格中说明了这两种收入之间的相关性，他将意大利某些收入的数据分为两部分："一部分代表人们从财产中获得的收入，以统一的比率（比如5%）用于所有不同类别的投资，另一部分则代表相同的人从工作中获得的严格意义上的个人收入。例如，2 000里拉的总收入，加上9 016里拉的财产，可视为由451里拉（投资收益）和1 549里拉（职业活动成果）组成。以这种方式计算，我们得到如下：

总收入（里拉）		财产收入		个人工作收入
1 000	=	143	+	857
2 000	=	451	+	1 549
4 000	=	1 458	+	2 542
8 000	=	4 285	+	3 715
16 000	=	11 665	+	4 335
20 000	=	15 885	+	4 115
32 000	=	28 640	+	3 360
40 000	=	37 500	+	2 500

当然，我们会注意到，一旦总收入开始超过16 000里拉，来自个人活动的收入就会减少；但这并不意味着随之而来的职业工资会减少；这只意味着许多人现在将完全依靠其财产所得的收入生活，而不从事任何有报酬的职业，而且他们的这种行为减少了他们所属阶级工作所得的平均收入。[1]此外，还有另一种方式可以改变收入曲线的形式。除了投资收入的变化之外，可能会发生培训分配等方面的变化，即对人的资本投资的变化。当这种情况发生时，这种变化必须倾向于直接改变收入的分配，即使最初的能力是根据某种（同样的）误差定律分配的。也许正是这种变化解释了摩尔教授在研究美国工资统计数据时得出的结论：1900年的工资变化（不同人群在同一时间的工资）比1890年的变化小。

---

［1］《统计学原理》，第336~337页。

第6节

当这些观点得到认可时,"帕累托法则"(甚至是作为一条有限必要性法则)的一般性辩护便迅速瓦解。他的统计数字并不足以说明任何因素的引入对分配的影响,因为这些因素并未以近似相等的形式——而且它们的分布范围非常有限——出现在他获得统计数据的至少一个社会中。这种考虑确实是致命的;事实上,帕累托教授似乎被迫放弃他在早期阐述公式时提出的所有主张。在《政治经济学手册》一书中,他坚持认为这个公式纯粹是经验主义的。"有些人会从中推断出一条普遍法则,认为只有这条法则才能减少不平等的收入。但是这样的结论远远超出了从前提中推导出来的任何东西。与我们在此关注的那些法则一样,经验法则除了在实验中被视为正确的界限之外,几乎没有或根本没有价值。"[1]这意味着,即使"法则"的统计基础比它更可靠,但法律几乎不能使我们断定,任何设想中的改变都必须保持收入分配的形式不变。就目前的情况来看,鉴于其统计基础薄弱,我们永远无法做到这一点。一般的统计推断不能证明整个国民所得的流动与穷人获得的绝对份额之间是不协调的,因此必须对这一问题进行详细的研究。

---

[1] 帕累托《政治经济学手册》,第371~372页。

第三章 资本和劳动的供给

第1节 在人与人之间分配收入与经济学教科书中所讨论的在生产要素之间分配收入，在逻辑上有很大的区别。但是，如果我们将劳动要素的工资收入与贫穷阶级的收入区分开来，则不会犯很大的错误。第2~6节 详细讨论表明，在目前情况下，通过增加资本供给来增加国民所得的原因不能同时减少劳动的实际收入。第7节 从短期来看，促进国外资本投资的原因可能会出现不协调的情况，但从长期来看却几乎不大可能如此。第8节 有证据表明，一般来讲，任何国家对劳动的需求都可能有很高的弹性。基于此，可以看出，通过增加对劳动的供给来增加国民所得的原因，不能同时减少劳动的实际收入。第9节 研究一个复杂的次要问题。第10节 讨论所得出结论的一些实际意义。

第1节

在进行这项研究时，我们不得不采用一种略显粗略的近似方法。我们的研究涉及某些因素对国民所得大小以及富人和穷人中的分配的相对影响。没有任何机制可以直接研究在这种意义上对分配的影响。但经济学家对在另一种意义上影响分配的要素，即在各种"生产要素"之间的分配作了非常全面的分析，并达成共识。这两种分配是不一样的。如果每个要素完全是由一组没有提供任何其他要素的人提供，分配则可能是相同的。但是，在现实生活中，同一个人常常提供多个要素的各一部分，并从这个要素或那个要素获得部分收入。地主不仅仅是"土地原始财产和不可摧毁的财产"的所有者。相反，他经常在自己的土地上投入大量的资本，有时还投入大量的脑力劳动来选择自己的租户，同时对租赁方法行使一定的控制权，并决定是否有必要将租户驱逐。店主在一定程度上提供资金或静观其变，但他也花费——特别是在赊销的情况下——大量的脑力劳动来判断"顾客的地位"，以期不产生坏账。一个有大额资本的雇主更显著的身份是资本家、脑力劳动者和不确定因素的结合体。最后，一个普通的体力劳动者在某种程度上也常常是一个资本家。鉴于这些考虑，很明显，生产要素之间的分配理论不能直接无保留地应用于人与人之间的分配问题。然而，这种困难虽然有实际的重要性，但并不起决定性作用。到目前为止，英国的较贫穷阶层主要由工薪阶层组成。当然，"工薪阶层和直接为顾客、小雇主和小农户工作的人之间并没有明确的界线，……工资和薪水之间也没有明确而统一的划分。"[1]但工薪阶层在穷人中的支配地位体现在这样一个事实上：在战前，他们的人数约为1 550万，除了工薪阶层以外，年收入低于160英镑的有350万人。[2]此外，可以合理地假设，许多靠自己工作赚取少量工资或微薄收入的人，在很大程度上受到相关经济事业主体的影响，这种影响与工薪阶层本身的影响基本相同。因此，为了这次讨论的目的，虽然当然不是为了所有目的，但如果把体力劳动者和穷人视为大致相同的阶级，我们就不会犯任何严重的错误。此外，统计数据表明，按照上述定义，迄今为止，英国穷人实际拥有的最重要的创收工具是体力劳动。我已经说过，领取工资的人大约有1 550万人，而依赖工资生活的人可能有3 000万人，约占总人口的$\frac{2}{3}$。这些人在战前积累的财产估计为4.5亿英镑——当然，现在要多得多，因此每年的利息可能是2 000万英镑左右。这可能略高于工薪阶层总收入的$\frac{1}{35}$，其余的收入均为劳动工资。[3]因此，正如我们基本同意将穷人与工薪阶层区分开来一样，我们也可能同意将工薪阶层的收入与劳动这一生产要素区分开来。这种简化不会带来明显的误差。当我们做到这一点时，就可以直接应用经济学家熟悉的分析方法了。

第2节

我们可以把联合经营产生国民所得的生产要素分为两大类：劳动要素和非劳动要素。当然，劳动因素和非劳动因素都不构成由类似单位组成的同质群体。劳

---

[1] 鲍利《工业产品的分配》，第12页。
[2] 鲍利《工业产品的分配》，第11页。
[3] 参见齐奥扎·马尼《富有与贫穷》，第49页。

动要素既包括完全没有技能的工人的工作，也包括有多种技能的工匠的工作。除了劳动要素之外，其他要素还包括大自然的杰作、各种心智能力和使用各种资本工具的工作。然而，这种情况与我们当前的问题无关。当前问题是确定在某种意义上影响整个国民所得的经济原因是否影响以及在多大程度上影响相反意义上的劳动这一要素的收入。本章将集中讨论最广泛的两类原因，即分别对一般资本供给和一般劳动供给起作用的原因，而且从资本开始讨论较为方便。

第3节

资本，或者用具体的术语表达为资本工具，是等待（确定和不确定的）劳动成果的劳动本身的体现，等待（确定和不确定性）劳动成果。因此，除了目前将会考虑的发明和改进之外，增加资本工具的供给只能意味着人们愿意从事更多等待劳动成果的工作，并愿意这些成果更容易地受到不确定性的影响。换句话说，要么是等待，要么是承担不确定性，或提供两者的机会都增加了。很明显，这种原因将整体增加国民所得。但它能否同时减少劳工的实际收入？马歇尔展开了与这一问题有关的分析。在不影响本论点的某些重要条件的前提下，这一分析表明，第一，每个生产要素，包括企业家的工作[1]，往往倾向于以等价于商品的边际净产量的工资率标准来支付工资。第二，它表明，在其他条件相同的情况下，从这个意义上来说，随着生产要素的供给量超过某一相当低的最小值，其边际净产量将会减少。[2]因为，随着任何一种要素供给量的增加，而其他要素的供给量如果保持不变，就相当于沿着大量的线路推进了一个不规则的边界[3]，并且，该要素的

---

[1] 在1904年2月的《经济学季刊》中，埃奇沃思教授详细讨论了企业家收入的特殊情况；他在1907年12月的《经济学杂志》上发表的《数学理论》一文也谈到了这一特殊情况。

[2] 特戈特通过一组精心设计的图表将它很好地表达了出来（参见卡塞尔《利息的本质与意义》，第22页）。人们从图表中可能发现，随着利率的下降，工具性产品的需求更加稳定，并在需求上升时得以及时维修与更新。

[3] 这一限定条件的意义在于，当其他生产要素保持不变，一种生产要素的供给数量增加到最佳生产规模所需要的数量时——例如，足够数量的人竖起一棵大树，或一个行业中的足够数量的人经营一家最佳规模的工厂——不一定会产生收益递减。顺便提一下与我们此处的讨论无关的情况，即人口的增加，通过更密切的接触和思想上的相互启发，可能间接地引起资本供给的增加以及组织机构的改良，从而导致产量增长的比例很可能大于人口增长的比例。报酬递减规律研究的是，当其他要素的供给不增加时，一种生产要素的增加所产生的影响。

增量越大，它与新增加的每一个单位的要素进行搭配并给予协作的其他生产要素的数量就越小。这个命题可以称作单一生产要素的收益递减规律。对之，不能将它与第二编第十一章所讨论的对投资于某种用途的一般资源的收益递减规律相混淆。

□ 移民抵达纽约　19世纪

美国的历史就是一部移民史。在美国历史上，一共有三次移民狂潮，总人数达几千万。第一次移民潮发生在1820—1860年，移民者多为英格兰人、爱尔兰人和德国人，也有少量的亚洲移民；第二次移民潮发生在1860—1880年，移民者主要来自斯堪的纳维亚半岛、中国和南美；第三次移民潮发生在1881—1920年，移民者多为亚洲人。图为一批移民抵达纽约。

第4节

从这一分析中可以得到一个与我们当前问题直接相关的重要观点，这个观点有两个方面：如果任何生产要素的数量有所增加，则所有与该要素完全对立的要素（在可以完全替代的意义上）所获得的每个效率单位的报酬就会减少，而所有与之完全合作的要素（在完全不能替代的意义上）所获得的每个效率单位的报酬就会增加。这一观点的前半部分是显而易见的。中国移民进入零售业后必然损害新西兰的英国零售店主的利益，而地位低下的欧洲移民的稳定流动一定会压低美国非技术工人的工资。[1] 这一观点的后半部分很容易得到如下的证明。由于每个单位增加的要素必须按相同的费率支付，而且新单位的费率低于旧单位的费率，所以旧单位和新单位的一部分产品被移交给合作要素。[2] 举例来说，我们可以注意到，新兴国家的

---

[1] 陶西格教授指出，虽然美国大多数人资金收入有所增加，但"普通零工以及工厂里非技术性工人的工资似乎保持不变，有时甚至有所下降"（《经济学季刊》，1906年，第521页）。非技术性移民与美国熟练工人的关系主要是竞争还是合作，这是一个更加困难的问题。为此，霍尔维奇博士写道："正是因为新移民提供了非技术性劳力，当地工人和老年移民才被提升到劳工贵族阶层。"（《移民与劳动力》，第12页）在同样的意义上，普拉托教授（《工人保护主义》，第72页）坚持认为，一般来说，低等移民所从事的职业是土生土长的工人希望脱离的职业，这不仅适用于移民到美国的亚洲和欧洲移民，也适用于前往法国、瑞士和德国的意大利和比利时移民。

[2] 下面的内容与目前的论点无关，但是为了完整起见仍然需要作出补充，即为了满足增加的需求，合作要素的数量往往会增加；然而由于它们的供给曲线呈正角倾斜，因此不足以将其收入减少到原来的水平。

工资水平普遍较高，因为：第一，它们有大量可用的土地；第二，通过将土地抵押给外国人，居民也可以获得大量的资金。[1]

第5节

当然，正如一般的具体情况那样，如果不同的要素只在一定程度上是相互合作或相互对立的，那么其中一个要素的数量增加对其他要素获得报酬的影响也可以用这个方法来分析。假设要素Y的数量从Y增加到$(Y+a)$，新单位中的x被以前用于另一个要素B的mx单位的用途取代。那么，如果这两个要素是完全合作的，且Y的数量从Y增加到$(Y+a-x)$，B的数量从Z增加到$(Z+mx)$，则对B单位的报酬产生的影响等于这两个要素完全合作时产生的效果。很明显，这一效果可能代表每单位B的报酬有增或有减，而且它更有可能代表增加报酬，因为$\frac{Y+a-x}{Y}$比$\frac{Z+mx}{Y}$大。在不了解表示要素与其产品之间关系的函数形式的情况下，不可能作出比这更精确的陈述。粗略地讲，假设Y的数量增加会导致Z单位的报酬增加，但条件是大部分Y的额外单位可以转化为以前用于Z单位用途以外的其他用途，并有利可图。因此，一般情况下，当两个要素在一定程度上既相互合作又相互对立时，如果两个要素之间的合作关系比对立关系更重要，则一种要素数量的增加将提高另一种要素的单位报酬，从而增加国民所得的绝对份额。

第6节

具体而言，一般的等待和承担不确定性与一般劳动之间主要是合作关系还是对立关系，并不是一个可以给出先验答案的问题。如果人类学会的唯一一种资本工具是弗兰肯斯坦式的人形怪物——它能完全复制体力劳动者的劳动而不能做任何其他事情——那么这种关系将完全是对立的。因此，它实际上是何种关系主

---

[1] 参见马歇尔《皇家劳工委员会》，Q.4237~4238。

要取决于人们将劳动与等待和承担不确定性结合起来后所创造的事物的性质。如果我们从实际考虑这些事情主要是什么——当然，当我们考虑的是等待和承担不确定性供给的普遍增加时，我们必须假定新的供给会用于现有资本工具的全面增加——很显然，这是一种合作关系。从广义上讲，铁路、船舶、厂房和机器是人类的工具，而不是人类的竞争对手。这些工具为人类提供帮助，与不使用它们相比，工人能够生产更多产品；它们不会通过取代工人来迫使他减少生产。这是一般的经验教训。特别是在某些情况下，这种关系实际上主要是一种对立关系。但相对而言，这些并不重要。正如马歇尔所写的那样："总的来说，一般的劳动与一般的'伴随着承担不确定性的等待'之间存在着真正有效的竞争，但是它只占整个领域的一小部分，而且相对于以低价从资本援助中获得的劳动利益来说，这一点并不重要。因此，在生产所需物品方面，它是一种有效的方法。"[1] 换言之，整个资本和整个劳动之间主要是一种合作关系。因此，对第2节中提出的问题必须给予否定回答。在目前的情况下，通过增加资本来扩大国民所得的原因（下一章将要考虑的发明和改进除外），在通常情况下实际上不可能同时增加劳动的实际收入。当然，同样可以看出，通过减少资本供给来减少国民所得的原因在通常情况下也不可能同时增加劳动的实际收入。总之，这个领域不可能出现不和谐的情况。

第7节

这一结论引出了国外资本投资的难题。除了第二编第九章第11节所述的特殊条件外，还可以假设，除非有人期望获得更好的回报，否则没有人会在本国之外的国家进行投资，因此在国外的自由投资会增加国民所得。就这一点而言，乍一看似乎会减少劳动的实际收入。投资资金必须通过出口货物或避免进口我们要求的货物来获得。无论发放贷款的条件是在贷款国用贷款收益来购买铁路物资还

---

[1] 马歇尔《经济学原理》，第540页。

是其他必须消耗的物资，这两者都没有什么区别。如果这样做，我们出口的货物种类可能会发生改变，但数量不会受到重大影响。无论如何，这个国家即时可用的商品数量会减少。这实际上肯定会直接损害劳动，要么增加工人购买商品的价格，要么减少帮助他们生产的工具和机器的供给量。诚然，由于部分资本会从家庭开销中撤出，因此这里的利率会上升，而这也会刺激储蓄以创造更多的资本。但这种趋势只能减轻并不能消除对劳动的初步损害。因此，就总体情况而言，工人的境况必定比结束对外投资的境况差。

然而，这一结果并没有决定性。在某些情况下，即使发生了这种情况，但就工人有兴趣购买的特定商品而言，他们的境况可能更好。因为受到国外投资的间接影响后，这些商品一般都很便宜。事实上，这种情况已经发生了。1914年，乔治·佩什（George Paish）爵士于1914年这样写道："总的来说，英国在过去七年里，向大不列颠各岛屿以外的国家或地区提供了近6亿英镑的铁路建设投资（包含在它所提供的11亿英镑的总投资中），所有这些资金都投资给了向我们提供赖以生存的食物和原材料的国家。"[1]如果我们在国外的投资具有这样的特征，那么劳动的实际收入——唯一意义上的收入——肯定会增加，所以不会出现不和谐的情况。毫无疑问，如果有特别的理由相信：如果禁止资本出口，释放的资金将专门用于特别有利于工人的国内建设，例如建造大量的有利于工人健康的住宅，则这一结论将不成立。但总的来说，没有特别的理由相信这一点。

此外，有必要考虑到某些与外国投资不太相关的后果。当资本自由出口时，如果有机会在国外获得更高的利益，就会比在其他情况下创造更多的资本——代替消费，并使一部分资本投资于那些能比其他方式获得更大收益的企业。因此，一个时期出口资本的自由在以后扩大国家的实际总收入方面具有双重影响。由此可见，在其他条件相同的情况下，日后可以在那里创造的新资本的数量就会增加。这种影响会逐年累积起来。因此，最后，如果我们假设资本出口的数量保持不变，那么因过去的出口而产生的额外资本似乎必须超过当代出口的数额。这意

---

[1]《资本输出与生活成本》，载于《曼彻斯特统计学报》，1914年2月，第78页。

味着，整个劳动力最终都将受益而不是受损。因此，虽然从短期来看可能普遍存在不和谐的情况，但从长远的整体角度来看，这一问题很可能会得到解决。实际的推论是，除本书第二编第九章第11节所述的特别理由外，所有限制资本出口而维护劳动的提议都应该受到小心谨慎的严格审查。

第8节

我们转而讨论在第2节中所区分的第二大类原因，即通过劳动供给而运作的原因。显然，如果这一供给增加，无论是通过增加工人数量还是增加他们的平均效率，国民所得都必然增加。因此，我们的问题是要确定劳动的实际总收入会受到何种影响。上一节所作的分析表明，就一般情况而言，劳动的边际净产量以及由此而来的每单位实际收益都必然减少。因此，其总收入是否会增加取决于对劳动需求的弹性是大于1还是小于1。如果需求弹性大于1，劳动获得的绝对收入将比以前有所提高；如果需求弹性小于1，则将获得较小的绝对收入。[1]因此，有必要

---

[1] 一般假定（正文中列举的是一个特殊的例子），在其他条件相同的情况下，任何一种生产要素数量的增加都将伴随着该要素所生产产品的绝对份额的增加，但条件是对该要素的需求弹性大于1。使该要素的产品比例份额增加的条件与此不同，可以如下确定：假设其他要素的供给函数不变，总产量P取决于可变要素的数量，如果x表示这个量，则$P=f(x)$。因此，该可变要素的绝对份额用xf'表示，且成比例的份额用$\dfrac{xf'}{f}$表示，如果x增加时，后一个数量也增加的条件为：

$$\frac{1}{f}\{f' + xf''\} + xf'\left\{\frac{-f'}{[f]^2}\right\}$$的结果为正

设e代表要素的需求弹性，则

$$e = -\frac{f'}{xf''}$$

上述条件通过简单替换法，可以表示为以下形式：

$$e > \frac{1}{1 - \dfrac{xf'}{f}} \text{ 或 } e > 1 + \frac{\dfrac{xf'}{f}}{1 - \dfrac{xf'}{f}}$$

因此，e超过1的数量越大，应计入变动前的可变要素的产品的相对份额就越大。正如达尔顿博士所指出的那样，上面以符号列出的条件，可以用文字表述为："需求弹性大于所有其他要素相加时的相对份额的倒数。"（《收入的不平等》，第187页）

确定需求的弹性实际上是大于1还是小于1。[1]

  首先,我们忽略了这样一个事实,即工业中增加劳动供给很可能会影响与之合作的其他因素的供给。然后我们可以看到,在某种个人服务领域,劳动实际上不受其他因素的影响,因此,其单位生产力不会随着数量的增加而明显下降,而且在不大幅降低其产品在其他方面的价值的情况下,可以吸收大量的产品。这种情况意味着,在某种程度上,随着劳动数量的增加,对其需求的递减率很小,至于它究竟有多小,或者换句话说,对劳动需求的弹性有多大,是很难说清的。然而,在现实生活中,因劳动供给和其他因素供给增加而间接造成的影响是不合法的。尤其是,众所周知,资本的供给远远没有严格固定下来。当劳动数量增加,间接地提高单位资本的收益时,人们一般都愿意积蓄更多,从而创造更多的资本。[2] 此外,由于国民所得的数额增加,人们的储蓄能力也会增强。因此,增加资本供给会对提高任何既定数量的劳动的边际生产力产生影响。因此,总的来说,即使从整个世界的观点来看,对劳动的需求也可能非常有弹性。[3] 而且,就任何一个国家的劳动需求而言,这种可能性要大得多。因为资本的流动性很强,因此在任何一个国家,它可以获得的单位收益的小幅增长——双重征收所得税的复杂情况除外(关于这一点,可以通过预期作出国际安排来解决)——必然导致国外资金的大量流入,或同样的情况导致以前流入国外的资金大量减少。因此,对英国劳动总需求的弹性大于仅依赖英国资本的部分需求的弹性。事实上,这种弹性非常大,如果对后一种弹性作任何合理的假设,那么从长期的观点来看,单独在这里讨论的总需求的弹性实际上必定会远远大于1。

  因此,劳动供给的增加,无论是通过增加普通工人提供的具有特定效率的劳动单位数量,还是通过增加特定数量的劳动单位的工人人数,都必然增加劳动总

---

  [1] 需求弹性这一术语,正如马歇尔以及文章中所使用的,表示当变动极小(严格地说是无穷小)时数量的相对变化除以价格的相对变化。这就是达尔顿博士所说的"点弹性"(参见《收入的不平等》,第192~197页)。因此,为了正文中的论证可以适用于供给显著增加时的情形,我们必须假定需求弹性大于1或者小于1(视情况而定)不仅仅与旧的或新的供给数量有关,而且与它们的中间量有关。

  [2] 参见马歇尔《经济学原理》,第235页。

  [3] 参见埃奇沃思《微积分在经济学中的应用》,载于《科学评论》,第二卷,第90~91页。

收益的绝对数量。毫无疑问,在广泛的群体劳动中,提高效率只会影响到一些子群体,而这可能会损害其他没有提高效率的子群体。然而,这样的危险也是可以避免的,因为不同的子群体并非属于严格意义上的同质,而是在一定程度上有合作;或当一些非技术工人接受行业培训时,从而间接地减少未提高技术才能的群体的人数。此外,在广泛的群体劳动中,这些事情的利益在任何情况下都是次要的。因此,只要表明整个劳动的绝对份额与总收益一样,都具有随着劳动供给增加而增加的性质,那么与本论点直接相关的唯一观点就成立了。

第9节

如果劳动供给的增加是通过提高劳动者的效率来实现的,那么很明显,根据前几章的论述,由此产生的收益的绝对份额的增加会增加工人的经济福利。然而,如果供给的增加是由于数量的增加,那么每个人的绝对份额就会减少,尽管整个群体的绝对份额有所增加是事实。如果有理由相信,每个人的损失都很大,那么我们就不应该得出这样的结论,即增加这种劳动供给会增加劳动者的经济福利。但事实上,可以看出,在英国现有的条件下,每个人的损失都会非常小。一般来说,从商品的角度来看,这个损失会非常小,因为有这样一个确定的事实,即英国对劳动的需求弹性很大。如果在劳动数量的增加将大大增加生产食物或其他主要由工人阶级消费的物品的实际成本的条件下,那么就对每个人都有重要意义的物品而言,损失实际上可能很大。然而,目前有大量进口粮食供给这一事实,使得像英国这样的小国的人口增长不可能在任何重要意义上出现粮食生产收益递减的规律。因此,从任何意义上说,工人阶级人均实际工资的减少都很小。[1] 因此,似乎有理由得出结论,劳动绝对份额的增加,即使是由于人口数量的增长,也会增加工人的经济福利。因此,没有必要对我们的结论加以限定,即影响劳动供给的原因会影响收益总额和同样意义上的劳动的实际总收益,因为它

---

[1] 马歇尔《经济学原理》,第672页。

强调，劳动的福利优势会因增加其财富的原因而减少。

第10节

本章得出的结论反驳了两种普遍观点。第一个观点是关于劳动时间长短的，其大意是全面缩短工作日，因为它将减少劳动的供给，并使全体工人能够获得比以前好得多的条件，从而必然增加他们的实际总收入。事实是，如果工作时间的减少会导致工人效率的提高，那么国民所得和绝对劳动份额都将受益。但是，如果削减工时因超过了工作效率的提高而损害了国民所得，那么从劳动的需求弹性方面来考虑，劳动的实际收入也必然受到损害。第二种普遍观点是，强制接受国家资助的人离开岗位会增加穷人的实际总收入，因此，从劳动的观点来看，应当鼓励这种做法。在提交给皇家老年贫困问题委员会的两项计划中，其中一项计划是领取年金的条件，"领取补助金者不得从事任何工作，不论男女"，而另一项计划是"向每位年满60岁的老人发放补助金，禁止超过该年龄的人工作"。[1]反对这些计划的理由是，如果补助金领取者不放弃工作，个体劳动者就会发现他们的收入减少了。然而，从长远观点来看，穷人的利益不应仅与个体工人的利益相联系，而应与所有工人的利益相一致；因为所有工人都有可能在他们生命的某个时期成为依赖者。但我们直接从上一节所述中可以看出，如果劳动供给减少，个体劳动者和依赖性工人的总收入将会减少。因此，就目前的论点而

□ 制鞋厂工人

19世纪的移民潮涌入美国之后，大部分移民都选择在城市定居，并能找到满意的工作。其中男性大多从事建筑行业，女性则大多在家中做计件工作，也有一部分女性在制鞋厂、纺织厂等工厂里工作。随着时间的推移，绝大多数移民最后都在美国扎根。图为20世纪初的制鞋厂，其工人中不乏移民。

---

[1]《皇家救济老年贫民问题委员会的报告》，第72页。

言，不宜采用这两项年金计划所提议的政策。但是，应当指出，补助金领取者终止工作可以从更特殊的角度进行辩护。我们可以这样认为，领取补助金的限制条件不应该是年龄，而应该是体力衰退。这一点无法直接检验，但如果将放弃工作视为领取10先令补助金的条件，那么符合这一条件会确保领取者实际上无法正常赚取10先令以上的收入。因此，这样的安排虽然会使很多收入低于10先令的劳动者失去工作，但它作为阻止其他许多人获得补助金的一种手段可能是可取的，而且由于可以获得或期待补助金，这也可能防止工人的工作热情的削减。某些友好互助协会推行的补助金政策似乎正是基于这样的考虑。[1] 然而，这一论点显然与领取补助金的条件无关，因为领取补助金的条件不是体力衰退，而是达到一定的年龄。

---

[1]《皇家救济老年贫民问题委员会的证词记录》，Q.10880。

第四章　发明与改进

第1节 本章的问题是确定在何种条件下（如果有的话），增加国民所得的发明或改进措施会减少劳动的绝对份额。第2节 确定发明是增加还是减少其所在行业的就业情况，并不能解决这个问题。第3节 其解决办法取决于在本发明适用范围以外的职业中，劳动和资本数量分别受到影响的相对比例。第4～6节 在此基础上进行详细的分析。第7节 得出的结论是，有利于国民所得的发明可能同时减少穷人的实际收入；但这种偶然情况几乎不可能发生。

第1节

这样一来，我们便看到，在现有条件下，通过总资本供给发挥作用的因素和通过整体劳动供给发挥作用的因素，共同协调地发挥作用。它们要么使国民所得和劳动的实际收入同时增加，要么使两者同时减少。当引发原因是工艺或方法方面的发明或改进时，我们就必须面对一个更复杂的问题。所有这类发展能使以前根本没有生产过的东西得以生产，或使以前生产过的东西在现在生产起来更简便，因此它们一定会增加国民所得。除非它们同时还间接地、逆向地改变劳动者的收入分配情况，否则它们也一定会增加劳动者的实际收入。所以，从理论的角度考虑任何发明，我们会有一个初步的假设：它会产生和谐的效果，即它将使劳动者受益，同时会增加国民所得。但是，任何给定的发明都有可能改变资本和劳动在生产中所发挥的作用，比如，使得劳动相对于资本而言的价值低于以前；如果发生这种情况，劳动获得的绝对份额可能会减少。我们的问题是，确定在什么条件下（如果有的话）会产生这样的结果。有趣的是，我们观察到，如果引发的原因不是普通意义上的发明，而是产品开发，是生产另外一种商品，使一个国家能够以低于以前的价格从其他地方购买该商品，而不是生产原有的商品本身，那么同样的分析也完全适用。这样一来，就会提供更多人们想要的东西；同样，劳动和资本在生产中所占的比例也可能发生变化。

第2节

解决我们的问题的一般方法其实很简单。我们认为，如果一项发明导致其所涉及的行业中使用劳动的数量减少，则将损害工人的利益；如果一项发明导致该行业中使用劳动的数量增加，则将有利于工人的利益。这种观点立刻带来了乐观的前景。事实上，霍布森先生已经表明，发明并不总是使相关行业的劳工数量增加：

"在兰开夏郡和约克郡引进纺纱机和织布机曾使就业人数大幅增加，在19世纪第二个和第三个25年里，一系列的发明和改进也产生了类似的结果，但此后机器数量的增加并没有带来相似的结果。相反，在某些纺织品加工业中，就业人数有所下降；

□ 兰开夏郡石棉厂的女工

在第一次世界大战前，妇女主要被限制在纺织业或家中工作；在第一次世界大战爆发后，女性开始从事传统意义上被认为是男性的工作，比如农业、建筑业和化工业。她们还经常从事危险的工作，比如图中的石棉工人，因为石棉本身就是极其危险的物品。与此同时，女性在整个战争期间的报酬几乎都低于男性，这种现象直到1918年女性为争取同工同酬而发起罢工才发生改变。

在印刷厂引入自动排字机之后，就业人数大幅增加；在制鞋业引进皮革裁断机之后，就业人数却反而减少。[1]某一领域的一项发明导致了特定领域就业人数的减少，这样的例子可以更广泛地在农业中找到。众所周知，农业机械已经取代了农业劳动者。这种因果关系的偶尔失灵是大家都承认的。不过，研究过这一问题的人指出，一般规则是，发明会在它起作用的时候增加就业，而不是减少就业。为此，勒瓦瑟（Levasseur）先生写道："普遍的观点是，机器赶走了工人，并抢走了工人阶级的部分工作。当然，在给定的时间内，配备了强大的机械设备的工

---

[1] 霍布森《工业制度》，第281页。

厂，只需很少量雇员的帮助就能比手工制造相同商品的工厂生产出更多的商品。这就是人们感知到的第一个实例。在后来的研究中，人们才意识到，机械可以高效地制造产品，这种产品通常以较低的价格出售，往往能吸引更多新买家，并且由此增加的产量为更多工人提供了远多于引进机械之前的就业机会。[1]于是，济贫法委员会惊喜地发现，制造商之间就机械改进的效果达成了显著的共识。他们认为，这种改进"确实暂时使得发生这种变化的部门内的劳动需求有所减少；一般说来，工人被机械取代并不会减少每个生产单位所使用的劳动，被取代的工人轻易地被同一行业吸收——特别是在造船业，这些变化引入得很慢且一次只影响少数几个人——最后的结果是需要更多的劳动而不是更少的劳动"[2]。现在，我并不否认这些结论的经验性部分。我不反对济贫法委员会的主张，即保证任何领域增加雇用所必需的条件最后来自该领域的发明，实际上这些条件通常都是可以得到满足的。然而，我确实不同意这样一种非常普遍的观点，即这些事实与发明和改进是劳动者命运以及整个穷人命运的有利盟友还是有害敌人直接相关。为了阐明这一点，我们有必要进行另一种更为深远的分析。

第3节

每项发明或改进都能促进已经在生产的某种商品或服务的生产，或使生产某种新的商品或服务成为可能。因此，它必然导致受其影响的商品价格的下降和消费的增加。随着制造的差异化和产量的增加，不同数量的劳动以及不同数量的资本（或等待）将被用于该行业和为该行业提供机械制造的附属行业。我们假设，工人绝对没有购买任何因发明而使价格变得更便宜的产品。那么，发明对工人实际收入的影响取决于发明对其他行业中劳动的边际净产量所造成的影响；因为，当建立起平衡时，在发明起作用的行业，劳动将获得与这些行业相同的实际工资。就当前的目的而言，我们可以合理地将劳动和资本以外的生产要素排除在外。因

---

[1]《雇用与工资》，第421页。
[2]《皇家济贫法委员会的报告》，第344页。

此，如果由于发明的原因，改进后的行业及其附属行业以外的其他行业的劳动数量减少的比例比资本数量更大，或增加的比例比资本数量更小，那么工人购买的商品所代表的劳动边际净产量必然增加，因此工人的实际总收入也必然增加。在相反的情况下，这种实际总收入一定会减少。如果两种变化的比例相等，则实际总收入一定会保持不变。我将具有这几种效果的发明分别称为资本节约型发明、劳动节约型发明和中性发明。当然，我们会注意到，这些术语的用法不同于通常的用法，根据这种用法，任何一项使用较少劳动就能生产等量产品的发明都是劳动节约型发明。

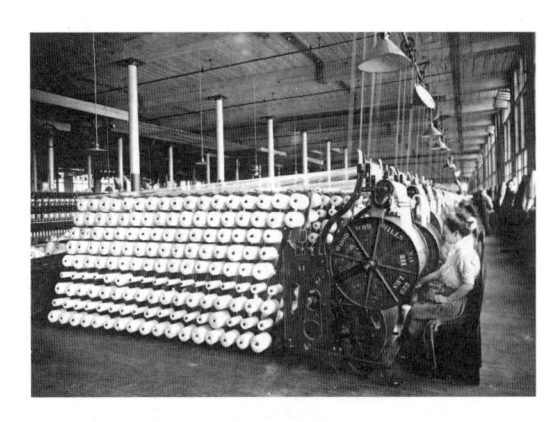

□ 羊毛纺织厂女工　1912年

18—19世纪的工业革命带来了技术的革新，如纺织业。纺纱机和动力织布机的发明，大大加快了纺纱织布的速度，不但减少了人力消耗，还增加了产量。然而，虽然一些工业部门在19世纪初期至中期就几乎完全实现机械化，但有别于流水线的自动化操作在20世纪下半叶才首次实现重大意义。图为20世纪初期，在美国波士顿羊毛纺织厂工作的女工。

第4节

我们很容易将这一分析应用于实践中，只要我们所涉及的行业（及其附属行业）中使用的国家总雇佣劳动的比例等于使用的总资本的比例。对于在这类行业中使用的劳动与资本之间的比例，其任何一个方向上的变化都必然会逆向改变其他行业中的同类比例。于是，根据我的定义，降低所适用行业的资本与劳动之间的比例的一项发明或改进将是资本节约型，增加这一比例的将是劳动节约型，维持这一比例不变的是中性。在这些条件下，我们能够相当有信心地区分具体的几类发明。因此，假定以上述条件为准，引入两班制或三班制，使机器更持续的工作成为可能，必然是一项资本节约型发明。因为，如果在每天24小时里不是只工作12小时，而是工作24小时的话，100名工人，50人白天工作，50人夜间工作，只需要一半的机器就能生产出全部100人在白天工作的给定产量。当然，机器每天工作的时间越长,就会磨损得更快。但是对于许多类型的机器来说——由于陈旧过时——其工作寿命要比物理寿命短得多。因此,虽然用两个12小时的轮班代替一个12小时的轮班并不能使某个特定生产规模所需的资本减少一半,但总的来说,资本会大大减少。所以,无论以何种方式改变产量的绝对数量,使用的资本与劳动之间的比例都一定会减少。同样地,它使得处理任何商品的制造商、批发商或零售商能够通过股票形式固定的少量资本,同样有效地开展业务。因为这里的绝对数量无论发生什么变化,所使用的资本与劳动之间的比例都会减少,从经济的观点来说,这一点对持有股票具有一定的重要性,正如附录Ⅰ中所示,这一点使通讯的现代化改进变得切实可行。在更常被称为发明的发展中,我们可以仍然假设,应用这些发明的行业以前是按正常的比例使用资本和劳动的;并可以将诸如马可尼(Marconi)发明的无线电报这类算作资本节约型,正是通过这种发明消除了对电缆的需求。然而,大多数狭义的发明很可能被认为是"劳动节约型",因为正如卡塞尔(Cassell)博士所观察到的,"发明者几乎所有的努力都是为了寻找持久的工具来完成迄今为止通过手工完成的工作"[1]。必须记住的是,这些结果不一定有效,除非在发明之前,发明所在的行业(及其附属行业)使用的劳动和资本的比例与所有行业的大致平均数相同。如果一个行业使用了异常大的比例的劳动或资本,则一项发明在任何方向上改变了这一比例,都可能会使其他行业的比例发生同向而非逆向的改变。例如,假设某个行业使用了3 000单位劳动和1 000单位资本,而其余行业中的以上两种要素分别有100万单位。由于这一特定行业的一项发明,使它只需要2 000单位劳动和500单位资本。于是,劳动与资本之间的比例从3∶1增加到4∶1。与此同时,在其余行业,这一数字从1∶1增加到1 001 000∶1 000 500。因此很明显,只知道发明对改进行业比例的作用本身是不够的,它不能使我们确定这项发明是劳动节约型、资本节约型还是中性的。但是很显然,我们没有理由认为我所谓的劳动节约型发明不存在的。如果它们发生在

---

[1]《利息的本质与必要性》,第112页。

我们分析的条件下，就必然产生不协调，国民所得将会增加，劳动的实际收入将会减少。

第5节

然而，迄今为止所考虑的条件并不符合事实。该条件假设工人绝对不会购买因发明或改进而使价格降低的商品或服务。显然，这一假设对于他们获得更多实际收入的前景非常不利。如果在此条件下假设工人会受益，则实际上他们购买此类商品或服务将获益更多；如果在此条件下假设工人会受损，而他们在实际生活中也可能受益。简而言之，发明所涉及的商品在穷人的消费中所起的作用越重要，发明的净效果越有可能对他们有利。

考虑到这个结果，我们可以认识到一个非常重要的事实，即那些主要由工人阶级购买的东西是相对粗糙的东西，可以很容易地通过机器大规模制造，而主要由富人阶层购买的商品具有更高的质量，因此涉及使用更多的劳动。马歇尔写道："穷人提供每一英镑商品支出的马力大概是富人的两倍。"但是，正是在这类事物中，机械的发明和改进有着准备得最为充分的机会，事实上，这些发明和改进也是最为广泛的。毫无疑问，穷人在家庭和食品上的消费比例比富人高得多，建筑工人和农业劳动都相对较少地得到这些机械工具的帮助，而这些机械工具的技术改进和组织方法的范围最广。这一条件特别适用于最贫穷阶层。价格下跌并没有使各等级工资收入者获得与他们所得工资成正比的收益。租金和某些其他必要的支出要素，如燃料等，对大多数工人来说有所增加，且在较低等级工人的预算中占了较大的比重，从而在一定程度上减少了他们从价格普遍下跌中获得的收益。最贫穷阶层的零售购买量非常小，他们从除住房和燃料以外的其他商品的较低价格中也获益最少。[1] 但这些条件并未影响主要结果。总的来说，穷人的收入花在专门用来制造发明上的比例比其他阶层的更高。因此，勒罗伊·博连

---

[1]《皇家济贫法委员会的报告》，第309页。

发现："上流社会的人从成衣匠那里定制衣服，因此从商店出售现成服装的大减价中得不到好处，那种现成服装是销售给没有条件讲究衣着的那部分人的。"[1]他将这些物品作了比较，"所有这些物品，都是大部分人以前未曾使用过而现在已经普遍使用的，它们要么有助于改善卫生，要么能使工人家庭活得更体面和更具尊严。长筒袜、手帕、款式更多和更加合身的服装、窗帘、地毯、常用家具，所有这些物品构成了大众化的奢侈品，是人类生产力发展的产物"[2]。还不止这些。正如马歇尔强烈要求的那样，必须补充的是，就英国而言，主要由穷人消费的食品大部分都是从国外进口，因此最近最为显著的成就之一就是交通工具的改进使交通费用大幅度下降。此外，合作商店也实现了面向穷人的货物零售机的重大改进，从而使零售服务的成本随之大幅下降。

当然，最近的发明在很大程度上影响了直接或间接进入工人阶级消费领域的商品，这一历史事实并不能证明进一步的发明也主要与此类似。然而，我们可以极力主张这一历史事实符合"先验的期望"，因为它不仅是创造利润的机会，并由此对发明产生了刺激，特别对广泛消费的"大众商品"产生了巨大的刺激，而且正如马歇尔指出的那样，即使是那些最初专为富人的奢侈品而设计的改进，也很快因为其舒适性而传播到其他阶层去。[3]这些考虑导致的结论与前一节的论点相比，更不可能表明任何一项发明都会损害劳动的实际收入。

第6节

此外，还必须在第3与第4节的分析中增加另一个条件。这种分析默认的假设是，在我们审查这项发明的结果后，发现它对人们每年准备创造的新资本的数量并不会造成任何影响。然而，这一假设并没有得到证实。这或许缘于一方面某些类型的发明，由于为"消费"提供了一个新的领域，可能导致富人的储蓄减少，

---

[1] 勒罗伊·博连《财富分配》，第37页。
[2] 勒罗伊·博连《财富分配》，第440页。
[3] 马歇尔《经济学原理》，第541页。

从而致使可提供的帮助劳动生产的新资本减少。为私人旅游发明的豪华汽车，会引导人们花他们收入中更多的钱购买汽油和给司机支付工资等，可能产生了这样的影响；即将发明的舒适的私人飞机也可能产生这种影响。这种影响也不一定局限于开发新消费产品的发明，也可能来自那些已经为人所知的廉价物品，只要它们具有较高的弹性需求。那些本来可以储蓄和创造资本的人可能会被诱惑去消费。另一方面，发明能使需求完全缺乏弹性的商品变得更便宜，通过使人们以较少的花费获得他们想要的东西而给他们留下更大的盈余作为储蓄，从而间接增加每年创造的新资本。无论发明产生的趋势是朝着减少还是增加资本额度的方向发展，这些额度都将不断累积起来；也就是说，在每一个连续的年份，新增资本的额度都将在所有资本存量的额度之上累积起来。正因为如此，它比人们最初看到并认为的更重要。当一项发明的间接影响造成储蓄减少时，即使它是资本节约型，也可能使劳动受到损害；而当其间接影响是造成储蓄增加时，即使它既是劳动节约型又根本不进入工人消费的某些产品，也可能使劳动受益。我们有理由相信，到目前为止，所有的发明都产生了增加而不是减少积累新资本的机会和意愿的影响。

第7节

根据这些不同的考虑，我们显然不能得出严格而准确的结论。从我们的研究得到的一般性观点是，虽然可能会发生损害工人阶级实际收入的发明和改进，但它们不会经常发生。大多数发明和改进将增加劳动的实际收入以及国家所得总额。作为发明的结果，不协调是有可能的，但是导致危机是绝对不可能的。没有人会真正提议干涉或阻挠发明，以便提供防范它的安全措施。

第五章 工资的管制

第1节 接下来需要确定在何种条件下（如果有的话），提高一个工人群体的工资率会同时损害国民所得，并增加整体劳工的实际收入。第2节 如果直接有关的特定工人不是他们自己所生产商品的购买者，如果对其劳动的需求弹性小于1，则他们将会受益。第3节 研究不同情况下决定这种弹性的因素。第4节 如果整个工人群体不是他们自己所生产商品的购买者，如果对其劳动的需求弹性小于1，他们将会受益。第5节 因为事实上，工人是自己所生产的大多数商品的购买者，所以初步来看，净收益的前景并不是一片光明。第6节 此外，如果考虑资本方面产生的累积效应，这种前景以及由此对国民所得的影响与穷人绝对份额的影响之间产生不协调的可能性都会减少。第7节 然而，只要国家承诺用公共资金援助因失业而陷入困境的人，这个结论就必须满足一定的条件。

第1节

在第三编的后半部分，我们详细讨论了在某一特定职业或特定地点强制提高工资率会损害国民所得的情况。现在，我们必须考虑这将对工人实际收入产生的影响，进而对作为整体的穷人的实际收入产生的影响。为了简单起见——这些论点实质上没有什么区别——我们可能需要审查第三编第十七章第8节和第9节所设想的状况。在那里，我们假定某种职业的工资率被强制提高了，而该行业原来的工资相对于其他行业来说是公平的，且与它支付的工作的边际私人净产量价值相等。假定这样做不会使雇主的技术设备或工人的效率有任何变化，则国民所得必然有所减少。那么在什么条件下（如果有的话），作为整体的劳动的实际收入会有所增加呢？

第2节

回答这个问题的第一步是，确定在何种情况下强制执行不经济的高工资率——对于有损国民所得的工资来说，这是一个合适的说法——将增加能代表这种高工资获得者的特定工人群体的实际收入。顺便指出，在任何职业中，不经济地提高工资率可能采取特别提高支付给低等级工人每单位劳动的工资率的形式——比如这样的工人可以得到与合格工人一样的计时工资——或者采取普遍提高支付给所有工人的每单位劳动的工资率的形式。显然，前一种不经济的提高，要么使所有低等级工人完全失业，要么在与后一种提高完全相同的程度上减少雇佣劳动的总数量。因此，与后一种提高工资率的形式相比，前一种对整个工人群体总收入的有利影响必定更小一些。所以，在下文中，仅考虑这种不经济地提高某职业中所有工人的每单位劳动的工资率的形式即可。要想从理论上确定在什么条件下建立不经济的高工资率将增加这一工人群体实际收入是非常简单的。如果对该群体的劳动需求弹性小于1，建立高工资率将增加实际收入；如果该群体的劳动需求弹性大于1，建立高工资率则会减少实际收入。这一结果——当然，基于有关工人本身并不购买自己所生产的任何商品的假设之上——显然是一个遵循弹性定义的数学常理。为了使其具体化，我们有必要研究在什么条件下，某一特定工人群体的服务需求可能具有高弹性或低弹性。

□ 码头发薪日　1900年

19世纪初期的北美，在新奥尔良，星期六的日落标志着安息日仪式的开始，人们将在晚上举行庆祝活动。然而，到了19世纪中期，星期六变成了发薪日。不管是男人还是女人，周六晚上的例行公事（以及接下来一周的安排）将围绕着每周的工资而不仅仅是周末的休息来安排。

第 3 节

在第二编第十四章第5节中，我们分析了不同类别商品的需求弹性的决定性因素。这种分析同样适用于不同类别的劳动的需求弹性。对此可作如下说明：

第一，存在一个普遍的事实，即任何物品越容易得到替代它的东西，它的需求弹性就越大。这一事实对劳动和机器之间的关系有着重要的影响，因为在某些行业中，手工成本稍有增加，就会促使雇主采用机械设备。例如，阿维斯（Aves）先生引用了一位前观察员的陈述，他说在维多利亚时期的服装行业中，那里的最低工资的确定并非有意歧视家庭工作，使就业转移到使用机器的工厂，"几乎所有工厂外的工作都停止了。"[1] 同样地，维多利亚时期的制革工人在评论该行业的工资委员会的作用时说："因强制大量使用节约劳动的机器，以至于从工资委员会制度建立以来，制革行业实际上发生了革命性的变化。"[2] 在这种情况下，劳动需求的高度弹性实际上是由于存在着一种随时可用的且竞争激烈的替代服务，或者更严格地说，存在着大量等待的其他劳动。由于在一段时间之后引入这种替代服务比立即引入更加容易，因此，出于这一原因而引起的从长期来看的需求弹性要大于从短期来看的需求弹性。

第二，我们一般都知道物品的成本在使用该物品生产的其他物品的总成本中所起的作用越不重要，对任何物品的需求弹性就越小。这个普遍的事实使我们能够指明在某些职业中，对某一特定类别劳动的需求可能特别缺乏弹性。妇女从事的球拍套和球套的缝纫工作便是这些职业中的一种。[3] 另一种则是做裤子纽扣。阿斯克维斯勋爵写道："富人的裤子可能会由收取高工资的裁缝来裁剪，而裤子上的纽扣可能是由廉价劳动力来生产，这些纽扣的工资成本只占整条裤子成本的一小部分。"[4] 建筑公司的工程师由于是被临时雇用而不是长期雇用，其

---

[1]《工资委员会报告》，第197页。这种"决定"既规定计时工资率，又规定了计件工资率，并强制性地按照后一种工资标准支付给行业外工人。其目的是保证两者对等，但雇主在实际中发现计时工资率比计件工资率低得多。这位前观察员补充道："当计时工资率和计件工资率几乎一样时，如在衬衫行业和内衣行业，就不会发生任何问题，并且在该项决定实施十年后，这些行业仍然依靠行业外工人。"关于选择行业外工人还是行业内工人，受到这样一个事实的影响，即在雇用行业外工人时，雇主会节省场地、照明、取暖等产生的费用。"工厂租金、维护费和管理费的节省似乎是家庭工作工资低于厂内工资的主要原因"（布莱克《我们的服装生产者》，第44页）。这一点也可以参见马尔孔奇尼《家庭工工资》，第432～433页。当然，另一方面，在工厂工作可以节约管理费，有时还能节约照明费。

[2]《工资委员会的报告》，第179页。参见本书第三编，第十三章，第8节。

[3] 参见利特尔顿《当代评论》，1909年2月。

[4]《双周评论》，1908年8月，第225页。

工作只占总生产力中微不足道的一部分，所以也处于类似的地位。同样，在零售价远高于批发价的商品中，原始劳动所起的作用也很小。例如，当我们发现，支付给制衣工人的工资是10便士或者1先令，而服装成品却以25～30先令的价格出售时，很明显，相对于零售价格，支付给工人的工资是如此之低，以至于即使工资翻倍，它对价格的影响仍然是微不足道的。[1] 劳动在某一特定生产行为中所起的作用很小，这种情况非常常见，随着工厂和机械设备在生产中的相对重要性的提高，这种情况将更加常见。一位作家甚至指出："大多数行业的劳动成本通常不足以影响成品的价格。"但是应当注意的是，在煤炭生产的重要工作中，工人的劳动占总成本的很大一部分，因此，上面所讲的情况不适合该行业。

第三，存在一个普遍的事实，即合作性生产要素的供给弹性越大，对任何物品的需求弹性就越大。这一事实表明，在使用供给弹性极小的原材料的行业中，对劳动的需求弹性也特别小。除原材料外，在所有行业中，与劳动协作的主要合作性要素就是资本、管理能力和其他劳动。从长期来看，这些要素无疑对任何单一行业的供给弹性都非常大。但是从中短期来看，它的供给弹性可能极小，因为专门的机械和管理技能以及其他劳动，既不能从其他地方创造或引进，也不能忽然之间就在其他地方被摧毁或转移到别处。因此，同样造成需求弹性的力量，从长期来看比从短期来看更加强大。应当附加说明的是，在某些行业中，特别是在采煤行业，大自然本身就是一个非常重要的合作性生产要素。在煤炭的需求扩大时期，新劳工被派去工作的煤层比平常工作的煤层更困难且生产效率更低。[2] 这意味着，从短期来看，对劳动的需求弹性极小。

第四，我们知道，对物品进一步生产的任何其他新物品的需求弹性越大，对该物品的需求弹性也越大。这一事实意味着，对于生产需求弹性非常大的商品的工人而言，对其劳动的需求弹性特别小。当公众对任何商品的需求弹性一定时，很明显，从短期来看，重新生产该商品的需求弹性将随着该商品能否轻易储

---

[1] 参见凯德伯里和尚恩合著的《血汗劳动行业》，第124页。
[2] 参见胡克《统计学杂志》，1894年，第635页脚注。

存而升高或降低。除此之外，第二编第十四章还讨论了各类商品的需求弹性所依赖的条件。就我们当前的目的而言，其中最重要的条件是国外竞争是否存在。于是，一位批评家对新西兰工资管制的一些作用作出了如下评论："在一些行业，雇主由于进口商品的竞争而无法承担额外的生产成本，因此，他们不得不放弃他们业务中的生产部分，而增加进口部分。在制革业和毛皮业中，随着最低工资的确定，产生了一些严重的结果。我将列举两个例子。几年前，达尼丁的一家公司迫于仲裁法庭施加的条件而关闭了当地的工厂，并将其迁往澳大利亚。克赖斯特彻奇地区一家公司的一位员工告诉我，自法院大约6年前在坎特伯雷区作出裁决以来，羊皮被运往伦敦而不由当地的皮革商处理的比例比以前高了很多，本应该在当地鞣革的羊皮未经加工便直接被运走。在法院作出裁决之前，这位员工所在公司支付的工资为10 000～15 000英镑，现在工资单上只有大约5 000英镑。自裁决生效以来，该公司每年清洗的羊毛捆数不超过2 000捆；以前该数量为6 000～8 000捆。"[1]但是，在与国外竞争方面，小心谨慎是很有必要的。我们假定，英国一共有12个规模差不多的行业都在国内市场上遇到了相似程度的国外竞争。单从其中任何一个行业来看，我们或许可以对其产品的需求弹性得出如下结论，即该国在生产其产品的成本增加10%时，对该产品的需求就会减少50%。进而推断出，所有这12个行业的成本增加10%，就会使其需求减少50%。然而，实际情况并非如此。其他国家的进口共同构成了对英国出口的需求。因此，当增加某种物品的进口出于任何原因变得有利时，其他物品的进口将会下降，这种调整是通过——但不是出于——价格水平的变化来实现的。因此，当国内成本的增加刺激进口增加，从而导致国内某一行业产品的需求减少时，这种减少部分地由另一行业减少进口而增加国内需求所抵消。换句话说，受国外竞争影响的英国产品的整体需求弹性，将小于这些产品中单一代表性产品的需求弹性。因此，在其他条件相同的情况下，如果干预扩大至几个受到国外竞争影响的行业，而不仅仅局限于

---

[1] 布罗德海德《新西兰国家劳动条例》，第215页。

一个行业，那么立即受到影响的工人更有可能从提高工资的干预中获益。

第4节

考虑到这些结果，我们可以进入下一阶段的讨论，以确定在什么条件下，在某一个点上确立的能提高工人实际收入的不经济的高工资率，也将提高整个工人群体的实际收入。我们仍然假设，获得不经济的高工资率的工人所生产的商品由他以外的人消费。同时我们还应该注意到，对我们所关注的特定工人群体而言，如果对其劳动需求缺乏弹性是因为它的供给缺乏弹性，则某些与之协作的工人群体就出现了"可压缩性"，前一个特定工人群体的部分收益将被后一个群体的损失所抵消。然而，为了进行一般性的分析，我们可以忽略这个特殊的问题。

如果对于工资率被提高的职业的劳动需求弹性小于1，则劳动的整体收入将增加，而不仅仅是该职业中的劳动收入会增加，其前提是该职业中使用的是随机雇佣法或等级特权雇佣法（如第三编第十三章所述）。在随机雇佣法下，工人将从职业外被吸引到职业内，直到职业内外的人均收入预期达到平等；而且，由于这种流动减少了留在职业外的工人人数，职业外的工资率将会提高。这就证明，职业内外的总收入必定同时提高。在等级特权雇佣法下，没有人会从职业外被吸引进来，也没有人会从职业内被赶出去。于是，职业外的收入将保持不变。因此，由于职业内的收入据推测是增加的，所以整体收入也会增加。如果采用偏好优先雇佣法，则可以想象在相应的条件下，整体收入不会增加。并且，由于一部分人必然被赶出工资率被提高的职业，虽然留下的人将得到比以前更多的工资，但是如果该职业的需求弹性小于1，则劳动流入其他职业可能会导致职业外收入的下降超过职业内收入的增加。然而，正如第三章所指出的，职业对劳动的需求一般具有高度弹性，所以，这一结果所需的条件并没有得到满足。因此，在现实生活中，只要在特定职业中强制实行不经济的高工资率，就一定会增加整体劳动的收入，前提是那里对劳动需求弹性小于1。

如果工资被提高的职业的需求弹性大于1，则类似的推理表明，整体收入将无法增加，前提是职业中普遍采用随机雇佣法或等级特权雇佣法。由于部分工人将被赶出所在职业，这将建立起新的平衡，使每个人对其收入有着与其他职业的收入相同的预期；而新工人的涌入将使这种预期低于从前。然而，如果采用偏好优先雇佣法，则即使需求弹性大于1，整体收入也可能会增加。那些留在工资被提高的职业中的人，将获得比以前更多的收入；而且，尽管其他职业的劳动需求比以前减少，但如果其他职业对劳动的需求具有足够的弹性，那么他们的损失就不会像其他职业那么大。

第5节

接下来将排除第2节中提出的假设，即工资受到干预的工人群体生产的商品完全由工人以外的人消费。基于这一假设，到目前为止，我们可以忽略货币收入效应和实际收入效应之间的区别。如果假设不能成立，我们就没有理由这样做。货币收入的增加可能与实际收入的减少有关，因此可能使人产生错觉。如果有特权的工人生产的商品除了工人阶级成员之外无人消费，则一定会产生错觉，因为这必然会对工人（行业内外享受特权的工人）作为消费者的能力造成相当大的损害。如果消费者一部分由工人组成，另一部分由其他人组成，就不可能绝对地说工人是作为生产者的收益大还是作为消费者的损失大。我们所能得出的结论是，非工资收入者所承担的消费越重要，建立一个不经济的高工资率就越有可能成功地提高全体工人的实际收入。因此，当任何工人群体所生产商品的主要部分被其他工人消费时，虽然建立一个不经济的高工资率可能会提高有特权工人的实际总收入，但不太可能提高所有工人的实际总收入。这一点很重要，因为在现实生活中，富人制造了或以其他方式提供了很大一部分奢侈品，而贫穷的工薪阶层则为其他工薪阶层生产商品。为此，鲍桑奎女士写道："在研究工资最低的工人的地位时，没有什么比他们几乎总是在为自己阶级的消费而生产商品更震撼人心的了。工资不高的裁缝们正在制作任何富人都看不上的廉价服装；收入微薄的仆人正在提供任何一种教养和文化都无法容忍的服务，而真正的教养和文化的必备品——如果我们指的是艺术、音乐和文学之类——则是由专业人士创造的。[1]她还写道："绝大多数工薪阶层所从事的生产都是为了其他工薪阶层的利益，而与非工薪阶层没有直接联系。大多数建筑商为工薪阶层建造房屋；服装行业中的绝大多数工人为工薪阶层生产服装；大多数食品生产工人为工薪阶层准备食物。血汗行业尤其如此，他们几乎无一例外地只为工薪阶层工作，而他们所生产商品的价格上涨只能由工薪阶层来支付。富人阶层怎么可能承担现成服装、廉价衬衫、劣质靴子和鞋子，或果酱价格上涨的任何份额呢？这种承担必须由商品的消费者，即工薪阶层承担。"[2]当然，鲍桑奎女士并不认为，穷人的劳动没有对富人的奢侈品起到重要的作用。然而，在英国，穷人的劳动并没有太多用于供给这种奢侈品。[3]由此可见，为一个特定工人群体设定不经济的高工资率，与忽视货币收入和实际收入之间的区别相比，不太可能引起整个工人收入的实际增长。然而，到目前为止，它引起这一结果的可能性仍然存在。

□ 仆人

在英国的维多利亚时代，"仆人"这一职业开始广泛流行。虽然工业革命带来了产业的革新，但是人们的生活习惯与阶级观念却依然守旧，富人越发渴望提升自己的阶级地位，想要与上流社会看齐，而拥有仆人是权力与身份的象征，因此绅士与贵族的标配就是雇用很多仆人。图为19世纪90年代，皮尔顿的仆人克拉拉·威尔希尔和其他员工在伦敦其雇主的房子里。

---

[1]鲍桑奎《人民的力量》，第71页。
[2]鲍桑奎《人民的力量》，第294～295页。
[3]由"血汗劳动行业"的工人制造且由其他阶层而非工薪阶层消费的例子，可参见凯德伯里和尚恩合著的《血汗劳动行业》，第123页。

第6节

但是，某种阻止这种可能性实现的矫正倾向正在起作用。如果在任何行业通过管制工资的方式来增加全部劳动者的实际收入，社会生产力就会有一小部分用于支付资本的劳务。如果国民所得的构成没有变化，这将意味着向新资本提供的实际利率的下降。国民所得构成发生的变化，包括生产偏离了它的正常渠道，并不能阻止国民所得的减少趋势。因此，管制工资率不可能使全部劳动受益，否则必定导致提供给储蓄的收益减少。现在可以肯定的是，实际利率下降不会导致每个人的储蓄减少。对于那些企图在临死前给子女留下一定储蓄的人，其储蓄实际上会有所增加；而那些富人，只是习惯于在生活标准得到满足以后，将他们多余的钱存起来，所以他们的储蓄根本不会受到影响。然而，毫无疑问的是，总体来说，利率下降或多或少将导致储蓄的减少，而储蓄额的减少也自然带来了新资本设备供给的下降。这样就产生了一种间接的影响，即导致未来几年的劳动报酬降低。这显然是一种有害的不协调趋势。此外，这种趋势还将累积起来。假设采取一项政策，在增加劳动者实际收入的同时，使每年的国民所得总额减少1%——不一定与以前相比，而是与没有实施这项政策时相比。在任意一年内，这个国家资本设备总存量的减少都是很小的，但每年的损失可以累积。例如，十年后，可以提供给劳动进行生活活动的资本存量可能比原本要小得多。[1] 而这一存量的减少也会因它本身必然导致国民所得减少而加剧；所以在任何特定年份转移给劳动的数额，必定会给利润带来连续递增的负担，因此，第二年国民所得的减少（或对增长的抑制）必定大于第一年，第三年国民所得的减少必定大于第二年，以此类推。于是，资本存量的下降速度必然累进加快。随着这些资本存量低于原有的水平，劳动者的年收入也会持续减少。最后，似乎最初与任何政策相对的，以损害国民所得为代价而使劳动者受益的这一累积趋势必然会流行，正因为如此，从足够长

---

[1] 参见马歇尔《工业经济学》，第372~373页。

的时间来看，任何可能出现的不协调现象都必然消失。而由于相对于资本存量来说，新资本的年度创造量很小，因此年度创造量中可能发生的任何变化也会很小，协调的趋势将缓慢地发挥作用。这意味着，在特定职业建立了不经济的高工资率之后的一段时间内，不协调可能占主导地位。

第7节

到目前为止，我们一直关注的是确定一个不经济的高工资率所带来的后果，仿佛它是一种独立自足的行为。然而，在实际生活中，它不可避免地与国家对贫困人口的保护政策混为一谈。如果在某些职业中实行不经济的高工资率会使一定数量的工人长期失业，国家将不得不援助这些人。因此，如果我们把国家为受援者提供的收入算作穷人实际收入的一部分，那么从更广泛的意义上来讲，他们的实际收入很可能通过这项政策而提高。我们可能认为，由于强制提高某些职业的工资率会使国民所得遭受损害，那些留在职业中的工人所增加的收入将少于那些被逐出职业的工人所减少的收入。从狭义上来讲，对国民所得和穷人实际收入的影响就协调一致了。但是，如果由于失业增加，国家援助穷人的支出比原来增加了100万英镑，那么从更广泛的意义上来讲，对国民所得和对穷人实际收入的影响可能是不协调的。这就为支持强制提高低等级职业的工资率提供了特殊理由。可以肯定的是，国民所得和整体劳动者的实际收入都将减少。但是可以说，在任何情况下，如果采用偏好优先雇佣法，则一些原本收入太少而无法独立维持体面生活的人现在将获得足够的收入。事实上，其他一些人的收入将比以前少——可能一无所有——但由于国家采取了行动，他们得到的收入不会比以前少。因此，国家不应该对大部分人中的每个人偶尔或部分地进行援助，而应该按照一定比例进行援助，使一部分人完全自食其力，而另一部分人几乎无法自食其力。从作为整体的经济福利的角度来看，特别是在完全自食其力的部分比无法自食其力的部分大得多的条件下，后一种情况可能被认为是更好的，尽管它对国民所得的影响较小。毫无疑问，有人可能会反对说，现在完全能够自食其力的人，实际上是依靠对碰巧购买他们所生产商品的人征收特别税来维持生活；而照顾相对没有自食其力能力的人是整个社会的义务,而不仅仅是那些购买了球拍和球,或购买了其他任何物品者的义务。对此可以回复说,只要相对没有能力的公民仅能生产一般消费品,或只要他们的确为政府或国家从事非销售品或非销售服务方面的工作,这一反对意见便失去了大部分效力;无论如何,由于每项间接税都一定会"不公平地"打击到某些人,因此它并没有起到非常重要的作用。此外,由于受益的工人不会认为自己在某种意义上"被他们的顾客救济",因此不会产生任何类似于"贫穷是他们的污点"的有害道德影响。显然,基于此类考虑的问题不容易得到任何一般性的解决方案。无论如何,根据本节所提出的理由,建议在任何职业中强制实行不经济的高工资率,都只有在详细研究了所有相关情况之后,通过仔细衡量相互冲突的趋势才能作出决定。

第六章　配给供应

第1节　从表面来看，第二编第十三章讨论的配给供应政策可能产生不协调的情况。因此必须审查它实际上是否确实如此。第2节　在第一次世界大战中，配给供应在不损害生产的情况下有利于分配。第3~5节　在正常情况下，为控制富人消费而安排的配给供应，如果用于收益递增的商品，则会减少国民所得总额和穷人获得的份额。第6节　如果在适当的限制范围内用于收益递减的商品，则会增加这两者的份额；但是，如果超过这些限制范围，就会损害国民所得，使穷人受益，从而出现不协调的情况。第7节　考虑到所涉及的摩擦和管理困难，本章提出的从配给供应中产生净社会效益的可能性，不应该用来证明它是完全可取的。

第1节

配给供应政策作为一种辅助手段，使国家能够对在竞争条件下生产的商品的价格进行管制。在第二编第十章中，我们对其进行了讨论，现在需要从另一个角度对这一政策进行简要研究。对富人阶层实施必需品的配给供应政策，无论是否同时进行价格管制，都可以作为保证穷人能以合理的价格得到足够供应的一种手段。从表面上看，这一政策似乎可能以一种方式影响着国民所得，而以另一种方式影响着穷人国民所得的绝对份额，由此而产生了不协调。本章将考察这一问题是否确实如此。

第2节

在第一次世界大战的特殊紧急时期，由于某些不可克服的原因造成的供应短缺，无论卖方被允许收取什么价格都无法得到解决。因此，价格管制和配给供应并没有如第二编第十二章和第十三章中所论述的那样，使国民所得减少。与此同时，它们共同将穷人从一场无法避免的灾难中拯救出来。就算发放大笔的工资奖金，也无法帮助穷人得到必需品，因为供应不足而富人的需求缺乏弹性。这些物品的价格确实会被迫上涨，但是富人以支付更多的钱为代价，仍然可以得到与供应短缺之前一样多的物品，这便相应地减少了穷人可得到的份额。因此穷人的实际收入将遭受巨大损失，即使他们的货币收入随着一般商品价格的上升成比例地提高也是如此；因为事实上，他们根本无法获得那些至关重要的特定商品。此外，在不实行配给供应的情况下确定最高价格是不够的；因为可以推测，富人通过各种手段，仍然可以在市场上游刃有余。战时实行的价格管制与配给供应并没有损害生产，而且有利于分配；结合这些事实也许可以推断出，在正常情况下继续采用相同的政策，将产生同样和谐有益的结果。这是我们必须加以判断的问题。

第3节

在试图阐明这一点时，我们首先要从目前的角度说明配给供应和限定价格之间的关系。显然，在商品短缺的短暂时期内，与一定的配给制度相结合，为大量价格受到管制的任何一种商品制定最高价格是可行的，因为就目前而言，商品产量（在一定限度内）和可供出售量与价格无关。但是，当我们考虑正常时期的政策时，情况是不同的。首先，假设在没有任何价格限制的情况下确定特定的配给比例，并且每个人都购买了他有权获得的全部配给量。这意味着需求量是一定的；一般来说，一定的需求量只对应一个价格。如果国家确定的最高价格高于这个价格，销售者将无法提高至这个价格，于是最高价格将变得毫无意义。另一方面，如果国家规定的最高价格低于这个价格，就不能生产足够的、使每个人都能得到的配给量；因此，要使配给有效，就意味着必须保证任何想获得配给量的人都能如愿，则不得不调整配给比例，使之适应新的价格。其次，假设确定了给定的配给比例，在一部分人的购买量被这一比例限制的同时，一部分人的购买量却少于他们的配给限额。如前所述，任何购买量都对应着一个单一的价格，而且如果国家规定的最高价格高于这个价格，则最高价格将形同虚设。如果国家规定的最高价格低于这个价格，乍一看，似乎可以建立一个新的平衡，那些购买量低于其配给限额的人们似乎可以购买全部配给量。然而事实上，较低的价格必然意味着较低的产量，所以除非其他人购买更少的配给量，否则没有人能够购买到更多的配给量，或者和以前一样多的配给量。于是，必然出现以前能够购买全部配给量的人现在仍希望这样做，但是却不能如愿。所以，该配给比例在这里再次变得无效，必须确立新的、更低的配给比例以适应新的价格。因此，对任何有效的配给比例而言，通常只有一个价格水平能与之对应；在没有同时建立另一个有效的配给比例的情况下，国家不可能确定任何其他的价格水平。这个结论对于我们当前的目的来说非常重要，因为它使得没有必要研究配给供应本身，也没有必要研究价格管制下的配给供应。只要调整了数值常数，这两方面完全可以在相同的方向上发挥其作用；因此，只需研究配给供应的后果，所有的问题就能迎刃而解。

□ 旧开罗街道　1900年

开罗是埃及的首都，它横跨尼罗河，也是整个中东地区的政治、经济和交通中心。图为20世纪之交的旧开罗街道。当时的开罗大约有60万名居民，是最大和最富有的阿拉伯城市。

第4节

显然，任何旨在造福穷人的配给制度，必须以减少富人的消费量为目的来进行设计。不过，在某些情况下，比如在穷人能够接受的范围内实行统一的面包配给，实际上并不可能做到这一点，因为穷人人均食用的面包通常比富人多。在这里，我们关心的不是技术问题，而是原则问题，任何能增加作为整体的穷人的可用供应的配给方案都一定得如此设计——当然，标准不一定是统一的——即削减了对富人的可用配给。明确这一点之后，我们便可以继续分析正常时期的配给供应。我们的分析分别是针对供给价格遵循递减规律和供给价格遵循递增规律这两种情况下所生产的商品来进行的。

第5节

从行业的观点来看，在供给价格遵循递减规律的条件下，将富人的一部分需求挤出市场，必然导致这种商品的生产最终萎缩。正如第二编第十一章所示，由于产量减少——因为从行业的观点来看供给价格递减，通常也意味着从社会观点来看供给价格递减——国民所得将会减少。同时，价格的上涨——这是在供给价格遵循递减规律的条件下，所生产商品供应的减少必然导致的结果——将迫使穷人购买的商品比他们原本可以购买的少，并且他们需要支付更多的费用。因此，穷人明显遭受了损失。国民所得总额及国民所得中穷人的份额同时遭受损害，二者不可能出现不一致的情形。

第6节

从行业的观点来看，随着供给价格的递增，一部分需求受到排挤，当然也会收缩商品的生产。一方面，如果情况是这样的，即从行业的观点来看，供给价格递增意味着从社会观点来看供给价格不变，那么，在没有干预的情况下产生的产量，将是国民所得最大化的适当数额，强制性地收缩生产将减少国民所得。另一方面，如果情况刚好相反，即从行业的观点来看，供给价格递增也意味着从社会的观点来看供给价格同样递增，那么在没有干预的情况下，产生的产量——如第二编第十一章所示——将会过大，从而无法再使国民所得最大化；如果强制收缩生产，且没有超出某种限度，将使国民所得受益而不会受损。无论属于哪一种情况，商品的价格都会降低，穷人必定会以较低的价格获得更多的商品。因此，穷人必然受益。在上述第二种情况下，如果削减富人需求的份额不是太大，就会出现一种与供给价格递减相反的协调，即国民所得和穷人的份额都将增加。但是，如果对富人的购买量的限制超过一定程度，就会出现不协调，这时候穷人仍将得到好处，但作为整体的国民所得将遭到损害。在上文提到的第一种情况下，无论对富人的购买量进行何种程度的限制，都会产生这种不协调。

第7节

这种分析清楚地表明，在正常时期，如果在有完美技巧且没有任何摩擦的条件下实行配给制度，则有可能产生社会净收益。然而，这并不能证明，在正常情况下，对任何商品的配给都是可取的。不仅政府官员的能力有限，而且在取得任何积极优势之前，必须消除不便与愤怒带来的巨大的不利平衡。此外，必须记住，由于富人人数相对较少，他们对普通物品的消费——煤炭除外，因为煤炭的消费受人们所居住房屋的大小而非人的身体能量的制约——只占社会总消费的很小一部分，他们的人均购买量的大幅削减只能使整个国家的消费量产生极小幅度的削减，而对于大多数商品的全球消费量的削减几乎是微不足道的。因此，一般而言，使向穷人供应的供给价格递减的商品变得更加便宜的作用几乎不可察觉。实际的结论似乎是，虽然富人自愿限制购买这些商品可能对大众利益略有帮助，但以目前的经济知识和行政效率状况来看，在通常情况下，国家通过任何强制配给制度来迫使他们这样做都是弊大于利的。[1]

---

[1] 然而务必记住，如果有500位富人按一定比例削减他们对某种物品的消费，那么这对于穷人的利益来说，将不及1 000位富人这样做所带来的利益的一半；因为当一位富人自愿限制消费某种物品，另一位富人必然受到此种物品因需求减少而降低价格的诱惑，从而增加该物品的购买量。这就是主张强制地（因此也是普遍的）实施定量供给，反对自愿地实施定量供给的理由。

第七章　对工资的补贴

第1节 在一个工资率处处根据需求和供给条件进行调整的社会，不管是对特定行业还是对一般性行业，工资补贴政策几乎没有什么适当的理由。第2节 然而，如果任何地方的工资都建立在"不符合经济规律的水平"上，则整体国民所得和工人的实际收入都可能通过适当安排的补贴而得到改善。第3~5节 提出了这种影响的论点。第6~7节 对这种政策的实际反对是严重的。

第1节

在社会的每一处，工资率都要根据需求和供给条件进行调整，因此不会存在不经济的过高工资率，也不会出现失业严重到超出了对经济波动进行调整所必需的水平。因此，政府对个别行业提供工资补助，一般会损害国民所得。[1]适用于所有行业的工资补贴政策，不一定会破坏生产资源的分配，但不能改善这种分配；而且，尽管在某些情况下，它可能会增加国民所得，但它可能会以过多的工作量作为代价，所以对经济福利来说是有害而无益的。因此，在读者通常设定的条件下，我们可以得出这样的结论：在一个没有补贴、工资率在任何一处都会根据需求和供给条件进行调整的社会里，任何工资补贴政策都有可能被证明是违反社会秩序的。

第2节

然而，在现实生活中，工资率建立在一个不经济的高水平上的现象，很可能发生在特定的行业或所有行业。这就是说，在这个过高的水平上，劳动的需求无

---

[1] 参见本书第一编，第九章和第十一章。

法完全吸纳对劳动的供给，因为在这种情况下，失业人口比由于经济波动而不得不进行转移时的还要多。因此我们有理由相信，在英国战后萧条时期，部分是通过国家直接行动，部分是通过失业保险的发展赋予劳工组织强大的谈判力量，使之在一个大范围内把工资率确定在上述意义上的不经济的高水平上。如果在这种情况下，舆论坚持认为应该以某种方式援助失业人员，那么实行工资补贴政策就不再是违反社会秩序的，而应该给予具体的分析和考虑。

第3节

通过一种高度简化的想象方法，可以比较容易地厘清社会收益的可能性。设想在一个农业社会，农场主拥有土地，并雇用技能相同的劳动者。除小麦外，这里不生产任何其他作物，工资按实物形式支付。假设情况是这样的：当工资为每天1蒲式耳[1]时，所有的劳动者都得到了雇用；当工资为每天1.25蒲式耳时，有10%的劳动者失业，同时小麦的总产量从A蒲式耳削减为$(A-a)$蒲式耳。假定政府出于人道，坚持失业者应该得到比如说$\frac{1}{3}$蒲式耳的小麦来维持生计，并假定政府允许他们从农场主那里获得所需的任何数量的小麦。在这种情况下，我们很容易看出，如果对农场主的收入或其土地的租金价值征税，并将所得税收全部用于对劳动者工资的若干百分率补贴，则劳动者必然受益，而农场主——当他们因征税而遭受的损失与小麦的额外产量及其对失业者的节省支付的补偿相平衡时——也可能受益。然而，接下来我们还是借助几个符号全面地了解这种情况吧。

第4节

设某特定行业的工人数量为$(x+h)$，其产品不出口。设w_2是所有劳工均被雇用时的工资；w_1为实际执行的工资，x为实际雇用的劳工数量。如果一切被允许以

---

[1] 1蒲式耳约合27.216千克。

"自然"态势发展，则有h名工人将面临失业。出于人道，这些失业者必须被以某种方式供养，所以我们假设对他们每人支付r，而且——为了使理由尽可能充分——设总量hr全部由非工薪阶层获取。这是没有任何补贴的情况。现在假设对每位劳工支付$s=(w_1-w_2)$的补贴，并通过对非工薪阶层征税来筹集资金（即所得税）。此后支付给每个工人的工资（包括补贴）为w_1——已被雇用的工人将不会得到比以前更多的工资——但是现在提供给雇主的工人数量为$(x+h)$，而不是x。新进入的h名工人的产量的价值（取决于劳动需求曲线的斜率）介于hw_1与hw_2之间。假设这个价值为(hw_2+hc)，在劳动需求曲线为直线的特殊情况下，该值为$\left[hw_2+\frac{1}{2}h(w_1-w_2)\right]$，即$\left[hw_2+\frac{1}{2}hs\right]$。根据这些数据，很容易计算出损失和获益。全体工人显然受益；因为他们中新增的h名工人事先讲定以足额工资w_1雇用。非工薪阶层对于无论如何都要雇用的x名工人而言，既不获益也不无损失。对于其他新雇用的人而言，他们获得的工资加补贴相当于hw_1，他们获得的额外产品的价值等于(hw_2+hc)，此数小于hw_1；他们节约下来支付给失业工人的费用，相当于hr。因此，它们的净收益等于$(hw_2+hc+hr-hw_1)=h(r+c-s)$。如果要求支付的补贴率小于需要支付给失业者的贡献率，则该值为正值。当这一条件得到满足时，显然，工人的绝对收入和国民所得作为一个整体，必然大于其他条件相等但没有补贴时的数额。[1]

第5节

上述分析明确限于产品未出口的行业。如果把补贴政策应用于出口行业，盈亏平衡的结果就不那么令人满意了。因为是国外使用者而不是本国使用者获得由于补贴而使价格降低的好处；实际上，英国的非工薪阶层支付了为外国人所完成工作的一部分费用，如果没有补贴，这些费用本应该由外国人自己支付。如果

---

〔1〕在劳动需求曲线为直线的特殊情况下，净收益等于$h\left(r-\frac{1}{2}s\right)$；如果补贴率低于对失业者的分配率的两倍，净收益必然为正。

国外需求的弹性很大，从而一项补贴 s 就能使就业从 x 增加到 $(x+h)$，这时 $(x+h) \cdot s$ 小于 hr。因此，将补贴作为减轻不经济的高工资率的不利影响的手段，对出口行业的影响比对其他行业的影响要弱得多。不过，即便如此，补贴显然在相当大的范围内适用。它将减少任何行业的失业率（使用不经济的高工资率）；而且，只要它的规模适当，且局限于产品不出口的行业，就会相应地增加国家的实际收入。

□ 苏格兰造船厂

几个世纪以来，苏格兰作为一个岛国，不得不依靠其海军和海运作为防御、勘探和贸易的工具。詹姆斯一世（1406—1437年）时期，由于对海军和造船产生了浓厚的兴趣，他在利斯建立了第一个造船厂。后来的工业化推动了苏格兰造船业的繁荣。直到20世纪末，造船业成为苏格兰的重要工业之一，尤其是在克莱德河上。图为20世纪早期的苏格兰造船厂。

第6节

上述分析表明，对于非出口行业的任何行业，如果不得不维持不经济的高工资率，则实行工资补贴政策在原则上是有利的。然而，当我们从一般性的分析转到更详细的考虑时，缺陷就显现了出来。最明显的困难与不同行业的工人的相对待遇有关。如果把所有行业进行严格地划分，使工人不仅不能直接从一个行业转移到另一个行业，而且每一代的新人在最初择业时就必须严格地选定下来，那么一切都会很简单。每一个行业都可以作为一个单一的问题来处理。然而，在现实生活中，不同的行业并没有被严格地划分，因此，必须考虑到补贴政策在改变不同行业的工人比例方面可能产生的影响。如果对所有行业都给予完全平等的财政鼓励，则不会产生这种影响。然而，在实际生活中，工资率低和失业率高的行业无疑将比其他行业获得更多的补贴。例如，目前相对艰难的建筑行业和造船业，必定比铁路行业需要更优惠的待遇。随着行业产品需求的降低，该行业的困境变得更加明显，便需要为其提供更多的补贴，无论是相对更多还是绝对更多。这种要求往往会被满足。这就导致，某些行业的工人过多，而另一些行业只有很少的工人。要防止工资补贴政策以这种方式发挥作用，就需要政府的非凡力量和才能。如果这些问题得不到解决，造成的社会损失很可能是巨大的。还有另外一种危险。如果政府能够同时管制工人的工资需求和补贴数额，使之绝对不受政治压力的影响，则采用上述政策将不会导致工资需求的任何变化。然而，实际上，一旦该政策被准许通过，而且由于失业降至较低的水平，就会强烈诱惑工人要求提高工资率，而雇主由于希望增加补贴使自己获得更多补偿，因此可能不会太过强烈地抵制这些要求。这样一来，工资率和补贴率都将受到持续上升的压力。这种趋势即使在静态社会也会存在，在现实社会则会更加明显；因为在经济景气时期，工资会像现在一样上涨；而当随后的不景气时期到来，雇主和工人可能会联合行动，呼吁增加补贴，以防止工资再次降低。因此，提供补贴所需的年收入将越来越大，加在非工薪阶层身上的负担将超过给予他们的福利，而且二者的差额也会越来越大，以至于他们不再积极地提供工作和储蓄方面的服务；最后，国民所得以及工人的实际收入在国民所得中占据的绝对份额都将减少。

第7节

因此，总的结论就是：如果工薪阶层坚持维持上述意义上的实际工资率高于经济水平，并且国家不采取任何减缓行动，伴随而来的必然是非正常的失业率，以及由此带来的所有物质和精神的浪费。从原则上来讲，这种危害似乎是可以通过工资补贴制度大大减轻的，而且不会对整个社会造成损害。但实际上，这种制度的应用很可能会出现问题，依赖于它的社会所遭受的损失很可能会超过它所获得的收益。

第八章　从相对富人到相对穷人的直接转移

第1节　人们有时候认为，收益从富人转移到穷人是不可能的，因为（1）所有从富人那里拿走的钱实际上都是来自穷人，（2）受益者将通过同意接受较低的工资来返还他们所得到的东西。第2~3节　这两个论点都不成立。第4节　接下来的章节将依次考虑：（1）从富人那里转移的预期，（2）向穷人那里转移的预期，（3）转移的事实。

第1节

现在，我们转向目前实际中可能出现不协调的最重要领域。在很多方面，由于各种各样的原因，文明国家的穷人主要是通过一些国家机构得到帮助，代价是牺牲他们的富裕同胞的利益。1925年，英国中央政府基金为公共服务拨款11 300万英镑，主要用于老年年金、教育、失业保险、健康保险以及住房补贴；同时，地方政府基金拨款7 900万英镑，主要用于教育和济贫法中规定的救济。[1] 显然，这19 200万英镑中的绝大部分实际上代表着相对富人的利益转移成了相对穷人的利益。从表面上看，这种帮助带来的转移必然增加（它一定会如此安排，以保证增加）穷人可得的实际收入。因此，对穷人任何特定形式的帮助是否引起不协调的问题，往往等同于其间接后果是增加还是减少国民所得的问题。这个问题的各个方面，将成为接下来四章的主题。但是，在我们开始讨论之前，需要对两个当前流行的观点作简短的评述。其中一个观点断言，不可能有资源转移给穷人，因为所有从富人那里拿走的钱实际上都是来自穷人；另一个观点同样认为，转移是不可能的，因为受益人通过同意接受较低工资的形式将得到的东西返还给了富人。

---

[1] 参见卡尔·桑德斯与琼斯合著的《英格兰和威尔士的社会结构》，第158页。

第2节

第一个观点所持的立场是，为了某些穷人的利益，从富人那里收取任何自愿或强制的费用，必然意味着给穷人带来相当大的负担，因为富人将减少购买穷人所提供的服务。这一观点的基础如下。很显然，富人的大部分支出直接或间接地使用在了雇佣劳动上；同样显而易见的是，如果富人的收入减少，譬如对他们征收2 000万英镑的税款，则他们的消费支出和资本投资支出也必然有所收缩。有些人注意到这一事实后，立即得出结论：如果没有税收，本应该被这些支出购买其服务的工人——完全类似的论点也适用于自愿捐助——必然遭受大约2 000万英镑的收入损失。然而，这种方式的争论忽视了这样一个事实，即从富人那里征收的2 000万英镑转移给穷人以后，这笔支出的使用效益可能不会少于它原本在富人手里的使用效益。毫无疑问，如果我们仔细考虑为了穷人的利益而向富人增加2 000万英镑税收的直接效果，就会发现，那些失去工作的人和另一些找到工作的人并不是同一批人；因此，一定数量的接受过特殊技能培训的人将发现，他们获得的技能的无形资本，永久地变得一文不值。然而，这种损失不是税收的结果，而是税收变化的结果，并且，如果为了穷人的利益对富人减少2 000万英镑的征税的话，也会出现这种结果。我们的问题与这种性质的事件无关。我们必须做的是对这样两种制度进行比较：一种是不从富人那里收取费用也不转移给穷人的永久性制度，一种是从富人那里征收2 000万英镑并转移给穷人的永久性制度。这种比较与我们刚才讨论的事情无关。但是从广义上讲，除了特殊情况之外，我们可以说，无论每年是否有2 000万英镑从一个阶级转移至任何其他阶级，对于雇佣劳动和支付给劳动的工资水平几乎没有影响。因此，认为将使转移的尝试无效的想法是不切实际的。

第3节

上述第二个观点认为，如果任何穷人为了得到任何形式的补贴，愿意以低于他们劳动价值的工资为雇主提供服务，则实际上就是把他们得到的补贴返还给了富人。这种观点部分地依赖于先验推理，部分地依赖于所谓的经验。所以需要从两个方面进行讨论。先验推理始于这样一个事实，即济贫补贴使一个人能够接受比他如果不是忍饥挨饿与遭遇严重困难就不可能接受的更低的工资；而且进一步断言，如果一个人能够接受更少的工资，代表着他将愿意为更少的工资而工作。毫无疑问，在某些特殊情况下，当一个工人收到的补贴不足以达到他惯常的生活标准时，他遇到的是一个对他实施垄断的雇主，这个推断可能是有效的。但总的来说，如果雇主之间存在竞争，这个推断就会完全无效。与一个没有积蓄的人相比，一个小有积蓄的人已经具备了一种能够为更低工资工作的能力。一个百万富翁甚至比一个受救济的穷人更能够为更低的工资工作。目前看来，这种能力不但不会使他在市场议价中达成糟糕的交易，总的来说，可能还会产生相反的效果。这并不是说，一个拥有体面工作的男人的妻子，很有可能接受异常低的工资。相反，由于这个原因或任何其他原因能够"奋起反抗"的女性，往往是那些竭力抵制这种低工资的人。[1] 那么，现在让我们从所谓的经验转向推理。它源于两个确认无疑的事实。第一个事实是，领取济贫补贴的年老体弱者在私营雇主那里从事相关工作所获得的工资，远远低于他们通常从事相同工作的正常工资。第二个

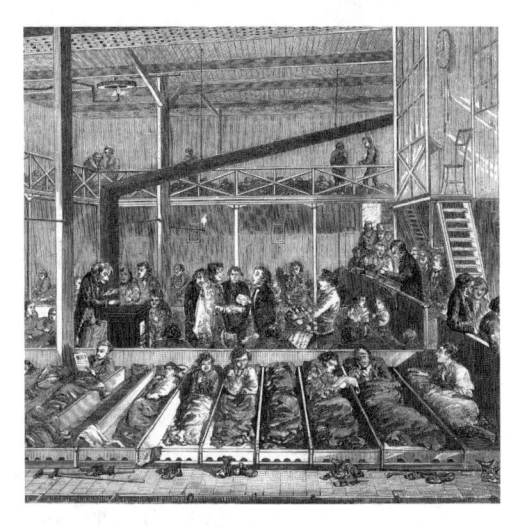

□ 伦敦济贫院　1860年
　　图为19世纪的伦敦济贫院，无家可归者纷纷前来避难。济贫院简陋的设施又为"贫穷"笼罩了一层灰色。在这里，穷人吃着不健康的、难以下咽的食物，睡在拥挤而肮脏的环境下，被安排捶石头、纺布或做家务劳动等粗活与杂务。

---

〔1〕关于从事外包的家庭裁缝的说明，参见维西利茨基《家庭佣工》，第17页。

事实是——根据1832年向济贫法委员会提交的证词——政府拒绝为补贴工资而发放救济，"很快起到了使农场主支付劳工公平工资的效果"。从这些事实可以得出这样的推论，即在济贫法补贴存在的情况下，工人将接受低于其提供给雇主的劳动价值的工资。然而，这种推论是不正确的。还有另一种较为可能的解释可供选择。即对于年老体弱者来说，是否因为他们一小时内所完成工作的质量差或数量少而导致每小时的工资偏低呢？至于旧的济贫法，难道不是只要实行那些未经改革的救济制度，人们就会消极怠工；而一旦废除那些救济制度，人们就工作得更努力吗？这就是后者工资增加的原因。真正的经验分析应该沿着这样的思路进行，而不是建议救济者的工资应低于其提供给雇主的劳动价值。最近的调查进一步证实了这一点，这些调查往往表明，如果两个人的工资区别仅仅在于其中一个人得到济贫补贴，而另一个人没有得到济贫补贴，那么他们的工资实际上是相同的。因此，1909年由济贫法委员会任命的调查员在调查院外救济款对工资的影响时写道："没有任何证据表明，女性工资收入者的工资在其家庭得到院外救济后有所降低。我们发现，这些女性工资收入者的工资水平总是与大量未获得救济的妇女的水平相当……也没有任何证据表明，贫民的女儿因为自身与救济资格有间接的关系而接受比别人低的工资，或收入比别人少。"[1]因此，正如本章第2节所述，这一论点是不成立的。通过慈善机构或国家行为，将资源从相对富人直接转移给相对穷人，无论最终结果如何，至少不是不可能的。当然，这个结论并不否认，接受救助的工人或其他工人提供的额外工作可能稍微降低了一般工资率。[2]但是，这一主张与对正在工作的人提供救助总是会产生这种效果的主张是完全不同的。

---

[1]《皇家济贫法委员会的报告》（附录），第36卷，第6~7页。
[2]参见本编第三章第10节，霍里奇博士在他的《移民与劳动》一书中似乎忽略了这一点。因为已经证明，在工作效率相同的情况下，进入美国的移民所赚取的工资并不比美国本土的劳工少，鉴于此，他认为移民并不会影响美国本土劳工的工资。

第4节

鉴于这种结果，我们可以不受干扰地继续我们的主要问题——确定各种转移对国民所得大小的影响。不难看出，某些转移可能导致国民所得增加，而另一些转移可能导致国民所得减少。因此，我们有必要调查这种或那种相反结果的发生所依赖的条件。通过对转移的实际效果和预期效果加以区分，可以对这些条件进行有效的考察。当然，当我们所涉及的征税是为了一劳永逸地应付某些特殊需要，且该征税的定期延续是无法预期时，我们便无须考虑预期将产生的效果。然而，通常情况下，征收一年的税款便意味着预期在今后几年还会继续征税，所以事实和预期都是相关的。我将首先考虑从富人那里转移的预期，再考虑向穷人那里转移的预期；最后考虑转移的事实。

第九章　从相对富人那里转移的预期对国民所得的影响

第1节 对富人自愿转移的预期往往会增加他们对提高国民所得的贡献。第2~3节 富有的雇主可以将这些转移的特殊机会提供给他们的工人，而富人可以将其提供给他们的同乡人。第4节 明智地使用荣誉和奖章可能会进一步激励富人作这样的转移。第5节 然而，自愿转移是不够的，还需要通过税收进行转移。第6~9节 研究通过无差别对待节约的所得税对富人转移的预期对国民所得的影响。第10节 考虑对储蓄差别对待的所得税。第11节 讨论通过遗产税的转移。第12节 总体而言，对富人大量强制性转移的预期，可能会在某种程度上损害国民所得。

第1节

对相对富人征税的预期，与其他任何阶层一样，根据纳税是自愿或强制的，对国民所得有不同的影响。自愿纳税意味着，人们已经找到了一种希望将资源投入其中的新用途，而不愿意再投入其他用途。这意味着人们拥有资源的愿望也增强了，连同他们为获得资源而付出的等待和努力也增强了。因此，富人对于自愿转移的预期很可能导致国民所得的增加。"如果国家试图强制实施普遍的捐助政策，则必然造成灾难性的后果，只有当所有人都能理智地行善时，才能产生有益的结果。"[1] 因此，有必要简要考虑一下这种转移在当代社会中存在的范围有多大。

第2节

能够采取且已经在采取的最明显形式是富有雇主对其工人的慷慨行为。由于这些工人的大部分生活是在雇主提供的房屋中度过，而且生活条件在很大程度上

---

[1] 参见卡弗《社会正义》，第142页。

受控于雇主，因此雇主有能力以特别的效果为自身的利益花钱。他们可与选出的工人代表密切合作，提供各种便利设施、娱乐形式和受教育机会，以此作为吸引年轻雇工就业的条件。因此，波恩维尔的卡德伯里（Cadbury）先生要求其所有18岁以下的雇工参加正规的体育训练和精心设计的教育课程，由公司安排这些训练和课程，并支付一部分费用。[1]为提高工人效率而为其提供特殊锻炼的机会，似乎已经成为深植于富有雇主之间的特殊责任感。荷兰著名的雇主范·马肯（Van Marken）曾就此责任感发表了令人钦佩的声明："在我看来，雇主有责任尽其所能地——用他的心灵、他的智慧和他的金钱——帮助他的雇员获得生命富有价值的最高境界。我个人认为，雇主这样做是不会有任何牺牲的。但是，如果他必须做出牺牲的话，则无论是从物质上还是从道德观点看，他都必须竭尽所能地去牺牲。这是他的神圣职责。"[2]随着富有雇主之间的意见交流与教育的普及，我们可能会越来越多地看到这种保护者责任感的增长。此外，这种责任感还会出于利己主义的考虑而得到加强和延伸，即慷慨对待工人往往是一个绝妙的宣传机会，可以间接地带来巨额利润。在这一点上，我非常赞同阿什利教授的出色言论："不要以此作为理由嘲笑它（雇主的福利工作），我认为这是一件特别令人鼓舞的工作，而且凸显了人性的光辉。它表明消费者是有良知的。美国消费者联盟的工作以及英国基督教社会联盟制定白名单的所有意义，其实就是向人们宣告，在令人满意的工作条件下进行生产才是'最好的生产'。而且，随着这种做法被流传开来，以及各阶层之间的情感日渐增强，我深信这种情形会越来越常见。"[3]

第3节

自愿转移资源的形式也可以是，富人向那些与其具有同乡或同胞关系的穷人进行慈善捐赠。这里存在着一种特殊的关系，因此对慈善行为有着一种特殊的激

---

〔1〕参见凯德伯里《工业组织的试验》，第17页。
〔2〕米金《示范工厂与村庄》，第27页。
〔3〕参见凯德伯里《工业组织的试验》，序言，第13页。

616 | 福利经济学 The Economics of Welfare

□ 手工培训学校学生与捕蝇器 1915年

19世纪中叶，美国教育改革者对儿童和青少年的头和手的学习进行了区分——两者都必须接受教育。内战后，改革者将"手工教育"引入学校，培训学生使用工具将木头、铁和其他金属制成有用的物品。19世纪后期，城市中建立起了独立的手工培训高中，如路易斯维尔（肯塔基州）的杜邦手工高中、丹佛的手工高中以及华盛顿特区的阿姆斯特朗手工培训学校。图为盐湖城高中学生与自制捕蝇器合影。从1913年至1915年，盐湖城的手工培训学校学生制作了数百个捕蝇器来消灭家蝇。

励作用，即对于援建诸如公共公园和游乐场的富人来说，他们在某种程度上可以指导自己选择的这些捐赠对象的使用并亲眼见证它们的发展，并从中获得满意感。这种地方性的慈善行为很容易发展成一种更广泛的爱国主义，这种爱国主义不仅辐射至同一城市的同胞，还辐射至同一国家的同胞。纯粹的公益精神常常使富人自愿提供一大笔资金——一部分是在其有生之年出资，一部分是以遗产的形式实现——为穷人服务。通常，公益精神也常常由于渴望获得捐赠所带来的权力感而加强，这种渴望在某些人身上尤其强烈。

第4节

促使人们将这些资源和其他形式的资源自愿转移至公共目的的正常动机已经有相当大的影响力，并且有待于获得进一步的激励。"毫无疑问，"马歇尔写道，"相对于平时提供的服务，人们有能力提供更多的无私服务；经济学家的终极目标就是研究如何更快地发展并合理地利用这种潜在的社会资源。"[1]这个目标还远远不能达成。然而，众所周知，如果政府愿意的话，它有能力将有关慈善捐赠的其他低层次的动机转化为崇高的动机。为了名望和赞誉，人们会付出很多，而某种声誉也可以作为对个人慈善行为的奖赏。因此，从富人那里转移的资源，可以通过一种乔装的方式，以不需要付出任何代价的荣誉和奖章来购买。这些东西既是声

---

[1]马歇尔《经济学原理》，第9页。

誉的象征又是其载体；因为，当一个毫无价值的人被声誉装饰时，那些表现或假装表现出对装饰者的尊重的人，也会对被装饰者表现出一种间接的尊重。毫无疑问，在某种程度上，颁发新勋章可能会降低已颁发勋章的拥有者的价值。在优秀砖瓦匠之间广泛授予荣誉勋章，只会使勋章丧失对最初的设计所面向的阶层的吸引力。然而，这一困难在很大程度上可以通过推广新勋章以取代旧勋章来克服。因此，沿着这些思路，它们并非不可能提供足够的激励来确保从富人那里转移出大量的收入，同时，它们并未减少为提高国民所得所作的等待和努力的预期，反而有一些可观的增加。

第5节

不过可以肯定的是，在当前条件下，自愿转移的数量远远低于社会在一般意义上要求的从相对富人那里转移的总量。所以，相当数量的强制转移也是必要的。这意味着，逐渐发展起来的、对高收入者和拥有大量财富的人所征收的某种形式的税款，很有可能是直接税。实际上，税收中最有可能采用的税种是所得税和遗产税，我们随后的关注也将局限于此。出于这一目的，需要分别考察这两种税收对国民所得发挥的作用。

第6节

让我们首先考虑一下不将储蓄进行分化的所得税。正如我在其他地方所指出的那样，这大体上意味着一项免征所得税，根据这项所得税，对储蓄本身或由这些储蓄随后产生的收入均免除征税。[1]当这项所得税是累进的，以便从相对富人那里获得可观的捐献时，对于征税的预期将如何影响国民所得的大小呢？关于这一点，可以区分为三种可能情况：首先，这种税的存在可能会迫使那些有能力通过工作赚取高收入的人到国外而不是在征税所在国生活和工作。其次，它可能会

---

[1]《公共财政研究》，第二编，第十章。

驱使那些有巨大储蓄能力的人去国外投资而不是在国内投资。第三，即便那些有能力通过工作赚取高收入的人继续居住在英国，但是他们可能比不征收所得税时工作得更少（或者正如下文将要讨论的那样，也可以想象为工作得更多）。现在将依次考虑这三种情况。

第7节

如果一个国家对高收入征收的所得税比其他国家高得多，那么，这一事实必定导致那些有能力赚取高收入的人受低税收的诱惑而选择出国生活。然而，有理由相信，对许多富人来说，在他们的祖国居住意义重大——尤其当他们的财富优势主要表现为社会优势时——除非本国征收了巨大的超额税收，才会促使他们出此下策，远离故土。此外，对高收入征收高额所得税是一种普遍现象，因此那些为了逃税而打算离开自己国家的人，有必要仔细考量，类似的税收可能已经在他将要前往的国家开始征收了。因此，按照这样的思路，对国民所得的影响可能不是很大。

第8节

乍一看，似乎第二种情况的反应会比较强烈。因为，一个富人虽然不喜欢移居国外，但他应该不会反对将资金投往国外市场。人们因此而担忧，高所得税将以这种方式驱使资本大量地转移至国外。然而，就英国而言，这只是出于对英国所得税法的确切范围认识不完善而形成的片面想法。无疑，确实存在这样一种情况，即一种针对资本收入而征收的赋税将削弱外商在英国的投资优势，从而影响他们在英国的投资。而且迄今为止，这项税收已经迫使外商抽离资本，同时刺激跨国公司撤离英国。然而，这只是小事一桩。因为众所周知，英国的外商投资比率是很小的。真正令人担忧的是，高所得税可能驱使英国人所拥有的资本转移至国外。然而，这种担忧没有充足的证据。因为英国的所得税与殖民地的所得税不同，它是对在英国获得的所有收入征税，而不仅仅是向那些在此赚取和积累的资本征税。因此，总的来说，高所得税并不构成诱使居住在本国的英国人将其资本投向国外的因素。如果一个英国人在国外进行投资，那么，当他将从国外获得的收入带回国内时，也必须缴纳所得税；并且根据1914年通过的《所得税法修正案》，如果他把在国外的收入留在那里继续投资，同样得在该国缴纳所得税。这还不是全部。就目前的情况而言，英国人在国外的投资所得，也必须缴纳外国所得税或其他税项，同时还要缴纳英国所得税；因此，一个人如果为了逃税而把他的资金输出到国外，实际上他会缴纳更多的税。因此，除了蓄意和有目的的欺诈以外，如果英国的资本打算转移到国外，英国资本家也必须移居到那里。同样不正确的是为高所得税假设的间接影响，即害怕"社会主义"合理地将资本逐出本国而把资本主人留在那里。因为据推测，"社会主义"英国的工厂主抓住不放，也不会为难持有外国证券的英国人。因此，阻止高所得税促使有能力的人到国外工作的趋势的同一个事实——人们愿意在本国生活——必然也限制了人们将资本投往国外的趋势。

第9节

还有第三种情况的反应，即对于那些应缴纳高所得税者的工作量的影响。这是一个比较复杂的问题。乍一看，对工作成果必须纳税的预期，似乎必然在某种程度上打击工作的积极性。然而，事实并非如此，如果一个人的收入因税收而减少，那么在他的收入中增加一英镑，将比他的收入不减少时使他更有满意感。因此，在某种类型的税收下，尽管增加劳动而产生的货币净收益较少，但它却可能带来较高的满意感净收益。沿着这一思路前行，我们不难发现，如果所得税的规模如此之大，以至于无论收入高低，都需要所有同样性质的纳税人作出同等的牺牲，那么，他们所选择完成的工作量就不会因缴税的预期而有所改变。正如卡弗教授所写的："（对行业和企业的）最低限度的压制是通过税收的分配来保证的，所有人都需要作出平等的牺牲。在任何一种情况下，如果有同等的牺牲，任何人在获取财富或高收入，或者进入这种或那种行业时，就不会感到心理不平

□ 1893年金融危机

1893年金融危机引发的大萧条是美国经历的最严重的大萧条之一，它仅次于20世纪30年代的大萧条。1893年5月初，纽约股市大幅下跌，6月底，股民的恐慌性抛售导致股市崩盘。到1893年底，一场严重的信贷危机导致16 000多家企业倒闭。破产企业包括156家铁路公司和近500家银行。全美国有六分之一的人失去工作。此次大萧条持续了近4年，于1897年结束。

衡。"[1] 现在，我们对收入大小的差异和满意感的差异之间的关系了解得还不够，无法确定按照同等牺牲的准则应采取何种规模的所得税分级等级。然而，人们普遍认为，成比例的所得税会给穷人带来比富人更大的福利损害，而采用某种程度的累进所得税的税率，给富人造成的福利损害不会超过给穷人造成的福利损害。因此，这并非一种站不住脚的观点：对富人所征收的税——足以产生我们向穷人转移所需要的收入——可以根据平等牺牲和不损害国民所得的原则设计出来。鉴于此，当一个有能力的人真正从事某项工作时，他的目标的很大一部分已经"成功"，而且不会受到任何给予他的竞争对手以打击的同等税收的影响。情况有可能是，在税率表的上部，可以采用相当陡峭的累进税率，但不超出平等牺牲原则所设定的限制。然而，极易理解的是，实现平等牺牲所需要的税率，不如实现最低限度的总牺牲所需要的累进税率那么陡峭。因此，大多数人主张，采用比同等牺牲原则所需要的税率略微陡峭的税率也是合理的。如果采用这种税率，必然对有能力者所做的工作量，进而对国民所得的大小产生一些压制性的影响。然而，认识到下面这一点是很重要的，即与普遍看法相反，这种压制对任何特定纳税人的影响程度，并非取决于纳税人必须缴纳税额的绝对数量或

---

[1]《美国研究院年鉴》，1895年，第95页。

相对于其收入的百分比，而是取决于这一绝对数量或百分比与如果他的收入多一点或少一点，他将被要求纳税的数额或百分比之间的关系。

第10节

当一种不将储蓄区别对待的所得税，由于限制工作量而削减当前的国民所得时，它也会间接地拉低了未来几年的国民所得，因为随着当前国民所得的减少，未来投资和消费都会减少。在同一总计划上产生同等收入的所得税制度，将储蓄区别对待与不将储蓄区别对待相比，前者可能产生更大的影响力。在区别对待的情况下，我们无须像无区别税收那样假设它将影响工作量或国民所得的大小。因为无论工作成果产生的是什么利益，无区别税收在一定程度上减少了工作所产生的利益；而区别税收则在较小程度上减少了支出所导致的利益，在较大程度上增加了储蓄所导致的利益。在这两种情况下，所得税制度对工作量的净影响很可能几近相同。[1]然而，可以预料的是，区别税收将会更严重地抑制储蓄——尽管它可能导致一部分人的储蓄增加[2]——因此会比无区别税收更加严重地减少未来几年的国民所得。根据我们目前的认知，尚且无法确定它将在多大程度上做到这一点。我们能够指出的是，如果从一个相当长的时期来看，对于连续若干年的国民所得而言，区别对待储蓄的所得税的预期将比产生同样收入的无区别对待储蓄的所得税的预期对它造成更大的损害。

第11节

第5节中区分的第二项财政手段是对遗产征收累进税的制度。这种税实际上

---

〔1〕如果对收入的储蓄欲望明显比对收入的消费欲望更有弹性，那么区别税收就会显示出比别的税收更大的限制性；在相反的情况下，它可以被证明是力行限制的。但是，我们没有理由假定，从长期的观点来看，对收入的其中一种用途的欲望比对另一种用途的欲望更富有弹性或更缺乏弹性。

〔2〕参见本编第三章第8节。对于某些人来说，对储蓄征税可能会带来更多的储蓄，类似于比对某些人来说，对劳动征税可能会造成更多的工作量。在任何情况下，储蓄或劳动可增加的最大数量，必须足以清缴税收的全部款额，在此情况下，被征税者可享有的收入数额将与未被征税者相等。

相当于对来自财产的收入延期征收所得税，它与储蓄明显不同。因此，对它的预期将会限制储蓄，从而减少未来几年的国民所得。然而，由于它通常是在储蓄发生若干年后才对其产生作用，因此这种压制作用不会很大。假定每年需要征税2 000万英镑，并且可以通过以下方式实现：比如通过对20万人每年每人征收100英镑（所得税）来完成，或者向该人群死亡时每人（比如每20年）征收2 000英镑（遗产税）来完成。对于国家而言，这两种方法并无区别。但是对于相关人员来说，却是不同的。这些人会对未来税收加以贴现，就如同他们对所有未来事件都会加以贴现一样，并且，如果已知事件在他们自身消亡时到期，便使他们对相关事件的关注大大降低。因此，第二种税收的预期将对他们创造的资本数量产生较小的限制性影响。此外，还有其他原因说明，为何遗产税对于资本创造的限制性相对较小。刺激资本积累的因素之一在于财富赋予的权力和威望。对于那些只有中等财富、已经生育或希望生育孩子的人来说，这种动机实际上并不强烈。抚养子女可能是最主要的动机，如果这一动机不复存在，许多人将选择比现在更早地"退休"。但是，正如卡弗教授所观察到的："当一个人的积蓄增加，并超出了保护其后代和使家庭真正富裕所必需的数额时，他进一步提高积蓄的动机将会发生改变。一个人之所以从事企业经营，是因为他热爱活动，热爱权力。积累的资本成为游戏的工具之一。只要当他作为玩家之一掌握了这个工具，就不可能仅仅因为他死后这一工具将归国家所有而不是归他的继承人所有，便对积累财富不感兴趣。"[1]已故的卡内基先生也出于同样的想法写道："对于这个阶层来说，其抱负是留下大笔财富并在死后被引以为美谈，而将巨额财富上交国家对他们来说则是一种更有吸引力的、甚至有点崇高的抱负。"我们不妨引用沃尔特·雷托诺（Walter Rathenau）的类似说法："企业家的目标、忧虑、骄傲和抱负，都只是他的事业，不管是商业公司、工厂、银行、航运企业、剧院还是铁路。他的事业具有形式与实质，与他荣辱与共。它们通过他的登录账目、组织及其分支机构，

---

〔1〕《论社会公正文集》，第323页。费雪教授甚至写道："我相信，通过白手起家而成为百万富翁的人，应该乐于看到自己的百万遗产被子女继承。"（《政治经济学杂志》，第24卷，第711页）

形成一个独立的经济存体。企业家举毕生之力,致力于使他的企业成为一个蓬勃发展、健康、充满活力的有机体。"[1]因此,由于不确定存在的并最终必须缴纳的这些遗产税将对阻止富人储蓄方面产生多大的影响,国家很有可能对巨额财富——特别是那些遗留给非直系亲属的部分——征收极其沉重的遗产税。

第12节

遗憾的是,这种分析的总体结论依旧非常模糊。总的来说,与富人自愿转移的预期不同,通过税收强制转移的预期将削减国民所得,尤其是当所征收的税十分沉重或税率的累进速度较快时,更是如此。但是,我们无法确定不利影响的大小,即便已经了解税收征缴的数量和将要实施的税收制度也无济于事。[2]

---

[1] A. G. 桑巴特《资本主义的精华》,第173页。
[2] 对于不同形式的税收所产生的影响的详细讨论,参见《公共财政研究》,第二编。

第十章　向穷人转移的预期对国民所得的影响

第1节 不同类型的转移可以根据以下方式加以区分：（1）不利于懒惰和浪费的差异性转移，（2）中立的转移，（3）有利于懒惰和浪费的差异性转移。第2节 阐释反对懒惰和浪费的差异性转移；对它们的预期往往会增加国民所得。第3节 解释中立的转移。第4～6节 如果转移的是货币或是容易兑换成货币的东西，那么对它们的预期往往会略微减少国民所得；但如果转移的是穷人根本不会购买的东西，它们就不需要这样做，而且可能产生相反的效果。第7节 对有利于懒惰和浪费的差异性转移的预期会损害国民所得。第8节 这种转移在一定程度上（只能在一定程度上）可以通过像普遍发放老年年金这样的手段来避免。第9节 当它们的差别对待支持不通过保险协会为自己提供生活必需品时，它们的损害性后果会很小。第10节 但是，当它们的差别对待有利于懒惰时，它们的损害性后果很大，尽管这是自愿的。第11节 因此在某些情况下，制止条件——其形式已经讨论过——必须与救济相结合。

第1节

在转向研究向穷人转移的预期对国民所得的影响时，我们立即接触到一种广泛持有的观点。原有的济贫法教训令人们十分后怕，担心对于公共基金资助的任何预期，都会诱使穷人变得更加懒散和浪费。常常——在战前，或者说在任何情况下——听到人们对国家关于住房、保险甚至教育等方面的资助提出谴责，认为它们构成了对工资的救济，因此是已被废除的斯皮纳姆兰政策的倒退。这个推理基于一种有缺陷的分析，其背后隐含着一种假设，即任何向穷人转移的预期都与任何其他类型的预期一样，将以不同的方式起作用，可以说这一事实是任何无论多么重要的研究都必须考虑的。不同形式的转移主要包括不助长懒散与浪费的差异性转移、中性转移与助长懒散和浪费的差异性转移。

第2节

第一种转移由具备以下条件的转移组成，即接受者能够在以公平地代表其个人能力的范围内自给自足。这些转移可以安排如下：首先，对于较贫穷的社会成员，当没有任何有利的资源转移给他们时，根据"可以合理地预期"他们为自己提供必需品的数量进行分类。当然，对于具有不同机会的不同种类的人来说，能力设定的标准是不同的。例如，可以合理地预期一个人在特定年龄获得的储蓄收入将随着他的生活状况而发生变化。在第一次世界大战之前，如果一个人一周挣12先令，每周固定为自己花1先令购买年金保险，他比一周挣50先令而每周花3先令为自己购买年金保险的人要节约得多。根据不同分类机构的范围和技能，可以将不同个人按不同的标准以或粗略或精确的方法分为不同的群体。在理想条件下，为每个人估算出单独的标准能力。其次，确定了标准以后，将资源转移给生产活动达到分配标准的穷人，此外，为了认可他们超出标准的任何多余部分，可能会进行额外的转移作为奖励。当然，没有必要对所有达到标准能力的人给予同样的转移；一般来说，我们可以推测，一个满足这一条件的较为贫穷的人，将比同样满足这一条件的不那么贫穷的人得到更多的转移。体现这种政策的各项措施，在特殊目的上得到了马歇尔的认可。他写道："难道对院内救济和院外救济作出这样的管理不是为了鼓励节俭，并为那些经济拮据却又渴望尽其所能地做好事情的人带来希望吗？"实际上，这一理想办法的采纳意味着，那些达到或超过对他们来说合理的标准的人，

□ 蒙特利尔银行内景　1910年

蒙特利尔银行是一家加拿大跨国投资银行和金融服务公司。它成立于1817年，是加拿大第四大银行、北美十大银行之一。自1829年以来，蒙特利尔银行从未拖欠过任何股息，即使在第一次世界大战、大萧条、第二次世界大战等重大世界危机期间，也一直支付股息，这使得它成为世界上分红时间最长的银行之一。

将比没有达到这些标准的人受到更优惠的待遇。丹麦养老金发放条例据此作了粗略的规定。为了获得领取养老金的资格，一个人必须工作并有足够的储蓄，使他在50～60岁之间不需要这笔钱生活。然而，在这种制度下，由于他在60岁时就能领取养老金，因此他在60岁以后可能不会践行节俭、劳动以及接受私人资助；"另一方面，如果他致力于为50～60岁之间的生活费用做准备，他就会厉行节俭并接受私人资助。在此期间，保持独立的动机得到加强，其效力也因为考虑到一项有限的任务而大大提高。该任务的完成并不是那么遥远和不确定到足以阻止人们作出尝试，它现在只能强加到诚实勤劳却贫穷的人或者乐于帮助他的朋友（前雇主或其他人）身上。许多人不愿尝试那些看似不可能实现的事情，当通过把任务带到人们能够更广泛接触的范围，原本处于休眠状态的勇气就会被激活"[1]。毫无疑问，这种方法的进一步运用还有很大的空间。显然，借助于这些方法向穷人转移的预期，将刺激而不会减少潜在接收者对国民所得所作的贡献。

第3节

第二种转移是中性转移，其构成以可能的受益者是否达到某种条件为依据，而这种条件并不能因为经济领域的自发行为而改变。因此，它包括一般性养老金计划（仅依据达到一定年龄）、普及性生育补贴（仅取决于成为母亲的事实）或普遍赠予每个人一笔被认为足以负担其基本生活资料的资金。迄今为止，这些广泛的安排仅仅是计划而已。但是，中性转移中不太显眼的例子已经体现在实际的法律中。根据这些法律，是否给予帮助并不取决于接受者的成就，也不取决于成就与估计能力的关系，而仅仅取决于估计能力本身。沃德豪斯（Wodehouse）先生1872年向济贫法机构提交的报告中，在试图将工资救济与收入救济区分开来时，提到了这种转移的根本思想。他写道："对收入的救济显然与院外救济制度是分不开

---

[1]《丹麦及其老年贫民》，载于《耶鲁评论》，1899年，第15页。在《关于英国失业保险法案的第一次报告》中，应注意到这么一句话："自该法案通过以来，在我们的20个工会中，估计有超过86 000名会员参加（强制性）保险，预先为失业做好准备；与此同时，其他协会中做此准备的成员也大大增加。"（[白皮书，第6965号]，第4页）给予保险的帮助，似乎促进了个人努力。

的。因此，所有的工会都会向有子女且身体健全的寡妇提供救济，而且很明显，所有这些救济都是为资助寡妇通过清洗、干家庭杂活儿或其他类似工作来获得收入。所以，我访问的几乎每个工会，都会向年老者和体弱者提供救济，这些人过去一般从事正规工作，现在偶尔做一些临时性工作。我认为，对这两类穷人的救济，可以与现行济贫法出台前普遍实行的工资救济制度区分开来。"战前，许多济贫委员会给予年老者、体弱妇女和多子女寡妇的待遇更接近于上述方法。他们似乎认为，虽然大多数由男性从事的正规工作为具有平均能力、能够全职工作和没有太大负担的男性提供了相当充足的收入，但大多数女性从事的工作并非如此。一个能力普通的寡妇，即使没有孩子，在有合理工作时间等情况下，也不能挣到足以"维持自己的生活和应对生活中坎坷"的收入。[1]因此，我们读到这样的文字："一旦一个女人被收入（救济）名册，只要她没有不道德的行为或经常性的过度放纵，她的救济资格就不会被取消。她的收入可能有涨有跌，但救济不会有任何变化。一般在她第一次申请救济时，就会对她的收入进行调查，此后很少再过问……对此，一位官员概括道，'我们从不为女性的收入担心。我们知道，她们虽然挣不到10先令，但是总能找到只挣半个克朗的工作。'所以在工会中，进行详细的调查只是个例——也就是说，在大多数工会中——并不阻止贫穷工人全力以赴地工作。"[2]法国1893年关于疾病救济的法律具有类似的性质。根据规定，每一个社区应定期编制一份名单，列出如果生病就有权得到资助——因为没有能力为自己的生病而做好准备——的人员名字。同样地，英国的制度也体现了类似的原则（无论是通过可收回的贷款或其他方式），即要求那些被判定有能力进行慈善行为的人给予那些没有能力应对疾病的穷人以医疗资助，或者由公共机构抚养他们的子女。资助者支付一笔费用，这笔费用的数额不是以向穷人提供实际服务的费用为准，而是以在没有外界帮助的情况下，预期他能够支付的费用为准。

---

〔1〕参见斯蒂尔·梅特兰先生和斯夸尔小姐合著的《呈交济贫法委员会的报告》（附录），第十六卷第5页。当然，在没有建立妇女行业的地区，寡妇的处境可能尤其艰难。在这些地区，"贫穷的寡妇立即前来领取贫困救济，并在整个寡居期都只能靠救济生活"。在有家务工作机会存在的情况下，贫困现象可能有所减轻——但往往以远超第十二章所规定的最低工作时间标准的劳动为代价。（《呈交济贫法委员会的报告》，第182页）

〔2〕参见威廉姆斯小姐和琼斯先生合著的《呈交济贫法委员会的报告》（附录），第十七卷，第334页。

因此，教育委员会第552号通知敦促，如果父母不能支付子女的全部膳食费用，"最好尽已所能地支付一部分，而不是享用免费膳食"[1]。换言之，应该尝试使国家对不同家庭的资助作出这样的安排，即资助的水平取决于被资助家庭为自己提供供给的能力的估计，并依据该估计值进行反向调整。

第4节

对中性转移的预期对国民所得规模的反应方式，取决于所转移物品的种类。当然，一般而言，转移的是货币；在这种情况下，乍一看，可能会认为潜在接受者所做的努力和等待的贡献，以及国民所得的大小，将完全不受影响。然而，事实并非如此。因为，如果一个具有任何特殊能力的人，知道无论自己赚取多少收入，都将收到一周1英镑的赠予，那么他对自己赚取的任何第n个单位货币的欲望就会降低。但是，他对自己可能做的任何第r个单位的工作的厌恶程度并没有改变；或者，由于额外补助金为愉快的休闲创造了新机会，厌恶程度甚至可能会增加。因此，如果他继续像以前一样做等量的工作，那么他对完成的最后一单位工作的厌恶，将超过他做该单位工资获得的金钱的欲望。由此可见，每周补助金的预期将使得接受者减少他的工作量，并由此减少他对国民所得的贡献。这种影响的程度随着补助金的数额以及他对不同金额的欲望程度和他对不同工作量的厌恶程度的变化而变化；但无论如何，在其他条件相同的情况下，他对国民所得的贡献可能会减少。

---

[1] 参见教育委员会第552号通知的第四部分。1910年，教育委员会关于该法案实施情况的报告显示，从父母那里实际收回的金额微不足道（[白皮书，第5131号]，第9页）。然而，这在很大程度上出于以下事实：（1）许多地方教育委员会故意限制向需要帮助的儿童提供膳食供应；（2）如果教育委员会不进行限制，有能力支付费用的父母就不愿意送子女到那些付费者与不付费者混杂在一起的地方用餐（参见巴尔克利《学龄儿童的膳食》，第107~109页）。在这种情况下，如果父母有能力支付费用，他们的孩子将受到的影响就会小。精神病患者的情况又有所不同，他们会从亲属那里得到相当多的捐赠（参见弗里曼《经济学杂志》，1911年，第294页及以下多页）。但是，必须承认，在不管是否付款都将提供服务的地方，收取费用就会存在相当大的实际困难。人们将更加反对"可收回贷款"的做法，理由是款项接收者将其精力从努力生产上转移到了逃避付款上，正如鲍桑奎夫人所言："这样大肆浪费了许多先令，因为如果不花掉，这些钱就会流向收债人。"（《经济学杂志》，1896年，第223页）

第5节

然而，转移可能不是以货币的形式，而是以物品的形式进行。如果这些物品在没有转移的情况下，接受者会用自己的收入购买，或者不像那种能够被出售或典当从而转换成货币的物品，那么转移效果就与转移货币一样。但是，如果那些不能被出售或典当的转移物品，被用来满足接受者在没有转移的情况下自身无法满足的需要，则具有不同的效果。所以如果没有进行转移，一个人在行业中为自己赚取的最后一单位货币将被要求用来满足同样的需要，他也将对这最后一单位货币仍然具有与原来一样的欲望强度。因此，通过工作与等待，他对国民所得的贡献不会减少。所以，供穷人集体使用的公共公园，或供他们私人使用的花卉，都可以转移给他们，而转移的预期不会对国民所得造成损害。同样的话也适用于一般的卫生措施。国家基金对这类支出的补助与普通医疗基金的补助是不同的。正如济贫法委员所写的："卫生措施在很大程度上超出了个人的能力范围，出于公共需要，必须共同提供；而医疗基本上是个人需要，而且在很大程度上，个人很容易获得。"[1] 在某种程度上，同样的考虑因素也适用于对穷人子女实行免费的学校教育和免除一部分学费——当教育费用的金额是由政府机构确定时——的问题。有些人非常贫穷，如果任由他们自己决定，他们就不会把收入的任何一部分投入教育，因此国家免费提供教育并不会降低他们对每一单位收入的欲望。而当子女被带去接受教育时，其父母将失去孩子不上学可能获得的工资；所以很可能出现的情况是，即使有免费教育和免费膳食，也不会减轻其父母的生活成本，因此他们想做有利可图的工作与等待的贡献不会减少。在这种情况下，对这种中性转移的预期将使得国民所得的大小维持不变。

---

[1]《皇家济贫法委员会的报告》，第231页。

第6节

还有第三种可能性。有某些商品和服务的需求，与某些其他商品和服务的需求如此相关，以至于赠予这些商品和服务后，接受者对其他相关的商品和服务的欲望也增加了，从而增加了他对任何他可能获得的第r个单位购买力的欲望；并最终增加他为换取购买力而愿意提供的工作和等待。例如，有人声称，一些初级学校对孩子提供免费的医疗服务，通过寻求父母的合作和反思，对他们的精力产生有益的影响。帕特森先生的《过桥》（*Across the Bridge*）一书中的以下段落，说明了由此开拓的可能性：

目前，学校用餐的困难集中在母亲方面。对孩子的教育漠不关心，毫无与学校方面相互合作的意识，有时她想要夺走好处，却迟迟不承担起她应担负的责任。她之所以缺乏责任感，不是由于为她做了那么多，而是因为即使没有她，事情也做了那么多。只要孩子的教育完全脱离她的掌控，她就很容易置身事外，把每个委员会都当作天敌，并放弃为她提供的一切可能的机会。她缺席家庭作业、家访、报告，将学校和家庭之间的所有自然联系视为父母责任的真正敌人。没有母亲会因为别人对孩子的善意而受到伤害，只要每一种善意都能够提高她的认知，并确保她与学校的积极合作。[1]

《奥克塔维亚·希尔书信集》（*Letters of Octavia Hill*）中的以下摘录也包含着类似的观点：

我有时梦想着会有这样的时刻到来，"当我们试图振作穷人的精神时"，不是让他们在冷漠孤独中紧闭心门，而是设法使他们帮助他人，唤起他们心灵深处最深

---

[1]《皇家济贫法委员会的报告》，第110页。

刻的自助动机，这一动机是我们为他人服务的唯一基础。[1]

已故的卡农·巴尼特（Canon Barnett）提供的一个例子说明了这种精神的含义：

例如，儿童乡村假日基金会通过向城市儿童安排乡村假期活动，并让其父母承担费用，立刻激发出对乡村宁静与美丽的渴望以及实现这一渴望的新能力。当父母意识到这种假期的必要性，并且知道如何获得这种假期时，此项基金就不再具有存在的理由。[2]

□ 美国儿童教育　20世纪初期

今天的《童工法》对于早期的美国家庭来说是不可想象的。20世纪初期，除了专业人士或相当富裕的家庭外，如果没有孩子在家庭农场工作或投身于家族企业，或者在家庭以外的工厂、矿山或工厂找到活儿干，父母通常无法维持生计。而且，20世纪的课堂氛围比较压抑，学生不会像今天一样拥有太多自由。

在这类现象中，存在着资源的中性转移的用武之地，对这种转移的预期不仅不会使国民所得减少，而且由于为工作和储蓄创造了新的诱因，实际上增加了国民所得。

第7节

现在，我们转到第三种转移（即助长懒散和浪费的差异性转移）的讨论上，这种转移意味着给予的帮助越大，接受者为自己提供的供给就越少。所有济贫制度中都包含着这种类型的转移所常用的一些手段，这些制度规定了最低收入水平，且不允许任何公民的收入低于这个水平。因为，只要他们把为自己提供供给的所

---

[1]《皇家济贫法委员会的报告》，第207页。
[2]《实用社会主义》，第237页。

有公民的实际收入都提高到这一水平,他们就相当于潜在地承诺,私人供给的任何减少都应通过国家供给的等量增加来弥补。显然,这些差异性转移的预期将大大削弱大量穷人为自己提供供给的动机。因为,不管国家规定的最低收入水平如何,任何不能为自己提供这么多供给但能够提供一部分供给的人,与完全不提供供给的人将得到相同的待遇。因此,从目前来看,由于一个人的自我供给与他对国民所得的贡献相对应,有利于减少供给(即助长懒散和浪费)的差异性转移可能严重损害国民所得。

第8节

对于这一事实的认识,已使许多人开始考虑一些方案,以期限制这类差异性转移的范围。既然大家都认为,文明国家不允许出现有人挨饿的现象,那么,这只能通过扩大中性转移的范围来实现,即几乎所有人的基本需求都能够通过中性转移得到满足,无论其收入如何。倡导和反对老年年金普及制度的争论充分说明了这方面的动向。[1]该制度的倡导者说,如果所有超过特定年龄的人,不管他们的收入如何,都发放一定数量的年金,就不会出现收入差别而诱使老年人去赚取比他们原本能赚到的更少的收入;然而,如果只有那些超过给定年龄且收入低于某一规定的最高额的人才可以领取年金的话,便将导致原本可以在这一最高额与最高额外加年金之间赚取一定收入的人,只能赚取低于该最高额的收入。同样,浮动年金政策也会产生类似的效果(虽然程度较低)。但另一方面,根据上一章的推理,有人指出,一般来说,通过征税筹集资金必然对国民所得造成损害。税收筹集的资金越多,这种反应将越大。因此,由于普遍性的年金方案的花费必然多于有限的年金方案的花费,因此支持普遍形式的论点面临反对这种形式的论点。几乎同样的争论出现在下面的例子中(因为优生学的考虑而稍显复杂)[2]:一些人

---

[1] 有关争论的情况反映在部门委员会1919年提出的第410号文件《关于老年年金方案的报告》中。委员会大多数成员建议废除限制年金的方案,但少数成员对这一建议表示反对。

[2] 参见达尔文《公共救助的种族效应》,第13~15页。

认为，国家应该仅限于对有年幼子女且自身无法负担子女的抚养责任的母亲提供补贴；另一些人则倡导成立"母亲养老基金"。此外，争论也在主张向初级学校中所有学龄儿童免费提供膳食和主张只向那些父母无力支付学费的孩子免费提供膳食之间展开。在后面一种争论中，还必须考虑到学校区分两类儿童这一行为本身的社会影响，以及确定哪些父母有能力支付学费，哪些父母负担不起学费的实际困难。[1] 在这类争论中，想要在相互冲突的考虑之间取得平衡，显然是一项非常复杂的任务，无须在这里说明。然而，如果普遍年金方案与普遍母亲养老基金方案的倡导者所设想的消除差异性转移的方法本身是普遍适用的，则国家应向每个人支付最低生活所需费用，而不论其收入多少，那么平衡收益与损失的任务将不再复杂。在这种情况下，毫无疑问的是，第7节中描述的那种反应类型会非常强烈，以至于严重损害国民所得。无论如何，现实的政治家都不会认同忽略个人需求而普遍实行补助的做法。不存在需要迫切消除直接基于接受者贫穷程度的差异性转移的问题。

第9节

正如我们所看到的，这些转移的预期必然有损于国民所得。但是，如果接受资助时附加了限定条件，则可以减轻对国民所得的损害。因此，出现了新的问题：为了有利于国民所得，最好在什么情况下对国家资助附加限定条件，以及如果决定附加限定条件，最好采取什么形式。要想正确地回答这个问题，我们必须回到第7节的最后结论，即有利于减少一个人的自我供给的差异性转移，只有在一个人的自我供给等于他对国民所得所作的贡献时才会损害国民所得。人们一般假设，一个人为自己提供的供给必须与他对国民所得的贡献完全一致，由此造成总供给的减少——对穷人进行差异性转移的结果——意味着国民所得的等量减少。对于通过工作和投资于工业且后续不会撤回的储蓄所获得的供给来说，这是完全

---

[1] 参见布鲁克斯《劳工对社会等级的挑战》，第228页及以下多页。

成立的。但是，通过从任何形式的互助保险社领取福利基金（根据过去对社会做出的贡献）而获得的供给来说，这是不成立的。因为，有病或失业社员从那里支取的数额仅为用于生产性资本投资的储蓄收入的一小部分。大体上，它包含从其他成员的临时收入中支付的款项——他们愿意支付这笔款项，以换取他们自己在需要的时候获得类似帮助的承诺：这种支付只是实际收入的转移，相当于朋友之间的馈赠，而不是创造了真正的收入。事实上，穷人的自我供给的主要部分，除了通过当时的工作以外，还通过某种形式的保险获得，尽管人们普遍误认为它就是储蓄。所以，我们大致可以得出结论：虽然差异性转移抑制了穷人通过当时的工作为自己提供供给，导致了国民所得的相应减少，但如果抑制的是他们通过工作以外的方式为自己提供供给，引起国民所得的减少幅度则相对小得多。因此，对那些未能提供这种供给的国家资助接受者附加限定条件，几乎没有什么好处。

第10节

但是，支持通过当时的工作获得小量供给的差异性转移是一个棘手的问题。例如，如果人们了解到，每个人的收入在需要时将通过国家资助提高到比如每周2英镑，这通常对于每一个每周工作收入少于2英镑的人来说，无所事事、懒散成习便符合他们的利益。因此这必然损害国民所得。当然，损害的程度取决于国家规定的最低数额是多少，以及正常情况下这个国家有多少人的工作收入低于这一数额。如果数额超过了社会上大部分人的正常收入能力，那么造成的损失一定非常大。这种考虑很可能是出于1832年济贫法委员会的建议，即"不应使身体健全的穷人——健康的普通成年非技术劳工——变成或看起来像最低层独立劳动者那样符合救济条件的处境"。当时，非技术劳工在总人口中所占的比例很大。因此，如果保证每个人的条件都比这些劳工好，就会造成大批劳工退出工作，从而对国家造成麻烦，因为这些工人的贡献构成了国民所得的重要部分。然而，如果现在的情况优于1832年非技术劳工的收入情况，对国民所得造成的损害就会小得多，因为收入低于1832年非技术劳工收入水平的人口比例已经变得很小了。即使是现在，按照今天非技术劳工的条件，对国民所得的影响也会很小，因为目前非技术劳工所贡献的国民所得比例小于1832年。不过，很显然，国家以默认或公开的方式规定任何足以影响大多数人的最低标准，都必然给国民所得造成相当大的损害。因此，这种情况的确与国家资助附带限定条件有一定的关联。当然，对于一个确实没有能力找到工作而无所事事的人来说，给予其资助的时候附加这些限定条件是没有意义的。尽管他们很清楚，如果没有这些条件就无法获得资助，但这丝毫不能改变他们没有这种能力的事实。但是，对于那些不愿意寻找（或维持）工作的懒惰者而言，限定条件去资助他们是出于这样一个目的：限定条件将使他们不那么讨厌工作。直至今日，区分这两类人的实际困难以及普遍不情愿对前一种人作严格限定，使得这种安排并没有得到令人满意的进展。于是出现了一种折中的办法，不是对前一种人不施行限定条件，也不是对后一种人施行严格的限定条件，而是对二者施行适度限定。这个办法的确拯救了无辜的前一种无能者，使他们免受粗暴的压制，但代价是使后一种懒惰者只受到相对宽松的限定，因此不能充分起到限定作用。然而近年来，职业介绍所的成立提供了一种机制，在某种程度上，它可以检验一个人失业并非出自自愿的诉求是否属实。在那些一旦获得工作就会"长久"留在那里的职业中，如果职业介绍所不能为求职者找到工作，尤其是如果这个人有固定的住所，并证明他是运气不佳的受害者而不是懒惰者，便可以暂时接受他的资助请求。事实上，这种检验方式并不适用于那些临时性的职业，这里的工人时而上班时而赋闲；因为在这些职业中，一个人可能通过职业介绍随时接受一天或几天的短期工作，也有可能在职业介绍所帮他找到工作之前，度过一段比较长的无工作时期。这种困难必须予

□ **班布尔与奥利弗**

英国作家查尔斯·狄更斯的《雾都孤儿》是一部反映18世纪英国生活悲剧事实的小说。狄更斯通过孤儿奥利弗·特威斯特的悲惨故事，揭露了当时社会上贫穷的真相：贫穷不是承受它的人的错，而是包括政府在内的当权派的错。图为根据《雾都孤儿》所作的画，济贫院的执事班布尔先生带领着奥利弗去干活儿。

以承认；此外，还必须承认，在1918年11月战争结束后，英国政府提供免费保险的特殊时期内，许多人获得了失业救济金，事实上，只要他们愿意，原本是可以找到工作的。尽管如此，毫无疑问的是，职业介绍所的发展使得在相当大的范围内，对没有能力找到工作的人和不愿意找工作的人进行区分成为可能。因此，由于前一种人完全可以从限定条件的范围内予以排除，现在可以加强对后一种人的限定条件——如果没有限定条件，他们就会不愿意在私营企业中持续工作——以使其真正有效。

第 *11* 节

有关限定条件应采取的形式，可以从英国济贫法经验中获得的一些指导。例如，有人明确建议，一定程度的强制性劳动是必不可少的。1832年向皇家委员会提交的证词中充分说明了它的重要性。其中一名证人在一份关于利物浦的备忘录中说："强制劳动的引入使救济院变得空荡荡的；废旧杂物通常是从普利茅斯运来的，因为当地有时很难获得足够的废旧杂物；当听说废旧杂物供应不足时，穷人们蜂拥而至，但是当看到门前的一堆废旧杂物时，又会令他们望而却步。"[1]本着同样的精神，索尔福德镇的审计长说："为就业不足或失业而申请救济的人找工作已经产生了非常好的效果，特别是当新工作与他们以往的工作不同时。过去两年，在索尔福德公路上敲碎石块的工作为该镇节省了几百英镑；很少有人能在这份工作上多坚持几天，甚至对某些人来说，仅仅提到这种工作就已经令其难以承受了。他们都想方设法去找工作，消停了一段时间，不再来找麻烦；虽然存在例外情况，即有些人一旦手头没有石块可以敲了，就会跑来再次申请救济，而管理者也不得不给予他们救济；但是，一旦宣布石块运到了，他们又纷纷出去寻找工作了。"[2]在波普勒工会近期一份报告所提供的资料中，也谈到了类似的情

---

[1]《皇家济贫法委员会的报告》，1832年，第161页。
[2]《皇家济贫法委员会的报告》，第162页。

况。但是，尽管强制劳动似乎成为了限定条件的一个重要组成部分，但仅靠强制劳动本身是不够的。造成这种情况的主要原因是，很难让一个人在为济贫机构工作时保有他为私人雇主工作时的精力。事实上，使每一个被救济的人都去自己原来的行业中工作是不现实的，要为各种各样的人单独制定工作标准也是不可行的，所以必须有某种一般的劳动形式。同时，所制定的标准必须适合每一个人，即"适当地考虑到他原来从事的行业或职业以及其年龄和体能"。由于不能客观地检验这些条件，"因此无法强制执行特定的任务。受雇人员的能力各不相同，只能要求每个人完成他看起来能够完成的工作量……完成的标准实际上是由不愿意工作的人的工作量来确定的"[1]。由于不能随意解雇的规定，使得济贫局在如何防范有上述倾向的问题上一筹莫展。因此，潜在的受益人意识到，如果由于不愿意在私营企业工作而成为公共资助的申请人，那么强加在他们身上的劳动强度就不会很大。即使可以克服上述困难，由于济贫局安排的工作的确定性和连续性，使从事这些工作的人可以免除因偶尔失业和需要重新工作而带来的风险、麻烦和成本，因此这些工作对他们来说，仍然可能比独立工作更具吸引力。因此，为了起到有效的限定作用，仅靠强制劳动是不够的。在实际管理者看来，即使再加上剥夺公民权（在英国已于1918年废止）和贫民称号仍然远远不够。所以，对那些需要资助但不愿意通过工作获得资助的人，必须借助惩戒措施。这里指的是封闭式管制，严禁频繁旷工。在欧洲大陆，由于不愿意工作而无法养活自己的健康男性，将被长期拘禁在劳动营。在比利时，这类人可能被拘禁在梅克斯普拉斯的劳改所2~7年。[2]伯尔尼州的法律规定，他们可能被拘禁在劳动机构，拘禁期限为6个月至2年。《德意志帝国刑法》也有类似的规定。有人严正提议在英国采用类似的做法。因此，流浪问题委员会建议："应根据法令界定习惯性流浪汉阶层，该阶层应包括在12个月内犯有流浪法罪3次及以上者，如露宿街头、乞讨、拒绝临时收容所为其安排的工作、拒绝或忽视独立维持自己的生活，等等。"[3]如果可

---

[1] 参见贝弗里奇《关于就业不足问题委员会的报告》之"失业问题"，第153页。
[2] 参见道森《流浪者问题》，第136页。
[3] 参见《关于流浪者问题部门委员会的报告》，第1卷，第59页。

能的话，是否可以出于"改造"的目的来为被限定者安排限定条件呢？事实上，这样做反而会适得其反。因为对于一个习惯了懒散的人来说，无论是通过培训还是教育或以任何其他方式来改造的前景，都是一种限定力量。因此，拘禁是必不可少的。拘禁的采用——使职业介绍所发展了一种区分"山羊"与"绵羊"的切实可行的手段——将一种优于目前英国范围内存在的限定故意赋闲的制度与国家资助联系起来。然而，我们不能寄望于这一制度会变得非常完善，足以消除对于差异性转移的预期在某种程度上减少国民所得的负面影响。

第十一章　对穷人购买物品的补贴

第1~2节 补贴有三种形式。第3节 它们都是中立性转移。第4节 一般来讲，与上一章第3~6节中讨论的直接的中立性转移相比，它们对国民所得的损害可能更大。

第1节

到目前为止，我们一直在考虑某种直接转移，此外还有通过补贴或实质上等同于补贴的手段所进行的转移。这种补贴包括三种主要形式：第一，由税收提供的补贴，针对主要由穷人购买的特定商品的整体消费；第二，同样是由税收提供的补贴，但仅限于特定类别的穷人所实际享有的那部分消费；第三，由政府干预价格，使得相对富有的特定商品购买者，必须承担出售给相对贫穷购买者的商品的部分成本。这些方式中的第一种，可用第一次世界大战期间在面包和土豆上发放的特殊补贴来说明，这些补贴可以使价格下降至人们认为合理的水平。第二种和第三种方式仅适用于在第二编第十四章中所阐述的不可转让的商品和服务。第二种方式可用《爱尔兰劳工法》来说明，依据该法案，并非所有受影响地区的房屋建造都会得到补贴，只有采取最普遍的办法为劳工建造房屋才能得到补贴，而这种办法曾用于应对战后房屋短缺。第三种方式可用通常基于垄断性"公用事业"所提供的服务而作出的特殊安排来说明。无论这些服务实际上是由私营企业提供，还是由政府机构本身提供，如果政府选择这样做，就可以强制向选定的穷人亏本出售服务，而且可以通过向其他人收取高于原来允许的价格来弥补这一损失。这种方式在《有轨电车法》中有所体现，该法案规定以极低费率为工人乘车提供便利服务。因此，"伦敦郡议会公路委员会最近的一份报告估计，每年经营工人乘车服务的损失为65 932英镑"[1]。威斯巴登市的做法也从另一个方面说

---

[1] 努普《市政行业的原则》，第266页。

华沙的老巴士　20世纪

波兰的首都华沙不断变化，巴士也在不断变化。在过去的100多年里，老巴士在日常通勤中一直陪伴着首都的居民。如今，大多数曾经穿行在华沙街道上的车辆都已消失，只能在泛黄的照片上看到。

明了同样的政策，即该市通过预付费电能表来供应天然气——一种更昂贵的供应方式——它的费率等于向所有房屋年租金低于400马克的人们供应天然气的普通电能表的费率。[1]应当注意的是，这种办法不一定局限于垄断条件下生产的商品和服务。如果这些货物是（或可使其是）不可转让的，那么政府机构就可以确定一个价格，而任何从事某特定行业或职业的人，必须按此价格出售某一特定类别的人所要求的任何数量的服务。这样做的结果将限制进入该行业或职业的人数，直到由此产生的预期收入——源自于从穷人和其他人中获得的整体销售额，而其他人的购买价格由正常的供需关系来决定——大致等同于具有类似困境和不愉快经历，并涉及高额培训费用的其他行业或职业的预期收入。当然，这意味着针对受惠人群的低收费与针对其他类别人群的收费相关联，而相对于不强制实行低收费的情况下所普遍收取的费用，针对其他类别人群的收费更高。

第2节

对于所有这些方式，人们普遍持有的反对意见是，它们必然造福于境况大体相似的不同穷人。例如，努普教授写道："人们不能理解，为什么工匠、技工和

---

[1] 努普《市政行业的原则》，第213页。

临时工在清晨出行时所享有的特权，导购、文员和其他职业的男性和女性却享受不到呢？后者的经济条件并不比前者好。"[1]有人可能会这样回答，如果一件事情本身是好的，那么实现的那部分就不能因为这件事无法全面实现而受到指责。然而，我们并不关注该反对意见的有效性，也不关注更强有力的不同反对意见的有效性；但是，从公平的角度来看，我们可以特别提出这一意见来反对第三种方法，即通常将资助穷人的费用强加到特定人群而不是纳税人身上。[2]就当前的目的而言，我们只需知道，以上区分的三种方式实际上已在相当广泛的领域内加以实施。

第3节

这三种方式中的第一种，如果所选定的人群实际上无法利用补贴将人们划入受益者的范畴，那么另外两种方式也属于第十章第3节所说的"中性转移"而非差异性转移。因此，由于货币可以满足穷人的边际欲望，这三种方式只有凭借自身对这种边际欲望所产生的影响，才能作用于穷人的生产活动。但它们不同于迄今为止从某方面所研究的那种中性转移。如果穷人对自身所得物品的需求弹性小于1，那么它们将会在较小程度上限制穷人的劳动贡献；但是，如果穷人对给予他们的补贴物品的需求弹性大于1，那么它们将在较小程度上增加这种贡献。因为在前一种情况下，穷人对货币的边际欲望会降低，所以对其他物品有更多的边际欲望；而在后一种情况下，边际欲望将会增加，事实上更有可能将补贴用于迫切需要且因此不具有需求弹性的物品。因此，潜在的补贴接受者会放松懈怠，从而抑制产量，这意味着减少部分国民所得，尽管减少幅度很小。

---

[1]努普《市政行业的原则》，第266页。
[2]参见本书第三编第五章第7节。

第4节

到目前为止，在通过补贴或直接的中性转移帮助穷人的两种方式之间，几乎没有选择的余地。如果像英国免费的初级义务教育制度那样，由政府机构来确定每位补贴接受者应消费的补贴商品的数量，那么事实上情况就是如此。如果不由政府机构确定这个数量，情况也是如此，但是出于其他原因，它不可能因补贴而轻易改变。因此，穷人养成了用某种通用的采购基金来购买一些物品的习惯，这就使该基金成员必须支付的款项不会因个人的购买量而变化。医疗俱乐部就是依照这个办法进行安排的。医疗俱乐部的某个会员，不能仅仅因为国家接管并为支付了他为俱乐部会员资格习惯支付的固定金额，就增加每年内呼叫医生服务的次数。然而这些情况比较特殊。一般来说，当购买者购买有某种补贴或者补贴的等价物的任何商品时，因为想到有补贴，就会比直接获得等量的货币补贴时购买的商品多得多。通过这种方式，资源从自然生产渠道向外转移，并且存在这样一种假设——当然，正如第二编第十一章所解释的那样，或许可用专业知识对这种假设进行反驳——这种转移将对国民所得造成额外损害，并超出上一节中所说的损害程度。如果补贴足够高，便可能发生以下情况，即补贴商品的产量将会扩大，以至于对穷人来说，边际供给价格不仅在货币上，而且在满意感上都超过了需求价格；或者换句话说，他们从最后一个增量单位的消费中获得的经济满意感小于生产该增量所获得的经济不满意感。一般来说，相比于对数量相等的直接中性转移所寄予的期望，对凭借特定商品的补贴进行转移的期望更有可能损害国民所得。然而，尽管如此，发放补贴的办法有时可能会更好，这不仅是因为可能存在特殊的经济原因或非经济原因来鼓励人们消费含有补贴的特定物品，而且也是因为如果慈善行为隐藏于补贴中而不是直接体现在救济品上，受益人可能会好受得多。

第十二章　从富人向穷人转移的事实对国民所得的影响

第1~2节 如果对穷人的投资所产生的收益高于正常收益，则资源从富人转移到穷人必然有利于国民所得。第3节 这种转移在堕落者和老年人中颇为少见。第4~6节 以培训或疾病护理的形式对正常成年工人作转移，可能会产生巨大的收益。第7节 以教育和养育的形式对儿童作良好的转移，也可能产生巨大的收益。第8节 一般购买力的转移不太可能得到有效的利用。第9节 对转移的使用进行一些友好的监督似乎是可取的。

第1节

在前三章中，我们讨论了从富人那里转移的预期与向穷人转移的预期对国民所得的影响。我们已经看到，这些转移不仅影响当年劳动所做的贡献，还对前几年为该年的需要而投入的资本设备的数量产生影响，从而有可能改变任何一年的国民所得。然而，问题不止这些。在我们考察的这一年里——任何一年——由这些预期所决定的国民所得，将处于某个水平。因此继而发生了从富人向穷人的转移。对未来几年而言，这种转移将在我们迄今已经考虑到的影响之上有叠加影响。因为它涉及一种转嫁，除了由期望带来的任何转嫁之外，还包括我们所考虑的这一年的国民所得。就当前的目的而言，转移可以用于这些方面：为富人提供消费品、提供协助今后生产的机器，以及为穷人提供消费品。如果资源从富人转移到穷人，消耗于第三种用途的收入就会增加，同时，另外两种会减少。我们的问题在于，确定一年内国民所得在不同用途之间分配的变化对未来几年的国民所得大小所产生的影响。

第2节

如果没有发生任何转移，采用机器形式的那部分国民所得将有助于扩大未来

课堂　1939年

奴隶制晚期，非洲裔美国儿童几乎没有接受过正规教育。自1865年自由民局设立以来，美国各州陆续为黑人儿童开设上百所昼校、夜校和安息日学校，提供正规的算术、阅读、写作、历史、地理课程，以及宗教教育。但是由于种族歧视的存在，至20世纪二三十年代，黑人儿童的平均学期长度仍比白人儿童约短4天。图为1939年4月，阿拉巴马州蒙哥马利的黑人儿童在课堂上阅读。

几年的国民所得。至于专用于富人消费的那部分国民所得，只要它能使富人成为更有效的生产原动力，在某种程度上也可以做到这一点。然而，在富人中，任何切实可行的、能减少消费的措施——当然，如果征收的税收太高，致使收入从5 000英镑下降至100英镑，那么效果可能会有所不同——都不可能明显降低工作效率。因此，我们大体上可以说，这部分国民所得如果没有转移给穷人，就会转化为资本，并且它也是唯一对未来国民所得有重大贡献的力量。转移给穷人部分的总额，将取决于所采用的征税方法。根据所得税办法，我们可以设想，从20万富人中一年征收2 000万英镑税款，每人征收100英镑；根据遗产税办法，从1万人中收取等额的税款，每人征收2 000英镑。毫无疑问，如此安排之后，这两种办法几乎成了一回事。因为根据遗产税办法，每人每年可以向保险公司缴纳大约100英镑的税款，由保险公司在其死亡当年代缴遗产税，而不是像所得税法那样把税缴纳给财政部。然而，在实际生活中，对每20年从任何遗产中征收的税款，不可能在之前或之后的未纳税年份得到全额抵扣。因此，根据遗产税办法，必须从实际纳税年度积累的资源中取出用于缴纳的税款将远远多于100英镑，而从其他年份积累的资源中取出用于缴纳的税款则远远少于100英镑。可是很明显，随着从任何一年的资源中抽取的数量的增加，人们的习惯受到了影响，人们越来越不愿意将其从消费中抽取出来。因此，大部分税款将倾向于来自纳税人资源中通常用作储蓄的那一部分。如果这些资源还不够，则通过变卖资本筹集。当然，最后这种做法并不意味着将实际资本货物以税收的形式缴纳给国家，而是意味着，其他人原本会将资源用于建造厂房和机器，现在却将它们用于购买纳税人被迫出售的现有厂房和机器;因此,整个社会的新储蓄的减少额,将等于纳税人重新投放市场的等量资本。一般来说,此时用长期的大笔征税取代短期的小笔征税这一事实表明,通过它们转移的资源很可能主要来自于潜在资本,其数量将远远大于通过所得税征收的等量资源。这种观点得到了以下事实的进一步证实和加强,即在遗产税之下,征税的时间就是继承人开始获得全新财富的时刻。此时,他将不会习惯性地认为自己的新财产是"属于自己的",而是将把缴纳遗产税以后的剩余部分视为他所继承的财产,甚至不会用新的储蓄来补充这些税款按原有数额产生的缺口。这种情况也属于用潜在资本支付税款的范畴。在这方面对遗产税和所得税进行的区别是次要的。即使在遗产税之下,当从富人那里征收任何给定数量的资源时,实际上可以肯定的是,其中一部分资源来自于他们收入中原本用作消费的部分。这就说明,收入中原本可以转化为资本的部分,将不会因为纳税的总额而减少。因此,从富人到穷人的任何特定资源的转移都必然增加国民所得,前提是提高穷人的生产效率,使"对穷人的投资"所产生的收益不低于物质资本投资所产生的收益,也就是大致上不低于正常利率。

第3节

现在,我们必须马上承认的一点是,对某些类型的穷人而言,任何资源的转移都不能使他们的效率明显提高。这类人是那些在道德上、精神上或身体上堕落的人中的大多数。从国内外劳工收容所的历史以及我们自身为低能儿开设特殊学校的经验中,我们可以清楚地看到,对这类人而言,实际上不可能得到真正的"治愈"。"一些人被送往梅克斯普拉斯进行改造,当有人叫收容所的官员们就送往此地的大部分人在道德或为人处世方面是否得到了改善一事如实发表自己的看法时,他们回答说,这种改造极少看到成效。"[1]这就是致力于照顾最恶劣的非罪犯群体的其他地区收容所的经验,而这样的收容所不止一个。事实上,就像

---

[1]《皇家济贫法委员会的报告》(附录),第32卷,第17页。

在物质领域一样，社会在经济领域面对的是一定数量的"无药可救者"，如果人们发现了他们，对之最有效的办法就是永远将其隔离，不给他们任何机会去依附于他人、传播自身的道德疾病、繁殖具有相似性格的后代。如果还残存着走投无路的恶人、精神有缺陷的人和遭遇其他不幸的人，则这些人实际上仍然可以得到社会的人道主义照顾，而且轻视任何治疗方法的做法都是错误的，因为它也许会将其中部分人的生命提升至更高的层面。但我们主要的努力手段必须是教育，更重要的手段是限制精神和身体上的不健康的传播，从而在源头上切断这条污秽的生命流。就任何现实意义而言，"治愈"他们往往超出了人类的能力范畴。这种情况同样适用于那些不存在先天性缺陷，而且一辈子过着良好公民生活的人们，但他们的能力却因年老而耗尽，或因严重意外而摧毁。再者，从投资的角度来看，此处土壤过于贫瘠。也许出于其他原因，将资源以任何形式转移给这些人的做法非常可取，但是却不能在工业生产能力中产生任何有实际意义的收益。

第4节

然而，幸运的是，这类人仅占整个穷人群体的一小部分。人们普遍认为，对穷人而言，不存在一成不变的品质，但对他们的投资能够产生实际效果。初看之下，我们或许可以期望在这一领域获得的边际收益与工业本身的边际收益均等。然而，情况并非如此。在一个能够完善调节的社会中，资本将投资于不同人的抚养、教育和培训，而不管他们的出身如何。进行投资的方式有：在资本供给的现有情况下，对于不同才能所提供的服务的相对需求状况，以及现有的工业技术状况，它所产生的边际净产量的价值将在任何地方都是均等的。因此，在具有不同程度的同种能力的人之间——公爵的儿子和厨师的儿子也是如此——资本将更多地被投入到能干的人而不是能力较弱的人身上；而且，在不同能力的人之间，有更多的资金（总的来说）会被投资于那些更有需求的人。然而，我们有理由相信，经济力量的普遍作用往往不适当地收缩对正常穷人的投资，其结果是，所投资资源的边际收益——实际上不是全部，而是大量穷人及其子女的边际收益——高于投资于机器的资源的边际收益。这种信念的理由是，穷人由于没有足够的资金，无法充分投入于提高他们自己及其孩子的能力中，同时他们的处境也是如此，以至于有足够资金的其他人在很大程度上因为受到某些限制而不能对他们进行投资。在奴隶制经济中，或者在某种组织有序的社会制度下，如果那些获得外来投资的人可以用某种方式将自身的能力作为贷款抵押，情况就会有所不同。但是，在现实世界中，资本家难以确保自己投资于穷人能力的资金所产生的绝大部分收益，能以任何形式回到自己手中。如果资本家们提供贷款，就无法确定还款的安全性；如果资本家们通过为自己的雇员提供指导来直接投资，就无法保证——除非他们的确是专利产品制造商，所需要的劳动或多或少具有专业性，而这种劳动对于资本家自身的价值高于其他人——这些雇员短期内不会辞职；而且，即使有这方面保障，雇主也必须预料到，能力提升后的工人将竭力要求依据自身所创效益来按比例提高工资，从而获得雇主投资所得的部分利益。事实上，对穷人进行投资所受到的限制，类似于对由富人租用而为穷人所有的土地进行投资所受到的限制。所有者无力承担投资，而承租人由于不能确保其生活条件一定会得到改善，并且他的投资的私人净产量只能是他自己的投资的社会净产量的一部分，因此不愿意按国民所得所需的利益投资那么多。鉴于这些因素，我们有充分的理由相信，如果将适量的资源从相对富人转移至相对穷人，而且为了尽可能地提高大部分穷人的效益而将这些资源专门投资于穷人，那么由于效益的提高，这些资源在额外产品中产生的收益率将远远超过投资于机器和设备所得的正常利率。[1]当然，在现实生活中，从富人到穷人的转移并不完全受制于应当以生产效率最高的方式雇用穷人这一条件。因此，我们有必要分别研究某些主要转移所产生的影响。

第5节

首先，考虑通过对身体健全的成年工人中的选定人员进行产业培训而进行转移。在这类人中，总有一些人收入特别低，因为他们难以适应自己所从事的工

---

〔1〕应当指出的是，如果资源转移的数量很大，由此产生的物质资本的短缺可能导致正常利率显著增加；因此，对提高穷人能力的投资所产生的收益，必然与对机器的投资引起利率上升所产生的收益持平。

作，但他们却拥有很好的天赋。以培训形式转移给这些人的资源很可能产生高额收益。这一事实不仅在战后为复员官兵所作的特别安排中得到了认可，在1911年的《国家保险法》中也得到了认可。该法令的第100条规定："如果保险工作人员在检验和查询后，认为（屡次失业的）工人在技能或知识上存在缺陷，但合理预计可以通过技术指导加以补救。那么根据劳资委员会的相关指示，如果保险工作人员认为支付给该工人的失业基金可能会因所提供的指导而减少，他就可以用失业基金来支付这种指导所附带的全部或部分费用。"这项政策特别适合那些年龄不是很大的工人，他们的专业技能因某项发明而变得无用，致使非技术工人借助自动化工具就可以更加经济地完成他们已经掌握的工作内容；还包括那些因意外或疾病而丧失某项专业技能的人，以及因潮流趋势的永久性变更而遭受损害的人。花钱指导这些人从事新职业而不是已失去的职业，可能会带来十分可观的收益。如果可以在实践中对这些人加以区分，那么针对他们的指导也会产生同样的效果，因为他们有能力从事某一职业，却偶然或出人意料地从事了另一职业。这些人中应该包括成长于乡村并适应乡村生活的人，他们为某城市的魅力所吸引，放弃了自己应当从事的职业。然而，重要的是接受农业培训的人员，应该从真正投入农业生活的人当中精心挑选。但这一点通常无法实现。[1]这很可能是造成早期英国农业收容所工作经验较为失败的主要原因。劳工部1925年在萨福克郡的布兰登和克莱顿建立的农业培训中心似乎极其成功。如果这些收容所并非仅限于为失业人员提供服务，而是作为面向公众开放的普通农业培训学校，并因此具有产业化特点而不是辅导性质，那么它们成功的可能性也许会更大。[2]

第6节

其次，我们可以通过对短期疾病患者的医疗护理和治疗来区分转移。如果这

---

[1] 在欧洲大陆，"农业收容所不同于劳改所，一般不会接收真正的失业者，即被迫失业的人。这里的大部分常客都是无家可归的流浪汉，他们在一年中最艰难的时节或极度困难时期来此寻求庇护，以免使自己长期遭受物资匮乏之苦或置身于进入劳改所的风险"（《美国劳动局公报》，1908年，第76期，第788页）。

[2] 参见《论济贫局职能转变的报告》，引自［白皮书，第8917号］，第26页。

些人得不到及时救治——延时救治相对而言可能毫无用处——他们的健康很可能会受到永久性损害。以医疗护理和特定食物的形式转移给这些人的资源，可以防止其生产能力的受损。当然，为了取得良好的效果，必须有充足的转移资源，而且不能过早地中止医疗护理或监测。关于这一点，《皇家济贫法委员会少数派的报告》对英国济贫医院的管理提出了严正控诉："每周都有数百名肺结核患者和其他疾病患者获准离开济贫院和济贫医院的病房，但是没有人试图跟进他们在家的情况，以确保他们至少遵循一些卫生防范措施。如果不遵循这些措施，不久后他本人必定会再次沦为患者中的一员，其近邻也一定在劫难逃。"[1]然而，假如对患者进行了合理的转移，则完全可以预期并促使患者的生产能力提升。

第7节

第三，可以集中关注通过培训及养育穷人子女所进行的转移。这方面存在巨大的投资盈利空间。当穷人的子女尚年幼，正好在许多方面为投资提供了最富有成效的土壤时，而贫穷家庭正处于最大的困境之中，所以最没有能力为其子女进行投资。在极度贫困中度过童年的孩子的比例，远远大于任何时候处于这种境况的家庭的比例。因此，根据类似于朗特里（Bowntree）先生的贫困线所设置的生活标准，鲍利博士发现，就在第一次世界大战前，"雷丁地区半数以上的工人阶级的子女，在其14岁以前的某段时间内，生活在无法达到上述生活标准的家庭之中"[2]。戴维斯（Davies）女士在考察了考利地区的乡村以后，得出了相同的观点："在救济区的全部儿童中，有五分之二或接近一半来自八分之一的极度贫困家庭，其中全区只有三分之一的儿童来自于二级贫困线以上的家庭。"[3]如本书第一编第八章第6节所述，自第一次世界大战以来，这一问题得到了很大的改善，一部分原因是非技术工人的实际工资增加，一部分原因是每个家庭的子女平

---

[1]《皇家济贫法委员会少数派的报告》，第867页。
[2]《皇家统计协会杂志》，1913年6月，第692页。
[3]《英国的乡村生活》，第287页。

□ 贝特莱姆皇家医院

伦敦最古老的伦敦的伯利恒皇家医院是英国最古老的精神病机构。它的前身是圣玛丽伯利恒修道院,于1247年由时任伦敦市议员、伦敦金融城警长的西蒙·菲茨玛丽在主教门(现利物浦街车站所在地)建立。在最初的两个世纪里,它的主要任务是募捐资金、接待教士和流浪者,以及救助穷人。当时的人们称之为圣玛丽伯利恒医院,后来俗称为"贝德莱姆皇家医院"。1403年,该医院首次被称为"精神病患者医院"。图为19世纪60年代的贝特莱姆皇家医院侧翼。

均人数下降。因此,在1923—1924年间,雷丁地区14岁以下儿童所在家庭无法达到上述标准(不含失业家庭)的比例已从 $\frac{1}{2}$ 降至 $\frac{1}{7}$。[1] 然而即便如此,状况仍然不容乐观。1924年,鲍利博士根据收集到的五个城镇(北正安普顿、沃灵顿、雷丁、博尔顿和斯坦利)的统计数据,得出以下结论:"目前,每6名儿童中就有1名处于贫困线以下(他本人计算得出的贫困线),其中较小比例的儿童在这条线以下连续生活若干年。"在人生最具可塑性的时期,为这些孩子提供安排妥帖的资助也许会起作用,这种资助至少能使他们受到常规的智力训练,说不定还能接受某项专业技能的培训,从而培育出强大的体格和头脑。

当然,这些转移如果想要取得显著成效,就必须合理实施。例如,一边花钱教育孩子,一边却让他们成为令人沮丧的家庭条件的牺牲品,这样做是毫无意义的。如果这些孩子在家中没有得到妥善照顾,就必须将转移到他们身上的一部分用于将他们送往精心挑选的寄宿家庭,或将他们强制送往收容机构或职业学校。因此,济贫法委员会的多数派和少数派均同意,如果父母接受救济的孩子在家中被疏于照顾,就应该强行将孩子送往"教育机构或职业学校"[2],而且,对于时

---

[1]《贫穷减少了吗?》,第24~25页。
[2]《皇家济贫法委员会的报告》,第620页。

进时出的孩子，"应该动用职权将他们留在教育机构，并将他们的父母拘留在收容所"[1]。

同样，孩子营养极度不良时就会无法学习，而且努力学习只会损耗他们的神经系统，因此，花钱教育这样的孩子是没有用的，甚至可能是有害的。[2]对于营养不良的儿童，必须在他们接受教育的同时为其提供膳食，而且这些膳食必须定期供给，而不应该在一周内断断续续地向不同儿童供给2～3次。在学校放假期间，可能要继续供应膳食，否则将丧失很多好处。同样，如果在当时或以后，允许接受教育的儿童从事有违教育目的的工作，则花钱教育孩子也是毫无用处的。我们有理由认为，儿童目前所接触的许多无需专业技能的劳动形式，不仅没有培训出出色的劳动者，反而使他们朝着相反的方向发展。在提交给皇家济贫法委员会的一份报告中，杰克逊先生清楚地写道："仅仅关乎手或眼的技能并不代表一切。需要培养的是品格和责任感，不仅包括道德品行，还应培养和发展毅力、耐力、精神活力、稳定性、韧性和耐力。"但是，如果存在大量无需专业技能的童工岗位，而这种情况又得不到缓解的话，那么这些一般品质也无法与之抗衡。杰克逊先生在报告中指出，"雇用童工就是阴谋破坏整个教育事业"，他补充道，"人们几乎一致认为，沿街叫卖最容易消磨儿童的意志。这不是未能向其传授专业技术的问题，而是它浪费了孩子至关重要的若干年时间的问题，从广泛意义上来说，这是儿童最需要接受教育的阶段。"[3]显然，要使对穷人子女的投资真正富有成效，就必须同时禁止或者全力限制他们从事这些职业的权利。

此外，就像对待患者一样，必须保证对孩子的照顾时间足够长。"将14岁的孩子送往可能证明是不合适的环境中，并将他留在那里自己照顾自己显然是不够的。"[4]简而言之，对儿童能力的投资如果安排欠妥——如同其他安排欠妥的投资一样——就会收益甚微；而安排得当的投资，尤其是根据各受益儿童的天赋进

---

[1]《皇家济贫法委员会的报告》，第187页。
[2] 参见巴尔克利《学龄儿童的膳食》，第179页。
[3]《皇家济贫法委员会的报告》（附录），第20卷，第23～27页。
[4] 参见《皇家济贫法委员会的报告》，第188页。

行调整的投资,就会前景广阔。即使考虑到对普通儿童产生的影响,这种前景也不会破灭。在众多的工人阶级家庭中,随时都有可能诞生非凡能力的孩子。对这类儿童投资的成功,一般应归功于对所有儿童展开普及教育的明智之举。马歇尔在下面一段话中十分有力地阐述了这个观点及其含义:"对于国民所得的增长来说,最有害的浪费莫过于疏忽大意导致的浪费,这种疏忽大意会使出身卑微的天才在卑微的工作中自我消耗。没有什么改变能像改善学校(尤其是改善中等学校)那样,对国民所得的迅速增长起到如此大的促进作用,如果将这种做法与广泛的奖学金制度相结合,就能使工人阶层的聪明孩子不断深造,直到获得这个时代所能提供的最好的理论教育和实践教育。"[1]

第 8 节

到目前为止,我们一直考虑的是以选定形式对选定的穷人群体所进行的转移;我们已经发现,这种转移中存在着"机遇",从中可能获得的收益远高于投资机器所获得的收益。因此,如果这些转移由称职的人员进行管理,那么实际上肯定会造福于国民所得。以支配购买力这种通用手段所进行的转移的影响难以确定。其主要难点就在于,许多穷人因缺乏知识而无法用最佳方式为自己或子女进行投资,因此,在教育委员会最近的一份报告中,我们读到:"绝大部分营养不良的儿童不是缺乏食物,而是饮食不当。可以毫不夸张地说,为改善我国广大城市中相对贫穷地区的小学生的体质,如果能够教育或说服那些父母将他们目前花费在子女膳食上的同等金额,以更科学和适当的方式用于子女膳食方面,则将优于使用地方税收向孩子们间歇地供给膳食。"[2]同样,鲍桑奎夫人也指出,在朗特里的 $\frac{3}{9}$ 的贫困人口中,约有 $\frac{2}{9}$ 属于二级贫困。她写道:"问题的严重性在于

---

[1]马歇尔《经济学原理》,第213页。此外还应注意到,对于那些没有机会直接接触改进的教育机会的体力劳动阶级而言,该政策对他们也会产生有利影响,因为它将增加有能力担任企业经理的人数,从而增加对体力劳动者服务的需求量,同时将这些人才从体力劳动者中撤出,以减少他们的服务供给量。

[2][白皮书,第5131号],第5页。

父母的无知和粗心，他们不缺乏做得更好的手段。"这个观点得到了大量事实的进一步验证，而这些事实表明，大多数营养不良是由饮食不当而不是进食不足所引起。[1]指责整个穷人阶层无知且缺乏管理能力，无疑是一种严重诽谤。对于收入虽低却相对稳定的贫穷家庭与父母长期从事临时和间歇性工作的贫穷家庭，我们必须加以严格的区分。在后一类家庭中，他们的思维习惯和生活方式一样杂乱无章，从来不了解自己每天或每周的收入会是多少，因此不能合理安排自己的开支。但是，在前一类家庭中，只要他们愿意，就有能力确立一个相当明确的生活标准。在这些家庭当中，许多人现在甚至以非凡的能力及智慧来安排自己的开支；如果他们的家庭和睦，妻子的工作负担比较小，那么这个家庭的生活水平可能

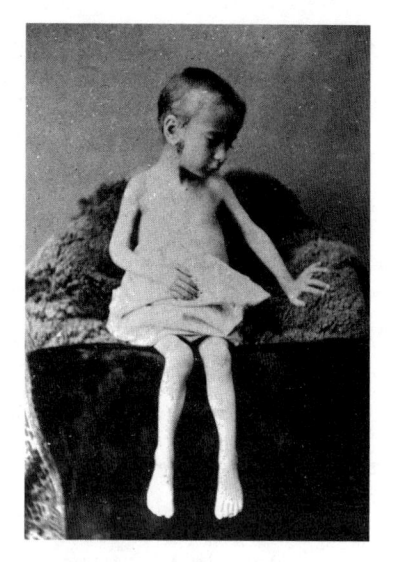

□ 营养不良的儿童　1900年

20世纪初，对于城里的许多孩子来说，如果不工作就不能吃饭。这就导致很多儿童只好去从事一些非常危险的工作，否则就只能忍饥挨饿。还有一些儿童因受家庭虐待，往往流落街头，勉强度日。图为1900年，利物浦一个严重营养不良的四岁孩子。

还会进一步提高。尽管指责贫穷阶层管理无能是荒谬可笑的，但是对许多穷人来说，无疑符合事实。从事物的本质来看，情况就是这样。花钱的艺术不单在穷人中，而且在所有阶层的人中都远不及挣钱的艺术发达。[2]人们的产业投资通常有专业人士相协助，这些专业人士相互竞争，他们中若发生判断错误，最终将导致企业破产；但是，人们为自身所进行的投资由自己充当指导——也就是说，由非专业人士在排除竞争的选择性影响的条件下开展投资。这一区别可以通过企业自身范围内的事例进行说明。那些为市场生产商品的企业家，通常处于激烈的竞争

[1]《体质下降与贫困线》，载于《当代评论》，1904年1月，第72页。
[2] 参见本书第三编第九章第2节。

之中，结果往往是那些愚蠢无知的人遭到淘汰，而只有智力极其接近于该阶层平均水平的那些人才能继续维持经营。在某些所生产商品用于家庭内部消费而不是在市场上销售的行业中，竞争比较温和，那么在其他条件相同的情况下，这些企业家的能力标准将有所下降。英国纺织业的历史就很好地说明了这一点。在工业革命时期，羊毛和亚麻与农民的日常生活联系在一起，但是棉花的加工处理却不存在这样的联系。"在各个地方，人们专门从事棉花加工，不再将它作为副业，并以此来赚钱。"[1] 其结果就是，棉花加工方面的改进在发展及推广速度上远远快于其他纺织品。显然，花钱的艺术得以推行的条件与家庭式劳动中普遍存在的条件相同，但是却不同于专业化工作中普遍存在的条件，缺少对能力的主要刺激因素，以及在不同资源利用方式之间作出明智选择的能力。因此，米切尔教授写道："家庭生活的局限性使我们无法充分利用我们的家庭智慧。高效率的家庭主妇经过训练得来的智慧和控制力，不能应用于生活琐事，比如帮助效率低下的邻居将其杂乱无章的家打理得井井有条。这些邻居，甚至是这些邻居的丈夫，都倾向于把别人对他们行事懒散的批判性评论视为多管闲事的干涉，无论这些评价是否中肯并具有建设性。同样，一位善于管理的妇女，无法强迫自己缺乏进取心的姐妹违背自身的意愿而遵从她的行事风格，不像野心勃勃的商人可以有办法使那些不情愿的竞争对手加入他的阵营一样。能干的家庭主妇不能使懒散的丈夫变得努力，而能干的商人却可以征服寻常的顾客。个人花钱能力的改进，被禁锢于单个家庭的范围之内。"[2] 不可避免的后果就是，在所有阶层中，即在穷人及其他阶层中，对于不同花钱方式的相对（边际）优势存在着极大的无知。因此，期望以一般购买力的形式转让给穷人的资源，能被全部用于有可能产生最大效益的新领域是毫无希望的。当问题非常严重时，国民所得从提高穷人的效益中所获得的收益，可能会低于因撤销使用转移的那部分资源进行普通投资而造成的损失，而这

---

[1] 参见克拉彭《剑桥近现代史》，第十卷，第753页。
[2] 《落后的花钱艺术》，载于《美国经济评论》，第2期，第274页。

部分资源如果没有被转移，就会被投资于产业生产。[1] 从国民所得的观点来看，以支配购买力的形式转移给穷人的资源存在被浪费的风险。例如，皇家济贫法委员会对英国许多地方实行的救济措施提出控诉，认为它们仅仅是为了"长期维护最恶劣的社会形势及道德状况"[2]。许多济贫部门不会采取任何措施来确定受助者如何使用他们的救济金或救济品。[3] "即使出现重大例外情况，济贫部门在发放这些救济金和救济品时，也不会要求受助者说明哪怕最基本的生活状况……因此，我们看到，靠公共基金维持生活的家庭处于一种难以形容的脏乱状态，这些家庭的成员长年自我放纵，生活混乱。"[4]

第9节

从以上讨论中得出的实际推论是，通过支配购买力对穷人进行的转移更可能有利于国民所得，前提是这些转移与接受者所受到的某种程度的监督联系在一起。当然，必须非常谨慎地保护这种监督以及任何可能需要与之相结合的管制办法。这种监督应建立在充分认识以下事实的基础之上，那就是人不是机器，而且人的生产效率——更不用说人作为人的能力——是人的道德环境和物质环境的函数。如果实施这样的办法，致使此前品德高尚的人被迫与流浪汉和无赖长期相处，就会对他的勤奋努力的素质造成负面影响。另一方面，如果给予的物质资助同时伴有朋友的关心、同情和忠告，那么工作和储蓄的意愿可能会在很大程度上受到长期鼓励。卡农·巴内特以其自身丰富的经验写道："我了解许多改革方案，但根据这11年的经历，我想说没有一项方案触及罪恶的根源，而罪恶并未使助人者与受助者形成朋友关系。"[5] 比如埃伯菲尔德（Elberfeld）与伯根（Bergen）方案

---

[1] 也许有人会持反对意见，认为在工业中投资100英镑，其中50英镑用于支付工资，这也是对穷人的一种转移。这是一种误解。当100英镑投资于工业时，价值100英镑的劳动与工具用于制造商品；而当100英镑投资于穷人时，价值100英镑的劳动与工具用于为穷人制造他们所需要的消费品。
[2]《皇家济贫法委员会多数派的报告》，第102页。
[3]《皇家济贫法委员会多数派的报告》，第267页。
[4]《皇家济贫法委员会多数派的报告》，第750页。
[5]《实用社会主义》，第104页。

的管理制度——如今英国许多城镇中发展起来的自愿救助协会基本上都是源自它的理念[1]——大量应用了个性化意愿的基本原则；因此，即使纯粹从货币角度来看，相比于以古板的规章条例为依据的管理制度，事实证明这种管理制度有可能是一种更好的投资。这一观点强调了将自发型努力与救助穷人的官方机构相结合的重大意义。

---

[1] 参见斯诺登先生《地方政府委员会关于救助协会的报告》，引自［白皮书，第5664号］。

第十三章　国家实际收入的最低标准

第1节 制定国家实际收入的最低标准可能对国民总所得产生不利影响，但同时会使穷人受益。第2节 描述所考虑的国民所得最低标准的性质。第3节 分析应将最低标准置于何种水平的相关理论考虑。第4节 实际上，我们可能得出这样的结论，即社会的人均收入越高，最低标准就越有理由设得较高。第5~6节 这一结论尤其与英国有关。第7~8节 讨论它与国际劳工立法的关系。第9节 讨论它与移民问题的关系。

第1节

如果我们想要确定每年从相对富人向相对穷人转移任何既定资源的事实以及对该事实的预期是否能够增加国民所得，就必须同时考虑到前几章所述的各种因素。毫无疑问，我们可以制订某种计划，使涉及大量资源的转移能够完成，并产生有利于生产的结果。由于大部分这些转移也会增加相对穷人的实际收入，因此必须以完全确切的方式促进经济福利的增长。此外，导致国民所得减少的那些转移，将会通过该论述中所指出的各种影响来减少相对穷人的实际收入；而且，如果这些转移的数量保持不变，那么它们可能会在很大程度上减少实际收入，以至于相对穷人的每年收入加上他们所得到的转移，其总额最终将少于未转移时穷人本应该单独得到的收入。如果发生这种情况，这些转移也会以某种明确的方式影响经济福利——这一次就是损害经济福利。然而，还存在另外一种转移，它不可能产生明确的结果。我所指的是一种每年变动的转移制度，它采取的方式是对穷人工资所得的那部分收入中可能出现的任何损失予以补偿。政府无论何时确立实际收入的最低标准，都会无条件地采取这种办法，而在任何情况下都不允许任何公民的收入低于这一标准。这是因为，建立这一最低标准意味着实施一种差异性的有利于穷人的转移，而这种转移很可能会减少国民所得；与此同时，这种转移

□ 破旧的公寓楼

19世纪，北美的公寓住宅在纽约市及其周边地区首次流行。起初，人们将仓库分成多个房间供移民家庭和工人使用，到后来（1820—1830年）便演变成3层或4层的建筑物，内部房间没有窗户。这些建筑物不被认为是贫民窟，但环境很差。由于不通风，这里的夏天酷热难耐，大多数租户便选择在防火梯、屋顶和人行道上睡觉。图为1900—1910年纽约市东区破旧的公寓楼。

将在无限长的时期内增加穷人的实际总收入。因此，要确定这种最低标准对经济福利可能产生的影响，就需要比较相互冲突的因素。

第2节

在尝试进行比较之前，最好能清楚地了解什么才是确切的最低标准。我们必须将最低标准设想为客观的最低条件，而不是主观的最低满意感。这些条件还必须涉及生活的各个方面而不是某个方面。因此，最低标准涵盖住房、医疗、教育、食品、休闲以及工作场所的卫生便利设施及安全设施等方面的确切数量及质量。此外，最低标准具有决定性。如果某公民能够在生活的各个方面达到最低标准，那么国家就不会关心这个人在某方面不愿达到最低标准的想法。例如，政府不允许某公民为省钱而以居住在一个不适合人类生活的房子为代价。的确，这种政策存在一定风险。由政府机构决定穷人如何在各种相互排斥的需求之间分配有限的资源，是一个十分棘手的问题。不同人的性格和情况存在很大差别，僵化的规则制度必然不能令人满意。因此，鲍利博士写道：" 有一种观点自有其立场，即穷人被迫（法律规定额了住房的最低质量及数量）支付高于食物标准的住房标准，而且如果他们的住房条件差一点，吃得好一点，他们将得到更高的收入。"[1] 我们必须承认这种风险；而时代的公德心也要求我们正视这个风险。绝对不允许某人为了使生活的其他方面提升至最低标准以上，而把生活的某个方面降至最低标准以下。再者，如果一个公民无法达到各

---

[1]《社会现象的估量》，第173页。

个方面的最低标准，但是在达不到个别标准的情况下仍能独立生活的话，国家就没有袖手旁观的理由。国家不得允许任何地方的童工或妇女的劳动时间超过最低标准，或接受低于最低标准的住房条件，因为凭借最低标准，某些特定家庭就能够维持生计，而如果没有这些最低标准，这些家庭就难以维持生计。如果事实果真如此，就不应该要求这些家庭自己维持生计。我们无法为下面这样一个政策提供辩护，该政策允许"穷困寡妇和丧失劳动力的父亲迫使自己的孩子辍学，并拿走孩子们的收入"[1]。相反，儿童就业法委员会的倡议是完全正确的："此外，我们认为，寡妇及其他人目前在经济上过分依赖童工的问题，不应该再以牺牲未来造福现在的方式来解决，而是应该通过更科学，或者说更慷慨的公共救助来解决。"[2] 相同的推论更适用于这样一个共同要求，即应该允许妇女在分娩前不久和分娩后不久进厂工作，因为如果不允许她们这样做，她们及其子女将陷入极度贫穷中。在这种情况下，国家的责任不是免除这项法律，而是保护受该法律影响的人，使他们免受这种不良后果的侵害。

第3节

务实派慈善家们普遍同意，某种最低标准应该设定在足够高的水平上，从而使任何人都不可能出现极度匮乏的情况；而且为确保这一点，必须将资源从相对富人转移到相对穷人身上，而不去考虑可能会对国民所得总额造成不良后果。[3] 务实派慈善家的这一政策经分析证明是合理可行的，如果我们相信极度匮乏给个人带来的痛苦将是不可比拟的，那么从某种意义上就能够证明该政策有利于整体经济福利；因为消除极度匮乏所带来的利益，与国民所得减少后可能造

---

[1] 参见亨德森《美国的工业保险》，第301页。
[2] 《儿童雇佣法委员会报告》，第15页。
[3] 人们有时认为，本书前几编中已讨论过的提高劳动效率的内容，是为了把劳动能力得到改善的人们推到最低标准之下。的确，正如人们分析的那样，劳动能力的提高实际上相当于增加劳动的供给，因此特定质量的劳动单位的实际工资会略有缩减。然而，考虑到一般的劳动需求的弹性特征，由于这种变化而使自食其力的能力未能得到提高的工人人数非常之少。

成的不利是不能相提并论的。因此，到目前为止，该政策并未遭遇任何困难。但是，我们的讨论不能就此止步，有必要查问，设立任一最低标准是否会促进经济福利，而什么样的最低标准才最具有促进作用呢？现在，人们普遍承认，在达到极度匮乏的水平之后，收入的增加会带来满意感的有限度增加。因此，转移的直接利益与国民所得减少后产生的间接不利的数量都是有限度的；而且，我们对这个问题的正确答复是，最好通过最低标准将经济福利提升至某一水平，这个水平就是，向穷人转移的边际英镑形式所产生的直接利益刚好能够抵消国民所得减少后所带来的间接不利。

第4节

从这个答复中，我们可以定量估计任何特定国家在任何特定时间应当制定的实际收入最低标准，这需要获取并详细分析大量资料，而在当前情况下，许多资料是学者们无法得到的。但是，我们有把握得出一个切实可行的结论，即在其他条件相同的情况下，全社会的人均实际收入越高，最低标准就能朝着有利的方向设置得越高。当然，这是因为平均收入的每一次增加，都意味着无法通过自身努力达到任何给定的最低标准的人数的减少；因此，这个标准的外部担保可能导致国民所得份额的绝对量和相对量都有所减少。因此，如果我们必须在艰苦恶劣的自然环境中与一群拓荒工人打交道，则最低标准就应该适当地设立在较低水平。但是，随着不断涌现的发明与发现，随着资本的积累与对大自然的开拓，最低标准也应该相应地提高。如此一来，某个相对穷困国家只能为本国的穷人提供较少的供给，某个相对富裕国家可以给所有相对穷困者[1]提供更好的供给，无疑是合理的。

---

[1] 这个词（necessitous）是1909年《皇家济贫法委员会多数派报告》中所使用的术语。

第5节

在这一方面，重点在于不应该混淆富裕国家的含义。就当前的目的而言，国家并非指政府，而是指人民。人们普遍认为，国家向它的贫穷公民提供供给的义务取决于政府为其他目的提供的资金数额；由此可以推断，英国每年为偿付战争债务而大大增加的预算，使得社会支出有理由且确实需要大量削减。这种想法在很大程度上是不切实际的。当然，连续征税达到每年8亿战后英镑的预期，在抑制生产方面所造成的间接影响，远远大于征税2亿战前英镑的预期所造成的影响。这一点虽然正确无疑，但它只是一个次要问题。重要的事实是，当政府债券持有人支付利息时——当然，当利息是支付给国外的持有人时，情况会有所不同——国家实际收入部分并没有被直接消耗掉。资源只是从一部分公民转移至另一部分公民。毫无疑问，当一国不得不提供资金来偿付因战争导致的巨额国内债务时，这一迹象表明，资源已经用于战争之中，而它们原本可以用于建设资本设备，进而提高实际收入。然而，我们必须牢记的是，例如在大型战争中，由公民借给英国政府的大部分资源，并不是来源于实际资本，而是人们在消费和特殊生产活动中节省的产物，如果没有战争，就不会有这部分资源出现。因此，即使作为国家帮助本国穷人的能力标志，战时的内债规模也没有多大用处。真正检验这种能力的是一个直接标志，即实际收入总额与人口的比较。当然，从实际收入总额中减去那些必然以非生产性方式使用的资源是合理的。因此，当国家处于这种情况之下，即它必须将它的实际收入的绝大部分用于维持强大的军备力量，或支付利息给过去曾借钱给本国政府的外国人，或将这些收入投资于维持国内秩序的机构中时，必须考虑以上这些事情。但是，在通常情况下，这些事情相对而言并不重要，而与人口数量相关的实际收入总额才是占主导地位的相关事实。

第6节

就英国而言，1913—1914年的国民所得总额按当时的价格计算约为22.5亿英

662 | 福利经济学 The Economics of Welfare

□ 上层社会　19世纪

在19世纪，工人阶级和上层阶级之间的经济不平等程度上升。而这种程度的划分，是根据个人购买自己想买或需要买的东西的能力上的对比，而不是根据某一个阶层与其他阶层在购买普通商品的能力上的对比。图为19世纪上层阶级的生活场景。

镑。扣除大约2.5亿英镑的税费以及大约2.3亿英镑的新投资额，将剩余资金进行分配，如果在平均分配的过程中这笔资金没有减少，那么这笔钱就足以使每户为4.5人的代表性家庭获得162英镑的收入。[1]当然，事实上，以这种方式将国民所得汇集起来，同时又不使这笔资金所代表的货物和服务大量流失，是完全不可能的。除了生产组织的巨大改进外（这当然是无法预测的），我们没有理由预期，在不久的将来，这个国家的人均实际收入——我们不必担心实际收入因通货膨胀而虚高——将比1913—1914年的水平高出许多。鉴于这些事实，显然，尽管这个国家现在很富裕，但与它自己的过去和目前大多数的邻国相比，它并不算绝对意义上的富裕。

事实上，这个国家不可能通过任何分配手段，为所有公民提供真正高水平的生活。因此，时至今日，如果社会改革家重视财富分配的改进而不重视生产的改进，他们必然会让自己失望。现在设立的全国最低标准的确可能远高于一个或半个世纪以前设立的标准，但是，由于人均国民所得不超过实际水平，因此国家最低标准仍然不可避免地必须设立在一个可悲的低水平上。

第7节

到目前为止，我们并未对另一种普遍观点发表评述，即某国为其自身制定最

---

[1] 参见鲍利《工业产品的分配》，第20页及以下多页。

低标准时，必须考虑其他国家的相关政策。人们广泛认为，如果英国禁止那些在社会上不受欢迎的做法，例如妇女夜间工作、使用无防范的机械或在没有适当安全设施的情况下建造工厂，或工作时间不合理地延长等等，是单独行为，则相对于它与所有工业化国家一起实施这种禁止来说，需要花费更多的成本。人们之所以普遍存在这个看法，是因为担心这种独立施行将导致大量的进口，从而对本国的工业造成破坏。但人们忽略了这样一个事实，即在符合某些众所周知的条件的情况下，进口不可能在不相应扩大出口的情况下长期扩大，因此作为整体的英国工业不会像人们设想的那样轻易遭到破坏。但是如果说，仅仅一个国家出现某种阻碍生产方式改进的现象，则会造成雇佣能力、资本和劳动从该国流失的趋势，这无疑是正确的。如果上述三者按同等比例流失，则该国的总体工业规模将随之缩小，而每单位要素的工资仍将保持不变。国民所得的减少不一定等于生产的减少，因为资本家在国外使用资本时仍可以继续在本国生活并获得收入。事实上，由于资本——我们假定已经通过国际或国内协议消除了双重所得税的障碍——比劳动更具流动性，可以设想资本将以更大的比例流失，因此工人的人均收入也将随之下降。无论流动的细节以何种方式进行，显然，受影响国家的经济福利很可能会减少。因此，我们应该意识到，本国经济福利受到的损害，不能通过劳动立法对欠发达国家征收进口关税而避免。相反，因为这种关税干扰国家资源在不同行业之间的正常分配，一般会减少国民所得，使上述损害加重。然而，如果通过国际劳动立法，将这些过高最低标准所造成的障碍扩展到所有重要国家的话，就可以消除本国资本外逃的风险——但这样做的代价是本国货物与国外货物相交换的条件对本国稍有不利。

第 8 节

从这些因素来看，推广国际劳动立法——这些立法本身是合理的，但它又以完全不同于寻常的方式对工业造成真正的阻碍——可以减轻任何单独接受其条例的国家所承受的负担。因此，如果能够在这个问题上说服其他国家与该国共同采取行动，则更容易避免这些措施的不利影响。此外，如果这些措施着重影响某个行业时，该行业不难通过某项国际协议对其予以否决并加以禁止；人们普遍认为，对于当事人以及全社会来说，这一点很容易做到。因此，国际劳动立法机构的发展，有望在加速改善工业环境方面取得实质性进展。我们期望方法上的大量改进能够带来更大的好处，因为这些改进根本就不是真正的障碍；但是由于它们对效率以及净效益所造成的影响，人们普遍将其视为障碍，因此，如果缺乏外部刺激，谨慎的政治家不太可能采纳这些改进。国际谈判往往会提供这种刺激，赋予社会进步缓慢或既得利益阶层权力过于强大的国家的改革者们力量。例如，毫无疑问，1906年的《法意条约》间接促使意大利在监督和执行《劳动法》方面得到普遍的改进。同时，对国际主义怀抱超出其能力水平的期望的做法是错误的。不可避免的是，国际最低标准如果要得到普遍或广泛认可，就必须低于最发达国家的惯用标准。如果习惯于将这些国际最低标准视为国家最高标准，无疑是灾难性的；因为这个行动会阻碍先进国家的进步，进而间接阻碍全世界的进步。正如一位优秀的雇主在支持《工厂法案》的同时，会实行远远超出法律所规定水平的标准，同样，相对于那些遭受国际制裁的国家，一个优秀的国家将始终更热衷于维护本国的法律。[1]

第9节

对于最后的结论我们应该加入一句话。无论在第一编第九章中，我们针对有关财富的增加对生活标准可能产生的影响作了什么样的讨论，我们都不得不承认，国家所制定的有效的国民最低标准，实质上（如果不只是在名义上）在某种程度上具有差异性并有利于人口众多的家庭，所以有可能促使穷人家庭的出生率提高。我们有理由相信这种趋势不会很强烈，因为受它影响的人，其家庭规模在很大程度上并非取决于经济因素。但是，我们也不能说没有一种与之相联系的趋

---

[1] 1919年，国际劳工会议在制定《妇女就业公约》时，将目标定在了较高的标准上。该公约中每一条款的标准都落后于某些国家的标准，但是尚且没有一个国家的法律符合该公约的全部要求。（G. 赫瑟林顿《国际劳动立法》，第90页）

势。如果仅在某个国家制定一种有效的最低标准，将会促使该国人口大幅增长，因为该国的救助将吸引其他国家的相对低效穷人的移入。一旦如此，新移民的消费总额将超过他们对国民所得的贡献值；而且，随着他们人数的增多，该国本土居民为了维持其生活标准，将承受日趋沉重的负担。因此，一国在制定高于邻国的最低标准的同时，禁止那些因缺少公共基金救助而无法达到这一最低标准的移民入境的做法，对该国是有利的。为此，可将白痴、低能者、残疾人、乞丐和流浪者，以及超过或低于一定年龄的人排除在外，除非他们有能够赡养他们的亲属作伴，或者他们自己可从投资中获得足够的收入。[1]然而，很难设计出一套既可以将所有"不理想的"移民排除在外，又不会将"理想的"移民拒之门外的有效机制。

---

[1] 关于该问题的相关法律概要，参见格林泽尔《经济保护主义》，第281页及以下多页。

附 录

附录 I　承担不确定性是一种生产要素

第 1 节

在经济学讨论中，人们习惯于把自然资源、等待以及各种脑力和体力劳动统一归类为生产要素。如果世界的未来所需可以准确预测的话，这样的分类基本上就足够了。然而在现实世界里，一些未来所需无法被准确预测。相反，在绝大多数企业中，某些资源处于等待运营的状态，因此它们同样面临着不确定性；也就是说，资源投入使用后的结果是无法准确预测的。在这种情况下，应在上文列举的生产要素清单中，加上承担不确定性这一要素。

第 2 节

通常不采取这种做法的主要原因是，在实际操作中，承担不确定性与等待之间的联系非常密切，因此在分析中将两者区分开的可能性不大。不过，仔细思考就会发现，上述两者之间的联系并不是必要的或内在的联系——实际上，它们只不过总是被同时发现，但它们并不是一回事。因此，我们设想一下，一个人拥有一只花瓶，价值100英镑，但如果花瓶被打碎，则一文不值；又假设，花瓶的所有者知道这个花瓶中装有某物，其价值可能在0~250英镑之间。如果花瓶所有者打碎花瓶，那么将发生两种等概率的结果，要么可能损失多达100英镑，要么可能获得高达150英镑。因此，其机会的精算值为25英镑。如果有100万个处境和他一样的人都选择打碎花瓶，那么，他们所有人的总财富可能会增加近2 500万英镑。换言之，在承担不确定性的情况下，每个人支付100英镑就能以相同概率获得0~250英镑，而这100万人的劳动将使国民财富额外增加2 500万英镑。这一例子表明，尽管承担不确定性一般与等待相联系，但是在研究方法上却与之十分不同。我们确实也没有必要寻求一个远离实际生活的例子。如果某人签订合同，承诺在6个月之后交付100蒲式耳小麦，并暗中盘算在交货当日以一个低于合同价格的满意金额购入小麦，那么此人无异于打碎花瓶的人，因为他承担了不确定性而未提供任何等待。因此，承担不确定性应被视为一个独立且基本的生产要素，与那些更加广为人知的要素同样重要。

第3节

在把承担不确定性纳入生产要素的问题上，存在着两个严重的困难。第一个困难可以如下展开：众所周知，一般的生产要素都是二维的，在某种意义上就是任一单位的生产要素都只能表示为物品的数量与时间的乘积。等待是指在一定时期内提供一定数量的资源和一定数量的劳动。因此，等待的单位称为一年磅，而劳动单位则称为一年劳工。[1]因此，承担不确定性作为一个生产要素，如果它与等待和劳动比肩，则它必然会以某种方式与时间相关联，就像等待及劳动与时间相关联一样。但是，与等待和劳动不同的是，承担不确定性在本质上与时间无关，而且单纯就理论而言，它可以瞬间完成。因此从表面上来看，在一定时期内，提供一定量的承担不确定性似乎只是一句毫无意义的空话。但事实上，任何承担不确定性的行为都不是瞬间完成的，而是需要一个时间过程，这一事实使得本节提出的困难得以排除。例如，某公司发起人所承诺的承担不确定性要一直等到公众允许其卸下该责任时才算完成，而这自然需要经历一段时间。这一情况有助于我们通过与等待及劳动相同的办法形成承担不确定性的单位。该单位代表1英镑所承担的某种形式的不确定性，在一项活动中，该不确定性需要一年才能完成。如果1英镑在一年中连续承担这种形式的不确定性，在活动中完成所需要的平均时间比如为10天，那么它们将包含$\frac{365}{10}$个这样的单位。如此一来，我们就得到了承担不确定性的单位，它与等待和劳动的单位类似，都是二维的。由此，本节所讨论的困难就得到了解决。

---

[1]参见第二编第七章第3节注释。

第4节

第二个问题如下：劳动与等待是客观的服务，人们对于提供这两种服务的偏好也因人而异，但其本身对于每个人都是一样的。然而，承担不确定性虽然在本质上是一种主观判断，但它确实是由外部条件引起的，而人的性情及知识储备的不同，导致它与这些外部条件的关系也有所不同。因此，从表面上看，展开任何一项活动所涉及的承担不确定性的数量，不仅取决于该活动的性质，还取决于那些承担此不确定性的人的性情与知识。但是，这一概念对于我们分析的对称性是致命的。如果要将它与劳动及等待相提并论，我们就必须客观地定义承担不确定性。因此，对于我们而言，任何给定数量的资源投资所涉及的承担不确定性，就是指由具有典型性格和典型知识储备的人进行该投资所承担的不确定性。如果投资实际上是由一位从来感受不到主观不确定性，或者完全消除了主观不确定性的人来进行，我们就可以说，不是他们所承担的不确定性的数量变少了，而是那些在性情和知识储备方面都比较优秀的人已经承担了部分不确定性。不得不承认，这种定义我们关键术语的方法有一些武断和主观，但这似乎是无法避免的。

第5节

到目前为止，我们还没有考虑到这样一个事实：与劳动一样，承担不确定性是一个包含诸多生产要素而非单一要素的术语。然而，我们现在必须注意的是，正如劳动有许多不同的种类一样，不确定性也有许多不同的种类，它们存在于许多不同预期收益的计划中。在工业进程中，资源可能要承担这些不确定性。一个预期收益可以用以下图形来描述：沿基线 OX 标记出1英镑投资于该计划中所承担的不确定性可能产生的收益率；通过 OX 上的每一点，作出与相应收益率成比例的垂直线段；连接所有这些垂线的顶点，得出下图。显然，任何预期收益的计划都可以用以这种方法绘制的曲线来表示。此外，那些可能发生的主要计划类型可分为若干大类。在 OX 上取一点 B，使 OB 代表曲线上所示收益率的精算价值，或者

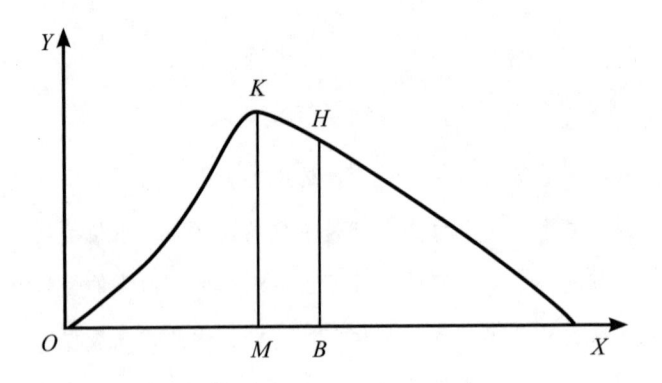

换句话说，OB 等于每个点的纵坐标乘以其对应的横坐标的乘积，再除以纵坐标之和；并经过 B 点作垂线交曲线于 H。以同样的方式，在 OX 上取一点 M，使 OM 代表相对于所考察的预期收益计划来说最可能或最"频繁"出现的收益率；再过点 M 作垂线交曲线于 K。首先，在此基础上，我们可以区分出对称曲线与不对称曲线，如果 BH 与 MK 重合，则曲线是对称的。对称组包括这样的计划：如果在任何计划中，1 英镑承担不确定性的收益率的精算价值为 r，则无论 h 取何值，其获得收益（$r-h$）的概率等于获得收益（$r+h$）的概率。不对称组包括所有其他计划。只有在 1 英镑承担的不确定性产生的收益大于 1 英镑的条件下，才有可能出现对称类型，因为从事物的性质来看，它不会产生大于 1 英镑的损失。其次，在对称组中，我们可以区分出离散型曲线，形如撑开的伞，以及趋中型曲线，形如闭合的伞。前者表示实际收益与期望收益之间有巨大偏差的计划，后者则表示有较小偏差的计划。其三，在不对称组中，我们可以区分出 MK 分别位于 BH 的右侧和左侧的曲线。在右侧曲线所代表的计划中，最有可能的结果是获得中等收益，而获得小量收益的可能性比获得大量收益的可能性大。这种计划就好比设置众多小奖和一两个空头奖的彩票。同样，把 1 英镑借给他人，则有 96% 的机会收回 1 英镑，有 1% 的机会收回 10 先令，有 1% 的机会收回 5 先令，有 2% 的机会全部收不回，则这一计划的精算价值为 $\dfrac{96\frac{3}{4}}{100}$ 英镑；最大的概率是收回 1 英镑。在左侧曲线所代表的计划中，最有可能的结果是获得一个小量收益，但也有可能获得大量收益。这种计划就好比设置几个大奖和许多空头奖的彩票。我们还可以在上述区分中进行更细致

的划分。当然，许多预期收益的计划并不能用连续的曲线来表示，而只能用一些孤立的点来表示，点与点的间隔对应的是不可能获得的收益。

第6节

各种各样的预期收益，代表着不同的不确定性，乍一看，这似乎使上一节中将承担不确定性和等待同等对待的尝试宣告失败。因为等待是单一的事情，而承担不确定性是一组完全不同的事情。因此，等待供给的变化的含义是清晰的；但是我们却难以想象承担不确定性供给的变化。尽管这是一个自然会产生的问题，但是要解决它并不难。因为在这方面，承担不确定性的确与劳动处于完全相同的位置。一般来说，劳动可以区分为各种不同的类型和性质。这种情况并不妨碍我们将等待的概念与一般的劳动概念一起使用。为了使这个过程更加正规化，我们需要随机选择某种特定的劳动作为我们的基本单位，再以基本价值相对的市场价值为基础，衡量其他类型劳动的数量。为了使这一程序正规化，无论何时，所有劳动的供给或需求都可以用一个单独的数字来表示，作为许多特殊任意选定等级的劳动的等价物。同样的办法也适用于承担不确定性。我们不妨将某一任意选定的计划中的1英镑所承担的不确定性作为基本单位，再基于它相对的市场价值，将其他的不确定性缩减为与该基本单位相当的数量。一旦认识到这一点，就可以成功地克服在将承担不确定性与其他生产要素相结合的过程中所存在的显而易见的巨大障碍。

第7节

在克服这些障碍之后，人们投资于不同行业的资源的各种不确定性，在转化为一些具有代表性的预期收益计划所承担的不确定性之后，就会形成承担该计划的英镑的供给表和需求表，类似于承担"等待"的英镑的供给表和需求表。任何给定数量的英镑所承担的不确定性的需求价格和供给价格，就是指超过1英镑的精算价值所供给或需求的多余的部分。对于不同数量的承担不确定性，其需求价格和供给价格也有所不同。对于某些数量的承担不确定性，供给价格可能为负值。人们在某种程度上喜欢赌博，是因为他们追求刺激，即使他们知道，最终可能会赔钱。但是，某些数量的承担不确定性如同某些劳动一样，尽管没有预期的报酬，对于行业来说却可能是唾手可得的，不过从目前的情况来看，对于这些要素来说，其所需要的总是比所能得到的多。主要是因为，不确定情况下的精算值100英镑所带来的满意感，远远不及确定情况下的精算值100英镑所带来的满意感。它符合边际效应递减规律。一笔90英镑的收入加一笔110英镑的收入所带来的满意感，在其他条件相同的情况下，小于两笔100英镑的收入带来的满意感。因此，就现代工业中实际发挥作用的承担不确定性的数量而言，其供给价格同其他生产要素的供给价格一样为正值；而且决定承担不确定性的价值或价格的一般条件，与决定其他生产要素的价值或价格的一般条件相似。

第8节

必须清楚地认识到，为承担不确定性的需求和供给所作的支付，与从事风险性事业的成功人士所获得的额外利润绝不是一回事。不确定性事业是一项风险事业。但是，"风险"一词通常用于表示最终获得比精算的可能收益更小的收益的机会。这就必须通过获得比精算的可能收益更大的收益的机会来补偿。即使无须对承担不确定性作任何支付，风险性事业中那些获得成功的事业，仍然需要通过超额利润来补偿那些失败了的事业所遭受的损失，否则，行业投资者的整体投资所获得的收益将低于正常水平的收益。因此，承担不确定性的支付并不考虑成功者所赚取的全部超额利润，而只考虑不被其他失败者的相应损失所抵消的超额利润的那一部分（通常是很小的一部分）。

第9节

必须注意的是，在此我们延续了第4节的思路，即正如该节所客观阐述的那样，随着能够使拥有更多知识的人代替知识匮乏的人去经营风险性事业的任何事物的增加，承担不确定性的产品的供给将随之增加。任何一种能将风险转移到专家肩上的组织形式，比如，对粮食价格进行对冲贸易、帮助农民将其产品以理想价格预先抛售给投机商的产品交易所、帮助银行家赢得谈判票据折扣的票据经济专家、帮助生产商打开国外市场的出口代理机构，等等，都有这样的结果。需要补充说明的是，当风险性事业被富人而不是穷人接管时，也会产生类似的结果。因为，假定某人有（$x+100$）英镑，如果他投资100英镑于不确定性范围为5%的计划中，他就有同等机会得到（$x+105$）英镑或（$x+95$）英镑。但是我们有理由相信，随着我们拥有资源的单位数量的增加，一般而言，不仅是想要得到额外单位的资源的渴望，还有这种渴望的减少率，都会下降。因此，x值越大，承担上述均等机会的不确定性而不是持有确定的（$x+100$）英镑导致满意感下降的可能性就越小。

第10节

与其他生产要素一样，承担不确定性也能提高技术效率。一个核心事实是，一般来说，基于现有知识对集合作出的预测要比对集合中的个体成员作出的预测准确，而实际发生的技术效率提升正是基于这个事实。如果所有个体成员都紧密地联系在一起，总是以相同的方式行动，则另当别论。但是在许多集体中，某些个体成员是相互补充的。比如在假日里，室内娱乐场收入的多少将无法确定，因为天气是晴是雨是未知的。出于同样的原因，露天娱乐场的收入状况也无法确定。但是，这两种娱乐场的总收入几乎可以精准地预测。[1]这种情况类似于两个国家的出口商和进口商，他们的相互汇率总在不断变化；如果在外贸合同订立至交易完成期间，汇率向上或向下浮动将使进出口双方受到与汇率浮动方向相反的影响。在这种情况下，如果有一个组织能将这两种互补的不确定性合并在一起，它们就会相互中和或抵消。当个体之间不存在互补关系时，将它们合并在一起同样可以减小不确定性。就算它们是完全独立的个体，也会产生同样的结果，

---

[1] 参见马歇尔《工业与贸易》，第255页。

只是程度不那么明显。在这种情况下，根据正态误差定律的重要推论——即"平均值的精确度与其所包含的项数的平方根成比例"——可以预期，合并将减少不确定性。[1]这意味着，如果将100英镑用于某一指定的风险投资中，有相等的机会获得大于95英镑小于115英镑收益的话，则在影响不同投资的所有因素都是独立的情况下，将100英镑分散在100个类似的风险投资中，将有相同的机会获得大于104英镑小于106英镑的收益。如果一些因素是独立的，而另一些因素是共同的，则收益范围很可能大于104～106英镑的范围，但仍将小于95～115英镑的范围。因此，如果有100个人，每个人有100英镑可以投资，而且每个人都分散投资给100家企业，那么这100个人承担的不确定性的总量，将比每个人都集中投资于一家企业所承担的不确定性小。但是，这些投资的实际效果必然是相同的。因此，无论何时，当或多或少的独立的不确定性组合在一起，结果都会减少承担不确定性的数量，或者换句话说，承担不确定性这一因素在技术层面上变得更加有效。[2]这样解释的原则得到了商界人士的充分认可，长期以来也一直是保险和许多投机交易的根本。因此，投机因素在某些商业形式中的分散及其对相对少数投机者的集中，不仅改变了行业所需的承担不确定性的分布，而且减少了其总量。在当代社会，这一原则的适用范围因三大重要的发展而大大扩展：第一大重要发展就是法律的变化，即令联合股份公司享有有限责任的特权；第二大重要发展就是经济的变化，即有组织的投机市场的发展；第三大重要发展也是经济的变化，即交通和通讯工具的发展。现在，我们将研究这三种变化是如何促进上述原则的应用的。

第11节

如果责任是无限的，分散投资往往会损害投资者的利益；因为他一旦这么做，就会大量增加投资点，从而无限制地投入资源。1862年英国有限责任法以及

---

[1] 鲍利《统计学原理》，第305页。

[2] 这种情况允许释放资源，部分用于即期消费，部分用于投资，否则这些资源将被储存起来。比如，将社会上的黄金储备集合于中央银行，降低了黄金的必要储备总量，增加了可供投资的资本，并在一定程度上降低了利率。（参见H. Y. 布朗《经济学季刊》，1910年，第743页及以下多页）

其他国家的类似法律，能使分散投资的同时又不至于引发这一危险。此外，其自身为有限责任所强化的中介组织已经发展起来了，可以代替那些资源太少而不能自行分散投资的人进行分散投资。由于工业企业的最小股份很少低于1英镑，因此小额投资者的直接分散投资能力严重受限。然而，储蓄银行、友谊社团、工会、建房互助协会、商业合作社、信托公司等等——所有这些有限责任社团——都能够使小额投资者像大资本家一样处于有利地位。有限责任制度不仅促进了分散投资，它还在广泛意义上使风险分散和风险结合成为可能。因为一般而言，每一家企业都会直接或间接地与多家企业进行交易。假定其中一家企业亏损了100万英镑，那么在无限责任制下，所有的损失都会算在股东和合伙人头上——当然，前提是他们所有的资源能负担起这一亏损——但是在有限责任制下，部分亏损则会分摊到多家企业的股东和合伙人头上。因此，企业的任何一位股东，都会将自己企业的不确定性与其他企业的不确定性适当结合。由此可见，正常投资于企业的100英镑，由于投资失败而不得不承担的不确定性范围正在进一步缩小。这个好处加在直接国民所得之上，但又与任何形式的直接国民所得完全不同，它是由有限责任制通过把亏损企业的部分实际成本转嫁给外国人而为国家所带来的。

第12节

有组织的投机性市场的发展，使生产阶级能够将不确定性转移到投机者身上，并使不确定性在很大程度上被投资者抵消。因此，通过签订合同承诺在数月后以固定价格交付面粉的商人，可以同时购进小麦期货来保护自己的利益。数月后，在他即将交付面粉之时，可以根据现实需求购买不同等级的小麦现货，同时抛售面粉期货。以同样的方式，农民可以通过在收获之前出售小麦期货来保护自己的利益，之后当他在市场上出售小麦现货时，即可同时在投机市场上买进小麦期货来弥补损失。显然，这样的买卖过程能够大量减少为了达到更好的效果而必须承担的不确定性。对于使任何种类的产品能够在有组织的投机市场中达成交易所需的主要条件，马歇尔作了如下简洁的陈述：（1）产品不易腐烂；（2）每一种产品的量都可以通过数字表示其数量、重量或尺寸；（3）产品的质量可以通过检验来确定,只要检验者是专业和公正的,则不同检验者对同一产品得出的检验结论几乎相同;(4)产品等级很重要,是吸引大量购买者和销售者的关键因素。[1]

第13节

还有通讯工具有待讨论。它以一种极其简单的方式促进了不确定性的联合。它使投资者接触到比以前更多的不同的投资机会。尽管这一重要性不言而喻,但是由于它是如此直接和明显,因此无须讨论。然而,通信工具的发展还可以通过一种更加微妙的方式来发挥作用。卡塞尔(Cassel)博士观察到,相对于工业企业的整体业务来说,它们为等待涨价而囤积的库存量一直在减少。这方面的改善体现在方方面面。就生产而言,"在组织最好的行业中,在两种不同的生产活动之间,只有极少数原材料处于闲置状态,即使这些生产活动是在两个相隔遥远的工厂进行。一个现代化的炼铁厂,没有大量原材料和成品的库存,但有源源不断的铁矿和煤流入,并冶炼成铁"[2]。同样的,工厂也开始减少通常不使用的备用机器来节约少量的厂房资本。相似的趋势在零售业中也很明显,即平均存货量占年度总周转量的比例比以前要小。"在现代条件下,一国的商业是在一个逐年完善的零售体系中进行的。大量库存的行为几乎不复存在,订购货物的数量也只够满足当前的需求。"[3]造成这一现象的原因之一就是通讯工具的发展。"美国的干线及其遍布各地的支线,使得城市与较大市镇的商人每天都可以为其柜台和货架补货。因此,库存不用像从前那样多,比如,不用在10月份就将整个冬天所需的物资购置完备……城际道路使得这一优势惠及乡村商人,他们可以上午给托莱多、克利夫兰或者底特律打电话订货,当天下午就把定好的商品摆放到货架上。"[4]目前,从表面上看,这一传统的改变似乎没有什么意义。毕竟,零售商

---

[1] 参见马歇尔《工业与贸易》,第256页。
[2]《利息的本质与必要性》,第126页。
[3] 英格利斯《贸易委员会铁路会议报告》,1909年,第33页。
[4] 艾尔斯《发明家正在发挥作用》,第483页。

持有的制成品数量、商人拥有的备用机器数量等的减少，并不一定意味着工商业持有的这些物质总量的减少。相反，我们自然倾向于建议批发商和机器制造商必须随着客户库存量的减少而同步增加库存。然而事实上，这种想法是不正确的，因为批发商和机器制造商代表了不确定性的联合点。因此，通讯工具的发展直接将承担不确定性的任务转移到了他们身上，从而间接减少了需要承担的不确定性的数量。简言之，承担不确定性变得更加有效，即承担较小的不确定性也能获得同样的结果，或者用更少的等待时间来消除对承担不确定性的需要，也可以达到相同的效果。

# 附录Ⅱ 需求弹性的测量

第1节

就现有资料而言，除了在第二编第十一章所提出的一般命题以外，不可能就不同商品的需求弹性提出任何命题。正如马歇尔指出的那样[1]，要想通过直接对比不同时期的商品价格和商品消费量来确定市场上所有商品的需求弹性，必将面临诸多困难。如果可以假定价格变化对需求量的影响是即刻发生的，如果考虑到了由货币购买力供给变化以及信心的变动而造成的需求一览表的上下移动，那么对于那些有充足统计数据的商品而言，通过比较连续几年间价格变化的百分比和相同几年间消费变化的百分比，就可以得出一个大致的、接近于平均实际消费量的消费弹性值。[2]对于某些商品而言，上述假设似乎是合理的。在此基础上，莱费尔特（Lehfeldt）教授在战前不久就计算出，英国小麦的总需求弹性约为–0.6。[3]但是，许多需求弹性几乎都不可能用该方法直接算出。因此，重要的是探究是否有任何间接的计算方法可以克服由于反应本身的时差而造成的困难。[4]

---

[1] 马歇尔《经济学原理》，第109页及以下多页。

[2] 摩尔教授在其著作《经济周期》（第4章和第5章）中，计算了某些商品的需求弹性而并未考虑文中规定的情况。但是，正如他自己充分意识到的那样，以这种方法测量出来的弹性并不是真正的需求弹性，而且一般情况下它与马歇尔定义和使用的需求弹性并不相同。众所周知，马歇尔所说的需求弹性有可能预测出一种以特定方式影响供给的新因素的引入，将在多大程度上影响价格；摩尔教授预测，供给伴随着价格的变化而自然而然地发生变化，以及迄今为止发现的伴随价格变化的各种其他变化，很可能是相互关联的。进行这种区分具有极大的实践意义，这一点可以从以下事实中看出：尽管根据马歇尔的理论，生铁的需求弹性必然为负——也就是说，供给的增加将导致价格的下跌；而从摩尔教授的统计数据中计算出的生铁的需求弹性是正的。究其原因，生铁价格的主要变化实际上是由于需求扩张（一般而言，在需求一览表中为向上移动）引起的，而不是在需求一览表不变时供给发生的变化。如果可以假设供给变化会迅速对价格变化产生影响，那么在某些条件下，可以从摩尔教授所说的弹性中推导出马歇尔所说的弹性。但是，如果没有上述假设，那么无论统计数据多么充足，都不可能推导出上述结论。

[3] 《经济学杂志》，1914年，第212页及以下多页。

[4] 直接方法与任何可能的间接方法都受到以下事实的严重阻碍：一种物品的需求弹性可能因数量的不同而有所不同。因此，我们假定价格为 P 时的消费量为 A，当价格上涨 $P\%$，则直接导致消费下降 $a\%$。我（接下页注释）

第 2 节

数年前,我设计了一种方法,其基础是在一定价格下比较不同收入水平的人群消费的商品数量,而不是在不同价格下比较一定收入水平的人群消费的商品数量。这种方法所需的统计数据可以从家庭预算中找到。政府部门和个人都非常重视对这些预算的研究,业已刊出的若干数据表,表明了不同收入阶层的家庭对各种主要商品的支出占其收入的比例。通过对这些数据加以处理,我们可以获得有关需求弹性的信息。

第 3 节

让我们假定数据比实际情况要好,而且数据表记录了介于30～31先令、31～32先令之间的所有工资水平的劳工的支出。通过这种紧密的分组,我们完全可以假定,任何两个相邻分组中的工人的偏好和性情大致相同。也就是说,对于工资水平介于30～31先令、31～32先令之间的典型劳工来说,他们对任何商品(或一组商品)的第x单位的欲望是相等的,他们对任何商品(或一组商品)的第x单位的需求,与对其他商品的需求之间没有明显的相关性。假定对商品第x单位的欲望值为$\phi(x)$,或者用y来表示该欲望值,并假设该商品的欲望曲线的表达式为$y=\phi(x)$。在缺乏具体的信息证明存在相关性的情况下,我们可以进一步假设,不同收入水平的劳工对商品的欲望曲线与其他商品的消费量无关,从而也与货币的边际欲望

(接上页注释)们无法推断消费量A或消费量$A(1-a\%)$的需求弹性等于$-\dfrac{a}{p}$,除非p值很小,或者严格地说是无限小。如果p值不小,那么在得出任何推论之前,必须对邻近弹性关系进行一些假设。一个可能的假设是,需求曲线是一条直线。在这一假设下,消费量A的需求弹性将是$-\dfrac{a}{p}$,消费量$A(1-a\%)$的需求弹性为$-\dfrac{a}{p}\cdot\dfrac{100+p}{100-a}$;另一个可能的假设是,从消费量$A$到消费量$A(1-a\%)$的所有需求弹性都是不变的。根据这一假设,正如H.达尔顿(H. Dalton)博士向我指出的那样,可以证明上述弹性不是$-\dfrac{a}{p}$,而是$\dfrac{\log(1-a\%)}{\log(1+a\%)}$,该数值必定界于$-\dfrac{a}{p}$和$-\dfrac{a}{p}\cdot\dfrac{100+p}{100-a}$之间,并且可能与$-\dfrac{a}{p}\sqrt{\dfrac{100+p}{100-a}}$的值相差不大。

无关。令低收入与高收入群体的边际欲望分别为 μ_1 和 μ_2，且各组的商品消费量分别为 x_1 和 x_2。由于两种群体必须对商品支付相同的价格，我们便可以知道价格 p 既等于 $\frac{1}{\mu_1}\phi(x_1)$，也等于 $\frac{1}{\mu_2}\phi(x_2)$。因此，这两个表达式彼此相等。但是，如果两种群体的收入水平非常接近，我们便有理由假设，x_2 与 x_1 之间仅存在细微差别，则 $\phi(x_2)$ 一般可以写成 $\phi(x_1)+(x_2-x_1)\phi'(x_1)$，所以 $\phi'(x_1)=\frac{1}{x_2-x_1}\cdot\frac{\mu_2-\mu_1}{\mu_1}\phi(x_1)$。但是，如果对于任意消费量 x_1，欲望曲线的弹性等于 $\frac{\phi(x_1)}{x\phi'(x_1)}$。该弹性记为 ηx_1，则 $\eta_{x1}=\frac{x_2-x_1}{x_1}\cdot\frac{\mu_1}{\mu_2-\mu_1}$。但是，由于一个人总收入中用于任何普通商品消费的那一小部分发生细微的变化，并不会导致货币边际欲望发生任何明显的变化[1]，因此任意商品消费量 x_1 的欲望曲线的弹性，都等于其需求曲线的弹性。因此，对于低收入群体的 x_1 单位商品消费量，其需求弹性和欲望弹性可以表示为：

$$\eta_{x1}=\frac{x_2-x_1}{x_1}\cdot\frac{\mu_1}{\mu_2-\mu_1}。$$

第 4 节

在这个方程式中，如果我们知道 μ_1 和 μ_2 的相对值，就能够确定最低收入群体对任何商品的需求弹性，就该群体消费的商品数量而言，该需求与对其他商品的需求没有明显的相关性。同样的方程使我们能够确定其他各个收入群体的相应弹性。如果有人反对说，我们的结果实际上会受到这样一个事实的影响，即高收入群体往往比低收入群体消费的商品的质量更高，而不仅仅是数量更多，那么，在我们的方程式中，用代表不同群体在商品上的总支出的数字来代替他们所消费商品的数量，就很容易克服这一困难。这种方法将商品质量的提升视为另一种形式的商品数量的增加，从而规避了上述异议。为了获得商品整体的需求弹性，必

---

[1] 当然，严格说来，这种变化必然引起货币的边际欲望的某种变化，除非该商品的需求弹性等于1。如果弹性不等于1，则只要商品消费量发生变化，支出在该商品上的货币就会转移到其他商品上，反之亦然。这必然影响为这些商品所支付的货币的边际欲望，并且其边际欲望如果在一个领域受到影响，就会进而影响到其他领域，因为它必须在各个领域保持一致。

须单独计算各个收入群体的需求弹性，并在他们各自的购买量的基础上加以合并。

第5节

然而，我们既不知道也无法确定 μ_1 和 μ_2 的相对值。因此，我们不能使用上述的分析方法来确定任何商品的需求弹性的绝对值。[1]但是，这并不妨碍我们的研究。因为，通过上述的分析可知，任何收入群体的需求弹性都可以用第三节的方程式来确定，μ_1 和 μ_2 不变，则方程式的项仍然表示为 $\frac{\mu_2 - \mu_1}{\mu_1}$。当几种弹性值分别为 η_x，η_y，η_z，等等，则它们中的任何弹性都可以用其他弹性来表示，而不必拘泥于引用 μ_1 和 μ_2。消除了这些未知数，我们便可得出公式：

$$\eta_y = \eta_x \cdot \frac{x_1}{x_2 - x_1} \cdot \frac{y_2 - y_1}{y_1}。$$

应当注意的是，只有当我们研究的对有关商品的支出仅占两个群体中典型劳工收入的一小部分时，才能直接从上述论证中得出这一结果。然而，一般而言，虽然得出这一结果的绝对弹性公式仅在这个假设条件下有效，但是只要在两种商品上的开支差别不大，则对于典型劳工花费其收入的一大部分来购买这两种商品的情况，上述相对公式近似有效。因为，两个绝对弹性公式中存在的误差必然相互合并，进而相互抵消。只有在一种情况下，相对公式才会受到严重怀疑，即在计算一个群体对两种商品的需求弹性时，如果该群体在其中一件商品上的支出所占比例很大，而在另一件商品上的支出所占比例很小。除此之外，当应用该公式

---

[1] 芬奇（Vinc）教授在其充满趣味性的专著《消费的弹性》一书中建议，通过参考名义价格与实际价格之间的区别，可以将上述方法加以扩展，得到弹性的绝对值。高收入群体支付的货币价格与低收入群体支付的货币价格相同。但是芬奇教授坚持认为，高收入群体的收入在比例上超过低收入群体，所以前者的货币实际价格低于后者。因此，如果高收入群体的收入增加10%，则它所需支付的货币价格为实际价格的 $\frac{10}{11}$；通过把 $\frac{1}{11}$ 的实际价格差额除以代表相关消费差额的任意分数，就能得到需求弹性（《消费的弹性》第22页）。然而，这个过程是不合逻辑的，因为它是建立在高收入群体对所有商品支付的实际价格是低收入群体的 $\frac{10}{11}$ 这一基础之上的。因此，任何一种特定商品的消费差额并不仅仅取决于该商品的价格差异，一般不能将其带入需求弹性的公式中。事实上，芬奇教授认为，这两个群体的货币的边际欲望相等——只有当双方对所有商品，而不仅仅是对所研究的特定商品的需求弹性等于1时，这一假设才能成立。

来统计相邻收入群体对不同商品的消费的数量或支出时，我们就能以数字形式确定任何收入群体对任一商品的需求弹性（就实际消费的商品数量而言），与该收入群体对于任何其他商品的需求弹性的比率。这些信息本身通常是有价值的。了解周收入为35先令的劳工对衣服的需求弹性是其对食物的需求弹性的2倍还是10倍，是非常重要的。但这些信息只具有间接价值。因为，如果我们能够以某种其他方式——通过核查商人的账簿或其他方式——来确定任何收入群体或收入群体的集体对某一物品的需求弹性，就相当于架起了一座桥梁。沿着这座桥梁，我们可以进一步确定这些群体对所有其他物品的需求弹性。

第6节

正如一开始所指出的，在解释上述方法时，已经假设我们的数据比实际情况要好。我认为这样的假设是合理的，因为从事物的本质上来说，没有理由不去改善这些数据；而且毋庸置疑，这些数据必然得到改善。当然，即便如此，任何试图具体运用该方法的人都会遭遇严重的困难，其中一个不算太小的困难可能是，决定在多大程度上对不同商品进行区分，以及在多大程度上根据它们共同的作用将它们联合起来。毫无疑问，在某些实际应用中，这些困难可能无法克服。但是，根据《财政蓝皮书》第二版给出的数据进行的实验结果表明，要克服这些困难也并非毫无希望。这些数据代表的是收入水平分别在20先令以下，以及介于20~25先令、25~30先令、30~35先令、35~40先令之间的劳工群体在食物和衣服上的支出。根据我的方法，可以得出如下几组衣服与食物的需求弹性比率：

工人工资	需求弹性比率
低于20先令	1.16
20~25先令	1.31
25~30先令	1.62
30~35先令	1.25
35~40先令	2.46

除了收入在30~35先令之间的比率有所下降以外，顺便说一下，构成这一组平均值的工人实际人数仅为相邻两组的一半——这些数据都是连续的，并且与我们基于平时观察所预期的数据不符。当然，对于极度贫穷的群体，人们对衣服的需求几乎与对食物的需求一样缺乏弹性，随着我们对相对富有的群体的深入研究，需求的相对弹性也会增长。因此，这个小实验并不令人沮丧，反而使人们更加期待一些经济学家能够沿着类似的思路进行更加广泛的研究。[1]

---

〔1〕参见本人拙著《一种确定需求弹性数值的方法》，载于《经济学杂志》，1910年12月。

附录Ⅲ　对某些竞争和垄断问题的图解与数学分析

这一附录旨在研究某些纯理论的问题，对于这些问题只有借助某种技术性手段才能得到处理。

一、正常的供给价格

（一）

我将任意产量的正常供给价格定义为，当所研究行业能够完全适合生产这一产量且没有垄断行为时所对应的该产量的正常供给价格。从表面上看，随着行业产量的增加，它的供给价格可能降低、保持不变或上涨。当它出现这三种情况中的这一种或那一种时，我们可以说，该行业或遵循递减，或遵循不变，或遵循递增的供给价格的规律。[1]当然，同一行业相对于某些产量水平，可能遵循这个规律，而相对于另一些产量水平，又可能遵循那个规律。本附录将研究正常供给价格的变化与产量的变化之间的关系。

（二）

大多数行业由若干企业组成，每一时刻都会有一些企业在扩张，有一些企业在衰退。记得马歇尔曾把行业比作森林，企业则是森林中的树木。当需求不变且行业的总产量也不变时，行业内各个企业的产量却有可能变化。当整个行业处于均衡状态时，各个企业之间的扩张和紧缩趋势可以实现均衡；但可以肯定的是，这些企业本身并不会处于均衡状态，或者可以说，所有企业均未处于均衡状态。

---

[1] 参见本书第二编，第十一章。

当需求条件发生变化并已作出必要的调整后，我们可以假定，相对于不同的产量水平和不同的供给价格，整个行业将再次处于均衡状态。但是同样地，与前面的情况一样，行业内各个企业之间的扩张和紧缩可以实现均衡，而它们作为单独的个体均未处于均衡状态。因此，对上述企业的行为直接进行研究并非易事。所幸这里有一种间接的方法。因为，当一个行业作为一个整体时的产量，经调整后适合某一特定需求时，个别企业的扩张和紧缩趋势可以实现均衡，因此可以认定，它们与整个行业的供给计划没有关系。当需求条件发生变化时，整个行业的产量和供给价格必然会以完全相同的方式发生变化，无论是在原始需求状态还是在新的需求状态下，其中包含的所有企业都处于均衡状态。依据这一事实，我们提出了均衡企业的概念。它意味着可以存在一种企业，当整个行业处于均衡状态，即在正常的供给价格 p 的条件下提供正常的产量 y 时，该企业能够提供正常的产量 x_r，并独自处于均衡状态。[1] 行业的状况与这种企业的存在是协调一致的，无论这种企业是否存在。如果它真的存在，则这些条件必然成立。因此，为了研究这些条件，将这种企业当作实际存在是合理的。对于整个行业的任何给定产量，整个行业的供给价格必须在保持给定产量不变的情况下，等于使均衡企业处于均衡状态的价格。因此，该行业为了使均衡企业保持均衡状态而使供给价格增加、保持不变或随着整个行业产量的经常性增长——在此，我们并不考虑短期波动——而降

---

[1] 马歇尔关于他的"代表性企业"的阐释表明，可以把这种企业理解为"均衡企业"。但是，它还包含了更多的含义。从某种意义上说，这是一种中等规模的企业。马歇尔将其称为"典型"企业，其规模与实际企业的规模差不多。出于一定的目的，马歇尔建议不妨确定一些不同的典型企业，例如，一家企业可能采用公司的形式，一家企业可能采用规模更小的私人企业的形式。西德妮·查普曼爵士和阿什顿先生于1914年对一些实际企业的规模进行的研究表明，这一建议符合实际情况。他们总结说："一般而言，在一定条件下，在具有相当规模的行业或行业分支中，各个企业的发展都趋近于一个典型的或者具有代表性的规模，它的各部分之间具有典型的比例和结构……就像一个人具有正常的身形和体态一样，企业也具有正常的规模和形态，只是不那么明显罢了。"（《纺织行业中的企业规模》，载于《统计杂志》，1914年，第512页）这并不奇怪。因为，如果我们从现实中抽象地假设，各行各业都有大量的不同级别的管理精英，每个行业都趋向于吸收那些"相对效率"最高的人才。假定行业的总产量为 y，典型企业的产量为 x，以及该行业的产出总成本为 $F(x, y)$，F 将是由技术条件确定的明确函数，对于任何给定的 y，x 将通过公式 $\frac{\partial}{\partial x}\left[\frac{F(x, y)}{x}\right] = 0$ 求得。但是，就我们有限的目的而言，根本没有必要假设有任何代表性的或典型的企业规模存在。企业的规模可以是各种各样的，而不是限定在任何标准上。这里的研究只需要有一个企业是——或者更确切地说，存在某些条件使一家企业能够成为——上述定义的"均衡企业"。

低，就可以说该行业遵循的是递增、不变或递减的供给价格规律。当行业不是由多个企业组成，而只有一个企业，那么，作为整体的这个行业与均衡企业就是一回事，除了均衡企业没有其他企业。在下文中，我们将讨论：（1）当单个企业的产量较之行业的总产量相对较小时，则意味着均衡企业的产量X_r相对于y来说是比较小的。（2）只包含一个企业的行业。对于某些处于中间状态的行业，其产量X_r既不比y小太多，也不等于y——涉及无数不确定性的因素——将不予考虑。此外，我们始终假定，以上两种行业之外的行业不因法律规则或结盟手段而被排除在考察之外。

二、多企业行业

（一）

马歇尔对内部经济性和外部经济性的讨论，使人们了解到，即在包含若干企业的行业中，单个企业的长期的生产成本有时不仅取决于其自身的产量，还取决于整个行业的总产量。这一观点可以分为三个阶段进行更细致的阐述：在第一阶段也是最简单的阶段，单个企业的成本完全取决于其自身的产量。它不存在外部经济或不经济，而可能存在的内部经济或不经济，也完全不受整个行业产量的影响。假定整个行业的产量为y，均衡企业的产量为X_r，均衡型企业的货币成本便可以通过$F_r(x_r)$求得。在第二阶段，单个企业的货币成本由两部分组成，即一部分取决于其自身的产量，另一部分取决于整个行业的总产量。我们称前者为内部成本，称后者为外部成本。后者包括企业在购买原材料、机器等方面的支出，其价格将随着整个行业对其需求的变化而变化。此时，均衡企业的货币成本可以通过$F_r(x_r) + \frac{x_r}{y}\psi(y)$求得。在第三阶段，成本与单个产量和集体产量之间的关系更加复杂。显然，仍将单个企业的货币成本看作由两个分开且独立的部分组成已经不合适了。依据整个行业产量所处的水平，这些成本将因其产量的特定变化而发生不同的变化；它们还将依据自身产量所处的水平，随着整个行业产量发生的特定变化而发生不同的变化。均衡企业的成本可以用$F_r(x_r, y)$求得。最后这个公式是一般式方程，当然也包含了作为特例的前面两个较为简单的公式。因此，首先用它来进行我们的分析是很方便的。

（二）

设整个行业的总产量为y，均衡企业的产量为x_r，均衡企业的总成本为$F_r(x_r, y)$，行业产品的供给价格为p。然后必须区分以下各个数量：

第一，均衡企业的边际附加成本，即当其他企业的产量保持不变，该企业将产量从X_r增加到$(x_r + \Delta x_r)$时，企业总成本的增量等于$\dfrac{\partial F_r(x_r, y)}{\partial x_r} + \dfrac{\partial F_r(x_r, y)}{\partial y}$。

第二，均衡企业的边际替代成本，即当整个行业的产量保持不变（其产量的增量与其他地方相等的产量的减量保持均衡），该企业将产量从x_r增加到$(x_r + \Delta x_r)$时，企业总成本的增量等于$\dfrac{\partial F_r(x_r, y)}{\partial x_r}$。

第三，均衡企业的平均成本等于$\dfrac{F_r(x_r, y)}{x_r}$。

（三）

当一个企业评估通过在自身产量的基础上增加或减去一个微小增量，将对其总成本产生什么影响时，如果它认为其他企业的产量不会因自己的行为而发生变化，它就会用边际附加成本来计算差额；如果它认为其他企业的产量将因自己产量的增加而相应地减少，它就会用边际替代成本来计算差额，从而使整个行业（包括它自己在内）的产量保持不变；如果它认为实际情况将介于这两种情况之间，它就会选定介于边际附加成本与边际替代成本之间的某个数值。如果任何一家企业生产给定产量的总成本相同，则其边际附加成本与边际替代成本相等。无论如何，只要整个行业的产量相对于任何一家企业的产量而言要大得多，那么这两种边际成本就不可能有太大的差异。因此，如果均衡企业认为，其产量的微小增幅将导致整个行业的产量作等量的增加、不变或者介于二者之间，我们就要针对这些不同情况稍微改变一下我们的讨论方式，但是总体结果不会有任何差别。因此，如果均衡企业认为其自身产量的微小变化将导致行业的其他企业发生相同或相反的变化，那么分析是最简单的。我将假定事实就是这样的。因此，只要我们考虑的是多个企业，就无须再提及边际附加成本；为了方便起见，后文中"边际成本"前不再加形容词，但它指的就是"边际替代成本"，即 $F = \dfrac{\partial F_r(x_r, y)}{\partial x_r}$。

（四）

由此很容易看出，如果行业的供给价格低于均衡企业的边际成本，则企业按供给价格销售产品必然遭受损失，它将趋于减少产量；如果行业的供给价格高于均衡企业的边际成本，该企业将以牺牲其他企业的利益来扩大生产，因为，虽然其旧产量的成本仍将由销售价格予以补偿——销售价格将保持不变，因为总产量不变——但其新产量的成本将有所节余。[1]因此，在这两种情况下，均衡企业都不再处于均衡状态。因为依照假定，企业实现均衡的条件是行业的供给价格必须等于均衡企业的边际成本，即 $p = \dfrac{\partial F_r(x_r, y)}{\partial x_r}$。

（五）

如果供给价格低于均衡企业的平均成本，那么很明显，该企业将遭受亏损，从而减少产量，失去作为均衡企业的条件。因此，供给价格不能低于均衡企业的平均成本。同样，如果供给价格高于均衡企业的平均成本，则外来企业将倾向于进入该行业，形成类似的企业，从而提高该行业的生产能力，直到产量y的供给价格不再超过均衡企业的平均成本。因此，供给价格不能高于均衡企业的平均成本。也就是说，供给价格只能等于均衡企业的平均成本[2]，即 $p = \dfrac{F_r(x_r, y)}{x_r}$。

---

[1] 如果边际附加成本是边际成本的相关形式，这里的论证将有一个略微不同的形式，但结果是一样的。

[2] 需要注意的是，无论是上述论点还是本附录第2节多企业行业（一）中提出的条件，即各种非均衡企业的扩张和紧缩的趋势必然相互均衡，并不一定意味着供给价格等于整个行业的平均成本。

（六）

也就是说，这一条件与上述条件共同表明，就所有产量而言，多企业的行业产品的正常供给价格，既等于均衡企业的边际成本，也等于它的平均成本；当然，这里的成本应理解为货币成本。这两个条件是基本的和普遍适用的。由此得到的等式 $\dfrac{\partial F_r(x_r, y)}{\partial x_r} = \dfrac{F_r(x_r, y)}{x_r}$ 也可以通过下面的命题直接推导出来，即当 y 值给定时，X_r 值必定使 $\dfrac{F_r(x_r, y)}{x_r}$ 的值最小。为了避免引起误解，应该予以补充说明的是，因为 X_r 为 y 的隐函数，所以整个行业的供给可以表示为一个变量函数，并且用平面图加以表述。

（七）

有三种均衡：不稳定均衡、中性均衡和稳定均衡。当发生任何微小的扰动时，如果能够在作用力之下重新恢复到起初始状态，则系统处于稳定的均衡状态；如果在发生微小的扰动时，既没有重新恢复初始状态的力量，也没有形成进一步扰动的力量，从而使系统在其已经移动的位置上保持静止，则系统处于中性均衡状态；如果微小的扰动引起进一步的扰动力，这种扰动力以累积的方式驱使系统离开它的初始位置，则系统处于不稳定均衡状态。龙骨重的船处于稳定均衡状态；平放的鸡蛋处于中性均衡状态；竖立的鸡蛋处于不稳定均衡状态。显然，从实际目的出发，不稳定均衡根本不是均衡，它的状态将导致系统衰落到一个只剩下一个企业的状态。为了确保均衡是中性的，所需的进一步条件为，$\dfrac{\partial F_r(x_r, y)}{\partial x_r}$ 在一定范围内是常量。为了确保均衡是稳定的，所需的进一步条件为，$\dfrac{\partial^2 F_r(x_r, y)}{\partial x^2} > 0$。

（八）

现在，让我们依次考虑（一）中区分的三种情况。在其中最简单的情况下，当均衡企业的成本仅取决于其自身的产量而完全不受整个行业产量的影响时，则表达式 $F_r(x_r, y)$ 可以简化为 $F_r(x_r)$；均衡的两个条件变成

$$p = F'(x_r) \tag{1}$$

$$p = \frac{F_r(x_r)}{x_r} \tag{2}$$

均衡是中性的或稳定的时，条件则变成

$$F_r''(x_r) \geq 0 \tag{3}$$

在有若干个企业的行业里，条件（3）和条件（1）排除了产量等于或大于实际销售量时遵循供给价格递减的规律。因为，如果该规律适用于整个行业，则它必然适用于从属于它的个别企业，而这些企业一旦意外起步，就会以低价倾销自己的产品，借此排挤所有其他企业。不过，条件（3）并不是排除供给价格递减规律所真正必要的，因为条件（1）和（2）结合起来就已经排除了价格递减规律和价格递增规律。这一点很容易证明。这两个条件共同产生

$$\frac{F_r(x_r)}{x_r} = F_r'(x_r) \tag{4}$$

这意味着，x_r 和 $F_r'(x_r)$ 都独立于行业的整体产量。这一结果还意味着，无论行业的产量增加多少，其供给价格都保持不变。也就是说，这个行业必然遵循供给价格不变的规律。

（九）

在这种简单的情况下，均衡企业的成本函数能够——当然，在更复杂的情况下它不能——用一个平面图形来表示，不管整个行业的产量如何，这种方法都是有效的，尤其对于那些更喜欢使用图形而不是代数进行上述分析的人可能有所帮助。在附图中，曲线 SS_m 表示在各种产量水平下均衡企业的边际成本，曲线

图1

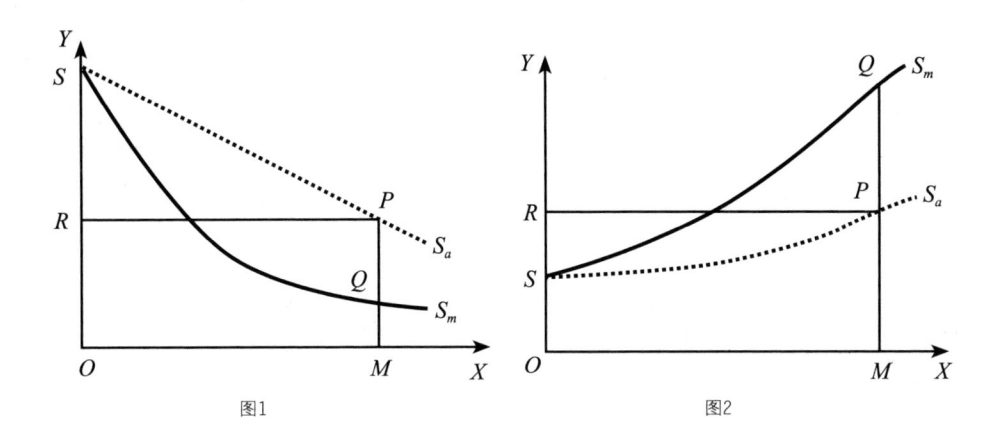

图2

SS_a表示平均成本。当然，这两条曲线是由一种严密的关系联系在一起的。因此，如果M是OX线上的任意一点，通过M画一条垂直线与SS_m线交于Q，与SS_a交于P，则无论这两条曲线的形状如何，SQMO的面积都等于长方形RPMO的面积。显然，如果任意一条曲线总是向下倾斜（如图1），则另一条也必然如此。

如果任意一条曲线总是向上倾斜（如图2），则另一条也必然如此。如果曲线SS_m先向下倾斜，继而转为向上倾斜，并继续上升，则曲线SS_a先是向下倾斜，直至与SS_m相交于一点，然后转为向上倾斜（如图3）。

如果曲线SS_m先向上倾斜，继而转为向下倾斜，则同样的，曲线SS_a先向上倾斜，直至与SS_m相交于一点，然后自行转为向下倾斜（如图4）。最后，无论两条曲线是在起点相交经过一段后再相交，自相交后任意一条曲线作水平移动时，则另

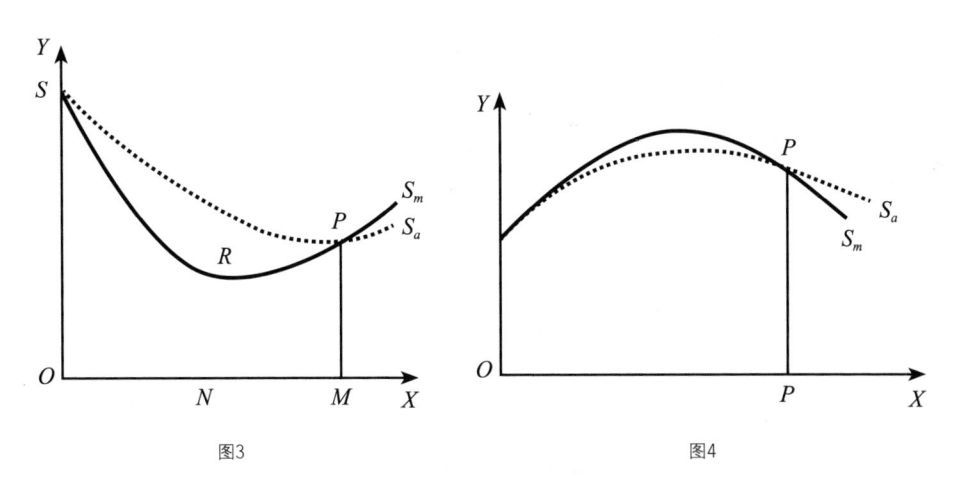

图3

图4

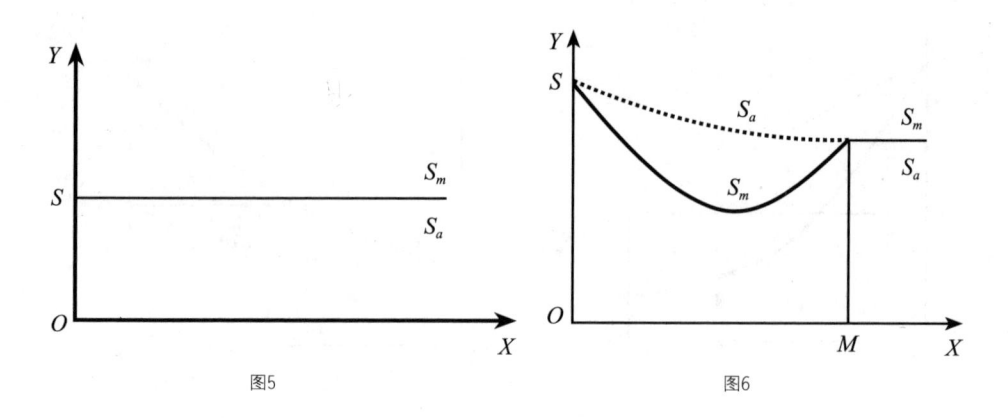

图5

图6

一条必然与之重合,作相同的水平移动(如图5、图6、图7)。[1]

前一节中提出的均衡企业的均衡条件意味着,企业正在产出的产量为OM,垂直于OM画出的纵坐标与曲线SS_m及SS_a相交于同一点。因此,在图1和图2所示的条件下,不可能有任何类型的均衡;在图4所示的条件下,有一个不稳定均衡点;在图5、图6和图7所示的条件下,有一系列中性均衡点;在图3所示的条件下,有一个稳定均衡点,也就是说,在这个点上,内部经济性已经达到极限,平均生产成本为最低。正如我们已经看到的,不稳定均衡实际上是不可能存在的。如果中性均衡占主导地位,则均衡企业的产量可能发生变化,但不可能是由整个行业产量的相关变化所引起。如果存在稳定均衡,则均衡企业的产量就是固定不变的,整个行业产量的变化只能通过所属企业的数量或非均衡企业的规模的变化来实现。在任何情况下,无论是中性均衡还是稳定均衡,均衡企业的平均(和边际)成本及行业的

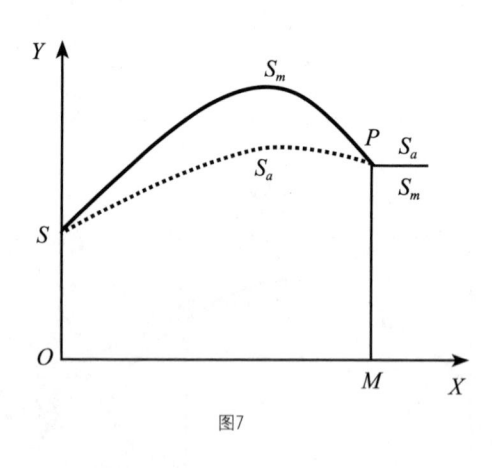

图7

---

[1]当然,如果愿意,也可以画出更复杂的图形,在这些图形中,曲线应该不止一次地改变其运动方向,但这样的过程不会揭示出新的法则。

供给价格，对于行业的所有产量来说都是相同的，即该行业符合供给价格不变的条件。

（十）

在（一）中区分的第二种情况下，均衡企业的成本公式简化为：

$$F_r(x_r) + \frac{x_r}{y}\psi(y)$$

均衡的两个条件变成：

$$p = F_r'(x_r) + \frac{\psi(y)}{y} \qquad (1)$$

$$p = \frac{F_r(x_r)}{x_r} + \frac{\psi(y)}{y} \qquad (2)$$

均衡为中性或稳定时，条件为

$$F_r''(x_r) = 0 \qquad (3)$$

与第一种情况相同，条件（1）和（2）共同产生 $\frac{F_r(x_r)}{x_r} = F_r'(x_r)$。

因此，到目前为止，就均衡企业的内部状态和我们所谓的内部成本而言，一切都与上面描述的情况完全一样。每单位产品的内部成本确定于一个独立于整个行业产量的固定水平之上，而均衡企业的规模也独立于该产量。然而，在这种情况下，这些结论并不意味着整个行业必须遵循供给价格不变的规律。因为，虽然 $\frac{F_r(x_r)}{x_r}$ 的计算与 y 没有关系，但是，当 y 发生变化时，$\frac{\psi(y)}{y}$ 项，进而 $\frac{F_r(x_r)}{x_r} + \frac{\psi(y)}{y}$ 项，就目前的论点而言，可以随意地增长或降低。因此，如果棉纺织行业产量的增加导致其原材料的价格上涨，则整个棉纺织行业将遵循供给价格递增的规律；如果该行业的扩张导致原棉价格下跌，它就遵循供给价格递减的规律。为了确定当一个行业的产量增加时，其他行业供给该行业的原材料、机器等的价格实际上是否会上升、下降或保持不变，我们应该走出主要考察的行业，去调查其他行业的生产情况。

（十一）

在（一）中所区分的第三种也是最普遍的一种情况下，三种占主导地位的条件显然没有对供给价格变化和产量变化之间可能存在的关系施加任何限制。诚然，对于整个行业的任何特定产量而言，均衡企业的产量必须使其边际成本和平均成本相等。但是，随着整个行业的产量发生变化，使两种成本相等并决定这两种成本相等时规模的均衡企业的产量，可能会在任何一个方向上无限变化，因此，即便从外部购买的原材料和机器的价格不会随着行业规模的变化而变化，行业自身的供给价格也可能发生变化。因此，许多一般类型的多企业行业，完全遵循供给价格递增、不变或递减的规律，或遵循这些规律在不同产量方面的任何组合。当总需求的状况可以以每单位 PM 的价格从企业购买 OM 单位的产量时，我们仍然可以用（九）中的图3来正确表明均衡企业的供给条件。但是当总需求变化时，曲线 SS_m 和 SS_a 也随之变化，它们向上或向下移动，或改变形状，或同时作这两种变化。变化之后，均衡只有在销售价格等于均衡企业的平均成本和边际成本的情况下才能实现。该企业的产量仍然用 OM 表示，其中 M 是过曲线 SS_m 与 SS_a 交点的垂线与横轴的交点。但是，尽管如此，均衡企业的销售价格与产量可能与变化前有所不同。

三、只有一个企业的行业

现在，让我们回头讨论只有一个企业的行业的供给价格规律。在这里，均衡企业与整个行业是一体的，所以无须使用含有两个变量的函数。此外，边际成本指的是边际附加成本，因为不再存在边际替代成本。如果我们盲目跟从前述讨论的指引，就会得出均衡条件为 $p = \dfrac{F(y)}{y} = F'(y)$ 的结论。这就意味着，对于一种产量，只能有一个供给价格；或者说，如果边际成本和平均成本的曲线彼此相交几次，则对于几个孤立的产量，也只能有一个供给价格，除非行业遵循供给价格不变的规律。似乎只有这样，才有可能存在一种普通类型的连续性的供给计划。然而不难看出，这一观点的基础是不牢靠的。对于多企业行业的均衡企业来说，只有当它的平均成本和边际成本都与该行业的供给价格相等时，均衡才能实现。但是，对于一个单一企业行业的均衡企业来说，这是不正确的。如果平均成本高于供给价格，而该行业是以供给价格销售产品，则不可能实现均衡；因为在这种情况下，行业会趋于减少产量。事实上，如果边际成本大于供给价格，而行业是以供给价格销售，则同样不可能实现均衡；因为在这种情况下，行业同样会趋于减少产量。但是，由于我们现在只考虑单一企业的行业，因此并不排除平均成本低于供给价格时实现均衡的可能性。[1] 同样的，在平均成本等于供给价格的基础上，如果边际成本低于供给价格，而该行业以供给价格销售产品的话，则不存在扩大产量的趋势。因为任何扩大都必然导致损失，所以在这种情况下，均衡同样无法实现。[2] 因此，我们的结论是，在只有一个企业的行业中，任何给定产量下的供给价格，等于平均成本与边际成本中较大的那一个。就形式上的考虑而言，这个行业可以自由地遵循（货币）供给价格的递减、不变或递增的规律。如果它始终遵循供给价格的递减规律，则供给曲线与平均成本曲线重合；如果它始终遵循供给价格的递增规律，则供给曲线与边际成本曲线重合；如果它始终遵循供

---

[1] 如果企业的供给计划是图 3 中描述的类型，如果相对于价格为 PM 时的产量，OM 能够从中吸收很大的比例，则均衡不禁止平均成本低于供给价格；因为在这种情况下，该企业可能会由于获得不正常的利润而不招致新的竞争对手。

[2] 这个问题最好用图形来说明（如图8）。设 DD' 为需求曲线，SS_m 为边际成本曲线，SS_a 为单一企业行业的平均成本曲线。设产量为 OM，以价格 PM 销售，其中 P 是曲线 DD' 和 曲线 SS_a 之间的交点。如果该行业原计划使产量超过 OM，比如增至 ON，额外单位以成本低于 PM 进行生产。但是，尽管如此，假定所有产品均以相同价格销售，要使行业不蒙受损失，产品的销售价格就不能低于 QN。然而，由于 P 右边的 DD' 部分必然位于 SS_a 之下，产量不可能高达 QN 的价格出售，因此，如果行业的产量增至 OM 以上，就会出现亏损，它就不会有扩张的倾向。当曲线 SS_m 和 SS_a 代表的是众多企业中的一个均衡企业时，情况将大不相同。此时，绘制 DD' 形状的需求曲线是不合适的。如果均衡企业的扩张被其他企业的相应缩减所平衡，那么市场价格绝不会因为均衡企业的扩张而改变，并且如果其他企业的产量保持不变，则市场价格大致不会改变，前提是该均衡企业相对于整个行业而言相对小。因此，均衡企业可能会继续扩张，使产量增至 ON，而且仍以接近原价格 PM 的价格销售。这样一来，均衡企业便能以高于该产量的平均成本的价格出售扩张后的产量并获利。因此，对于许多企业中的一个企业来说，当行业的供给价格等于均衡企业的平均成本而高于其边际成本时，并不能实现均衡。

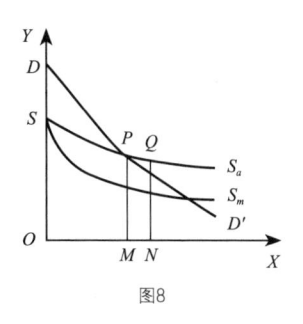

图8

给价格不变的规律，则供给曲线与平均成本和边际成本这两条曲线重合。如果它相对于某些产量水平遵循供给价格的递增规律，而相对于另一些产量水平遵循供给价格的递减规律，则当平均成本曲线位于边际成本曲线上方时，供给曲线与平均成本曲线重合；当边际成本曲线位于平均成本曲线上方时，供给曲线与边际成本曲线重合。

四、多企业行业的理想产量

（一）

在任何行业中，使国民所得最大化，并且抛开不同个人之间的货币边际效用的差异，同时实现了满意感的最大化的产量，即为理想产量。正如第二编第十一章所讨论的那样，当投入给定行业的每种资源的边际社会净产量的价值等于一般行业中资源的边际社会净产量的价值，或者更严格地说，等于第二编第十一章第1节中的一个典型行业的资源的边际社会净产量价值时——不考虑存在多个极大值的可能性——即可获得理想产量。因此，这种中心典型行业的理想产量，就是使产量的需求价格等于生产边际产量单位资源的货币价值；换言之，它就是能使需求价格与边际供给价格相等的产量。

（二）

假定在总产量为y的行业中，均衡企业的产量为x，该行业直接或间接需要的国内的若干要素（当然包括生产要素）及其制成品的数量，分别为a、b、c，它们的价格分别为p_1、p_2、p_3。该行业需要从外国进口的要素（例如进口机器或者原材料）的数量为q，价格为p_4。在一个多企业行业中，我们可以区分以下各个数量：

第一，供给价格为：

$$\frac{ap_1 + bp_2 + \cdots + qp_q}{x_r} \quad (1)$$

第二，行业的边际供给价格，即由于产量的小幅增长而造成的行业总支出的差额

$$= \frac{\mathrm{d}}{\mathrm{d}y}\left[\frac{y}{x_r}(ap_1 + bp_2 + \cdots + qp_q)\right]$$

$$= y\left\{\left[p_1\frac{\mathrm{d}}{\mathrm{d}y}\left(\frac{a}{x_r}\right) + p_2\frac{\mathrm{d}}{\mathrm{d}y}\left(\frac{b}{x_r}\right) + \cdots + p_q\frac{\mathrm{d}}{\mathrm{d}y}\left(\frac{q}{x_r}\right)\right] + \left[\frac{a}{x_r}\cdot\frac{\mathrm{d}p_1}{\mathrm{d}y} + \frac{b}{x_r}\cdot\frac{\mathrm{d}p_2}{\mathrm{d}y} + \cdots + \frac{q}{x_r}\cdot\frac{\mathrm{d}p_q}{\mathrm{d}y}\right]\right\} +$$

$$\frac{ap_1 + bp_2 + \cdots qp_q}{x_r} \tag{2}$$

第三，社会的边际供给价格，即通过增加微小产量而导致的社会总货币支出的差额

$$= y\left\{\left[p_1\frac{\mathrm{d}}{\mathrm{d}y}\left(\frac{a}{x_r}\right) + p_2\frac{\mathrm{d}}{\mathrm{d}y}\left(\frac{b}{x_r}\right) + \cdots + p_q\frac{\mathrm{d}}{\mathrm{d}y}\left(\frac{q}{x_r}\right) + \cdots + p_q\frac{\mathrm{d}}{\mathrm{d}y}\left(\frac{q}{x_r}\right)\right] + \frac{a}{x_r}\cdot\frac{\mathrm{d}p_q}{\mathrm{d}y}\right\} +$$

$$\frac{ap_1 + bp_2 + \cdots qp_q}{x_r} \tag{3}$$

第四，随着产量的增加，从行业的观点来看，供给价格的变化率

$$= \frac{\mathrm{d}}{\mathrm{d}y}\left(\frac{ap_1 + bp_2 + \cdots + qp_q}{x_r}\right)$$

$$= \left[p_1\frac{\mathrm{d}}{\mathrm{d}y}\left(\frac{a}{x_r}\right) + p_2\frac{\mathrm{d}}{\mathrm{d}y}\left(\frac{b}{x_r}\right) + \cdots + p_q\frac{\mathrm{d}}{\mathrm{d}y}\left(\frac{q}{x_r}\right)\right] + \left[\frac{a}{x_r}\cdot\frac{\mathrm{d}p_1}{\mathrm{d}y} + \frac{b}{x_r}\cdot\frac{\mathrm{d}p_2}{\mathrm{d}y} + \cdots + \frac{q}{x_r}\cdot\frac{\mathrm{d}p_q}{\mathrm{d}y}\right] \tag{4}$$

第五，随着产量的增加，从社会的观点来看，供给价格的变化率

$$= \left[p_1\frac{\mathrm{d}}{\mathrm{d}y}\left(\frac{a}{x_r}\right) + p_2\frac{\mathrm{d}}{\mathrm{d}y}\left(\frac{b}{x_r}\right) + \cdots + p_q\left(\frac{q}{x_r}\right)\right] + \frac{q}{x_r}\cdot\frac{\mathrm{d}p_q}{\mathrm{d}y} \tag{5}$$

最后一个表达式是由前一个表达式推导出来的，它消除了代表我们行业中的均衡企业与其所使用要素的国内所有者之间的转移增量的因素。

（三）

上述表达式（4）乘以 y，可以测算出表达式（2）相对于表达式（1）的超额；表达式（5）乘以 y，可以测算出表达式（3）相对于表达式（1）的超额。

因此则有：

（1）在所有行业中，当产量增加时，从行业的观点来看，当供给价格的变化率为正（即遵循供给价格递增的规律）时，行业的供给价格低于边际供给价格；反之则高于边际供给价格。

（2）在所有行业中，从社会的观点来看，当供给价格的变化率为正（即供给价格的递增规律占主导）时，社会的供给价格低于边际供给价格；反之则高于边际供给价格。

（四）

第二编第十一章第10节已经表明，表达式

$$\left(\frac{a}{x_r}\cdot\frac{dp_1}{dy}+\frac{b}{x_r}\cdot\frac{dp_2}{dy}+\cdots+\frac{q}{x_r}\cdot\frac{dp_q}{dy}\right)$$

不可能为负；在第二编第十一章第7节中，表达式

$$\left[p_1\frac{d}{dy}\left(\frac{a}{x_r}\right)+p_2\frac{d}{dy}\left(\frac{b}{x_r}\right)+\cdots+p_q\frac{d}{dy}\left(\frac{q}{x_r}\right)\right]$$

绝对不可能为正，尽管有可能出现例外，但这两种不等式在总体上都适用。另一方面，如果 $\frac{dp_q}{dy}$ 为正，则表达式

$$\left[p_1\frac{d}{dy}\left(\frac{a}{x_r}\right)+p_2\frac{d}{dy}\left(\frac{b}{x_r}\right)+\cdots+p_q\frac{d}{dy}\left(\frac{q}{x_r}\right)\right]+\frac{q}{x_r}\cdot\frac{dp_q}{dy}$$

可以为正；当然，从行业的观点来看，供给价格的变化率的表达式可以为正，也可以为负。

因此，则有：

（1）一般而言，当产量增加时，从行业观点来看的供给价格的变化率大于或等于从社会观点来看的供给价格的变化率。因此，（单纯的）供给价格递减意味着从社会的观点来看的供给价格的递减，但是（单纯的）供给价格递增并不意味着从社会的观点来看的供给价格的递增。

（2）一般情况下，除了使用供给价格递增的进口原材料的行业外，随着产量

的增加，从社会的观点来看，供给价格的变化率为零或为负，而且供给价格等于或大于社会的边际供给价格。

（3）在一般性行业中，对行业的边际供给价格等于或大于对社会的边际供给价格。

（五）

如上所述，当边际供给价格等于需求价格时，就实现了理想产量。当供给价格等于需求价格时，就可以实现适合单纯竞争的产量。

当行业边际供给价格等于需求价格时，就可以实现适合一级歧视性垄断条件下的产量。

通常情况下，以下推论大致上是成立的（即在前一节中列出的不等式成立时）：

（1）除了使用供给价格递增的进口原材料的行业以外，适合单纯竞争条件下的产量等于或小于理想产量。

（2）在任何行业中，如果对社会的边际供给价格与对行业的边际供给价格不同，即从行业观点来看与从社会观点来看，供给价格的变化率不同，则适合一级歧视性垄断条件下的产量低于理想产量；如果二者相同，则等于理想产量。

（3）随着行业遵循供给价格的递增或递减规律，适合单纯竞争条件下的产量低于或高于适合一级歧视性垄断条件下的产量。

（4）当供给价格的递减规律占主导地位时，适合单纯竞争所固有的产量与理想产量的差额，高于适合一级歧视性垄断条件下的产量与理想产量的差额。然而，当供给价格的递增规律占主导地位时，适合单纯竞争所固有的产量虽然高于适合一级歧视性垄断条件下的产量，但有可能高于或低于理想产量。在前一种情况下，国民所得比在歧视性垄断条件下更好；在后一种情况下，国民所得可能比在歧视性垄断条件下更好，或更差。

（六）

假定从社会的观点来看，小麦遵循供给价格不变的规律，但从行业的观点来看，小麦遵循供给价格递增的规律；因为当小麦的种植需要更多的土地时，土地的价格就会提高。在这种情况下，对行业的供给价格与对社会的边际供给价格相等，适合单纯竞争条件下的产量与理想产量相等。但是，如果从土地所有者那里租地的麦农想要联合起来实行一级垄断，他们就会减少小麦的种植，以减少他们必须支付的地租。减少种植后的产量将不再像从前那样等于理想产量，而是小于理想产量。如果麦农拥有自己的土地而不需要租地，则行业与社会利益之间的差异将会消失；在一级歧视性垄断条件下，小麦的产量将与适合单纯竞争条件下的产量相等，均等于理想产量。

五、单一企业行业的理想产量

在单一企业的行业中，当 $\frac{F(y)}{y} > F'(y)$，且产量 y 的供给价格为 $\frac{F(y)}{y}$ 时，前面的相关分析是适用的，只需修改一下它的正式表述式，以提供相等的 x_r 和 y 的量即可。在边际成本超过平均成本的单一企业的行业中，需要某种区别的对待。对行业的边际供给价格与供给价格皆等于 $F'(y)$。因此，如果不涉及转移要素，则行业的边际供给价格就等于社会的边际供给价格，进而使供给价格等于需求价格的产量——在这种情况下，它也是适合单纯竞争条件下和一级歧视性垄断条件下的产量——就等于理想产量。尽管事实上，该行业遵循供给价格的递增规律。这种情况一般只会发生在使用供给价格递增的进口原材料时。如果涉及转移要素，则使供给价格等于需求价格的产量将低于理想产量。[1]

---

[1] 应该指出的是，当单一企业行业的实际投资不等于理想投资时，这种分歧不能通过边际社会净产量与边际私人净产量之间的分歧来予以解释。因为对于单一企业来说，这两个净产量必然相同。分歧存在的根源是缺乏竞争，边际私人（这里等于边际社会）净产量不等于平均净产量。如果单一企业的行业正在创造正常的利润，平均净产量的价值就等于第二编第一章第1节想象中的中心行业的边际社会净产量的价值。因此，在单一企业的行业中，边际社会净产量的价值与这一价值并不相等。

六、需求价格与边际需求价格

在上述讨论中，我们默认需求曲线类似于价格曲线，也可以称为边际需求价格曲线。而事实未必如此，数量为y的任意商品的边际需求价格，是指消费者在每年（或每周）分别购买商品数量为y和数量为（$y+\Delta y$）时的欲望（以货币计量）之间的差额。y单位商品的需求价格是保持每年（或每周）购买数量为y时的价格。它等于数量y中对于该项增量的购买者来说所期望的最小增量（Δy）的欲望（用货币计量）。如果边际单位的购买间接增加或减少了购买者之于其他单位的欲望，则边际需求价格和需求价格将有所不同。对于某些商品而言，人们对它的欲望部分地归于对不寻常商品的欲望，当购买量为零，边际需求价格曲线与需求曲线重合；随着购买量的增加，边际需求价格将越来越低。对于另一些商品而言，人们对它的欲望部分地归于对寻常之物的欲望，这种情况与前一种情况刚好相反；对于那些可以直接满足人们对它的欲望，从而使人们获得满意感的商品，边际需求价格曲线与需求曲线重合。[1]当两条曲线相偏离时，最大的满意感——假定相关群体在财富和偏好上极为相似——是通过使边际供给价格等于边际需求价格而不是等于需求价格的产量来获得的。

七、单纯垄断与最高价格

（一）

如果国家为了保护消费者不受垄断，将最高价格定在适合自由竞争的水平之上，很明显，在供给价格递减或不变的规律下，垄断企业将通过增加不超过它在自由竞争下原本会生产的产量来获得利润。但是，在供给价格递增的规律下，垄断者最有利的产量——也就是使产量与管制价格和供给价格差额的乘积最大时的

---

[1] 参见本书第二编第十一章第13节。

产量——必然小于竞争产量。它有可能大于或小于在不受管制的垄断下的产量。如果供给曲线和需求曲线都是直线，它将必然等于这一数量。我们从精确绘制的图形中很容易发现这一点。

（二）

如果在供给价格递增的规律下，国家规定的最高价格低于垄断价格而高于竞争价格，则一般来说，该产量可能介于竞争性产量与不受管制的垄断条件下的产量之间。如果供给曲线与需求曲线均为直线，这一结论就会成立。绘制一个图形（见图9），使PM代表竞争价格，OM代表竞争产量；QN代表垄断价格，ON代表垄断产量。设国家的管制价格为OV，高于竞争价格，低于垄断价格。通过V绘制水平线VBT与DD_1交于B点，与SS_1交于T点。很容易证明，垄断产量ON是竞争产量OM的二分之一，并且当价格固定在OV时，有利于垄断者的产量，将通过过V点水平绘制的与SS_1相交的VT线的二分之一来计算，或者通过VB线来计算，然后由这两条线中较短的那一条而定。但是，由于OV大于PM，显然VT大于OM。因此，VT的二分之一大于OM的二分之一。这就证明，管制价格下的产量大于垄断产量；并且由于VB必然小于RP，管制价格下的产量必然小于竞争产量，也就是说，它介于两者之间。

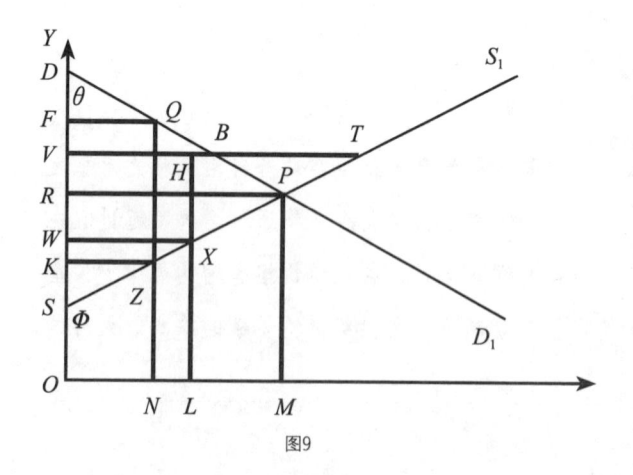

图9

（三）

上述论点的引申表明，在所假定的条件下，当供给曲线与需求曲线均为直线时，使产量大于任何其他水平下的产量的管制价格水平，将使VT与DD_1的交点（即B点）与VT的中点（即

H 点) 完全重合。设 $\angle SDP = \theta$, $\angle DSP = \phi$, 即可证明该产量等于适合单纯竞争条件下的产量乘以 $\dfrac{\tan\theta + \tan\phi}{2\tan\theta + \tan\phi}$ 的积。

八、关于歧视性垄断的几个问题

(一)

考虑一个遵循供给价格递减规律的行业，其供给曲线完全位于需求曲线上方，则不管是在单纯竞争还是垄断条件下，都不会有任何产量。如图10所示，绘制需求曲线 DD_1 和供给曲线 SS_1，通过 S 绘制曲线 SS_2，如果从 SS_1 上的任意点 P 绘制一条垂直线与 SS_2 相交于 Q 点，绘图完成，则对于 P 和 Q 的任何位置，$SQMO$ 的面积都等于长方形 $KPMO$。如果 DD_1 位于 SS_1 和 SS_2 的下方，那么在一级歧视性垄断条件下，显然与在单纯竞争下一样，不会有任何产量。然而，在某些遵循供给价格递减规律的行业，却完全可能发生 P 位于 SS_1 下方，并与 SS_2 相交的情况，而且必然会有两次相交，形成两个交点，分别设为 R 和 Q。于是，在单纯竞争条件下不会有任何产量。但是在一级歧视性垄断条件下，如果 RQ 的面积大于 DRS 的面积，则产量 OM 将产生超过总成本的总收益，企业便可进行生产。曲线 SS_1 越向下倾斜，供给价格递减规律的作用越强烈，则越可能出现这种情况；因为当 OM 的距离给定时，SS_1 越陡峭，PQS 的面积就越大，需求曲线的范围也越大。当 SS_1 的倾角给定时，如果需求曲线并非在其早期阶段（也就是说，即使在相当低的价格水平上，需求的弹性仍然很大）陡降，则 RQ 的面积大于 $DRSP$ 的面积更有可能实现。

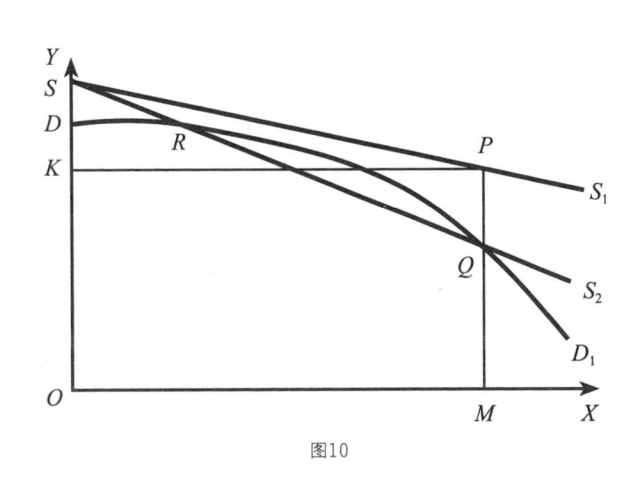

图10

（二）

正如本书第二编第十七章第5节所解释的，二级歧视性垄断随着垄断者所勒索的价格数目的不断增长，其影响接近于一级歧视性垄断。一般情况下，这个结果是很明显的，我们可以用特殊例子加以说明。设适合一级歧视性垄断的产量为 a，设 n 为不同价格的数量。在供给曲线与需求曲线皆为直线的条件下，可以证明，当商品遵循供给价格不变规律时，对于所有的 n 值，产量将等于 $\frac{n}{n+1}a$。也就是说，如果只能选择一种价格，则产量为 $\frac{1}{2}a$；如果可以选择两种价格，则产量为 $\frac{2}{3}a\cdots$，以此类推。当商品遵循供给价格递减规律时，如果 n 等于1，产量仍为 $\frac{n}{n+1}a$；如果 n 大于1，产量将略小于 $\frac{n}{n+1}a$。

（三）

接下来，我们将讨论在三级歧视性垄断下（如本书第二编第十七章第5节所解释的）与在单纯垄断下的相对产量。设供给价格不变，且仅有两个市场。如果两个市场的供给曲线与需求曲线皆为直线，便可以得到精确的结果。如图11所示，设 D_1D_2、$D_1'D_2'$ 分别代表两个市场的需求曲线，并在横轴的垂直距离 OR 上绘制一条 SS'，其中 OR 代表固定生产成本。通过 D_1'，绘制 $D'H$ 平行于 SS'，并通过 H 绘制直线 HT，使 PT 等于 RP'。在歧视性垄断下，两个市场的产量将分别为 $\frac{1}{2}RP'$ 和 $\frac{1}{2}RP$。在单纯垄断下，如果 PH 值大于 HD_1，产量将为 $\frac{1}{2}RT$。但是，由于 PT 等于 RP'，$\frac{1}{2}RT = \frac{1}{2}RP' + \frac{1}{2}RP$。因此，在上述 PH 大于 HD_1 的条件下，单纯垄断下的产量等于歧视性垄断下的产量。如果 PH 值小于 HD_1，在某些条件下，单纯垄断下的产量为 $\frac{1}{2}RP$，在另一些比较不利的市场上，将不会产生消费。当这些条件占主导地位时，在单纯垄断下，两个市场中的任意一个将不会产生消费，如果用歧视性垄断代替单纯垄断则可以增加产量，但是除了这些条件以外产量不变。当取消供给价格不变的消费，并允许行业遵循供给价格的递增或递减规律，则上述结果不必作

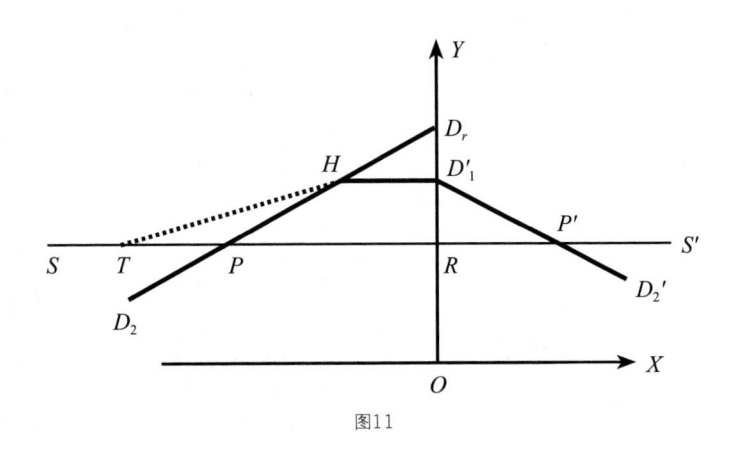

出修改，因为只有通过产量的变化，供给价格递增或递减规律才能发挥作用。[1]然而，供给价格的递增将实现第二编第十七章第13节所提到的可能性，并与上文讨论的问题相类似，不过与上述讨论并无关系。因此，在某些条件下，无论是单纯垄断还是单纯竞争，都不会导致产量发生任何变化，而歧视性垄断则可能导致部分产量发生变化。

图11

九、行业酬劳方法

关于本书第三编第八章的核心论点，我们可以通过图形进行清晰的说明（如图12）。让我们假定，受雇于任何行业的工人人数与工作时长都是给定的。然后，可以绘制出两条需求曲线：一条曲线代表雇主对典型工人在单位时间内所提供的不同数量的劳力的需求价格（以产量计），另一条曲线代表工人在不同劳力数量下的供给价格（以产量计）。其中OX代表工作量，OY代表相对于不同劳力数量的需求价格和供给价格（以产量计）。

---

[1] 当单纯垄断只在市场A中销售，歧视性垄断只在市场B中销售，则很容易证明，歧视性垄断将以下面的方式影响市场A的消费与价格：在供给价格不变的情况下，两个市场的消费与价格将保持不变；在供给价格递增的情况下，消费将减少，价格将上涨；在供给价格递减的情况下，消费将增加，价格将下跌。以上这些方式的考虑，将对政府是否应该允许本国卡特尔以低于国内的较低的价格在国外销售货物具有实际意义。

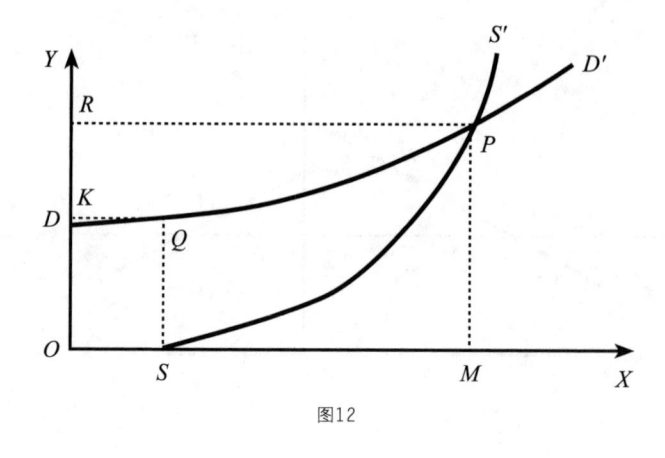

708 | 福利经济学 The Economics of Welfare

由于工人的劳力每增加一点，雇主就能更快地完成任何特定的工作，从而在其他工作上启动他们的机器，于是需求曲线DD'将向右上方倾斜。因为，一个人既然愿意从事一项工作，不管是迫于奥论还是生活的压力，他都不会让自己完完全全无所作为，所以供给曲线SS'与OX轴的交点将与原点拉开距离，此后，它将略微陡峭地向上倾斜。设曲线SS'与曲线DD'交于P，过P绘制PM垂直于OX轴，作PR垂直于OX轴。除了此处未予考虑的可能对能力产生的损害之外，一个典型工人劳力的数量（对国民所得和经济福利最有利）用OM来计量，其相应的产量用矩形$OMPR$来计量。如果支付给该工人的工资完全独立于他的劳力与产量，则他的劳力数量约为OS，他的产量约为$OSQK$。可以通过两种方式获得相当于OM的劳力数量和相当于$OMPR$的产量：一是通过为每单位劳力（即每PM产量单位）支付PM的工资率（以产量计）；二是通过支付相当于$OMPR$的总工资（以产量计），以日或者其他任何时间单位计算均可，条件是该工人必须生产$OMPR$产量单位。如果出现任何未能达到该标准的情况，都有可能导致工资降低。

图12

十、关于剥削的意义

设DD'为雇主对劳动的需求曲线，SS'为任何地区或职业的工人的供给曲线。假设PM为自由竞争下的工资，即相当于相关等级的工人的一般工资率；QM''是对工人最有利的工资率，RM'是对雇主最有利的工资率。本书第三编第六章所描述的不能决定的范围，由QM''和RM'之间的所有工资率构成。如果雇主成功地将支付给工人的工资降低到PM以下，则必然存在剥削。让我们假设雇主连续支付PM'的工资给工人，其结果是，如果他们获得了用OM'代表的劳力数量，则工资中的不公平部分就是PM减去RM'的量，而剥削量就是PM'高出RM'的量。如果工人成功获得高出PM'的工资，则交换指数必然降至P点左侧的需求曲线上，比如说Q点，我们就可以说存在工人对雇主的剥削，剥削量对应于OM''高出FM''的部分。

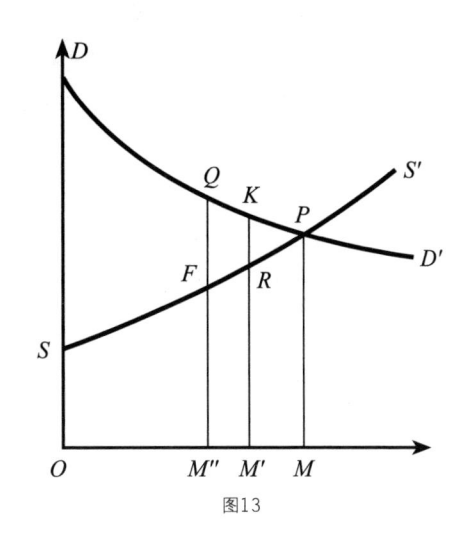

图13

文化伟人代表作图释书系全系列

第一辑

《自然史》〔法〕乔治·布封 / 著
《草原帝国》〔法〕勒内·格鲁塞 / 著
《几何原本》〔古希腊〕欧几里得 / 著
《物种起源》〔英〕查尔斯·达尔文 / 著
《相对论》〔美〕阿尔伯特·爱因斯坦 / 著
《资本论》〔德〕卡尔·马克思 / 著

第二辑

《源氏物语》〔日〕紫式部 / 著
《国富论》〔英〕亚当·斯密 / 著
《自然哲学的数学原理》〔英〕艾萨克·牛顿 / 著
《九章算术》〔汉〕张苍 等 / 辑撰
《美学》〔德〕弗里德里希·黑格尔 / 著
《西方哲学史》〔英〕伯特兰·罗素 / 著

第三辑

《金枝》〔英〕J. G. 弗雷泽 / 著
《名人传》〔法〕罗曼·罗兰 / 著
《天演论》〔英〕托马斯·赫胥黎 / 著
《艺术哲学》〔法〕丹纳 / 著
《性心理学》〔英〕哈夫洛克·霭理士 / 著
《战争论》〔德〕卡尔·冯·克劳塞维茨 / 著

第四辑

《天体运行论》〔波兰〕尼古拉·哥白尼 / 著
《远大前程》〔英〕查尔斯·狄更斯 / 著
《形而上学》〔古希腊〕亚里士多德 / 著
《工具论》〔古希腊〕亚里士多德 / 著
《柏拉图对话录》〔古希腊〕柏拉图 / 著
《算术研究》〔德〕卡尔·弗里德里希·高斯 / 著

第五辑

《菊与刀》〔美〕鲁思·本尼迪克特 / 著
《沙乡年鉴》〔美〕奥尔多·利奥波德 / 著
《东方的文明》〔法〕勒内·格鲁塞 / 著
《悲剧的诞生》〔德〕弗里德里希·尼采 / 著
《政府论》〔英〕约翰·洛克 / 著
《货币论》〔英〕凯恩斯 / 著

第六辑

《数书九章》〔宋〕秦九韶 / 著
《利维坦》〔英〕霍布斯 / 著
《动物志》〔古希腊〕亚里士多德 / 著
《柳如是别传》陈寅恪 / 著
《基因论》〔美〕托马斯·亨特·摩尔根 / 著
《笛卡尔几何》〔法〕勒内·笛卡尔 / 著

第七辑

《蜜蜂的寓言》〔荷〕伯纳德·曼德维尔 / 著
《宇宙体系》〔英〕艾萨克·牛顿 / 著
《周髀算经》〔汉〕佚名 / 著 赵爽 / 注
《化学基础论》〔法〕安托万-洛朗·拉瓦锡 / 著
《控制论》〔美〕诺伯特·维纳 / 著
《月亮与六便士》〔英〕威廉·毛姆 / 著

第八辑

《人的行为》〔奥〕路德维希·冯·米塞斯 / 著
《纯数学教程》〔英〕戈弗雷·哈罗德·哈代 / 著
《福利经济学》〔英〕阿瑟·塞西尔·庇古 / 著
《量子力学》〔美〕恩利克·费米 / 著
《量子力学的数学基础》〔美〕约翰·冯·诺依曼 / 著
《数沙者》〔古希腊〕阿基米德 / 著

中国古代物质文化丛书

《长物志》
〔明〕文震亨/撰

《园冶》
〔明〕计 成/撰

《香典》
〔明〕周嘉胄/撰
〔宋〕洪刍 陈敬/撰

《雪宧绣谱》
〔清〕沈 寿/口述
〔清〕张 謇/整理

《营造法式》
〔宋〕李 诫/撰

《海错图》
〔清〕聂 璜/著

《天工开物》
〔明〕宋应星/著

《髹饰录》
〔明〕黄 成/著 扬 明/注

《工程做法则例》
〔清〕工 部/颁布

《清式营造则例》
梁思成/著

《中国建筑史》
梁思成/著

《文房》
〔宋〕苏易简 〔清〕唐秉钧/撰

《斫琴法》
〔北宋〕石汝砺 崔遵度 〔明〕蒋克谦/撰

《山家清供》
〔宋〕林 洪/著

《鲁班经》
〔明〕午 荣/编

"锦瑟"书系

《浮生六记》
〔清〕沈 复/著 刘太亨/译注

《老残游记》
〔清〕刘 鹗/著 李海洲/注

《影梅庵忆语》
〔清〕冒 襄/著 龚静染/译注

《生命是什么?》
〔奥〕薛定谔/著 何 滟/译

《对称》
〔德〕赫尔曼·外尔/著 曾 怡/译

《智慧树》
〔瑞士〕荣 格/著 乌 蒙/译

《蒙田随笔》
〔法〕蒙 田/著 霍文智/译

《叔本华随笔》
〔德〕叔本华/著 衣巫虞/译

《尼采随笔》
〔德〕尼 采/著 梵 君/译

《乌合之众》
〔法〕古斯塔夫·勒庞/著 范 雅/译

《自卑与超越》
〔奥〕阿尔弗雷德·阿德勒/著 刘思慧/译